面向 21 世纪课程教材

宏观世界史

李植枬　主编

武汉大学出版社

图书在版编目(CIP)数据

宏观世界史/李植枏主编. —武汉:武汉大学出版社,1999.11
 ISBN 978-7-307-02734-3

Ⅰ.宏…　Ⅱ.李…　Ⅲ.世界史—高等学校—教材　Ⅳ.K1

中国版本图书馆 CIP 数据核字(1999)第 08254 号

责任编辑:王雅红　　　责任校对:李桂珍　　　版式设计:支　笛

出版发行:武汉大学出版社　(430072　武昌　珞珈山)
　　　　　(电子邮件:cbs22@whu.edu.cn　网址:www.wdp.com.cn)
印刷:武汉中远印务有限公司
开本:787×1092　1/16　印张:25.125　字数:472 千字　插页:2
版次:1999 年 11 月第 1 版　　2013 年 1 月第 7 次印刷
ISBN 978-7-307-02734-3/K·222　　　定价:36.00 元

版权所有,不得翻印;凡购我社的图书,如有质量问题,请与当地图书销售部门联系调换。

目　录

前　言 ……………………………………………………………… (1)

第一编　人类社会在分散状态中发展
（从人类起源到 15、16 世纪）

第一章　人类的原始时期和向文明过渡 ……………………… (1)
　第一节　人类的出现和氏族的产生 ……………………………… (2)
　　一、人类的起源和体质的进化 …………………………………… (2)
　　二、旧石器时代 …………………………………………………… (4)
　　三、从原始群到氏族公社 ………………………………………… (5)
　　四、人类活动空间的扩展，种族和语言 ………………………… (7)
　第二节　"新石器革命"和氏族社会的繁荣 …………………… (8)
　　一、中石器、新石器时代 ………………………………………… (8)
　　二、农耕、畜牧业的产生和三大中心地区 ……………………… (10)
　　三、氏族、胞族和部落 …………………………………………… (12)
　第三节　氏族社会解体和古代五大文明的形成 ………………… (13)
　　一、金属器的使用和社会大分工 ………………………………… (13)
　　二、氏族社会的解体 ……………………………………………… (15)
　　三、西亚、北非的早期文明社会 ………………………………… (16)
　　四、南亚、东亚和爱琴海的最初文明 …………………………… (18)
　　五、各地区间的经济、文化交流 ………………………………… (20)

第二章　奴隶制文明的发展 …………………………………… (22)
　第一节　早期游牧等部族的迁徙与农耕世界 …………………… (23)
　　一、游牧世界与农耕世界的分野 ………………………………… (23)
　　二、塞姆·哈姆语人、印欧语人的早期迁徙及与农耕文明的融合 … (24)
　　三、商、周部族入主中国中原 …………………………………… (27)
　第二节　奴隶制文明全盛期的政治和经济 ……………………… (28)
　　一、西亚、北非军事帝国的更迭和经济发展 …………………… (28)
　　二、南亚、中国从列国到统一帝国与社会经济 ………………… (31)

三、地中海地区从城邦到帝国的转变和经济繁荣 …………………… (34)
第三节 意识形态的争鸣和多方面的文化成就 ………………………… (37)
　　一、中国、南亚和希腊的意识形态的争鸣 …………………………… (37)
　　二、东西方文化成就 …………………………………………………… (40)
第四节 四大帝国并立与相互交往 ………………………………………… (42)
　　一、汉帝国 ……………………………………………………………… (42)
　　二、贵霜帝国和安息帝国 ……………………………………………… (43)
　　三、罗马帝国 …………………………………………………………… (45)
　　四、丝绸之路的开辟与东西方交流的发展 …………………………… (47)

第三章 封建区域性格局的形成 …………………………………………… (49)
第一节 席卷亚欧北非的"民族大迁徙" ………………………………… (50)
　　一、匈奴人的西迁与鲜卑人的南下 …………………………………… (50)
　　二、日耳曼人的入主与西罗马帝国的灭亡 …………………………… (51)
　　三、斯拉夫人在东欧的扩散 …………………………………………… (53)
　　四、伊斯兰教的产生与阿拉伯人的扩张 ……………………………… (54)
　　五、"民族大迁徙"的社会后果 ……………………………………… (57)
第二节 东亚国家封建社会的发展 ………………………………………… (58)
　　一、中国封建社会的繁荣 ……………………………………………… (58)
　　二、朝鲜的统一与越南的独立 ………………………………………… (62)
　　三、日本从律令制走向幕府政治 ……………………………………… (63)
第三节 西欧国家的封建化 ………………………………………………… (65)
　　一、法兰克国家的崛起 ………………………………………………… (65)
　　二、神圣罗马帝国的建立 ……………………………………………… (67)
　　三、诺曼底公爵对英国的征服 ………………………………………… (68)
　　四、基督教会势力的鼎盛 ……………………………………………… (69)
　　五、工商业城市的自治 ………………………………………………… (70)
第四节 东欧国家封建制度的确立 ………………………………………… (72)
　　一、拜占廷帝国社会性质的演变 ……………………………………… (72)
　　二、巴尔干半岛其他封建国家的出现 ………………………………… (75)
　　三、基辅罗斯的兴衰 …………………………………………………… (76)
第五节 伊斯兰封建区域的产生 …………………………………………… (77)
　　一、阿拉伯帝国的统治 ………………………………………………… (77)
　　二、西亚北非诸多伊斯兰国家的涌现 ………………………………… (78)
　　三、印度的德里苏丹国 ………………………………………………… (80)

第四章 跨越封建区域的国际交往 ……………………………………… (82)
第一节 阿拉伯人的中介活动 …………………………………………… (83)
一、阿拉伯人的东西方转运贸易 ……………………………………… (83)
二、以阿拉伯人为中介的"东学西渐" ……………………………… (85)
第二节 十字军的东侵 …………………………………………………… (88)
一、西欧封建主的军事远征 …………………………………………… (88)
二、阿拉伯人的反侵略斗争 …………………………………………… (89)
三、意大利城市的贸易开拓 …………………………………………… (90)
第三节 蒙古人的扩张 …………………………………………………… (92)
一、蒙古军的大举征伐 ………………………………………………… (92)
二、蒙古大帝国的昙花一现 …………………………………………… (94)
三、东亚封建国家的改朝换代 ………………………………………… (96)
四、蒙古各汗国的伊斯兰化 …………………………………………… (97)

第五章 西欧封建社会的逐步转型 ………………………………………… (99)
第一节 资本主义的孕育 ………………………………………………… (100)
一、农村自然经济的解体与农奴的解放 ……………………………… (100)
二、手工工场的产生与乡村工业的兴起 ……………………………… (102)
三、土地制度的变革与圈地运动的开始 ……………………………… (105)
第二节 封建王权的加强 ………………………………………………… (107)
一、等级君主制的建立 ………………………………………………… (107)
二、君主专制倾向的显现 ……………………………………………… (110)
第三节 意识形态领域的变化 …………………………………………… (111)
一、罗马法复兴与大学的创办 ………………………………………… (111)
二、文艺复兴运动的展开 ……………………………………………… (113)
三、宗教改革浪潮的迭起 ……………………………………………… (116)
四、近代自然科学和哲学的诞生 ……………………………………… (120)

第二编 人类社会从分散发展向整体发展转变
（15、16 世纪到 19 世纪）

第六章 海道大通和资本主义的兴起 ……………………………………… (123)
第一节 地理大发现与世界区域隔绝状态的突破 ……………………… (124)
一、大航海时代的开始 ………………………………………………… (124)
二、西班牙与葡萄牙的早期殖民掠夺 ………………………………… (126)
三、世界市场渐显端倪 ………………………………………………… (128)

第二节　西欧一隅率先进入资本主义社会……………………………(130)
- 一、转折时期的西欧 ………………………………………………(130)
- 二、尼德兰对西班牙帝国的挑战 …………………………………(132)
- 三、17世纪标准的资本主义国家 …………………………………(133)
- 四、英国君主立宪制度的确立 ……………………………………(135)

第三节　欧洲大国的争斗与波兰被瓜分………………………………(139)
- 一、英、荷争夺海上霸权 …………………………………………(139)
- 二、英、法的世界角逐 ……………………………………………(140)
- 三、沙皇俄国的崛起 ………………………………………………(141)
- 四、波兰被列强瓜分 ………………………………………………(142)

第七章　新兴工业世界对传统农耕世界的冲击……………………(145)
第一节　欧洲大陆的变革………………………………………………(146)
- 一、反封建的启蒙运动 ……………………………………………(146)
- 二、俄国、奥地利、普鲁士的改革 ………………………………(148)
- 三、法国大革命 ……………………………………………………(153)
- 四、拿破仑帝国 ……………………………………………………(155)

第二节　美洲大陆的觉醒………………………………………………(157)
- 一、欧洲殖民主义统治下的美洲 …………………………………(157)
- 二、美利坚民族的独立 ……………………………………………(159)
- 三、拉丁美洲诸独立国家的建立 …………………………………(163)

第三节　面临工业世界挑战的亚洲和非洲……………………………(167)
- 一、亚洲封建专制制度的基本特征 ………………………………(167)
- 二、亚洲国家的不同发展趋势 ……………………………………(169)
- 三、非洲人民的悲惨命运和反抗斗争 ……………………………(171)

第四节　欧洲封建势力与资本主义的较量……………………………(174)
- 一、欧洲封建秩序的恢复和神圣同盟的建立 ……………………(174)
- 二、资产阶级革命运动的复苏 ……………………………………(177)
- 三、欧洲范围的革命 ………………………………………………(178)

第八章　工业革命开创了世界历史…………………………………(183)
第一节　首次工业革命与近代工业化…………………………………(184)
- 一、近代工业化的第一次浪潮 ……………………………………(184)
- 二、英国是工业革命的先驱国 ……………………………………(185)
- 三、英国工业革命的后果 …………………………………………(186)
- 四、欧美其他国家走上工业化道路 ………………………………(187)

第二节 资本主义制度的巩固和扩展 (190)
一、德意志民族统一国家的建立 (190)
二、意大利民族统一国家的建立 (191)
三、美国南部奴隶制的废除 (192)
四、俄国农奴制改革 (194)
五、日本明治维新 (196)

第三节 马克思主义诞生和巴黎公社革命 (197)
一、马克思主义产生的历史条件 (197)
二、共产主义者同盟和《共产党宣言》 (199)
三、工人运动的高涨和第一国际 (200)
四、巴黎公社革命的创举 (202)

第九章 世界整体的形成 (206)
第一节 第二次科技革命与世界工业化浪潮 (206)
一、第二次科技革命及其划时代意义 (206)
二、垄断对世界的统治与世界市场的最后形成 (209)
三、资本主义国家间经济、文化交往的加强 (211)

第二节 资本主义世界体系的建立 (214)
一、世界殖民体系 (214)
二、世界经济体系 (216)
三、世界成为不可分割的整体 (218)

第三节 帝国主义时代的矛盾与列宁主义的诞生 (220)
一、帝国主义时代的世界基本矛盾 (220)
二、国际工人运动的发展与修正主义的出现 (222)
三、列宁主义的诞生 (225)

第四节 日益卷入世界历史进程的亚洲、非洲和拉丁美洲 (227)
一、亚洲民族资本主义的产生与人民的觉醒 (227)
二、非洲民族资本主义的萌芽与反瓜分斗争 (230)
三、拉丁美洲民族主义运动的新发展 (232)

第三编 世界进入整体发展的新阶段
(20世纪)

第十章 从资本主义向社会主义过渡的开始 (235)
第一节 20世纪初的世界 (236)
一、20世纪初的世界经济关系和世界政治关系 (236)

二、资本主义由和平发展向革命和战争转化 …………………(238)
　　三、世界历史面临一场重大转折 ………………………………(240)
　第二节　资本主义世界体系的突破 ………………………………(243)
　　一、一场空前规模的世界战争 …………………………………(243)
　　二、第一次世界大战带来世界的深刻变化 ……………………(245)
　　三、俄国成为帝国主义链条上的薄弱环节 ……………………(247)
　　四、俄国从民主革命向十月社会主义革命的转变 ……………(250)
　第三节　世界两种力量的较量 ……………………………………(254)
　　一、世界范围的革命运动 ………………………………………(254)
　　二、国际资产阶级的对策 ………………………………………(256)
　　三、各国革命成败的经验教训 …………………………………(260)
　第四节　世界各种关系的调整 ……………………………………(262)
　　一、凡尔赛—华盛顿体系的建立 ………………………………(262)
　　二、两种社会制度的国家由对抗转为共处 ……………………(267)
　　三、资本主义世界各种关系的演变 ……………………………(271)

第十一章　世界激烈动荡与力量对比变化 ……………………(275)
　第一节　世界经济危机的震撼及其反应 …………………………(276)
　　一、经济危机严重动摇了资本主义统治 ………………………(276)
　　二、资本主义各国寻求摆脱危机的途径 ………………………(277)
　第二节　苏联一国建设社会主义的探索 …………………………(281)
　　一、苏联社会主义模式的形成 …………………………………(281)
　　二、苏联社会主义建设的伟大成就和问题 ……………………(283)
　第三节　法西斯的威胁与世界掀起反法西斯运动 ………………(286)
　　一、法西斯对世界和平和各国安全的威胁 ……………………(286)
　　二、世界主要矛盾的转化 ………………………………………(287)
　　三、世界人民掀起反战反法西斯运动 …………………………(290)
　　四、为什么未能制止第二次世界大战的爆发？ ………………(294)
　第四节　反法西斯战争的胜利 ……………………………………(297)
　　一、名副其实的全球战争 ………………………………………(297)
　　二、世界人民赢得反法西斯战争的胜利 ………………………(300)
　　三、第二次世界大战的历史地位 ………………………………(305)
　第五节　战后世界历史的进步和两极格局的形成 ………………(308)
　　一、中国革命的胜利与世界力量对比的变化 …………………(308)
　　二、社会主义越出一国范围 ……………………………………(311)
　　三、殖民体系从亚洲开始崩溃 …………………………………(313)
　　四、世界形成两极格局 …………………………………………(315)

第十二章　经济国际化与全球政治对抗 (320)

第一节　第三次科技革命与世界横向联系的加强 (320)
一、第三次科技革命对世界的影响 (320)
二、各国经济相互依赖与世界横向发展的加强 (323)
三、美国国际化拓展与对外侵略扩张 (325)

第二节　东西方对抗与意识形态分歧 (327)
一、经济上的封锁与反封锁 (327)
二、两大阵营的军事对垒与局部冲突 (329)
三、意识形态领域的激烈斗争 (331)

第三节　世界新兴力量的崛起 (334)
一、殖民体系全面崩溃 (334)
二、第三世界兴起 (336)
三、发展中国家已成为世界舞台上的一支重要力量 (339)

第四节　社会主义曲折前进 (343)
一、世界社会主义事业由高潮转入低潮 (343)
二、社会主义建设的得失 (347)
三、社会主义国家在改革中取得突破性进展 (350)

第十三章　世界加速整体化与多极化的发展趋势 (354)

第一节　世界范围的调整与改革浪潮 (355)
一、新科技革命的酝酿 (355)
二、发达资本主义国家经济政策的调整 (356)
三、发展中国家调整经济发展战略 (358)
四、社会主义国家经济体制的改革 (360)
五、世界经济关系的调整 (362)

第二节　两极格局终结与多极化趋势 (364)
一、世界各种力量的变化 (364)
二、苏联东欧剧变及其历史教训 (366)
三、多极化发展趋势日益明显 (372)

第三节　全球化进程加速 (374)
一、新兴工业国的崛起 (374)
二、中国改革开放的世界影响 (376)
三、亚太地区的世界地位上升 (378)
四、世界经济一体化与区域经济集团化 (381)
五、国际文化交流的加强 (384)

后　记 (387)

前　言

　　这是一本为高等院校非历史专业学生和一般读者学习世界历史编写的教材。

　　历来编著世界史的学者的共识是：世界历史就是各国历史的总和。他们撰写的各种世界史著作一般都是按上古、中古、近代、现代（或按社会形态）分时期逐一叙述各国各民族和各地区的历史，实际上是按单个国家历史和单个历史事件进行编纂，是一种分阶段的各国历史汇编。这样编写的世界史很难反映客观的世界历史发展过程。马克思认为："世界史不是过去一直存在的；作为世界史的历史是结果。"[①] 这就是说，世界历史不是人类社会一开始就存在的，而是历史发展的结果。马克思、恩格斯提出人类社会历史经历了由"历史向世界历史的转变"[②]。这个重要论断揭示了人类历史在长时期内经历着一场伟大而深刻的变革。马克思主义关于世界历史的理论，对我们撰写世界史教材具有极其重要的指导意义。

　　人类社会由同时存在的诸多民族组成，它们最初是处在各民族各国家封闭的分散发展状态。由于各民族各国家的经济基础都是以农为本，农业是决定性生产部门，以农为本的经济是自给自足的自然经济。这种闭塞的经济决定了各民族各国家的闭塞性，使人类社会的发展被分割在狭隘的各个民族地域中，那时的历史只能是各国各民族狭隘的地域史或狭隘的民族史。生产力的缓慢发展，生产力与生产关系的矛盾运动，推动各国家各民族之间进行联系和交往，但不能从根本上突破各自的闭塞。

　　各民族各国家各地区之间闭塞状态具有世界意义的突破，开始于资本主义在西欧登上历史舞台，开始于15、16世纪东西方之间、新旧大陆之间跨越海洋的新航路的开辟。从15、16世纪之交开始，人类历史从分散发展向整体发展转变，"各个相互影响的活动范围在这个发展进程中越是扩大，各民族的原始封闭状态由于日益完善的生产方式、交往以及因交往而自然形成的不同民族之间的分工消灭得越是彻底，历史也就越是成为世界历史"。[③] 到19、20世纪之交，世界终于形成为一个紧密联系不可分割的整体，实现了人类社会从分散

---

① 《马克思恩格斯选集》第2卷，人民出版社1995年版，第28页。
② 《马克思恩格斯选集》第1卷，人民出版社1995年版，第89页。
③ 《马克思恩格斯选集》第1卷，人民出版社1995年版，第88页。

发展到整体发展的转变。伴随这个转变，开始了各国家各民族从民族历史向世界历史的转变，这就是各国家各民族开始从狭隘地域性存在的历史向世界历史性存在的历史转变，人类社会历史开始不再被分割在狭隘的民族地域中发展，任何民族、国家、地区都成为世界整体的一个组成部分。任何民族、国家的发展，都离不开世界整体的发展。

从民族历史向世界历史转变，是15、16世纪之交以来人类历史的发展趋势，是各民族各国家社会发展和历史进步的必由之路。19、20世纪之交，世界从总体上实现了历史向世界历史的转变，开始了真正的世界历史。但是，这不等于各国家各民族都同时完成这个转变。由于各国家各民族的具体情况不同，它们向世界历史的转变，不是同步进行的，更不是同时完成的。马克思恩格斯认为资本主义大工业"首次开创了世界历史，因为它使每个文明国家以及这些国家中的每一个人的需要的满足都依赖于整个世界，因为它消灭了各国以往自然形成的闭关自守的状态"①。这里明确指出首先进入世界历史的是文明国家，即欧洲、北美的资本主义国家，因为它们具备了进入世界历史的条件，这就是资本主义大工业代替了自给自足的自然经济，消灭了闭关自守的孤立状态。能否实现向世界历史的转变，决定于各国家各民族生产力的发展水平以及与外界交往的程度。任何国家，只有生产力的发展和与之相应的世界交往达到一定的程度，才能结束孤立的封闭状态，实现生产商品化和生产社会化，由商品经济代替自然经济，参与国际分工和国际竞争，全面介入国际市场，结束民族地域性历史，实现从民族历史向世界历史的转变。

历史表明，各国家各民族从民族历史向世界历史的转变是很不平衡的，多数民族和国家还远未完成这个转变。它们仍然要随着生产力和世界交往的发展，由各自封闭逐步走向开放，从彼此隔绝转为相互依赖。因此，人类社会历史远未完全转变为世界历史。20世纪的世界已是一个整体，世界历史进入一个新的发展阶段，它的根本特征就是整体发展。但是，20世纪的世界历史仍然处于历史向世界历史转变的世界性进程中。

总之，人类历史发展为世界历史经历了一个极其漫长的过程。这个过程包括两个互相联系不可分割的方面：纵向发展和横向发展。前者指人类物质生产史上不同生产方式由低级向高级的演变和由此引起的不同社会形态的更迭；后者指历史由各民族各国家各地区间的相互闭塞到逐步开放，由彼此分散到逐步加强联系终于发展成为整体的世界历史这一客观过程。两者共同的基础和最终的推动力量是物质生产的进步，正是物质生活资料生产的发展，把历史的纵向发展和横向发展这两个方面结合为一个统一的世界历史进程。

为了体现上述对世界历史的看法，这本教材改变过去那种局限于孤立地考

---

① 《马克思恩格斯选集》第1卷，人民出版社1995年版，第114页。

察单个国家历史和单个历史事件的研究角度,以世界为一全局,对人类历史怎样发展为世界历史的进程进行宏观考察。它以生产力发展和世界交往的发展为主线,以历史纵向发展和横向发展及其相互作用为骨架,将关系世界全局,具有世界意义,影响世界历史进程的重大事件和历史运动作为主要内容,提出一个综览世界全局,从全局考察人类社会历史怎样发展为世界历史并演变成当今世界的结构。它以人类社会形态由低级向高级的演进为基础,按照历史向世界历史转变所呈现的大的阶段性,将人类历史从古至今划分为三个大时期,分为三编撰写。第一编,人类社会在分散状态中发展(从人类起源到15、16世纪);第二编,人类社会由分散发展向整体发展转变(15、16世纪到19世纪);第三编,世界进入整体发展的新阶段(20世纪)。教材内容主要是将世界从古至今(包括中国历史,中国历史和其他国家历史一样是人类历史发展为世界历史全过程的组成部分)发展演变中那些关系世界全局、具有世界历史意义、影响世界历史进程的重大事件和历史人物放在世界历史进程中考察,提供世界历史的基本知识,勾勒世界历史的基本线索,揭示世界历史的发展规律和经验教训。

这本教材着眼于通过系统地讲授世界历史知识对高等院校非历史专业学生和青年读者进行素质教育。(1)从揭示世界历史发展的共性与个性、历史与现实、整体与局部、世界与中国等各种关系中受到唯物观点、辩证观点和历史观点的教育;(2)从认识中国在世界历史和当今世界的地位、作用中深化对中国的认识,增强爱国主义思想;(3)从学习社会主义的理论和实践中提高社会主义觉悟,增强社会主义信念;(4)从领会世界历史发展规律和历史经验教训中认识改革开放是历史发展的必然。总之,通过教材提供的世界历史知识,让学生和读者受到多方面教育,提高认识,胸怀祖国,放眼世界,为建设繁荣富强的社会主义现代化祖国做出自己的贡献。

第 一 编
人类社会在分散状态中发展
（从人类起源到15、16世纪）

第一章

人类的原始时期和向文明过渡

> 本章主要阐述人类的形成，原始社会产生、发展、崩溃和古代五大文明形成的历史。时间从290万～250万年前至公元前两千年代。
>
> 人类诞生后，利用简陋的工具，依靠集体力量进行生产活动。使用的工具不断进步，由旧石器发展到中石器，逐渐实现从猿人向智人、从原始群到氏族公社的转化。与此同时，人类的活动范围扩大。从非洲和亚洲热带诞生地向外扩展，进入非、亚、欧洲的许多地方，并最终进入了美洲和澳洲。人们的经济活动从采集、狩猎向原始农耕和畜牧过渡。
>
> 大约在一万年前，人类开始进入新石器时代。在西亚、东亚和中、南美洲形成三个各具特色的农耕、畜牧中心地区。农业和畜牧业的产生被称为"新石器革命"，人类以自己生产的农牧产品作为衣食之源，从而在支配自然力方面开创了一个新纪元。
>
> 在氏族公社社会，实施的公有制、集体劳动、平均分配是与生产力极其低下相适应的。随着金属器的出现，社会大分工，生产力提高，出现了剩余产品和私有财产。这样，氏族公社瓦解了，人类社会进入建立在私有制和阶级差别基础上的文明时代——奴隶社会。
>
> 公元前四千年代后期，西亚的两河流域南部和北非尼罗河下游流域，最早跨入文明社会的门槛。接着是南亚的印度河流域、东亚的黄河流域、爱琴海的克里特岛。这些地区出现的一些国家，大都是以一个城市为中心，结合附近农村建立起来的城市国家。各国相互兼并，从公元前三千年代后期起，各文明中心地区先后出现了统一王国。这些王国大都实行中央集权君主专制，社会生产力进一步提高了。

> 在原始社会，人类缓慢移动，经过漫长岁月，人类活动范围扩大，把原始生产技术和社会组织从一地带到另一地。进入阶级社会后，各文明地区联系加强。西亚、北非和地中海东部及其相邻地区之间出现了经常性的贸易和文化交流。人类社会早期的这种联系和交流，开始为历史向世界历史转变准备条件。

第一节 人类的出现和氏族的产生

一、人类的起源和体质的进化

按照科学推算，地球大约在60亿～46亿年前形成。地球形成之初，没有生命。在距今33亿年前，地球上出现了最原始的生物——原核细胞菌类。随着地球表面自然条件的不断改变，地球上的生物逐步进化，渐次出现了藻类、无脊椎动物、鱼类、两栖动物、爬行动物和哺乳动物。大约在3500万年前，出现了猿类。

1876年，恩格斯提出了有关人类起源过程的三个科学概念，这就是攀树的猿群、正在生成的人和完全形成的人①。攀树的猿群是人类的前身。正在生成的人是从猿到人的过渡。这个过渡的终结，产生了完全形成的人。

迄今发现的最早猿类有原上猿和埃及猿。原上猿和埃及猿体形较小，分别生活在3500万～3000万年前和2800万～2600万年前埃及北部的热带雨林中。大约2300万～1000万年前，在欧、亚、非洲生存着一种古猿，定名为森林古猿，森林古猿能在树林中臂悬行动或屈肢节行走。原上猿、埃及猿、森林古猿与人类一样有32颗牙齿。埃及猿、森林古猿各类牙齿排列次序和人类相同。在澳大利亚发现的"达尔文森林古猿"的三个臼齿，与人类臼齿十分相似。由以上这些可推测，人类起源于古猿。原上猿、埃及猿和森林古猿就是恩格斯指出的"攀树的猿群"，是人类的远祖。

根据地质资料推断，第三纪中新世（2500万～1200万年前）晚期，从东非经阿拉伯、印度到中国西南的气候变得干寒起来。原来许多树木茂密的森林地区，变成树木稀疏的草原，一部分林栖的古猿，被迫下到地面。它们用石块、木棒等天然工具，驱赶野兽，获取食物，学会了直立行走，跨越了从猿转变为人的重要一步，成为"正在生成的人"。

腊玛古猿生活在1400万～700万年前。在肯尼亚、巴基斯坦旁遮普北部、

---

① 参见《马克思恩格斯选集》第4卷，人民出版社1995年版，第373～378页。

印度和巴基斯坦交界的西瓦立克山区、中国云南、希腊、土耳其、匈牙利等地，都发现过腊玛古猿的骨骼化石。腊玛古猿吻部有所后缩；犬齿较小，犬齿窝较大且较低，齿列成弧形，与人类相似。腊玛古猿以后演化为人类，是"正在生成的人"。400万～300万年前，在南非、东非出现最早的南方古猿。早期南方古猿的一支，向人类的方向发展，是继腊玛古猿之后的从猿到人的过渡生物。

按照恩格斯的学说，"正在生成的人"逐渐学会了对天然石块和木棒等进行加工，制造劳动工具，提高了效率。这样，"正在生成的人"就演化为"完全形成的人"。本世纪70年代，在肯尼亚库彼弗拉发现了一只由碎片凑合的古人类颅骨化石，以及牙齿和下颌骨化石，人类学家把他定名为肯尼亚ER1470号人。在库彼弗拉也曾发现一些粗糙的砾石打制石器。经测定，肯尼亚ER1470号人生活在290万年前[①]。本世纪80年代，在中国云南元谋县豹子洞箐，发现了古人类的门齿、臼齿、犬齿和前臼齿化石，共41枚，刮削器数件，以及炭屑等遗物，这种古人类被称为"东方人"。经专家鉴定，"东方人"生活在250万年前[②]。根据以上发现可以推论，人类大约出现于290万～250万年前。

从290万～250万年前原始的"完全形成的人"到现代人，还有一个由低级到高级的发展阶段，即从猿人到智人阶段，人类的体质不断进化。猿人可以分成早期猿人和晚期猿人。早期猿人除肯尼亚ER1470号人和"东方人"外，还有中国的巫山人（200万年前）、坦桑尼亚的"能人"（190万年前）和中国的元谋人（170万年前）等。晚期猿人主要的有亚洲的莫佐克托人（150万年前）、爪哇人（80万年前）、北京人（69万年前）、非洲坦桑尼亚的恩杜图人（60万～50万年前）和欧洲的海德堡人（50万～40万年前）等。"能人"的脑容量大约为680毫升，大拇指已可与其他四指对握。晚期猿人的脑容量比早期猿人大，莫佐克托人为800毫升，爪哇人为900毫升，北京人平均为1 059毫升。

晚期猿人的头颅保留了一些与猿类接近而与现代人不同的特征，如眉脊突出，左右相连，前额低平，吻部前伸，没有下颚等。但其肢骨要比头骨进化得快，上肢骨比下肢骨更接近于现代人。例如，北京人上臂骨的长短比例和结构形式与现代人很相似。大腿股骨的形式、大小和肌肉附着点与现代人也相似，但具有若干原始性质，如前缘和断面较为圆钝。

智人可以分成早期智人和晚期智人。早期智人生活在30万～5万年前，已经分布欧、亚、非洲广大地区，如德国的斯坦因海姆人、印尼的昂栋人、中国的丁村人、非洲的勃罗根山人等。早期智人的体质进一步改善，眉骨仍突出，但不如猿人显著，已有下颚但不明显，其脑容量已平均增至1 350毫升。

[①] 肯尼亚ER1470号人头骨没有突出而相连的眉脊，因而其在进化系统中的位置有争论。

[②] 龙永行：《"东方人"考察记》，载《东南亚》1987年第4期。

晚期智人出现于5万年以内,从古人类学来说,指的是5万年到1万年前的化石人类。晚期智人重要的有法国的克鲁马农人,中国的柳江人、山顶洞人,南非的弗洛里斯巴人,坦桑尼亚的加洛巴人等。此时,人类已进入美洲和澳洲。晚期智人的前额升高,吻部后缩,下颚明显,眉脊突出的特征消失,脑容量平均已达1 400毫升,其体质与现代人相同。从1万年前起的人类称为现代人。

二、旧石器时代

制造工具是人类完全形成的标志。人类社会一产生便进入石器时代。石器时代分为三个阶段,即旧石器时代、中石器时代和新石器时代。漫长的旧石器时代又可分为早、中、晚三期。旧石器时代的早期自290万~250万年至30万年前,中期自30万年至5万年前,晚期自5万年至1.5万年前,或1万年前。

旧石器早期文化是猿人创造的。早期猿人制造的石器工具加工粗糙,形状简陋。坦桑尼亚"能人"制造了用于砍砸、刮削的石器工具,但仍继续使用天然石块。在"能人"的生活层中,发现一种用石块堆成的圆形避风、防兽所遗址。中国元谋人用石英岩制造石器,其器型有石片、石核、尖状器、刮削器等。在元谋人的遗址中,找到了炭屑和烧过的兽骨,元谋人已知道用火。

晚期猿人制造石器的技术有了进步。北京人制作石器有一定的方法,他们选择石料,打制石器,最后进行修整。其石器种类有砍砸器、尖状器、石锤、石砧、刮削器、两端刃器、斧状器等。每种石器又有不同形状,如刮削器有直刃、凸刃、凹刃和多边刃的。他们制造的尖状器,有的仅一节手指大小。北京人已能保持火种,使火长久不熄,有了一定的控制和管理火的能力。欧洲著名的旧石器早期文化有阿布维利文化、阿舍利文化和克拉克当文化。阿布维利文化最初发现于法国北部,距今约50万~40万年,其典型遗物是一种制作粗糙的扁桃形手斧,长10~20厘米。阿舍利文化是阿布维利文化后的一种文化,最初也发现于法国北部。阿舍利手斧器形较小,边缘也薄了一些。克拉克当文化主要分布在法国北部和英国南部,是以石片石器为主的文化。

旧石器时代中期与早期智人阶段相当。这个时期的代表性文化有中国的丁村文化和欧洲的穆斯特文化。丁村人制作石器的技术又有进步,用交互打击法制作砍砸器,敲击砾石周围边缘制成石球。大三棱尖状器是丁村人石器的典型工具,这种石器是一种挖掘工具,一端尖锐,一端钝厚,使用合手。穆斯特文化的石器制作方法是将石核加工成盘形石块,然后对击下的石片进行细敲加工,并对刃部进行修整,制造尖状器和刮削器。在穆斯特洞穴遗址里,发现尸骨周围埋有兽骨和工具。穆斯特人的这种葬俗,表明某种死后去向的迷信或宗教观念的萌芽。早期智人可能已掌握了人工取火的技术。

晚期智人创造了旧石器晚期文化,中国山顶洞人文化属于这一时期。山顶洞人制造的石器,形状对称均匀,刃部锋利,并掌握了挖孔技术。生产的带眼骨针，针身圆滑，针尖锐利。欧洲旧石器晚期文化分为三段，即奥瑞纳文化、梭鲁特文化和马格德冷文化。这一时期在欧洲出现制作石器新技术，即从规整地琢磨而成的棱柱形石柱上取下细长而精巧的石片，然后再利用压削法进行二次加工。梭鲁特时期桂叶形石器，刃缘锋利，器壁之薄几乎透明。奥瑞纳和梭鲁特文化遗址所建居室，大多是半窖穴且有盖，有的是用兽皮包围的皮屋和帐篷。

在旧石器时代，人们主要的生产活动是狩猎和采集。元谋人使用粗劣石器，无力与猛兽搏斗，只能猎取小动物，采集是其生活主要来源。北京人狩猎能力提高，已能猎取如肿骨鹿、三门马、羚羊等大动物。到旧石器时代中期，狩猎技术有进步，开始使用火、陷阱和集体围猎等方法，狩猎成为食物的主要来源。在穆斯特人的居处，发现了大量兽骨。到旧石器时代晚期，由于标枪、投矛器的使用，延长了射程，人们猎获成群的大野兽。在今捷克的普尔热德桥遗址，发现猛犸遗骨约900具。在法国梭鲁特遗址，发现野马骨一万架。

旧石器时代晚期，艺术品明显增多。在山顶洞人遗址，出土了一批穿孔的兽牙、海蚶壳、石珠、小砾石、青鱼眶骨和刻沟的骨管等装饰品。在法国芳德岗山洞里有一幅彩色画：一群马的头都朝向一方，一只狮子正弯着背，竖起尾巴，双目圆睁，紧盯着这群马。这幅画反映出狮与马群搏斗前的一瞬间。在俄罗斯顿河畔骨村遗址，发现了两具猛犸象牙雕刻的女人像。这两座雕像的乳房、腹部、臀部与大腿特别肥大，夸张地表现了妇女的体形特征。

三、从原始群到氏族公社

猿人的生产、生活能力十分低下。为了获取食物、抵御猛兽的袭击，他们结成群体，这就是原始群。这种原始群一般在十几人到几十人之间，在河岸、森林边缘游动。原始群获得的食物很有限，经常挨饿。原始群不稳固，群体时大时小，或分裂，或重建，都以能否获得食物和获得食物多少为转移。群体内的性关系是不分亲子、兄妹的杂婚。

到早期智人阶段，社会生产力有所提高，四处游动的群体，逐渐有了临时居地。在这个时期，开始用流星索、石球、火、陷阱和将野兽赶到悬崖坠死等办法狩猎。劳动强度加大，活动范围也扩展了。原始群成员开始实行按年龄分工，年轻力壮的远离居地外出狩猎，而年老体衰的则在居地附近活动。年龄相近的经常在一起活动，年龄层次不一的人们常常分离，性生活也分开。逐渐形成了一种规则，同一辈人之间可以相互通婚，而上一辈人与下一辈人之间禁婚。这种婚姻制度称为血缘群婚，实行血缘群婚的群体就称为血缘家族①。

19世纪，美国著名的民族学家摩尔根，经研究调查，发现了太平洋波利尼

---

① 学术界另一种意见认为，"正在生成的人"的时代是原始群时代，猿人和早期智人的社会组织形式是血缘家族。

西亚地区洛特马人的亲属制度。洛特马人称父亲的兄弟和母亲的兄弟都为"我的父亲",称父亲的姊妹之夫和母亲的姊妹之夫也都为"我的父亲";称父亲的姊妹和母亲的姊妹都为"我的母亲",称父亲的兄弟之妻和母亲的兄弟之妻也都为"我的母亲"①。这表示父母这一辈人,不论血缘之亲疏,彼此既是兄弟姊妹,又是夫妻。洛特马人还称兄弟的儿子、姊妹的儿子都为"我的儿子",称兄弟的女儿之夫、姊妹的女儿之夫也都为"我的儿子";称兄弟之女、姊妹之女都为"我的女儿",称兄弟的儿子之妻、姊妹的儿子之妻也都为"我的女儿"②。这表示子女这一辈人,不论血缘之亲疏,彼此既是兄弟姊妹,又是夫妻。其他亲属等情况与此相类。在19世纪的波利尼西亚并不存在血缘群婚与血缘家族。摩尔根认为,亲属制度可以落后于婚姻和家庭形态的发展,当社会的婚姻和家庭形态发展了,原先的旧亲属制度可以保留很长一段时间。因此,洛特马人的亲属制度,清楚地反映了古代波利尼西亚地区曾存在过血缘群婚和血缘家族。中国纳西族的传说《创世纪》,流传利恩六兄弟和六姊妹互为夫妻的故事。直到1956年民主改革前后,在纳西族地区还残存着一些血缘婚实例③。

在旧石器时代晚期,晚期智人掌握了更高的生产力,开始猎获成群的大野兽。生产力的提高和经济的发展,要求人们持久的结合,以便传授经验,在生产活动中配合默契。同时,长期的生活经验,也使人们明白血缘群婚的危害性,为了人丁兴旺,为了身体发育健康,必须排除血族集团内部兄弟姊妹之间的婚姻。在这种情况下,族外群婚代替了血缘群婚。

曾流行于夏威夷的普那路亚婚是族外婚的一种形式,它规定一个血族集团内部的兄弟姊妹之间禁婚,一个血族集团的兄弟姊妹,只能与另一个血族集团的兄弟姊妹通婚。"按照夏威夷的习俗,若干数目的姊妹——同胞的或血统较远的即从(表)姊妹,再从(表)姊妹或更远一些的姊妹——是她们共同丈夫们的共同的妻子,但是在这些共同丈夫之中,排除了她们的兄弟……同样,一列兄弟——同胞的或血统较远的——则跟若干数目的女子(只要不是自己的姊妹)共同结婚。"④ 实行普那路亚婚的群体,逐渐形成一个界线分明、固定的血族群体,这就是氏族。

澳大利亚级别婚是族外婚的另一形式。这种婚姻形式是这样产生的:一个血族集团分裂成两个"半族",也就是两个级别。这两个"半族"内部禁婚,两个"半族"之间彼此通婚。其中任何一个"半族"的所有男子,可以与对方

---

①② 参看路易斯·亨利·摩尔根著《古代社会》下册,商务印书馆1977年版,第3编第2章附表"夏威夷和洛特马式亲属制"。

③ 参见严汝娴、宋兆麟《永宁纳西族的母系制》,云南人民出版社1983年版,第6页。

④ 《马克思恩格斯选集》第4卷,人民出版社1995年版,第35~36页。

"半族"的所有女子通婚。实行级别婚的"半族"也成为氏族。恩格斯认为:"氏族制度,在绝大多数的情况下,都是从普那路亚家庭中直接发生的。诚然,澳大利亚的级别制度也可以成为产生氏族的出发点。"①

在当时,氏族或称为氏族公社是人们进行生产和生活的基本单位。实行族外婚的氏族,生下的子女与其母亲一起生活,成为其母亲氏族的成员。世系按母系计算,妇女受到普遍的尊敬,氏族的首领多为妇女,早期的氏族称为母系氏族。两个彼此联系、相互通婚的氏族构成早期部落。

四、人类活动空间的扩展,种族和语言

旧石器时代晚期,社会生产力提高了,族外婚代替了血缘婚,氏族公社把人们更好地组织起来进行生产和生活,这一切都促使人口增长。为了生存,晚期智人开始向欧亚大陆北部扩展。中国北部地区被开拓,德国和波兰的北部、白俄罗斯中部、乌拉尔的楚索瓦雅河河口附近、阿尔泰—萨彦高地、雅库特等地开始有人类居住。大约在三万五千年前,人类进入西伯利亚东部。

距今五万年前,人类开始进入美洲。在美国的加利福尼亚州、新墨西哥州、洛杉矶,加拿大的阿尔勃他,秘鲁的古塔利洛,墨西哥的特佩什潘,巴西的圣保罗州,都发现了晚期智人的遗址。大约在二三万年前,人类进入澳洲,在新南威尔士和墨尔本附近都发现了晚期智人的骨骼化石。

原始时期,崇山峻岭,茂密森林,茫茫大海,广袤沙漠,使世界各地区彼此隔绝。各地区的人们适应其本地区的自然环境,体质征状各具特色,产生不同的种族。种族的标志,主要的是肤色、发型与发色、体毛和胡须的多少、头型、鼻型、眼型、颌突度和身高等。

在旧石器时代晚期,人类的三大种族开始形成。蒙古利亚人种大概形成于东亚的干燥草原地区。蒙古利亚人种的皮肤淡黄或棕黄,黑色直型发,体毛和胡须稀少,有内眦眼褶,眼的颜色为黑色或深褐,眼外角稍上斜,颌突度中等,面部宽阔,身高平均数在175厘米以下。柳江人、山顶洞人已具有蒙古利亚人种的一些体质特征。距今约一万年前,蒙古利亚人种分布在东亚和美洲。

欧罗巴人种即高加索人种,大约起源于南欧、北非和西亚地区。欧罗巴人种皮肤白色或略白色,有的为棕色,波型发,呈金黄或黑褐色,眼色较浅,泪阜外露,体毛和胡须浓密,高鼻梁,颌骨突出不明显,身高平均数在175厘米以上。克罗马农人已具有欧罗巴人种的一些体质特征。距今约一万年前,欧罗巴人种分布在欧洲、北非、东非部分地区、中东、中亚和南亚次大陆的北部。

尼格罗人种大约起源于非洲东北部,澳大利亚人是由其他地区迁去的。尼格罗—澳大利亚人种的皮肤一般为黝黑或棕色,宽鼻型,上颌向前突出明显。

---

① 《马克思恩格斯选集》第4卷,人民出版社1995年版,第38页。

非洲尼格罗人体毛和胡须少,头发卷曲,色黑;澳大利亚人体毛和胡须浓密,波型发。距今约一万年前,尼格罗—澳大利亚人种分布在除北非和东非部分地区之外的非洲大陆、澳大利亚,以及南亚和东南亚一些地区。弗洛里斯巴人和加洛巴人已显示出非洲尼格罗人的一些体质特征。

英国学者 L. 李基认为,肯尼亚腊玛古猿已有说话的能力。根据北京人的脑壳印出来的模型结构判断,北京人已使用分音节的语言。晚期智人脑容量以及脑纹褶与现代人没有差别,分音节语言得到发展。原始语言并不复杂,但随着社会生活内容日益丰富,词汇逐渐增多,语法结构逐渐完备。旧石器时代晚期,人类活动范围扩展,迁徙频繁。一个统一的社团,在地域上分裂为若干个独立的社团,久而久之,原来划一的语言也会发生分化,形成若干种语言。那些有共同历史渊源的,保存共同母语某些特点的诸语言称为亲属语言。按照语言的亲属关系,可把人类的语言分成若干语系。

从旧石器时代晚期到原始社会末期,逐渐形成的语系主要有:流行于北非、东非和西亚的塞姆·哈姆语系(闪·含语系),中非地区的班图语系,南亚的达罗毗荼语系,东亚的汉藏语系,东南亚和太平洋地区的马来·波利尼西亚语系,中亚等地的阿尔泰语系,西伯利亚西南部的乌拉尔语系,波罗的海和中亚之间一些地区的印欧语系。

第二节 "新石器革命"和氏族社会的繁荣

一、中石器、新石器时代

中石器时代始于一万五千年前,是旧石器时代与新石器时代之间的一个过渡时期。有的学者把中石器时代归入旧石器时代。在中石器时代,流行一种制作精巧,形状端正,呈三角形、菱形、梯形、弓形、半月形的细小石器。这些细小石器镶嵌在木柄或骨把上,形成复合工具。中石器时代又被称为细石器时代。弓箭是一种远程射击武器,发明、使用弓箭是中石器时代伟大的技术进步。距今一万多年前,在德国的什列斯维希·霍尔斯坦,出现了最早的弓。恩格斯说:"弓箭对于蒙昧时代,正如铁剑对于野蛮时代和火器对于文明时代一样,乃是决定性的武器。"[①]

中国山西省下川遗址属中石器时代文化遗址。制作下川细石器,先用间接剥片法产生细石叶,然后把它加工成石镞、石锯和琢背小刀等。东南亚地区中石器文化遗址分布很广,其石器的特点是单面加工。欧洲中石器文化以其北部马格尔莫斯文化为典型,年代距今约 8000 年。当时广泛使用各种几何形的

[①] 《马克思恩格斯选集》第 4 卷,人民出版社 1995 年版,第 20 页。

细石器，其中多数是箭头，还有各种鱼叉、鱼钩，嵌有锋利燧石片刀口的骨器和角器等。在北美出现过以细小石器和弓箭为特征的中石器时代文化。在中石器时代，狗已被驯化为狩猎者的助手。

世界各地过渡到新石器时代的时间先后不一，西亚地区大约在一万年前率先进入新石器时代。在新石器时代，开始用磨制法制造石器，先把石块打制成所需的形状，然后把它放在砺石上加水夹砂磨光，最终制成器形准确、器面平整光滑、刃部锋利的石器。反复研磨刃部，可多次使用。制作陶器是新石器时代工艺技术的又一重大进步。美国民族学家摩尔根说："在人类的进步过程中，制陶术的出现对改善生活、便利家务开辟了一个新纪元。"[①] 在西亚和希腊等地，新石器时代初期有一个无陶时期，称为前陶新石器时期。

考古学家将伊拉克北部萨威·克米—沙尼达遗址的年代定为公元前9000年。在这个新石器时代遗址中，出土了嵌有石刃的骨柄刀，刃口经磨制，大概是用来收割谷物的。在沙尼达东南的耶莫遗址，年代为公元前7000～公元前6750年。耶莫的磨制石器有箭头、石斧、石刀和石镰等，石刀、石镰以木作把，并用沥青将其粘牢。此外，还有石碗、石珠、石环等，骨器有片刀、钻子、环、珠等。

公元前6000年代，欧洲爱琴海地区进入新石器时代。这个时代的石器经磨制，表面光滑，刃口平整，斧头、箭头、矛头、刀片等石器相当锐利。当地产的带柄的钵、杯等陶器，器壁薄，器面涂有各种色彩，有的还绘有图案。这种精美的陶器被称为"虹霓陶器"。

中国黄河中下游的仰韶文化遗址，年代为公元前5000年～公元前3000年。仰韶文化的磨光石器有长方形和椭圆形的石斧，心形或舌形的石铲，长条状或扁平状的石锄等。仰韶彩陶的种类有鼎、釜、罐、钵、盆、杯等。在器面上绘以各色几何图案，以及驰鹿、飞鸟、游鱼、大龟、人头像。有些陶器的底部有布纹，这是制作时用麻布垫陶器的结果，表明当时已纺纱织布。新石器时代晚期，中国东南沿海诸省流行几何形印纹陶。这种陶器的器面上遍印几何形图纹，有方格纹、筐篮纹、曲尺纹、草之纹、螺旋纹、回字纹和米字纹等。在东南亚一些新石器时代遗址，也发现了几何形印纹陶。

在中国鹰潭角山新石器时代遗址，出土了许多刻有记数符号的陶器，这些记数符号已经形成体系。两个最基本的记数符号为 ）和 ㇀，分别代表1和5。1至4为个位数，分别用 ）、））、）））、））））表示。㇀ 为五数位的基本单位，用 ㇀、㇀㇀、㇀㇀㇀、㇀㇀㇀㇀……分别表示5、10、15、20……个位数和五数位的数组合，可表示各种不同值的数。如用 ㇀）、㇀））、㇀）））、㇀））））分别表示6、7、8、9，用 ㇀㇀）） 表示12，用 ㇀㇀㇀）表示16，用 ㇀㇀㇀㇀））） 表示23等。中国角山记数符号，是

[①] 路易斯·亨利·摩尔根：《古代社会》上册，商务印书馆1977年版，第13页。

迄今所知世界上最早的 5 进位记数符号体系。

在中国仰韶文化半坡遗址，发现一种陶制的小口尖底瓶。这种陶瓶两侧各有一个耳，可拴绳革。人们手持绳革，把陶瓶放入水中，水的浮力使瓶身前倾，将水装满，提起后，重心向下，瓶身自然垂直。由此可见，半坡先民已经掌握了重心原理。

中国河南大何村遗址，属新石器时期。在大何村出土的陶片上，发现绘有太阳、月亮和星座图案。在一件复原陶钵的肩部，共有十二个太阳图案，可能象征一年中的十二个月。

二、农耕、畜牧业的产生和三大中心地区

中石器时代，母系氏族制度有很大的发展，人口显著增加，分布地区进一步扩大，人类要求稳定和高效的生活来源。人们在长期采集中，通过仔细观察，逐渐熟悉了植物性能和生长规律。采集植物积累起来的经验，在氏族成员中彼此交流，世代相传。到新石器时代，组织起来的氏族成员，逐渐发现栽培植物的方法，得到了好收成，原始农业产生了。从近代一些民族的采集活动和粗放农业中，可以看出从采集过渡到原始农业的一般情况。19 世纪，马来半岛的塞茫人，在采集过程中逐渐了解了野生果树的生长规律。他们修剪树枝，砍去树旁的杂草与灌木，以便收获更多的果子。新中国成立以前，中国云南的独龙人，将野生稻的种子撒在草地上，然后把草拔起来，用草根上颤落的泥土，掩盖种子。农作物长大后，再除去附近的树枝和杂草。这种不烧不耕的粗放经营，是遗留下来的最原始的耕作方法。在新石器时代，猎人们驯养捕捉到的野生动物，并使其生殖繁衍，得到更多的肉食，原始畜牧业便产生了。现在，安达曼人仍把围猎时捉到的小猪存栏豢养。

农耕、畜牧业产生之初，两者是结合在一起的，一个氏族公社经营农业也经营畜牧业。从事农业生产，自播种到收获要经历一段时间，在这段时间里还要进行田间管理。农业生产要求定居，定居必定产生农业村落。世界上主要的早期农耕、畜牧中心地区有三个：西亚地区，东亚地区和中、南美洲。

西亚地区是世界上最古老的农耕、畜牧发源地。约旦贝哈新石器遗址（公元前 8000 年代末～公元前 7000 年代前期）的居民已开始农耕，栽种原大麦，人们同时进行采集阿月浑子、橡子和豆类等。到公元前 7000 年代，农耕在西亚广大地区出现，主要农作物有原大麦、原小麦和豆类。萨威·克米—沙尼达遗址中出土的绵羊骨骼，是迄今为止发现最早的驯化绵羊的证据。在西亚地区，公元前 7000 年代开始驯养牛和猪。

伊拉克耶莫遗址是由一个氏族公社经营的农业村落，占地 1.2～1.6 公顷，150 人左右，有 20～25 幢长方形泥砖的屋子。这里种植的原红小麦、原小麦以及原大麦，与野生品种相去不远。饲养狗、山羊和猪，牛、羚羊仍是猎获的。耶利哥遗址位于死海北岸的约旦河谷，年代为公元前 7000 年。耶利哥遗址是一个农业村落，占地 5 公顷。村落里有数以百计的圆形房屋，仓库中贮存着谷物。此外，还有一个圆形塔楼，高 8.5 米，直径 10 米。耶利哥人同外人进行贸易，输出盐、沥青和硫磺等，输入用黑曜石制的镰刀、箭、斧等工具。

在东亚，中国黄河流域是重要的早期农耕、畜牧地区。在属公元前 6000 年代的河北磁山遗址中，发现了猪、羊、牛、狗的遗骸和许多粟的堆积。有八十多个粟的堆积，其厚度在 0.3～2 米之间，有的甚至超过 2 米。在公元前 6000 年左右的河南斐李岗遗址，出土了石磨盘。这种磨盘经琢磨而成，磨面为柳叶形或椭圆形，面积较大，有些磨盘还有四足。这个遗址出土的陶塑猪头，拱嘴张口，形象逼真。在西安半坡遗址（公元前 5000 年代），整个村落包括一百多座房屋。房屋构造有两种，即半地穴式和地面木架建筑，有方形的，也有圆形的。中国长江下游、东南沿海及台湾的先民，在公元前 5000 年代就已经从事农业，种植的作物有水稻、芋类、薯类、水果等，饲养的动物主要有猪、狗、羊、水牛和鸡。据瑞士学者马歇尔的推测，印度尼西亚栽种水稻始于公元前 7000 年代与公元前 6000 年代之交。在中印半岛，早在公元前 3500 年就开始种植水稻，并饲养牛，可能还有猪。

在南美洲的秘鲁，自公元前 6000 年代起就已种植菜豆。在墨西哥，从公元前 5000 年代开始种植胡椒等农作物，并编制席条和篮筐。中美洲在公元前 5000 年代至 4000 年代，培育出豆类、辣椒和龙舌兰。公元前 4000 年代，南美安第斯高原的印第安人已经种植玉米、瓜、豆、花生、马铃薯和可可树，饲养骆马和羊驼。

农业和畜牧业的产生是人类自掌握用火以来的一次伟大革命，这场革命被称为"新石器革命"或者"农业革命"，具有十分深远的意义。"新石器革命"是一次经济革命。此前，人类主要从事采集和狩猎，以获取天然产物为主，受大自然的限制很大。农业和畜牧业产生以后，人类以自己生产的农牧产品作为衣食来源，从而在支配自然方面开辟了一个新纪元。农业和畜牧业提高了产量，使人类有了比较稳定的食物来源。农业和畜牧业推动了制陶、纺织等手工业的发展，运输产生了。原始农业与畜牧业的出现，标志着人类由蒙昧时代进入野蛮时代。恩格斯说："蒙昧时代是以获取现成的天然产物为主的时期；人工产品主要是用作获取天然产物的辅助工具。野蛮时代是学会畜牧和农耕的时期，是学会靠人的活动来增加天然产物生产的方法的时期。"[①]

三、氏族、胞族和部落

氏族社会形成之初，两个彼此联系、相互通婚的氏族组成部落。新石器时

[①] 《马克思恩格斯选集》第 4 卷，人民出版社 1995 年版，第 24 页。

代是氏族社会繁荣期。生产力的提高，经济发展使社会人口增长很快，氏族组织不断分衍。一个母系制氏族分裂成若干个姊妹氏族，这些姊妹氏族组成胞族。这样，形成氏族—胞族—部落的社会体系。

母系制氏族严禁氏族内部的婚姻，氏族世系以母系计算。氏族议事会是母系制氏族的最高权力机关。凡成年成员都可以参加议事会，有权对重大事务进行表决。男女氏族成员有平等的表决权。由议事会选举产生氏族酋长和军事首领各一名，如不称职可随时撤换。氏族酋长和军事首领受到氏族成员的尊敬，但没有强制的力量。在氏族内部，人们过着原始共产制生活。所有财产都属氏族集体所有，氏族成员集体劳动，共同消费。每个母系制氏族都有自己的信仰和宗教仪式。

胞族的职能是组织竞技活动，处理胞族间的行凶杀人事件，参与氏族酋长和军事首领的选举，组织宗教活动。胞族还具有军事单位的意义。每个胞族所属的氏族酋长和军事首领一起参加部落议事会。胞族没有管理的职能，也不是经济的单位。

部落有自己的名称和地域，有共同的宗教信仰。由各氏族酋长和军事首领组成部落议事会。部落议事会有权宣布氏族所选出的酋长和军事首领正式就职的权利，也可以撤换他们，并有权决定对外战争、媾和及结盟等。全部落成员都可参加议事会讨论，但决定权属于议事会。一些部落，设有一个权力不大的最高首领。

人口进一步增长，往往使一个母系制氏族按血缘划分成若干个母系大家族。一个母系大家族由一个女性祖先的几代女系后裔组成，少则几十人，多则几百人，往往住在一个住宅内。母系制氏族公社把土地分给大家族使用，每个大家族是一个生产、生活单位。属同一母系制氏族的各大家族，在社会和宗教方面保持着联系，一些重大的生产活动，如开垦新田地，仍由整个氏族集体协调进行。

随着氏族分支日益错综复杂，禁婚规定越来越多。例如，在美洲印第安人部落中，血亲禁婚规则多达几百条，族外群婚实际上已不可能。于是，婚姻形式由族外群婚转变为对偶婚。在这种制度下，一个男子有若干个妻子，其中一个是主妻；一个女子有若干个丈夫，其中一个是主夫，这就是对偶婚。对偶婚很脆弱，不稳定，只要男女任何一方拒绝，婚姻关系便告解除。

在现代，还可以找到不少繁荣时期母系氏族制度的残迹，中国云南纳西族的情况可称典型。云南省永宁盆地和泸沽湖滨地区是纳西族人民主要聚居区之一，这个地区被称为永宁中心区。约在元代以前，永宁中心区的纳西族还处于母系制氏族阶段。元、明以来，氏族制度逐渐瓦解，但在家庭、婚姻等领域还保留着许多母系制遗俗。

纳西族先民刚到永宁中心区时，共有六个母系制氏族，纳西人称母系氏族为"尔"。西尔和胡尔，牙尔与峨尔，布尔与搓尔，分别通婚，并组成部落。

随着经济发展和人口增长，每一个"尔"又分裂成若干"斯日"，这些斯日是姊妹氏族。这样就形成了斯日—尔—部落，即氏族—胞族—部落的体系。

每个"斯日"有一个女始祖，以她的名字作为"斯日"的名称，母系血缘是维系斯日的纽带。实行氏族外婚制，起先"尔"内部禁婚，"尔"分裂为"斯日"后，"斯日"内部禁婚，属同一"尔"的各"斯日"之间不再禁婚。"斯日"聚族而居，一切生产资料和大部分生活资料公有，集体劳动，平均消费。每个"斯日"的族长由德高望重的资深妇女担任，主要职责是安排本"斯日"成员的生产和生活。

由于人口增长，"斯日"作为社会基本生产、生活单位显得过大，于是一个"斯日"又分裂成若干个母系大家族"衣社"。1956年，民主改革前，"衣社"是永宁中心区纳西族的社会细胞。每个"衣社"包括一个女性祖先的几代女系后裔，一般有一二十人。母系"衣社"内部实行原始共产制，有公共墓地，由精明能干的年长妇女担任族长。属同一"斯日"的各"衣社"仍保持着相互帮助的习俗，每年都要举行集体祭祖活动。永宁中心区的纳西族人实行对偶婚，只要是不同"衣社"或不同"斯日"的成年男女，便可发生婚姻关系。一旦男女双方同意，男子就可去女子家走访共宿，第二天清晨，男子回到自己的"衣社"生产、生活，实行走访婚的双方不发生经济关系。这种走访婚，纳西族人称之为"阿注婚"。阿注婚关系建立很简单，解除也十分容易，只要男方不上女方的门，或者女方不开门，阿注婚即告破裂。大多数成年人在一段时间里有一个稳定的长期的阿注，同时又有若干个临时阿注，生下子女留在母方"衣社"。这种婚姻处于对偶婚的"望门居"阶段。也有男阿注搬到女阿注所在的"衣社"居住的，并参加其经济生活，出现了"从妇居"，产生了对偶家庭，对偶家庭从属于"衣社"。

恩格斯曾描述过母系氏族制度。他指出："这种十分单纯质朴的氏族制度是一种多么美妙的制度呵！没有大兵、宪兵和警察，没有贵族、国王、总督、地方官和法官，没有监狱，没有诉讼，而一切都是有条有理的。……经济……按照共产制共同经营……大家都是平等、自由的，包括妇女在内。他们还不曾有奴隶；奴役异族部落的事情，照例也是没有的。"[①]

第三节 氏族社会解体和古代五大文明的形成

一、金属器的使用和社会大分工

人类在新石器时代已经知道金属铜。在公元前9000年代的伊拉克沙尼达

[①] 《马克思恩格斯选集》第4卷，人民出版社1995年版，第95页。

洞穴遗址里，发现了一枚用天然铜制成的有孔垂饰物。在土耳其中部恰塔尔·休于遗址，发现了公元前5800年的铜珠，以及公元前5500年的铜矿渣。这说明在公元前6000年代，人类已经掌握了采矿炼铜的方法。最初冶炼出来的铜是单纯铜，质地柔软，尚不能完全替代石器，铜器与石器同时使用，因而这个时期称为铜石并用时代。公元前3000年代，在西亚幼发拉底河、底格里斯河流域和印度河流域开始冶炼青铜。埃及和中国大约在公元前3000年代末和公元前2000年代初进入青铜时代。有的学者认为，大约公元前2700年，在泰国已经开始使用青铜器①。青铜是铜与锡的合金，质地比较坚硬。青铜的熔点在700℃～900℃，比铜的熔点1 080℃为低，青铜器较易铸造。青铜工具提高了劳动工效，前苏联学者 C.A.谢苗诺夫曾做过实验，使用青铜斧比使用石斧可以使劳动力的消耗减少三分之二②。

大约在公元前1400年，小亚细亚中部赫梯国居民采用熟铁块吹炼法冶铁。他们制作了一种特殊的熔炉，用风箱从炉口鼓入空气助燃，使炉温达到1 100℃～1 350℃，并用炭来还原铁矿石。这样在炉底得到一种面团状的铁块——熟铁块。锻打熟铁块，可制成铁器，淬火使其质地坚硬。铁矿石分布地区广大，容易获得。铁器很快取代了青铜器和石器，成为生产的重要工具。公元前2000年代后期至公元前1000年代前期，西亚、东南欧、南亚、北非和中国先后进入铁器时代。公元前6世纪，在中国中原地区采用排橐鼓风法，使炉温达到1 528℃以上，发明了冶炼液态铁的办法，铁水可以浇铸成各种形状的铁器。

早期农业村落居民种植农作物，同时饲养牲畜。由于自然条件不同，一些村落侧重农业，另一些村落侧重畜牧业。在新石器时代，起先人们用石锄、石锹等工具挖地，以后犁耕农业代替了锄耕农业。进入金属器时代，用牲畜牵引金属犁翻地，大大提高了生产效率，推动农业迅猛发展，加快了专业化过程。幼发拉底河、底格里斯河流域，尼罗河流域、黄河流域和印度河流域等地区的广阔平原，土地肥沃，水源充沛，适于农耕，农业成为这些地区居民主要从事的行业。在水草肥美的广大草原地带，一些部落逐水草而居，饲养牛、羊、马等牲畜，也获得比较丰富的产品。在这些地区，畜牧业就成为当地居民主要从事的行业。部落经济向两个不同的生产部门发展，产生了人类历史上第一次社会大分工，即农业与畜牧业的分工。

手工业为农业和畜牧业提供生产工具，农业和畜牧业的发展及其专门化，

---

① D.T.巴耶：《泰国东北部史前冶金术年代纪："石头地"或"青铜地"》，载《早期东南亚：考古学、历史学和历史地理学论文集》，牛津大学出版社1979年英文版。
② В.П.阿列克谢耶夫等：《世界原始社会史》，云南人民出版社1987年版，第215页。

也推动了手工业的发展。在这个时期普遍用轮制陶器,用简单的机械纺织,在冶金、建筑、酿酒、榨油、竹木器加工、轮车制造等手工业部门也越来越专门化。于是,出现专门从事手工业的村落,手工业与农业、畜牧业分离,这是第二次社会大分工。

社会大分工必然引起各部落间经常的产品交换,以后出现了直接以交换为目的的生产——商品生产。这样形成了一个专门经营产品交换和贸易的阶层——商人。

二、氏族社会的解体

犁耕农业,放牧型畜牧业,以及手工业专业化,推动社会经济的飞速发展。驾畜掌犁、放牧大群牲畜、冶炼金属、建窑烧制陶器、建筑房屋都是繁重的体力活。男子开始在农业、畜牧业和许多手工业部门中占据主导地位。妇女主要从事家务劳动,与男子的劳动相比显得无足轻重,由此,妇女在氏族中的经济地位一落千丈,母系氏族公社逐渐转变为父系氏族公社。

父系氏族公社由若干个父系大家族组成,每个大家族包括一个男性祖先所生的几代子孙,及其妻子、儿女,氏族长和家族长都为男子。土地仍归氏族公社公有,分配给各大家族长期使用,父系大家族是社会细胞。这时婚姻形态也发生了相应的变化。对偶婚的"从妇居"与男子的社会经济地位十分不相称,于是婚姻形态变为专偶婚,即一夫一妻制婚姻,通常女子出嫁到夫家生活。专偶婚比对偶婚要牢固得多,持久得多。

新中国成立前,居住在中国云南省西北部的独龙人,仍保留着父系大家族组织。每个独龙人氏族分成若干个"吉可罗"——父系大家族。每个"吉可罗"一般由一个男性祖先的直系后裔组成,包括三四代成员,通常有 20~30 人,最多七十余人。全体成员住在一所干栏式的大屋里,用竹席把屋子隔成几个小房间,每对夫妻及其未成年的子女各占有一间。每个"吉可罗"都有自己的森林、猎场和耕地等。大家族成员集体耕种土地,共同消费。家族长由男子担任,组织领导生产,对外代表家族参加有关活动。

金属器的使用和社会大分工促使社会生产力提高,出现了剩余产品,这就为私有制的产生打下了基础。一些氏族首领和家族长,利用自己手中的职权,攫取公有财产,把牲畜、谷物、各种器皿及工具甚至土地变成自己的私有财产,他们富有了起来。这个时期的考古资料可以证明,在一些氏族部落首领的墓葬中,随葬品很丰富。今俄罗斯境内的麦高普古墓,年代定为公元前 2000 年代末,墓主为一男子。墓中棺材罩由 6 根 1 米长的银管支撑着,其身上佩有大量饰物,这些饰物是用金子、天青石、绿松石和光玉髓制作而成的,身旁还有金银器皿和铜制武器等随葬品。

随着私有财产的产生,部落之间战争频繁。此时不再杀害战俘,而把战俘成批地赶到田野或作坊里劳动，把他们变为奴隶，剥削他们的劳动所得。主人和奴隶的产生，是人类最早的阶级划分。同时，氏族内部出现分化，一些富有的家族往往掌握氏族、部落的权力，压迫和剥削一般氏族成员，这样便产生了富有的贵族和贫困的平民。

由于生产力的提高，原先耕种土地、放牧畜群要集体进行，现在一夫一妻的个体家庭就可经营了。个体家庭经济独立，使父系制大家族趋于瓦解。出于种种原因，一些个体家庭离开其所属的氏族，迁徙到其他地方，与自己没有血缘关系的人居住在一起，有些氏族也接收别的氏族的成员。居住在一起的人不一定有血缘关系，由此产生了以地域关系结合起来的地域公社。在农业地区，这种地域公社称为农村公社。

原始社会末期，为了抢夺财富和奴隶，部落之间战争不断。军事首领作用突出，权力越来越大。氏族和部落的酋长组成部落议事会，也称为酋长会议。这时人民大会尚存在，由全体武装男子参加。人民大会有权决定战争、媾和，宣判死刑，选举军事首领。摩尔根说："在高级野蛮社会是三权政府，即酋长会议、人民大会和军事指挥官。"[①] 摩尔根在这里所说的"高级野蛮社会"就是氏族社会解体时期的社会，他所指的"三权政府"就是军事民主制。

军事民主制的特点是，氏族民主制的一些因素仍被保留，出现了与氏族制度不相容的军事首领的个人权力。军事民主制后期，人民大会已无足轻重，仅仅是一种摆设。军事首领的职位世袭，其统帅的士兵，只服从他的命令，军队成为军事首领手中的工具。以军事首领为代表的奴隶主贵族阶级终于夺取政权，氏族社会解体。人类社会从此进入文明阶段，奴隶制国家产生了。

三、西亚、北非的早期文明社会

亚洲西南部的底格里斯河和幼发拉底河，在历史上习惯简称为"两河"，"两河"从西北向东南平行地流入波斯湾。公元前4000年代后期到公元前3000年代中期，在两河下游流域苏美尔及其以北地区先后出现了几十个小国。这些国家都由几个农村公社围绕一个城市组成，被称为城市国家。苏美尔城市国家的首脑称号为"恩"、"恩西"和"卢伽尔"，平时作为最高行政长官和最高祭司，战时统帅军队。在一些城邦，民众会议和贵族会议仍起一定作用。神庙占有大量土地，此外为农村公社的土地。农村公社的土地分配给各个家族使用，土地已经可以买卖，村社农民必须向国家纳税，服劳役和兵役。劳动者中，奴隶占有相当数量。例如，拉格什这个城邦，全部人口约12万多，其中奴隶占四分之一，有一万多奴隶属于神庙。苏美尔各城邦之间不断发生战争。

巴比伦城位于幼发拉底河中游，位于西亚商路要冲。约公元前1894年，

---

① 路易斯·亨利·摩尔根：《古代社会》上册，商务印书馆1977年版，第257页。

塞姆人中的一支阿摩利人占领巴比伦城,建立了古巴比伦王国。古巴比伦王国第六代国王汉谟拉比(约公元前1792~公元前1750年),东征西伐,先后攻灭附近各国,统一两河流域,建立比较巩固的中央集权国家。他掌握全国的立法、司法、行政和军事权力,亲自任免中央和地方的各级官吏。汉谟拉比自称是受命于神的君主——"众王之神",专制王权和神权趋于统一。

汉谟拉比大力兴修水利,扩大耕地面积。按汉谟拉比年名表记载,他在位的第8、9、24、33年,都被命名为开凿河渠、兴修水利之年。附有播种漏斗的改良犁的使用,以及较为完善的扬水设备,都促使粮食增产。手工业种类很多,有制陶、织布、冶金、造船、建筑、木作、制砖、皮革、裁缝、珠宝、刻石和制筐等。手工作坊大部分是王室和神庙开设的。国内、国际贸易都很发达,国家和神庙控制大宗贸易,委派商业代理人"达木卡"经营。

汉谟拉比即位第30年,刻石公布了人类历史上第一部较为完备的法典,史称《汉谟拉比法典》。在古巴比伦时期,土地租佃相当盛行,借贷关系普遍。《汉谟拉比法典》保护奴隶主出租土地和高利贷剥削的利益,规定租田种谷物要交出收成的三分之一到二分之一,租种果园的则要交出收成的三分之二,遭灾不能减少租金。贷谷的利率为33.33%,贷银的利率为20%。债务人若到期无法偿还债务,则以其亲属抵押,到债主家中当债务奴隶,为期三年。法典还严格维护奴隶主对奴隶和其他财产的所有权。法典第15、16条规定,拐带别人的奴隶,或者藏匿逃奴的自由民,都要依法处死。法典第8条规定,如果自由民窃取了寺庙或者宫廷的牛、羊、驴、猪、船舶,那么就要以原价的30倍偿还之。如果窃贼无力偿还,则应处死。

约公元前1595年,古巴比伦王国被北方入侵的赫梯人灭亡。

从公元前4000年代后期起,在北非尼罗河下游出现最初的国家。这些国家由若干个农村公社联合而成,小国寡民,古埃及人称之为"斯帕特"。当时尼罗河流域约有40个"斯帕特",国王拥有军事、行政、审判和宗教大权。这些小国为抢夺土地、奴隶和财产,不断地进行战争。按照埃及的传说,约公元前3100年国王美尼斯统一埃及。但实际上统一埃及有一个很长的过程,美尼斯的事业仅仅是这一过程的开端。到古王国时期(约公元前2686~公元前2181年),埃及的统一得到巩固。上古埃及人体格强壮,肤色黝黑,直鼻子,宽脸型,头发乌黑,语言属塞姆·哈姆语系。

尼罗河定期泛滥给埃及大地灌溉、施肥。尼罗河对埃及至关重要,人们把埃及称为"尼罗河的女儿"。古埃及国组织人力开挖水渠,兴修水利。统一管理水利工程,促使埃及较早形成中央集权的国家。古王国时期,国王是埃及的最高统治者,被视为神。国王之下设宰相,宰相辅佐国王管理行政、司法、档案、税收和工程建筑。这个时期有一支相当强大的军队,这支军队是君主专制统治的支柱,国王统帅全国军队。国王拥有最高审判权,有时亲自审理重要案件。地方各州州长由国王任命。

古王国国王为自己建造巨大的陵墓。这些陵墓形状为底面呈四方形的角锥体石塔，因为它的四面都形似汉字的"金"，所以被称作金字塔。国王胡福的金字塔最大，塔高146.5米，底面每边长230米，全塔用230万块平均重2.5吨的巨石砌成。金字塔不仅外观宏伟，而且内部结构复杂，并有地下墓室。在国王哈佛拉金字塔旁，修建了高22米、长57米的狮身人面像。金字塔象征着古王国国王凌驾一切的威严。

古王国经常发动对外战争，奴隶主要来源于战俘。国王斯尼弗鲁曾攻打尼西人的领地，一次获取男女奴隶7 000名。奴隶用于农业、建筑业、采石场和家务劳动。农村公社中的农民是埃及的基本劳动者，每个农民占有一块份地，他们必须把收成的一部分交给国家，此外还要服劳役。农村公社占有全国土地的最大部分，全国土地的最高所有权属于国王，农村公社对占有的土地仅有使用权。

在古王国时期，已使用两头牛拉犁、碎土的木耙以及铜镰刀。农作物有大麦、小麦、亚麻、橄榄、葡萄和蔬菜等。手工业分工有发展，出现了冶金、制陶、建筑、纺织、酿酒、造船等行业。国内贸易仍以物物交换为主。

古王国末期，王权衰落，地方贵族势力兴起。公元前2181年古王国崩溃后，埃及处于分裂状态。大约在公元前2040年，埃及重新统一，进入中王国时期。在中王国时期，铜器使用很普遍，开始冶炼青铜，并制造玻璃，使用平式织布机，提高了工效。农业方面，出现了装有横木把手的新式犁，可以深耕。在法雍地区修建了水库和大量的渠道，排干沼泽，扩大了耕地面积，粮食产量增加了。

在中王国时期，国王力图加强中央集权，为削弱以州长为代表的地方分裂势力，进行了长期的斗争。中王国末期，阶级矛盾十分尖锐。公元前1786年中王国瓦解，不久爆发了规模巨大的奴隶和贫民大起义。反映这次起义的《伊浦味陈词》记载："大地像陶钧一样翻转起来。……黄金、琉璃、白银、孔雀石、肉红玉髓、伊布赫特的石，都挂到女奴隶的颈上去了。贵妇人在国中流浪。""看啊！那（似乎）永远不会发生的事情竟然也发生了。国王被穷人捕捉去了。……看啊！国家开始被一些不知法律的人夺去王权了。看啊！人们已经起来叛乱……国都，它已在顷刻之间遭毁。……国内的长官们正以逃跑自脱。"这次起义占领首都，波及全国，持续了数十年之久，最后失败。但这次起义沉重地打击了奴隶主阶级的统治，具有重大的历史意义。

四、南亚、东亚和爱琴海的最初文明

从1922年起的几十年里，在南亚的印度河流域发现了一批青铜文化遗址，其中最大的城市遗址在摩亨佐·达罗和哈拉巴，学者们把它称为哈拉巴文明。

哈拉巴文明的年代大约在公元前2300～公元前1750年。一般认为，哈拉巴文明的创造者是当地土著达罗毗荼人。

哈拉巴文明的城市建筑达到相当高的水平，以摩亨佐·达罗为典型。该城面积约一平方公里，人口3.5万左右，划分卫城和下城两部分。卫城的城墙又高又厚，并设置防御塔楼，城内有大浴池、巨大的粮仓、政府办公和民众集会的场所。下城为居民区，亦有城墙，街道整齐，或平行排列，或垂直相交，主要街道宽10米。房屋建筑差别很大，有的住宅为二三层的高大楼房，包括厨房、盥洗室、厅堂和卧室等，用陶制水管和暗沟排水，这些住宅显然属于富人所有。一般穷人家只有陋室一二间，无排水设备。

哈拉巴文明已有青铜冶炼业，制作的青铜工具有斧、镰、锯、凿、刀剑、矛头、鱼钩和匕首等。当时制造的一座青铜裸体舞女雕像，体态苗条，右手叉腰，左手拿着一只杯子，左臂竟戴了二十多只手镯，微倚在左腿一侧，神态安详，栩栩如生，这表明当时的工艺美术已达很高水平。除冶金业外，还有纺织业和制陶业。这一时期，居民主要从事农业，使用锄头和犁翻耕土地。主要的农作物有小麦、大麦、水稻、胡麻、豆类、芝麻和棉花，饲养的家畜有牛、羊、猪、驴和狗。

哈拉巴文明时期，印度河流域已有文字，学者们把这种文字称为印度河谷文字。印度河谷文字主要保存在用石块、陶、象牙等制成的印章上，也有的被刻写或铸造在陶器或铜器的表面，迄今所知道的字符有400～500个。印度河谷文字至今尚未释读成功。大约在公元前18世纪中期，哈拉巴文明衰落了。

东亚的黄河流域气候温和，雨量适中，土地肥沃，适于农耕。公元前3000年代后期，在这里形成了以黄帝轩辕氏、炎帝神农氏和尧、舜、禹相继为首领的强大的部落联盟，处于军事民主制向国家过渡时期。尧征求部落议事会的意见，把部落联盟酋长的职位禅让给舜，以后舜又把此职位禅让给禹。禹接位后设九官，分管土地、山林川泽、祭祀、人民和奴隶等，建都阳城（今河南登封县）。传说有一次禹召集部落联盟大会，防风氏首领迟到，结果被禹下令斩杀。禹个人的权力越来越大，俨然像一个君主。禹死后，他的儿子启用武力夺取政权，废黜禅让制度。从禹开始传17王到桀灭亡，是中国历史上第一个王朝——夏朝（公元前21世纪至公元前16世纪）。

夏朝开凿渠道，引水灌田，农业有进一步的发展。当时的农具有铲、镰、刀、斧等，以石器最多，骨器和蚌器次之，也有木器农具，如木耒、木耜。生产的谷物很多，已经用谷物酿酒。手工业有冶铜、造车、制陶、制造甲和矛等。夏历一年分为十二个月，根据北斗星斗柄的旋转来确定月份。《夏书》记录了当时的一次日食，这是世界上最早的日食记录。

夏朝是奴隶社会。启在甘（今陕西省户县境内）打败有扈氏族，罚该氏族的民众为"牧竖"，即牧奴。一些臣服的部落也变成奴役的对象。《古本竹书纪年》记载,国王芬曾命令"九夷来御"①;国王荒要求九夷"东狩大海,获大鱼"。这是夏朝强迫臣服的九夷部落给夏朝服劳役和进贡的记载。据古籍记载:"夏有乱政,而作禹刑。"② 说明夏朝的阶级斗争激烈,统治者已用刑法来维护其统治秩序。夏朝最后一个国王桀十分残暴,民众怨声载道。公元前16世纪中期,黄河下游的商部落灭亡夏朝。

爱琴海的最初文明发源于克里特岛,克里特岛最早的居民是卡里亚人和勒勒吉人。公元前2000年,在岛上的克诺索斯、法埃斯特、马里亚等地出现了一些奴隶制小国。大约公元前17世纪,克诺索斯的米诺斯王朝开始在全岛确立霸权,克里特文明进入繁荣期。这个时期社会生产力得到发展,手工业制品新颖美观。一米长的铜剑,剑身饰以彩金刻纹,金碗银杯外壁有细巧的浮雕,双面青铜斧具有特色。卡马雷斯式陶器更堪称一绝,其器壁极薄,有"蛋壳陶"的雅称。这种陶器色彩鲜艳,器面往往绘以各种花草和海洋动物的形象。当时已能制造配用几十名以至百名桨手的帆船。航运业发达,广泛进行对外贸易。在农业方面,已经采用犁耕,种植的作物有橄榄、葡萄、大麦、小麦和豆类。

克诺索斯王宫特别体现了克里特文明的成就。王宫依山而建,气势磅礴,规模宏大,占地2.2万平方米。王宫是一座雄伟的多层建筑,还有地下室。王宫中央是一个长60米、宽30米的庭院,四周宫室环抱,错落有致,千门百户,曲折相连,被后人称为"迷宫"。"迷宫"共有一千五百多个厅室,包括宫殿、寝宫、浴室、神坛、作坊、武器库、粮仓、地窖和牢房等。供水、排水设备完备,有多种口径的陶制管道网络。王宫内处处有壁画,花儿迎风舒展,雄牛奋蹄奔跑,海豚欢腾嬉浪,活灵活现,呼之欲出。在王宫的档案室里发现了许多刻有文字的泥版。当时使用的是线形文字A,由象形文字发展而来,至今尚未破译。公元前1450年出现了新的线形文字,称为线形文字B。本世纪50年代,线形文字B被释读成功。大约公元前1400年,克诺索斯王宫遭到破坏,克里特文明迅速衰落。

五、各地区间的经济、文化交流

在人类原始时期,各地区间的交流就已经发生。土耳其出产的黑曜石在伊拉克和巴勒斯坦的一些新石器时代遗址中发现。西亚地区培植的双粒小麦和驯养的绵羊传入欧洲。在北高加索出土的铜器,如斧、锄、刀、矛等,具有两河流域文化和克里特岛文化的特征。在埃及铜石并用时代的遗址中,出现了一些从外地输入的东西,如努比亚的孔雀石、西奈的铜以及叙利亚的宝石、雪松。

在中国东南地区新石器时代,出现了具有特色的石器——有段石锛。这

---

① "御"古义为服侍。
② 《左传·昭公六年》。

种石器流传到菲律宾、苏拉威西、婆罗洲、太平洋中的波利尼西亚群岛,一直到南美洲。新石器时代晚期,中国东南地区先民首先制作了几何形印纹陶器,以后在东南亚许多地方,如越南的清化、马来西亚的柔佛州、印尼的爪哇和苏拉威西、菲律宾,以及太平洋上一些岛屿,也出现几何形印纹陶。

人类跨入文明门槛以后,各地区之间的经贸关系密切了一些。在埃及古王国时期,对外贸易南至努比亚、蓬特,北达地中海东部沿岸各地和克里特岛,东到波斯湾一带。输入的物资有努比亚的黄金、蓬特的黑檀木及象牙、阿拉伯的香料、塞浦路斯的铜和黎巴嫩的木材。大臣乌尼曾率领七只大船到努比亚采运巨石。另一名大臣到努比亚进行贸易,用谷物、香料交换许多贵重物品,还带回一个善舞的小黑人。

两河流域地处陆上国际商路的要冲,从小亚细亚、地中海东岸、埃及去伊朗、印度都要经过这里。两河流域与哈拉巴文明时期的印度河流域有海路相通,巴林岛和科威特的菲拉卡岛是这条商路上的两个中继站。古巴比伦王国时期,对外贸易十分活跃,输入的物品有金、银、铜、铅、木料、象牙和香料等,出口的物品有谷物、毛纺织品、陶器和金属器。在哈拉巴文明时期,输入印度河流域的,有阿富汗、伊朗的银,缅甸、中国的玉,阿拉伯的铜和南亚南部的金。

在克里特文明繁荣期,克里特人扬帆远航,与希腊半岛、埃及、小亚细亚、腓尼基等地建立了密切的商业联系。此外,他们向西到达意大利和西班牙。克里特商人运来埃及的谷物、腓尼基的木材、塞浦路斯的铜、西班牙的锡,从克里特出口的物品有橄榄油、葡萄酒、陶器和青铜器。克里特产品甚至输往遥远的中国。

随着各地区间接触的增加,文化交流有所发展。埃及文化对地中海东岸地区和克里特岛产生影响。在腓尼基的毕布勒发现的印章和器皿上有埃及的象形文字,有的器皿上还刻有狮身人面像。在克里特岛上发现了属于中王国时期埃及风格的石瓶制品。公元前2000年代前期,卡马瑞斯式陶器从克里特大量输入埃及,其制作艺术为埃及人所接受。

两河流域文化对西亚、克里特岛和印度河流域有很大影响。产生于两河流域苏美尔的楔形文字,以后为阿摩利人、亚述人、赫梯人、胡里特人、米丹尼人和乌拉尔图人所接受。他们结合各自语言特点,对这种文字进行改造,创造出本民族文字。公元前2000年代中期,楔形文字成为国际交往中使用的文字。腓尼基人创造的字母文字,也包含了楔形文字的一些因素。苏美尔的《吉尔伽美什史诗》广泛流传于西亚,并对希腊文学产生了一定的影响。吉尔伽美什与猛兽搏斗,也成为印度河流域印章上的题材。在克里特岛上发现了汉谟拉比时期的圆柱形印章。在两河流域也出土了刻有印度河谷文字的印章。

第二章

奴隶制文明的发展

各早期文明的中心都是以农耕为基础的社会,在它们之外分布着许多游牧和半游牧部族。本章主要阐述公元前2000年代,草原和沙漠地区游牧、半游牧部族的大迁徙。这股迁徙浪潮震撼了农耕文明地区。在西亚、北非,出现了许多新的国家。在南亚和爱琴海地区,奴隶制文明一度中断。只有东亚半游牧的商族,在进入中原地区后,发展了夏代文明。进入文明地区的游牧、半游牧部族是征服者,但最终它们被先进的农耕文明吸收和融合。他们带来的马拉车和铁器,给农耕地区以积极的影响。这是游牧地区和农耕地区第一次大规模的交往。

随着游牧、半游牧部族的迁徙和入侵浪潮的平息,新国家和新文明地区出现,越来越多的民族登上世界历史舞台。奴隶制文明不再是若干个小范围的"点",已发展成为一个很大范围内成片的地区文明。奴隶制生产关系的基本特点是,奴隶主占有生产资料和生产者——奴隶。这一时期铁器广泛使用,农业、手工业得到前所未有的发展。

在这个时期,通过兼并战争形成一些军事帝国,如亚述帝国、波斯帝国、孔雀帝国和秦帝国等。在希腊和意大利地区产生了许多城邦。这些城邦是实行奴隶主公民专政的、以一个城市为中心的国家。希腊地区的城邦危机,引起了邻近新兴王国的征服和进一步向外扩张,结果产生了亚历山大帝国。随着各地工商业的发展,产生了不少城市,修筑了许多国际商道,文化昌盛。地跨欧、亚、非三大洲的亚历山大帝国的建立,使东西方文明得以接触、交流和融合。

公元前3世纪后期到公元1世纪,汉帝国、贵霜帝国、帕提亚帝国和罗马帝国先后建立。四大帝国并存,横贯东西。它们各自取得经济和文化成就,而且相互交流,使太平洋到大西洋的几大文明地区联系起来。公元2世纪末到3世纪末,在罗马帝国,爆发了奴隶制危机。本章叙述的历史,下限一般至公元3世纪。

第一节　早期游牧等部族的迁徙与农耕世界

一、游牧世界与农耕世界的分野

　　人类进入金属器时代以后，生产力得到很快的发展，出现了第一次社会大分工——农业与畜牧业的分工。在土地肥沃、降水充足的地方，人们主要从事农业，过定居生活；在降水少的辽阔草原地带，人们主要从事畜牧业，逐水草而居。这样逐渐形成两种从事不同生产的地区，即农耕世界与游牧世界。

　　公元前4000年代至公元前3000年代末，亚欧大陆上的农耕地带，由东向西依次为东亚的黄河流域、长江流域、印度支那半岛，南亚的恒河、印度河流域，西亚的阿富汗、伊朗、两河流域、地中海东岸，欧洲南部地中海沿岸、部分中欧地区和西欧地区。这个地区绵亘于亚欧大陆两端之间，形成一条偏南的长弧形、地处温带和热带的河流平原和山谷地区，是亚欧大陆上的农耕世界。此外，与亚欧大陆邻近的地中海南岸的北非也是农业地区。与这条弧形地区几乎平行的游牧世界偏北，东起西伯利亚，经中国东北、蒙古、中亚细亚、咸海和黑海以北地区、俄罗斯南部，直到中欧东部，地处干旱寒冷的草原地带。兴安岭、燕山、阴山、祁连山、昆仑山、兴都库什山、高加索山和喀尔巴阡山，大致构成了这两个世界的分界线①。在这条分界线以南的阿拉伯和叙利亚半沙漠半草原地区也是游牧民族活动的场所。

　　农耕世界与游牧世界有很大的差异，农耕世界的生产力发展水平高于游牧世界。大河流域的广阔原野，土地松软而肥沃，水源充沛。牛耕与金属农具的使用，以及兴修水利，耕地面积不断扩大，使农民们获得好收成，衣食物资较丰富。居民安土重迁，生活自给自足。同时，社会上也有一部分人从事非农业，如手工业、商业、文化艺术和宗教祭祀等，产生市集和城镇。在游牧世界，人们赖以生存的是粗放的畜牧业，生产力水平低下，社会产品有限，为了寻找新的牧场，需要经常迁徙。在社会发展的基础上，农业地区较早进入文明社会，出现了官僚机构和国家，阶级矛盾尖锐。游牧地区生产力发展缓慢，生产活动单一，社会管理机构也比较简单，长期保存着氏族部落关系，社会矛盾较缓和。游牧民族饲养马匹，并用马拉战车，这样使其机动性、战斗力大大加强。游牧民族勇猛善战，全民皆兵，在其首领的统率下，行如狂飙，势不可挡，往往对农耕世界形成威胁。

　　古代居住在阿拉伯半岛和叙利亚草原的游牧民族塞姆·哈姆语人，地处亚

---

① 参见吴于廑《世界历史上的游牧世界与农耕世界》，载《云南社会科学》1983年第1期。

欧大草原西部的游牧民族印欧语人等对农耕世界发动了第一次冲击。游牧世界对农耕世界的第一次冲击，是游牧世界与农耕世界第一次大规模的交往，彼此都向对方学习了不少先进的东西。在大冲击之后，进入农耕世界的游牧、半游牧民族大都与土著的农耕民族逐渐融合，开始农业化，在政治、经济和文化方面都得到较快的发展。

二、塞姆·哈姆语人、印欧语人的早期迁徙及与农耕文明的融合

塞姆·哈姆语人即闪·含语人。公元前5000年左右，由于干旱引起沙漠化，居住在非洲撒哈拉北部的游牧民族塞姆·哈姆语人开始东迁，其中一部分到达阿拉伯半岛和叙利亚一带的称为塞姆人。公元前3000年代初，塞姆人开始进入两河流域。公元前2000年代初，塞姆人的一支阿摩利人在那里建立了古巴比伦王国。公元前3000年代，塞姆人的另一支迦南人进入地中海东岸的腓尼基和巴勒斯坦。他们定居下来，与当地原住民逐渐融合。公元前3000年代末，在腓尼基建立一些城市国家，其中重要的有乌加里特、毕布勒、西顿和推罗。

腓尼基各城邦实行奴隶主贵族政治，国王的权力受到城邦贵族会议的限制。腓尼基人种植葡萄、橄榄、枣椰和粮食等，从海生贝壳动物中提取的紫红色染料，闻名海内外。"腓尼基"这个名称，意为"紫红色之国"。从事的手工业有纺织、冶金、酿酒、榨油、玻璃制造和造船等。腓尼基的造船业十分发达，在古代地中海世界长期处于领先地位。公元前1000年代中期以前，腓尼基垄断了地中海贸易。《旧约》赞扬推罗说："你由海上运出货物就使许多国民充足，你以许多资财、货物使地上的君王丰富。"① 腓尼基人的殖民地遍布地中海沿岸及各岛屿。大约公元前13世纪，腓尼基人创造了一套有22个辅音字母的文字，对后世影响很大。

大约在公元前2000年代中期，塞姆人的另一支游牧部落希伯来人进入巴勒斯坦，征服了先期到达这里的迦南人。他们受迦南人的影响，定居下来，接受先进的农业文明。希伯来人分成两个部落联盟，即以色列和犹太。以色列在北方，犹太在南方。犹太王大卫（公元前1000～公元前960年）统一巴勒斯坦，建立以色列—犹太王国。大卫的儿子所罗门统治时期（公元前960～公元前930年），这个国家的经济繁荣。但他死后不久，又分裂成以色列和犹太两个奴隶制国家。公元前722年，以色列被亚述帝国灭亡。公元前586年，犹太王国亡于新巴比伦王国。犹太人被当作俘虏带到巴比伦，历史上称之为"巴比伦之囚"。公元前538年，波斯帝国国王居鲁士率军攻陷巴比伦，允许犹太人返回祖国，但臣属于波斯。

---

① 《以西结书》第27章第33节。

一般认为，印欧语人起源于中欧至中亚草原地带。公元前3000年代，印欧语人的生产活动以游牧为主，处于军事民主制阶段。公元前2000年代初，印欧语人中的一支赫梯人进入小亚细亚，占据了哈里斯河流域，征服了原住民哈梯人，并与其逐渐融合。公元前19世纪中叶，建立了一些奴隶制小国，后来以库萨尔城邦为中心逐渐统一。公元前15世纪末至公元前13世纪初，赫梯王国国力强盛，势力扩张到叙利亚和巴勒斯坦。公元前14世纪，铁器已在赫梯使用。畜牧业仍是赫梯的重要经济部门，但农业已发展起来，在沿河一带出现了灌溉农业，与西亚各地区有商业往来。公元前13世纪末，"海上民族"入侵，赫梯王国遭到打击后分裂瓦解。

从公元前2000年代初开始，属印欧语系的胡里特人进入西亚。公元前17世纪，胡里特人在小亚细亚东南部和两河流域西北部建立了米坦尼国。公元前15世纪末，米坦尼国开始衰落。加喜特人进入西亚的时间比胡里特人早些。加喜特人也是印欧语人的一支。公元前1595年，赫梯灭亡古巴比伦王国，劫掠而去。加喜特人乘虚而入，以后在两河流域南部确立其统治，建立加喜特王国（公元前1518~公元前1155年）。加喜特人统治巴比伦长达三个半世纪有余。他们由半农半牧逐渐经营灌溉农业，过定居生活。加喜特人给两河流域南部引进马和战车，被广泛用于军事和交通运输。公元前12世纪中，在亚述和埃兰人的打击下，加喜特王国瓦解。

赫梯人、胡里特人和加喜特人这些游牧或半游牧部族进入西亚地区，"都渐渐融入当地的定居农业生活，由野蛮转入文明，并使西亚古老文明中心的边缘地区得到开发，从而扩大和发展了西亚农耕文明世界"①。

埃及中王国崩溃后，出现了割据混乱的局面。喜克索斯人原居住在叙利亚、巴勒斯坦一带，主要是塞姆人属游牧部族。他们趁埃及衰落之机，进入三角洲一带，逐渐占领埃及北部大部分地区，统治埃及一百多年（约公元前1720~公元前1570年）。埃及人民在南方发起反喜克索斯人统治的斗争。雅赫摩斯一世领导埃及人民彻底打败了喜克索斯人，并把他们赶出埃及。埃及从此进入新王国时期（约公元前1567~公元前1085年）。

在新王国时期，中央集权统治更加完善，国王采用新的王号——"法老"，是国家政权的最高代表。法老任命两位宰相，分别管理王国的南部和北部，宰相之下有管理港口、要塞、土地等方面的官吏。地方行政仍以州为单位，州长大约已成为由中央任命的地方官。法老图特摩斯三世（公元前1504~公元前1450年）穷兵黩武，先后16次对叙利亚、巴勒斯坦用兵，还远征努比亚。其统治范围北到叙利亚北部，南达尼罗河第四瀑布，建立了一个包括西亚和北非

---

① 陈隆波：《印欧语人南徙与公元前2000年代中期的西亚》，载武汉大学学报（社会科学版）1991年第4期。

在内的大帝国。这个帝国持续了约二百年之久。

公元前 2000 年代中后期,属于印欧语系的雅利安人,经阿富汗进入印度河流域,征服了当地的土著居民。公元前 1500～公元前 900 年,称为"早期吠陀时代"。在这个时期,雅利安人主要从事畜牧业,饲养牛、绵羊、山羊、马、骆驼和象等,开始务农。公元前 1000 年左右出现铁器。当时,雅利安人还处于氏族公社解体阶段。

公元前 900～公元前 600 年,这段时间称为"晚期吠陀时代"。在这个时代,雅利安人向东进入恒河流域,向南抵达纳巴达河流域。农业有了发展,用多头牛牵引重犁耕地,挖沟渠修水利,懂得施肥、休耕及轮作等。种植的农作物有小麦、大麦、燕麦、水稻、豆类、芝麻和棉花等。

晚期吠陀时代,战俘是奴隶的主要来源。此外,还有购买的奴隶、家生的奴隶和馈赠的奴隶等。随着奴隶制的发展和社会阶级分化加剧,此时形成一种严格的社会等级制度,称为种姓制度。第一等级婆罗门种姓,是掌握神权的祭司贵族。第二等级刹帝利种姓,包括国王、武士和官吏,是军政贵族。第三等级吠舍种姓,是从事农、牧、工、商业的一般农村公社成员。他们布施、纳税,供养前两个种姓的人。第四等级首陀罗种姓,社会地位最低,是被征服者和失去村社身份的人,包括贫民、雇工和奴隶。种姓制度维护奴隶主贵族的利益。

公元前 1000 年代初,在南亚次大陆北部出现城市国家。公元前 7 世纪,从印度河上游到恒河中游主要的城市国家有犍陀罗、克迦耶、居楼、般阇罗、迦尸、居萨罗和毗提诃等。在奴隶制和国家形成的过程中,产生了婆罗门教。婆罗门教把种姓制度神圣化,鼓吹"业力轮回",要劳动人民忍受苦难,安分守己,等待来世报应,束缚了劳动人民的思想。

公元前 1600 年左右,先期进入巴尔干半岛东北部的印欧语人中的一支阿卡亚人,南下迁徙到中希腊和伯罗奔尼撒半岛(南希腊)。当时,阿卡亚人还处于氏族社会解体阶段。约公元前 1500 年,在伯罗奔尼撒半岛产生了迈锡尼、派罗斯等城邦。迈锡尼社会是奴隶社会,奴隶从事农业和手工业劳动,普通农民只有一小块份地,必须租种贵族的土地。从出土的文物看,迈锡尼的金属冶炼和制作技术很快超过了克里特的水平。陶器质地优良,大量出口。克里特岛的线形文字 B,在伯罗奔尼撒使用。公元前 14 世纪,在迈锡尼修建了高大的城墙和塔楼。在迈锡尼附近的太林斯,石砌的城墙最厚部分达 17 米。迈锡尼文明的影响遍及希腊中部和南部。公元前 12 世纪初,以迈锡尼为首的希腊诸城邦与小亚细亚沿岸的特洛耶展开了战争。经过十年之久,最后希腊人巧施"木马计"才攻陷特洛耶城。迈锡尼等希腊城邦虽获胜,但长期的战争使其削弱。

多利亚人也是印欧语人的一支。公元前 12 世纪初,他们从希腊半岛北部南下,占领了伯罗奔尼撒半岛的大部分和科林斯地峡,并渡海占领了克里特岛、罗德斯岛等,灭亡了阿卡亚人建立的迈锡尼、太林斯、派罗斯等国家。多利亚人处于氏族公社阶段,他们掀起的南下浪潮,卷没了迈锡尼文明。公元前11世纪～公元前9世纪,希腊半岛和爱琴海岛屿处于氏族公社解体阶段。反映这一时期的主要史料,是《伊利亚特》和《奥德赛》两部史诗,相传这两部史诗由荷马所作,合称《荷马史诗》。为此,这个时期称为"荷马时代"。

荷马时代是军事民主制时代。军事首领称为"巴赛勒斯",主要统帅军队作战,也掌管祭祀、裁决诉讼。军事首领处理重大问题时,总是先召开长老会议,征求氏族长老的意见。民众会议原则上可以对宣战、媾和、迁徙和选举首领等重大问题进行表决。在荷马时代,不仅有青铜器,而且出现了铁器。多利亚人由北而南,把冶铁技术传入希腊。在农业上使用双牛牵引的犁,掌握了施肥和引水灌溉技术。随着生产力发展,阶级分化加剧,军事首领已超越常人的地位,获得广大的地产和奴隶。到荷马时代后期,军事首领权力越来越大,民众会议仅仅只是摆设了,希腊社会处于文明的前夕。

三、商、周部族入主中国中原

商族是黄河下游的一个古老部族,以鸟为图腾。商的始祖契与禹是同时代人,曾协助禹治水。契的孙子相土驯养牛、马作运输工具。相土的三世孙冥当过夏朝的水官,负责农田水利。契历14代至汤,迁徙8次。从这些可见,商族是个半农半牧经常迁移的部族。汤即位后,乘夏朝的社会矛盾激化之机,起兵灭掉了夏朝,建立了商王朝(约公元前1562～公元前1027年)。商朝的疆域,东临大海,西到陕西,南抵长江流域,北至燕山,幅员辽阔。

商朝是奴隶社会,奴隶主要来源于战争。商对周边诸国频繁用兵,俘虏数量很多。除战俘奴隶外,还有"罪犯"奴隶、债务奴隶等。奴隶劳动用于农业、畜牧业和手工业。奴隶主贵族用奴隶殉葬,少则几人,多则几百人。在河南安阳武官村,发现了大量商代奴隶祭祀坑,被砍掉头颅的奴隶遗骨近二千具。农村公社仍存在,土地分公田和私田。在甲骨文里,田字有时被写成囲,即"井田"。私田是分给村社成员的份田,每隔几年重新分配一次,收获归劳动者。村社成员还必须集体耕种公田,收获归统治者。此外,他们还要服兵役和劳役。商朝最高统治者——王,也是全国土地所有者。商王把一部分田地,连同村社成员一起分给诸侯、贵族、臣下占有,不能买卖。这种土地制度就是井田制。

商朝社会经济以农业为主,使用的农具有石铲、石镰、蚌镰、青铜镈和青铜锹等,用牛耕田。生产工具的进步,提高了开荒的能力。种植的农作物有禾、黍、麦、稻、稷等。古籍记录了商人用酒敬神和"群饮",说明酒的消费量很大。酒是用谷物酿造的,大量地消费酒,反映出当时的谷物生产已达到相当水平。畜牧业也有发展,据甲骨文记载,商王一次占卜用牲可多达四五百头,甚至上千头。河南安阳出土的商代司母戊大方青铜鼎,高137厘米,长

110厘米，宽77厘米，重875公斤。铸造这样巨大的鼎，制作技术复杂。商代青铜器的表面纹饰，主要有饕餮纹、夔龙纹、蝉纹、云雷纹和蟠龙纹等。这些纹饰，与南太平洋及太平洋西北部印第安人的图案很相似。1972年，在河北藁城发现了一把用陨铁锻制的铁刃青铜钺，定其年代为公元前14世纪。

汉字在商代已基本形成，商代的文字大部分刻在龟甲和兽骨上，称为"甲骨文"。发现的甲骨达10万多片，单词四千多个。商代历法把一年分成十二个月，大月三十日，小月二十九日，闰年十三个月。甲骨文记录了当时发生的日食和月食，经科学家推算，与商代应发生的日食和月食现象大致吻合。

周族最早的活动地区在陕西黄土高原，是个从事农耕的部落，其始祖名弃。弃传十余世到古公亶父，逐渐进入阶级社会。古公亶父的孙子昌，即周文王，积蓄力量，准备灭商。周文王之子周武王全力向东发展，终于在约公元前1027年打败商朝军队，商王纣自杀，商朝灭亡。周武王建立了周朝（公元前1027～公元前771年），史称"西周王朝"。

西周时期，中央集权的君主制有所加强，周王自称"天子"，是全国最高统治者。天子以下的最高官员是太师、太保，协助天子掌管周王朝的军政大权。负责宗教、祭典事务的官员有太史、太祝和太卜。掌管国王直辖区王畿以内政务的重要官员有司徒、司马和司空，他们分别管理农田耕作、军赋和手工业。

为了统治广大地区，周朝实行分封制。国王直接管理着最大地域，称为"王畿"。把周王室的宗亲贵族分封各地，也封了一些异姓贵族。周初分封71国，其中周王的宗亲占53国，这种封地称为诸侯国。诸侯国内也进行分封，封其宗亲为卿大夫，卿大夫的封地为"采邑"。卿大夫属下有士，士也有封给的"食地"。周天子就是利用这种层层分封，对全国实行统治。受封诸侯奉周天子为他们的共主，他们必须镇守疆土，战时派军队随天子出征，交纳贡赋，提供劳役，定期朝见周天子。

西周时期，井田制继续实行。战俘奴隶的数量依然很大，周康王与鬼方战争，把抓到的一万三千多名俘虏全部变为奴隶。五个奴隶与一匹马加一束丝等值，价格便宜。农业生产技术有进步，已知道施肥、除草、轮耕、人工引水灌溉稻田，防治病虫害。《诗经》中提到采桑、养蚕、缫丝、织帛、染色、刺绣等工序，反映了丝纺织业的发达。西周时期，商业也有了发展，市场上贝币流通量很大，此外还有铜币。

第二节 奴隶制文明全盛期的政治和经济

一、西亚、北非军事帝国的更迭和经济发展

公元前3000年代末，在两河流域北部，以亚述城为中心，形成以塞姆人

为主的国家。亚述国家几经兴衰，到公元前 10 世纪末再度兴起，对外进行大规模扩张，进入帝国时期。国王提格拉特帕拉沙尔三世（公元前 745～公元前 727 年）加强中央集权，加强控制军队，在军队中设置重装步兵、轻装步兵、骑兵、战车兵、攻城兵、辎重兵和工兵等兵种。亚述军队使用锋利的铁制武器，并拥有投石器、冲城器、充气渡河皮囊等精良装备，战斗力很强。提格拉特帕拉沙尔三世和他的儿子萨尔贡二世（公元前 722～公元前 705 年）向外扩张，四出征战，侵占了大片领土。公元前 7 世纪，亚述帝国的疆域地跨西亚和北非，包括小亚细亚东部、两河流域、埃兰、叙利亚、腓尼基、以色列和埃及等地。

亚述帝国对外进行大规模战争，把成千上万的战俘和被征服地区的人民变为奴隶。国王辛那赫里布（公元前 704～公元前 681 年）攻打两河流域南部、叙利亚和巴勒斯坦，共俘获四十多万人，把他们绝大多数变为奴隶。为了便于管理，统治者把数以万计的奴隶，以家庭为单位散布全国各地，分属奴隶主阶级各等人物所有。尽量使同一部族的奴隶分散到不同地区，以防止其反抗。每个奴隶家庭都分到一块土地，并允许其独立经营。奴隶必须把收成的一部分交给他们的主人，奴隶全家与其所有的一切，在法律上均为其主人的财产。

亚述帝国时期，冶金业相当发达，广泛使用铁器，在萨尔贡二世宫殿遗址里发现大量铁器，如铁锄、铁锹、铁犁铧、铁环、铁钩、铁链等。此外，还发现精美的青铜砝码、青铜美术家具，以及黄金、珠宝饰品。生产力的进步带动了国内外贸易的发展，出现了定质定量的银锭，这种银锭是真正货币的先驱。工商业发达的城市有亚述、巴比伦、尼普尔、西帕尔等。当时连结亚洲一些地区的重要商路在亚述交叉，亚述地区的主要商道用石块铺筑，南来北往的商人"多过天上的星星"。

公元前 1000 年代初，原来居住在波斯湾地区的一支迦勒底人，进入两河流域南部。经过三个世纪，逐渐与当地人融合。公元前 626 年，迦勒底人的首领那波帕拉沙尔占领巴比伦城，建立新巴比伦王国。公元前 612 年，那波帕拉沙尔联合伊朗高原西部的米底王国，攻陷亚述首都尼尼微，亚述帝国崩溃。尼布甲尼撒二世统治时期（公元前 604～公元前 562 年），一再对叙利亚、巴勒斯坦用兵，并征服了这个地区。

新巴比伦时期，商业有很大发展。商人不但出售谷物、牲畜、羊毛和手工业制品，而且还出售田地、果园、房产等各种不动产，并常常贩卖奴隶，大笔交易一般订立契约。这时出现了许多富有商家，如尼普尔的穆拉树商家，拥有 12 个矿坑、13 所房屋、3 个建筑地区和 96 名奴隶。首都巴比伦人口达 10 万，是全国最大的工商业城市。

新巴比伦时期，广泛使用奴隶劳动。国王那波尼达（公元前 556～公元前 538 年），一次把 2 850 名战俘送给两个神庙充当奴隶。大奴隶主拥有上百个奴隶，甚至更多。奴隶反抗激烈，致使在买卖奴隶的契约中，卖方往往要保证被卖奴隶十分驯服，在100天内不会逃跑。在农业中，依然把土地划成小块，分给奴隶独立经营，奴隶主收取地租和"人身租"。在这个时期，工商业奴隶主也改变了一些剥削方法。他们贷给奴隶一些资金，并把小商店和手工作坊交给奴隶独立经营。奴隶要向其主人缴纳金额为奴隶身价五分之一的年贡，另外，还要缴纳贷款额百分之二十的利息。奴隶在经济活动中，不能以人身作抵押，因为其人身属于他的主人。公元前538年，新巴比伦王国亡于波斯。

埃及的新王国于公元前1085年瓦解，此后埃及长期处于分裂状态。公元前671年，亚述帝国征服埃及。公元前655年，埃及北部舍易斯城的统治者普萨姆提克，联合小亚细亚西部的吕底亚王国，率军驱逐了亚述占领者。不久，普萨姆提克又出兵南方，终于统一了埃及。自此到公元前525年被波斯征服止，在埃及出现了一个较为繁荣的时期，史称"舍易斯复兴"。

在舍易斯复兴时期，埃及已经冶炼铸铁，铁器使用普遍。其他手工业，如金属器皿制造、纺织、制陶、香料制造等业也得到发展，产品出口西亚和爱琴海地区。国内外贸易繁荣，出现了一些城市。希腊史学家希罗多德说，埃及"有人居住的城邑有两万座"。为了进一步发展贸易，法老尼科（公元前609～公元前594年）下令开凿尼罗河与红海之间的运河。据说尼科还派遣舰队，由红海南下，环绕非洲一周。当时留下来的纸草文书表明，卖身为奴者很多，债务奴隶制流行。在法老雅赫摩斯二世统治期间（公元前569～公元前525年），阶级矛盾尖锐。他曾与新巴比伦发生战争，以后又与新巴比伦、吕底亚结盟，反对新兴的波斯。公元前525年，波斯征服埃及，波斯对埃及的统治于公元前332年结束。

大约在公元前2000年代后期，属印欧语系的米底人和波斯人从中亚进入伊朗高原，米底人居住在伊朗西北部。公元前7世纪中期，米底王国兴起，征服了居住在伊朗西南部的波斯人。公元前7世纪末，米底势力扩展到两河流域的北部，成为西亚的一个强国。

公元前553年，出身阿黑门尼德氏族的居鲁士，率领波斯人起来反抗米底人的统治。经过三年战争，终于灭亡了米底王国，建立了波斯王国。居鲁士对外进行扩张，首先征服了小亚细亚。公元前538年，攻占巴比伦城，灭亡了新巴比伦王国。公元529年，居鲁士进兵中亚，占据了阿姆河与锡尔河之间很大一部分地区。在与中亚北部游牧民族马萨吉特人战斗中居鲁士阵亡。居鲁士的儿子冈比西斯（公元前529～公元前522年）继承王位后，进兵非洲，于公元前525年征服埃及。冈比西斯在埃及时，波斯和米底地区发生骚乱。公元前522年，祭司高墨塔发动政变，夺取政权。冈比西斯闻讯，从埃及返回，死于途中。是年9月，阿黑门尼德氏族的大流士（公元前522～公元前485年）得到波斯贵族的支持，杀死高墨塔，夺取政权，以后又平定了各地叛乱。大流士统治时期，波斯帝国的版图，西起埃及，东到印度河，南临波斯湾，北方抵达黑海和里海一带。

为了统治庞大的波斯帝国，大流士采取了一系列措施，史称"大流士改革"。其主要内容有：第一，加强君主集权，建立军政分权的行省制度。大流士把全国分为23个行省，大流士的政令在全国各行省通行。每个行省由国王委派省长一人，掌管本省的行政和税收，另外委派一名军事长官率领驻军，省长与军事长官互不隶属。全国分为五大军区，每个大军区管辖几个行省军事长官，大流士是全国军队的最高统帅。第二，规定各行省的赋税数额，并将行省的赋税交给各地包税人征收，改变以往征税的混乱状况。第三，统一铸币制度。规定中央政府可以铸造金币，行省可以铸造银币，各自治市只能铸造铜币。大流士时期铸造的金币称为"大流克"，重8.416克，在全国流通使用。第四，修筑许多新的驿道，与赫梯、亚述原有的驿道相连，形成四通八达的交通网。主要的驿道有两条：一条从首都苏撒到小亚细亚沿岸的以弗所，全长2 400公里；另一条由巴比伦往东，横穿伊朗高原，经大夏而达印度河流域。大流士建立的君主集权和行省制度，使帝国维持比较稳定的统治。统一货币，修筑驿道，促进了社会经济发展和帝国各地区间的经济、文化交流。

波斯帝国疆域辽阔，伊朗高原东部和中亚细亚经济落后，西亚、北非文明地区基本上保持各自原先的经济特征。各地区经济发展水平参差不齐，缺乏统一的经济基础。公元前5世纪，波斯和希腊开展战争，最终被希腊打败，波斯帝国开始衰落。公元前330年，亚历山大率希腊、马其顿军队击溃波斯军队，波斯帝国灭亡。

二、南亚、中国从列国到统一帝国与社会经济

公元前6世纪初，在南亚次大陆出现了16个较大的国家，其中重要的有恒河下游的鸯伽，恒河中游的摩揭陀、跋祇、迦尸、居萨罗，恒河上游的般阇罗、居楼，印度河中游的健陀罗，以及温德亚山脉以北的阿般提等国。这些国家之间不断发生战争。摩揭陀地区土地肥沃，矿产丰富，交通方便，经济发展很快。摩揭陀国王频毗沙罗（公元前544~公元前493年）集中兵力吞并鸯伽国，把领土扩大到恒河下游。频毗沙罗的后继者们四处用兵，征服了跋祇和阿般提等国。公元前364年，在摩揭陀兴起了难陀王朝（公元前364~公元前324年）。在难陀王朝时期，摩揭陀征服了强大的居萨罗，逐渐统一了南亚次大陆北部。公元前6世纪至公元前4世纪是南亚次大陆的列国时代。

列国时代，铁器得到普遍使用，南亚次大陆中部和东部大片密林地区得到开发。恒河中下游地区地势平坦，土壤肥沃，雨水充足，广泛种植水稻。手工业种类繁多，据佛经记载，当时手工工匠有18种，金银宝石、精美的纺织品和香水等产品畅销海内外。许多手工业者居住在城内或城郊，各重要手工业行

业都组成了自己的行会。对外贸易繁荣,与西亚、斯里兰卡、缅甸甚至东南亚群岛有商船往来,从健陀罗到巴克特里亚、波斯有陆路可通。当时流通的货币有金币、银币和铜币。在工商业发展的基础上出现了八大城市,即健陀罗的呾叉始罗城,居萨罗的舍卫城和阿喻陀城,迦尸的波罗奈城,跋祇的吠舍厘城,摩揭陀的王舍城,鸯伽的赡波城和拔沙的憍赏弥城。

公元前327年,亚历山大领兵越过兴都库什山,侵入印度河流域地区。公元前325年,亚历山大撤离印度河流域,但留下驻军,并设立总督。一名叫旃陀罗崛多的本地青年,率领一支军队赶走了侵略者。以后他又东进,灭掉难陀王朝,建立了孔雀王朝(公元前324~公元前187年)。阿育王统治时期(公元前273~公元前236年),不断向外扩张,占据大片领土。孔雀王朝的版图北起喜马拉雅山南麓,南到迈索尔,东达恒河三角洲,西抵兴都库什山,形成一个前所未有的、统一的大帝国。

孔雀王朝时期,国王被认为是"带有人外形的伟大的神",掌握国家的最高军事、行政和司法大权。全国划分为若干个省,由国王委派总督治理,最基层的行政单位是村社。国王是全国土地的最高所有者,农村公社占有全国土地的大部分。在孔雀王朝的中心地区,每个农村公社通常有一百至五百户人家。村社把土地分配给各家使用,已经出现土地买卖的现象。村社成员必须把收成的六分之一到四分之一交给国家,此外还要服劳役。奴隶主要有战俘奴隶、债务奴隶、家生奴隶、购买与赠予的奴隶、自投为奴的和赌博中赢来的奴隶。奴隶用于生产,也用于家务劳动。此时,奴隶的地位有所改善,出身雅利安人的奴隶,只要付清身价,即可摆脱奴隶身份。奴隶主打骂奴隶,破坏女奴贞节,受害奴隶可以得到自由。

农业在经济中占有重要地位。种植农作物的品种越来越多,有水稻、棉花、小麦、大麦、黍、豆类、甘蔗、胡麻等,农作物一年两熟的地方增加。国内商业贸易发展,首都华氏城有六个管理局,其中三个局与商业贸易直接有关,这就是商业管理局、商务条例监督局、商品售价及税务局。此时修建了沟通摩揭陀—旁遮普—阿富汗的商路。与中国的贸易有很大发展,在中国的和阗设有贸易居留区,中国的丝绸也在此时进入南亚次大陆。

阿育王死后不久,孔雀帝国分裂。公元前187年,大将普沙密多罗·巽加推翻孔雀王朝,建立巽加王朝,其统治地区仅限于恒河中下游。公元前75年,甘婆王朝代替了巽加王朝。公元前30年,甘婆王朝又被推翻,南亚次大陆处于衰落状态。

中国的西周王朝实行分封制,最初各诸侯国的面积不大,人口不多,力量有限。周天子凭借自己手中的强大军队,发号施令,有较大的权威。随着时间的流逝,一些诸侯国征服了其周围地区,经济实力和军事实力加强。由于不断分封，周天子控制的王畿面积日益缩小，逐渐衰微。"诸侯或不朝"①，"诸侯或叛之"②。公元前771年，周幽王被杀，西周王朝灭亡。周平王继位后，于公元前770年把都城东迁到洛邑（今河南洛阳），史称"东周王朝"。

东周王朝经历了春秋（公元前770～公元前476年）和战国（公元前475～公元前221年）两个时期。平王东迁以后，周王室的直辖领地的面积进一步缩小，到周襄王时（公元前651～公元前619年），仅剩下方圆一二百里的地盘。公元前632年，晋文公召周襄王参加诸侯盟会，以臣召君，使周天子威信扫地。周天子实际上已沦为一个小诸侯国之主。春秋时期，诸侯国林立，见于史书的有一百多个。各国为了扩大领土，不断战争，齐国、晋国、楚国、吴国等相继称霸。公元前403年，晋国的赵、韩、魏三家卿大夫势力强大，瓜分晋国，立为诸侯。这样经过三百多年的战争，到战国前期，只剩下秦、楚、齐、燕、赵、韩、魏七个大国和十几个小国了。

长期战争，民困马乏。为了在兼并战争中处于有利地位，战国前期各国先后实行改革，其中进行最彻底的是秦国的商鞅变法。公元前359年，秦孝公任用商鞅变法。商鞅变法的主要内容有：废除旧贵族的世袭特权，不论出身，按军功大小受爵领赏。在全国建立41县，设县丞掌管民政、县尉控制军事，县丞和县尉听命于国君，加强了中央集权。废除井田制，把土地授予农民，土地可以买卖，由国家征收土地税。重农抑商，奖励耕织。统一度量衡。经过商鞅变法，秦国富强，军队战斗力大增，为秦国统一六国打下了基础。

春秋战国时期制造青铜器的技术有很大提高。从湖北随县一座大型墓葬——曾侯乙墓出土了大量青铜器。这些青铜器造型复杂，纹饰精美。在制作工艺上，综合使用了浑铸、分铸、锡焊、铜焊、雕刻、镶嵌、铆接及熔模铸造技术。出土的一套65件编钟，共重2 500多公斤。编钟声音清脆悠扬，至今仍可演奏出各种乐曲。春秋晚期，使用多个皮囊鼓风，提高炉温，冶炼铸铁。直到公元14世纪，欧洲才掌握这一技术。从湖北铜绿山春秋战国时期的矿井遗址，可以发现当时已经解决了井下通风、排水、提升等一些复杂的技术问题，开采到距离地面50米以下的矿物。在春秋战国时期，铁制农具广泛使用，用大牲畜牛、马拉犁，提高了耕作效率。大力兴修水利，楚国修筑芍陂，灌田一万多顷。魏国"引漳水灌邺"，把盐碱地变成良田。秦国修建了都江堰和郑国渠，使成都和关中地区成为沃野，农业生产发展了。春秋晚期在晋国出现了金属货币，到战国时期金属货币在各国流行，商业贸易有了进一步发展。

公元前230～公元前221年，秦王嬴政采取集中兵力、各个击破的方法，先后攻灭六国，统一中国。嬴政自称"始皇帝"，建立了一套官僚政治体制。

---

① 《史记·楚世家》。
② 《史记·秦本纪》。

皇帝是最高统治者，其下设三公、九卿，协助皇帝处理全国政务，所有官员均由皇帝任免，不世袭。废除商周以来的分封制，将全国划分为36郡，郡下设县。郡设郡守，郡守受中央政府直接管辖。建立一支庞大的军队，皇帝直接控制军队。秦始皇还统一了法律、货币、度量衡和文字。秦始皇统一六国后，北击匈奴，南征百越，其疆域东临大海，西至甘肃西部，北达内蒙和辽宁，南抵今越南北部。秦始皇建立了中国历史上第一个空前广大的、中央集权的、多民族的统一国家，具有重大历史意义。公元前209年，爆发了陈胜、吴广领导的大规模的农民起义，各地纷纷响应。公元前206年，在人民起义的打击下，秦帝国崩溃。

三、地中海地区从城邦到帝国的转变和经济繁荣

公元前8世纪至公元前6世纪，在希腊先后出现了二百多个城邦，其中最重要的有中希腊的雅典、底比斯，南希腊的科林斯、斯巴达。小亚细亚沿岸的米利都等也是由希腊人建立的城邦。

斯巴达位于伯罗奔尼撒半岛南部的拉哥尼亚平原上。公元前8世纪，多利亚人征服了当地的阿卡亚人，以后又向西占领了美塞尼亚，成为斯巴达城邦的主人。征服者把这两个地区的大部分居民变成奴隶——希洛人。斯巴达国家有两个国王，平时权力不大，战时领兵外出作战。一些重大政务均由长老会议（其成员包括两个国王）决断。监察官有权监督国王，主持长老会议，权力很大，公民大会有名无实。长老会议成员和监察官都从贵族中产生，斯巴达是个奴隶主寡头贵族专政的国家。公元前6世纪，斯巴达用武力胁迫伯罗奔尼撒的许多城邦与其结盟，组成伯罗奔尼撒同盟。

雅典位于阿提卡半岛上，居民为爱奥尼亚人，多利亚人南下没有进入阿提卡。公元前8世纪，雅典国家开始形成，国家权力落到贵族手里，公民大会实际上不起作用。贵族垄断政权，霸占土地，许多平民失去土地，有的沦为债务奴隶。新兴的工商业奴隶主是平民的上层，他们也没有政治权利，平民与贵族的斗争持续不断。公元前594年，执政官梭伦改革，废除债务和奴役本族人的债务奴隶制，把全体公民分为四个等级，按财产多少分配政治权利，提高公民大会的作用，削弱贵族会议的权力。这次改革使平民获得了一些政治权利，雅典从此走上民主政治的道路。公元前509年，平民领袖克里斯提尼进行改革。他用十个地域部落的选区代替由氏族部落组成的旧选区，从而彻底摧毁了贵族操纵血缘部落进行选举、霸占官职的局面，雅典民主政治确立。

公元前492年，波斯进攻希腊，挑起波希战争，希腊城邦联合抗击波斯的侵略。公元前479年，波斯军队被逐出希腊，斯巴达等城邦退出战争。雅典联合中希腊、爱琴海诸岛和小亚西岸一些希腊城邦，结成提洛同盟，继续与波斯的战争，把战争引向小亚细亚和黑海沿岸。公元前449年，战争以希腊的胜利

而告终。

公元前5世纪中期，希腊各城邦都拥有大量奴隶，如雅典有奴隶20万，占全部人口的二分之一。奴隶被广泛用于生产，但以小规模为主。在斯巴达等城邦，奴隶主要用于农业，每户斯巴达公民占有一块份地及在份地上耕作的奴隶。在工商业发达的城邦雅典、科林斯，奴隶劳动主要用于手工作坊，小手工作坊一般使用5～10名奴隶，较大的要使用20～30名奴隶。雅典小农通常占有1～6名奴隶，雅典劳里昂国家银矿使用奴隶达一万多人。奴隶主对奴隶十分残酷，奴隶经常怠工、逃跑甚至起义。

波希战争后，希腊城邦经济繁荣。在农业方面采用了轮作和施肥技术，种植的作物有粮食、蔬菜、葡萄和橄榄等，葡萄酒、橄榄油大量出口。手工行业众多，根据古代作家普鲁塔克记载，当时希腊各城邦有手工工匠14～18种。行业内部已有分工，如在制造金属的作坊里有些人锻，有些人磨，又有些人炼。制造陶器有塑型、制坯、绘画和烧焙等工序，分别有专业人员操作。一些城邦有自己的特长手工业，例如雅典的造船、制陶、冶金，科林斯的纺织品、毛毡和彩瓶，米利都的纺织品和家具，塔那格拉的艺术小雕像，以弗所的武器。希腊商船在地中海、爱琴海和黑海上航行。雅典的外港比利犹斯港，是当时最大的国际商港。贸易的兴旺推动了货币借贷和汇兑业务的开展，雅典和特尔斐等地的大神庙成为经营金融业务的中心。

在雅典的伯利克里当政时期（公元前443～公元前429年），奴隶主民主政治进一步发展。当时，公民大会决定国家的内政、外交、宣战、媾和等大事，是最高权力机关。五百人会议由十个地域部落各抽签产生五十名公民组成，处理日常政务，召集公民会议。陪审法庭是最高司法机关，陪审员按地域部落抽签选出。雅典的十个将军统率军队，参与政治，掌握国家实权。将军由选举产生，实际上一般公民不可能当选，雅典国家大权掌握在少数富有的奴隶主手中。

波希战争后，雅典控制了提洛同盟各国，势力强大，这就引起斯巴达和由它领导的伯罗奔尼撒同盟的不满。公元前431～公元前404年，希腊两霸雅典和斯巴达之间发生战争，波及整个希腊，大部分城邦参加了这次战争——伯罗奔尼撒战争。这次战争以雅典的失败而结束。战后奴隶数量激增，大奴隶制经济盛行，在它的排挤下，小农和小手工业者纷纷破产，公民兵制度渐渐瓦解，城邦制基础动摇。不论是战胜的城邦，还是战败的城邦，都面临着日益严重的危机，贫民反对富人的斗争日益激烈。公元前392年，科林斯下层平民起义。公元前370年，在阿哥斯发生了"棍棒党"起义，杀死奴隶主一千五百多人。希腊各邦之间的矛盾很深，战后，斯巴达、底比斯、雅典先后称霸，但都不长久，希腊城邦走向衰落。

马其顿地处希腊北部边陲，国王腓力二世（公元前359～公元前336年）

进行改革，使马其顿强大起来。公元前338年，腓力二世击溃了希腊反马其顿的联军，把几乎整个希腊置于自己的控制之下，希腊各城邦名存实亡。腓力二世的儿子亚历山大继承马其顿王位后，于公元前334年率领马其顿、希腊联军东侵，不久灭亡波斯帝国。通过一系列战争，亚历山大建立了一个地跨欧、亚、非三大洲的大帝国，其领土西起希腊，东到印度河流域，北抵中亚，南达埃及。亚历山大帝国的建立，使希腊与埃及、西亚、南亚的经济、文化交流迅速扩大。公元前323年亚历山大去世。公元前301年，亚历山大帝国基本上分裂成埃及的托勒密王国、西亚的塞琉古王国和马其顿王国。

公元前2000年代初，印欧语人进入意大利半岛，其中一支拉丁人居住在意大利中部的拉丁平原。一般认为公元前8世纪至公元前7世纪，拉丁人的一支在第伯河下游建立罗马城。公元前6世纪，罗马国家形成。公元前510年，建立罗马共和国。罗马共和国的最高行政长官——执政官，从贵族中产生，掌握国家实权的元老院也由贵族组成，公民大会受元老院控制。贵族占有大量土地，平民无权，又不能参与国有土地的分配，有的平民负债失地，甚至沦为债务奴隶。当时，罗马与其周围的部落经常战争，平民是罗马军队的主力，他们往往离开军队，拒绝参加战斗，以此与贵族进行斗争。从公元前5世纪初起，平民与贵族斗争了大约二个世纪，取得一些成果。上层富有平民可以担任高级官职，有的还可以进入元老院，逐渐与贵族融合。废除奴役本族人的债务奴隶制，平民的公民身份有了保障，并可分得一小块土地。罗马的小农经济得到恢复和维持，由小农组成的军队成为罗马对外扩张的主力。

从公元前396年攻占伊达拉里亚人的维爱城到公元前3世纪前期，罗马先后征服了意大利中部的伊达拉里亚人、萨莫奈人和意大利南部希腊人诸城邦。罗马与大部分被征服的城邦和部落建立同盟关系，同盟者保留独立自治，但丧失外交权，要向罗马提供沉重的兵役，有些同盟城邦还要交出其土地的三分之一到二分之一。

罗马征服意大利后，把目光转向整个地中海地区。迦太基原是腓尼基人在北非建立的一个殖民城邦，这时其领土东起西西里，西到西班牙南部，已发展成为西地中海的一个强国。公元前264～公元前146年，罗马与迦太基发生战争，最后获胜，确立了其在西地中海的霸权。罗马在征服西地中海地区的同时，向东地中海地区扩张，打败了塞琉古王国军队，征服了马其顿王国，一跃成为地中海地区的一个霸国。公元前130年左右，罗马在被征服地区（除意大利外）建立了九个行省，即西西里、撒丁、科西嘉、山南高卢、西班牙、阿非利加、伊里利亚、马其顿和亚细亚，罗马委派总督对行省进行治理。

在对外战争中，罗马掠夺到大量的土地和奴隶。例如，公元前167年，罗马占领伊庇鲁斯，把俘虏的15万居民全部变为奴隶。公元前146年，罗马军队攻占迦太基城，把残存的5万居民卖为奴隶。许多贵族和富豪在西西里、意大利和阿非利加等地建立奴隶制大田庄,受大田庄生产的廉价农产品的冲击,罗马的广大小农纷纷失地破产。这些人要求重分土地,反对元老贵族。罗马对外征服,以及对外贸易的发展,促使兴起一个称作"骑士"的经营商业、承包和信贷的阶层,他们手中无权,也反对元老贵族。

  罗马的社会矛盾十分尖锐,错综复杂。公元前 137 年和公元前 104 年,在西西里岛爆发两次奴隶大起义。公元前 133 年,保民官提比略·革拉古实行改革,反映了广大小农要求土地的愿望。公元前 90 年,爆发意大利同盟者反对罗马统治的"同盟战争"。战后,意大利同盟者获得罗马公民权,其上层分子与罗马奴隶主开始合流。公元前 73 年,在意大利发生斯巴达克奴隶大起义,沉重打击了罗马奴隶主统治阶级。罗马的骑士阶层和元老贵族派也在进行反复的斗争。公元前 49 年,高卢总督恺撒率军攻占罗马,接着用武力夺取全国政权,独揽大权。公元前 45 年,他被宣布为终身独裁官。在恺撒独裁期间(公元前 49~公元前 44 年),授予一些行省奴隶主以罗马公民权,把一些骑士、意大利和一些行省的奴隶主选入元老院,罗马奴隶主的统治基础扩大了。恺撒独裁标志着罗马城邦共和国名存实亡。

  公元前 44 年,恺撒遇刺身亡。公元前 43 年,恺撒派的三个领袖,执政官安东尼、骑兵长官雷比达和恺撒的甥孙屋大维公开结盟,控制局势。但以后又发生纷争,屋大维首先剥夺了雷比达的兵权。公元前 30 年,屋大维进军埃及,最后消灭安东尼的势力,夺取全国政权。公元前 28 年,屋大维获"元首"称号,次年元老院授予他"奥古斯都"(神圣之意)的尊号和最高权力。屋大维在形式上保留了元老院和公民大会等共和国机构,但他一人独揽全国行政、司法、财政、军事和宗教大权,并终身任职。屋大维建立的政治体制——元首制,实际上是一种披着共和外衣的帝制。公元前 27 年是罗马帝国元年,罗马帝国建立,为社会经济繁荣开辟了道路。

第三节 意识形态的争鸣和多方面的文化成就

一、中国、南亚和希腊的意识形态的争鸣

  在中国的春秋战国时期,南亚的列国时期,希腊的公元前 5~公元前 4 世纪时期,政治、经济形势急剧变化,社会矛盾尖锐,阶级斗争激烈。这些反映在思想意识上,出现了各派争鸣的局面。

  中国春秋战国时期社会动荡,为治世安邦,思想家们纷纷提出各自的政治主张,形成"百家争鸣"局面。这些思想家可以分成若干学派,主要的是:道家、儒家、墨家和法家。

  道家的创始人是老子(公元前 580~公元前 500 年)。老子的政治主张是

"无为"而治,他说:"我无为而民自化,我好静而民自正,我无事而民自富,我无欲而民自朴。"① 老子希望回复到上古时期"结绳而用之……邻国相望,鸡犬之声相闻,民至老死不相往来"②的小国寡民社会,以解除激烈的社会矛盾和斗争。老子的思想含有朴素的辩证法内容,指出事物的对立面是可以转化的,他说:"祸兮福之所倚,福兮祸之所伏。"③

儒家的创始人是孔子(公元前551~公元前479年),他生活在春秋时代末期。他对当时周天子、诸侯的势力衰微,大夫、陪臣的势力勃兴,旧的礼法(等级名分制度)大乱十分不满。孔子主张恢复周天子的威严和周礼,提出了"克己复礼"的主张。"克己复礼"就是要人们约束自己的行为,以恢复周礼。恢复以周礼为标准的等级名分制度,反对诸侯、大夫、陪臣的僭越行为,重振"君君、臣臣、父父、子子"的统治秩序。孔子的政治主张是保守的。

孔子社会思想的核心是"仁","仁"者爱人,孔子要求统治者轻徭役,薄赋敛。他提出人与人相处,应遵循孝、忠、恕等伦理道德。"仁"与"礼"的关系是礼为制度,仁为精神,孔子提出的"仁"是为恢复周礼服务的。孔子关于"仁"的伦理道德观念,对改善人间关系有一定的积极作用。

墨家的创始人是墨子(公元前478~公元前392年)。他主张统一,让人民群众可以安居乐业,反对诸侯国间为掠夺土地和人口的战争。墨子提倡"兼爱"与"尚贤"。所谓"兼爱"就是反对强欺弱、富欺贫、智欺愚,希望人们"兼相爱,交相利";"尚贤"就是要求用人唯贤,反对政权由贵族世袭垄断。

法家的代表人物有商鞅(约公元前390~公元前338年)和韩非子(公元前280~公元前233年)等。法家主张变革,建立君主专制,加强中央集权。商鞅说,"世事变而行道异"④,只有应顺历史潮流进行社会变法者,才是"圣人"。韩非子提出"事在四方,要在中央,圣人执要,四方来效"⑤的思想,特别强调地方权力集中于中央。他还认为,全社会都必须遵守"法",把"法"作为加强中央集权的工具。法家思想客观上促进了统一的中央集权帝国的建立,具有积极的意义。

南亚列国时代的社会形势迅速变化,引起社会各阶级、各阶层的强烈反应,新思潮和新宗教的出现似雨后春笋,其中最重要的有顺世论派、耆那教和早期佛教。婆罗门代表旧贵族,维护落后的种姓制度和婆罗门教,成为各种新思潮、新宗教的攻击对象。

顺世论派反映出一般劳动人民的世界观,是朴素的唯物主义哲学派别。这个哲学派别认为,世界万物由地、火、风、水四大元素组成。人死后,组成人

---

①②③ 《道德经》第57、80、58章。

④ 《商君书·更法》。

⑤ 《韩非子·扬权》。

体的地、火、风、水分化,"悉皆坏败,诸根归空",意识也随之断灭,脱离肉体的灵魂是不存在的。反对婆罗门教宣扬的灵魂不死、轮回转世的说教。强烈批判种姓制度,认为高级种姓与低级种姓成员的血都是红的,无高低贵贱之分。

公元前6世纪,耆那教在南亚次大陆兴起,信仰耆那教的人主要来自刹帝利和吠舍上层。耆那教反对把种姓制度神圣化,否认婆罗门祭司在轮回和解脱中的作用。耆那教认为要避免轮回,得到解脱,只有奉行"正信"、"正觉"和"正行",也就是信仰,实行耆那教教义与戒律。耆那教主张苦行修身,舍身求道。

佛教的创始人是乔达摩·悉达多(公元前566~公元前486年),后来被称为释迦牟尼或佛陀(觉悟者)。佛教的基本教义是"四谛"说。它宣扬人世间生老病死等都是苦的(苦谛);一切苦的根源在于欲爱,有欲爱就会造业,造了业以后人们就要轮回,遭受新的痛苦(集谛);要消灭生老病死等苦难,必须消灭一切欲爱,才能避免轮回,得到解脱,进入至高无上的精神状态——涅槃(灭谛);要得到解脱,除断欲外,还必须安分守己地修行(道谛)。佛教反对婆罗门教,否认婆罗门的地位高于其他种姓,提出"众生平等"的口号,但佛教提倡的"众生平等",仅指佛门内修行的平等。在现实生活中,佛教把刹帝利种姓放在第一位,高于婆罗门种姓。

公元前5~公元前4世纪,在希腊贯穿着平民与贵族的斗争,奴隶主民主派与贵族寡头派的斗争,城邦之间的争霸等。在这种历史条件下出现众多的哲学家,产生了唯物论与唯心论的斗争。

德谟克利特(公元前460~公元前370年)是古希腊伟大的唯物论哲学家。他认为世界上的一切物体,都是由最小的、不可再分割的物质粒子即原子构成的。无限的原子在虚空中不断运动,彼此碰撞,以不同数量、不同形式组合而形成万物。原子分离,物体消灭。德谟克利特拥护奴隶主民主政治,他说:"在一种民主制度中受穷,也比在专制统治下享受所谓幸福好,正如自由永远优于奴役。"

古希腊哲学中唯心论的代表人物有苏格拉底(公元前469~公元前399年)和柏拉图(公元前427~公元前347年)。苏格拉底是奴隶主贵族派的思想家,他认为世界万物的生存与毁灭,均由神安排,人只能认识自己,而不能认识世界。苏格拉底因反对雅典民主政治而被处死。柏拉图是苏格拉底的学生,宣扬理念论。他臆造出一个超自然的理念,认为理念即精神是第一性的、本质的,是唯一真实的;现实是第二性的,是理念的派生。柏拉图也反对雅典民主政治,他把斯巴达贵族寡头政治视为"理想国"。

柏拉图的学生亚里士多德(公元前384~公元前322年)是个二元论者,动摇于唯心论与唯物论之间。一方面,他肯定现实世界的存在是真实的,理念世界不可能是现实世界的基础；另一方面，他又把物体的最终动力归结于精神世界的"纯形式"，这样他又陷入唯心主义。在政治方面，亚里士多德主张建立一种能兼顾贫富公民双方利益的共和政体。

二、东西方文化成就

在奴隶制文明的全盛期，文学和史学取得了很大的成就。南亚最著名的文学作品是两部史诗：《摩诃婆罗多》和《罗摩衍那》，其核心内容大约形成于公元前5世纪至公元前4世纪。《摩诃婆罗多》有18篇，长达十万颂，每颂包括两行诗句。《摩诃婆罗多》描述了婆罗多族的两支后裔居楼族和般度族大战的故事，反映雅利安人从军事民主制向国家过渡过程中的激烈战争。《罗摩衍那》共7篇，约二万四千颂。这部史诗阐述居萨罗王子罗摩远征魔城楞伽（斯里兰卡）的故事，反映了雅利安人向南亚南部扩张的历史。

在中国，这一时期也产生了许多优秀的文学和史学著作。《诗经》是中国现存最早的诗歌集，共收集了自西周到春秋时期的诗歌305首，有很高的文学价值。《春秋》是中国第一部编年史著作，记载了公元前722～公元前481年的历史事实。战国时期的史学著作《国语》，分别叙述了周、鲁、齐、晋、郑、楚、吴、越八国历史，开创了国别史的先例。屈原（公元前339～公元前278年）是战国时代的伟大诗人。抒情诗《离骚》具有浪漫主义色彩，是屈原的代表作。在诗中，他以十分丰富的想像力，描述自己乘龙驾凤，御长风上天旅行，借以抒发自己的情怀，表达对祖国的无比热爱，以及对旧贵族昏庸腐朽的强烈不满。

从公元前5世纪开始，雅典的戏剧创作开始繁荣，最著名的悲剧作家是爱斯奇里斯（公元前524～公元前456年）。《幽囚中的普罗米修斯》是爱斯奇里斯的代表作，剧中人普罗米修斯，把火种从天上偷到人间，为此天父宙斯把他绑在崖石上，残酷地惩罚他。爱斯奇里斯被誉为"悲剧之父"。最著名的喜剧作家是阿里斯托芬（公元前450～公元前385年）。阿里斯托芬反对伯罗奔尼撒战争，在战争期间他创作了剧本《吕西斯特拉塔》。剧中女主人公吕西斯特拉塔，愤恨男子们好战，她把广大妇女组织起来，以离异为手段与男子争斗，最后取得和平。

古希腊最著名的历史学家是希罗多德（公元前485～公元前425年）。他撰写的《历史》一书，主要记述了波希战争，此外还涉及埃及、吕底亚和两河流域各国的历史，材料丰富，文笔优美。在西方，希罗多德有"历史之父"的美称。

在这个时期，建筑和雕刻艺术也有很大的发展。新巴比伦城的建筑，是古代两河流域建筑艺术的一枝奇葩，城中有古代世界七大奇观之一的"空中花园"。相传"空中花园"是尼布甲尼撒二世为他的王后建造的。花园建在地势很空旷的地方。整个花园有四层，每一层平台都是用长 8 米、宽 2 米的石板砌起来的，用粗大的石柱作支撑，最高的柱子长 25 米。平台上堆积一层厚厚的泥土，在这层泥土上，奇花异卉争美斗艳，绿树芳草郁郁葱葱。人们从远处望去，花草、树木十分显眼，在蓝天白云的衬托下，犹如在空中飘浮的花园。

孔雀王朝时期，南亚地区佛教兴盛，修建了许多窣堵波（佛塔）。著名的桑奇大窣堵波是个半球形建筑物，底面直径约 30 米。圆顶上筑有一个平台，这里是祭祀佛骨的地方。窣堵波设四个大门，均为石制，形如牌坊，其上的雕刻精美无比。

中国战国时期，各国为了御敌，在一些险要地段修筑长城。秦始皇统一中国后，为了防御北方匈奴的入侵，修缮秦、赵、燕北面的长城，并连成一体，使之西起临洮（今甘肃岷县），东到辽宁，全长五千多里，这就是举世闻名的中国长城。位于陕西临潼的秦始皇兵马俑坑，是雕刻艺术的宝库。兵俑高 1.8 米左右，共有六千多个。这些兵俑头挽发髻，身着戎装，手持长矛、弩机等武器，表情严肃、警觉。马俑大小与真马相仿，翘首仰颈，强壮勇猛。兵俑、马俑排列有序，形成一支威武雄壮的大军。

公元前 5 世纪后期出现的雅典卫城建筑，在世界建筑史上占有重要地位。卫城建筑与周围山川和谐一致，保持了自然的色彩。卫城大门的左边有一排画廊，战神雅典娜的巨大塑像屹立在广场上。卫城内的帕德嫩神庙建于山巅之上，气势宏伟，整个庙宇呈长方形，周围环以圆柱柱廊。圆柱为多利亚式，柱身粗壮，刻有沟纹，无柱基石，柱顶没有装饰，给人以质朴而厚重的感觉。公元前 5 世纪雅典的著名雕刻家有梅龙和菲狄亚斯等。梅龙的青铜雕像"掷铁饼者"，生动地表达了运动员把铁饼掷出去前一刹那的神情和姿态。菲狄亚斯的作品处女雅典娜像，表面饰以黄金、象牙，庄重、华丽。

自然科学在这个时期有很大进步。中国春秋时期一共记录了 37 次日食，其中 31 次是可靠的。《春秋·文公十四年》（公元前 613 年）记载："秋 7 月，有星孛入于北斗。"据推算，这里的星孛就是哈雷彗星，这是世界上第一次有关哈雷彗星的记录。战国时期，齐国人甘德著《天文星占》，魏国人石申著《天文》。他们在书中记载了 120 颗恒星的位置，是世界上最古老的星表。战国末年，人们已经发现磁石的性能，制作了指示方向的"司南"。战国时期问世的《黄帝内经》，提出了病理学与针灸学的理论。这个时期的地理学著作《山海经》，记述了各地的山脉、河川、民族、宗教、动物、植物、矿产和医学等方面的情况。

公元前 4 世纪后期至公元前 1 世纪，希腊人统治近东文明地区，广泛吸收东方文化要素，在自然科学方面取得很大成就。欧几里德（公元前 330～公元前 275 年）长期在埃及亚历山大里亚从事教学和科研，他撰写的《几何原理》，奠定了几何学的基础。阿基米德（公元前 287～公元前 212 年），算出圆周率

的值在 $3\frac{1}{7}$ 至 $3\frac{10}{71}$ 之间,在物理学方面,他发现了浮力定律。厄拉托斯梯尼(公元前 275~公元前 194 年),曾任亚历山大里亚图书馆馆长,他测算出地球的圆周长为 39 690 公里,与实际值相当接近。古罗马农学家瓦罗(公元前 116~公元前 27 年),著有《论农业》一书,此书阐述了经营农业的方法,此外还讲授如何饲养牲畜、鱼和鸟类。

第四节 四大帝国并立与相互交往

一、汉帝国

公元前 202 年,秦末农民起义的领导者之一刘邦夺取政权,建立西汉王朝。秦朝暴政以及连年战争使土地荒芜,城市残破,经济萧条,物资匮乏。西汉初年实行"与民休息"政策,轻徭薄赋,田税十五税一,甚至三十税一,召回逃亡人口,把土地分给农民耕种。经过几十年的休养生息,社会经济得到恢复和初步发展,到汉武帝统治时期(公元前 140~公元前 87 年),西汉帝国强盛起来。

汉武帝在政治、经济、文化方面采取一系列措施,巩固中央集权。汉朝初年分封了一些诸侯王,汉武帝实行"推恩令",准许诸侯王把领地分给自己的子弟。由此,封国越来越小,地方势力被削弱,不能与中央分庭抗礼。在经济上,各地私铸的货币一律销毁,由中央统一铸造五铢钱,在全国流通。对盐、铁实行专卖,由国家统一经营。在文化上,"罢黜百家,独尊儒术"。汉代儒学的核心是"皇权神授","天不变道亦不变",为君主专制提供理论依据。公元 8 年,外戚王莽篡权,自立为帝,推翻西汉王朝,改国号为"新"。王莽统治期间,社会矛盾激化,公元 23 年王莽被杀,新朝灭亡。汉朝宗室刘秀利用农民起义发展自己的势力,公元 25 年登上帝位,建立东汉王朝(公元 25~公元 220 年)。

刘秀号光武帝(公元 25~公元 57 年),继续加强君主专制的中央集权。他提高王朝内廷处理文书的官员——尚书的地位,扩大尚书机构,称为尚书台。尚书台成为皇帝直接控制的最高执行机关,统管军政、吏治和司法等事务。中央政府所设的三公名为宰相,却没有实权。在军事方面,东汉时期建立了五营宿卫军,由中央政府直接管辖,战时由皇帝派将军统帅。东汉初年,各地设有地方军队,由各郡军事长官——都尉掌管。地方军队往往被土著豪强利用,与中央政府对抗,威胁皇权。刘秀拥有一支强大而精悍的中央军后,便削减地方军的兵员,并撤销郡都尉一职,其职务由郡太守兼任。汉帝国最强盛时,其领土东北达今朝鲜北部,西抵葱岭,南至今越南中部,北到蒙古沙漠。

西汉时期,牛耕和铁工具在农业生产中已广泛使用。犁铧的种类很多,有铁口铧、尖锋双翼铧、舌状梯形铧、巨型铧等。这个时期发明了耧车,耧车是一种三足播种器，它下种深浅一致，三行同播，行距均匀，并将开沟、下种、盖土三道工序一次完成，大大提高了工效。此时在陕西首先采用井下相通的"井渠法"，以后传播到新疆地区。西汉平帝元始二年（公元 2 年），全国人口约 5960 万，耕地面积 827 万顷，人均耕地 13.8 亩，比战国时期有较大的增长。九真郡（今越南的清化、义安、河静等地），原先处于"刀耕火种"的落后状态，公元 1 世纪，任延任九真太守时，下令铸造铁农具，推广牛耕，连年丰收。东汉时期大规模治理黄河，疏通了荥阳到入海口的水道，修筑堤防一千多里。

汉代的纺织技术先进。1972 年，在长沙马王堆汉墓中出土了许多西汉时期的丝织品，色彩鲜艳、亮泽，表面有几何形图案和各种动物形象。有一件素纱禅衣，衣长 128 厘米，袖长 190 厘米，仅重 49 克。西汉时期造船业也很发达，可制造宽 5～8 米、长 20 米、载重 20～30 吨的大船。这个时期发明的"炒钢法"是冶金技术的一大进步。东汉时期，用"水排"即水力鼓风机冶铁，提高了效率和质量。西汉时期的劳动人民已经发明了丝棉纸，纸质粗糙。据《后汉书·蔡伦传》记载，蔡伦（？～公元 121 年）总结前人的生产经验，首创用树皮、麻头、破布、破鱼网等作原料，制造植物纤维纸，纸质较好，价格低廉，便于推广。造纸术是中国古代四大发明之一。

司马迁（公元前 145～公元前 86 年）是西汉时期伟大的史学家。他撰写的《史记》是我国第一部纪传体通史，叙述从黄帝到汉武帝三千多年的历史。《史记》也是一部优秀的文学作品，刻画了许多突出的人物形象。王充（公元 27～公元 97 年）是汉代杰出的唯物论思想家，著有《论衡》一书。他认为世界万物均是由原始物质"气"合成的，日月星辰按自然规律运动，没有天神意志，否定了儒家提出的"天命论"。张衡（公元 78～公元 139 年）是东汉时期著名的科学家，他发明的"候风地动仪"准确测出公元 138 年陇西发生的大地震。东汉中期问世的《九章数学》，涉及解三元一次和四元一次联合方程式，这比欧洲早一千三百多年。

东汉后期，外戚和宦官专政，政治腐败。公元 184 年爆发波及全国的农民大起义——黄巾起义，这次起义动摇了东汉王朝的统治基础。公元 220 年，东汉王朝崩溃。

二、贵霜帝国和安息帝国

贵霜帝国是由大月氏人建立的。大月氏人原来分布在中国西部敦煌和祁连山一带，过着游牧生活。公元前 170 年左右，他们被匈奴人击败，向西几经迁徙，到达咸海南部的阿姆河流域，征服了大夏（巴克特里亚）。大夏地区土地肥美，有水源，农业发达，大月氏人迁徙到这里以后，逐渐以经营农业为主。当时大月氏人分为五个侯国，贵霜就是其中的一个。大约公元 1 世纪初，贵霜翕侯丘就却（约公元15～公元65年在位）击败其他四个翕侯，建立统一的大月氏人国家。丘就却和他的继承者阎膏珍（公元65～公元75年在位）、迦腻色迦（公元78～102年在位），不断对外进行扩张，建立一个地跨中亚和南亚次大陆西北部的贵霜帝国，其领土东起恒河中游，西至伊朗东部，北自咸海、阿姆河，南到纳巴达河。迦腻色迦将都城迁到印度河流域的富楼沙，帝国统治中心南移。

贵霜帝国时期，境内的大夏、大宛、花拉子模和粟特等地农田灌溉面积增加了。贵霜帝国地处东西交通要道，商业很繁荣，出现了一些城市。首都富楼沙城市规划有序，人口众多，方圆达四十多里。富楼沙大佛塔塔基底部直径达87米，高195米，是南亚次大陆最高大的佛塔。迦腻色迦时期建造的坦叉始罗新城，长1 400米，宽1 100米，街道整齐，寺庙很多。在宗教上采取宽容并包政策，迦腻色迦皈依佛教，但湿婆教、祆教、希腊的神话传说都在境内自由流行，并受到崇敬。

贵霜帝国时期，佛教发生重大变化。公元1世纪，在佛教内部产生了一个新的教派。这个教派称传统的教派为"希那衍那"即小乘，称自己为"摩诃衍那"即大乘。传统的佛教派别不接受"小乘"这个带有贬义的称号，称自己为"上座部"佛教。

小乘佛教认为，释迦牟尼是一个真实的教主和传教师；人人可以通过修行求得自身的解脱，进入涅槃。大乘佛教则认为佛陀有无比的智慧，无限的神通，把他神化，作为崇拜的偶像；人们只要虔诚地修行，不仅可以使自身渡过苦海，抵达彼岸，还可以"普度众生"。在哲学方面，小乘佛教主张"我空法有"，否定主观的存在，不完全否定客观的存在；大乘佛教则提倡"法我皆空"，否认主观存在，也否认客观存在，唯心主义思想体系严密。大乘佛教在帝国境内迅速流传开来，并取得优势。公元1世纪开始，大乘佛教通过中亚传入中国，以后又传入朝鲜和日本。小乘佛教则通过斯里兰卡传入东南亚的缅甸、泰国、老挝、柬埔寨等地，以及中国傣族居住的地区。

迦腻色迦死后，贵霜帝国开始衰落，领土逐渐缩小。公元3世纪贵霜帝国瓦解，分裂成几个小邦。公元5世纪，北方哒人最终消灭了贵霜。

帕地亚位于里海东南，伊朗东北部一带，原属塞琉古王国统治。公元前3世纪中期，属印欧语系的游牧部落帕勒·达依人进入帕地亚。公元前247年，帕勒·达依人和土著居民联合，推翻塞琉古王国在当地的统治。帕勒·达依人的首领阿尔萨息自立为王，建立阿尔萨息王国（公元前247～公元226年），中国史书将阿尔萨息音译为安息。安息王国成立之初，首都设在中亚的尼萨城。公元前175年，安息占领中亚的马尔吉安那。公元前155年，夺取伊朗高原西部的米底。公元前141年，安息进入两河流域，塞琉古势力被驱逐到幼发拉底河以西。安息帝国的领土不断扩大，地跨西亚、中亚地区。公元前1世纪中期，定都两河流域的泰西封。

安息实行君主制度，国王之下设置贵族会议和祭司会议，权力很大。军队以骑兵为主，领兵打仗的贵族十分富有。大将军苏勒那"出门办私事，也总要一千头骆驼运行李，二百辆车载妻妾，重装骑士一千人和更多的轻装骑士作护卫；他的骑士扈从和奴隶，总共不下一万人"①。

中亚的马尔吉安那农业比较发达，种植稻、麦和葡萄等。尼萨城的建筑、雕刻和镀金工艺达到很高水平。马尔吉安那的安条克是铁器制造中心，城内有专门的手工业区，安息骑士使用的武器由"马尔吉安那铁"制造。两河流域和伊朗地区也有发达的手工业。安息的国内外贸易繁荣，据《史记·大宛传》记载：安息"其属小大数百城，……有市民商贾，用车及船行旁国，或数千里。以银为钱"。

公元前1世纪，塞琉古王国被罗马击灭后，安息与罗马直接接触并发生长期战争。公元前53年和公元前36年，安息两次击败罗马军队。公元115~公元116年，罗马皇帝图拉真曾一度占领两河流域，攻下安息首都泰西封，但不久被迫撤退，安息把罗马的势力阻止在两河流域以西。公元226年，安息帝国被新兴的伊朗萨珊王朝灭亡。

三、罗马帝国

公元前27年，屋大维建立了罗马帝国。公元14年，屋大维去世，他的继承者建立了朱里亚·克劳狄王朝（公元14~公元68年）。克劳狄统治时期（公元41~公元54年），开始建立官僚体制。他把元首的私人办事机构变为中央政府的管理部门，秘书处管理内政、外交、军事，财务处掌管财政和税收，司法处处理法律事务。这些部门的官员完全听命于皇帝，皇权又有所加强。弗拉维王朝（公元69~公元96年）的创立者韦帕乡（公元69~公元79年），大量吸收各行省上层奴隶主参加元老院，同时广泛授予行省居民以罗马公民权。行省作用大大加强，罗马帝国成为地中海区奴隶主阶级的统治机构。安敦尼王朝时期（公元96~公元192年），皇帝图拉真（公元98~公元117年）推行扩张政策，四处用兵。他在位时，罗马帝国的版图空前扩大：东起幼发拉底河，西到大西洋，北抵西亚、不列颠，南达北非。

罗马帝国前期生产工具有进一步发展，出现了带轮的犁和割谷机。在建筑工地上应用复滑车起重设备，矿山中使用排水机械。公元前1世纪，巴勒斯坦工匠发明了吹制玻璃器皿的方法。埃及和北非成为罗马帝国的新粮仓，盛产小麦，在高卢和西班牙，大量种植葡萄和橄榄。在手工业方面，意大利盛产陶器、玻璃和金属制品，腓尼基的染料、玻璃器皿，埃及的麻纱、化妆品和珠

---

① 普卢塔克：《希腊罗马名人传·克拉苏传》，ⅩⅪ，60。

宝，小亚细亚的纺织品、毛毯、羊皮畅销各地。在高卢南部和莱茵河沿岸兴起金属、纺织、制陶等行业，罗马城的手工业行业有八十多种。罗马帝国地跨欧、亚、非三大洲，地中海成为"内湖"，海陆商路畅通无阻。意大利和各行省之间，以及各行省之间的商贸活动大大加强。罗马帝国商人沿莱茵河入北海和波罗的海，与不列颠和斯堪的纳维亚等地进行贸易。他们出红海，横渡阿拉伯海到印度和斯里兰卡做买卖，甚至远达中国。

从公元2世纪末到公元3世纪末，罗马帝国国内爆发全面危机，史称"三世纪危机"。公元2世纪后期，对外大规模扩张结束，奴隶来源大大缩减，奴价攀升。奴隶对生产日益无兴趣，他们破坏工具、怠工、逃亡甚至起义。在意大利、高卢、西西里、北非等地，奴隶制大田庄逐渐解体。随着农业的衰退，手工业和商业出现萧条。政府大量发行劣质货币，物价猛涨，民不聊生。在共和国末期，一些大土地所有者开始把土地划成小块，分给佃农和奴隶耕种，收取地租。这些佃农和奴隶就是隶农，他们的生产积极性有所提高。公元2世纪，隶农制逐渐流行。到公元3世纪，隶农对其主人的依附性加强，所受剥削与日俱增，隶农和奴隶的境遇接近。奴隶制度成为生产力发展的桎梏。

公元3世纪危机也表现在政治上。塞维鲁王朝（公元193～公元235年）仅存在42年，却先后更迭了五个皇帝。公元238年一年内换了四个皇帝。公元253～公元268年是罗马历史上的"三十僭主"时期。在这十五年内，各地行省和军团都拥立皇帝，相互攻击，政治十分混乱。各地人民起义频繁。公元3世纪初，在意大利发生了布拉领导的隶农和奴隶起义。公元263年，在西西里岛爆发了大规模的奴隶起义。公元269年，在高卢兴起的"巴高达"运动，是一次由奴隶、隶农和贫民参加的起义，这次起义规模很大，几经起伏，坚持了很长时间。

公元前63年，罗马征服巴勒斯坦后，横征暴敛，给当地的犹太人带来灾难。自公元前53年起，犹太人多次起义反抗罗马的统治，都以失败告终，但埋藏在犹太人心中的民族仇恨并没有泯灭，它反映在思想意识上，产生了一种新的宗教——基督教。犹太人有一种传统信仰，认为上帝耶和华神是宇宙间的唯一真神，救苦救难。公元1世纪，在巴勒斯坦和小亚细亚出现了传道者。他们宣传上帝派"基督"即救世主，来拯救贫苦人民，消灭人间不平，摧毁罗马帝国。早期的基督教吸收信徒不分种族，因此在罗马帝国境内传播很快。参加基督教的主要是奴隶、被释放奴隶和贫民，罗马帝国政府迫害基督教徒。公元2世纪后期到公元3世纪，随着罗马帝国社会危机的爆发，一些失意的作坊主、商人、富裕农民，甚至大官僚也皈依基督教，他们渐渐控制了基督教会。在基督教教义中逐渐加进了忍耐、服从、寄希望于来世等内容，早期基督教的仇恨富人、反抗罗马帝国统治的内容消失了。

到公元3世纪，基督教已经在罗马帝国境内广泛流行，拥有教徒600万人。罗马帝国的统治者意识到,掌握基督教,控制其广大信徒,无疑对支撑摇摇欲坠的罗马帝国有利。公元 313 年,罗马皇帝君士坦丁颁布米兰敕令,承认基督教的合法地位,发还被没收的基督教会的财产,并给予教会一些特权。从此,基督教会被罗马帝国政府利用,成为一种统治工具。

罗马帝国前期的老普林尼(公元 23~公元 79 年)是一个知识渊博的科学家,著有《自然史》一书,共 37 卷,包括天文、地理、历史、生物、农学、医学、矿物、冶金、工艺、绘画和雕刻等内容。天文学家托勒密(公元 100~公元 170 年)提出地心说,认为地球是宇宙中心,太阳、月亮和其他星球都环绕地球运转。地心说在西欧长期流传,影响深远。这个时期的历史学家主要的有塔西佗(公元 55~公元 120 年)和阿庇安(公元 95~公元 165 年)等。塔西佗的《日耳曼尼亚志》,是一部全面介绍古日耳曼人的文献;他的《编年史》和《历史》,阐述了公元 1 世纪的罗马史。阿庇安所著的《罗马史》,是一部记述王政时代(约公元前 753~公元前 510 年)到图拉真统治时期的罗马通史。

罗马帝国前期,建筑艺术得到发展。弗拉维王朝时期兴建的大型圆形剧场,可容纳 8 万观众。舞台在剧场中心,周长 524 米。图拉真记功柱高 43 米,雄伟挺拔,柱面有连环浮雕,环柱螺旋而上。

四、丝绸之路的开辟与东西方交流的发展

汉代,巴尔喀什湖以东、以南,玉门关、阳关以西,西藏高原以北的广大地区被称作"西域"。公元前 2 世纪前期,西域地区受匈奴的控制和奴役。匈奴是中国北部(大漠南北)草原地区的游牧部族,不断骚扰汉王朝北部边境。公元前 138 年和公元前 119 年,汉武帝两次派遣张骞出使西域,联合西域人民共同抗击匈奴。经过七十多年与匈奴的斗争,终于使西域各族人民摆脱了匈奴的控制。公元前 60 年,西汉政府在西域设立西域都护府,对西域实行直接统治。张骞出使西域期间,他和他的副使出访过大宛(乌兹别克东部)、康居(锡尔河中游)、大月氏(阿姆河流域)和安息等地。公元 1 世纪后期,东汉政府派班超出使西域,巩固了对西域的统治。班超派甘英出使大秦(罗马帝国),甘英抵达波斯湾沿岸,为安息所阻。张骞和班超出使西域,打通了中国中原地区经西域至中亚和西亚的道路。除陆路外,当时还有一条海路可达西方,即从徐闻或合浦(今广西合浦)出发,经印度支那半岛、马来半岛、苏门答腊、缅甸、印度、斯里兰卡到达波斯湾或者红海沿岸。中国的大量丝绸和其他商品,通过上述陆上和海上道路运往中亚、西亚、南亚等地,再到欧洲。后人把此道称作"丝绸之路"。

贵霜帝国是丝绸之路上的一个交通枢纽,在迦腻色迦统治时期对外贸易兴旺发达。中国产的丝绸、纸、镍、漆器、铁器、水果和药材输入贵霜,其中一部分经贵霜转运到安息和罗马帝国各地。通过贵霜输入中国的商品有马匹、毛织品、玻璃、珠宝、玉石、玛瑙、象牙、水晶、琥珀、珊瑚和香料等。

贵霜帝国与中国汉王朝交往密切。公元前2年，大月氏使者伊存到长安口授佛经，佛教开始传入中国中原地区。东汉明帝（公元58～公元75年）曾派员到贵霜写佛经42章，即《四十二章经》。公元87年，贵霜王迦腻色迦遣使来华，赠送珍宝和狮子等物。中国王子也出使贵霜。公元90年，贵霜副王谢率领7万大军翻越葱岭，侵入东汉境内，班超以少胜多，贵霜兵败撤退，从此，两国和平相处，友好往来。贵霜与罗马帝国也有往来。公元99年，贵霜使臣到达罗马，罗马皇帝图拉真把贵霜人的形象刻于纪念柱廊上。

贵霜文化受希腊文化影响。迦腻色迦时期发行的一种铸币，其表面有穿希腊服装的释迦牟尼像，并有用希腊文书写的"佛陀"两字。犍陀罗是贵霜帝国中心地区。犍陀罗佛教艺术集南亚、希腊和伊朗文化之大成。其佛像采用希腊式雕刻和浮雕风格，但形象严肃、庄重，具有南亚佛教的精神。犍陀罗石窟寺建筑把石窟与佛像凿刻结合起来，在石窟寺的建筑和装饰方面可以看到希腊和伊朗文化的因素。具有犍陀罗风格的石窟艺术，沿丝绸之路传入中国，是中西文化交流结出的奇葩。中亚的音乐、舞蹈、绘画、雕刻艺术也相继传入中国，对中国的文化产生影响。

早在波斯帝国时期，中国与西亚地区就有商业联系。公元前119年，张骞第二次出使西域，他的副使出访安息，拜会安息国王。东汉班超的副使也到达安息地区。公元101年，安息王满屈遣使访问中国，向东汉王朝赠送狮子和驼鸟。公元2世纪中期，安息王子安世高来洛阳翻译佛经三十多部。公元2世纪，中国的炼钢术和井渠法传入安息。同时，安息和西亚的葡萄、苜蓿、阿月浑子、甜菜和茴香的种植技术也传入中国。安息是丝绸之路西段的重要国家，中国商品经过这里运往罗马帝国。安息原是希腊人建立的塞琉古王国的一部分，受到希腊文化的影响。帝国东部尼萨出土的象牙祭器、酒器带有希腊文化的风格。太阳神受到广泛的崇奉，但人们也信仰希腊的神灵。

罗马帝国位于丝绸之路的西端，安息、南亚、中亚和中国的商品源源不断地输入。中国的丝绸在罗马和君士坦丁堡等地深受欢迎，皇帝、元老院议员、教士、富豪都以穿中国丝绸为荣耀。罗马帝国作家老普林尼在《自然史》一书中说："赛里斯国（中国）林中产丝，驰名宇内。……织成锦绣文绮，贩运罗马。富豪贵族之夫人娇媛，裁成衣服，光辉夺目。"几经贩卖，到罗马城内，丝价已十分昂贵，竟与黄金等值。当时陆上丝绸之路被安息、贵霜等国控制，罗马帝国商人大多从红海出发由水路到达印度。近年来，在印度东海岸的本地治里附近发现罗马商站的遗址，出土了意大利的陶器和希腊的双耳水罐，以及罗马货币。罗马商人和使臣还从印度经东南亚海域到达东汉政府控制下的日南郡（今越南中部）。汉代，罗马帝国的杂技艺术传入中国，中国和罗马帝国之间的交流加强了。

第三章

封建区域性格局的形成

　　大约从公元2世纪左右开始，亚欧北非上古先进农耕地区的奴隶制度盛极而衰，封建关系在奴隶社会内部逐步滋长，社会矛盾日趋尖锐复杂，中华东汉帝国、东西罗马帝国和波斯萨珊帝国等奴隶制大国的边境防御力量严重削弱，许多处于原始社会解体阶段的游牧或半游牧部族大举入主农耕地区，争相建立各自政权，酿成"民族大迁徙"浪潮。因此，在此过程中崛起的几个新兴帝国，如中华隋唐帝国、加洛林帝国、拜占廷帝国和阿拉伯帝国，它们的封建制度在不同程度上都是由先进农耕地区正在滋长的封建关系，与游牧或半游牧部族注入的原始社会解体时期的社会关系相互作用形成的。只是因为诸农耕地区先前的具体社会状况有所不同，各游牧或半游牧部族在入主地区所处地位及其原始社会解体状况亦千差万别，在这些新兴大国所确立的封建制度也便采取不同形式，分别属于封建制度的不同类型，封建经济结构、政治体制与文化模式等都各有特点。

　　封建经济依然是自给自足的自然经济，这些封建大国之间尚难产生密切的经济联系。但是，封建社会的经济、政治和文化发展水平高于奴隶社会，这些封建大国与其周边国家之间的各种交往却已渐趋频繁。在它们封建文明的影响下，它们的周边国家或地区也逐渐确立封建制度。而且有些封建大国自身亦随后分裂为一系列中小封建国家。因此，在这些封建大国奠定的基础上，又进而形成东亚、西欧、东欧和伊斯兰世界等几大封建区域相对独立而平行发展的世界格局。同一区域的国家，各种联系比较密切，保持着比较经常的人员往来、产品贸易、文化交流、宗教研访乃至战争交往；封建制度所采取的具体形式也基本相似，均属封建制度的同一类型。而属于不同区域的国家，则相互联系比较薄弱，封建制度所采取的具体形式显然有别，分属封建制度的不同类型，致使世界历史依然处于分散发展状态。

第一节 席卷亚欧北非的"民族大迁徙"

一、匈奴人的西迁与鲜卑人的南下

公元前3世纪秦朝统一中国前后，游牧于中国北部大漠南北的匈奴人开始进入铁器时代，社会生产力显著提高，原始社会趋于解体，部落联盟逐渐转化为国家组织。公元前209年，冒顿射杀其父头曼，自立为单于，逐步完善匈奴人军政合一的统治体制，以单于庭为中央国家机关，直辖匈奴中部地区；以左右贤王庭为地方最高府衙，分别管辖匈奴东部与西部地区。单于和左右贤王在自己辖区内各自招集军队，所有成年的自由男性氏族成员均被编为骑兵，氏族部落贵族首领则分别被任命为什长、百长、千长、万骑长或王侯。凭借这样组织起来的强大军事力量，冒顿单于不仅东破东胡，西逐月氏，北服丁零，控制了东含辽河、西至葱岭、北抵贝加尔湖、南达长城的广大沙漠草原地区，而且乘秦末楚汉相争之机，进袭河北、山西、陕西等中原农耕地区，成为新建西汉政权的严重边患。

公元前200年，汉高祖刘邦亲率32万大军进击匈奴，反被冒顿单于所率的40万骑围困于平城附近的白登山达七日之久，通过重贿单于阏氏，始得突围脱险。此后，西汉只得实行和亲政策，将宗室女嫁给单于，赠以财货，方求得北方边境的暂时安宁。汉武帝即位后，中原地区社会经济获得恢复和发展，西汉政权积聚了雄厚实力，对匈奴改而采取主动进攻的策略。武帝遣卫青、霍去病等率大军深入漠北，歼灭匈奴大量的有生力量，使"漠南无王庭"。公元前57年，匈奴统治集团内讧，五单于争立。呼韩邪单于稽侯珊重新统一匈奴各部后积极谋求汉王朝的支持和帮助，于公元前51年归附西汉，确认单于庭作为地方政权隶属于汉王朝中央政权。公元前33年，稽侯珊在朝见汉元帝时表示愿当汉家女婿，元帝即以后宫良家女子王嫱（字昭君）妻之。

呼韩邪单于归附西汉后，匈奴部族内部比较安定，与中原地区联系密切，社会经济发展较快，军事力量随之增强。又由于后来的王莽实行错误的民族政策，激起匈奴人的严重不满。因此，东汉初期，匈奴对中原地区的袭扰掠夺活动再度猛烈起来。公元48年，匈奴贵族争立单于的斗争重新激化，管领匈奴南方八部之众的稽侯珊之孙右薁犍日逐王比自立为单于，率四五万部众归附东汉，于是匈奴最终分裂为南北二部。南匈奴逐渐内迁，分布于晋陕北部和内蒙西部地区，与汉族杂居，并帮助东汉王朝防御和反击北匈奴。北匈奴则留在漠北，继续袭掠中原。公元73年，已趋稳定的东汉政权派窦固、耿忠、耿秉、祭肜率兵分四路进击北匈奴，追至天山和巴里坤湖。公元89年，东汉又派窦宪、耿秉率汉军会合南匈奴兵共4万余骑进击，大破北匈奴于额布根山一带，受降二十余万人。公元91年，东汉复遣耿夔大破北匈奴于阿尔泰山；同时，原受北匈奴宰制的其他游牧部族也纷纷反戈，致使北匈奴单于"不复自立，乃远引而去"，率领残部先抵乌孙，2世纪中叶移驻康居。在康居游牧生息了约两个世纪，力量渐强，4世纪中叶开始继续西迁，征服包括伏尔加河、顿河下游地区阿兰人和第聂伯河下游地区东哥特人在内的许多游牧或半游牧部族，在黑海北岸草原上形成一个以匈奴人为主体的庞大的部落联盟。接着，匈奴人又向德涅斯特河与多瑙河下游之间地区的西哥特人发动进攻，迫使西哥特人规避，从而直接推动了日耳曼人诸部落集团的大迁徙。

北匈奴西去后，鲜卑部族日渐强盛。鲜卑人原系游牧于西拉木伦河和老哈河流域的东胡人的一支，被匈奴冒顿单于击破后退走大兴安岭北段鲜卑山一带，故名。公元1世纪末，鲜卑人乘北匈奴战败西走、漠北混乱空虚之机，逐步向西迁移，奄有前属北匈奴的广大地区，没有西迁的十余万户北匈奴人也自号鲜卑，与之融合。公元2世纪中期，鲜卑部落首领檀石槐统一鲜卑各部，建立部落联盟，占据东起兴安岭、西至准噶尔、"东西万二千里，南北七千余里"的广大地区。公元181年，檀石槐去世，这个部落联盟瓦解，分裂为宇文、拓跋和慕容等部。

拓跋部是由鲜卑人与匈奴人融合而成的，社会发展比较缓慢。公元3世纪中叶，在酋长拓跋力微率领下迁至定襄盛乐一带，始由以射猎为主转为以游牧为主，从母系氏族社会过渡到父系氏族社会，初步形成以拓跋部为主体的部落联盟。

公元3世纪末，西晋发生"八王之乱"，汉族和南匈奴、鲜卑、羯、氐、羌等游牧或半游牧部族的上层分子相继在中国北部各地建立各自的割据政权，史称"五胡十六国"。315年，鲜卑拓跋部酋长猗卢被西晋封为代王，并取得晋北五县，所受汉族先进文明的影响日益加深。4世纪中叶，什翼犍在位时期，王位继承由兄终弟及变为父子世袭，但这个正在形成的国家政权于376年被前秦所灭。淝水之战后，前秦解体，什翼犍之孙拓跋珪于386年纠合旧部重登王位，改国号为魏（史称"北魏"），进而攻占山西、河北大部分地区，398年定都平城，正式称帝，且继续向南推进。439年，拓跋珪之孙拓跋焘相继消灭中原地区的各割据政权，大体实现中国北部地区的政治统一，以至中国出现鲜卑拓跋部在北方建立的北魏政权，与汉族将领刘裕在南方建立的宋政权两相对峙的局面。

二、日耳曼人的入主与西罗马帝国的灭亡

日耳曼人也发祥于亚欧草原地区。他们在辗转迁徙中逐渐形成三大支：西支散布于莱茵河、多瑙河与奥得河之间的日耳曼尼亚，包括法兰克人、盎格鲁人、萨克森人、苏维汇人和阿勒曼尼人等；东支分散在奥得河与维斯瓦河之间及黑海北岸的草原地区，有汪达尔人、勃艮第人、东哥特人和西哥特人等；北支居住在日德兰半岛北部与斯堪的纳维亚半岛南部，统称诺曼人，细分为丹麦人、挪威人和瑞典人等。

日耳曼尼亚缺乏广阔草原，遍布原始森林，不宜流动游牧，因而西支日耳曼人较早地从游牧转向农耕。据恺撒记载，苏维汇人在公元前1世纪中叶已大多从事农业和畜牧业，只是对农业"并不特别热心"。据塔西佗描述，公元1世纪末期的日耳曼人已经主要从事农业生产，同时还放牧牲畜，兼事简单的手工制作，从而基本实现定居。他们以血缘关系为纽带的氏族部落组织仍然起着重要作用，但已进入原始社会晚期，开始处于军事民主制阶段，发生社会分化。此后，这些日耳曼人军事民主制时期的社会关系进一步展开。例如，定居于莱茵河下游东岸地区的法兰克人，3世纪中叶，一则是"按村落和城镇推选出那些出身于本族中头等的，也就是最高贵的家族的披着长发的国王"，即军事首领，表明地域联系的重要性已在血缘联系之上。在村落里，各父系家庭之间往往还保有血缘亲族关系，但已不完全排斥外来户，而且外来户既被接纳，就享有同等权利。同一村落的居民共同占有附近的耕地、草地、森林和池沼等，但通常已将耕地分配给各户较稳定地使用，其产品归各户所有，因而氏族公社代之以农村公社马尔克。另则是尽管在发生重大武装冲突时，仍然召集普通自由的法兰克成年男子参战，但作为法兰克人军事力量核心的已是脱离生产劳动，享有某些社会特权的亲兵，他们作为新贵族而开始与传统氏族贵族合流。最后是一切自由的法兰克人虽还享有同等程度的自由，然而业已出现财产差别。同时有些人开始拥有奴隶，贵族拥有的牲畜和奴隶更多一些。奴隶分为两类：一类是可能来自奴仆后裔的家庭奴隶，与主人一起长大和受教育，以没有人身自由区别于自由人，无权携带武器和参加民众大会；另一类是生产奴隶，耕种一定的土地，向主人缴纳粮食、牲畜和衣服等作为代役租，处境与西罗马帝国的隶农相近，他们除来自战俘外，也有自卖为奴的同族人。

东支日耳曼人主要分布于黑海北岸草原地区，继续以游牧为生。但与罗马帝国东部地区的接触比较频繁，经济文化颇多交流，因而社会发展较西支日耳曼人先进。4世纪时，他们的社会分化加深，已经处于国家形成的前夕，并且皈依了被基督教正统派视为异端的阿里乌斯教派。

376年，抵抗不住匈奴人进攻的西哥特人渡过多瑙河，被罗马帝国作为同盟者安置在麦西亚一带。378年，西哥特人不堪罗马当局的奴役和压榨，发动起义，在阿得里亚堡之战中击杀罗马皇帝瓦伦斯。继位的罗马皇帝狄奥多西对西哥特人采取怀柔政策，但他死后罗马当局对西哥特人的欺凌重新加剧。西哥特人再次开展武装斗争，在进袭君士坦丁堡失利及南下希腊被困以后，于401年转向意大利半岛，410年攻陷罗马。然后挥戈北向，越过阿尔卑斯山，据有加龙河流域。419年，以图卢兹为首府建立西哥特王国。稍后又从汪达尔人手里夺得西班牙地区。

在西哥特人纵横捭阖于意大利半岛期间，西罗马皇帝从此避居腊万纳，同时将大批莱茵河沿线驻军内撤，以加强意大利和罗马城的防卫力量，从而为日耳曼人诸部落集团随后大举拥入西罗马帝国境内建立各自的国家提供了方便。

就在406年西罗马当局撤走莱茵河边防军不久，汪达尔人、苏维汇人和阿兰人越过莱茵河涌入高卢，然后沿摩泽尔河折向西南，于409年翻越比利牛斯山，被西罗马当局承认为同盟者，据有西班牙西部和南部。但西哥特人接踵而至，迫使苏维汇人退据西班牙西北部，建立苏维汇王国；汪达尔人和阿兰人则渡海到达西北非，于439年攻占迦太基，以之为首府建立汪达尔王国。

5世纪初期，勃艮第人也渡过了莱茵河，被西罗马军队打败后进占罗讷河流域，于457年建立勃艮第王国。

5世纪中叶，盎格鲁人、萨克森人和朱特人亦开始迁入西罗马驻军已经撤离的不列颠岛。因为遇到当地克尔特人的顽强抵抗，他们的入主过程持续了一百五十余年，相继建立了七个小王国，即盎格鲁人在东北部和中部建立的麦西亚、诺森伯里亚与东盎格里亚，萨克森人在南部建立的苏塞克斯、威塞克斯与埃塞克斯，朱特人在东南部建立的肯特王国。

随着一系列日耳曼人王国在西欧和西北非的建立，到5世纪中期，西罗马帝国的领土实际上只剩下了意大利，而且，这个半岛仍然不时遭到诸游牧或半游牧部族的蹂躏。451年，匈奴人在阿提拉的率领下奔袭高卢，西罗马军队虽然联合西哥特人和勃艮第人等战而胜之，但匈奴人随即进军意大利北部，直到453年阿提拉去世后才返回多瑙河下游地区定居。455年，汪达尔人又从西北非渡海攻陷罗马，对意大利半岛造成严重破坏。至此，内外交困的西罗马帝国已名存实亡。476年，帝国雇佣军首领日耳曼人奥多亚克废黜早已成为傀儡的西罗马皇帝罗慕路斯，终于宣告了西罗马帝国的正式灭亡。489年，匈奴联盟瓦解之后滞留于潘诺尼亚的东哥特人进入意大利，493年攻陷腊万纳，迫使奥多亚克投降，在意大利也建立了东哥特王国。

在高卢东北部，法兰克人从4世纪开始就已逐步渗入莱茵河西岸地区，5世纪以后他们的西向扩张以更大的规模进行。墨洛温家族的克洛维于481年成为萨利克法兰克人的首领之后，486年，在苏瓦松击败由赛阿格留斯率领的西罗马残余军队；496年，在斯特拉斯堡附近击败阿勒曼尼人，同时皈依正统基督教；不久又将里普阿尔法兰克人置于自己的统领之下，使自己成为全体法兰克人的最高首领；507年，还将西哥特人驱往比利牛斯山以南，基本占有除罗讷河流域以外的整个高卢地区。因此，克洛维成为法兰克王国的奠基人与墨洛温王朝的建立者。

三、斯拉夫人在东欧的扩散

斯拉夫人祖居地大概在维斯瓦河东南和喀尔巴阡山脉以北，即布格河、普里皮亚特河与德涅斯特河上游之间地区。后来斯拉夫人逐渐向周围扩散，到公元2世纪左右已分为东西两大支：散布在第聂伯河中上游，道格瓦河、奥卡河与伏尔加河上游流域的称东斯拉夫人;散布在维斯瓦河与奥得河流域的称西斯拉夫人。斯拉夫人主要居住在东欧平原,所以较早转向农耕生活。罗马历史学家塔西佗在提到东斯拉夫人中的维涅德人时说,他们大体上接近于萨尔马特人,游荡于培契尼人(日耳曼人)和芬尼人(芬兰人)之间的山林中,以劫掠为生;然而,他们有固定的栖身之所,他们有盾,而且喜欢步行,矫捷善走,这些都和经常以马背或车辆为家的萨尔马特人完全相反①。到6世纪左右,放牧、打猎、捕鱼、养蜂等业仍在斯拉夫人的经济生活中具有重要意义,然而农业已经成为维持他们生活的基本产业,他们既有很多畜群,又有大量"大地的果实","特别是大麦和谷子"。

公元后最初几个世纪,斯拉夫人的社会关系也在急剧演变。据塔西佗描述,斯拉夫人当时的基本经济单位是家族公社。这种大家族包括一父所生的数代男性后裔和他们的妻子。他们住在一所住宅里,共同耕种土地,共同占有一切财产。到4世纪左右,斯拉夫人中已经出现部落联盟,逐渐对罗马帝国边境构成威胁。据6世纪左右的拜占廷的历史学家普洛科比、阿卡俄斯等描述,当时的斯拉夫人并非由一人统治,而是存在许多被他们称为公爵的部落联盟首领,彼此之间不能协调一致,以致他们向拜占廷帝国当局建议,应该利用各种允诺和丰富馈送将其中的若干公爵,特别是那些与帝国比邻而居并与其他公爵有往来的公爵吸引到帝国方面来,使之不能联合起来,以保障拜占廷帝国的安全。6~7世纪,斯拉夫人的社会关系变化更为明显,原始公社制社会解体程度加深,农村公社普遍出现,从氏族成员中分化出了比较显赫的上层人物,并开始将战俘沦为奴隶。只是这些被沦为奴隶的战俘在经过一定时期的服役或缴纳赎金后,尚可返回自己的家园,或者作为自由人和朋友留居当地。

由于斯拉夫人已处于军事民主制阶段,内部各种社会矛盾渐趋尖锐。加之许多日耳曼人部落集团迁往西欧,拜占廷帝国的边境防御力量则严重削弱,致使斯拉夫人周边地区比较空虚,6~7世纪,斯拉夫人在东欧进一步扩散开来,不仅西支进抵易北河东岸,东支到达黑海西北岸边和顿河中上游,而且东、西两支的斯拉夫人都曾大批拥入巴尔干半岛,又形成南支即南斯拉夫人。此后,斯拉夫人诸部落集团或单独地,或与当地土著居民及其他外来部族融合,分别在东欧各地相继建立各自的国家政权。其中主要的有西斯拉夫人的波兰、捷克以及和马札尔人融合后建立的匈牙利,南斯拉夫人的塞尔维亚、克罗地亚以及和保加尔人融合后建立的保加利亚,东斯拉夫人的基辅罗斯等。

四、伊斯兰教的产生与阿拉伯人的扩张

7~8世纪,大批阿拉伯人从阿拉伯半岛迅速涌向西亚、北非广大地区,

---

① 参见塔西佗《日耳曼尼亚志》,三联书店1958年版,第79~80页。

并且建立阿拉伯帝国。这也是匈奴人西迁首开其端的游牧或半游牧部族大迁徙浪潮的壮丽图景之一。

阿拉伯人祖居之地阿拉伯半岛幅员辽阔。但绝大部分地区是沙漠和草原,干旱少雨,只有西部红海沿岸的希贾兹水草比较丰美。居住在这一带和内陆草原地区的阿拉伯人大多从事游牧,主要饲养山羊、骆驼和马,他们被称为贝杜因人,即逐水草而居的"沙漠之子"。此外则是半岛南端的也门,雨水比较充沛,宜于农耕,居住在这里的阿拉伯人主要种植大麦、椰枣和香料,从事灌溉农业。

由于阿拉伯半岛各地区的经济活动很不一样,阿拉伯人的社会发展也不平衡。占阿拉伯人绝大多数的贝杜因人在6~7世纪之交尚处于原始社会解体阶段。氏族部落仍是社会组织的基础,个人只是作为某一氏族部落的成员才享有一定的权利与义务。氏族部落由诸多家长制家族组成,各家族集体拥有羊群和骆驼,土地则由氏族部落在一定期间排他性地占有,然后分配给所属各家族使用。各部落之间有时为争夺牧场或水源而互相攻伐,实际上也仅仅为了取得对这些牧场或水源的暂时使用权,并非为了将其永远据为己有。部落首领仍由选举产生,他们主要起着诱导和仲裁作用,还没有多大强制性权力。但是,家族之间已经出现财产差别,氏族部落首领所在的家庭往往占用较多较好的牧场和水源,拥有较多家畜及其他动产,并开始使用奴隶。奴隶主要来自战俘,也有一些是氏族成员中的罪犯和负债者。

居住在也门的阿拉伯人除从事农业生产以外,还经营国际贸易,因为也门是传统东西方转运贸易的重要枢纽之一。从东亚和南亚循海路运销西方的东方商品,固然有一部分在波斯湾上岸,然后经两河流域陆路运抵地中海东部港口,却也还有一部分在也门上岸,然后经希贾兹陆路运抵巴勒斯坦、叙利亚和埃及。因此,也门阿拉伯人的社会发展较快,早在公元前几个世纪就已建立国家。建立于公元300年左右的第二希木叶尔王国还曾比较强大,与拜占廷帝国争夺过希贾兹商路的控制权。

因为经常有从事东西方转运贸易的商队经过,在希贾兹的东西方商道上便出现了一些服务于商队的店栈。年深日久,店栈集中地区逐渐发展为商业集镇,如塔伊夫、麦加、雅特里布、塔布克等。其中特别重要的是麦加,既处于希贾兹国际商路的中段,又绾毂几条通往阿拉伯半岛内地的较小商道。城内有周围很多贝杜因人都来朝拜的克而伯古庙,附近有吸引广大贝杜因人前往交易的乌卡兹市集。因此,居住在麦加的古莱什部落成员大多从事与东西方转运贸易有关的生业。富裕家族组织商队,经营转运贸易;普通氏族成员则充当商队的向导、驼夫和保镖等。他们的大商队来往于也门与巴勒斯坦之间,较小商队则深入半岛内地。通过麦加居民的商业活动,很多贝杜因人也与东西方转运贸易发生了联系。

因此，当时称雄于西亚、北非地区的两个大国——拜占廷帝国与萨珊波斯之间争夺东西方商路控制权的斗争，必然殃及广大的阿拉伯人。拜占廷与波斯争夺东西方商路控制权的斗争由来已久，但双方的交战过去基本上限于两河流域两国毗连地区。与迁徙中的匈奴人、哥特人、斯拉夫人及嚈哒人、突厥人等游牧部族进行战争或周旋，加重了两国的财政负担。为了增加经济收入，双方的这种争夺终于扩大到了阿拉伯半岛。523年，拜占廷帝国支持盟友埃塞俄比亚遣7万大军侵入也门，两年后灭亡第二希木叶尔王国。572年，萨珊波斯又遣军驱逐埃塞俄比亚人，置也门于波斯的直接统治之下。也门被占领期间，作为也门农业生产命脉的马里卜大水坝失修坍塌，途经希贾兹商路的转运贸易陷入困境，致使不少阿拉伯贵族失去传统的生财之道，将商业资本转为高利贷资本；许多阿拉伯平民丧失主要的谋生手段，处于穷困潦倒与债务盘剥之中。结果，阿拉伯人的内部矛盾迅速加剧，各社会阶层普遍躁动不安，如在麦加便是"古莱什风俗坏乱，亲族骨肉皆以凌下犯上为常，以致兄弟相杀，父子相害。官民主仆无统，男女老幼无忌"。同时也激起了阿拉伯人对拜占廷帝国和萨珊波斯的仇恨，试图打破它们对东西方商路的宰制。因此，建立一个强大统一的阿拉伯人国家的历史任务，便被提上了日程。

建立阿拉伯人统一国家的要求在意识形态上的扭曲反映，就是在6～7世纪之交萌生出多种本民族的一神教。其中，穆罕默德（570～632年）创立的伊斯兰教传播较快，取得最终成功。

穆罕默德出生于麦加古莱什部落哈希姆家族没落的商业贵族家庭。他经历坎坷，出生前父亲已去世，6岁时又失去母亲，由祖父和伯父相继抚养成人。少年时代当过牧童，做过雇工，随商队去过也门、巴勒斯坦、叙利亚和伊拉克等地，阅历丰富，对犹太教和基督教比较了解。25岁时，和40岁的富商遗孀赫蒂彻结婚，婚后生活优裕，有余暇从事宗教活动。610年左右开始说教，将古莱什部落的主神安拉奉为唯一神灵，排除其他部落神，宣称"除独一的安拉以外，别无主宰；穆罕默德是安拉的使者"。他申言自己来到人间，是为安拉"传警告"、"报喜信"、"慈惠众生"的，他所宣讲的教义，都是安拉要他传达的启示，都是颠扑不破的永恒真理。

伊斯兰教独尊安拉，反对多神信仰和偶像崇拜，引起以倭马亚家族阿布·苏非扬为首的麦加显贵的仇视。为逃避迫害，穆罕默德于622年率领亲信门徒迁往雅特里布，将其改名为麦地那，意为"先知之城"。穆罕默德随即在麦地那建立了一个既是宗教社团，又是军事行政组织的穆斯林公社。他本人既是宗教领袖，又是军政首脑。其社会主张经常用说教的方式表达出来，其制定的政策、法令往往作为安拉的启示宣示于众。因此，穆罕默德在麦地那建立的，实际上乃是一个阿拉伯人的政教合一的伊斯兰国家；在建设这个国家的过程中，同时也丰富和发展了伊斯兰教教义。他在麦加和麦地那各种场合作为安拉启示发表的言论，后来被搜集、整理成册，便是伊斯兰教的最高经典《古兰经》。

在麦地那和麦加的斗争中，麦地那日益取得主动。630年，麦加贵族终于向穆罕默德屈服，接受伊斯兰教；麦加则被确认为圣城，并将克而伯改为总清真寺。在此前后，其他阿拉伯部落或主动皈依伊斯兰教，或被穆罕默德以武力制服。到632年穆罕默德去世时，阿拉伯半岛已基本统一于麦地那国家。此后，伊斯兰教国家政教合一的领袖被称为哈里发，意为安拉使者的继承者或代理人。

当时阿拉伯人大多处于军事民主制阶段，将对外掠夺视为光荣豪迈的事业，尤其是能否控制东西方商路，直接关系到阿拉伯人的兴衰荣辱。因此，在早期四任哈里发相继统治时期，麦地那国家就以民族宗教伊斯兰教为旗帜大举对外扩张，消灭波斯萨珊王朝，奄有伊拉克和波斯；发动对拜占廷帝国的进攻，从其手里夺取叙利亚、巴勒斯坦、埃及和利比亚等地。

对外掳获的增多激化了哈希姆家族和倭马亚家族对哈里发权位的争夺。在斗争过程中，形成了以穆罕默德堂弟兼女婿阿里为首的伊斯兰教新教派——十叶派，与位居正统的逊尼派对立。661年，阿布·苏非扬之子摩阿维亚成为哈里发，定都大马士革，建立倭马亚王朝，并掀起新的对外扩张高潮，直到8世纪中期才基本终止，将东含阿姆河和印度河流域，西至马格里布与伊比利亚半岛的广大地区都纳入了阿拉伯帝国的版图。

在阿拉伯帝国境内，不仅广泛信奉伊斯兰教，而且到处都有阿拉伯移民。尤其是在帝国西部，即两河流域以西的西亚、北非地区，在征服过程中定居下来的阿拉伯人更多，如在叙利亚和巴勒斯坦，8世纪初即有阿拉伯移民约25万人。加之，这个地区的土著居民不是与阿拉伯人同属闪米特人，便是属于与闪米特人有共同渊源的含米特人，语言、习俗相近。因此，土著居民逐渐与阿拉伯移民融合，通用阿拉伯语，统称阿拉伯人。

五、"民族大迁徙"的社会后果

4~8世纪由匈奴人长驱西迁所牵动的游牧或半游牧部族大迁徙浪潮，包括鲜卑人南下中国中原，日耳曼人入主西欧，斯拉夫人在东欧扩散以及阿拉伯人征服西亚、北非，波涛相逐，席卷亚洲、欧洲和北非广大地区，是世界历史上蔚为壮观、影响深远的重大事件。

当时进行大迁徙的这些游牧或半游牧部族，一般尚处于原始社会解体阶段，将对外掠夺视为光荣豪迈的事业。他们生性剽悍，又鄙视农耕活动，因而在征服过程中对先进农耕地区难免带来惨重的破坏。例如，311年，南匈奴人首领刘聪攻陷西晋首都洛阳以后，纵兵烧杀抢掠，使洛阳庐舍为墟；5世纪中叶，远征西欧的匈奴人首领阿提拉，声称自己马蹄践踏之处，将会草木不生，以致被同时代的西欧各族喻为"上帝之鞭";455年,汪达尔人在首领盖萨里克率领下攻占罗马城后,恣意洗劫达两星期之久,使罗马城几成废墟,致使此后凡征服者严重破坏先进地区文明成果的野蛮行为,皆被称为"汪达尔主义"。

然而,这个时期游牧或半游牧部族大举迁徙到农耕地区,总的说来,对世界历史的发展起着不可替代的积极作用。这就是它不仅加强了游牧世界与农耕世界的联系和交流,加速了双方社会生产力的提高,丰富了彼此的物质生活与精神生活,尤其重要的是还猛烈地冲击着农耕世界正趋崩溃的奴隶制度,直接推动着封建制度在亚洲、欧洲和北非地区的广泛确立,从而有助于人类社会在进步过程中顺利实现重大转折。

这次游牧或半游牧部族大迁徙,发生于农耕世界的主要国家正处于由奴隶社会向封建社会过渡之际。当时它们的社会矛盾尖锐复杂,国防力量空前削弱,致使比较落后的游牧或半游牧部族得以征服比较先进的农耕民族。可是,这些游牧或半游牧部族在农耕地区定居下来以后,农耕经济相对于游牧经济的巨大优越性,却诱使他们最终走上农耕的道路,并且逐步接受被征服者的生产技术、社会结构、生活方式乃至行为规范与思想意识,因而也就获得了较高的社会生产力,被嫁接上了正在形成之中的封建关系。同时,这些迁入者人数虽不很多,却是征服者,其社会上层分子构成新建国家统治集团的主体,普通氏族成员亦较土著居民处于有利的地位,他们所带来的原始社会解体时期的社会关系,也不能不对当地封建制度的最终形成产生一定影响。所以,当时在亚洲、欧洲和北非兴起的主要国家,尤其是中华隋唐帝国、加洛林帝国、拜占廷帝国和阿拉伯帝国,它们的封建制度都是由先进农耕地区奴隶社会解体时期的社会关系,包括新生的封建因素,与游牧或半游牧部族原始社会解体时期的社会关系长期相互作用确立起来的。但是,分别在这些帝国兴起的过程中相互作用的两种社会关系,它们各自的具体状况和彼此作用的历史进程并不完全相同,因此,起初是在这些帝国,继而是在各个封建区域最终确立的封建制度,也便分别采取了封建地主制、封建领主制和封建土地国有制等形式。

第二节 东亚国家封建社会的发展

一、中国封建社会的繁荣

中国封建社会始于3~6世纪的魏晋南北朝时期。此前,中国奴隶社会虽获得高度发展,但生产劳动者的绝大多数依然是自耕小农及其他自由个体生产者。因此,东汉时期当奴隶制发生危机,奴隶生产效益恶化时,整个社会经济尚能维持在较高的发展水平上,各地崛起的士族豪强得以主要通过土地买卖扩大地产,并将贫困破产的个体小农变成部曲佃客,使自己成为封建地主。当他们的代表人物相继建立曹魏、蜀汉和孙吴等割据政权后，其经济、政治实力空前增强，终于成为整个社会的支配力量。西晋大体统一中国后，对正在滋长的封建关系给予法律上的认可，使之合法化和普遍化，标志着封建地主制社会结构在中国已初步形成。

然而，三国西晋时期兴起的士族门阀阶层，虽然仍以购买土地作为扩大封建地产的重要途径，却也往往凭借自己在国家分裂割据状态中急剧膨胀起来的政治特权和私人武装，侵占他人土地和国有土地，迫使许多自耕小农乃至中小地主受其苞荫，以致社会中下层的土地私有权得不到保障，土地的自由买卖受到干扰，部曲佃客所受的人身控制非常严酷，国家分裂局面愈演愈烈，整个社会处于持续而剧烈的动荡之中。

鲜卑拓跋部建立的北魏政权对中原地区的统治，对中国封建制度的最终确立给以新的推动。拓跋部进入中原地区后，一方面自身加速汉化，让鲜卑氏族部落成员"离散诸部，分土定居，不听迁徙。其君长大人，皆同编户"①；对汉人士族门阀则"留心慰纳，诸士大夫诣军门者，无少长，皆引入赐见，存问周悉，人得自尽，苟有微能，咸蒙叙用"②，从而基本继承了曹魏西晋时期中原地区已初步形成的封建地主制社会结构。另一方面，针对日益尖锐的社会矛盾，尤其是各族下层劳动群众激烈的反抗斗争，又在继承鲜卑人以份地制度为中心的原始习俗的基础上，参照西晋推行的占田课田制，将分土定居、计口授田发展为均田制及租调制，从而比较有效地培植了自耕小农阶层，抑制了士族门阀的过分肆虐，为封建地主制社会机制的顺利运转创造了比较宽松的社会环境。

581年以北方为基地建立的隋朝，以及于618年代之而起的唐朝，在统一全中国后不仅继续推行均田制和租庸调制，而且创立了科举制，促成士族门阀阶层进一步衰落。与此同时，在日益自由的土地买卖和科举入仕中成长起来的庶族地主阶层则渐趋壮大，终于构成封建地主阶级的基本部分。由于土地买卖、兼并日益活跃，均田制无法维持。唐朝中叶开始改租庸调制为两税法，国家规定居民一律按各户拥有田亩和其他资产的多少确定纳税等级，每年分夏秋两季缴纳，意味着土地买卖已经完全合法。宋朝不立田制，不抑兼并，听任土地自由买卖，甚至认为富者田连阡陌乃是"为国守财"，则表明中国封建地主制社会已经处于鼎盛时期。

在封建地主制充分展开的条件下，主要流行契约租佃制，地主对佃农的人身控制明显弱化，因而隋唐王朝得以重新确立对全国的中央集权统治，宋代的君主专制倾向又有加强。

随着封建地主制的经济、政治体制逐步完善，唐宋时期中国社会经济文化

---

① 《北史》卷80《外戚贺讷传》。
② 《魏书》卷2《太祖纪》。

空前繁荣，发展水平居当时世界前列。

首先是农业生产获得高度发展。生产工具不断改进，如唐代出现轻便灵活的曲辕犁，宋代犁铧更趋多样化，还在缺牛地区流行踏犁；用于提水灌溉的既有水转筒车，又有手摇和脚踏的两种龙骨水车。水利工程也被广泛兴修起来，仅见于记载的唐朝所修水利工程就有254处，超过秦汉以来历代所修水利工程总数的近一倍。同时日益重视良种的培育和引种，如宋代在福建试种成功的占城稻，很快推广全国。由于生产工具和生产技术迅速进步，精耕细作和集约经营不断深化，早在唐代，土地复种指数便已较高，江南某些地区甚至一年可收三季。到了宋代，进而出现南北作物品种大交流的局面，北方地区逐步推广水稻种植，南方地区则开始普遍播种小麦。此外，经济作物的种植也有明显加强，宋代南方已有许多地区广种茶树和甘蔗，而且其中不乏专业户，如专门种茶的园户即"采茶货卖，以充衣食"；有些蔗农也兼为制糖出卖的"糖霜户"，表明农产品商品化趋势正在增长。

不论是农民的家庭手工业，还是城市手工业，都发展到了新的水平。据统计，唐朝天宝年间（742～756年），国家每年主要征自农民的绢布即达17210万平方米。城市手工业生产一直以官府作坊为主导。官府作坊主要生产高档品和军需品，产品一般不投入市场，而是通过各种方式调拨给宫廷、官府、军队及官吏使用。但是，它们的生产规模宏大，专业分工精细，工艺水平较高。尤其是民营手工业有了长足发展，日益与官府手工业争荣，如唐代定州何明远经营的作坊，曾有绫机500张；在宋代的矿冶业中，更已出现官府以招募形式将矿场生产经营权转让给私人的现象，以至政府的矿产品收入方式也逐渐由以课额制为主变为以抽税制为主，同时产生了一些"藏镪巨万"、雇用百余工人的大冶户。此外，从事专业化手工业生产的普通城镇居民家庭也越来越多，其中从事纺织业的家庭称为机户。据记载，1036年左右梓州就有"机织户数千家"。在造纸、印刷、制瓷等手工业部门亦有类似情况。城乡手工业的广泛发展，促成了手工业生产技术的迅速提高和大批新手工业生产基地的形成。前者如隋唐时代发明的雕版印刷术，宋代进而发明活字印刷术及套色印刷术，可以说在西方近代科技传入之前，中国手工业生产的技术体系就是在宋代基本定型的。后者如在宋代，中国东南地区作为一个新兴丝织品产区，已经与华北及四川这两大传统产区鼎足而立；景德镇则成为一个新的制瓷业中心。

在农业和手工业显著发展的基础上，唐宋时代特别是宋代，商业呈现出空前繁荣的景象。各级行政治所一般都是大小商业枢纽，首都则是全国商业中心。唐代首都长安（今陕西西安），商业区分为东市和西市，东市有220行，千余邸肆；西市之盛更甚于东市。北宋首都汴京（今河南开封）工商店铺多达6400多家，不少店铺紧邻衙署、官邸、寺观、使驿和普通居民住宅，突破了唐代森严的坊市隔离制度，并且出现了夜市。南宋首都临安（今杭州市），城内外店铺"连门俱是",工商行会增至440多个。广大农村地区则到处兴起进行定期集市贸易的墟或集。为适应日益活跃的商品交易之需,宋朝政府发行了世界上最早的纸币交子、钱引和会子等。随着经济重心的南移,宋代中国的对外贸易也发展到以海路为主的新阶段,广州、杭州、明州、泉州等作为主要的外贸港口,经常聚集着很多外国商人,出海经商的中国商人亦日益增多。

唐宋时代,中国在科技文化方面所取得的伟大成就,也构成世界文化史上一个新的高峰。在中国古代四大发明中,火药和印刷术两项发明就出现于这个时期;磁石指极性的发现和造纸术的发明虽在很久以前,但对它们加以重大改进使之适于广泛运用却均在宋代。北宋时期,中国人已经用煤冶铁,开采石油,造船设水密隔舱,开始使用湿法冶金技术。同时还孕育出了一大批科学、文学和艺术巨擘,如天文学家张遂发现了恒星自行现象,实测了子午线,制造了黄道游仪和铜浑天仪;数学家王孝通著《缉古算经》,运用三次方程式解决复杂的工程计算问题;数学家贾宪著《黄帝九章算法细草》,提出求任意高次幂正根的增乘开方法,列出了指数为正整数的二项式定理系数表;科学家沈括著《梦溪笔谈》,总结了中国历代的自然科学成就;医学家孙思邈著《千金要方》和《千金翼方》,搜集许多单方与秘方;诗人李白、杜甫、白居易、苏轼、陆游、辛弃疾等创作出大量千古传诵的诗词;散文家韩愈和柳宗元等则掀起古文运动,开创新的文风;欧阳询、颜真卿、柳公权等书法家的书法各成一体,分别成为一代宗师;著名画家有阎立德、阎立本、李思训、吴道子、米芾、李公麟等。此外,宋代唯心主义思想家周敦颐、程颢、程颐、朱熹与陆九渊等,还将儒家思想发展到了理学阶段。

社会进步和国家强盛使中国得以活跃在国际舞台上,成为东亚各国相互交往的中心。朝鲜、日本和越南等国不断遣使中国,并往往携带大批贵族子弟与佛教僧徒前来留学,如630~894年,日本曾派出遣唐使19次,包括留学人员在内,每次使团少则二三百人,多至五六百人;840年,朝鲜仅从中国学成归国的留学生即达150人;此后,各国民间前往中国的留学生也逐渐增多。同时也有不少中国的饱学之士前往东亚各国传播中国文化,如唐代高僧鉴真便于753年东渡日本,弘扬中国佛法与儒学文化。中国与东亚各国的贸易关系亦日趋活跃。早在唐代,中国山东与江苏沿海某些城市就已设有专供朝鲜商人居住的新罗坊;到了宋代,中朝通商港埠更已扩及浙江,前往朝鲜经商的中国私商也显著增加,有些中国商人每年前往朝鲜若干次,每次同行者从数十人至数百人。中日、中越之间的贸易往来也日益频繁,从官府向民间扩展,规模越来越大。而且,14世纪左右以前,东北亚国家与东南亚国家之间的物资交流,也是通过中国实现的,如朝鲜和日本所需产于东南亚的香料,便主要从中国市场购买。由于中国是东亚经济重心,中国铜钱在东亚各国通用,甚至成为日本的主要货币。

因此，封建时代盛期的中国，既对朝鲜、日本和越南等国封建制度的形成和发展产生巨大深远的影响，使之具有与中国相似的特点，又加强了这些国家与中国之间的各种联系，从而导致东亚封建区域的出现。属于这个封建区域的国家，形成的基本上都是封建地主制的经济结构，中央集权的政治体制与以儒家思想为主体的意识形态，同时流行大乘佛教各宗；就连各国使用的文字，也或是汉字，或是以汉字为基础创造出来的，如朝鲜的吏读和谚文、日本的字母假名与越南的字喃等。

二、朝鲜的统一与越南的独立

在与中国东北地区毗连的朝鲜半岛上，3~4世纪基本形成北部高句丽、西南部百济与东南部新罗三个奴隶制小国鼎立的局面。在长期的相互混战中，新罗逐渐与中国修好，百济则谋求日本的支持。通过与中国的密切交往，新罗所受中国封建文明的影响日益加深，社会经济发展较快，国力迅速增强，在中国唐朝军队的帮助下，660年攻灭百济，并击败日本援军；进而于668年灭高句丽，基本统一朝鲜半岛。

新罗统一朝鲜半岛后，以中国唐朝为楷模，全面改革社会经济、政治、文化体制。682年，在首都庆州设立国学，并经常向中国派遣留学生，让贵族子弟进一步学习儒学经典。687年，实行禄邑制，按品位授予文武官吏一定数量国有土地的收租权，以充俸禄。722年，推行丁田制和租庸调制，对16岁以上丁男丁女授予一定数量的口分田和永业田。8世纪中叶，又完善中央集权的政治制度，中央由执事省总理政务，下设部或府，地方置州、郡、县、乡或部曲，要地设小京，同时推行府兵制。788年，进而制定"读书三品科"，正式开始科举取士。此外，还扩大官府手工业，加强对工商业的管制。因此，朝鲜的封建制度基本形成，并大体纳入中国封建地主制模式。

既已确立封建地主制社会结构，土地的买卖兼并必然日益加剧。9世纪以后，禄邑制和丁田制基本废弛，官僚贵族、地方土豪和佛教寺院通过购买和垦荒等途径急剧扩大地产。935年，新罗王朝在农民起义的浪潮中被高丽王朝取代。高丽王朝为重振中央集权体制，抑制土地兼并，试图恢复国家对全国土地的控制，于976年改行田柴科制，在将全部耕地和山林收归国有的基础上，将其中一部分按等级授予文武百官和士兵，最高官员得田柴各110结，最低官员得21结、柴10结，士兵得田15结。功荫田柴可以世袭，普通田柴只限终身占有。其余土地作为公田，由国家向耕种者征收田税，税额为收获量的1/10至1/4。但是，田柴科制也不能长期维持，到12世纪，已是"田柴之科废而为私田，有权力者田连阡陌，标以山川，征租一岁或至再三"，"良民尽入于巨室"，社会矛盾再度激化。

中国南方邻国越南所属红河中下游地区，秦汉隋唐时期曾是中国边陲州县，社会发展虽较缓慢，但基本社会结构仍与中国内地相似。939年，越族将领吴权趁中国中央集权统治削弱之机割据独立，接着诸多大封建主之间又展开了几十年混战，直到1009年殿前指挥使李公蕴建立李朝，越南国家的集权统一才得以实现。

李朝在各方面效法中国唐朝和宋朝。尽管其初也曾不准贵族、功臣和官吏将所得称为拓刀田的食邑进行世袭和转让，但鉴于土地私有和买卖之势难以扭转，不久终于颁布法令承认土地买卖合法，并且规定不得赎回已经出卖或典押20年以上的土地。在政治上亦坚持中央集权。中央文武官员分别以辅国太尉与枢密使为首，下设各专门机关；地方置路、府、县各级，农村公社被改建为乡、甲基层行政单位，在山区还设有州、寨。同时也实行科举制和义务兵役制，分设中央禁军与各路地方军。

三、日本从律令制走向幕府政治

日本列岛与东亚大陆之间隔着大海，远古时代社会发展比较缓慢，公元前后原始社会始趋解体。3世纪中叶本州岛上的大和国家开始强大，4世纪侵占朝鲜半岛东南局部地区，设立任那府，作为吸纳大陆先进文明的桥梁，5世纪基本统一日本。由于阶级分化尚不充分，部民奴隶制比较流行。6～7世纪，日本所受大陆先进文明影响日益加深，铁制农具普遍推广，水稻插秧、根部收割和水利灌溉等方面的先进生产技术广被采用，个体生产经济效益明显提高。于是家族公社进而瓦解为个体家庭，社会分化加剧，下层群众反抗斗争蜂起，"强盗窃盗并大起之，不可止"；社会上层争夺土地、部民和政权的斗争也愈演愈烈，"其臣连伴造等，各置己民，恣情驱使。又割国县山海林野池田，以为己财，争战不已"。加之，当时隋朝和唐朝相继完成了中国的统一，社会经济、文化日趋繁荣；新罗王朝逐渐在朝鲜崛起，并于562年收复被日本侵占的任那地区，都给日本以强烈震撼。

在这种国内外形势下，大和国家统治集团中的部分开明睿智人士，企图以中国隋唐王朝为师，通过社会改革振兴日本。首先是在推古天皇时期任摄政的圣德太子（593～622年）试图改革政治体制，强化中央集权。603年，制定冠位十二阶，规定由天皇朝廷根据官吏的才能和政绩授予他们不同官品，从而冲击了氏姓贵族的世袭特权。604年，又颁布宪法十七条，强调君权至上，要求各级官吏"笃敬三宝"、"承诏必谨"，恪守各自行为规范。其间还三次派出遣隋使携大批留学生和学问僧前往中国，进一步学习隋朝的统治经验与文化典籍。然后是以中大兄皇子和中臣镰足为首的一批深受中国文化影响的改新派人士，于645年发动政变，铲除以专擅朝政的苏我氏为中心的守旧势力，夺取政权，从646年（大化二年）开始颁布一系列诏令，对社会体制进行比较全面深入的改革，史称"大化改新"。在政治方面主要是废除氏姓制度，建立中央集权的政治体制,中央设二官(神祇官、太政官)、八省(中务、式部、治部、民部、兵部、刑部、大藏与宫内)和弹正台,地方置国、郡、里三级,各有职官。在经济方面主要是废除私有土地和部民制度,将其收归国有,使之成为公地和公民。在此基础上,对官僚贵族按官职、位阶与功勋分别授予多少有差的职田、位田、功田或赐田;对普通公民则实行班田制和租庸调制,授予每名6岁以上男子口分田2段,女子为其2/3,6年重班一次,另外还授予每户大体均等的宅地和园地,同时统一租税徭役。

  大化改新不仅导致日本的社会经济结构和阶级结构发生根本变化,使封建关系成为社会主导性剥削方式,而且在政治体制上,将日本建成了一个类似于唐代中国的法制比较完备的律令制国家。668年,中大兄继承皇位不久,即命中臣镰足等以改新诏令为基础编成"近江令";嗣后,为了将通过改革形成的封建社会秩序亦以法律的形式肯定下来,进而将其逐步充实修订为"飞鸟净御原令"、"大宝律令"和"养老律令"。

  但是,在大化改新过程中仍然保留着一些私有土地,官僚贵族所得功田与赐田可以世袭,班田农民所获的宅地与园地也是永业田。加之,天皇朝廷为鼓励垦荒,于723年颁布"三世一身法",尤其是743年进而颁布"垦田永世私财法",又将扩大私有土地合法化。结果,土地买卖兼并日趋活跃,终使以直接控制绝大部分土地和农民为基础的律令制国家受到猛烈冲击。

  8世纪中叶以后,随着私有土地的扩大和土地买卖的活跃,班田制遭到破坏,班田农民发生分化,绝大多数逐渐出卖土地,成为封建依附者;少数虽然得以保有小块土地,甚至成为中小地主,但为了逃避日益沉重的国家赋役,也以保留自己对原有土地的经营权为条件,往往将土地寄进给享有"不输不入"特权的公卿贵族和寺院神社。这样,公卿贵族和寺院神社通过购进、垦荒和接收寄进等途径,很快成为拥有很多土地的庄园主;国家所能控制的土地和农民则急剧减少,以致财政困难,公民义务兵役制无法维持,中央集权统治被严重削弱。

  天皇朝廷丧失对地方的控制能力,导致社会秩序日益混乱。于是,地方豪强为了保护自己经营的庄园,纷纷将亲属和仆从中的青壮年男子武装起来,组成一个个武士集团。通过党同伐异,武士集团的规模越来越大,并逐渐介入中央派别之争。1185年,关东武士集团的首领源赖朝最终控制中央权力。1192年,源赖朝被天皇封为"征夷大将军",在镰仓设立以将军为首的中央统治机构,正式开始了日本的幕府政治时代。

  在1192～1333年的镰仓幕府时期,以将军为首的武家统治机构与以天皇为首的公家统治机构同时并存,实权掌握在前者手里。幕府向各国、各庄园派去守护、地头充当地方长官。将军与武士结成主从关系,将军赐予有功家臣以官职和土地,保护家臣的既得权益;家臣则对将军效忠,提供贡物与军役。武士封建主大体以租佃制剥削个体农民。1232 年，镰仓幕府制定《贞永式目》作为武士封建主的基本法规，标志着在日本最终确立的也主要是封建地主制的社会结构。

第三节 西欧国家的封建化

一、法兰克国家的崛起

法兰克人曾是日耳曼人中发展比较缓慢的一支，迁居高卢时尚处于军事民主制盛期。加之，法兰克王国早期统治重心又在高卢北部，那里罗马化程度原本较低，所以，法兰克王国建立之初，军事民主制社会关系一度盛行。农村公社成为社会基层组织，一些罗马土著居民亦被纳入其中；村社范围内土地归村社所有，耕地被分配给村社成员世袭耕种，其他土地共同使用。墨洛温王朝王室和贵族占有原罗马皇室和元老贵族的土地，使用隶农、半自由人和奴隶从事耕作，与残存的罗马大土地所有者一起构成早期封建主阶级；但国王、贵族与其侍从之间的关系仍以亲兵制关系为基础，侍从从自己的主人那里获得庇护与赏赐，因而也使只效忠于自己的主人。奴隶的数量有所增多，但剥削奴隶的方式比较缓和，大多被固定在小块土地上从事个体生产，向主人缴纳一部分收获物，或提供一定劳役。

然而通过与罗马土著居民长期混居，随着高卢南部被并入王国版图，法兰克人所受罗马社会影响逐渐增强，生产力提高较快，私有制逐步发展。国王希尔伯里克一世（561～584 年）颁布敕令，规定死者如无子嗣，土地可以由其女儿继承，不再交还村社，表明 6 世纪后期耕地开始变成了可由村社成员自由转让的自主地。"从自主地这一可以自由出让的地产，这一作为商品的地产产生的时候起，大地产的产生便仅仅是一个时间问题了。"① 农村公社渐趋解体，村社成员之间的分化日益加剧，比较贫困者出让自己的份地，并逐渐失去人身自由，比较富裕者则通过购进土地占有较多地产，从而破坏了村社成员基本平等和人身自由的古老传统。

不过，当时法兰克王国社会经济发展水平依然甚低，商品交换尚不活跃，土地买卖并不广泛，自主地的出现，主要只是为贵族和教会仗恃政治特权侵占村社成员份地提供了方便。同时，迅速加重的国家赋税和兵役负担，也起了为渊驱鱼的作用，迫使很多村社成员履行委身式，将自己的份地和自由奉献给贵族或教会，以换取他们的庇护，不再承担国家赋税和兵役。

随着越来越多的作为自由农民的村社成员沦为封建依附者，一则国家的财

---

① 《马克思恩格斯全集》第 19 卷，人民出版社 1963 年版，第 541 页。

源和兵源枯竭，国王的经济和军事力量严重削弱；另则各僧俗贵族拥有的土地和依附农民增多，独立势力恶性膨胀。639年，国王达格伯特一世去世以后，奥斯特拉西亚、纽斯特里亚和勃艮第等地的大贵族分别推举宫相主持当地政务，彼此之间展开混战。687年，奥斯特拉西亚宫相赫里斯塔尔·丕平虽在混战中获得胜利，成为全国唯一的宫相，但各地大贵族仍时起叛乱，使其无法行使对全国的有效统治。加之，国家的分裂又为外族入侵提供可乘之机。8世纪初期，莱茵河以东的弗里西亚人和萨克森人等时欲西进，尤其是攻击力极强的阿拉伯军队已从西班牙进抵高卢西南部。

面对内忧外患，法兰克国家急需加强王权。于是宫相查理·马特推行采邑改革，用有条件的采邑分封取代过去无条件的土地赏赐，要求受封者向国王提供骑兵兵役，并服从国王的行政司法管辖，向其效忠。如果受封者不履行这些义务，国王有权随时收回采邑。而且采邑分封及身而止，国王和受封者一方死亡，他们的继承者之间如欲保持先前关系，必须重新履行受封式。因此，通过采邑分封，一大批中小封建主与国王结成了比较牢固的封君封臣关系，使王权得到显著加强。对外制服了莱茵河以东诸部落集团，迫使他们重新纳贡；732年，在普瓦提埃附近粉碎阿拉伯人进攻，将其驱往西班牙。对内镇压了大贵族的叛乱，迫使他们承认自己保有的土地也是国王封给的采邑。大贵族们为了培植自己的势力以及向国王履行封臣义务，亦将部分土地作为采邑分封给自己的臣属，从而形成多层次的以采邑分封为纽带的封君封臣关系，奠定了封建等级制度的基础。

751年，宫相矮子丕平在罗马教皇支持下正式篡夺墨洛温王朝王位，建立加洛林王朝，在继续进行采邑分封的同时开始大举对外扩张。756年，他将从伦巴德人手里夺取的意大利半岛中部地区给予教皇，使之成为罗马教皇国领土。其子查理继位为国王（768～814年）后，将对外扩张和采邑分封推进到新的阶段。774年，灭亡伦巴德王国，吞并意大利半岛北部；778年和801年，两次出兵西班牙，从阿拉伯人手里夺得埃布罗河以北地区；在东面则相继征服巴伐利亚、卡林提亚、萨克森，并战胜阿瓦尔汗国，因而将西濒大西洋、西南至埃布罗河、北抵北海、南含意大利半岛中部、东达易北河的西欧大陆绝大部分地区都纳入了法兰克国家的版图。800年圣诞节，查理在罗马由教皇加冕为"罗马人的皇帝"，人称查理大帝。

查理频繁对外用兵，使幸存的自由农民深受其苦，加速了他们沦为依附农民的过程。同时，他还将被征服地区的大量土地作为采邑分封给随其出征的侍从，使采邑分封更为普遍。为了使采邑主在督促其臣属切实履行国家义务方面负起更大责任，查理还更加广泛地授予采邑主以特恩权，将采邑内的行政、司法、军事和财政等权力让与采邑主行使。政治统治权直接从属于土地所有权，既使采邑的占有逐渐世袭，成为领地，又使依附农民所受封建主的人身控制更加严酷,成为农奴,因而基本确立封建领主制。

在封建领主制下,领主握有土地所有权和政治统治权,导致土地所有权层层分割,政治统治权层层分散,国家集权统治难以维持。查理大帝的三个孙子经过一番争战以后,于843年签订凡尔登条约,将查理帝国正式分割为三个国家,从而分别奠定了法兰西、德意志和意大利疆域的基础。在这些国家里,王权也很微弱,到处都是独立性很强的大小封建领地。例如,在法兰西,加佩王朝(987~1328年)前期国王所能比较有效地实施统治的,只限于从巴黎到奥尔良的一块狭长王室领地,其面积甚至比一些大贵族的领地还小。意大利半岛处于更严重的分崩离析状态,连名义上的统一中央政权也不存在,北部伦巴底、弗里乌尔和维罗纳等大封建领地鼎足而立,时起混战;中部教皇国亦很快分裂为许多各自为政的封建领地;南部与西西里岛起初被拜占廷帝国和阿拉伯人所分割,11世纪以后被来自北欧的诺曼人所据有,建立两西西里王国。意大利半岛的严重分裂割据局面,又为德国封建主不断大举入侵提供了有利条件。

二、神圣罗马帝国的建立

德意志王国从查理帝国分裂出来以后,也形成了萨克森、士瓦本、法兰克尼亚和巴伐利亚等公爵领地并立的局面。但是,德国主要地区原来并非罗马帝国的领土,纳入法兰克国家版图也比较晚,因而封建化的进展较为缓慢,仍然存在较多自由农民和小封建主。致使萨克森公爵亨利一世于919年被贵族会议推举为国王建立萨克森王朝后,得以进行军事改革,以自己领地内的小封建主和富裕自由农民为骑士,组成强大军事力量。鉴于在德国境内扩大王权受到其他公爵的抑制,萨克森王朝诸王于是将对外扩张作为进一步增强自己实力的重要途径。925年,亨利一世从法国手里夺取洛林;928年,渡过易北河,侵占西斯拉夫人的要塞勃兰尼堡尔,改名勃兰登堡;929年,侵入捷克;933年,击败匈牙利人,并在易北河口建立施勒斯维希边区。

奥托一世(936~973年)竭力加强对教会的笼络与控制,一方面将大片土地和特恩权授予高级教士;另一方面为自己取得了主教授职权,让自己的亲属分别担任科隆、美因兹和特里尔大主教。同时展开了更大规模的对外扩张。在东面,950年,征服波希米亚,使捷克成为附属国;955年,在奥格斯堡附近击败前往侵袭的匈牙利人;966年,迫使波兰王公墨什柯一世承认他为宗主。在东向征伐过程中,不仅将德国领土扩展到奥得河流域,新建了许多主教区和边区,而且通过传播基督教和侵略性移民,促进了波兰、捷克和匈牙利等国封建领主制的形成。

当时的意大利对奥托一世具有更大的诱惑力,因为德国封建主需要的丝绸等高档消费品和武器主要来自意大利;德国南部许多封建主早就在伦巴底占有地产;此外,控制罗马教皇对于加强德国境内教会的控制也有重要意义。所以，奥托一世将意大利作为主要扩张对象。951年，亲率大军干预意大利北部封建领主之间的争斗，占领伦巴底，自称"伦巴底国王"；962年，应受到当地贵族裹胁的教皇约翰十二之邀，再次亲率大军远征意大利，占领罗马，并在圣彼得教堂由教皇加冕为"神圣罗马帝国皇帝"。奥托一世承认教皇对教皇国的领有权，教皇则承认他为宗主，向他宣誓效忠。这样，在查理帝国瓦解以后，西欧又出现了一个新的帝国。只是这个帝国对意大利的控制有名无实，每个新皇帝继位以后欲使意大利僧俗贵族承认其宗主权，几乎皆需对意大利重新进行一次军事征服，从而进一步削弱了皇帝的力量，使德国和意大利的分裂局面愈演愈烈。

三、诺曼底公爵对英国的征服

盎格鲁萨克森人入主不列颠岛后，加剧了大体处于同一发展水平的征服者与被征服者的社会分化。7～8世纪，不列颠岛虽仍到处遍布农村公社，村社农民的份地仅可世袭使用而不能买卖转让，但贵族已经占有较多土地，使用出身于克尔特人的半自由人和奴隶从事个体耕作。始于8世纪末期的丹麦人对不列颠部分地区的入侵，不仅促成了威塞克斯国王爱格伯特在829年将盎格鲁萨克森人在入主过程中建立的七个小国统一为英吉利王国，而且也促进了英国的封建化。战争的破坏，沉重的兵役以及"丹麦金"的征收，加速了自由农民的破产。同时，国王向教会、贵族和其他职业军人封赐土地的现象也日益增多。9～10世纪，很多自由农民的份地从120英亩减少到30英亩，并在司法上处于对贵族的依附地位。而国王、教会和贵族的地产则在较快的扩大，例如10世纪中叶，一个曾为三个国王服务的贵族在伯克郡、汉普郡和苏塞克斯共有15个村庄的土地；11世纪，肯特郡1/3的土地已属教会所有。然而先后入侵不列颠的盎格鲁萨克森人和丹麦人，毕竟未能给被征服地区带去比较先进的社会关系，直到11世纪中叶，英国的封建化过程仍远未完成。

1066年1月，英国国王爱德华去世，贵族会议推选哈罗德为王。法国诺曼底公爵威廉以爱德华生前曾许下让他继承英国王位的诺言为藉口，于同年9月率军侵入英国，哈罗德战死，威廉在伦敦加冕为英国国王，建立英国诺曼底王朝。

诺曼底公爵威廉征服英国后，基本上移植了法国的封建制度。首先是没收盎格鲁萨克森贵族的大部分土地，作为采邑分封给随其出征的教士、贵族和骑士。例如，其弟阿妥便获得400个庄园，阿弗雷主教获得280个庄园。1086年，威廉又下令在全国进行广泛的土地调查，借以了解臣属的土地占有、财产和收入情况，以便确定他们应该承担的封建义务。在调查过程中，大部分自由农民被登记为隶属于领主的农奴，因而通过调查，农奴数量达人口总数的80%以上。因为这次调查详细而严厉，被喻为"末日审判"。在调查基础上编制的《土地赋役调查簿》,则被称为《末日审判书》。因此,诺曼底公爵的征服,有力地促进了英国封建制度的形成,到12世纪初英国也确立了封建领主制。

但是,此后英国的封建王权仍然比较强大。这是因为威廉在进行采邑分封时,将全国耕地的1/7~1/5留作王室领地,使国王拥有较强经济实力;而大封建主的采邑则分散于各地,难以结成雄踞一方的庞大领地。同时,盎格鲁萨克森人持久激烈的反抗,也迫使诺曼底大小贵族甘愿维持一个较强的王权。所以,在英国,各级封建主都向国王作直属封臣的效忠宣誓,直接听命于国王,有异于法国那种"我的附庸的附庸不是我的附庸"的传统准则。

四、基督教会势力的鼎盛

基督教会在促进西欧封建制度形成的过程中起过很大作用,同时也使自身成了西欧的一股强大的封建势力。随着封建领主制的普遍确立,教会在各国所拥有的土地和农奴,一般占各国土地和农奴总量的1/3左右,因而也是无所不在的封建领主。尤其是教会还垄断了整个社会的思想文化领域。西欧封建社会初期,经济落后,文化衰微,一则俗人普遍不识字,只有教士和僧侣略通文墨,致使凡是需要一点文化知识的工作,概由教士或僧侣负责;另则只有修道院和主教区附设学校,以培养神职人员和普及宗教知识为基本宗旨,致使学校开设的各门基础课程,如文法、修辞、逻辑、算术、几何、天文和音乐等所谓七艺,莫不出于宗教活动的需要,浸透着宗教精神。因此,当时的西欧只知道一种意识形态,即宗教和神学,宗教信条成为各类思想的出发点和基础,哲学、法学及自然科学都被合并于神学,成为神学的分支。例如,流行于西欧封建社会盛期的经院哲学,就是神学的"婢女",以论证基督教教条为宗旨,主张理性应该服从信仰,其代表人物托马斯·阿奎那(1227~1274年)认为,如果知识不以论证上帝的存在和万能为目的,则任何知识都是罪恶的。

教会不仅拥有强大的经济和精神力量,而且在世俗王权普遍衰微的形势下,使罗马教皇能够实现对教会的集权统治,从而在与世俗权力的较量中处于有利地位。这是因为高级教士虽然也是大领主,独立倾向较强,但他们究竟与世俗领主有所不同。他们的行为过于放纵,与教会平时宣扬的清贫福音形成强烈反差,容易招致社会各阶层信徒的非议。他们按照教会纪律不得结婚生子,难以公开合法地世代把持教职教产。加之,他们先前主要由世俗君王任命圣职,当务之急是争取摆脱世俗王权的控制,乃以自己作为神职人员只应服从教皇为托词,企图避实就虚。这些都为教皇加强对西欧各地教会的集权统治创造了条件。而10世纪兴起的反对教会世俗化和世俗君王干涉教会事务,要求整肃教规的克吕尼运动,则将一些克吕尼派僧侣推上教皇宝座,为教皇逐步实现对西欧各地教会的集权统治提供了契机。

在教皇加强对教会集权统治的过程中,首先激化了其与君士坦丁堡牧首的矛盾。双方各以自己是整个基督教会的最高首脑自诩，在意大利南部教会的归属问题上互不相让。1054年，罗马教皇与君士坦丁堡牧首米海伊尔·凯鲁拉里互相开除教籍，终于导致东西欧教会的最后决裂。西欧教会自称公教（中国将其译为天主教），东欧教会自称正教（中国将其译为东正教）。接着，罗马教皇与德国皇帝争夺主教授职权的斗争空前加剧。1075年，教皇格利哥里七世下令废除世俗君主对主教的授职权；次年，德皇亨利四世召开宗教会议宣布废黜格利哥里七世。教皇进而颁布破门律开除皇帝教籍，并策动德国贵族反叛。亨利四世只得屈服，于1077年1月前往意大利北部卡诺沙城堡请求格利哥里七世饶恕。1122年，教皇与皇帝签订《沃姆斯宗教协定》，规定主教由教士会议推选，由教皇和皇帝分别授予宗教权力与世俗权力，从而表明教皇在斗争中取得基本胜利，确立了其对西欧整个天主教会的最高领导权。

在逐步实现对西欧各地教会集中领导，树立对世俗王权相对优势的同时，罗马教皇日益以维护整个西欧的封建制度为己任，竭力推行神权政治，广泛干涉各国内政。例如，鉴于封建主之间的频繁私战经常弄得民不聊生，倡议并落实所谓"上帝的休战"与"上帝的和平"。为了惩罚封建秩序的破坏者，使教会法成为各国通用法律，甚至凌驾于世俗法律之上，于是无限扩大教会法庭的管辖权范围，并进而设立宗教裁判所。为了缓和西欧日益尖锐的社会矛盾，给西欧各国的封建主与商人开辟新的财源和市场，曾发动并组织十字军远征地中海东岸的伊斯兰国家和拜占廷帝国。教皇英诺森三世在位时期（1198～1216年），教会权势臻于极盛。他扶植并控制德国皇帝腓特烈二世，迫使英国、法国、阿拉贡、雷翁、葡萄牙、瑞典、丹麦、波兰和匈牙利等国国王臣属于自己。他批准建立法兰西斯派和多米尼克派托钵僧团，使之广泛渗入社会各阶层，以探察与抑制一切反封建反教会的活动。他支持英国国王无土王约翰拒绝承认已签署的《自由大宪章》，尤其是组织法国北部骑士前往法国南部血腥镇压城市手工业者与商人的阿尔比运动。所以，诚如恩格斯指出的："……封建制度的巨大的国际中心是罗马天主教会。它在尽管发生各种内部战争的条件下还是把整个封建的西欧联合为一个大的政治体系，同闹分裂的希腊正教徒和伊斯兰教的国家相对抗。它给封建制度绕上一圈神圣的灵光。它按照封建的方式建立了自己的教阶制，最后，它本身就是最有势力的封建领主，拥有天主教世界的地产的整整三分之一。要想把每个国家的世俗的封建制度成功地各个击败，就必须先摧毁它的这个神圣的中心组织。"[①]

五、工商业城市的自治

封建时代初期，由于罗马奴隶制危机的冲击和日耳曼人的入主，西欧社会

---

① 《马克思恩格斯选集》第3卷，人民出版社1995年版，第705页。

生产力水平明显下降，木质农具流行，谷物的收获量通常只有种子的 1.5～2 倍；手工业依附于农业，一般只是农民的家庭副业，因而罗马帝国盛期比较繁荣的城市工商业严重萎缩，到处遍布自给自足的封建庄园。庄园居民平时只向行商购买食盐和铁器等少数几种并非各地都能生产的物品。从事商业活动的主要还是一些游走四方的货郎。

9～12世纪，随着封建领主制在各国相继确立，农业生产力获得恢复和提高，庄园经济有所发展，手工业与农业再度分离，才导致西欧封建社会作为工商业中心的城市重新兴起。这个时期，耕犁等农业工具不断改进和多样化，马逐渐成为主要耕畜，施肥技术日益进步，提高了农作物的单位面积产量。据估算，12世纪时，谷物的收获量一般达到种子的 3～4 倍，某些肥沃地区高达 6～7 倍。三圃制的逐步流行与荒地的大量垦辟，又扩大了耕地面积。因而农作物的品种与产量增多，人口繁殖速度加快，一些农奴能够主要从事手工业生产。在这些专事手工业的农奴中，一部分人进而通过缴纳代役租或采取逃亡等方式离开庄园，前往交通要道、渡口港湾、城堡教堂附近聚居起来，从事商品生产和商品交换。当地封建领主为了增加收入，给予这些聚居者以安全保护和贸易特权，亦加速了这一进程。这些农奴手工业者的聚居地，便是工商业城市之滥觞。此外，地中海区东西方贸易重趋活跃，也有助于意大利半岛等地作为转运贸易枢纽的城市逐步兴起。

城市兴起于封建领地，城市居民主要来自农村，且经济活动依然以个体生产为基础，使城市及其居民继续处于依附封建领主的地位。封建领主照旧在城市行使领主权，城市居民仍须向封建领主履行类似于庄园农奴那样的封建义务，所有城市仍然具有浓厚的封建性。但是，城市居民的主体是工商业者，他们主要从事商品生产和商品交换，需要享有人身自由、财产自由和经营自由，完全屈从于封建领主不利于工商业经营活动的开展。因此，随着工商业的逐步发展，各个城市的工商业者纷纷团结起来为改善自己生存和发展的社会环境而斗争。通常是通过缴纳大笔款项，换取城市领主作出种种让步；有些城市甚至举行武装反抗。到13世纪左右，作为阶段性成果，西欧各国中等以上城市大多获得了一定程度的自治权。

在东西方贸易最为活跃，工商业者经济、政治实力比较强大，而封建分裂又非常严重的意大利半岛北半部，许多城市完全独立，建立了城市共和国，诸如威尼斯、热那亚、比萨、佛罗伦萨等。它们在内政和外交上完全独立自主，设有整套国家机构，与一般独立国家毫无二致。如在威尼斯共和国，掌握最高立法权和监察权的是由480名议员组成的大议会，掌握最高行政权的是通过选举组成的元老院，国家元首是选举产生的督治，还拥有一支由三万多人组成的舰队。在政治分裂也很严重的德国，其沿海沿河许多对外贸易比较繁荣的帝国城市与自由城市，亦实现了基本自治。它们每年还须向作为城市领主的皇帝或主教缴纳捐税和提供兵役，但自治权力仍然比较充分，设有各自市议会，决定政策法令；选举市长或市政官，组成市政管理机关；还有自己的法庭与军队，有权单独对外宣战、媾和，可以自铸货币。

法、英等国城市的自治权力尽管受到较大限制，如法国鲁昂的市民只能推举三名市长候选人，再由作为城市领主的国王从中任命一人为市长；英国的自治城市一般尚须履行国家一级地方行政机构的各种职能，但是，它们通常也都设立了自己的市议会，组成市政机构管理城市内部事务。因此，城市领主对市民的领主权被基本取消，或被严重削弱，广大市民获得了比较广泛的自由，其中主要是人身自由，市民成为自由人，其他非自由人被接纳为市民后也获得自由；土地自由，城市土地成为自由地产，地产持有者向其所有者缴纳租金后，有权将其自由使用、出租、出卖或遗赠；财政自由，城市每年向其领主缴纳一定款项后，可以自己管理财务；贸易自由，城市有权举办市场或集市贸易，市民在城市领主辖地范围内可以免交市场税等。另外，城市还可设立自己的法庭，处理市内诉讼案件，如1227年，英国国王亨利三世在给格洛斯特的特许状中规定，除市外地产持有者外，其他人的一切诉讼都在该城内进行。

所以，西欧各国中等以上城市的自治程度虽然千差万别，它们享有的各种权利本质上仍是一种封建特权，它们也并未因此而独立于封建体系之外，但是这种自治有力地推动着城市工商业的发展，有助于市民阶层较快地成长为西欧封建社会一股独立而强大的社会势力。

此外，城市自治活动所促成的城市工商业的发展，还有助于西欧境内以城市为支点的国际贸易网络的孕育。其突出表现之一便是在联系城乡的地方性集市贸易日趋兴旺的基础上，进而出现遍及西欧各地的以进行大规模国际贸易为主的定期市集。它们通常每年或每半年举行一次，每次持续几个星期，在市集上交换各地各国产品。如其中最为有名的香槟市集，从12世纪中叶至14世纪初曾是一个巨大的国际市场，几乎常年在法国香槟伯爵辖区拉尼、巴尔、普洛温、特鲁瓦这四个相距不远的小市镇相继举行，汇集了西欧各国的商品和商人，也有不少由意大利商人贩运来的东方国家产品。

这样，西欧国家不仅封建制度大多采取封建领主制的形式，流行农奴制，而且相互之间既由天主教会将其联合为一个大的政治体系，又有以工商业城市为支点构筑起来的国际贸易网络，因而使西欧国家共同构成一个封建区域。

第四节 东欧国家封建制度的确立

一、拜占廷帝国社会性质的演变

构成拜占廷帝国领土的巴尔干半岛、小亚细亚、叙利亚、巴勒斯坦、埃及和利比亚等地,先前虽受到罗马奴隶主长达四五个世纪的统治,但奴隶制社会结构依然保留着自己的传统特点。在农业和手工业中奴隶制大农庄与大作坊并不普遍,奴隶在生产者中所占比重不大,广泛存在以自由人或依附者个体劳动为基础的小农经济和小手工作坊,有些地区还存在村社组织。同时许多地区又是东西方贸易枢纽所在,商业活动一直比较活跃。因此,当奴隶制的生产效益恶化时,拜占廷帝国的社会经济尚能保持比较繁荣的局面,帝国政府仍可获得比较充裕的财政收入,以维持其庞大的军事官僚机构,致使帝国不仅得以在内部人民起义和外部游牧或半游牧部族迁徙浪潮的冲击下挣扎图存,而且在查士丁尼统治时期(527~565年)还比较强大,曾以武力攻灭日耳曼人的汪达尔王国和东哥特王国,占领西哥特王国东南部地区。

然而,帝国当局并不能遏止封建制度取代奴隶制度的历史进程。6世纪中叶以前,尽管帝国政府一再颁布禁止庇护制的法令,隶农制仍以其较好的经济效益而被越来越多的大土地所有者采用。6世纪中叶以后,大批斯拉夫人相继涌入帝国境内,又给予这一进程以新的推动。斯拉夫人广泛定居于巴尔干半岛北部,夺取拜占廷贵族土地,摧毁奴隶制农庄,解放奴隶和隶农,组成农村公社,因而促成了小土地所有制的流行和自由农民的增多,为封建关系的成长与扩展创造了较为有利的社会环境。

从7世纪30年代开始,拜占廷帝国长期面临更加严峻的国际形势。主要是迅速崛起的阿拉伯帝国,不仅很快夺去其除小亚以外的亚非属土,而且经常从陆地和海上向其发动军事进攻,不时迫近首都君士坦丁堡。此外,阿瓦尔人、保加尔人、马扎尔人、罗斯人以及其他游牧部族,也先后攻袭其北部边境。为了从外来威胁中挽救国家危亡,帝国当局将加强军事力量作为第一要务,着力扶植军事封建主阶层,从而直接推动着拜占廷帝国封建制度的逐步形成。

首先是希拉克略王朝的康斯坦斯二世(641~668年)开始大力推行军事行政改革,广泛实行军区制,将行省普遍改组为军区,由军事长官督军兼领当地行政管辖权,以强化对地方的统治。尤其重要的是还实行军事封土制,将大量土地分封给各级军官,以扶植军事力量;又以田代饷,实行军事屯田制,将很多无主或抛荒的土地作为世袭份地给予向国家承担军役的个体小农耕种,寓兵于农。这样,不仅加速了军事贵族封建大土地所有制的扩展,直接推动着帝国境内封建制度的形成,而且促成了一个向国家履行军役的小农阶层的兴起,为帝国提供了比较稳定、充裕的兵源,使之在严峻的国际环境中得以维持几个世纪之久。

接着是717年建立的伊苏里亚王朝发起圣像破坏运动,在捣毁圣像、圣物和圣迹,强迫修士还俗的同时,还广泛没收教会与修道院的土地,将其分配给军事贵族和士兵。843年,阿摩里亚王朝的米凯尔三世虽然下令恢复圣像崇拜，但已被没收的教产大多不再归还。教会和修道院在地产经营中保留着较多的奴隶制残余，因而它们的土地转归军事贵族领有，也有助于拜占廷帝国封建化过程的推进。

国家对军事贵族的长期扶植，促进了大封建主独立势力的增长。他们日益恣意侵占中小土地所有者和农村公社的土地，拒不执行皇帝的法令，导致国家兵源枯竭，皇权削弱。有鉴于此，1081年建立的科穆宁王朝进而推行普洛尼亚，即监领地制度，由政府将整村整区的国有土地和村社土地交给担任公职的贵族监领。接受监领地的贵族终身享有其上租税，但必须为国家服役，并按监领地面积的大小向国家提供相应数量的兵员，所以这种监领地类似法兰克国家的采邑。随后，贵族也取得监领地上的行政权和司法权，将被称为巴力克的依附农民沦为农奴，使监领地最终变成世袭领地，因而在拜占廷帝国也确立了封建领主制的主导地位。

拜占廷帝国在社会性质演变过程中免于崩溃，及其基督教会基本处于世俗皇权的控制之下，使其得以保存古代希腊、罗马诸多世俗文化的珍品，创造出丰富多彩、发展水平远高于同时期欧洲其他国家的拜占廷文化，对欧洲封建时代许多国家思想文化的发展产生巨大深远的影响。其中最突出的是查士丁尼时代编纂成《罗马民法大全》，它包括由117~534年间罗马历代元老院决议和皇帝法令审定汇编而成的《查士丁尼法典》，罗马历代著名法学家诠释法律的论文选集《学说汇纂》，阐述法学原理的主要教程《法理概要》，以及汇集查士丁尼534年以后颁布的法令的《法令新编》。它是欧洲历史上第一部系统完备的法律文献，是12世纪以后西欧各国研究罗马法的主要依据，是近代西欧大陆法系的主要渊源。拜占廷在建筑和艺术方面的成就也很辉煌，其重要结晶是532~537年在君士坦丁堡建成的圣索非亚大教堂。该教堂中央部分的屋顶系由一个直径33米的圆形穹窿和前后各一个半圆形穹窿组合而成，穹窿底部开窗采光，顶端离地60米；内部装饰富丽堂皇，有大理石雕刻，有彩色玻璃镶嵌的壁画，人物形象庄严肃穆，自然景物栩栩如生。此外，在史学和地理学等方面也有不少新的建树，如6世纪，史学家普罗科比所著的《查士丁尼战争史》、《秘史》，旅行家科普马斯所著的《基督世界地志》；11世纪，安娜公主夫妇合著的《阿历克塞传》，以及陆续编纂的诗文选集和工具书之类，都是值得后世珍视的文化遗产。

拜占廷帝国在西罗马帝国灭亡后继续存在并实现封建化，其经济文化发展长期领先于西欧国家，对东欧许多地区的社会发展都曾产生深远影响。拜占廷帝国曾以罗马帝国道统的继承者自诩，将整个东欧视为自己的势力范围，除竭力维持对巴尔干半岛的统治外，还试图通过传播东正教等途径增强对其他地区的影响力。东欧斯拉夫人和其他游牧或半游牧部族建立的独立国家，则往往既反对拜占廷帝国的奴役与欺凌，又刻意学习拜占廷帝国的规章制度与学术文化，发展与它的贸易往来。因此，东欧诸国大体上也逐渐形成一个以拜占廷帝国为中心的封建区域，彼此之间联系较多，封建制度一般沿着封建领主制的轨道演进，共同遵奉东正教。

二、巴尔干半岛其他封建国家的出现

在拜占廷帝国社会由奴隶制向封建制演变过程中，居住在巴尔干半岛北部和中部地区的南斯拉夫人以及与之融合而成的其他民族，由于曾受帝国的直接统治或强烈影响，社会分化迅速加深，封建制度逐步形成，也纷纷建立各自国家，时而与拜占廷帝国对抗，时而相互争战。

7世纪时，定居于多瑙河下游南岸古麦西亚地区的斯拉夫人形成"七部落联盟"。不久，来自黑海以北草原地区的突厥人的一支保加尔人与之结盟。679年，他们在保加尔人首领阿斯巴鲁赫的统率下打败拜占廷军队。681年，迫使拜占廷帝国承认他们所建立的保加利亚国家独立。在这个国家里，游牧的保加尔人逐渐被斯拉夫人同化，国力日增，大公西蒙一世时期（893～927年）空前强盛，领土北含古达西亚地区，东达黑海之滨，西及亚得里亚海岸，南面进抵马其顿与色雷斯，西蒙曾自称"罗马人和保加利亚人的皇帝"。同时，封建关系也获得发展，王公贵族和基督教会占有越来越多的土地，自由农民的依附或半依附地位日益加深，以致10世纪前期兴起农民反封建的波高美尔派运动。该派持二元论，认为世界上存在着相互斗争的善和恶两种本原，但善最终将战胜恶。据当时一位教士说，波高美尔派首领们教导自己的门徒拒绝服从政权，谴责富人，痛恨皇帝，咒骂长老，责备领主，认为替皇帝卖力的人是卑鄙的，并且号召各种被奴役者不要替自己的领主做工。随着封建制度的确立，贵族的私人势力和离心倾向亦在增强，国家的分裂割据状态渐趋严重，使拜占廷帝国得以乘机发动进攻，于1018年将保加利亚王国灭亡。然而，拜占廷帝国的强制同化政策为保加利亚人所不容，他们终于举行大起义，在1187年重建自己的国家，史称第二保加利亚王国。

定居于巴尔干半岛西北部的南斯拉夫人各部落，逐渐同化土著伊利里亚人，分别形成斯洛文尼亚、克罗地亚和塞尔维亚等民族。斯洛文尼亚和克罗地亚先后是邻近较强的国家如法兰克、拜占廷、德意志、保加利亚、威尼斯与匈牙利的争夺对象，经常处于外族统治之下。塞尔维亚人也曾长期受拜占廷帝国或保加利亚王国的统治，直到1190年才迫使拜占廷承认塞尔维亚国家的独立。斯提芬·杜尚统治时期（1331～1355年），塞尔维亚王国鼎盛，多次对拜占廷发动军事进攻，占领马其顿、帖撒利亚、伊庇鲁斯和阿尔巴尼亚等地，杜尚也自称"塞尔维亚人和罗马人的皇帝"。他还制定《斯提芬·杜尚法典》，以维护封建领主土地所有制和农奴制。

此外，在巴尔干半岛上分别以土著居民伊利里亚人和达西亚人为主形成的、没有被斯拉夫化的阿尔巴尼亚人和罗马尼亚人,尽管经常被外族统治奴役,也曾建立过各自的封建国家——阿尔贝里公国、瓦拉几亚公国和摩尔多瓦公国等。

三、基辅罗斯的兴衰

8~9世纪,当东斯拉夫人的部落联盟正在向国家组织演变时,与之大体处于同一社会发展阶段的北欧诺曼人的一支瓦里亚格人开始大批侵入。他们组成武装商队,从波罗的海东部一些海湾河口溯流而上,进入东欧腹地,然后主要顺第聂伯河南下黑海,去拜占廷帝国从事贸易;有些也沿伏尔加河航抵里海,与阿拉伯人进行交换。经商途中,还进行征服与劫掠活动。862年,瓦里亚格人的军事首领留里克占领诺夫哥罗德,建立诺夫哥罗德公国。879年,留里克死,其子伊戈尔年幼,由其亲属奥列格摄政。882年,奥列格率兵南下征服基辅,从而形成瓦里亚格人居统治地位、居民主要是东斯拉夫人的基辅罗斯国家。此后,瓦里亚格人逐渐被东斯拉夫人同化,统称罗斯人。

基辅罗斯建国初期,剥削方式还比较野蛮原始,保留着瓦里亚格人一些古老特点。大公获取财富的主要方式是进行"索贡巡行"。每年冬天,大公率领亲兵队去国内各地挨家挨户征收粮食、毛皮、蜂蜜和蜂蜡等实物,辅以抢劫,以致掳掠人口为奴。因而不时遭到居民的武力反抗,大公伊戈尔就是945年去向德列夫里安人索取贡物时被杀死的。大公征收来的大量实物,部分供自己消费和赏赐亲兵,大多于次年春天被运往君士坦丁堡出售,以购回自己所需的武器、丝绸、香料和其他奢侈品。

为了掠夺财物和获得贸易特权,罗斯大公还不时发动对拜占廷帝国的军事远征。907年,奥列格曾率大军进攻君士坦丁堡。911年,双方签订和约,罗斯取得在拜占廷的免税贸易权。941年和944年,大公伊戈尔亦曾两次进攻拜占廷,进一步扩大了在拜占廷的贸易权益。987年,罗斯大公弗拉基米尔应拜占廷皇帝瓦西里二世的邀请,出兵帮助镇压小亚以福克斯为首的贵族叛乱,又得以于次年娶拜占廷公主安娜为妻,并从拜占廷正式接受基督教,在基辅设立大主教区。

由于和拜占廷帝国的交往日益密切,受拜占廷封建文明的影响迅速加深,基辅罗斯开始在原始公社制解体的基础上形成封建制度。大公、贵族和教会放弃"索贡巡行",转为采用各种手段占有土地,部分村社的自由农民则处于对他们的依附地位,成为契约农和债务农。为了保护正在形成的封建关系,11~12世纪在东斯拉夫人习惯法的基础上相继编成和修订了《罗斯法典》。但是,随着封建制度的初步形成,统治集团内争日炽,1125年大公弗拉基米尔·摩诺马赫死后,基辅罗斯也便分裂成了许多独立公国。

第五节 伊斯兰封建区域的产生

一、阿拉伯帝国的统治

倭马亚王朝时期，阿拉伯帝国的统治重心在叙利亚和埃及一带，各级官吏多从定居于这些地区的阿拉伯贵族中选任，因而帝国初期的政治经济体制，在继承麦地那国家以伊斯兰教旨为基础的统治体制的同时，也接受了拜占廷帝国典章制度的一些影响。帝国仍然实行政教合一的神权政体，哈里发既是国家元首，又是宗教领袖，然而已由推举改为世袭，并且专制倾向日益明显，集最高政治、军事与宗教权力于一身。哈里发宫廷作为国家权力中枢，设有各部大臣协助哈里发分掌行政、税收、司法和宗教等方面的具体事务。地方分设五大行省，各省行政、军事和宗教事务由哈里发任命但自主权较大的被称为艾米尔的总督掌管，税收则另由哈里发任命的税务官专理。

阿拉伯人在迁居被征服的农耕地区以前，大多以游牧为生，处于原始社会开始解体之际，虽已出现动产私有制，土地私有制却还远未产生。因此，穆罕默德在麦地那作为宗教领袖调解各部落土地使用纠纷时，宣称安拉创造了宇宙万物，乃天地之主，土地也是安拉的财产，只有安拉的使者穆罕默德有权支配。以致在对外扩张之初，曾禁止任何阿拉伯人作为个体在被征服地区占有土地，全部夺取过来的拜占廷帝国和波斯萨珊王朝的国有土地、王室与显贵的土地以及无主土地，概归以哈里发为代表的国家所有，同时仍按当地原先的经营方式，由哈里发国家向耕种这些土地的个体农民征收地租，从而确立了阿拉伯帝国封建土地国有制的基础。当时参加征战的阿拉伯人，主要依靠瓜分战利品或向国家领取年金维持生活。但是，随着越来越多的阿拉伯人在农耕地区定居下来并从事农业，他们直接占有土地的要求便日益迫切。首先是哈里发和显贵家族往往利用职权将大量国有土地置于自己的"监管"之下，如麦地那国家时期四任哈里发阿布·伯克尔、欧默尔和阿里各自家族在伊拉克与波斯，鄂斯曼所属倭马亚家族在叙利亚等地，都以这种方式占有广大地产。到倭马亚王朝时期，帝国政府又进而将一些国有土地，仿照拜占廷帝国"永久租借权"形式，租借给阿拉伯一般贵族乃至普通氏族成员，使前者成为中小封建主，后者成为自耕小农。另一方面，被征服地区的土著非阿拉伯人封建贵族和自耕小农，在改宗伊斯兰教后，其先前曾被允许保留的私有土地，名义上亦被收归国有，转为以租借者的身份占有先前地产。这样，到倭马亚王朝后期，一方面帝国境内绝大部分土地属国家所有；另一方面则相当部分国有土地已经处于私人占有之下。土地所有权和占有权的相对分离，成为阿拉伯帝国封建土地制度的重要特点之一。

750年，先知穆罕默德叔父的后裔阿布·阿拔斯利用穆苏里姆领导的波斯地区人民起义，推翻倭马亚王朝统治，建立阿拔斯王朝。倭马亚王族的阿布杜勒·拉赫曼逃往西班牙，建立后倭马亚王朝统治的独立的科尔多瓦哈里发国家。阿拔斯王朝则定都巴格达，统治重心东移，以波斯和伊拉克一带的阿拉伯贵族与土著贵族为主要社会支柱，如波斯人巴尔马克家族就曾成为其前期宰相世家，因而受萨珊王朝传统的影响比较突出，试图建立一套专制主义的中央集权官僚体制。哈里发的独裁统治空前强化，他不再满足于只充当先知的继承者，而是宣称自己乃"安拉在大地上的影子"，是安拉的直接代理人，穆斯林在聚礼时亦须向其顶礼膜拜。同时组建以领取俸禄的职业官吏为骨干的官僚机构，中央增设辅佐哈里发总理万机的最高行政长官维齐尔，即宰相，以及负责维持社会治安的警务部和兼理监察地方官员的驿传部；地方则设24省，各省总督时常调任，防其坐大。此外，阿拉伯人的部落兵也退居次要，改为主要从各民族和地区征募青年，组成以近卫军为核心的常备军。近卫军士兵其初大多来自波斯霍腊散地区，薪饷优渥，享有特权，因而比较效忠于哈里发。

阿拔斯王朝时期帝国封建土地制度的重大发展，是日益广泛地推行源自波斯萨珊王朝的土地封赐制度。哈里发将大量国有土地作为伊克塔即封地授予军政官员乃至普通军人，所以伊克塔的领有一般是和担任国家公职并且主要是和提供军事服役联系在一起的。伊克塔的面积大小不等，领有者原则上不能将其世袭，而且仅限于向耕种封地的农民征收土地税，通常是收获量的二分之一左右，这些农民依然接受国家的政治统治。只是后来随着官职逐渐被各封建家族世代把持，伊克塔的占有也出现了世袭倾向。同时，清真寺、教育及慈善事业单位亦继续占有不少国有土地，其地租收入供这些单位开销，但不得对土地进行买卖转让。

二、西亚北非诸多伊斯兰国家的涌现

阿拉伯帝国是游牧的阿拉伯人在短期内通过武力扩张建立起来的，境内居住着许多各有自己悠久文明传统的民族，尽管它们逐渐伊斯兰化，甚至业已融合于阿拉伯人，但彼此之间仍然存在一些差别。尤其是封建化过程的展开和哈里发政权的腐败，使阶级矛盾日趋激化。加之帝国实行政教合一，政治斗争又与教派纷争直接结合在一起。因此，就在帝国经济文化鼎盛时期，尖锐复杂的社会矛盾即已猛烈冲击着阿拔斯王朝的集权专制统治，导致帝国趋于解体。

早在776～783年，曾因参加穆苏里姆起义而被监禁达15年之久的哈希姆·伊本·哈金，在逃离监狱后立即潜往河中地区领导农民再次起义。816～837年，阿塞拜疆又爆发巴贝克领导的农民、手工业者和奴隶起义，扩及亚美尼亚东部和波斯西部，起义者达三十多万人，组成"红衣军"坚持武装斗争。9世纪30～40年代，埃及、叙利亚、巴勒斯坦和波斯等地也曾发生人民起义。

869~883年爆发于伊拉克南部的黑奴大起义，还有许多个体农民和牧民参加，起义者很快攻占巴士拉，直接威胁巴格达。891年，爆发于巴格达和巴士拉之间瓦西特地区的卡尔马特教派大起义，波及叙利亚与波斯，曾建立政权统治阿拉伯半岛东部地区，坚持斗争达一个多世纪。

与此同时，反映不同社会阶级、阶层或集团利益与要求的教派活动也蓬勃兴起。阿拔斯家族在进行反倭马亚王朝斗争时，曾获得十叶派的大力支持，可是在其取得政权后却改宗逊尼派而迫害十叶派。十叶派信徒只得分散于各地从事秘密活动，从而形成各有山头的不同支派，如栽德派、十二伊玛目派和伊斯玛仪派等；进而很多支派又分裂为更小的派别，如11世纪末出现于伊斯玛仪派中的阿萨辛派，便在波斯西北部阿拉穆特山建立要塞，活动于波斯、伊拉克、叙利亚和黎巴嫩，组成敢死队暗杀政敌。此外，形成于倭马亚王朝时期的以禁欲和神秘主义为宗旨，主要流行于下层群众中的苏菲派亦比较活跃，表达出对社会现实的不满情绪。

面临如火如荼的人民起义和教派活动，哈里发百般加强军事力量，进行血腥镇压。鉴于波斯籍士兵容易卷入反叛活动，从哈里发马蒙开始，主要以称为"马木路克"的中亚突厥奴隶来扩充近卫军，组成宫廷卫队。但是，随着出身奴隶的突厥将领迅速得势，他们日益左右朝政，任意废立哈里发，反而使哈里发的权威荡然无存，沦为傀儡。仅10世纪30～40年代，就有三位哈里发被相继挖去双眼，流落街头与乞丐为伍，成为宫廷阴谋的牺牲品。加之，为了缓解中央财政危机，帝国当局还转而实行包税制度，获得包税特权的大多是各省总督或驻军首领，从而又为这些地方军政长官进一步壮大独立势力提供了契机。

因此，阿拉伯帝国解体的速度也像其建立的速度一样惊人。继后倭马亚王朝割据西班牙之后，其他地区亦纷纷独立。788年，参加过麦地那十叶派暴动的阿里后裔伊德利斯·伊本·阿卜杜拉逃往摩洛哥，建立十叶派王朝。800年，帝国突尼斯总督易卜拉欣·伊本·阿格拉布拒绝服从哈里发而自行其是。820年，帝国东方行省总督塔希尔割据霍腊散。867年，哈里发派驻锡斯坦的军事长官叶库布·伊本·莱斯建立萨法尔王朝。868年，帝国埃及总督艾哈迈德·伊本·图伦建立图伦王朝。874年，塔吉克人奈斯尔·伊本·艾哈马德在中亚建立以布哈拉为首府的萨曼王朝。909年，突尼斯的柏柏尔人发动起义推翻阿格拉布王朝统治，伊斯玛仪派首领乌柏达拉赫谋杀起义领袖，自称是先知穆罕默德的女儿法提玛与阿里的后裔，自封哈里发，建立法提玛王朝，969年征服埃及，973年迁都开罗，随后还占有叙利亚、巴勒斯坦和希贾兹等亚洲地区。945年，阿拔斯王朝的巴格达中央政权也被波斯的布伊家族控制。1055年，来自中亚的塞尔柱突厥人进而从布伊家族手里夺取政权，其首领吐格利尔拜格自称苏丹，完全剥夺阿拔斯王朝哈里发的政治权力，使其只保留着宗教领袖的地位。

这样，9~10世纪，阿拉伯帝国亦已瓦解为遍布西亚、北非和中亚的一系列封建国家。只是它们仍然以伊斯兰教为基本宗教信仰，有些还继续尊奉巴格达哈里发为最高宗教领袖；普遍继承阿拉伯帝国的封建土地国有制和军事封土制，实行军事封建主专政的政治体制；经常相互兼并攻伐，致使各国政权兴衰无常，领土组合不时变化，彼此之间在政治、军事、教派和人口流动等方面互动性较强，因而由这些国家构成的伊斯兰世界，也便具有不同于其他封建区域的鲜明特点。

三、印度的德里苏丹国

阿拉伯帝国虽已瓦解，伊斯兰封建主的对外扩张活动却仍在继续，其直接后果之一是南亚次大陆也逐步被纳入伊斯兰世界。

伊斯兰封建势力渗入南亚次大陆，始于阿拉伯帝国倭马亚王朝时期。711年，倭马亚王朝伊拉克总督哈查只遣部将穆罕默德·伊本·卡西姆率军循海路攻入印度河下游地区，然后北上，将信德和旁遮普南部并入阿拉伯帝国版图。阿拉伯帝国瓦解后，这些地区曾被置于萨法尔王朝统治之下，后来一度兴起几个小伊斯兰政权。11~12世纪，又相继成为加兹尼王朝和古尔王朝的领土。古尔王朝苏丹穆伊兹·乌丁还曾进攻印度半岛内陆，击败拉其普特王公联军，据有德干高原以北广大地区。1206年，穆伊兹·乌丁遇刺身亡，古尔王朝告终，其驻德里总督库特卜·乌丁·艾巴克随即割据印度北部，自称苏丹，定都德里，建立德里苏丹国。

德里苏丹国存在320年，共历五个王朝。前两个王朝不断进行扩张，领土伸展到南印度科佛里河流域，几乎囊括整个印度半岛。从第三个王朝开始，统治区域逐渐缩小，有时仅限于德里周围地区。在这个国家当权的主要是由外来突厥人、阿富汗人和波斯人组成的伊斯兰军事贵族集团，他们实行军事封建专制统治。苏丹称号其初受巴格达哈里发的册封，集政权和神权于一身，大致上执行阿拉伯帝国盛期的基本政策，但也继承了印度封建社会前期的一些传统。中央设维齐尔协助苏丹总理政务，下辖税收、司法、军事、驿传和奴隶管理等部；地方分设若干行省，各省亦辖几级政区，而以农村公社为基层行政单位。各部和行省长官由苏丹任命。边远地区则还存在许多由印度教土著王公世袭统治的土邦，它们只是承认德里苏丹的宗主权，向其缴纳贡税，实际处于半独立状态。

德里苏丹国也实行封建土地国有制，苏丹是全国土地的最高所有者，只是具体占有形态不尽相同。一部分作为王室土地，由中央税收部门直接管理，征收租税；大部分由苏丹作为伊克塔以服军役为条件封给穆斯林官兵；还有小部分被苏丹赐予清真寺和伊斯兰神职人员，这几类土地的租税量通常由国家统一规定。土著王公的领地名义上也来自苏丹的封赐，但实际上他们对土地拥有广泛权力，国家绝少干预。在各类土地上，农村公社组织依然完整而普遍地存在，并往往仍由印度教徒担任村长和税吏等基层官职。此外，土著居民中的阇提制度也一如既往，以致随着伊斯兰教在印度的传播，受其平等观念和一神信仰的影响，日益兴起反对种姓制度和偶像崇拜的巴克提教派运动。

第四章

跨越封建区域的国际交往

　　封建时代社会经济文化的发展，不仅促成同一封建区域诸国之间相互联系的日益加强，而且还使跨越封建区域的国际交往有所增进，其突出表现之一便是逐渐形成了一些沟通毗邻两大封建区域诸多国家的海上贸易区，即沟通东亚国家与伊斯兰国家的西太平洋—印度洋贸易区，沟通伊斯兰国家与西欧国家的地中海贸易区，沟通西欧国家与东欧国家的北海—波罗的海贸易区。只是这些海上贸易区，基本上还是各自相对独立、彼此平行发展的，相互之间尚难直接贯通，要将一批货物从一个海上贸易区运往另一个海上贸易区，通常需要经过一段较长的陆上商路，还必须通过若干商队转手贩运。在这种情况下，相距甚远的非毗邻区域的各个国家之间，主要是东亚国家与西欧国家之间的经济文化交流，便只得通过另一封建区域国家作为中介，采取接力传递的方式。15世纪末地理大发现以前，在东亚、南亚与西欧国家之间的经济文化交流中充当中介者的，主要是伊斯兰国家，尤其是其中的阿拉伯人。12世纪以前，他们在西太平洋—印度洋和地中海这两大海区的东西方长途海上转运贸易中，均居主导地位。

　　11世纪末至13世纪后期，罗马教皇多次发动西欧十字军东侵，企图将伊斯兰世界和东正教国家纳入天主教会的势力范围。结果，西欧封建主的军事远征虽以失败告终，但意大利商人却借以从阿拉伯人手里夺得了地中海区的海上贸易优势，并使这一海区的东西方贸易更趋繁荣，从而进一步加强了西欧国家与伊斯兰世界的联系。

　　13~14世纪，发祥于中国北部大漠的蒙古人裹胁中亚突厥等游牧部落，凭借中国腹地的先进技术和雄厚物力，以空前凌厉的军事攻势，很快征服东亚、西亚与东欧大部分地区，建立了一个地跨亚欧两大洲的蒙古大帝国，再次为跨越封建区域的国际交往创造有利条件，也曾促进东西方国家之间的经济文化交流。

　　诚然，封建经济乃是以个体小生产为基础的自给自足的自然经济，各国内部不同地区之间的经济联系尚且有限，国际经济联系更不可能十分密切。因此，基于这种封建自然经济的任何社会势力所进行

> 的贸易扩张或军事远征活动，均有其明显的局限，尚不足以从根本上克服人类历史的分散发展状态。阿拉伯人的中介活动始终未能导致亚欧大陆东西两端居民进行直接往来，意大利商人的贸易势力最盛时期也还局限于地中海及其沿岸地区，蒙古大帝国则旋即瓦解为以先前被征服国家疆域和传统为基础的一系列封建国家，直至地理大发现前夕，整个世界依然维持着诸多封建区域平行发展的基本格局。然而，跨越封建区域的国际交往日益增进，国际经济文化交流逐步扩大与加强，仍是各国社会向前发展的主要推动力之一。当时处于较高发展水平的东方国家的物质和精神文明成果传入西方国家，对于西欧国家的社会进步更是有着巨大深远的影响。

第一节 阿拉伯人的中介活动

一、阿拉伯人的东西方转运贸易

奴隶制时代盛期出现的，以丝绸之路贸易为代表的东西方长途转运贸易，公元后最初几个世纪曾因奴隶制危机和民族大迁徙浪潮的冲击有所衰落。但是，从8世纪左右开始，随着民族大迁徙基本结束和封建制度在亚洲、欧洲及北非广泛确立起来，这种贸易又逐渐恢复，而且更为活跃。这除了因为东亚和南亚一些国家的社会经济迅趋繁荣，遥遥领先于西欧国家外，还与统治西亚和中亚等东西方贸易枢纽地区的阿拉伯帝国的农工业生产发展较快，以及阿拉伯人信奉的伊斯兰教十分重视商业有很大关系。

8世纪中叶至10世纪中叶的阿拔斯王朝前期，阿拉伯帝国的农工业生产曾经有过空前发展。农业发达，各种水利设施的兴建与维修，使两河流域、河中地区及叙利亚、埃及等地成为帝国粮仓，并且各有著名的农作物品种。手工业发展也较兴盛，除各级官府开设的手工作坊外，还有遍布各地的民营作坊，它们生产的丝毛织物、金属器皿、珠宝饰品、玻璃用具和纸张、陶器等等，驰名国外。

伊斯兰教向来重视商业，这与基督教及佛教大异其趣。伊斯兰教的创立者穆罕默德和阿拉伯帝国前期的诸位哈里发都出生于麦加商业贵族世家，大多赞誉商人，鼓励商业。穆罕默德曾一再指出："忠诚老实的穆斯林商人在复生日同烈士们在一起"，"诚实的商人复生日居于安拉宝座的荫影之下"，"商人是世界的信使和安拉在大地上的忠实奴仆"。《古兰经》将鼓励和保护工商业作为穆斯林的义务。《圣训》亦宣称"集市是安拉的筵席，谁到这里来，谁就取得自己的一份"。历代哈里发则采取各种措施促进商业的发展,战时让商队杂在出征军队中毫无阻碍地来来往往;平时注意维护商路安全,降低以至取消商税;尤其是还常常委任商人为官吏,吸收商人加入统治集团,使商人得以跻身于贵族行列,成为哈里发政权的重要社会支柱之一。

因此,阿拉伯人以及同为阿拉伯帝国臣民并皈依了伊斯兰教的波斯人和中亚居民,纷纷投身于东西方长途贩运贸易之中。例如,13世纪初期一位巴格达商人的经商计划是:"我准备把波斯的硫磺运到中国去卖,据我所知,硫磺在那里可以售得高价;然后我再把中国的陶瓷运到希腊,把希腊或威尼斯的锦缎运到印度,将印度的钢运到阿勒颇,把阿勒颇的玻璃运到也门;最后我再带着也门的条纹衣料回到波斯。"①

因为当时中国、印度和阿拉伯帝国统治地区的经济发展比西欧国家先进,所以在东西方贸易中主要是将东方国家的产品输往西欧。限于当时的商务条件,在东西方贸易中能够将货物贩运全程的商队极其罕见,一般都是采取若干商队彼此接力的递运方式。陆路方面,仍以先前的丝绸之路为基础,通常由中亚、中国或印度商人用骆驼或马匹将货物从中国或印度内地贩往中亚,再由阿拉伯商人或波斯商人贩往地中海东岸安条克、的黎波里与亚历山大等港口城市。尤其突出的是海上贸易显著发展。由于封建时代中国东南沿海地区与印度西海岸地区经济日益繁荣,摩鹿加群岛等地香料生产更为普遍,阿拉伯商人在印度洋和西太平洋上的贸易也迅趋繁荣。他们从红海、亚丁湾和波斯湾诸港口出发,一则沿非洲东海岸南航,沿途建立摩加迪沙、布腊瓦、马林迪、蒙巴萨、基尔瓦与索法拉等贸易据点;另则东向航抵印度西海岸,进而前往马六甲,或在该地区收购马来商人和中国商人贩来的东南亚与东亚产品,或穿过海峡直接驶往越南、中国和摩鹿加群岛进行贸易,以至在太平洋西部沿岸地区,也有阿拉伯商人的不少商站或居留地。在中国的南方城市广州,由于外商多是阿拉伯人,他们的头面人物往往成为所有外商的首领;中国当局还特地委派一个穆斯林负责维持阿拉伯人之间的秩序,并执行伊斯兰教法律。

阿拉伯商人在印度洋和西太平洋沿岸其他国家或地区换取的商品,诸如东非的黄金、象牙、犀角,印度的棉布、珠宝、染料,中国的丝绸、瓷器、漆器以及东南亚的香料,除供伊斯兰世界上层社会消费和在亚非各国进行交流外,也有一些在波斯湾或红海港口上岸,通过一段陆路运抵地中海东岸地区,再销往西欧天主教国家。

从地中海东岸地区将东方国家的商品贩往西欧天主教国家的,12世纪以前也主要是在地中海区从事转运贸易的阿拉伯人。先由他们将东方商品运抵伊斯兰政权统治下的伊比利亚半岛和西西里等地中海岛屿,再由西欧当地行商将

---

① 汤普逊:《中世纪经济社会史》上册,商务印书馆1961年版中译本,第449页。

其贩销到西欧各地,而在这种行商中又不乏犹太移民。

限于整个社会生产和消费水平,也因为辗转运输相当艰难,当时阿拉伯商人贩运的货物,一般多是体积较小、重量较轻而又价格昂贵的主要供社会上层使用的东方名贵的土特产品,因而尚与普通居民的生活关系不大。但是,阿拉伯人的这种贸易,尤其是海上贸易,却有力地推动着整个印度洋—西太平洋和地中海海上贸易的发展,以至分别形成两大海上贸易区,并使两区贸易有所沟通,从而不仅有助于相距甚远的东西方国家之间进行物资交流,调剂产品余缺,而且加速了有关国家,特别是西欧国家商品经济的发展。意大利半岛成为封建时代西欧工商业城市和境内外贸易复兴最早、发展较快的地区,便与阿拉伯人在地中海区所进行的东西方中介贸易的带动不无关系。而意大利半岛商品经济的发展,又带动着整个西欧商品货币关系渐趋活跃。

二、以阿拉伯人为中介的"东学西渐"

阿拉伯人所进行的东西方转运贸易,不仅将精美贵重的东方物质产品运销西方,而且成为将先进的东方科技文化传向西方,即"东学西渐"的重要载体之一。

古代阿拉伯人,当他们还生活在原始社会,并且囿于阿拉伯半岛的时候,他们的科学文化知识是浅陋的。但是,沙漠草原上的粗犷生活,使他们具有旷达的胸怀、敏锐的眼光、强烈的好奇心,以及吸收先进文明的热情。特别是他们所信奉的伊斯兰教,既与世俗生活有着比较直接的联系,充分体现出阿拉伯人的民族习性;又吸收了犹太教和基督教的许多成分,具有较强的包容性。同时,他们很快完成对西亚、北非广大先进农耕地区的征服,对这些地区原有文化并未造成多大破坏。这些因素都有助于他们全面继承帝国境内各地区的文化传统。而他们与东亚及南亚国家频繁的贸易往来,则使他们不断吸纳中国和印度等国的大量优秀文化成果成为可能。加之,阿拔斯王朝前期诸哈里发出于政治和宗教等方面的需要,亦都比较重视科学文化的发展。如曼苏尔曾要求拜占廷帝国皇帝将古希腊、罗马著作当作礼物送给自己;771年左右,获悉一位印度旅行家将《西德罕塔》等梵文学术论文带入巴格达后,即令本国学者法萨里将其译为阿拉伯语,并继续加以研究。诃伦·拉西德一次远征小亚时,除掠夺物质财富外,还注意觅取希腊写本。马蒙亦曾特地遣使去君士坦丁堡索要希腊语著作,十分强调研究古希腊、罗马哲学,以为其尊崇穆尔太齐赖派辩护;并在巴格达设立"智慧馆",负责搜集、翻译和研究古代希腊、罗马作品。这些哈里发一般尚能实行宗教和民族宽容政策,吸引帝国境内不同宗教和民族的各界人士参与科学文化活动,如历代御医中便有不少景教徒,许多从事翻译工作的学者乃是波斯人,甚至是犹太教徒或基督教徒。因此,阿拉伯人得以在广泛吸纳东方各国科学文化与希腊、罗马古典文化成果的基础上,进而创造出绚丽多彩、特色鲜明的伊斯兰文化。

阿拉伯人在哲学研究中试图将希腊哲学与伊斯兰神学调和起来，使理性和信仰合一。这种研究由肯迪（801～873年）开其端，法拉比（约870～950年）继其后，伊本·西那（即阿维森纳，980～1037年）总其成，最后造就出伊本·鲁世德（即阿威罗伊，1126～1198年）这位伊斯兰世界最伟大的哲学家。但他们研究的结果，却认为物质世界是永恒的客观存在，从而直接破坏了安拉创造世界的神学基础。如鲁世德通过对亚里士多德著作的注释，便发展了其中的唯物主义倾向，认为物质和运动永恒存在，不是安拉所创造；主张除天启信条外，一切事物都应该服从理性的判决。

宗教活动对天文和数学知识的需要，有助于天文学和数学的发展。阿拉伯人在巴格达、大马士革、开罗、科尔多瓦和撒马尔罕等地建立天文台，通过对天体的观测，命名了各大星辰，校正了托勒密的很多误差。白塔尼（约858～929年）所著恒星表，后来被波兰天文学家哥白尼多处引证。比鲁尼（973～1050年）关于地球自转并绕日运行的理论，直接冲击了托勒密的地心说。伊本·穆萨（即花拉子密，约780～850年）确定了三角学中正弦、余弦和正切等概念，所著《积分和方程计算法》，则是代数学的奠基之作。

哈里发政权对医疗卫生事业的普遍关注，促进了阿拉伯医学的发展。巴格达医院院长拉齐（865～925年）发明外科串线法和内科精神治疗法，所著《天花和麻疹》与《医学集成》均属不朽的医学名著。哲学家伊本·西那也是杰出的医学家，人称"医中之王"，所著《医典》集古代东西方医学之大成，代表了阿拉伯医学的最高成就。

阿拉伯人在文学、史学和地理学等领域，也取得了独特成就。以古老的波斯故事集《一千个故事》为基础，吸收印度、希腊、希伯来、埃及等地童话寓言，于10世纪中叶基本定型的《一千零一夜》，是世界文学宝库中的珍品，表现出阿拉伯人丰富的想像力，反映了阿拉伯帝国各族人民的社会生活与民俗风情。塔巴里（838～923年）的《编年史》和马苏第（？～956年）的《黄金草原》，则分别是编年体和记事体两种体裁历史著作的代表作。

伊斯兰世界科学文化的繁荣昌盛，与长期处于文化荒漠状态的西欧天主教世界形成了强烈对比。因此，10世纪以后，当西欧天主教国家社会经济逐渐恢复发展，尤其是工商业城市重新兴起，世俗领主特别是市民阶层日益需要世俗科学文化知识时，阿拉伯人便成了他们的主要仰慕与学习对象。这样，阿拉伯人又当仁不让地充当了将东方国家的先进科技文化成果传入西欧天主教世界的主要中介者，就连原本产生于欧洲本土的希腊、罗马古典文化，在很大程度上也是通过阿拉伯人的传承，才为西欧天主教徒重新认知的。

11世纪以前，西欧天主教国家居民直接向阿拉伯人学习科学文化知识的主要场所，是后倭马亚王朝统治下的伊比利亚半岛。这里的哈里发虽与巴格达哈里发对立,但其政治稳定,经济发达,文化昌盛,堪称伊斯兰世界的"橱窗"。在其首都科尔多瓦,10世纪有50万居民,700座清真寺,300所公共浴室,8万家店铺,仅纺织工匠即达13000多人;同时有27所学校,70所图书馆和许多书店,集中了伊斯兰世界不少的卓越学者。所以,当时西欧天主教国家很多贵族青年和市民子弟前往伊比利亚半岛留学,有些封建领主还去那里聘请医生、建筑师、歌手乃至裁缝等专业人才。

12世纪以后,伊比利亚半岛逐渐被天主教徒"收复",西欧国家与地中海东岸伊斯兰国家的联系又因东西方转运贸易的发展和十字军东侵而加强,致使西欧天主教徒仍能得到阿拉伯人科学文化上的哺育。例如,伊本·穆萨的数学著作,白塔尼的天文学著作,伊本·西那的医学著作和伊本·鲁世德的哲学著作等,均被西欧很多新兴大学长期作为主要教本。许多希腊、罗马的古典著作,也是这个时期由阿拉伯语译为拉丁语而重新被西欧天主教徒了解的。

东亚和南亚国家的科学文化成就,如中国古代的一些重大发明、印度古代的许多科技创造,也都是通过阿拉伯人的中介才泽及西欧的。例如,中国发明的造纸术的西传,便始于751年阿拉伯帝国与唐帝国在中亚怛逻斯发生边境军事冲突以后不久,因为阿拉伯帝国当局利用被俘唐军士兵中的造纸工匠,首先在中亚撒马尔罕创立造纸作坊。此后,其他造纸作坊亦在阿拉伯帝国境内自东而西地相继出现。在各地出现的时间顺序是:793年,巴格达;794年,大马士革;约900年,埃及;约1100年,摩洛哥;约1150年,伊斯兰政权统治下的伊比利亚半岛。12世纪末期以后,才在西欧天主教国家自西而东地传播开来。印度数字系统西传的情况也大抵如此。印度人早就创制出了一套独特的数字系统,公元前250年,印度国王阿索卡在其所立的碑中即已使用其中三个符号。7世纪的印度数学家布拉玛迦达又制定"0",使之渐臻完备。771年左右,这套数字系统随梵文学术著作《西德罕塔》等传入巴格达后,遂被阿拉伯人接受。9世纪上半叶,阿拉伯数学家伊本·穆萨又对其加以简化和改进,使之更加便于运算。约976年,它被传入伊斯兰政权统治下的伊比利亚半岛,然后再从这里传入西欧天主教国家。因为0、6、9等数字易被篡改和误认,其传入天主教世界之初曾受到教会与商人的抵制,直到1275年左右才开始流行。西欧居民是从阿拉伯人那里学会这套数字系统的,因而称之为阿拉伯数字。

以阿拉伯人为中介的"东学西渐",加速了西欧封建社会的发展进程。它不只促成了西欧手工业门类和农作物品种的增加及生产技术的改进,丰富了西欧居民的物质生活,尤其重要的是促进了西欧社会诸多进步因素的成长,加快了社会变革的到来。例如,火药制造术的传入加速了骑士阶层的没落,指南针的传入使西欧水手进行远洋航行成为可能,世俗文化的传入则有助于文艺复兴运动的酝酿。

第二节 十字军的东侵

一、西欧封建主的军事远征

12世纪以前,尽管将东方商品从地中海东部沿岸港口城市通过海运贩往西欧的主要是阿拉伯商人,但是,随着西欧自身工商业的逐步兴起,法国南部,尤其是意大利北部城市的商人也开始直接去地中海东部沿岸伊斯兰世界贩运东方商品。9世纪,法国马赛和里昂的商人已一年两度前往埃及亚历山大。10世纪,埃及法提玛王朝曾以其统治下的耶路撒冷一区给予意大利阿马尔斐商人居住。到11世纪初,威尼斯等意大利自治城市更已向阿勒颇、大马士革和开罗等地的伊斯兰政权派去使节,要求获得贸易特权,从而日益向阿拉伯商人发起挑战,意欲夺取他们在地中海区东西方中介贸易中的优势。11世纪末,罗马教皇发动的十字军东侵,终于为意大利城市实现这一目的提供了契机。

十字军东侵活动的发生,也与西欧各地城市工商业已经获得初步发展有关。10世纪以后,西欧城市的逐渐兴起和工商业的日趋活跃,刺激着西欧封建领主的物质贪欲。他们开始热衷于去市场购买比较精美诱人的城市手工业品与东方国家的舶来品,以致开销日巨。可是,封建领主制下土地买卖受到抑制,依附农民承担的封建义务形成相对固定的惯例,却制约着他们在西欧通过扩大封建领地和加重对依附农民的榨取去增加自己的经济收入。特别是人数越来越多的无地骑士,更是入不敷出,创收无门。因而西欧天主教国家的封建领主,大都企图从对外侵略中掠取土地、农奴和各种财富。与此同时,在地中海东岸地区,则11世纪中叶建立的塞尔柱帝国迅速趋于瓦解,罗姆、摩苏尔、大马士革、阿勒颇、安条克和的黎波里等总督区各自独立。它们的统治者彼此攻伐不休,既难以联合起来抵御外敌,又不时骚扰叙利亚与巴勒斯坦一带的基督教徒以及前往耶路撒冷朝圣的西欧天主教徒,妨碍意大利等地商人前去贸易。因此,当罗马教皇乌尔班二世出于建立天主教世界的神权政治野心,于1095年在克勒芒宗教会议上号召天主教徒从伊斯兰教徒手中夺回圣地耶路撒冷时,西欧各国僧俗封建主立即响应,纷纷组成十字军准备东征;意大利等西欧地中海沿岸地区的城市商人也积极支持,愿意为东征封建主提供后勤支援和海军舰船。

1096年秋,由法国、意大利和德国西部骑士组成的十字军分四路出发。1097年春,在君士坦丁堡会合,然后沿陆路向小亚进军。伊斯兰世界无力抵抗,十字军相继攻占尼西亚、埃德萨、安条克等重要城市及其周围地区,1099年7月攻陷耶路撒冷,12世纪初又攻占托尔托萨、阿克、的黎波里、贝鲁特、西顿、泰尔等地中海东部沿岸港口城市,并且建立十字军政权耶路撒冷王国及附属于它的埃德萨伯国、安条克公国与的黎波里伯国等。为了巩固对被征服地区的统治，罗马教皇还先后特许组建圣殿骑士团、医护骑士团和条顿骑士团等宗教性军事组织，作为十字军国家的常驻武装。

耶路撒冷王国基本移植西欧封建领主制的经济、政治制度，境内除划分为公国与伯国等大领地外，还进而分割为一些男爵领地和骑士采邑。稍后也曾制定《耶路撒冷条例》，规范各级封君与封臣之间的权利义务关系。被征服地区的当地居民，不论是伊斯兰教徒的阿拉伯人、突厥人和库尔德人，还是基督教徒的希腊人、亚美尼亚人、叙利亚人或犹太人，则土地被侵占，自由遭剥夺，一律被沦为农奴。有的须去甘蔗、棉花、葡萄、橄榄种植园履行劳役义务；大多主要向侵略者缴纳实物，他们向西欧领主缴租以后，剩下来的实物少得几乎不足以养家糊口。

十字军东侵虽然使大量财富耗于战争，但是大批封建主，尤其是众多无地骑士死于非命，削弱了封建统治势力，减少了危害社会的因素；而另一些得以生还的封建主则在回到西欧以后，由于受到东方国家社会上层豪华生活方式的熏陶，扩大了物质需求，这对于西欧国家社会关系的演进和商品经济的发展，都未尝不是好事。

二、阿拉伯人的反侵略斗争

十字军的凶残暴虐，很快激起被侵略地区人民的强烈反抗。首先是叙利亚和巴勒斯坦一带被沦为农奴的农民，或纷纷逃亡，或经常拒绝提供劳役与缴纳实物，甚至组成秘密团伙捕杀单独行动的西欧骑士，致使前来朝圣的西欧天主教徒也需要大批武装保护。即使是坚持基督教信仰的叙利亚人，亦是"虽为基督徒，却绝不相信拉丁人"，经常向打击十字军的穆斯林势力提供各种情报。他们还不时举行武装起义。1113年，撒马利亚起义农民袭击耶路撒冷王国的大城市那布鲁斯，使之化为废墟。1125年，贝鲁特和西顿两地爆发规模更大的农民起义。1131年，的黎波里起义农民杀死伯爵蓬斯。鉴于土著居民对侵略者怀有无限敌意，12世纪前期的泰尔大主教威廉认为所有叙利亚人都是"身边的敌人"，比鼠疫更危险。

在人民群众反抗斗争的推动下，伊斯兰世界的上层统治者也逐渐联合起来展开反侵略斗争。1144年，统治着两河流域和叙利亚部分地区的突厥人摩苏尔总督赞吉攻克埃德萨，威胁安条克。耶路撒冷王国首领惊恐不已，遣使向罗马教皇请求援兵，教皇乃于1147年组成分别由法国国王路易七世和德国皇帝康拉德三世率领的第二次东征十字军。但德国十字军刚到小亚即被突厥武装击溃，其残部会合法国十字军后对大马士革的围攻亦未成功，幸存的贵族骑士们只得怏怏而归。与此同时，以摩苏尔总督为代表的伊斯兰反侵略势力却愈战愈强，特别是赞吉部将阿尤布的儿子、库尔德人萨拉丁，1171年在埃及建立取代法提玛王朝的阿尤布王朝以后，更将阿拉伯人反对十字军东侵的斗争推进到全面反攻的阶段。萨拉丁为了集中伊斯兰世界的力量，重新尊崇巴格达哈里发为宗教领袖，将叙利亚、利比亚、苏丹以及突尼斯、阿拉伯半岛和伊拉克的一部分置于自己的统治之下，并与拜占廷帝国建立友好关系。然后对十字军发动总攻，于1187年率领阿拉伯联军在太巴列湖附近的赫淀一举歼灭十字军主力，接着乘胜追击，迅速收复大部分港口城市和包括耶路撒冷在内的大部分内陆地区。1189～1192年，萨拉丁又击退由法国国王腓力二世、英国国王狮心理查和德国皇帝腓特烈一世分别率领的第三次东征十字军的进攻，收复更多失地，使耶路撒冷王国仅保持着对从泰尔到雅法的一条沿海狭长地带的统治。

此后，由于西欧社会状况开始发生深刻变化，由于埃及日益成为伊斯兰世界反侵略斗争的坚强堡垒，继续对地中海东部沿岸地区进行军事远征逐渐失去了对西欧封建主的吸引力。因此，罗马教皇虽然在13世纪还组织过五次十字军东侵，但已渐成强弩之末，预示西欧封建主对远离本土的军事征服活动将以失败告终。

三、意大利城市的贸易开拓

十字军东侵为意大利城市的贸易开拓提供了契机。意大利商人不仅借以建立起自己在地中海区东西方中介贸易中的优势，而且将这种优势一直保持到地理大发现时期。

原来，东侵十字军的陆地战斗人员虽然主要是封建骑士，但后勤支援和海上舰船却基本仰赖意大利北部城市国家威尼斯和热那亚等提供，所以，它们的行动也关系着东侵的成败。例如，1097～1098年，沿陆路推进的十字军骑士在围攻安条克时一度陷入困境，后来由于热那亚等城市国家用几十艘船从西欧直接运去大批骑士前往援助，才终于将安条克攻陷；1099年，十字军骑士攻克耶路撒冷，也与热那亚的船只将大量粮食、酒以及攻城器具运往前线有很大关系；十字军攻占的黎波里、贝鲁特、西顿、泰尔、阿克和雅法等港口城市，更有威尼斯和热那亚等城市国家的舰船直接投入战斗。又如第三次东侵的十字军在围攻阿克时，由于意大利城市国家中断海运粮食，十字军骑士立即陷入饥饿境地，只得宰杀军马充饥，有些骑士为求一饱，甚至投向穆斯林阵营；后来意大利城市的粮食运到，十字军才得以重新攻占阿克。

意大利城市国家是作为独立势力参加东侵的，在瓜分战利品时，它们也便各自获得独立的份额，通常是获得地中海东岸城市主要进行东西方中介贸易的城区及有关设施和其他权益。早在1101年，热那亚人就和耶路撒冷国王签订协议，规定热那亚在每个由于它的援助而占领的东方城市里，有权获得一个居住区和1/3的其他战利品。接着威尼斯和比萨等城市也与十字军首领签订了类似协议。因此，随着叙利亚和巴勒斯坦一带被十字军占领，意大利城市在这些地区获得的商业据点也便迅速增多。如热那亚因援助耶路撒冷国王攻占的黎波里,便在的黎波里、安条克和耶路撒冷各获得一个居住区;比萨因援助了耶路撒冷国王,在雅法获得一个居住区;威尼斯因同样理由,得到泰尔的三分之一,以致在那里特派一名文官管理民政,一名武官负责军事;连法国马赛也因此在耶路撒冷和泰尔各获得一个居住区,以及获得在耶路撒冷王国境内豁免捐税和在巴勒斯坦各港口设立商站的特权。

这些以意大利城市为主的西欧城市,正如它们在本土独立于封建王权与封建领主一样,它们在地中海东岸的占领区也是独立于耶路撒冷王权与其他领主的。它们在占领区拥有自己的街区、货栈、浴场、教堂与郊区,使用自己的度量衡与货币,设置自己的管理机构,执行自己的法律,并自行征税,因而它们的占领区就是它们的商业殖民地。

此外,意大利城市还往往利用拜占廷帝国或伊斯兰国家与十字军封建主的尖锐对抗,为自己在地中海东岸非十字军占领区谋求贸易权益。如第二次十字军东侵期间,威尼斯利用拜占廷帝国和西西里国王罗吉尔二世及法国国王路易七世矛盾激化而与其结盟之机,取得了威尼斯人在拜占廷帝国港埠设立代理店或营业所、免税进出口和买卖货物、免受海关检查以及久居君士坦丁堡等商业特权。第三次十字军东侵前后,威尼斯、热那亚和比萨等通过既运送援兵和粮食给十字军骑士,又出售武器和其他作战物资给萨拉丁,在埃及的亚历山大与达米伊塔等港口建立了商站。采取类似方法,它们在叙利亚内地仍然处于伊斯兰政权统治之下的阿勒颇和大马士革等城市,也设立了一些商站。

12世纪中叶以后,意大利城市更是利用东侵十字军对其后勤支援依赖性的加强,进一步影响以致左右十字军东侵的基本部署,使之主要为其扩大在地中海区的贸易权益服务。如第三次十字军东侵,罗马教皇要求以重新占领耶路撒冷为主要目标,而实际上却是按意大利商人的意愿着力重新攻占阿克等港口城市。尤其是1202~1204年的第四次十字军东侵,原定进攻埃及,后来在威尼斯的要挟下完全改变了进攻方向。具体情况是,第四次东侵十字军没有船只渡海,请求威尼斯帮助。威尼斯督治恩里克·丹多洛的要价是付给8.5万银马克,平分掠得的土地和各种战利品。十字军只筹措到威尼斯索要款项的五分之二,丹多洛即以抵付欠款为筹码,胁迫十字军前去攻掠达尔马提亚的扎达尔城,以打击威尼斯的这个潜在贸易对手。随后,鉴于拜占廷帝国日益限制威尼斯人先前在其国内享有的贸易特权,并同时向热那亚人和比萨人开放国内市场,以致成为威尼斯谋求东部地中海区商业霸权的重要障碍,丹多洛进而与十字军首领密谋,将进攻目标改为同样信仰基督教并曾是盟友的拜占廷帝国。在1204年十字军攻陷君士坦丁堡,建立拉丁帝国以后,也是威尼斯所获最多:战利品的四分之三,被征服地区的八分之三,天主教会驻君士坦丁堡的大主教职位,以及拉丁帝国皇帝选举委员会的二分之一委员名额,从而成为拉丁帝国的真正主宰。在东西方中介贸易中将拜占廷商人也排挤到了次要地位。1261年，拜占廷帝国复国以后，这个国家的东西方中介贸易又被威尼斯的主要竞争对手热那亚所控制，因为热那亚曾经给予拜占廷人的复国活动以支持和帮助。

12～15 世纪，由于西欧社会经济，特别是城市工商业获得比较明显的发展，在威尼斯和热那亚等意大利城市借助十字军东侵取得地中海区的贸易优势以后，西欧国家与地中海东部沿岸地区建立了比较经常而稳定的直接贸易联系，这个海区的东西方中介贸易出现了更加繁荣的局面。据估计，1291年埃及马木路克王朝收复十字军在东方的最后一个据点阿克，从而宣告十字军东侵活动完全结束时，运往西欧的东方商品已比十字军东侵前夕增加10倍左右。同时，在这种东西方贸易中，尽管西欧国家依然入超，仍有大量金银流向东方，然而西欧国家输出的除木材、牲畜与奴隶外，已有越来越多的呢绒和武器等手工业品。此外，意大利商人在频繁前往地中海东岸伊斯兰世界进行贸易的过程中，还逐步学会了阿拉伯商人创造的金融与商业活动方式，如阿拉伯帝国鼎盛时期由穆斯林商行发明的信贷券，便已在意大利商人与阿拉伯商人的商务交往中使用，这亦促进了西欧境内外金融与贸易事业的发展。诚然，意大利商人控制下的地中海区东西方贸易，也还没有摆脱传统模式，一则并未突破旧有框架，在相距遥远的东西方国家之间贩运商品，依然必须分为诸多区段由不同商队辗转接力，意大利商人只是成了地中海区段的主要接力者而已；另则意大利商人在地中海区的贸易活动依然具有强烈的封建性，特权和垄断等超经济强制手段往往还在其中起决定性作用。但是，意大利商人确立在地中海区东西方贸易中的优势，毕竟有助于西欧各国海外贸易势力以及海洋探险人才的逐步培育；而意大利商人对地中海区东西方贸易的垄断，则日益迫使西欧大西洋沿岸国家去探寻与东方国家进行贸易的其他海路。因此，在某种意义上可以说，意大利商人以十字军东侵为契机实现对地中海区东西方贸易的控制，对于西欧大西洋沿岸国家未来的"地理大发现"，也曾直接地或间接地起过促进作用。

第三节 蒙古人的扩张

一、蒙古军的大举征伐

12～13世纪之交，游牧于中国北部大漠南北广阔地区的蒙古部族迅速崛起。由于受中原地区先进文明的长期影响，当时他们的社会生产力明显提高，原始公社制解体，一些氏族成员开始受到氏族贵族的奴役，部落之间日益展开对牧场和财富的争夺；加之，控制他们的女真族金政权，又对其采取分而治之与挑拨离间的策略，因而内外矛盾空前加剧。有些军事首领为统一蒙古各部落并建立民族政权而斗争。在这场斗争中，孛儿只斤部落酋长铁木真脱颖而出，在1206年由他召集的蒙古各部落首领会议上被推举为大汗，尊号"成吉思汗"，意为大海般的或强大的汗。

成吉思汗随即建立行政组织与军事组织合一的统治体制，将蒙古各部牧民一律按十户、百户、千户与万户的十进制编列起来，委任各部贵族及其亲信为百户长、千户长与万户长，"上马则备战斗，下马则屯聚牧养"。另有由1万名强悍敏捷的青年组成的护卫军，作为整个武装部队的基干。此外，还委派行政官员管理民政，设立断事官主持刑狱，颁布法典以统一法律。

在整顿内部事务的同时，成吉思汗就已展开对外征服活动。1205年、1207年和1209年，三次进攻西夏，迫使西夏纳贡求和。为摆脱对金的臣属地位，1211～1215年，成吉思汗又率大军征伐金朝，相继占领山西、河北、山东等地，攻克金之中都（今北京）。1218年，成吉思汗派出的由450人组成的贸易使团，在前往中亚途中被花拉子模边城讹答剌守将扣留，全体人员旋以间谍罪被杀，仅放回一人报信。被激怒的成吉思汗于次年秋亲率近20万之众进攻花拉子模，攻陷讹答剌、布哈拉及其首都撒马尔罕。花拉子模国王摩呵末逃往波斯，隐匿于里海一小岛；王子札兰丁坚持抵抗，且战且退，被蒙古军追至印度河边。另一支蒙古军翻越高加索山进入顿河流域，1223年在卡尔卡河畔战胜波洛伏齐人和罗斯诸公国联军，然后经里海北岸与主力会师东归。成吉思汗将被其征服的地区分封给自己的三个儿子。南俄草原和花拉子模故地封给长子术赤，天山南北路迤西封给次子察合台，巴尔喀什湖以东地区封给三子窝阔台。幼子拖雷则被留在都城喀喇和林监国。1227年，蒙古军攻灭西夏，但成吉思汗在西夏国王出降前夕病死于军中。

1229年，窝阔台继位为大汗，其首要目标就是实现乃父遗愿南下灭金。1232年，蒙古人与南宋达成结盟协议，次年即假道宋境对金朝发动总攻，于1234年将其灭亡。从此，蒙古人不仅学会了汉人制造和使用火药武器等先进军事技术，进一步提高了战斗力，而且日益以中原农耕地区为主要统治基地，受到汉族封建文明越来越大的影响。窝阔台大汗重用出身契丹皇族而深谙中原传统典章制度的耶律楚材，限制变良田为牧场的行为，发展农业生产；废除竭泽而渔的征敛方式，建立固定的赋税制度；实行军民分治，万户府专理军务，另设州郡长吏掌管民政；晋封孔子后裔袭爵衍圣公，尊崇儒家思想，致使此后蒙古大汗政权及其征伐活动，逐渐将游牧部族习气与农耕文明传统结合起来。

灭金之后，窝阔台命蒙古军两面出击。在东面违背盟约于1235年初分兵三路沿长江全线向四川、襄樊、江淮发动进攻，只因遇到南宋军民的英勇抵抗，十几年间未能打破宋蒙对峙局面。在西面则派术赤之子拔都率军远征。1236年，拔都所部蒙古军在击败波洛伏齐人后进入东欧平原，相继攻陷梁赞、特维尔、莫斯科、弗拉基米尔和基辅等罗斯主要城市，然后分两路继续西进，北路攻入波兰，击败波兰、德国和条顿骑士团联军，再南下捷克、匈牙利与主力会师；南路主力越过喀尔巴阡山攻入匈牙利，陷布达、佩斯等城，直逼维也纳，进抵亚得里亚海东岸地区。1242 年初，窝阔台死讯传来，蒙古军始经塞尔维亚和保加利亚等地回到南俄草原，以伏尔加河下游的萨莱为首府正式建立钦察汗国。

13 世纪 40 年代，窝阔台和贵由先后去世，蒙古较有实力的王公忙于争夺大汗权位，无暇他顾。1251 年，拖雷之子蒙哥继位为大汗后，很快恢复大规模的对外征伐活动，命其四弟忽必烈和六弟旭烈兀分别率军南进与西征。旭烈兀所率蒙古军于 1253 年出发，1255 年抵达撒马尔罕，1256 年摧毁伊斯兰教伊斯马因派一支在马赞德兰建立的木剌夷政权，1258 年攻陷巴格达，杀阿拔斯王朝的末代哈里发，灭亡早已有名无实的阿拉伯帝国，同时宣告了蒙古人以大不里士为首府、统治幼发拉底河以东之西亚地区的伊儿汗国的成立。

由忽必烈统领的南进蒙古军从甘肃经川西入云南，1253 年灭大理政权。1258 年，分兵三路对南宋发动全面进攻，蒙哥亲临督战，次年在围攻合州时被炮石所伤而死。1260 年，忽必烈即大汗位，在迁都北京（时称大都）后继续攻宋，并于 1271 年建国号为元。时南宋腐败不堪，尽管有文天祥、张世杰、陆秀夫等将领坚持抵抗，仍于 1279 年被元军灭亡。蒙古人在完成中国再统一事业的前后，还曾多次进攻周边国家，但是只有朝鲜被其征服，沦为附属国；因不服水土，不习水战，其对越南的三次进攻、对日本的两次进攻以及对缅甸和爪哇的进攻，皆以失败告终。

二、蒙古大帝国的昙花一现

通过半个世纪左右的军事扩张，蒙古人建立了世界历史上一个空前庞大的帝国。其领土东起朝鲜半岛，西至幼发拉底河流域与多瑙河入海口，北达北冰洋，南濒南海和波斯湾，包含亚欧大陆绝大部分地区。它以中国元朝统治地区为大汗直辖本部，附有钦察、察合台、窝阔台和伊儿四大汗国，将社会发展水平、经济结构、政治体制、生活方式、文化传统、风俗习惯与宗教信仰等各个方面极不相同的许多民族或部落，置于蒙古大帝国这同一政权体系的统治之下。

蒙古大帝国的建立，为帝国境内各族，乃至东西方国家居民扩大与增强彼此之间的交往提供了一些便利。它使相距甚远的东欧、西亚和东亚的诸多民族或地区受着同一大汗政权的控制，排除了昔日在彼此交往中因为国家对峙、封建割据或盗匪横行而产生的各种障碍。加之，大汗当局出于对外扩张和维护统治的需要，还十分重视兴建、维修道路，如早在成吉思汗率军西征时，即在天山附近"凿石理道，刊木为四十八桥，桥可并车"，使"古今不许通轮蹄"的地方"车马喧阗"；嗣后本部和各汗国又都建立了比较完善的驿站制度，注意保护商道。所以千余年来时断时续的东西海陆交通，又曾畅通无阻。两条主要的陆路都以北京为起点：一条经河西走廊，沿天山南路，通过中亚和波斯，到达叙利亚沿海地区；一条取道喀喇和林，沿天山北路，穿越钦察草原，到达黑海各港口。海路则连接中国东南沿海地区与波斯湾地区，中经东南亚和印度一些港埠。奔波在这些道路上的，大多仍是充当东西方贸易主要中介者的中亚和西亚穆斯林商人，此外还有印度商人和犹太商人；驶往波斯湾和非洲东海岸的中国商船也有增加，在伊儿汗国和钦察汗国都有中国的商业据点。同时，径直来往于东亚与西欧之间的商人、使节、旅行家与传教士等，亦间有出现。如早在1245年，为准确了解蒙古人对基督教徒的态度，罗马教皇英诺森四世就派遣以约翰·普兰诺·加宾尼为首的使团经萨莱前往喀喇和林，受到大汗贵由的接见。1253年，法兰西斯派修士卢布鲁克带着法国国王路易九世的介绍信前往喀喇和林，获准自由传教后又匆匆西归。约在1290年，另一名法兰西斯派修士约翰·孟帖·科尔维诺受教皇尼古拉四世派遣前往东方，在北京兴建了第一所天主教教堂，并传教12年。当时往来于东西方的著名旅行家也不乏其人，意大利人马可·波罗约在1271年随其父与叔来到中国，受到忽必烈的赏识，曾任元朝官吏，1295年返回威尼斯后口述东方见闻，被人笔录成《马可·波罗行记》；生于北京的维吾尔人拉班·巴·索马则于1278年旅行到伊儿汗国，继而前往君士坦丁堡、那不勒斯、罗马、巴黎和伦敦，先后会见法国国王菲力普四世、英国国王爱德华一世和罗马教皇尼古拉四世；摩洛哥人伊本·拔图塔也在14世纪中叶既去过印度与中国，又去过西班牙与非洲内陆。正是通过蒙古人称雄时期各族人民范围广泛的暴力或和平交往，东西方的经济、文化交流再度兴盛，火药、印刷术、指南针和纸币等中国人民的重大发明相继传入西欧，西欧的天主教和拜占廷的一些文化成果亦开始为东亚人民所知。

因此，蒙古人的军事扩张与西欧十字军东侵的后果并不完全相同。十字军征服的只是西亚和东欧范围不大的个别地区，其所建立的耶路撒冷王国和拉丁帝国一开始就基本独立于其西欧本土；意大利商人借其声势东向拓展贸易，他们的足迹也还没有超出地中海东岸地区。而蒙古军则征服了西亚和东欧的绝大部分地区，建立了一个将其中国本土和广大被征服地区囊括在内的蒙古大帝国，使之形成一个共同的政治体系，导致东亚、西亚、东欧这三大封建区域之间以及东亚与西欧之间出现政治、贸易、文化等领域的直接交往，依稀展现出突破世界划分为诸多封建区域旧有格局的前景。然而，蒙古人的军事扩张，其实只是一次具有总结性的封建军事征服活动。蒙古大帝国依然建立于自给自足的农本经济与游牧经济基础之上，境内商业活动依然限于贸迁有无盈缺，只是封建自然经济的一种补充，因而这个帝国本质上仍是一个军事行政联合体，并不能从根本上克服世界历史的分散发展状态。既然帝国本部与各个汗国原来的社会封建结构迥然有别，随着散布于帝国各地的蒙古人日益与当地土著居民融合，帝国统治集团内部的矛盾冲突也就必然加剧。忽必烈自立为大汗，尤其是成为中国元朝皇帝后，各汗国与本部的联系逐渐松弛，到14世纪，各自成为独立的国家，因袭当地封建传统，终于又完全恢复了世界的封建区域性格局。

三、东亚封建国家的改朝换代

忽必烈的势力崛起于其"漠南汉地大都督"任内，随着南进逐渐得手，统治重心从漠南游牧地区向中原农耕地区转移，在其周围聚集的汉族臣僚越来越多，其所受汉族传统封建体制的影响也就日益加深。他即位为大汗时就表示要"变易旧章"，"遵用汉法"；他在灭亡南宋之际，业已将大汗政权基本上变成中国传统的封建王朝。

元朝统治者同样强调"以农桑为急务"，"使百姓安业力农"；并设立司农司，以"户口增，田野辟"为考核地方官政绩的主要内容。允许土地私有和买卖，保障汉族封建地主的既得权益；通过给予各类赐田和鼓励自行购买，促使南迁蒙古贵族迅速变成封建地主。在政治上也废除蒙古人的一些原始习俗，普遍推行郡县制，中央设中书省总理全国行政事务，枢密院掌管军事，御史台负责监察；地方设行中书省，简称行省，置一名丞相主持全省军政；同时加强对边境少数民族地区的控制，密切他们与内地的联系。因此，元代中国继续保存着传统的封建地主制社会结构，将中央集权统治推进到了一个新的高度。

但是，因为蒙古贵族在元统治集团中居支配地位，他们的一些野蛮、落后的习俗也会明显影响元朝推行的政策。其中特别突出的，一是实行民族压迫政策，将中国境内各民族划分为森严的四个等级：蒙古人、色目人（原西北地区各族及外来者）、汉人（原金朝统治区各族）和南人（原南宋统治区各族）。蒙古人和色目人享有种种特权，汉人和南人则备受欺凌。二是加强对劳动者的人身控制，使其中很多人的处境近似奴隶。在农业生产者中，许多佃农被沦为驱奴，他们虽仍从事个体生产，但另立户籍，不得与良人通婚，可以被公开买卖、赠送；其他佃农有时也被随田典卖，甚至被迫为主人替罪顶死。同时有大量手工业者被沦为工奴，亦另立匠籍，职业世袭，丧失人身自由，长期被集中于官府手工作坊从事强制劳动，免不了鞭笞之苦。所以，元朝建立不到一个世纪，中国封建地主制社会的各种矛盾就迅速激化，1351年终于爆发农民大起义。1368年，元朝便被农民起义领袖朱元璋建立的新的封建政权明朝所取代。

元朝灭亡后，先前依附于它的朝鲜高丽王朝内部分成两派。先后以恭愍王、祸王和宰相崔莹为首的守旧派继续依附元朝的残余势力，维护世臣大族权益；以郑道传、赵浚和李成桂等青年官僚为首的改革派则主张与明朝修好，限制土地兼并。1387年，当朱元璋派兵统一中国东北地区时，祸王和崔莹命都统使李成桂率军进攻辽东明军。次年，李成桂从进军途中回师，废黜祸王，放逐崔莹；又于1391年颁行科田法，调整封建土地占有状况。1392年，李成桂进而自立为王，建立李朝，两年后迁都汉城。

元朝军队于1274年和1281年对日本的两次军事进攻虽以失败告终，却加剧了日本镰仓幕府的统治危机。抗元战争的一切费用和损失均被转嫁到农民身上，致使庄民处境恶化。尤其是幕府执权北条时宗乘机将嫡系亲属派往各地担任守护，而大批参加抗元战争的武士不仅没有得到犒赏，反而受到排挤。因此，武士对幕府的不满也日益加重，后醍醐天皇得以在1333年消灭镰仓幕府。后醍醐天皇掌权后一味强化专制统治，着力恢复皇室和公卿贵族的旧有权益，却禁止武士侵占庄园土地，很快引起武士的愤慨。于是曾经倒戈皇室的原北条氏部将足利尊氏又另立傀儡天皇，自任征夷大将军，1336年在京都建立室町幕府。

蒙古人的侵略也影响到越南国内形势的发展。战争给越南社会经济造成严重破坏，农民生活更加困苦，纷纷出卖土地，乃至出卖妻子儿女为奴婢，致使土地兼并空前剧烈，奴婢数量迅猛增加，终于酿成14世纪连绵不断的农民起义。当政的陈朝华裔外戚胡季犛推行改革，试图限制土地兼并和蓄养家奴，反而招致陈朝宗室从中作梗。胡季犛乃于1400年夺取政权，建立胡朝，国号大虞。嗣后，中国明朝应陈朝宗室之邀出兵干预，又为1428年越南后黎朝的建立提供了机遇。

四、蒙古各汗国的伊斯兰化

伊儿汗国的统治集团最初主要由蒙古和突厥的军事贵族组成。他们坚持游牧生活方式和对萨满教的信仰，对土著居民进行残暴统治与沉重榨取，致使农民缴纳的赋税往往高达收获量的80%，波斯贵族也受到歧视和排斥。而且，13世纪后期，他们还与西欧十字军相呼应，不时入侵叙利亚，发动对埃及马木路克王朝的战争。因此，伊儿汗国境内农民流亡，田地荒芜，城市残破，不断爆发人民起义，社会动乱不已。有鉴于此，合赞汗（1295～1304年）只得进行全面改革，促使伊儿汗国伊斯兰化，争取波斯贵族的支持。他放弃信仰萨满教，定伊斯兰教为国教。同时推行伊斯兰世界传统的封建土地国有制和军事封土制，"将属于私产或公产之地，无论为已垦或荒芜者，概以封地名义……拨给各千户管理"，除王室、贵族和清真寺占有大量土地外，普通官吏、教士和士兵也获得一些封地。获得封地者须担负兵役或公职，并缴纳赋税。封地可以继承，但不得买卖转让。此外，还废除包税制，规定税率，统一币制和度量衡，鼓励垦荒，兴修水利，裁省驿传，核定兵额，禁止贪污，奖掖学术，使阶级矛盾、民族矛盾和宗教矛盾有所缓和，社会经济文化得到一定的恢复和发展。但是，伊斯兰封建社会的传统矛盾又尖锐起来，致使伊儿汗国迅速分裂，1388年为帖木儿帝国所灭。

帖木儿的势力崛起于察合台汗国。察合台汗国的统治集团也主要由蒙古和突厥的军事贵族组成，但境内经济以游牧业为主，突厥人又是基本居民，所以蒙古人突厥化现象十分普遍，较早接受伊斯兰教，实行游牧宗法封建关系。察合台汗国于1310年吞并窝阔台汗国后一度较盛,不过到14世纪中期即分裂为东西两部分。东察合台汗国进而分裂为许多小国,先后被重新并入中国;西察合台汗国则于1370年被其大臣、突厥化蒙古贵族帖木儿所灭。帖木儿依靠中亚突厥游牧封建主建立起强大的军事力量,在随后35年间征服了东起印度河、西至小亚、北抵中亚、南达波斯湾的广大地区,建立了一个速兴速灭的大帝国。

钦察汗国领土包括原基辅罗斯的绝大部分地区,但其统治重心在里海和黑海以北草原,所以境内蒙古人亦与属于突厥系统的各草原游牧部落融合,改宗伊斯兰教,乃至改操突厥语。钦察汗在草原地区因袭游牧宗法封建制度,将许多土地分封给宗室成员领有,使之处于藩属地位。对农耕地区罗斯各公国,则采取间接控制的方式,保留它们的封建领主制社会结构和原有政权,只是强迫诸罗斯王公称臣,并从其中挑选一个最驯服者册封为"弗拉基米尔和全俄罗斯大公",让其负责征缴罗斯各公国对钦察汗的贡赋。14世纪以后,随着社会经济的发展和封建关系的演进,草原地区宗室藩属的割据倾向日益严重,使钦察汗的权力受到越来越大的挟制;农耕地区的莫斯科大公则通过"充当汗的卑鄙工具,从而窃取汗的权力,然后用以对付同他竞争的王公和他自己的臣民"[①]而日趋强大,制服其他罗斯王公以统一俄罗斯,进而向钦察汗发起挑战。以致钦察汗国也只维持到1502年,代之而起的是南俄草原、西伯利亚西部和中亚北部游牧封建主的诸多伊斯兰政权,以及一个对外扩张欲望日益强烈的沙皇俄国。

---

① 马克思:《十八世纪外交史内幕》,人民出版社1979年版,第68页。

第五章

西欧封建社会的逐步转型

  大概从 14 世纪左右开始，世界不同区域的诸多封建国家都出现了封建制度解体并滋生资本主义的社会发展趋势。但是，这一社会发展趋势却在封建经济、政治、文化等各个方面都曾高度繁荣，长期居于当时世界领先地位的中国等东方国家受到严重阻遏，反而在封建社会前期一直处于落后状态的西欧国家酿成不可阻挡的历史洪流。这可能是因为不同区域国家封建社会的具体结构有所不同，因而社会发展机制也便存在重大差异。在较早确立封建地主制的中国等东方国家，封建制度获得充分发展，自我调节能力较强，使其较难解体。在西欧大多数国家，则由于封建领主制是在自然经济尚在整个社会居绝对统治地位的环境下形成的，其自身的发展演进长期比较迟滞，缺乏自我调节功能，以致当商品经济以城市为支点起步虽较缓慢却终于发展起来以后，就对农村自然经济及以之为基础的封建社会结构产生有力冲击，使之难以适应新的形势而较快趋于解体。表现为农村亦被逐步卷入商品货币关系的漩涡，货币地租流行，农奴获得解放，个体农民也开始转化为小商品生产者。农村商品经济的发展和作为小商品生产者的个体小农的分化，便为资本主义在农村的产生和发展创造了前提。所以，资本主义手工工场虽然最初主要出现于城市及其郊区，随后却是在农村获得更快发展的，一度出现乡村工业蓬勃兴起的局面。乡村工业的兴起推动着整个社会逐步实现资本主义改造，不仅促进了城乡资本主义经济的发展，而且加速了新兴市民阶层的成长壮大。而随着市民阶层的成长及其向资产阶级转化，国家政治体制与社会意识形态亦必然发生相应的重大变革。封建王权通过将市民阶层或资产阶级作为自己的社会支柱之一，其初建立等级君主制，进而转向绝对君主制。在意识形态领域，则是最初到处创办作为市民阶层文化温床的世俗大学，接着相继兴起反映资产阶级利益与要求的文艺复兴运动和宗教改革运动，将人们的思想意识从天主教神学的束缚下解放出来。既然资本主义的发展在西欧国家能够获得较为有利的条件，就使西欧国家在人类社会由封建主义向资本主义过渡时期，得以实现由后进向先进的转变。

第一节 资本主义的孕育

一、农村自然经济的解体与农奴的解放

西欧城市获得不同程度的自治权后,城市居民迅速增加,城市经济加快发展,因而需要更多的农产品作为居民口粮和手工业原料。据推算,在12~13世纪的德国,每个只有三千居民的城市,就需要面积约8.5平方公里的10个乡村为其生产粮食。特别是城市所需要的农产品不能通过国家机构作为实物赋税向农民征收,只能由城市自身直接向封建主或农民协商购买。同时,城市手工业者还竭力向农村居民推销自己的产品。因此,各自治城市往往首先致力于开拓周围农村市场,采用给予优惠等方式吸引农村居民向其出售农产品和购买手工业品,从而促使农村居民日益卷入商品货币关系。结果,一则是农产品的商品化程度较快提高。如英国温切斯特主教区,1208~1209年度,所属32个庄园,平均每个庄园的小麦出售量还只占收获量的48.5%;到1299~1300年度,所属42个庄园,平均每个庄园的小麦出售量便上升到了占收获量的70%。又如英国马歇尔伯爵在其肯尼特庄园的总收入,1270~1271年度为69镑,其中出售农产品获53镑,占77%;1305~1306年度为94镑,其中出售农产品获81镑,占86%。另则是农村居民购买的城市手工业品也明显增多。如农民的厨房用具,过去多是陶土做的,12~13世纪有些比较富裕的农户有了锡蜡壶甚至银碟;过去一贯赤脚走路的放牛人,开始穿上木屐、木鞋、靴子与长袜了;一些农家妇女,已购买少量的装饰品。又如英国兰开斯特伯爵汤玛士,1313~1314年度和1318~1319年度,家庭开支都超过7500镑,其中5000镑以上花在购买食物、饮料和照明用具上,仅购买伯爵及其随从的衣服,在前一年度即花去1080镑。所以,那时的城市市场,诚如当时人所描述的那样,"在周六的日子,乡下人为了做买卖,从周围各地云集而来,他们运入蚕豆、大麦或任何种类的谷物来出售,而在市场上鞋匠和其他手工业者则摆设着货摊。如果一个农民去城市市场找到了一个顾客,而这个顾客所要采购的谷物和牲口之数量大于他运入市场的数量,他常常会带领这个顾客到他家里去,让其看看那些站立着的畜群和谷仓里的谷物"。①

农村居民既被逐渐卷入商品货币关系,他们在经营农业时便不再以自给自足为基本宗旨,而是开始以市场需要为导向,以产品营利为目的,将货币作为主要的追逐对象了。于是,农业生产中的专业化倾向逐步滋长,人们开始调整产品结构,因地制宜地侧重生产那些投入市场获利较厚的产品。例如,英国塞

---

① 汤普逊:《中世纪经济社会史》下册,商务印书馆1963年版中译本,第185页。

斯特寺院,在其国内领地上专门饲养绵羊,在其法兰德斯领地上却主要饲养大牲畜;而莱茵河和摩泽尔河沿岸的农村居民,则普遍种植葡萄。尤其是越来越多的封建领主开始改变土地经营方式,用货币地租取代劳役地租,使用雇工耕种自营地,或者将自营地分割出租。这种情况较早出现于商品货币关系比较活跃的意大利城市国家和法兰德斯等地,尔后遍及西欧大部分地区。到14世纪,货币地租在英国已是占优势的地租形态,在法国和德国也已广为流行。劳役地租既被货币地租取代,严酷地控制农民的人身自由已失去实际意义,领主又允许甚至强迫农奴赎取人身自由,以勒索高额赎金,从而导致农奴制度趋于解体,农奴大众获得解放。

封建主改变土地经营方式和采用货币地租的根本出发点,在于增加自己的货币收入,因而他们在地租折算过程中往往乘机加重对农民的榨取,诸如任意确定劳役与货币的折算比率,规定土地较短租期以便不断提高租金,不时进行新的摊派,以及禁止农民使用公用地等等。此外,封建领主制的崩溃为世俗王权的加强创造了条件,但王权的强化过程却伴随着更频繁的战争,并必然加重农民的赋税负担。而赋税的加重和战争的破坏,又会使天灾和瘟疫更加肆虐。同时,商品货币关系的发展,还往往激化城市内部的社会矛盾,因为它使行会成员的分化加剧,既引起贫困行东以及失去升迁可能的帮工、学徒与富裕行东之间的冲突,又导致中产阶级与城市贵族之间的矛盾更加尖锐。因此,14世纪,西欧国家开始爆发规模巨大的市民运动与农民起义,而且二者时有联系。

1303年,僧侣多里奇诺领导的农民起义爆发于意大利西北部皮埃蒙特地区。多里奇诺是宗教异端使徒兄弟会的成员,认为私有财产是一切灾难的根源,主张财产公有,宣称没有私有财产的千年王国就会到来,号召被压迫者起来消灭教士和富人,并在阿尔卑斯山建立根据地,率领16000人的起义队伍,捣毁寺院,破坏庄园,多次击败前去镇压的封建军队。1307年,封建主施展分化伎俩,才将起义镇压下去。

1356年,法国巴黎爆发市商会会长艾田·马赛领导的市民起义,反对国王征收沉重赋税,要求整顿吏治及禁止封建混战。1358年,法国北部又爆发吉约姆·卡尔领导的扎克雷起义。起义农民提出"消灭一切贵族"的口号,攻击堡寨,杀死贵族,焚毁记录封建义务的册据,还曾帮助巴黎起义市民打通粮道。但当封建军队进攻农民义军时,艾田·马赛却拒绝给予农民支援,以致农民起义与市民起义均遭失败。

1381年,英国也爆发瓦特·泰勒领导的农民起义。被起义者从监狱中解救出来的基层教士约翰·保尔亦被拥戴为起义领袖之一。保尔系罗拉德派的重要代表人物,反对封建制度,主张社会平等和财产公有,要求废除教会什一税并剥夺教会财产。起义由埃塞克斯和肯特两郡抗缴人头税的农民发难后,迅速扩及25个郡。起义者在各地捣毁寺院和庄园,夺取粮食、牲畜和财物,焚烧登记封建义务的文契,然后纷纷向伦敦进军,在伦敦贫民和部分市民支持下占领该城。但起义者对国王抱有幻想,在与国王谈判时受骗上当;加之城市上层又与封建贵族勾结,刺杀泰勒,致使这次农民起义亦以失败告终。

然而这些起义毕竟有力地冲击着旧的封建社会秩序,推动着经济领域的变革,加速了货币地租的流行和农奴的解放。例如,在英国,比较顽固保守的教会领主也终于改行货币地租,且土地租期逐渐延长,对农民的任意勒索受到抑制,以致形成以缴纳定额货币地租为中心的新的封建剥削惯例,使绝大多数农民成为公簿持有农和自由租地农。前者由农奴转变而来,人数最多,终身使用根据领主庄园法庭颁发文书而领有的份地,份地继承另付税金;他们还保有某些农奴的痕迹,需要缴纳死亡税等,但主要是缴纳定额货币地租,人身已自由。后者又称自由持有农,不仅人身自由,份地持有更加稳定,受到国王法庭保护,而且只需缴纳少量基本固定的货币地租,处境较前者更好一些。所以,马克思指出:"在英国,农奴制实际上在十四世纪末期已经不存在了。当时,尤其是十五世纪,绝大多数人口是自由的自耕农,尽管他们的所有权还隐藏在封建的招牌后面。"① 到15世纪,尼德兰和法国的大多数农民,也成了小块土地的租佃者,享有人身自由。

货币地租流行以后,西欧国家越来越多的个体农民已经既比较稳定地占有土地等生产资料,获得人身自由,又日益面向市场进行农业生产,也便开始转变成像小手工业者那样的小商品生产者了,从而为西欧封建社会的进一步发展提供了新的基点。

二、手工工场的产生与乡村工业的兴起

广大农村地区被卷入商品货币关系以后,商品市场迅速扩大,市场竞争日趋激烈,首先导致城市小手工业者加剧分化,新的手工业生产方式应运而生。因为在两极分化中,一些趋于贫困的小手工业者入不敷出,无法维持独立生产,只得以各种方式出卖劳动力,成为雇佣劳动者;另一些日益富有的小手工业者则在积聚起较多资金后扩大生产规模,雇用他人从事生产,成为新型企业主。同时,那些拥有大量货币资本的商人也乘机介入手工业生产过程,其初充当包买商,通过预交定金迫使贫困小手工业者将产品交给他们收购;进而推行原料发送制,将原料分发给贫困小手工业者在各自家庭作坊进行加工,取走制品时付给加工费,或者将被其雇用的手工业者集中起来进行生产。这些渐趋社会化的生产组织形式,尽管千差万别,却已均具资本主义性质,属于早期工场手工业。

早在13世纪下半期,在工商业发展领先于西欧其他地区的法兰德斯,就

---

① 《马克思恩格斯全集》第23卷,人民出版社1972年版,第784~785页。

已出现这类资本主义企业。例如，在杜埃便有一个名叫约翰·包音布鲁克的企业主，自己拥有土地，生产羊毛和茜草，也购买当地乃至英国的羊毛。他既雇用一些工人集中在几处厂房里织造和加工呢绒，又将原料分发给一些手工业者在各自家里完成某些工序，计件付给工资。呢绒成品最终再由其集中起来运销各地。

14世纪初，在意大利的手工业生产中也出现了资本主义关系。在手工业中心佛罗伦萨，已有毛纺织工场200个，每年生产呢绒8万匹，受雇工人3万名。这些工场很少有集中的厂房设备，各生产工序主要由受雇者在各自家里完成。

14世纪后期，英国手工业生产中的资本主义关系也有初步发展。如伦敦呢绒修整业行会通过与其他有关行会的竞争，取得在呢绒生产与销售方面的优势后，于1364年改组为呢绒商公会，并从国王那里获得特许状，拥有"唯一制造呢绒的权利"，成为呢绒制造业中的雇主；而其他与制造呢绒有关的行会则须"各守本业"，不得参与制造和买卖呢绒，否则监禁，致使伦敦呢绒织造、印染与漂洗各行会的工匠皆受其支配，成为受雇者。另据1394~1398年呢绒检验官账册记载，巴恩斯特普尔城的一位呢绒商，每批交验呢绒分别为1080匹、1005匹，另外9批均为1600匹，也表明这位呢绒商已是手工工场主。

15世纪以后，西欧工场手工业获得进一步发展。大多数国家已出现手工工场，如在15世纪德国科隆的丝织业行会中，便有四五个富裕的行东每年以2000~3000古尔登购买原料，交给同行会贫困的行东加工，支付加工费而收取成品出售；特别突出的是它们还日益向农村地区扩散，导致乡村工业蓬勃兴起，发展速度甚至比城市工业更快。

工场手工业之所以在农村地区发展更快，是因为其发展在城市一度受到行会制度的严重束缚。从14世纪开始，行会成员之间的两极分化虽在加剧，以至产生资本主义关系；但是，行会组织墨守成规，尚在竭力维护旧的传统，限制生产规模的扩大，压制先进技术的采用，抑制行会内部竞争，从而阻碍资本主义工业在城市的成长。如1320年，伦敦织工行会依然规定行会织工从圣诞节到2月2日洁身日必须休假，而且织造一匹呢绒不得少于4天；15世纪初，德国科隆丝织业行会拒绝采用纺丝与捻丝纺轮。而在农村地区，则一般没有行会组织，城市行会对其也鞭长莫及。此外，农村地区羊毛、亚麻、染料、矿石等工业原料取给方便，以及拥有丰富而低廉的水力、风力等自然能源和木柴、薪炭等燃料，也为乡村工业的发展提供了较为有利的条件。尤其是农村自然经济的解体，还为乡村工业提供了广阔的商品市场；而农奴制度的解体以及个体农民之间的两极分化，则为乡村工业提供了大量自由而廉价的劳动力。

正因为如此，15~17世纪，乡村工业的兴起成为西欧各国的普遍现象。如法国诺曼底地区的亚麻纺织业，便主要分布于农村；德国乡村地区除麻纺织业比较著名以外，还有较为发达的采矿、冶金和金属加工等业。乡村工业发展最迅速、最充分的，则是自然经济和农奴制度解体得较为广泛而彻底的法兰德斯与英格兰农村。英国乡村工业有采矿、冶金、制盐、锯木、制革等，发展最突出的是毛纺织业。

13世纪以前，英国毛纺织业中心主要是东部低地的一些城市，如约克、林肯、贝弗莱、斯坦福德与北安普敦等。14世纪以后，则是英国西南部康沃尔、德文、萨默塞特、威尔特等郡，约克郡西赖丁地区，科茨沃德山谷以及北部湖泊地区的广大农村日益成为主要呢绒产地。14世纪后期较之14世纪前期，英国生产的宽幅呢绒增长3倍多，出口的宽幅呢绒增长近10倍，皆系乡村毛纺织业迅猛发展所致。如地处威尔特郡西北部的卡斯尔库姆庄园，在1352年领主将全部自营地出租，将全部劳役折算为货币以后，毛纺织业便很快发展起来。刺激那里毛纺织业发展的因素之一，是作为军官的庄园主约翰·法斯托尔夫长期从那里采购大量呢绒制作军服。在那里从事呢绒生产的，除当地原有农民外，还有不少外来工匠。据人丁税名册记载，1435～1440年，外来者的数量为50人；1440～1445年，为60人；1450年，为70人。从呢绒生产者中不时分化出新的手工工场主。有些新工场主先前也曾受雇于人，积蓄起一些资金后，便和其他人一起承租庄园领主的自营地和某些建筑物，既雇工饲养绵羊，又雇工织造呢绒。一个名叫华尔特·鲍尔的人，其情况就是如此。他来自爱尔兰，1420～1435年间曾是呢绒工场主罗伯特·韦布所雇的7名工匠之一，不到10年的时间，他就拥有自己的房地产和毛纺织工场，并从庄园主那里取得一项为期99年的租地契约。还有一个名叫理查·霍尔韦的人，先前只有一所漂洗坊，雇用3名工匠；1440年，又增添一所漂洗坊，雇工也增至7名；1450年，雇用的工匠进而达到9名，其中除漂洗工外，还有织工和染工。这些经营乡村工业的工场主，既将一些雇工集中在同一场地进行生产，也实行原料发送制，如1575年英国萨福克郡的呢绒工场主在一份请愿书中写道："我们郡的习惯是把羊毛交给许多人去梳和纺，这些人在家中有孩子或帮工协助工作，纺成线后再交给织工去织，直到制成成品。"因此，许多农村居民成了乡村工业企业的生产者。17世纪初，有人搜集了2637位在英国格洛斯特郡从事毛纺织业工作的人的材料，其中住在城市的只135人，仅占5%，其余皆住在农村。有人估计，17世纪初，英国以毛纺织为主业者当在100万人以上，而当时英国的城市总人口尚不到50万人；兰开夏等郡，已由以农业人口为主的郡，变成了以毛纺织业为主的郡，以至于英国由羊毛输出国变成呢绒输出国，呢绒工业成为英国的"民族工业"。

乡村工业在其发展过程中也曾出现过种种弊端，诸如产品质量较差，所产毛织品主要是粗纺呢绒；生产者大多缺乏培训，技术水平较低，远不如行会师傅；偷工减料的现象严重，以致假冒伪劣产品泛滥。但是，乡村工业的兴起却促进了手工业生产技术的进步，如用水力推动的起绒卷筒取代人工起绒，就是在乡村手工工场中最早实现的。尤其重要的是，乡村工业的兴起有力地推动着西欧封建社会进行资本主义改造，加速了西欧资本主义关系的滋长。

首先是有助于城市行会手工业向工场手工业过渡。乡村工业的产品虽然质量较差，但数量多，价格低，对当时并不富裕的广大普通居民很有吸引力，在市场竞争中较之行会手工业产品处于较为有利的地位，致使行会手工业日益凋敝，以行会手工业为经济支柱的旧有城市趋于式微。如在尼德兰，1517～1545年，伊普勒城开工织机由 600 台减至 100 台；1521 年，莱顿城仅输出的呢绒即达 2.8 万匹，而 1548～1562 年间平均每年只能生产 7200 匹。在英国，约克城弓匠人数 15 世纪上半叶为 81 人，下半叶为 35 人；呢绒织工、漂工、染工和修剪工则 1401～1450 年为 430 人，1451～1500 年为 331 人，1501～1551 年为 96 人；城市居民总人数也由 15 世纪初的 1.2 万人减为 16 世纪中叶的 8000 人。考文垂城 1450～1522 年间，织工由 57 人减至 37 人；约在 1440～1550 年间，全城居民由 1 万余人减至 4000 余人。与此同时，一些乡村工业中心则发展为新兴城市，如尼德兰的威尔委艾，英国的查尔福德、斯特劳德与伯明翰等。特别是在旧有城市，行会手工业的凋敝终于为工场手工业的发展扫除了障碍，从而促成城市工业的转型。

另一方面是促进了农业中封建制度的解体和资本主义的发展，促成资本主义农牧场的广泛出现。

三、土地制度的变革与圈地运动的开始

乡村工业的兴起使农村商品货币关系更加活跃，不仅促使农业生产愈益面向市场，而且推动土地变成买卖对象，导致个体农民的分化空前加剧。如在英国莱斯特郡索顿庄园，土地集中现象便日益突出，1341 年，在 26 户持有土地的农奴中，21 户持有 1 维尔加特，两户持有的稍多于 1 维尔加特，三户持有 0.5 维尔加特，总的说来尚基本均等；到 1477 年，持有土地者总共只有 17 户，其中七户持有 2～3 维尔加特，三户持有 1～2 维尔加特，三户持有 0.5 维尔加特，四户持有的土地不到 0.5 维尔加特，相差悬殊。一些比较富裕的农民，通过购买贫困农民的土地使用权，或通过向封建主租佃更多的土地，扩大耕地面积，使用雇佣劳动，面向市场经营较大规模的农场，成为租地农场主，即农业资本家。如 16 世纪上半叶英国主教休·拉蒂默的父亲，就是一个这样的人。拉蒂默在讲道词中自述道："我父亲是一个约曼，他没有自己的土地，只有一个农场，年租三镑，或最多四镑。他雇了六个人耕种土地。"①

同时，有些封建主也进一步改变土地经营方式。这是因为按例向个体农民

---

① 蒋孟引：《英国史》，中国社会科学出版社 1988 年版，第 267 页。

征收货币地租的封建主,其实际收入随着物价的上涨而不断减少。例如,英国剑桥郡威尔伯顿庄园领主,先前在该庄园除拥有包括216英亩耕地和42英亩草地的自营地外,还拥有交给20余户农奴和10户茅舍农耕种的15.5个"全份地"(每份24英亩)。13世纪推行农奴制时,他每年所得3775.5天劳役用以耕种自营地有余,按当时产量推算,自营地上可收获小麦1万公斤左右,另外还可收钱租30先令8便士。可是,当其采用货币地租,将自营地也分割出租以后,到1500年他的全部货币地租所得,却仅能购买六百多公斤小麦了。于是,有些封建主便设法将土地集中起来,或出租给租地农场主,收取高额资本主义地租;或由自己雇工,直接经营面向市场的资本主义农场,因而成为新贵族。

在土地制度发生根本变革,封建地产转化为资本主义地产,即将土地集中起来改用资本主义方式进行经营的过程中,西欧一些国家发生了圈地活动。其中以英国最为突出,酿成一场绵延三个多世纪,波及国内大部分地区的社会运动。英国发生圈地运动的诱因是,15世纪以后英国国内呢绒工业的迅速发展和法兰德斯等地羊毛需求量的增长,引起羊毛价格急剧上升,1430~1540年上涨约2倍,另则牧羊较之农耕所需的劳动力少,而且牧羊人工资很低,使养羊收益超过农业收益的一倍以上。当时有谚语说:"羊蹄子可以把泥土变成黄金"。因此,从15世纪60年代开始,大规模圈地养羊活动在英国广泛展开,许多集中成片的土地被用永久性的树篱、栅栏、壕沟、石墙等圈围起来辟为牧场。

英国圈地运动始于与市场联系最为密切的东南部农村,嗣后席卷英国40郡中的35郡。参与圈地的社会阶层以世俗封建主为主,还有教会封建主、租地农场主和占有农业用地的市民。被他们圈占的土地,其初大多是公用地,继而扩及年度租佃农的短期租地和公簿持有农的长期乃至世袭租地。1548年,王室圈地调查委员会的重要成员约翰·赫尔斯在对陪审员的指示中说:"首先要向你们宣布圈地这个词是什么意思。它不适用于这样的地方,在那里一个人将他自己原有的土地用树篱圈围起来,那里并没有别人的公用地。因为这样的圈地对国家是很有利的,它是木材大增的根源。圈地这个词的意思乃是,有人把他人的公用地夺去并圈围起来,或把农舍拆毁,还将土地从耕地改为牧场。这就是这个词的含义,请你们记住。"① 圈占土地的方式,则主要是租期届满不让续租、退佃乃至强行驱逐个体农民,因而圈地过程中往往伴随赤裸裸的暴力,使许多农舍和村庄被毁。

圈地运动剥夺了大批个体农民的生存条件,迫使他们离开家园,流离失所。诚如当时英国空想社会主义者托马斯·莫尔在所著《乌托邦》一书中描述

---

① 蒋孟引:《英国史》,中国社会科学出版社1988年版,第278页。

的:"他们受尽折磨,不得不出卖自己的家业,颠沛流离,和他们祖居的家园分手……等到他们在流浪中把卖来的钱花得一干二净时,他们就只有盗窃,受绞刑的处分,否则就是挨家挨户讨饭了。"[1] 因此,英国各地不时发生反对圈地的骚动,其中规模最大的是1549年爆发于诺福克郡的罗伯特·凯特起义。鉴于圈地运动引起社会的严重动荡,也影响国家的兵源、税收,英国都铎王朝曾经数度颁布禁止圈地的法令,但因许多执法者亦参与圈地,反圈地法令难以付诸实施。倒是都铎王朝迫害因土地被圈占而沦为流浪者的农民的一系列血腥立法,被迅速、有效地执行了。1530年,亨利八世颁布的法令规定,除年老和缺乏劳动能力者给予乞食特许状外,凡身体强健的流浪乞食者,一律逮捕,拴于马车后,鞭打至流血止,再迫令其写出志愿劳动的誓言,遣送原籍。1536年,亨利八世又颁布法令重申前令,规定凡是第二次违令被捕者,除鞭打外,还要割掉半个耳朵;如果是第三次被捕,则处以死刑。1547年,爱德华六世颁布的法令规定,行乞者必须在一个月之内找到工作,逾期仍无职业者将成为告发者的奴隶;主人可以强制这种奴隶从事任何工作,并有权将其出卖和转让;凡逃亡逾14天的这种奴隶即被判为终身奴隶,并在其额上或背上烙以"S"字母印痕,三次逃亡的奴隶以叛逆罪处死。伊丽莎白女王时代也多次颁布类似法令,据此每年被处死者达三四百人。

圈地运动作为资本原始积累的主要手段之一,有力地促进了英国资本主义的发展。它在经济上推动着封建地产向资本主义地产转化,为资本主义生产提供了大批廉价的雇佣劳动后备军,还扩大了国内商品市场;在政治上则加速了封建贵族的资产阶级化和乡绅阶层的兴起,从而强化了新贵族与资产阶级的联盟。

第二节 封建王权的加强

一、等级君主制的建立

封建领主制鼎盛期,西欧国家的世俗王权之所以十分软弱,在很大程度上是由于国王的财政收入基本上来自王室领地及其他传统项目,数量有限,不能供养一支足以制服大封建主离心倾向的国家军队。因此,13世纪以后西欧国家封建领主制盛极而衰,商品经济获得很大发展,市民阶层成为一股独立而较强的社会势力,既为封建王权提供了新的巨大财源,又为封建王权的日益加强创造了条件。

市民阶层通常是愿意支持世俗王权的,因为在西欧当时的历史背景下,加

---

[1] 托马斯·莫尔:《乌托邦》第一部分,三联书店1957年中文版,第37页。

强王权有助于实现国家的政治统一,而国家统一乃是形成全国市场并进而开拓国外市场的必要前提。但是,封建王权起初只是将市民阶层当作像依附农民那样的下层群众去勒索,漠视乃至损害其基本权益,致使彼此关系日趋紧张,反而为大封建主和罗马教皇进一步挟持王权提供了可乘之机。比较典型的事例发生于英国。12世纪与13世纪之交,英国城市工商业已经有了初步发展,至少在10座城市中已存在行会组织,行会总数不少于20个;林肯郡斯坦福城出产的粗制呢绒已远销意大利。市民阶层的政治势力也在增强,12世纪90年代,除伦敦以外,还有10座城市获得选举市长和市议会的权利;1196年,由于赋税摊派不公平,以行会织工为主的伦敦市民还曾举行反对城市贵族的暴动。可是,无土王约翰(1199~1216年)为了筹集对法作战的经费,却践踏封建惯例,不仅侵犯僧俗封建主的传统特权,任意没收封臣土地,征收额外捐献,削弱领主法庭权力,干涉坎特伯雷大主教选举;而且恣意勒索市民,加重税收,1207年将租金和动产的税率提高到1/13,所得收入即达六万镑,约相当于12世纪英国王室平均年收入的三倍。结果立即引起社会各阶层的普遍不满,使罗马教皇和大封建主得以乘机进一步限制王权。首先是教皇英诺森三世以约翰干预坎特伯雷大主教选举为由,通过1208年下令停止英国教会的宗教活动、1209年进而开除约翰的教籍等,迫使约翰屈服,于1213年承认自己是教皇臣属,每年向教廷纳贡1000镑。接着是1215年大封建主武装胁迫约翰在他们拟订的《自由大宪章》上签字。该宪章共63条,基本内容是保障大封建主经济、政治和司法等方面的特权,并规定由他们组成一个25人的委员会监督宪章落实。后来,约翰的继承人亨利三世无意履行宪章,而且要求封建贵族缴纳1/3的收入以充战争经费,又导致大封建主于1258年武装冲入王宫,逼迫亨利三世召开贵族会议制定"牛津条例",明确规定将国家权力直接交由贵族组成的15人会议执掌。此类事情使各国国王逐渐认识到欲强化王权,只能主要依靠市民的财政支持;而欲获得市民比较稳定的财政支持,就必须保障市民的特殊权益,与之结成某种形式的联盟。因而在13~15世纪的西欧绝大多数国家,通过封建王权和市民阶层长期的冲突与磨合,终于相继召开有市民代表参加的等级代表会议,形成等级君主制。

在英国,广大骑士对大封建主在实施"牛津条例"过程中出现的寡头政治倾向强烈不满,乃于1259年制定独立政治纲领,导致反国王营垒分裂。伯爵西蒙·德·孟福同意骑士要求,获得骑士与市民的拥护,1264年在内战中俘获亨利三世及王子爱德华,成为英国实际上的最高掌权者,并于1265年秋召开一次后来被称为国会的社会各界人士扩大会议,以争取更广泛的支持。参加这次会议的,除大贵族和每郡两名骑士代表外,还有每个城市的两名市民代表,致使市民阶层终于成为封建王权的正式盟友。此后,尽管西蒙·德·孟福在旋即重起的内战中阵亡,亨利三世恢复了统治,但王子爱德华继位以后,为筹措对苏格兰和法国作战的经费,还是只得在 1295 年按西蒙·德·孟福模式召开等级代表会议。因其组织形式后来为英国国会长期仿效,此次会议被称为"模范国会"。从 1343 年起,英国国会进而分为上、下两院,上院由高级教士和世俗显贵组成,是贵族院;下院由骑士代表和市民代表组成,是平民院。

在法国,则是国王与教皇的斗争直接促成等级代表会议的召开。13 世纪末,法国国王菲力普四世(1285~1314 年)在对英战争中弄得财政上入不敷出,除加重市民赋税负担外,还于 1296 年下令对教会财产征收 20% 的所得税。教皇卜尼法斯八世反对教会向世俗君主纳税,菲力普四世又报之以禁止金银出口,使法国境内教会收入无法输往罗马,并幽禁拒绝向其缴税的巴密埃主教。卜尼法斯八世进而颁布"神圣一体谕",重申教皇是整个基督教世界的最高首脑,教皇权力在一切世俗国王之上,并准备开除菲力普四世的教籍。在此教俗矛盾十分尖锐的形势下,菲力普四世为争取国内各界的支持,亦于 1302 年召开法国第一次三级会议。参加会议的第一等级是高级教士,第二等级是世俗贵族,第三等级是市民阶层,从而使法国也成为等级君主制国家。

在长时期内没有自己的王权,饱受法国、德国和教皇等外来势力严重侵凌的尼德兰,随着工商业较快发展和市民力量的日益增强,14~15 世纪也出现了实现政治统一的趋势。原来主要统治布拉邦特的勃艮第公爵,在将尼德兰各地区逐步纳入自己统治之下前后,也经常召开三级会议。就连社会经济发展和阶级结构变动比较滞后的伊比利亚半岛和斯堪的纳维亚半岛国家,在争取国家独立和统一的过程中,也不时召开有市民代表参加的全国等级代表会议。

由于各国社会状况不完全一样,各国等级代表会议在国家政治生活中,以及市民阶层在等级代表会议中的地位与作用也不尽相同。例如,英国国会不仅很快获得批准征收动产税的权力,而且日益享有一定的立法权与司法权;同时逐渐确立了法案的通过必须要国王、上院与下院三者一致的原则,任何一方不同意即遭否决。而法国三级会议的主要职能则限于讨论如何分担税额,并不是拒绝或批准捐税征收;而且三级会议开会时每个等级只有一票表决权,第一、二等级经常联合起来使第三等级在表决中处于不利地位。不过总的来说,在各国等级君主制下处于主导地位的仍然都是封建国王:等级代表会议召开与否以及代表名额的分配,一般均由国王决定;不同等级之间矛盾重重,使国王得以从中渔利。即使在议会权力较大的英国,国王对国会通过的法案也还享有部分中止权和搁置权。因此,等级君主制的建立有效地加强了封建王权,大幅度地增加了国王的财政收入。如 12 世纪与 13 世纪之交,英国国王的年收入通常在两万镑上下,法国国王的年收入一般为十几万里弗尔;到 13 世纪与 14 世纪之交,便分别增加到了 10 万镑左右和一百多万里弗尔,从而使除德国和意大利以外的绝大多数西欧国家,到 15 世纪前后都基本实现了国家的政治统一。与此同时,市民阶层也不仅因为国家的统一而受益匪浅,而且作为封建王权比较可靠的盟友而得到庇护和优惠，他们往往乘等级代表会议讨论国王提出的法案或税收之机，要挟国王采取一些有利于自己的措施，以促进西欧社会商品经济的更快发展。

二、君主专制倾向的显现

到 15 世纪末期，西欧国家封建制度解体的程度已深，资本主义加速成长，阶级关系又发生新的变动，主要是封建主阶级严重没落，市民阶层日益转化为资产阶级。但是，这两个阶级此时尚势均力敌，谁也未能占有压倒优势。于是很多国家的封建君主利用它们之间的互相牵制，将国家的立法权和行政权等集中在自己手里，实行独裁统治；同时又趁着它们都还离不开王权的庇护，继续将二者作为自己的社会支柱，因而导致等级君主制演变为君主专制，封建王权进一步加强。

英、法两国在完成各自政治统一的过程中，1337～1453 年彼此之间曾爆发"百年战争"。战争后期，英国在战场上屡遭败绩，国内各种社会矛盾激化；加之兰开斯特王朝国王亨利六世（1422～1461 年）即位时还不满周岁，致使王权削弱，大封建主乘机重振割据势力，他们广建城堡，扩充家兵，相互争斗不已。1455 年，百年战争刚以英国的彻底失败而告终不久，受南方经济发达地区的新贵族及资产阶级支持的约克家族，与主要受北方封建大贵族支持的兰开斯特家族之间发生了直接争夺王位的"红白玫瑰战争"。在英国这场持续 30 年之久的内战中，虽曾一度建立约克王朝，但王位最终却落入既是兰开斯特家族远亲又迎娶约克家族姑娘为妻的都铎家族的亨利七世（1485～1509 年）手里。通过这场内战，封建贵族互相残杀殆尽，当亨利七世第一次召开国会时，上院一共只有 29 名世俗贵族，其中许多贵族的称号还是国王新赐的。因此，都铎王朝国王得以实行专制统治。亨利七世夺取政权以后即取缔贵族家兵，平毁贵族城堡，设立皇室法庭惩治敢于反抗王权的贵族；同时着力从还比较稚弱因而比较听命于王权的新贵族和资产阶级中擢用执行实际政务的枢密大臣与治安法官等。国会仍然召开，但开会次数减少，亨利七世在位期间一共只召开了 7 次；尤其是国会已成为国王御用工具，只能秉承国王旨意行事，从而在许多方面失去了先前的权力和作用。后来，都铎王朝国王甚至规定下院议员应当进行一种"忠于最高权力"的专门宣誓。

法国君主专制开始于路易十一统治时期（1461～1483 年）。路易十一在基本完成法国政治统一的过程中，既制止了贵族割据，也取消了城市自治，逐步建立起全国统一的行政、税收、司法制度和从中央到地方的各级各类官僚机构，并日益拥有一支由职业兵组成的庞大的常备军。同时，他不仅从封建贵族中选拔官吏，而且还吸引资产阶级通过包税和购买官职进入政府机构，从中培植一批"穿袍贵族"。在此基础上，路易十一及其几位继承者在 1481 年以后的

70 年里停止召开三级会议,将统治国家的最高权力集中在自己和少数亲信手里;巴黎高等法院对国王法令的进谏权也不再行使,其院长曾对法兰西斯一世(1515~1547 年)表示:"您是在法律之上的,法律和命令都不能强迫您,根本没有任何一种权力可以强迫您去做什么。"

1479 年,阿拉贡王国和卡斯提尔王国合并为西班牙王国后,国王斐迪南二世和伊萨伯拉一世亦着手建立君主专制制度。他们依靠市民与小贵族的支持去削弱大封建主的割据势力,利用宗教裁判所迫害各阶层反抗王权的人,使用武力镇压加泰罗尼亚农民起义,通过条约限制教皇对国内教会事务的干预,终于独掌统治国家的最高权力,树立起封建王权的绝对权威。

由于西欧国家封建专制王权的财政收入一般主要来自工商业税收,如英国国王亨利七世在 1504 年至 1509 年的年均收入约为 14.2 万镑,其中来自王室领地的传统岁入只有约 4 万镑;他本人甚至还亲自经商,仅一次卖出的明矾价值就达 15 166 镑,致使资产阶级已经是其重要的社会支柱。所以,它们的经济政策也便日益具有重商主义倾向,保护关税,鼓励商品出口,力促本国工商业发展。

第三节 意识形态领域的变化

一、罗马法复兴与大学的创办

商品经济的发展和市民阶层的成长,不仅导致封建国家的政治体制逐步演变,而且引起封建社会的法律制度发生变化。这种变化起初在城市工商业发展和市民阶层成长较快而又保留较多罗马传统的意大利表现得最为显著,其突出表现就是重视王权和产权、符合当时政治经济需要的罗马法被日益广泛地研究与引用,呈现"复兴"之势。当时意大利城市各种商务关系的调整,城市自治的原则及其实施,都在竞相引用罗马法。如在 1170 年,热那亚等与西欧一些国家达成废弃"船难法"协议,规定任何继续执行船难法者,必须物归原主,赔偿损失,受到严惩。这就是采用了罗马法中关于所有权绝对性原则。13 世纪,一些城市在制定的商业运输法中严格约束托运与承运双方当事人,规定承运者对于意外不可抗力造成的损失不负责任,这也是采用了罗马法契约责任原则。因为罗马法是前资本主义社会有关商品经济的最完备的法律,"在罗马法中,凡是中世纪后期的市民阶级还在不自觉地追求的东西,都已经有了现成的了"[①],市民阶层正好借用罗马法的原则去制定并发展城市法与商法。

市民阶层对罗马法律、经济运营、医药卫生等方面实用知识日益增长的需

---

① 《马克思恩格斯全集》第 21 卷,人民出版社 1965 年版,第 454 页。

求，不可能从各类现存教会学校所施行的教育中得到满足，于是市民学校也在许多城市应运而生。其中创办较早而又颇为著名的有意大利博洛尼亚法律学校和萨勒诺医科学校等。稍后，一些专科学校又进而发展为大学，西欧其他国家很多城市也纷纷创办自己的大学。西欧第一所大学便是由博洛尼亚法律学校发展而成的博洛尼亚大学，1158年得到神圣罗马帝国皇帝腓特烈一世的承认。它以研究和教授法学著称，特别重视罗马法，后来扩及教会法。14世纪以后，又增设医学院与文学院。13世纪初有学生五千多人。学生按籍贯组成阿尔卑斯山北和山南两个同乡会，二者联合起来从学生中推选校长，凡教授的选聘、学费的数额、学期的长短和授课的时数等，亦由学生决定；教师组成的学科会则地位较次。

继博洛尼亚大学之后，英国在1168年创办了牛津大学。尤其是12世纪末期由巴黎圣母院大教堂所属主教学校演变而成的巴黎大学，曾是西欧中世纪大学的典范。12世纪前期，当其还是主教学校时，曾由唯实论者威廉主持校务；但著名的唯名论者阿伯拉尔多次在此讲学，使其影响日增。在其演变为巴黎大学过程中，1180年得到法国国王路易七世的初步认可，1198年获得教皇赐予的许多特权，1200年被法国国王菲力普二世正式承认。巴黎大学起初由主教代理人主持校务，教授亦由教会委派，具体管理人员则由取得博士和硕士学位的人选举产生。全校分为文学、神学、法学和医学四个系，各系由推选出来的系主任主持工作。文学系具有预科教育性质，主要教授"七艺"，修完前三艺者获学士学位，继续修完后四艺者获硕士学位，并获得报考另外三个高级专门系的资格。修完专门系课程者，又取得博士学位。入学年龄和修业年限没有明确规定，从入校到成为博士约需12~13年。13世纪末，文学系主任执掌校政，始被公认为校长。

13~14世纪，各类大学开始遍及欧洲各地，其中比较著名的还有英国的剑桥大学、西班牙的萨拉曼加大学、法国的奥尔良大学、德国的海德堡大学、捷克的布拉格大学以及意大利的萨勒诺大学与巴勒莫大学等。到1500年，欧洲已有大学80所左右。

西欧中世纪大学一般也是自治团体，就连原来受教会控制的巴黎大学，其自治权亦于1231年由教皇颁布敕令予以肯定。它们通常由师生推选校长，自主管理校务；有权设立特别法庭，审理师生与外人发生的诉讼；有权罢课和迁移校址；有权颁发教学特许证；师生可以免除赋税与兵役。大学保持相对独立，便可自由研究学术。因此，中世纪大学是西欧市民阶层的文化阵地，它们的创办，有助于市民世俗文化和学术的发展，直接为文艺复兴、宗教改革运动与近代科学的兴起做准备。

二、文艺复兴运动的展开

随着资本主义经济的产生和发展,新兴资产阶级较之市民阶层不仅更加需要各种实用知识和专门人才,而且尤其迫切希望摆脱天主教神学的束缚,充分表达本身的社会意愿,自由抒发自己的思想感情。因此,资产阶级的文化人士往往以各大学为据点,在继续研究和借用罗马法原则以建立资产阶级法律制度的同时,又进而发掘与吸收希腊、罗马古典文化成果,以构造资产阶级意识形态体系,致使随即兴起的资产阶级新文化运动,仿佛是古代希腊、罗马文化的"再生",因而被称为"文艺复兴"。因在意大利的佛罗伦萨、威尼斯和热那亚等城市共和国较早产生资本主义,资产阶级又对城市政权有较大影响,文艺复兴运动便在14世纪首先兴起于意大利,吸引着社会中上层人士。

文艺复兴运动的核心思想,是作为资产阶级人道主义最初形式的人文主义。它倡导世间一切以人为中心,摒弃以神为中心。提倡人权,反对神权,肯定人是现世生活的创造者和享有者。提倡人性,反对神性,批判禁欲主义,蔑视天堂与来世,强调个性解放,追求财富、荣誉和幸福。提倡自由平等,反对封建特权,不以出身门第为贵,主张以德才取人。提倡发展文化教育,反对教会蒙昧主义,嘲笑经院哲学家的无知,崇尚理智,追求真理,探索自然,欣赏艺术,要求全面发展人的才智。主张中央集权和民族独立,反对封建割据和外族入侵,大力促进资本主义的发展。所以,人文主义是资产阶级的世界观和历史观,文艺复兴是一场思想解放运动,它激励着资产阶级去拼搏进取。

意大利文艺复兴的进程分为14世纪至15世纪中叶的早期与15世纪末叶至16世纪的后期两个阶段。在早期,人文主义思想尚处于形成过程中,佛罗伦萨充当着文艺复兴的摇篮。早期文艺复兴的主要代表人物是佛罗伦萨的"文学三杰":但丁(1265~1321年)、彼特拉克(1304~1374年)和薄伽丘(1313~1375年)。

但丁是文艺复兴的先驱。他出生于佛罗伦萨一个没落贵族家庭,受过较多教育,熟悉古代希腊、罗马文学。1300年,被选为佛罗伦萨的行政官,但1302年在政治斗争中失败后遭到放逐。他多次指出罗马教廷的神权政治是意大利一切灾难和罪恶的根源,要求教皇退出政治舞台,实行政教分离;认为人有天赋理性和自由意志,不能屈服于神权统治的压力,"人的高贵,就其许许多多的成果而言,超过了天使的高贵",且高贵不取决于封建门第,而在于具有高尚的品德和才能。其代表作长诗《神曲》,共一万四千余行,分为《地狱》、《炼狱》、《天堂》三部分,通篇以梦幻故事的形式,隐喻象征的手法,描写作者游历三界的情景,广泛反映当时意大利的社会生活,大胆谴责贵族和教会统治的罪恶,表达了人民反教会反封建的情绪。然而,在但丁的思想深处也还保留着关于来世和禁欲等不少传统观念,所以,"他是中世纪的最后一位诗人，同时又是新时代的最初一位诗人"①，具有早期人文主义者的鲜明特点。

彼特拉克出生于公证人家庭，其父曾和但丁一起遭到流放，使他只得在法国南部度过童年。后来他漫游西欧各地，对意大利社会的了解和认识日深，愤怒谴责罗马教廷是"黑暗的监狱"、"野蛮凶狠的庙堂"，渴望祖国和平统一于君主制下；并热衷搜集与研究古代希腊、罗马的作品，模仿拉丁诗歌进行创作，终于成为才华横溢的抒情诗人。代表作《歌集》主要抒发其对恋人劳拉的爱情，在诗中彼特拉克不再像但丁那样将自己的恋人美化成圣洁脱俗的仙女，而是描绘为一个现实的民间女子，表明其人文主义思想已前进了一步。

薄伽丘是商人的儿子，早年经商，出入宫廷与贵族府第，饱览古典文学作品，人文主义思想渐臻成熟，主张"人类是天生一律平等的"，并无贵贱之别，应以德才决定人的社会地位。所著小说《十日谈》说的是1348年西欧流行黑死病期间，佛罗伦萨的十名青年男女为躲避瘟疫在郊外一所别墅住了10天，每天每人各讲一个故事以排解寂寞。在这100个故事中，作者以精炼、生动而俏皮的文笔，通过刻画不同社会阶层的人物形象，揭露教士僧侣的贪婪和伪善，嘲笑贵族骑士的愚蠢和腐朽，赞美商人与下层劳动者的聪明勇敢，歌颂青年男女的真挚爱情。但是，在抨击禁欲主义和封建特权的同时，作者又极力宣扬利己主义与享乐主义，并有许多庸俗和色情描写，反映出早期资产者所具有的粗俗性的一面。

意大利早期文艺复兴在艺术领域内也取得突破性进展，绘画和雕刻亦开始摆脱神学桎梏，逐步形成现实主义风格。创作题材一般仍来自宗教故事，而非直接反映实际生活，但作品意境已焕发出现实主义光芒。其筚路蓝缕者是佛罗伦萨的画家乔托（1266～1337年），他创作的帕多瓦城阿里纳教堂内部装饰壁画《圣安娜和圣约西亚的幽会》、《逃出埃及》、《犹大之吻》等，人物形象生动，具有世俗情感。他的后继者马萨乔（1401～1428年）发现透视规律，所画景物更加逼真。著名雕刻家则有吉伯尔提和多那台罗等。

意大利文艺复兴处于后期阶段时，人文主义思想臻于成熟，已在整个文学艺术领域取得主导地位。同时文艺复兴运动的重心亦扩及罗马和威尼斯等地。后期文艺复兴的重要代表人物，首推佛罗伦萨的"艺术三杰"：达·芬奇（1452～1519年）、米开朗基罗（1475～1564年）和拉斐尔（1483～1520年）。他们不仅赋予宗教故事中的人物以世俗的形象和情感，而且开始直接创作世俗人物形象，将人文主义与现实主义提升到一个新的高度。达·芬奇既是艺术大师，又是科学巨匠。他的绘画色彩调和，布局匀称，人物个性十分突出。所作《最后的晚餐》，刻画出了耶稣在晚餐桌上说出"你们当中有人出卖了我"时他的12门徒的不同心态。所作《蒙娜丽莎》则是一位银行家年轻妻子的肖像画，

---

① 《马克思恩格斯选集》第1卷，人民出版社1995年版，第269页。

她那刚可察觉的微笑,非常耐人寻味。米开朗基罗是位杰出的画家、雕塑家和建筑工程师。曾设计罗马圣彼得大教堂的圆顶。他雕塑的《大卫》、《摩西》、《被束缚的奴隶》等人物形象,个个具有崇高理想、坚强意志和无穷力量。他为梵蒂冈西斯丁教堂所作壁画《创世纪》、《末日审判》等,虽然取材《圣经》故事,但皆具浓厚的人情色彩。拉斐尔笔下的诸多圣母像,完全是一位慈祥世俗母亲的形象;他为梵蒂冈宫所作壁画《雅典学院》,表现出了古代希腊哲人们进行辩论时的生动情景。

15世纪末期以后的意大利,频繁的外族入侵和严重的政治分裂日益明显地妨碍资本主义经济的发展,社会矛盾尖锐复杂,促使一些人文主义者成为社会政治思想家,其中最杰出的是早期资产阶级政治学家马基雅弗里(1469~1527年)和空想社会主义者康帕内拉(1568~1639年)。马基雅弗里所著《君主论》是早期资产阶级政治思想的代表作。他强调意大利的当务之急是驱逐外国侵略者,实现国家的政治统一。为此,他认为必须建立君主专制政体,将国家利益作为衡量一切政治行为的准则,为了国家利益,君主应该比狮子更凶狠,比狐狸更狡猾,无论采取什么手段都是正当的,包括使用暴力、欺诈、背信、伪善和违背道德规范等等。这种国家至上、为了达到目的可以不择手段的政治理念,显示出了资产阶级的两面性。康帕内拉的代表作是《太阳城》。在他所描述的理想社会——太阳城中,废除了私有制,一切财产公有,劳动成为所有人的普遍义务和自觉要求,社会成员之间无等级贵贱之别,人人平等,共同劳动,按需分配。城邦管理人员由人民选举和罢免,最高领导人是大智大德的祭司兼哲学家。只是他虽然指出私有制是一切罪恶之源,却认为自私自利是人的愚昧造成的,因而主张通过发展教育去消灭私有制。

15世纪中叶以后,资本主义经济在西欧广泛产生、发展起来,肇始于意大利的文艺复兴运动也便在德、法、英、西班牙等诸多国家普遍兴起。因为当时西欧各国经济政治具体发展状况不尽相同,各国文艺复兴运动亦各有特点。

在与意大利交往较多的德国,15世纪中叶就在一些大学出现了人文主义小组。人文主义者认为德国分裂与落后的根源是天主教会的统治和压榨,因而集中对其进行抨击。鹿特丹的伊拉斯莫(1467~1536年)主张清除教会积弊,建立合理教会,在他所写的《愚人颂》中,假借一个"愚人"女子之口劝告人们尽情狂欢,无所顾忌;同时嘲笑经院哲学家和僧俗贵族的愚昧、贪婪与腐朽。勒克林(1455~1523年)也写了《愚人书简》,揭露教皇和教会的腐败,指责神学家的愚顽无知及其争论的烦琐无聊。勒克林学派的重要成员封·胡登(1488~1523年)更主张用暴力推翻罗马教皇和封建诸侯在德国的统治,建立以骑士为主体的帝国新政府。

法国早期资产阶级中部分人的贵族化倾向比较明显,人文主义运动中也出现一股贵族色彩较浓的支流,如龙沙等"七星诗社"成员们的作品,便带有浓厚的贵族情调。但人文主义运动的主流仍具强烈的民主性,其代表人物拉伯雷(1494~1553年)所著的《巨人传》,主要叙述国王卡冈都亚和王子庞大固埃打败侵略者,建立"德廉美修道院",以及寻找神瓶的故事。在这个修道院里,公民不仅享有高度的民主自由权利,而且具有很高的科学文化素质,院内没有清规戒律,只有一条训词:"干你愿意干的!"

15~16世纪的西班牙是西欧社会变革比较缓慢的国家,资本主义虽已产生,传统封建势力却依然强大而猖獗,致使人文主义者往往以鞭挞骑士制度为作品的主题。杰出的人文主义作家塞万提斯(1547~1616年)的代表作《堂·吉诃德》,就是一部讽刺骑士制度的小说。著名剧作家维加(1562~1635年)的代表作《羊泉村》,也表达了人民群众对封建骑士的无比憎恨。

英国是资本原始积累最典型的国家,封建制度的解体和资本主义的滋长都以比较剧烈的方式进行。人文主义者在深刻揭露封建制度黑暗腐朽的同时,也无情批判资本主义剥削的残酷,多角度地揭示从封建时代向资本主义时代过渡时期复杂的社会矛盾。激进的人文主义者托马斯·莫尔(1478~1535年)尽管身居王国政府要职,却同情劳动人民疾苦,成为空想社会主义的先驱。在其所著的《乌托邦》中,将圈地运动说成"羊吃人",同时对其理想社会进行了天才描述:在那里废除了私有制,一切财产公有,不存在商品货币关系,人人劳动,按需分配,选举产生管理者。伟大的人文主义剧作家莎士比亚(1564~1616年)一生写出37部剧本。所写的喜剧《仲夏夜之梦》、《威尼斯商人》、《第十二夜》等,以歌颂个性解放、提倡自由平等以及赞美爱情与友谊为主旨;悲剧《哈姆雷特》、《奥赛罗》、《罗密欧与朱丽叶》、《李尔王》、《麦克白斯》等,重在揭露封建贵族的残暴和资产阶级的贪婪,激发人们去认识与改造世界;历史剧《亨利四世》、《亨利五世》、《理查三世》等,则主要赞扬国家统一,反对封建割据。

三、宗教改革浪潮的迭起

天主教会是西欧封建制度的巨大国际中心,封建制度既已趋于解体,对其进行改革使之适应资本主义发展的需要,也就成为必然。因此,在人文主义者对天主教会的黑暗、腐败进行揭露批判的基础上,宗教改革运动的浪潮迭起。

其实,市民宗教改革运动酝酿已久。早在14世纪资本主义刚刚萌芽时期,英国曾出现市民宗教改革家威克里夫(1330~1384年)。他身为牛津大学的神学教授,英国国王的侍从神甫,却反对教皇权力至上论,主张各国教会应该隶属于本国国王,认为罗马教廷无权向各国征收贡赋,无权授予各国教士以神职;反对教会拥有大量产业,建议国王没收教会土地分给世俗贵族;认为《圣经》是最高权威,要求简化宗教仪式,用本民族语言取代拉丁语做礼拜。14世纪与15世纪之交,在阶级矛盾和民族矛盾都很尖锐的捷克王国,又出现了另一位宗教改革家胡斯（1371~1415年）。他曾任布拉格大学教授、校长及伯利恒教堂传教士，深受威克里夫宗教改革思想的影响，而又较之更为激进。他不仅否认教皇至上权威，认为教会首脑不是教皇而是基督，视《圣经》为教会律法；还反对教会占有土地，谴责教皇出卖赎罪券，要求废除豪华的宗教仪式，主张在圣餐仪式上普通信徒与神职人员同样领取饼和酒。胡斯在揭露教会腐败的同时还抨击社会不平等，因而获得市民和农民的普遍爱戴。1415年，胡斯在康斯坦次宗教会议上被处以火刑，成为爆发捷克人民起义即胡斯战争的导火线。

到了16世纪前期，宗教改革运动最终形成高潮。这一高潮首先涌动于德国。因为当时的德国，一方面已产生资本主义关系，市民阶层正在演化为资产阶级，其他阶层亦已出现激烈分化；另一方面国家的分裂割据却招致罗马教皇在那里纵横捭阖，恣意妄为，将德国作为任其压榨的"奶牛"，致使以教皇为首的天主教会成为新兴资产阶级与广大人民群众的众矢之的，改革天主教会成为革新整个社会的突破口。德国宗教改革运动的旗手，是维登堡大学的神学教授马丁·路德（1483~1546年）。

路德在爱尔福特大学读书期间，虽已接触过一些人文主义著作和胡斯宗教改革思想，但仍是一个虔诚的天主教徒，每天在学习与寝食之前必作祈祷，对罗马教皇也敬之若神，1505年还断然放弃学业去奥古斯丁修道院苦修。然而，在修道院里，"我起誓定志愿意专心侍奉真神，要除去心里的恶念，成为圣洁，不料却徒劳无益"。尤其是1511年当其去景仰已久的罗马出差，目睹"在那里有买卖、交换、贸易、撒谎、欺骗、偷盗、奢侈、卖淫、奸诈和其他各种亵渎上帝的事，甚至敌视基督者的统治也不能比这更无耻"以后，痛感"罗马所有的罪恶，都是令人梦想不到，不是亲临其境，决不能信以为真"，"罗马实在是万恶丛出之地"，他终于动摇了对罗马教皇和天主教会的忠诚，开始走上与教皇决裂以及对天主教会进行根本性改革的道路。

路德的宗教改革思想较之威克里夫和胡斯等人有所进步之处，主要在于他否定了作为天主教会神权理论基石的"善功得救说"这一传统救赎理论，提出了"因信称义说"。"因信称义"出自《新约圣经·罗马人书》所说的"义人必因信得生"，认为信仰是善行的根基与源泉，只有信仰才会使一切行为良善，"凡不见于信心的都是罪"。路德指出：人人都能知道自己所行是善或是恶，因为他若确信自己所行讨上帝悦纳，那行为虽是微如俯拾草芥，也会是善的；如若缺乏信心，或心存疑惑，那么，虽使一切死人复活，又舍己身叫人焚烧，也是不好的。既然人的获救只需依靠自己的信仰，用不着教会的中介与外在的善功，因而罗马教皇与天主教会的一切特权也就丧失了存在的基础。

1517年，教皇立奥十世派往德国推销赎罪券的特使在维登堡公开宣称：只要购买赎罪券的钱币"叮当"一响落进钱柜，购买者所挂心的那个罪人的灵魂立刻就从炼狱飞进了天堂。路德义愤填膺,迅即在维登堡教堂门前贴出他写的"九十五条论纲",名为《关于赎罪券效能的辩论》,否定赎罪券的赎罪效能。这一论纲被德国社会各阶层当作向天主教会发起进攻的檄文,很快引发德国群众性的宗教改革运动。

路德转瞬之间成为深孚众望的民族英雄,也曾豪情满杯,气冲牛斗,当众烧毁教皇欲革除其教籍的诏令,号召人民大众"运用百般武器",讨伐教皇与红衣主教等蛇蝎之群,"用他们的血来洗我们的手"!可是,1521年当德国皇帝查理五世应教皇要求欲对其进行迫害时,他立即害怕了,动摇了,不仅投靠萨克森选侯,改名换姓,隐居于瓦特堡,并且改而主张和平进行宗教改革,吁请诸侯像"打死疯狗一样"消灭起义者,表现出德国资产阶级的软弱性与妥协性。

路德背叛了大众,大众也就会抛弃他。社会各阶层因缺乏统一领导而各行其是,分别发动的武装起义均以失败告终。1522~1523年,莱茵河流域的骑士在人文主义者胡登和济金根的领导下举行暴动,围攻特里尔城,遭到特里尔大主教与一些世俗诸侯的联合镇压。农民平民宗教改革家托马斯·闵采尔(1489~1525年)则使自己的宗教思想和政治理想分别接近无神论与共产主义。他宣称信仰就是理性,它存在于人们的"心脏、皮肤、毛发、骨骼、脑髓、精力之中";同时主张立即在地上建立"千年天国",在那里,"一切应是公有的,每人应按需分配","政权应当交给普通人民"。在闵采尔思想的影响下,1524~1525年,士瓦本、法兰克尼亚、图林根和萨克森地区的农民和平民也相继起义,各自提出斗争纲领《书简》、《十二条款》与《海尔布琅纲领》等。但农民起义武装最后亦被诸侯联军各个击破,闵采尔也壮烈牺牲。

结果,在波澜壮阔的德国宗教改革浪潮中,市民、农民、平民、骑士和天主教会的力量都被严重削弱了,只有诸侯的势力得到加强。因此,路德主持的温和的宗教改革也就基本按诸侯的要求进行。在德国北部各诸侯国确立的路德新教,主要是倡导"因信称义说",用信仰的权威取代对权威的信仰;诸侯成为各自辖区的教会首脑,使教会摆脱了罗马教皇的控制;简化了宗教仪式,废除对圣像与圣物的崇拜,允许牧师结婚,用德语做礼拜。嗣后,德国新旧教诸侯通过反复较量,1555年双方缔结"奥格斯堡和约",规定"教随国定"原则,路德教派在德国取得合法地位,并被北欧的瑞典、丹麦和挪威等国接受,成为这些国家强化封建王权的工具之一。

当德国路德派教会最终成为诸侯世俗权力附属品的时候,法国人约翰·加尔文(1509~1564年)在工商业比较发达、资产阶级掌握着市政权力的瑞士日内瓦所推行的宗教改革却取得了成功。加尔文早年是尊崇伊拉斯莫的人文主义者,后来受路德新教思想的影响而沉湎于宗教改革,1534年为避法国国王法兰西斯一世的迫害而逃往瑞士巴塞尔,1536年在那里出版著作《基督教原理》，后转赴日内瓦。他也倡导"因信称义"，但进而提出"预定论"，认为人能否得救是由上帝预定的，上帝创世以来就把世人分为"选民"与"弃民"，前者注定得救，后者永遭天谴，人在现实生活中的成功与失败，就是"选民"与"弃民"的标志。所以，"加尔文的信条正适合当时资产阶级中最果敢大胆的分子的要求。他的宿命论的学说，从宗教的角度反映了这样一件事实：在竞争的商业世界，成功或失败并不取决于一个人的活动或才智，而取决于他不能控制的各种情况。决定成败的并不是一个人的意志或经营活动，而是全凭未知的至高的经济力量的恩赐"①。

加尔文对教会组织也进行了民主性改革。神职人员仅保留牧师、长老、教师和执事，由牧师与长老组成的长老会负责管理教会，牧师为终身职，长老则由信徒一年一选。加尔文任长老会主席，直至逝世。实行政教合一，《圣经》被定为大法，政府按《圣经》办事，市民日常生活被置于教会的监督之下，实际上建立了一个神权共和国。

此外，加尔文不仅简化了宗教仪式，七大圣礼中仅保留了洗礼与圣餐礼，而且为自己的信徒制定出严格的行为规范，诸如严禁赌博、酗酒、跳舞、唱非宗教歌曲、举行豪华宴会、生活奢侈放荡、打扮得珠光宝气、梳理奇异发型等等，甚至连服装的颜色及长短、宴席菜肴之多寡等都有明文规定，并处死通奸者，斩杀殴打父母者。

因为加尔文新教比较符合资本原始积累时期新兴资产阶级的利益与要求，所以它很快传入资本主义经济发展比较显著的国家或地区，如法国、尼德兰和英国等，成为资产阶级反封建的旗帜。

不过，在英国，早在加尔文教派传入之前，已由都铎王朝国王亨利八世（1509~1547年）开始自上而下地进行独具特色的宗教改革。亨利八世原是虔诚的天主教徒，继位之初曾经迫害异端，诋毁路德；后来转而推行宗教改革，主要是出于进一步争取资产阶级和新贵族的支持，强化国王的集权专制统治，抵制教皇干涉英国内政与掠取英国财富的需要。教皇拒绝批准其与皇后凯塞琳离婚，亦促使其和教廷决裂。1529~1536年，亨利八世授意国会通过一系列改革教会的法令，其中特别重要的是1534年通过的"至尊法案"，宣布国王为英国教会的最高首脑，拥有任命教职与决定教义的权力，从而正式建立了摆脱罗马教廷控制、被称为安立甘教或英国国教的民族教会。1536~1539年，国会又遵奉亨利八世的旨意两次通过法案，封闭英国绝大多数的修道院，将它们的财产全部收归国王所有，其中被没收的土地，大部分被亨利八世或赏赐给宠臣，或低价卖给商人、新贵族和农场主，由他们改而采用资本主义方式经营。1571年，国会还通过经伊丽莎白女王（1558~1603年）审订批准的《三十九

---

① 《马克思恩格斯选集》第3卷，人民出版社1995年版，第706~707页。

条信纲》，对国教的基本教义、信仰原则与礼仪制度作出规定，让其保留较多的天主教成分：教义上兼有"善功得救说"和"因信称义说"；组织上沿袭主教制；七大圣礼中虽然只保留洗礼与圣餐礼，但也并未明令废止其他五礼。正因为如此，以后当资产阶级与封建王权的矛盾日趋尖锐时，受加尔文教的影响，在英国便兴起了要求清除国教中天主教残余的清教徒运动。

当宗教改革运动浪潮席卷西欧时，以教皇为首的天主教会也曾百般抗拒，疯狂反扑，使其得以度过危机，保存相当的势力。但是，经过这次冲击，天主教会已元气大伤，其在西欧干涉各国内政和控制意识形态的力量已被严重削弱。

四、近代自然科学和哲学的诞生

经济结构变革加速社会生产发展，新兴资产阶级逐步登上政治舞台，文艺复兴运动促成人们思想解放，以及宗教改革运动突破传统精神禁区，为近代自然科学和哲学的诞生创造了条件。"现代的自然研究同古代人的天才的自然哲学的直觉相反，同阿拉伯人的非常重要的、但是零散的并且大部分已经毫无结果地消失了的发现相反，它唯一地达到了科学的、系统的和全面的发展，——现代的自然研究，和整个近代史一样，是从这样一个伟大的时代算起……这个时代是从15世纪下半叶开始的。"[①]

"自然研究用来宣布其独立并且好像是重演了路德焚烧教谕行为的一个革命行动，便是哥白尼那本不朽著作的出版，他用这本书（虽然是怯懦地而且可说是只在临终时）来向自然事物方面的教会权威挑战。从此自然研究便开始从神学中解放出来。"[②]波兰天文学家哥白尼（1473～1543年）在其祖国克拉科夫大学毕业后，曾赴意大利留学十年。回国以后，他利用自制的简陋的仪器观察天体，通过多年研究，结合前人经验，于1543年出版《天体运行论》，创立"太阳中心说"。他认为宇宙的中心不是地球而是太阳，地球只是围绕太阳旋转的众多行星中的一颗，它本身又以地轴为中心自转，从而推翻了长期以来被天主教会奉为天启信条并与上帝创世说联系在一起的托勒密的地球中心说。同时，他还指出人们感觉太阳绕地球旋转乃是一种假象，有时单凭感觉经验也会导致错误的认识，要正确认识客观事物的规律，就必须对感觉经验加以分析研究，去粗取精，去伪存真，避开假象，抓住本质，因而又倡导科学方法论。

意大利天文学家布鲁诺（1548～1600年）捍卫并发展了哥白尼学说。在其《论无限性、宇宙和世界》、《诺亚方舟》等著作中，提出了宇宙是无限的和统一的思想。他认为太阳只是人类所在星系的中心，而不是宇宙的中心，宇宙没有中心；宇宙是物质的、永恒的，它有自己的运动规律，它既不会被创造，

[①②] 《马克思恩格斯选集》第4卷，人民出版社1995年版，第260～261、263页。

也不会被消灭。

意大利另一位天文学家伽利略（1564~1642年）著有《星空使者》、《关于托勒密和哥白尼两大宇宙体系的对话》等书。通过自己的天文观察和研究，他指出较小天体围绕较大天体公转是一种自然规律，批判了托勒密地心说的荒谬，论证了哥白尼日心说的正确。当宗教裁判所强迫他签字悔过时，他说："签字有何用，地球仍然在转动。"

德国天文学家开普勒（1571~1630年）在所著《新天文学》、《宇宙的和谐》两书中，进而提出行星运行三大定律：行星运行的轨道是椭圆形的，太阳居于椭圆的一个焦点上；行星运行速度不一致，离太阳愈近，运行愈速；行星绕太阳一周的时间平方，与各行星和太阳之间平均距离的立方成正比。

在天文学研究突飞猛进的同时，自然科学其他领域的研究也成绩卓著。西班牙医生塞尔维特（1509~1553年）发现了血液在心与肺之间的小循环。尼德兰医生维萨留斯（1515~1564年）出版《人体结构论》，奠定了人体解剖学基础。英国医生哈维（1578~1657年）发表《心血运动论》，系统阐明血液在体内的循环运动，终于将生理学确立为科学。此外，兼为物理学家的伽利略还发现了落体、抛物和振摆三大定律，奠定了力学研究基础；意大利数学家卡尔达诺（1501~1576年）发表了解三次方程的公式；英国数学家涅倍尔（1550~1617年）则制成世界上第一个对数表。

新旧教会都曾残酷迫害这些给予宗教神学以沉重打击的自然科学家，如天主教会烧死了布鲁诺，囚禁了伽利略，迫使维萨留斯流亡；加尔文亦曾亲自处死塞尔维特。但是，科学的发展已经势不可挡，难以遏止。

伴随自然科学的发展，以从世界本身去说明世界为主要特点的近代哲学也应运而生。布鲁诺通过对天文学的研究，抛弃了经院哲学中的僵化观念，重视经验和理性，指出离开感觉和理智，对自然的认识是无能为力的，从而排除了超自然的神；并认为最大和最小是对立的统一，物质和形式不可分割，具有初步的辩证思想。只是他相信万物有灵，又陷入了泛神论。

英国唯物主义和整个现代实验科学的真正始祖是法兰西斯·培根（1561~1626年）。他著有《学术的进步》、《新工具》等书，认为自然界是物质的，不依赖于人的意识而客观存在着，并在有规律地运动着。他重视实践在认识中的作用，主张以实践检验真理，其认识论原则是首先接触和观察自然，取得知识素材；再通过实验和例证，对其加以检定；最后进行科学归纳，将其上升为普遍性知识。他认为只有归纳、分析、比较、观察和实验才是科学的认识方法，只有感性认识和理性认识相结合才能得到真正的知识。他还指出研究自然的目的在于掌握其客观规律，以便改造自然，为社会谋福利，因而提出"知识就是力量"的口号。但他又把真理分为理性真理与启示真理，因而并未与神学彻底决裂，而且他在强调科学实验的同时轻视社会实践，在强调归纳法的同时轻视演绎法和数学在推理中的作用。

  法国哲学家兼自然科学家笛卡尔（1596～1650年）则是西欧大陆理性主义哲学的创始人，代表作有《方法论》、《形而上学的沉思》、《哲学原理》等。他摒弃经院哲学的偏见，主张一切概念、信仰都须经受理性的审定。他提倡怀疑一切，但提出"我思故我在"，认为不能怀疑以"思维"为其属性的精神实体的存在。同时又承认以"广延"为其属性的物质实体的存在，认为在第一次外力推动之后，物质就不断进行机械运动，正是运动造成了物质的多样性。他认为这两种"有限实体"性质不同，各自独立，互不相干，因而在本体论上他是二元论者。此外，他还承认作为"无限实体"的上帝的存在，并认为有限实体派生于上帝，进而陷入唯心主义的泥潭。不过，他把关于超自然的学说叫做形而上学，把对整个自然界的研究称做物理学，在物理学领域他还是坚持了机械唯物主义的。在认识论上，他强调在认识过程中起决定作用的是理性认识，而不是感觉与经验，所以，他倡导理性演绎法，主张将数学研究中从明确无误的公理出发进行推导的方法应用于哲学研究，重视逻辑推理。他否认理性认识依赖于感性认识，反对培根的经验归纳法，以致无法说明理性认识的来源，最终只得归结为"天赋观念"，从而陷入了唯理论和先验论。

第 二 编
人类社会从分散发展向整体发展转变
(15、16世纪到19世纪)

第六章

海道大通和资本主义的兴起

> 1500年前后,在人类发展史上是一个重要的转折时期。此前世界各地区基本上处于闭塞状态,新旧大陆之间还是互相隔绝、互不相知的。但从1492年地理大发现之后,伴随着大航海时代的开始和商业革命的到来,西欧人驶向海外,进行早期殖民掠夺,使东西两半球开始直接交往。从此,海道大通,世界市场渐显端倪,进而使人类社会从分散发展向整体发展转变迈出了决定性的步伐,"历史也就越是成为世界历史"。①
>
> 16世纪的世界,人类社会经历了一次重大转折,即自给自足的封建农本经济受到了商品货币经济的挑战,在封建社会内部萌发出了资本主义的生产力和生产关系,进而开始了由农本而重商、由封建社会向资本主义社会过渡的剧烈变革。在这一重大转折关头,地处亚欧大陆西端的西欧地区发生了前所未有的巨大变化,率先进入了资本主义社会。16世纪的尼德兰和17世纪的英国,走在时代的前列。
>
> 伴随着荷兰、英国踏入资本主义社会的步伐,欧洲大国之间的争霸亦愈演愈烈。17、18世纪的欧洲,呈现出社会大动荡的局面,在国际关系上的表现是列强争夺领土和殖民地霸权的战争连绵不断,其次数之多,范围之广,都是前所未有的。经过近两个世纪的较量,英国和俄国的势力上升,荷兰和法国的势力下降,波兰被瓜分。这种动荡的结果,不仅改变了欧洲原有的国际政治格局,而且也为18世纪末法国资产阶级革命造成了一个不利的国际环境。

---

① 《马克思恩格斯选集》第1卷,人民出版社1995年版,第88页。

第一节 地理大发现与世界区域
隔绝状态的突破

一、大航海时代的开始

15~16世纪,随着封建社会的发展,亚欧很多封建国家的航海活动空前活跃。首先是亚洲传统农耕地区诸族,在摆脱蒙古游牧封建主的统治以后,社会经济获得恢复和发展,总的经济发展水平仍领先于欧洲各国,并相继建立一些比较稳定、强大的新的封建王朝。因而他们的航海活动,在先前达到的较高水平基础上又有进展,其中尤为突出的是阿拉伯人和中国人。

早在阿拉伯帝国鼎盛时期,以阿拉伯人为主的伊斯兰商人,为拓展西亚与东非、南亚、东亚之间的转运贸易,就已在印度洋上从事广泛而活跃的航海活动。阿拉伯帝国瓦解后,信奉伊斯兰教的阿拉伯人、波斯人和印度人在印度洋上的航海贸易活动继续发展,到12世纪时,他们已在从今索马里到莫桑比克的东非沿海地区建立了许多作为贸易据点的城镇,如摩加迪沙、马林迪、蒙巴萨、基尔瓦、索法拉等。阿拉伯人在这些城镇居于统治地位,通过与土著黑人通婚而形成新的族属斯瓦希里人。13~15世纪是这些城镇的繁荣时期,它们与波斯湾地区以及印度、爪哇等地都有频繁的贸易往来,可以直接通航,因而已经开辟纵横于印度洋上的各条航线。据传,1420年左右,有一位阿拉伯或印度的穆斯林航海家,还曾自东绕过非洲南端驶入大西洋。

长期以来执西太平洋区海上贸易牛耳的中国人,在15世纪初期明朝政权基本稳定以后,也曾进行过一场规模空前的远航活动。1405~1433年,明朝皇帝派遣太监郑和(1371~1435年)率领庞大的中国船队相继七下西洋。船队所属船只最多时达六十余艘,其中最大者长44丈,宽18丈,9桅,12帆,载重约2 500吨,"体势巍然,巨无与敌,篷、帆、锚、舵,非二三百人莫能举动";乘员最多时达27 800余人,包括各类官员、水手与士兵等。船队不仅遍访东南亚、印度、斯里兰卡、波斯湾和也门等地许多港埠,而且从苏门答腊经马尔代夫横渡印度洋直抵东非港口摩加迪沙、布腊瓦与马林迪等,将中国人和阿拉伯人在西太平洋和印度洋水域开辟的主要航线串通起来。因此,郑和远航实际上是综合东方各国人民既往航海活动所获成果的小结性航行,直接为未来世界海道大通做出了重要贡献。

但是,在当时亚洲国家里,依然是自给自足的自然经济居于主导地位,对外来商品的需求量十分有限;更何况当时西欧国家工艺水平尚低,还生产不出亚洲人民乐于使用的较优商品。因而尽管阿拉伯人,尤其是中国人已经具有进一步远航的能力,他们却并不谋求从印度洋直航西欧,而一直满足于在亚非地区进行航海贸易。中国郑和的远航,更是主要出于政治目的,试图通过"宣德化而怀远人",使"四夷顺而中国宁",其所进行的海外贸易也继续采取"贡赐"形式,"厚往而薄来",致使远航最终成为国家沉重的财政负担。在此情况下,郑和远航终成绝唱。

当时西欧国家的情况则迥然不同。西欧国家的航海技术在总体上尚落后于亚洲国家,如所造最大船只的载重量只有几百吨,所有船员都还缺乏远航经验。然而,他们建造的船,船体已经比较结实,装有多桅多帆;并且学会了使用罗盘,因而也已基本适合远航所需。特别是资本主义产生以后,出于加速资本原始积累的需要,大西洋沿岸的西欧国家急欲直接到传闻中十分繁荣富庶的远东去觅取黄金白银和珍贵商品。因为它们一则为西欧流通领域金银短缺所困,另则经过地中海区的传统的东西方商路,不仅早已被威尼斯和热那亚等意大利城市控制,而且也面临着被新兴奥斯曼帝国完全切断的威胁,致使它们能够获得的东方商品既少且贵。同时,这些西欧国家正在兴起的封建专制王权,已将资产阶级作为自己的社会支柱,逐步推行重商主义政策,将充当国际通用货币的金银视为社会财富的唯一形态,力求在对外贸易中保持和扩大顺差,以增加国家的金银储量,以致实行保护关税政策,鼓励商品出口。在这些国家中,西班牙和葡萄牙经济发展水平较低,既被卷入西欧国家之间的贸易体系,又在其中处于不利地位,因而也便较早地倾向去海外寻找金银财富和贸易机遇,鼓励和资助一些航海家去探寻直达远东的航路。

1415年,葡萄牙王子航海者亨利(1394～1460年)随父攻占非洲西北角的休达后,被委为该地总督。他获悉北非市场上的黄金、象牙和黑奴米自撒哈拉以南,便打算经海道去那里掠夺获取,乃创办航海学校和天文台培训远航人才,设计制造载重200吨且适合远航的轻便帆船,然后沿着非洲西海岸逐步向南探航,1441年,到达塞拉利昂一带。亨利王子通过掳掠当地黑人和黄金获得厚利,激起国内贵族、商人和教士进一步探航的狂热。1487年,由迪亚士(约1450～1500年)率领的一支新的探航远征队到达非洲南端好望角。1497年7月,又一支由葡萄牙国王提供经费、由四艘载重为50～200吨的船只和170名船员组成的探航远征队,在达·伽马(约1460～1524年)的率领下离开里斯本,沿非洲西海岸南下,绕过好望角后再沿非洲东海岸北上,于1498年4月到达马林迪,接着便由阿拉伯水手马季德领航横渡印度洋,一个月后即顺利到达印度西海岸的国际贸易中心卡利库特,从而完成了从西欧到印度的直达航路开辟活动。在卡利库特,他们带来的毛织品没有销路,其横蛮行径又遭到当地官府的追究,只得匆匆采购一些香料、丝绸和宝石等物后返航。即使如此,他们回到葡萄牙后,仍从运回的这些东方商品中获得了超过航行费用60倍的利润。

当葡萄牙人尚在非洲西部海域探航时,他们的屡有掳获就已引起西班牙人的嫉羡。因此,当意大利航海家哥伦布(约 1451~1506 年)以地圆学说为理论依据,向西班牙国王提出自己通过西航前往远东诸国的计划时,获得了支持。1492 年 8 月,哥伦布率领由载重 60~120 吨的三艘船舶和 90 名乘员组成的探航远征队,从西班牙的巴罗斯港出发,10 月到达巴哈马群岛中的华特林岛,随后还到过古巴和海地。他一直以为自己所到之处就是印度,直到 1501~1502 年通过服务于葡萄牙的意大利人亚美利哥·味斯普奇对巴西的考察,欧洲人始知那是一块"新大陆",乃称亚美利加洲。

1519 年 9 月,葡萄牙骑士后裔麦哲伦(约 1480~1521 年)也在西班牙国王支持下,启航远征东南亚盛产香料的摩鹿加(今马鲁古)群岛。他率领着由载重 75~120 吨的五艘帆船和 265 名乘员组成的远征队,从西班牙塞维利亚外港圣卢卡尔出发西航,次年 3 月横渡大西洋后抵达南美的阿根廷,10 月绕过美洲南端海峡进入太平洋,1521 年 3 月到达亚洲菲律宾群岛。麦哲伦企图利用土著部落之间的冲突征服该地,因而被杀。得以脱逃的 150 人分乘两艘帆船,在摩鹿加群岛换得一批香料后横穿印度洋南部直航好望角,途中又受到葡萄牙船的拦击,1522 年 9 月仅剩 18 人乘坐一艘帆船回到圣卢卡尔港,从而完成了人类的第一次环球航行。

16~17 世纪,西欧国家还进行过其他一些开拓性航行,其中比较重要的是 1642 年荷兰人塔斯曼航抵大洋洲。这样,在始于 15 世纪的大航海时代,主要通过西欧国家一系列探索性远航,基本实现了世界海道大通,揭开了世界历史发展的新篇章。

二、西班牙与葡萄牙的早期殖民掠夺

西欧国家之所以不避艰险地进行探航,完全是为了在海外侵占土地,奴役异族,掠夺财富,开拓市场,以致探航船队尚未出发,往往就已委任船队首领为"新发现地区"的总督,并详细规定他们在所得权益和财物中占有的份额。例如,西班牙国王事先就与哥伦布签订协议,规定封他为海军大将,任命他为新发现大陆和岛屿的总督;允许他获取新占领区出产和交换所得金、银、宝石、香料和其他财物的十分之一,免税,且对涉及这些财产的诉讼有审判权;让他对任何到新占领区去的商船,有权参加六分之一的投资,取得六分之一的利润。西班牙国王与麦哲伦的协议也有类似规定,让其拥有新占领地区行政长官的世袭权;可以获得首次远征所得利润的二十分之一;以后每个远征队出发,仍可投资 1 000 杜卡特,分得利润的五分之一。而且,探航经费一般也是通过集资筹措的,如哥伦布和麦哲伦的探航经费,就是除西班牙国王分别提供 87.5% 和 75% 以外,还有富商的投资,这些投资者都盼望着丰厚的回报。因此,随着西欧国家探航活动的进行,它们也就展开了疯狂的殖民掠夺。最早从事海外探航的西班牙人和葡萄牙人刚刚踏上美洲、非洲和亚洲的土地,两国就在罗马教皇的仲裁下签订了人类历史上第一批瓜分世界的条约,即1494年的《托尔德西里雅斯条约》和1529年的《萨拉戈萨条约》,大体上分别以西半球和东半球为各自的势力范围。

西班牙在东亚也曾占有菲律宾群岛,但其殖民活动主要在中南美洲。继1493年哥伦布奉西班牙国王之命第二次航抵美洲,在海地正式建立殖民统治之后,一批批西班牙没落贵族便纷纷循哥伦布旧例与西班牙国王签订协议,主要是国王许给他们在征服地区的官职、特权和财富,他们则允诺将新征服地区作为国王的属地,然后再由他们招募雇佣兵组成远征队实施征服活动。其中以1519～1521年科泰斯对墨西哥印第安人阿斯特克国家和1531～1532年皮萨罗对秘鲁印第安人印加国家的征服规模最大,最具血腥性。到16世纪中期,西班牙已基本完成对巴西以外中南美洲绝大部分地区的殖民征服,并占领北美部分地区。

16世纪,西班牙国内虽已产生资本主义,但封建制度依然比较强固,因而参与殖民活动者大多是日趋没落的封建贵族和骑士,统治与掠夺殖民地的方式杂糅资本主义和前资本主义诸种因素,具有浓厚的封建色彩。

西班牙对殖民地的统治,是其国内封建君主专制的直接延伸。在首都马德里设有直属国王的西印度事务委员会,专门负责制定殖民地政策和委任殖民地官吏。在殖民地则设立两个总督区。以墨西哥城为首府的新西班牙总督区,辖墨西哥、中美洲、委内瑞拉、加勒比海诸岛和菲律宾群岛;以利马为首府的秘鲁总督区,辖除委内瑞拉和葡属巴西以外的南美洲各地。总督在殖民地代行国王权力,总揽各方面大权。

在经济上,西班牙则在美洲殖民地推行授地制和委托监护制,在宣称殖民地全部土地都是王室财产,所有印第安人都是国王臣民的基础上,将大量土地和印第安人授给在那里的西班牙官吏、贵族及教士领有与监护。如征服墨西哥有功的科泰斯,就领有2.5万平方英里的土地和监护11.5万名印第安人。被监护者必须向监护人缴纳贡物和提供劳役,如智利的印第安人每年提供劳役160天,而在秘鲁和玻利维亚每年多达300天,同时却只能获得小块贫瘠土地作为份地。因而西班牙将国内的农奴制移植到了殖民地。但西班牙人在美洲殖民地广泛建立的种植园或畜牧场,生产运回西欧可获厚利的棉花、蔗糖、烟草等工业原料或畜产品,却是面向市场从事农牧业的。

西班牙殖民者在美洲除劫掠原有金银外,还大力开采金银矿。国王法令规定任何西班牙人都有在殖民地勘探和开发矿产的权利,只是矿主须向该地殖民当局登记,并将所产矿物价值的五分之一献给国王。大规模矿场则一般属国王所有。在矿场从事奴隶般劳动的,起初也完全是印第安人。

由于在种植园和矿场从事强迫劳动的印第安人生活条件恶劣,劳动强度极大，常遭毒打杀害，大多死于非命。如在矿场劳动的，每五人中就有四人在第一年中死去；在种植园劳动的，通常也只能存活 6～7 年，致使劳动力很快出现短缺。于是，西班牙人又伙同葡萄牙人将非洲黑人贩往美洲为奴，从而兴起奴隶贸易。

此外，西班牙人还垄断美洲殖民地贸易，规定其一切进出口货物，都必须由西班牙船装运，并且强制传播天主教，建立宗教裁判所。

葡萄牙在美洲也有殖民地巴西，但是它的殖民掠夺对象主要是非洲和亚洲各族人民。对社会发展水平与美洲印第安人相近的中部和南部非洲的居民，葡萄牙也基本采取了西班牙在美洲推行的殖民政策，即进行成片土地征服，移植国内封建农奴制度，建立种植园和开采金银矿，尤为突出的是掳掠和贩运黑人为奴隶。但是，葡萄牙的综合国力远不如西班牙，而亚洲大陆却遍布比西班牙还要强大的封建国家，如地跨亚、欧、非三洲的奥斯曼帝国，波斯的萨非王朝，南亚的莫卧儿帝国和中国的明朝等，葡萄牙通常都不敢与之正面交锋。因此，葡萄牙在亚洲难以进行大规模的领土征服，只能采取在沿海地区和一些岛屿建立诸多彼此呼应的据点，辅以经常游弋于据点之间的小型舰队，通过控制主要航道以垄断东西方贸易的方式去进行殖民掠夺。它设在印度西海岸果阿的总督府，在亚洲就只是统治着分散在印度洋和西太平洋航线上的一系列据点，如西亚的索科特拉、马斯喀特与霍尔木兹，南亚的第乌、达曼、果阿、卡利库特、柯钦和科伦坡，东南亚和东亚的马六甲、巨港、万丹与澳门等；而且对很多据点的统治也不是绝对的，往往须与土著王公分享权力。

葡萄牙人进行的殖民贸易亦具有明显的封建性，仍在很大程度上借助超经济强制手段。如被其运往西欧的部分货物，是他们强迫殖民据点的土著居民作为贡赋缴纳给他们，或是在他们武力胁迫下低价收购的当地土特产品；他们侵占马六甲后，便强迫中国商人和马来商人将自己贩运来的东亚与东南亚商品低价卖给他们。此外，他们还百般进行走私贸易，如由于明朝拒绝与之正式通商，他们就以 1557 年窃据的澳门为对中国进行走私活动的基地。他们在贸易活动中的欺诈行为也很突出，经常用西方生产的一些廉价小商品，如玻璃球、镜子、小刀、别针、玩具之类，去骗取东方国家的珍贵名产。因此，葡萄牙人往往从这种东西方贸易中获得数十倍乃至上百倍的高额利润。如 1521 年在摩鹿加群岛以 2～5 杜卡特购进的 1 公担丁香，运往英国后售价高达 336 杜卡特；通常在印度以 3 杜卡特购进的 1 公担胡椒，运抵里斯本后亦可卖得 40 杜卡特左右。

三、世界市场渐显端倪

世界海道的基本沟通和西班牙、葡萄牙的早期殖民活动，打破了世界的区域隔绝状态。先前主要只是在邻近国家或区域之间发生某些商业交往，根本不存在真正的世界性贸易中心；如今却是相距甚远的国家或区域之间也开始有了直接而频繁的贸易往来，国际贸易日益具有全球规模。因此，区域性的国际贸易逐步发展为全球性的世界贸易，以大西洋沿岸西欧国家为中心的世界市场渐显端倪。

早期世界市场的出现是与跨洋贸易的兴起联系在一起的。16世纪，葡萄牙人基本控制着从西欧绕好望角到达东亚的航路，因而也主要由他们开拓和垄断从大西洋越印度洋到西太平洋的跨洋贸易，并将东西方贸易扩大到新的规模。不过，当时葡萄牙人进行的东西方贸易，还不是为西欧产品开辟东方市场，而只是为西欧市场提供更多的东方商品，尤其是香料。所以，东西方之间的这种跨洋贸易，一则导致运往西欧的东方商品空前增多，仅香料就骤增30倍，以前威尼斯商人每年从地中海东岸港口城市转贩西欧的胡椒不超过2 100吨，如今仅被葡萄牙人运往里斯本的香料即达7 000吨；另则也导致了更多的金银流向东方，1600年左右，以葡萄牙人为主的西欧国家在与亚洲国家的贸易中，每年要支付约八万公斤的白银，仅支付给中国的即达六千至三万公斤。

西班牙在美洲的殖民活动，更直接导致西欧与美洲之间跨洋贸易的产生。虽然美洲印第安人社会发展比较缓慢，但是西班牙人在美洲殖民地广泛建立种植园从事单一作物生产，以及开采矿藏，不仅直接生产大量的棉花、蔗糖、烟草等工业原料以及金银等矿产品用以输出，而且由于大批西班牙移民涌入美洲，尤其是强迫许多印第安人在种植园和矿坑劳动，迫使他们脱离自己的生产资料，由自给自足的小生产者变成直接或间接依靠市场供应生活必需品的雇佣劳动者或奴隶，同时又使美洲居民对日用品市场产生日益扩大的需求。这样一来，起初主要由西班牙人进行的将美洲所产工业原料输往西欧，将西欧所产日用品输往美洲的跨越大西洋的贸易也便随之产生，并以一定的社会分工为基础。

西班牙人伙同葡萄牙人进行黑奴买卖，则促成了非洲与美洲之间跨洋贸易的兴起。早在1502年，葡萄牙殖民者就已开始将非洲黑人运往美洲西班牙殖民地卖为奴隶。据估计，在16世纪，葡萄牙人仅从西非就运走50万黑人。他们在非洲获取黑人的方式，起初也完全是使用赤裸裸的暴力，通过组织捕奴队去进行猎捕。在猎捕过程中，经常使很多黑人的村庄庐舍为墟，血流成渠，被屠杀者比被捕走者还多。

西班牙人为了使美洲殖民地能够获得进价比较低廉的东方商品，还以菲律宾为采购东方商品的基地，从而又导致亚洲与美洲之间跨越太平洋的贸易来往日趋频繁。通过这种贸易，西班牙人在美洲掠得的金银也有相当部分流往亚洲。1602年，墨西哥殖民当局在其向西班牙国王的报告中称，每年从阿卡普尔科港运往马尼拉的主要用于采购远东商品的白银，通常为14.375万公斤，其中1597年曾多达34.5万公斤。

此外，从事环球贸易的西欧商人亦渐增多。他们先将西欧产品运销美洲，再将美洲特产销往亚洲，最后将亚洲商品贩往欧洲。

这种世界市场是通过西班牙和葡萄牙等西欧国家的早期殖民活动而粗具轮廓的，因而不同民族或国家在其中所处的地位极为悬殊。亚、非、美洲各族各国人民，不是沦为殖民地属民，惨遭掠夺宰割，就是开始面临严峻挑战，必须作出历史抉择。只有西欧国家居于主宰地位，大受其益。它为西欧国家的新兴资产阶级提供了空前广阔的活动场所，有力地推动着西欧国家资本的原始积累，从而加速了西欧国家从封建社会向资本主义社会过渡的历史进程。

西班牙人和葡萄牙人虽然充当了海外地理发现与殖民掠夺的先锋，但是，他们国内的工农业生产都比较落后，面对海外许多地区对西欧商品需求量的增加，他们只得主要贩运英、法、尼德兰等先进国家或地区的产品。因此，世界市场开始出现，有力地刺激着西欧一些国家工场手工业的发展，使英国的伦敦、尼德兰的安特卫普与西班牙的塞维利亚、葡萄牙的里斯本一起，成为16世纪世界性的贸易中心。

同时，海外贸易的空前扩大，以及大量金银从美洲和非洲涌入，使西欧在16世纪流通的金银数量急剧增加，黄金从约55万公斤增至119.2万公斤，白银从700万公斤增至2 140万公斤，还曾引发西欧的物价猛涨。到16世纪末，西班牙的物价平均上涨四倍多，英、法、德等国的平均物价也上涨两倍左右，其中农产品价格又比工业品价格上涨得更多。在物价上涨过程中，西欧价格体系得到调整，有助于市场机制在社会经济发展中更好地发挥作用；更重要的是西欧社会的阶级关系发生更加迅速的变化，以致被称为"价格革命"。一方面是按传统方式收取定额货币地租的封建主，其实际收入因货币贬值而减少，愈趋没落；广大城乡雇佣劳动者亦因工资提高的幅度明显小于物价上涨的幅度，更加困苦；另一方面则是从事资本主义经营的资产者、新贵族和富裕农民，既能高价出卖产品，又可减少雇工支出，从中获得更大好处。所以，价格革命也是加速西欧国家封建制度解体与资本主义发展的重大历史事件。

第二节　西欧一隅率先进入资本主义社会

一、转折时期的西欧

15、16世纪的西欧各国，随着新航路的开辟，国际贸易中心从地中海向大西洋沿岸的转移以及西欧农耕社会内部日益活跃的商品经济的发展，各民族、各地区之间闭塞状态逐步发生了具有世界意义的突破。它使西欧在世界历史的演变中具有举足轻重的作用。

当时的西欧，商品经济十分活跃。城市周围的农耕地区已能为城市提供足够的剩余粮食和某些必要原料,能以剩余农产品交换城市产品,使城市居民逐渐减少以至放弃农耕而专心致力于工商业。以尼德兰和英国为代表的西欧地区,由于耕地面积的扩大,轮耕制的采用,园艺业的发展,新的高产作物从美洲的引进,三叶草等新饲料的种植等等,使得农业生产有了成倍的增长。与此同时,西欧诸国的乡村工业也得到了迅速的发展。以英国乡村毛纺业为例,到15世纪,许多兴起的职工聚居点和以纺织业为主的乡区小市镇星罗棋布,它们生产的"新毛呢"所开拓的市场,逐渐取代了旧城市封建行会制下的毛纺织业。这种"新毛呢"在英国毛纺业中的大量涌现,为生产的社会化起了开拓作用,近代意义上的工业也随之应运而生。在英国,不仅毛纺织业,还有麻织业、针织业,以及采矿、冶金、制盐、造纸、制革等等工业也在乡村地区发展起来。同时期的尼德兰,其乡村工业虽然门类与英国略有不同,但也呈现出同样的发展趋向,即步入生产社会化的近代工业的起点。由此可见,16世纪前后的西欧,已经率先进入从封建主义过渡到资本主义的剧烈的变革时期。

这一时期的基本特征是:封建关系日趋瓦解,资本原始积累加紧进行,资本主义生产方式初步发展,人民大众的反封建运动日益高涨,新兴资产阶级的出现及其与封建制度在经济、政治、思想、文化诸方面的斗争激烈。

转折时期的西欧,在社会发展的各个方面都开始跃居世界的前列,这是16世纪发生的重大变化。中世纪晚期的亚洲,尤其是明代的中国、莫卧儿时期的印度、奥斯曼土耳其帝国以及萨非王朝前的波斯等亚洲国家,无论是强盛程度还是财富积累方面都略胜于欧洲。但是,到了16世纪,从社会经济发展的总体水平看,西欧已经走在亚洲的前头。这主要表现在,资本主义关系发展的广度和深度,国际贸易的规模,震撼全欧洲的文艺复兴和宗教改革运动等意识形态方面的反封建斗争等等,西欧都把亚洲抛在了后面。

16世纪西欧的另一重大变化,是海外殖民扩张的加强,促使欧、美、亚、非四大洲建立了经常性的联系。这一新变化,不是各地区、各民族平等交往的结果,而是西欧殖民主义者对外殖民扩张的产物。西班牙、葡萄牙是这一殖民扩张的急先锋。至16世纪时,大半个美洲和亚洲一些岛屿都成了西、葡的殖民地,亚、非沿岸也有它们的殖民据点。西欧殖民者的对外扩张,一方面给被侵略地区和民族带来了深重的灾难;另一方面也对世界各地从分散向整体发展产生了深远影响,即四大洲之间建立了经常性的贸易往来,新的世界市场萌芽开始出现:欧洲的手工业产品开始远销亚、非、美三大洲,亚洲的纺织品和香料、非洲的黄金和象牙、美洲的金银和珍贵木材,也不断地运往欧洲。此外,血腥的黑人奴隶贸易,更是把欧、非、美三大洲紧密地联系在一起。

16世纪的殖民扩张和国际贸易,对欧洲各地区的影响是不平衡的。在东欧,影响较弱,俄国受冲击很小,北欧波罗的海沿岸国家,还向西欧供应农产品,农奴制反而有所强化。意大利和德意志因新航路的开辟引起国际贸易中的转移而受到打击,经济呈现衰弱之势。唯独西欧大西洋沿岸的国家,既处于新航路的要冲,又是国际贸易的主要受益者,所以这一地区资本主义性质的商业和手工业迅速繁荣和发展起来,为西欧成为资产阶级革命的发祥地奠定了基础。

二、尼德兰对西班牙帝国的挑战

16世纪的尼德兰① 是西班牙的属地,也是资本主义最发达、新教思想最活跃的地方。1556年,菲力普二世(1556~1598年在位)继任西班牙王位后,自封为西欧封建秩序的保护人和正统天主教的卫道者,妄图依靠武力和天主教奴役整个欧洲。为此,他要把尼德兰变成奴役欧洲和建立世界霸权的基地,决心消灭这个"异教的温床",这就使尼德兰成了当时欧洲阶级矛盾和民族矛盾的集合点。在16世纪欧洲已经出现的农民运动、资产阶级运动、民族运动和宗教改革运动猛烈冲击着封建制度的战场上,尼德兰成了一个前哨阵地和突破口,开始对西班牙帝国发起严重的挑战。

16世纪的西班牙,是一个庞大的封建殖民帝国。在查理一世统治(1515~1556年在位)期间,西班牙已经成为一个地跨欧、美、非三洲的殖民大帝国和最强大、最野蛮的霸权主义者。菲力普二世上台后,西班牙野蛮的军事占领、民族奴役、宗教迫害和一系列经济搜刮措施,同时向尼德兰人民袭来。

16世纪的尼德兰有"城市国家"之称,17个省区的300万人口,多数居住在三百余座大小城市里。发达的传统工商业,优越的地理条件,使它的工业在16世纪已进入资本主义工场手工业阶段。三种形式不同的手工工场②,其经济实质都是资本主义性质的,都体现了"劳动的代表和资本的代表间的分裂"(恩格斯语)这一基本特征。到16世纪中叶,遍及尼德兰城市和部分农村的各类手工工场星罗棋布,而且规模日益扩大。

在商业和国内外贸易上,尼德兰有着得天独厚的条件。北部的阿姆斯特丹是一个迅速兴起的国际性商业城市,在16世纪中叶已成为北欧运输贸易的中心。南部的安特卫普既是尼德兰的新兴工业基地,也是16世纪欧洲的商业和金融中心。安特卫普的商业贸易和金融信贷都是按资本主义方式组织的。商务活动中心是商品交易所,交易所大厦的门口悬挂着"供所有国家和民族的商人使用"的铜牌,每天有近5 000名各国客商在这里根据陈列在大厅内的货物样品签订交易合同。与此同时,证券交易所规定各种流通货币、有价证券、期票的行情。商人交易时很少支付现款,往往使用和寄给银行的汇票。当时有一千

---

① "尼德兰"一词是荷兰文的译音,意为"低地",相当于今荷兰、比利时、卢森堡和法国东部的一部分地区。
② 当时尼德兰有集中的、分散的和集中与分散相结合的三种不同形式的手工工场。

多个外国的商务办事处在安特卫普有常设分支机构。到 16 世纪,一个稳固的国内市场也在尼德兰形成。它的主要中心是互相竞争的安特卫普和阿姆斯特丹。

在经济发展的同时,尼德兰的阶级结构也发生了变化。昔日贵族的光辉暗淡失色,从封建主阶级中分化出一部分人从事资本主义的经营活动。由商人、包买商、手工工场主、农场主组成的城乡资产阶级正在形成,其中商业资产阶级占首要地位。由手工业者、下层市民、破产农民组成的前无产者和渔民、农民是 16 世纪尼德兰社会政治运动的主力军。虽然当时尼德兰的资产阶级和前无产者都尚未成熟,但是它们的切身利益与统治着尼德兰的西班牙殖民主义者及其封建制度的矛盾愈演愈烈,终于在 16 世纪中叶爆发了革命。

三、17 世纪标准的资本主义国家

16 世纪尼德兰资产阶级革命(1566~1609 年)的结果,是诞生了世界上第一个资本主义国家——荷兰共和国。

这场革命是由尼德兰的手工业者、城市平民和农民在 1566 年 8 月发动的"破坏圣像运动"开始的。1572 年 4 月,由西兰省布里尔城"海上乞丐",带头发起的北方各省人民武装起义,标志着革命进入武装斗争阶段。同年 7 月,在北方七省议会上,代表大资产阶级和部分贵族利益的贵族反对派首领奥伦治亲王威廉(1533~1584 年)担任总督,掌握了革命领导权。1576 年 9 月,布鲁塞尔爆发人民起义,推翻了西班牙在尼德兰的最高统治机构,革命运动的中心向南转移。同年 10 月,全尼德兰三级会议签订的《根特和解协定》,是南北双方大资产阶级与贵族的妥协,人民斗争继续高涨。1581 年 7 月,北方七省的三级会议正式宣布废黜菲力普二世,脱离西班牙,建立独立的"联省共和国"。此后,又经过二十多年艰苦曲折的斗争,于 1609 年 4 月 9 日迫使西班牙在 12 年休战协定上签字,事实上承认了联省共和国的独立。因联省共和国中以荷兰省为最大、最富,故不久改称为荷兰共和国。1621 年,西班牙再次挑起对荷兰的战争,直到欧洲三十年战争(1618~1648 年)结束时,西班牙才正式承认荷兰的独立。

16 世纪的尼德兰革命,是反对西班牙殖民统治的民族独立战争,也是人类历史上首次成功的资产阶级革命。这次革命以它鲜明的特点、出色的成果和深远的影响,在世界历史上树立了一座丰碑,它宣告人类历史在从封建制度向资本主义制度过渡的行程中,西欧资产阶级已带着夺取政权的要求登上了斗争舞台。它的胜利,充分体现了欧洲资产阶级和人民大众要求摆脱封建制度的束缚、发展社会生产力的愿望。同时,它也集中地反映了世界历史从分散发展向整体发展这一转折时期的本质和主流,代表了人类历史前进的方向。

尼德兰革命并不是一个孤立的事件,16 世纪的英国、法国、德意志和西

斯拉夫地区，都程度不同地兴起了反封建斗争。在西班牙帝国境内，1569～1571年，摩里斯哥人举行了武装起义；1585年，阿拉图的农民揭竿而起；1527～1530年，意大利的佛罗伦萨爆发了反对美第奇家族和西班牙侵略者的斗争。这些斗争都在客观上与尼德兰革命互相支持与配合，致使称霸一时的西班牙帝国从欧洲霸主的座位上跌落下来，并且无可挽回地衰落下去。西班牙帝国的衰落，为世界资本主义的发展扫除了一大障碍，也使荷兰共和国成了"17世纪标准的资本主义国家"。

荷兰共和国的诞生，在经济上有力地促进了欧洲资本主义的发展和世界市场的形成。马克思的《资本论》在分析资本原始积累的主要因素后接着指出："跟踵而来的是欧洲各国以地球为战场而进行的商业战争。这场战争以尼德兰脱离西班牙开始"，荷兰是先于英国成为"第一个充分发展了殖民制度的"国家，"在1648年就已达到了它的商业繁荣的顶点"，"商业上霸权造成了工业上的优势"①。到17世纪40年代，荷兰已成为在亚、非、美三洲占有殖民地，在大西洋、太平洋、印度洋上享有独占贸易权的国家。在波罗的海、北海以及地中海沿岸的贸易，荷兰都遥遥领先。在与俄国的进出口贸易中，它也排挤了英国而跃居首位。这个"海上马车夫"拥有当时世界上最庞大的船队，其商船吨位数占当时欧洲总吨位数的四分之三。直到17世纪末，荷兰对殖民地的贸易额比英国还大一倍。在资本主义的商业史上，荷兰是先于英国成为推进世界市场形成的主角。直到18世纪，荷兰还是英国的债权国，它曾一度掌握了英格兰银行和英属东印度公司股票的三分之一、英国国债的40%以上。荷兰于1609年创办的阿姆斯特丹国家银行，是比英格兰银行（1694年成立）创办更早的第一个资本主义类型的国际银行。至于在造船业、农业的排水工程方面，它更是走在世界的前列。这一切都表明，荷兰共和国对17世纪欧洲资本主义的发展和世界市场的形成都起了举足轻重的作用。恩格斯直到晚年还认为：荷兰和英国都是"体现着这个时期世界市场新方向的国家"②。

在政治制度上，荷兰共和国的最高权力机构是三级会议，常设的行政机构是国务会议，地方上有省议会和市议会。三级会议由各省教士、贵族和资产阶级的代表组成，拥有立法、征税、宣战、缔约等权力。各省无论代表人数多少，都只对本省议会决定的问题有一票表决权。国务会议由12名顾问委员组成，首脑是执政，由奥伦治·威廉家族世袭。它的代表名额根据各省向国库缴纳的税款多少而定，这有利于那些资本主义最发达省份的资产阶级左右国策。该共和国虽然没有法定的国家元首，但执政、大议长实际上是国家政权的主角。这种政治制度体现了联邦式的资产阶级议会代议制的实质，是对"王权神

---

① 《马克思恩格斯选集》第2卷，人民出版社1972年版，第255、258页。
② 《马克思恩格斯全集》第39卷，人民出版社1974年版，第462页。

授论"和西班牙封建殖民统治形式的一次革命,也是向资产阶级君主立宪制的一种过渡。

在思想文化上,新生的荷兰共和国成了17世纪资产阶级的思想、文化、科学和艺术的中心。昔日的宗教裁判所,现在成了资产阶级自由思想的扩散地。1575年创办的来登大学,是欧洲第一所新教大学。到1645年,全国有六所著名的大学。阿姆斯特丹和来登的印刷、出版、发行事业在当时的欧洲首屈一指,不少书报杂志行销国内外。许多受封建专制制度迫害的外国新教徒和进步学者曾避居荷兰。例如,法国著名的哲学家、数学家笛卡尔(1596~1650年)曾留居荷兰20载,完成了他的主要著述;英国的政治思想家托马斯·霍布斯和约翰·洛克,都在荷兰居住过。资本主义也哺育了荷兰本国一批举世闻名的思想家、科学家和艺术家。胡果·格老秀斯(1583~1645年)是近代资产阶级政治思想的开拓者和国际法的奠基人,他的名著《战争与和平法》、《论海上自由》等,至今仍为资产阶级国际法学者所引用。别涅狄克特·斯宾诺莎(1632~1677年)的形而上学唯物主义哲学主张,对西方近代哲学及政治思想的发展起了推动作用。科学家克里斯蒂安·惠更斯(1629~1695年)的数学、力学和光学的研究成果,使他在自然科学界享有盛誉。现实主义画家伦勃朗(1606~1669年)的许多反映新兴资产阶级风尚和情调的杰作,生动地描绘了市民的精神风貌、世俗的生活场景、自然景色和航海活动,对后来资产阶级的美学和绘画艺术的发展都产生了不可低估的影响。这些新思想、新文化、新科学对天主教会、封建神学的毁灭性打击,对资产阶级世界观的形成和科学文化事业的发展都起了积极的推动作用。

四、英国君主立宪制度的确立

16世纪的英国,其领土包括英格兰、威尔士和爱尔兰北部的一部分殖民地。1603年,都铎王朝的最后一个统治者伊丽莎白女王病死,因其无嗣,由玛丽·斯图亚特之子、苏格兰国王詹姆斯六世继承英格兰王位,称詹姆斯一世。从此,斯图亚特王朝开始统治英国。詹姆斯虽然一身兼任两国国王,但是英格兰和苏格兰此时并未合并,仍保持着各自的政治体制和宗教信仰。

17世纪的英国,还是个封建农业国。在近500万人口中,城市居民仅占五分之一。但是,在资本主义经济发展上,英国有许多有利条件和突出特点:

(一)圈地运动的发展使资本主义深入农村,破坏了封建生产关系的基础,为资本主义的发展提供了廉价的劳动力。早在14世纪末,英国农奴制已经瓦解,大多数农民成为自耕农。到16世纪,圈地运动在国内大规模展开。

圈地运动实质上是资产阶级和新贵族用暴力在农村进行的资本原始积累运动。它的结果,一方面使大批农民被赶出家园,脱离原有的生产资料,不得不出卖自己的劳动力,变成资本主义性质的牧场、农场的农业工人或城市工场的工人;另一方面,它又破坏了英国农村传统的封建庄园制度,使封建土地所有制和村社公有地逐渐转变为资本主义的土地所有制,这就破坏了封建的自给自足的自然经济,促使家庭手工业向工场手工业过渡,为资本主义工商业的发展扩大了国内市场。

(二)海外贸易迅速扩大,为资本主义的发展积累了资金,提供了市场。15世纪末,新航路开辟后,英国地处世界贸易航道的要冲,使海外贸易的扩大有得天独厚的条件。16世纪与17世纪之交,在国王的特许下,英国相继建立了许多海外掠夺性贸易的垄断公司①,给王室和少数特权商人带来了巨额财富,加速了资本原始积累的进程,扩大了国外市场,促进了资本主义工商业的发展。

英国是世界上最早形成议会制的国家。早在13世纪,英国议会就分为上、下两院。上院又称贵族院,由世袭贵族和高级僧侣的代表组成;下院又称众议院,由城市富裕市民和中、小骑士的代表组成。到17世纪上半期,资产阶级和新贵族的代表在下院中占据优势,他们有权讨论和决定财政问题,使议会成了同封建王权作斗争的重要场所。

随着资本主义因素向各方面渗透,到1640年,国内阶级矛盾激化,终于导致了一场规模空前的革命运动。这场革命的主要对象是国王、国教和贵族三位一体的封建反动势力,主力是农民、城市平民和手工业者,领导者是资产阶级和新贵族。在历时半个世纪的斗争中,英国革命大致经历了四个阶段:第一阶段,议会斗争和群众运动时期(1637年~1642年7月)。议会内,资产阶级、新贵族的代表与国王势力展开斗争。议会外,城乡人民群众举行反对专制王权的暴动和起义;第二阶段,两次内战时期(1642年~1648年9月)。议会军在人民大众的积极参与和支持下,在战场上打败了王军,囚禁了国王,为革命的胜利打下了基础;第三阶段,共和国建立和克伦威尔军事独裁统治时期(1649年~1658年9月)。审判和处死国王查理一世,建立英吉利共和国,以克伦威尔为首的护国政府建立了资产阶级的军事独裁政权;第四阶段,封建王朝复辟到1688年政变时期(1660年5月~1688年12月)。查理二世复辟了斯图亚特王朝,力图恢复旧的封建统治秩序,但资产阶级、新贵族和土地贵族双方达成妥协,发动宫廷政变,建立了君主立宪制的新政体。

在英国革命的进程中,两次内战(1642年8月~1646年6月;1648年4~9月)是革命成败的关键,而克伦威尔是一个举足轻重的人物。内战初期,

---

① 其中1579年建立的东陆公司,专营波罗的海沿岸的贸易;1581年建立的土耳其公司,经营土耳其控制下的近东贸易;1588年建立的皇家非洲公司,专事黑人奴隶贸易;1600年建立的东印度公司,垄断了印度、中国和亚、非两洲许多国家的贸易。这些公司均带有海外掠夺的性质。

掌握议会军领导权的长老会派优柔寡断，贻误战机，不愿与国王真正决裂，不想消灭君主制度，把当时的战争只看作是迫使国王让步的一种手段，所以，在内战开始的头两年，议会军一直处于被动挨打的局面。

在议会军节节败退的困境下，只有克伦威尔组织和领导的骑兵队在1644年7月2日的马斯顿草原会战中，以凌厉的攻势击溃了鲁波特亲王率领的王军，从而扭转了战局。马斯顿草原大捷是议会军由失败走向胜利的转折点，也是议会军的领导权从长老会派手中过渡到独立派手中的转折点。7月16日，议会军攻克约克城，旋即又收复了王军控制的北部地区。克伦威尔率领的骑兵队因屡建战功，获得了"铁骑军"的美称，他本人也因军事才能卓著和斗志顽强而声威大震。

为了从根本上扭转战局，全面提高议会军的战斗力，克伦威尔在1645年1月迫使议会通过了改组军队的《新模范军法案》。这支以"铁骑军"为榜样新组建的军队称"新模范军"，有两万两千人。这些士兵以自耕农为骨干，许多手工业者、学徒和工匠也纷纷加入。他们纪律严明，英勇善战，充满了革命激情和清教徒的热忱，许多中、下级军官来自民间，但军事大权实际掌握在克伦威尔手中。

奥利弗·克伦威尔（1599～1658年）出生于亨丁顿郡一个中等乡绅家庭，是一位虔诚的清教徒。在1628、1640年，他两次被选为下院议员。"长期议会"开幕后，他是下院反对派成员之一，曾参与起草《大抗议书》。1643年约翰·皮姆死后，他成了独立派议员的领袖。

新模范军投入战斗后，内战局面迅速改观。1645年6月14日，在北安普敦郡的纳斯比战役中，克伦威尔率领议会军歼灭王军主力一万余人，还缴获了国王私通法国和爱尔兰的秘密文件。随后新模范军乘胜追击，在一年之内扫荡了王军几十个据点，并于1646年6月24日攻克了王军大本营牛津。查理一世眼看大势已去，乔装成仆人逃到苏格兰，第一次内战结束。1647年2月1日，英国议会以40万英镑把查理一世赎回，囚禁在纳斯比附近的洪比城堡。

第一次内战结束后，革命阵营内部议会和军队的矛盾尖锐起来。长老会派利用战争的胜利和对议会的控制权，在采取了许多有利于大资产阶级和新贵族上层分子的措施后，不顾人民的苦难，就要停止革命。他们下令解散军队，暗中与国王勾结进行恢复王位的谈判。独立派虽然也不顾人民的苦难、害怕革命深入，但他们更不愿长老会派独吞胜利的果实，因此，在军队和人民群众的推动下，克伦威尔不仅把国王从议会的保护下夺取过来，关押在军队的大本营，而且在1647年8月6日率军进入伦敦，以武力威胁驱逐了一部分长老会派议员，控制了议会的实权。

独立派掌握了军政大权后，同样无视人民大众的政治、经济要求，也力图与国王妥协，要求建立君主立宪制度。此时，在广大士兵和城乡小资产阶级中,涌现出了以约翰·李尔本(约1614~1657年)为领袖的平等派。他们要求继续推进革命,提出了取消国王和上院、实现普选权和信仰自由、取消圈地、废除教会什一税、改革税制、建立资产阶级民主共和国等主张。1647年,平等派运动首先在军队中兴起。同年11月爆发了武装示威,但当即遭到克伦威尔的镇压。

正当克伦威尔镇压士兵起义、解散军队委员会的时候,查理一世于1647年11月趁机逃出监护所,妄图在苏格兰长老会派的支持下卷土重来,但不久被抓回。次年2月,各地许多王党分子发动叛乱,4月,内战再起。

大敌当前,以克伦威尔为首的独立派为了取得士兵的支持,不得不口头上答应平等派的要求。在全军会议上,两派决定联合起来,打败王党。矛盾的暂时解决使新模范军重振军威,只经过几个月的战斗,就击溃了王党叛军和苏格兰入侵军。9月,议会军占领了苏格兰的首都爱丁堡,再次俘虏了国王,第二次内战又以议会军的胜利而告结束。

克伦威尔回师伦敦后,在士兵和人民群众的坚决斗争和强大压力下,清除了议会中一百四十多名长老会派议员,并由议会和军队的135位代表共同组成了审判国王的特别最高法庭。1649年1月19日,查理一世被押回伦敦;27日,该法庭判决他是"暴君、叛徒、杀人犯和我国善良人民的公敌",处以死刑;30日,查理一世被推上白厅前广场上的断头台,当众处死。3月,议会通过决议,废除君主制,取消上院,成立国务会议。5月19日,议会正式宣布建立共和国,行政权属于国务会议。至此,英国资产阶级革命发展到了顶点,后来虽然经历了克伦威尔的军事独裁统治和1660年至1688年的斯图亚特王朝复辟时期,但在1688年政变后,一种新型的国家制度在英国逐步确立下来。

英国革命所建立的新型国家制度,就是君主立宪制政体,这是一种议会权力高于王权的政治体制。革命前的英国国王不仅享有行政和司法大权,而且可以任意侵犯议会的立法权和财政权。但是,在1688年政变的决议中,议会在邀请荷兰执政奥伦治·威廉三世和玛丽女王共同统治英国的同时,就向他们提出了一个"权利宣言",要求国王以后未经议会同意不得取消任何法律的效力,不能征收赋税。威廉和玛丽登上王位后,以辉格党和托利党为代表的资产阶级和土地贵族又利用自己所控制的议会,通过了一系列法案来限制王权①,从而把管理国家的实权转移到议会手中,形成了议会权力超过王权、国王"统而不治"的君主立宪制政体。这种政治体制从根本上改变了封建社会王权的专制统治,使之成为有利于资本主义发展的新型政体,使英国议会完成了由等级代议机构向近代国家立法机构的转变,进而为18世纪英国内阁制度的形成和工业

---

① 如1689年10月议会通过的《权利法案》、《叛乱法案》;1701年议会通过的《王位继承法》等。

革命的开展创造了条件。

第三节 欧洲大国的争斗与波兰被瓜分

一、英、荷争夺海上霸权

17世纪，在欧洲列强争夺殖民地和海上霸权的舞台上，荷兰和英国是两大主角。

到17世纪上半期，原来的霸主西班牙衰落下去，新兴的荷兰共和国成为头号贸易大国和殖民强国。当时的荷兰夺取了广阔的海外殖民地：它除了从葡萄牙人手中夺取了南非的好望角、锡兰、印度的马拉巴海岸、科罗曼德海岸和马六甲外，还占有北美的新尼德兰（今纽约），南美的圭亚那，非洲的部分沿海殖民地，亚洲的爪哇、苏门答腊和婆罗洲的一部分。在1622~1642年，荷兰强占了中国的领土台湾。在海外扩张中，1602年成立的东印度公司和1617年成立的西印度公司等商业组织，根据政府颁发的特许状，享有许多特权。荷兰正是利用这些独占贸易公司作为强有力的工具建立了自己的殖民霸权。但是，好景不常，到17世纪中叶，荷兰的殖民扩张受到了英国的挑战。

英国在17世纪初就开始了殖民扩张。从1607年到1733年间，它占据了北美大西洋沿岸的狭长地带，先后建立了13个殖民地。与此同时，英国也把触角伸向印度，到1688年，它已在印度侵占了加尔各答、圣·乔治要塞和孟买等三个重要据点。在西印度群岛，英国占有牙买加、巴巴多斯及巴哈马；在非洲占有冈比亚和黄金海岸。

英国在17世纪的海外殖民活动中，对它威胁最大的是荷兰，因为英国船只所到之处，荷兰都是它最危险的竞争者，加上荷兰在英国革命爆发后夺取了北海和英吉利海峡的制海权。为了打击荷兰，英国在1649年共和国刚刚建立时，就大规模地扩充海军，仅1652年秋决定建造的军舰就有30艘。在增强海军实力的同时，英国国会于1651年10月通过了主要针对荷兰的《航海条例》。该条例规定：自1651年12月1日起，任何商品除非由英国船只载运，都不得输往和输出英国殖民地，否则，全部进出口货物及船舶，应予没收。处于上升势头的荷兰，断然拒绝接受该条例，并于1652年7月28日发动战争。荷、英双方除了在两国近海交战外，还在地中海、印度洋以及连接波罗的海和北海的各海峡同时进行海战。由于英国有较强的工业基础作后盾，它的海军技术装备先进，组织严密，无论在数量上还是在质量上都占优势。经过近两年的较量，结果荷兰败北。根据1654年4月15日缔结的《威斯敏斯特和约》，荷兰实际上承认了英国的《航海条例》，并保证赔偿从1611年起给英国东印度公司造成的损失。随后，英荷双方又进行了第二次（1665~1667年）、第三次（1672~

1674年)战争,结果都是工业的英国彻底战胜了商业的荷兰,从而为英国取得海上霸权和殖民地霸权奠定了基础。而荷兰不仅丢失了在北美的殖民地,而且丧失了海上霸主的地位。到18世纪中叶,荷兰已降为欧洲次等国家。

二、英、法的世界角逐

在18世纪争霸世界的舞台上,英、法是主要的对手。在17世纪,英国争夺世界霸权的重点在海洋,法国的重点在大陆,双方从各自的利益出发,都暂时采取了克制的态度,没有进行大规模的战争。但是,自1688年政变后,英国的新政权改变了斯图亚特复辟王朝亲善、尾随法国的政策,竭力利用一切机会打击法国,结果使英、法两国的矛盾急剧恶化,以致于成为整个18世纪欧洲国际关系中的主要矛盾。

英国为了打败法国,在国际斗争中多次与反对法国的国家建立同盟,并且以金钱和武器资助它们与法国作战,而自己则集中海军力量在海外打击法国,夺取它的殖民地。这种斗争策略,充分体现在18世纪欧洲三次重要的国际战争中,争夺的范围波及欧洲、北美、非洲和印度等地。

西班牙王位继承战争(1701~1714年)是18世纪初英、法等国争夺海上霸权和殖民地霸权的第一次大冲突。1700年11月,西班牙国王查理二世死后无嗣,法国和奥地利都来争夺西班牙王位。这次战争虽由法、奥争夺西班牙王位而引起,但是,英国早已觊觎西班牙的海外殖民地,深恐法国独吞西班牙这份遗产,于是1701年英国和荷兰、德意志各邦、丹麦、奥地利结成反法同盟,对法宣战。站在法国一方的有西班牙和巴伐利亚。战争主要在意大利、西班牙、荷兰和德意志进行。经过十多年的较量,初期法国失利,后期法国稍有起色,最后参战国双方终于以1713年和1714年签订的《乌特勒支和约》和《拉斯塔特和约》结束了战争。根据条约,各国承认法国国王路易十四之孙菲力普继承西班牙王位,但不得兼任法国国王;法、西两国不得合并,法国还要割让一些地方给奥地利和荷兰,撤回驻洛林的军队,丧失在北美的许多殖民地。

英国在和约中获利最大。它从西班牙那里得到了直布罗陀、梅诺尔卡岛上的要塞;从法国取得了在北美的一些殖民地(如纽芬兰、哈得逊湾、阿卡迪亚等地)。法国向英国保证拆毁敦刻尔克的工事、引渡已被推翻的英国斯图亚特王朝詹姆斯二世的后裔。这次战争实际上是英、法为了各自的私利把对西班牙王国的瓜分用和约的形式固定下来,并成为划定18世纪欧洲国家疆界的基础。对英国来说,既保持了它的海上优势,又为它进一步扩张扫除了障碍。对法国而言,虽然暂时保住了欧洲大陆头等强国的地位,但它的海上势力却大大削弱。

奥地利王位继承战争(1740~1748年)是18世纪英、法争霸战的继续。1740年,奥皇查理六世死后无子,其长女玛丽亚·特利萨依据1713年的《国本诏书》继承帝位,但奥地利的宿敌普鲁士与法国、西班牙、巴伐利亚、萨克森、撒丁、瑞典等国家结成联盟,拒不承认其帝位并发动战争。英国、荷兰和俄国则支持奥地利与其对抗。战争在欧洲、北美和印度进行,结果是法国耗费了大量的人力和金钱,其海上实力进一步被英国削弱,奥地利虽然要割让一部分土地给普鲁士、西班牙和撒丁王国,但仍保住了帝国王位。

在18世纪,英、法的决定性战斗是1756～1763年的"七年战争"。这场战争的主要内容:一是英、法争夺殖民地和海上霸权;二是普、奥争夺德意志的领导权。战争以英国、普鲁士、汉诺威为一方,以法国、奥地利、西班牙、俄国、萨克森、瑞典为一方,在欧洲、北美、印度和海上同时进行。英国的战略重点是全力摧毁法国的海上势力和夺取法国的殖民地。战争的结果是英国如愿以偿,法国的舰队几乎全军覆没。根据1763年2月10日签订的《巴黎和约》,在北美,加拿大、布里敦角岛以及密西西比河以东的全部土地,都从法国手中转到英国手中;在西印度群岛,英国从法国手中夺走了多米尼加、圣文森特、格林纳达、多巴哥诸岛;在非洲,英国又从法国手中夺走了塞内加尔;在印度,法国仅保留五个禁止设防的城市,英国取得了绝对控制权。法国还保证撤出属于英王的汉诺威选帝侯领地。

通过以上几次大的冲突,尤其是"七年战争",法国的损失巨大,它在北美、印度、西印度群岛的殖民地大大减少,其海上实力大为削弱,而英国却从此成为海上霸主并开始建立起一个庞大的殖民帝国。

三、沙皇俄国的崛起

俄国本是东欧的一个内陆小国。15世纪末至16世纪初,它兼并邻国领土,摆脱了蒙古金帐汗国的统治,以莫斯科为中心形成统一的俄罗斯中央集权国家。从此,它就踏上了对外扩张的道路。1547年,伊凡四世(1533～1584年)加冕自称"沙皇",就是妄图步古罗马征服者恺撒的后尘,要建立称霸世界的斯拉夫帝国。

16、17世纪是沙皇殖民扩张的第一阶段。16世纪中叶,它征服了喀山汗国和阿斯特拉汗国,尔后继续向南进犯,多次与土耳其控制下的克里木汗国发生冲突。在17世纪的前半期,它的军事边界线向南推移了450公里,其殖民活动向东推进了近4500公里,占领了从鄂毕河到太平洋沿岸的广大地区。1647年,俄国殖民者抵达鄂霍茨克海,次年到达亚洲的东北角,与此同时侵犯中国的黑龙江流域,结果因中国军民的英勇抗击而受阻,不得不于1689年签订了《中俄尼布楚条约》。该条约规定:中俄两国以格尔必齐河、额尔古纳河和外兴安岭往东至海为界,外兴安岭以北、格尔必齐河和额尔古纳河以西属于俄国;外兴安岭以南、格尔必齐河和额尔古纳河以东属于中国。就是说,依照此约,黑龙江、乌苏里江流域包括库页岛在内的广大地区都是中国领土。

18世纪是沙俄对外侵略扩张的重要时期。彼得一世和叶卡特琳娜二世是俄国历史上两个极富侵略性的沙皇。彼得一世（1682年继位，1689～1725年亲政）是"向自己的继承者指示种种侵略方针的帝王"。① 为此，他制定了称霸欧洲进而侵略全球的总方针。在欧洲，他以巴尔干和瑞典为南北两翼，北击瑞典，夺取波罗的海出海口，打开通往大西洋的海路；西占波兰，控制东欧，以此为基地向西欧扩张；南征土耳其，夺取黑海出海口，打通到达地中海的海路。在亚洲，南征高加索，占领中亚，进而夺取西亚和印度，打开通向波斯湾和出印度洋的道路；东侵中国、朝鲜，打通到达太平洋的海路。

　　欧洲是沙俄争霸世界的战略重点。彼得一世在位时，实现了夺取北方出海口的野心。在长达21年的"北方战争"（1700～1721年）中，俄国打败瑞典，攫取了芬兰湾、里加湾、卡累利亚、爱沙利亚、拉脱维亚等波罗的海沿岸的大片地区，夺得了波罗的海的控制权，从而跻身于欧洲强国之列。

　　在女沙皇叶卡特琳娜二世统治的34年（1762～1796年）中，俄国的侵略扩张活动更为加剧。她两次发动南侵土耳其的战争（1768～1774年，1781～1791年），夺取了亚速海及黑海北岸大片地区，兼并了克里木汗国，并取得黑海至地中海的航行权，实现了打通南方出海口的计划。她还伙同普鲁士、奥地利三次瓜分波兰（1772、1793、1795年），并将第聂伯河以西的乌克兰、白俄罗斯、立陶宛等并入俄国版图。与此同时，她还加紧推行侵略亚洲的计划，占领了美洲的阿拉斯加。

　　经过三百多年的侵略扩张活动，到18世纪末，俄国虽然在经济、政治、文化上仍然落后于西方强国，但是它却随着幅员辽阔的疆域和强大的军事力量而崛起，成为欧洲举足轻重的大国之一。

四、波兰被列强瓜分

　　历史上的波兰，曾经是东欧的一个强国。尤其是1569年波兰与立陶宛公国合并后，实际上成了除俄国以外欧洲最大的国家。它的疆界从波罗的海几乎直抵黑海，并向东延伸达800英里，越过北欧平原，白俄罗斯、乌克兰、立窝尼亚等都在它的境内，连普鲁士公爵领地也是它的一个藩属。俄国也曾多次败在它的手下，差一点成了它的附属国。但是，到了18世纪，这个显赫一时的民族却不断地陷入深重的灾难之中。

　　波兰的不幸，源于它内部存在着深刻的经济、政治危机。这个以农为本的国家，在16～17世纪西欧市场经济兴起之时，反而改佃农制为庄园农奴制。到16世纪末，大量的农民以法律的形式固定在土地上，逃亡农奴可以随时被追回，领主可以任意规定劳役地租的数量。从17世纪下半叶起，波兰同瑞典、

---

① 《马克思恩格斯全集》第12卷，人民出版社1965年版，第637页。

俄国、土耳其等国连续不断的战争,更使耕地减少、农田荒芜。农奴主为了弥补收益的减少,加重了对农奴的剥削,这反过来又进一步挫伤了农奴的生产积极性,使农业更加衰退。

工商业在波兰一直得不到应有的发展。16世纪,波兰议会禁止本国商人从事对外贸易,不准手工业品运往国外。这些逆历史潮流而动的政策、措施,使波兰的整个经济实力落在了当时欧洲国家的后面。

政治上,贵族在国家政治生活中起主宰作用。不仅国王由贵族选举产生,而且贵族们往往选举外国人充当国王,以便置于自己的控制之下。波兰王权十分薄弱,它没有征税、宣战、媾和、委派官员的权力,也没有下属的行政机构,国家的一切重大问题均服从国王议会的决定。而这个议会与欧洲其他国家的议会不同,它不是等级代表会议,而是完全由贵族组成的。从1652年起,这个贵族议会还实行所谓的"自由否决权"①,使得它不可能对重大国事作出决定,甚至连自身的存在也成了问题。据记载,在1652～1674年的55届议会中,有48届议会因"自由否决权"而解散,其中又有三分之一是仅一票反对而被解散的。

波兰的这种经济、政治状况表明,在17、18世纪,当欧洲多数国家为维护正在形成的民族国家以加强君主专制制度时,波兰的国家却正在解体,其国力在大大衰退,这无疑给正处于上升趋势的俄、普、奥等强国的入侵以可乘之机。

夺取波兰,是沙皇俄国争夺欧洲霸权计划的一部分。为了达到消灭波兰的目的,沙皇苦心经营了一百多年之久。一方面,它在波兰国内制造混乱,扶持代理人,尽力维护其腐朽反动的政治制度;另一方面,从外交上孤立波兰。在"北方战争"中,彼得一世利用瑞典军队进入波兰的机会,也把俄军开进波兰,干涉波兰内政,支持大封建贵族反对王权。1717年,俄国迫使波兰把军队减少到一万八千人。两年后,俄国又与普鲁士签订协议,共同制止在波兰建立绝对君主专制的企图,保护诸如国王必须由贵族选举、不能世袭和"自由否决权"等反动的政治制度,使波兰陷入混乱。1733年,为了选举新国王,在欧洲爆发了一场波兰王位继承战争,结果是俄国人的傀儡、沙皇叶卡特琳娜二世以前的情夫、波兰贵族斯坦尼斯拉夫·波尼亚托夫斯基当选为波兰最后一位国王,这意味着波兰已置于沙俄的控制之下。

1761年,沙皇又与普鲁士缔结秘密同盟,保护波兰的贵族宪法和国家制度,使波兰的民族危机日益加深。此时,波兰国内反对沙俄干涉内政的爱国运动迅速发展起来,一部分贵族也兴起了改革运动,以抗击俄、普的侵略,但很

---

① 自由否决权:1652年起,波兰议会形成了一个惯例,即参加议会的每一个贵族都有否决权,即在表决时只要有一人反对,任何决议都不能通过。

快遭到了沙俄的武力镇压。俄土战争爆发后,沙俄为了免遭失败,便以牺牲波兰为代价,拉拢奥地利,拆散奥土联盟。当沙俄一切准备就绪后,就于1772年8月同普、奥签订了瓜分波兰的协定。据此协定,俄国吞并了都纳河、第聂伯河以东9.2万平方公里的波兰领土;普鲁士吞并了格但斯克地区;奥地利吞并了加里西亚(克拉科夫除外)。这次瓜分使波兰丧失了400万人口、21万平方公里的土地。

1793年,沙俄在镇压了波兰的资产阶级革命运动后,又伙同普鲁士第二次瓜分了波兰。这次俄国侵占了白俄罗斯大部分土地和第聂伯河以西的乌克兰地区,面积达25万平方公里;普鲁士侵占了波兰的波罗的海沿岸和西部地区5万平方公里的土地。

1795年,俄、普、奥三国又第三次瓜分了波兰。俄国夺得包括立陶宛在内的12万平方公里的土地;普、奥夺得波兰南部和西部共计9万多平方公里的土地。至此,波兰的领土被瓜分完毕,一个显赫一时的波兰王国就这样从地图上消失了。

第七章

新兴工业世界对传统农耕世界的冲击

18世纪至19世纪上半叶,是资本主义对全世界猛烈冲击的时期。以法国为中心波及全欧洲的启蒙运动,是继文艺复兴以后人类历史上又一次反封建的思想解放运动,它反映了新兴资产阶级要变革封建专制制度、建立资本主义制度的时代潮流。在这一大潮流的猛烈冲击下,世界各地区、各民族和各国家再也不能照旧生活下去了。随着历史纵向发展的深入和横向发展的扩展,各大洲之间的联系、交往更加紧密了,但由于各洲情、国情和各民族历史文化的背景不同,以及生产力发展水平的差异,对这一冲击的反映也必然不同。

在欧洲大陆,除法国因改革无效导致大革命爆发外,俄国、奥地利、普鲁士等封建君主国都在程度不同的改革中为进入资本主义社会提供了条件。法国资产阶级革命和拿破仑战争,是资本主义和封建主义在全欧洲范围进行的一次大较量。尽管拿破仑战败后欧洲反动势力召开"维也纳会议",建立"神圣同盟"和"四国同盟",竭力清除资本主义潮流造成的积极影响,重新恢复了欧洲封建统治秩序,然而,这股逆流只能得势于一时,新制度取代旧制度的历史潮流是不可抗拒的。随之而来的资产阶级革命和改良运动在欧洲的全面复苏,进而在1848年爆发了一场全欧范围的资产阶级民主民族革命,并为马克思主义的诞生准备了客观条件。

这一时期的美洲,已处于欧洲殖民主义的统治下。因历史条件和民族文化的差异,北美和拉丁美洲呈现出不同的特点。英属北美殖民地人民通过反英独立战争,建立了独立的美利坚合众国;西、葡、法等殖民主义者统治下的拉美人民,在美、法革命的影响和拿破仑战争造成的有利国际条件下,依靠自己艰苦卓绝的斗争,先后赢得了独立,相继建立了18个民族国家,为这一地区资本主义的发展创造了条件。

17世纪至19世纪中期的亚洲和非洲,同样面临着资本主义的挑战。西方殖民主义者的野蛮入侵是造成亚、非社会经济落后的重要外因;封建专制制度的延续、专制君主所推行的闭关锁国和反人民政策

> 是亚洲国家停滞不前的内在因素;长达三百多年的黑奴贸易及"猎奴战争"和不等价交换,是欧美资本主义原始积累的重要来源之一,它给非洲人民和非洲社会带来了深重的灾难和严重后果。
>
> 在资本主义的冲击下,世界各地区、各民族正是在这种不公正、不平等的"血与火"的交往中,使人类社会从分散发展向整体发展转变。

第一节 欧洲大陆的变革

一、反封建的启蒙运动

继文艺复兴之后,在18世纪的欧洲又出现了一次波澜壮阔的思想解放运动,即"启蒙运动"。它发轫于17世纪的荷兰和英国,18世纪在法国迅猛发展,继之在德国、俄国、意大利、西班牙等国家广泛传播开来。

启蒙运动是17、18世纪欧洲资本主义生产关系得到发展和资产阶级已经形成的产物。它既是资本主义与封建主义全面、深入斗争在思想领域的表现,也是文艺复兴时期产生的人文主义思潮和近代自然科学、自然法理论及唯物主义哲学结合、发展的结果。发动和领导这场运动的资产阶级及其代表人物,多是一些思想敏锐、博学多才并富于献身精神的"杰出的人物"。他们以天下为己任,鞭挞邪恶、追求正义、向往光明,其思想精髓都洋溢在他们的宏篇巨著的字里行间。民主与科学这两面大旗,是这一历史交响乐章的两大主题,这种时代精神蔓延于整个18世纪。它不仅为法国大革命作了充分的思想准备,而且对欧洲乃至近代世界历史的发展都产生了广泛而深远的影响。启蒙运动的内容十分广泛,它涉及到自然科学、哲学、政治学、法学、经济学、历史学、文学、艺术、伦理学、教育学等许多领域,可以说是从全方位、多侧面地向封建专制制度及其精神支柱宗教神学展开了猛烈的进攻。

18世纪的法国,是欧洲启蒙运动的中心。在政治思想方面,他集中体现了西方资产阶级革命时期两个鲜明的特点。第一,用唯物论和无神论作指导,公开抨击天主教会的黑暗和愚昧,对封建神学和专制制度进行了无情的揭露和批判,在思想理论上否定了封建制度存在的基础。第二,理性主义是启蒙思想家们解释社会政治问题的根本出发点和衡量一切是非的唯一尺度。所谓"理性",表面上是指人的共同本性、天赋权利,为人类所共有;实际上主要是资产阶级的人性和人道主义,反映了新兴资产阶级的愿望和要求。

在18世纪法国启蒙运动中,启蒙主义思想家可分为两大类:一类是代表资产阶级或小资产阶级利益的,如孟德斯鸠、伏尔泰、狄德罗、爱尔维修、霍尔巴哈、卢梭、魁奈、杜尔哥等;另一类是代表劳动人民利益的,如梅里叶、摩莱里、马布里等。他们虽然同属于第三等级,但其思想都打上了本阶级的烙印。

孟德斯鸠(1689~1755年)著有《波斯人信札》、《罗马兴衰原因论》和《论法的精神》等著作,他以资产阶级国家和法学理论的奠基人和"三权分立"学说的集大成者而闻名于世。他系统论述的立法、行政、司法三权分立互相制衡的学说,不仅为上升时期的资产阶级提供了新型政治制度和法律制度建设的原则,而且至今还为许多资本主义国家所承袭。

伏尔泰(1694~1778年)是法国启蒙运动中公认的领袖和导师,著名的政治思想家和博学的人文科学家。他的贡献遍及哲学、政治学、史学、文学和自然科学许多领域,在近百卷著述中,以《哲学通信》、《论各民族的风俗与精神》、《路易十四时代》、《牛顿哲学原理》、《哲学辞典》等名著影响最大。伏尔泰始终反对教权主义,猛烈抨击天主教会的黑暗;他谴责农奴制度,主张人身自由;反对封建压迫,主张信仰、言论、出版自由;反对君主专制,主张限制王权的"开明君主制",晚年还表露出对民主政治的向往。他和孟德斯鸠一样,是一个自然神论者,认为宗教的存在可以约束"平民",保证"秩序",因而主张"即使没有上帝,也必须捏造一个上帝来"。伏尔泰是一位言行一致、企图以斗争实践来实现自己政治理想的思想家和战士。他还培育和影响了一批年轻的启蒙学者,被尊崇为启蒙思想的"泰斗",赢得了法国人民的极大尊敬。维克多·雨果曾说:"伏尔泰的名字所代表的不是一个人,而是整整一个时代。"

以德尼·狄德罗(1713~1784年)为首的"百科全书派",继承和发展了17世纪英、法的唯物论,把唯物主义哲学推进到了一个新的高度。

由欧洲启蒙学者编纂的这部恢宏巨著全名是《百科全书,或科学、艺术、工艺详解辞典》,共35卷。其中前28卷(包括图片11卷),由狄德罗主编,从1751年第1卷问世,到1772年第28卷出齐,共花了21年。后补遗5卷和索引2卷,是孔多塞和哈勒等人续编的,分别于1776年至1777年和1780年出版,历时总计30年。全书的内容分为自然科学、人文科学、机械工艺三大部分,实际上涉及政治、经济、思想、文化、艺术和自然科学的各个领域,其中哲学是全书的灵魂。这部全书不仅卷帙浩繁,图文并茂,气势宏伟,而且几乎吸取了18世纪中叶以前欧洲人所取得的全部科学成果,立足于当时哲学和自然科学的最高水平上,对各个领域的学术和技术做了一次全面的总结,树立了近代世界各国编纂百科全书的优秀范例。它有科学真实性、文献资料性和启蒙战斗性的不朽价值,尤其是它倡导的唯物论和无神论,为资产阶级的反封建斗争提供了新的理论基础。

让·雅克·卢梭(1712~1778年)是18世纪法国杰出的政治思想家、教育家和文学家。在坎坷的一生中,他写下了《论人类不平等的起源和基础》、《社会契约论》、《爱弥尔》、《忏悔录》等许多不朽名著,表明他走在同时代启蒙思想家的前列。他的平等观和人民主权学说系统地论证并确立了资产阶级民主主义的理论体系,不仅为行将到来的欧美资产阶级革命提供了新的思想武器,而且为革命后建立资产阶级民主共和政治制度设计了一幅比较完整的蓝图,其影响十分深远。

在另一类代表劳动人民利益的启蒙思想家中,梅里叶(1664~1729年)著有《遗书》,摩莱里(生卒年不详)著有《自然法典》,马布里(1709~1785年)著有《论公民的权利和义务》、《论法制和法的原则》。他们的共同点是:认为私有制是一切罪恶的根源,必须废除。尽管由于当时不成熟的生产力和不成熟的阶级状况,他们也不得不求助于理性,但其思想已超出上述资产阶级启蒙思想家所达到的境界。他们不仅要求政治平等,而且要求财产和社会地位的真正平等;不仅主张消灭封建专制制度,而且主张消灭私有制和阶级差别。他们的思想虽然带有原始平均共产主义的特点,具有空想的性质,但毕竟反映了当时劳苦大众要求摆脱贫困与奴役的愿望,对法国大革命和启蒙运动的发展也起了重大的推动作用。

启蒙运动在当时的德意志地区和俄国也产生了不同程度的影响。它的兴起反映了18世纪的欧洲资产阶级要求推翻和改革封建专制制度、建立资本主义社会的时代潮流,对近代世界历史的发展具有重要的历史进步意义。第一,它为18世纪末的法国政治大革命作了"哲学革命"的先导,为资产阶级提供锐利的思想武器,推动了整个第三等级的反封建斗争,使法国大革命完全抛开了宗教外衣,在公开的政治战线上作战。第二,它扫荡了欧洲的封建意识和专制思想,推动了俄、普、奥等封建国家的改革浪潮。第三,在启蒙运动中产生和发展的唯物论、无神论和资产阶级政治学说,直接影响了德国古典哲学、英国古典政治经济学和19世纪初空想社会主义的产生和发展,从而为马克思主义的产生提供了思想材料。第四,欧洲启蒙思想的广泛传播,对美国、拉丁美洲的民族独立战争和亚洲、中国的民族民主革命的兴起,都产生了直接和间接的影响。当然,以法国为中心的欧洲启蒙运动,也是一定历史时期的产物,其主导思想是反映资产阶级的利益和要求,但这并不能否认它在人类思想发展史上应有的地位和价值。

二、俄国、奥地利、普鲁士的改革

在17、18世纪资本主义取代封建主义的历史大潮中,欧洲大陆的所有封建君主国家,都受到了冲击,引起了震动。尽管各国的国情不同,反应不一,但总的来说,除法国因改革无效最终导致大革命爆发外,其他封建君主国都在改革中程度不同地为进入资本主义社会创造了条件。

随着西欧资本主义的迅猛发展，封建农奴制的俄国也日益被卷入资本主义市场，国内的工场手工业和商品货币关系也有所发展。但是，当时的俄国制度腐朽、经济落后，其产品无论在数量上还是在质量上都无法与西欧国家竞争；在军事力量尤其是海上力量方面，俄国也难以同欧洲列强抗衡。这一切都引起了俄国地主和商人的不满，他们渴望富国强兵，对内加强中央集权，对外侵略扩张，攫取更多的土地和更大的市场。沙皇彼得一世（1682～1725年在位）为满足大地主和大商人的需要和自己争霸欧洲的野心，进行了一系列改革。

（一）政治上，调整和加强中央集权制的统治机构，废除牧首制，设立参政院，培植新的贵族阶层。彼得削弱大贵族杜马的权力，于1711年设立由他指定的9个大臣组成的参政院，作为政府的最高机关。参政院下设总检察官，作为沙皇的耳目，监督一切政府机构。1718年，参政院下又分设行政、外交、陆军、海军、财政、税收、司法、工商、矿务等9个院，分管国家事务。对地方政权，彼得划为8省（1708年），省下设50个州（1719年），州长直接隶属于中央，负责征兵、税收等地方事务。他废除了主教制度，设立宗教事务管理局；成立新的城市管理机关"市议会"，市长、议员在商人和工业家中选举产生。为了培植一批效忠沙皇政府的新贵族阶层，彼得废除了旧贵族的"门第"特权，于1722年颁布"职官等级表"，把文武官职分成14等，不论出身贵贱，一律从最低官职做起，依才录用，按功晋升；规定领地只由一人继承，促使更多贵族为国家效力和从事工商业。

（二）经济上，实行重商主义政策，大力发展工商业，改革税制，增加国家财政收入。政府拨出部分土地和经费开办手工工场，然后以优惠条件转让给私人经营，并授予工场主很多特权；鼓励商人和地主投资工场并给予贷款，允许工场主同时买进土地和农奴，允许外商在俄国设厂，招聘外国技师，派人出国学习；保护关税，凡国内能生产的产品限制进口；改革税收制度，将原来的户税改为"人丁税"，还不断提高盐、酒、烟等商品的间接税，使政府的赋税收入1724年比1680年增加了近六倍。

（三）军事上，实行征兵制，扩充陆军，创建海军，开办军事学校，发展军事工业。改募兵制为征兵制，建立一支20万人的陆军，创立一支拥有2.8万人、48艘军舰、800只小型战船的海军。波罗的海舰队就是那时建立的。彼得还开办军事学校和海军学校，派贵族子弟到西欧留学，培养军官，采用新的战术原则，按照西欧方式进行军事训练。此外，他还大量兴建军需工厂和造船厂，以充实军事装备。

（四）文化教育上，改革旧的文化教育体制和社会习俗，创办数学、医学等新型学校，设立科学院，出版有关外国科技和文明礼貌内容的书刊，简化俄文字母，采用儒略历法，提倡西欧礼仪服饰，奖励翻译西方著作，开办宫廷戏院。

由于彼得一世的改革是在巩固和加强封建农奴制基础上自上而下进行的，

所以它不可能改变俄国社会制度的性质。但是,这次改革也削弱了旧贵族的权势,促进了封建社会内部商品经济的发展,使俄国逐步摆脱了极端落后的状况,增强了国力,为加速对外侵略扩张和争夺欧洲霸权创造了条件。

彼得一世的改革,在他死后不久出现了反复。1725~1762年间,俄国发生了五次宫廷政变,直到1762年女沙皇叶卡特琳娜二世上台,才又出现了所谓"开明专制"的改革。

叶卡特琳娜(1762~1796年在位)幼年时受到法国启蒙思想的影响,向往"开明专制"。上台伊始,她公开和伏尔泰、狄德罗等人建立联系,标榜"开明专制",声称"信奉最文明的原则",甚至空谈"三权分立"和"法律面前人人平等",还为改善农奴处境颁布过一些法令。然而,这一切只不过是昙花一现。她前期改革的主要成果是在经济上实行重商主义,保护和发展民族工商业,使手工工场在她的统治时期增加了一倍多,达到一千多所。她还扩大国民教育网,创办各阶层子弟均可入学的初、中等普通学校,促进了基础教育的发展。

由于叶卡特琳娜二世的"开明专制"改革,具有明显的贵族专制性质,因此在她统治的中后期,尤其是1775年镇压了普加乔夫农民起义之后,显露出保守、反动的特点。18世纪60~80年代,正是东欧"再版农奴制"盛行时期,叶氏不仅颁布法令允许贵族有权流放"抗命"的农奴、禁止农奴控告地主,而且还把农奴制推广到新扩张的乌克兰、白俄罗斯和波罗的海沿岸地区,把大量的土地和80万农奴赏赐给贵族。她还大兴文字狱,迫害拉吉舍夫、诺维柯夫等本国启蒙思想家,摧残进步思想。为了推行侵略扩张政策,她多次扩军,在加强波罗的海舰队的同时,又创建黑海舰队,使两舰队拥有舰只一百多艘,陆军人数也由1762年的33万增加到1796年的50万。叶卡特琳娜二世的改革一方面促进了俄国的工商业发展,增强了国家实力;另一方面又加强了贵族专制统治,使俄国成为欧洲封建秩序的反动堡垒。

13世纪以后,哈布斯堡家族一直统治着奥地利。到18世纪,奥地利通过一系列征服战争已是一个多民族的庞大帝国。为了缓和帝国内部的民族矛盾和阶级矛盾,摆脱政治上分散、经济上落后的局面,帝国女皇玛丽亚·特利萨(1740~1780年在位)和其子约瑟夫二世(1780~1790年在位)进行了一系列改革。

(一)改组行政机构,加强中央集权。玛丽亚·特利萨于1749年成立"公共及宫廷事务督导部"作为管理行政和财务的最高机构,并相应成立宫廷各事务处或委员会,分别负责外交、司法、军事、商业、教育等部门。各领地建立直属督导部的"代办与财务处",基层设"县公署"。这样一个从中央到地方的行政管理系统,有效地排挤了地方贵族势力。1761年,女皇重新改组中央机构,成立以她为首的六人组成的"国务委员会",集中了军政和外交大权,同时剥夺了各领地议会和贵族领主的行政权、征税权和司法权。为了培养一支效忠女皇的官僚队伍，1746年，建立了玛丽亚·特利萨行政学校，规定贵族和一般市民子女均可入学。

（二）实行重商主义和土地改革，扫除经济发展的障碍。1751年，女皇颁布普遍征税法，规定一切臣民都按其财产和等级普遍纳税，贵族和教士也不能减免。实行重商主义政策，对外国工业品课以重税，对进口原料减少关税；鼓励兴办工场，对新场主免税十年；废除国内关卡，减少加入行会的强制规定，统一度量衡和货币，整修港口、运河，建筑公路，促进商品流通。实行土地改革，禁止从土地上驱逐农民，限制领主法庭和地主处置农民土地的权力，减少农民劳役地租和代役租的数量，同时宣布取消皇室领地上的农奴制度。

（三）实行军税制和征兵制，增强军事实力。帝国每年向各领地征收一定数量的军税和兵员，并用抽签的办法从中指定终身服役者，组成帝国常备军。为了提高军队的素质和战斗力，除严格训练和配备新式武器外，还从有军功的人中提拔军官，建立军官学校，培养指挥人才。18世纪40年代到80年代，奥军的数量从10万余人增至27万余人，大大超过了普鲁士军队的人数。

（四）实行司法和教育改革。女皇实行司法独立原则，将司法与行政分开治理。1749年，设立帝国最高司法部，专理民事和刑事案件；1753年，成立法典编纂委员会，制定了新的刑法典和民法典，规定全部诉讼程序都集中在国家和法庭手中；废除刑讯逼供，限制领主对农民的暴行，允许农民有权控告地主。女皇对教育十分重视，她认为教育"是全民族真正幸福的最重要的基础"。为此，政府拨出巨额专款，在1750～1770年20年间建立了一批专业学校。1766年，成立国家教育委员会，公布了国家教育总纲，其中规定对所有学龄儿童实行强迫义务教育，还把天主教势力控制下的维也纳大学改组成世俗大学。

1780年，约瑟夫二世继位后，继续推行其母亲的"开明专制"改革。为了进一步加强中央集权，他把全国划分为13个行政区，分别由中央委派总督管理，并提出了由大学培养或由国家考试录用官吏的新制度，他要求各级官吏严守纪律，忠于职守，这在一定程度上遏制了官吏的贪污腐败行为。1781年，约瑟夫颁布"臣民特许令"，规定在尚未废除农奴制的波希米亚和匈牙利等地区一律废除农奴制。在经济上，他鼓励发展工商业，成立皇家手工工场，保护关税，取消行会特权。在思想上，他大力限制罗马天主教会的势力，宣布剥夺天主教会对书刊检查和出版物的批准权；重新划分教区，使之与行政区域一致，把教会置于国家的管辖之下；他下令封闭七百多所修道院，将其财产收归国有；实行宗教宽容政策，允许各教派的教徒同样享有宗教活动自由和公民的平等权利。

玛丽亚母子的"开明专制"改革，尽管只触动了封建专制主义的皮毛而没有破坏它的根基，况且这些改革措施的出台没有经过充分的酝酿准备，仅凭君主的强迫命令行事，但是，它还是触犯了奥地利贵族地主的政治、经济特权，引起了强烈的不满。因此，当1790年约瑟夫二世去世后，这些改革措施大多被取消了。应该指出的是，在18世纪一个多民族的封建帝国里，玛丽亚母子长达半个世纪的改革所产生的社会经济效果和积极影响是无法消除的。正是由于这一时期的改革，使奥地利本土农奴的人身依附关系得以废除，使奥地利在社会经济、文化教育和国家综合实力上都得到较快的发展。

普鲁士是靠不断扩张领土而发展起来的王国。1701年，国王腓特烈一世（1701～1713年在位）正式把勃兰登堡选侯国改为普鲁士王国。在腓特烈·威廉一世（1713～1740年在位）国王统治时，它建立了庞大的官僚机构和欧洲一流的军队。到腓特烈二世在位时期（1740～1786年），普鲁士通过一系列改革进入了欧洲强国之列。

腓特烈二世推崇法国的启蒙思想，自称是伏尔泰的朋友和庇护者。他主张"哲学家和君主"联盟、国家利益至上的原则，声称"君主并非绝对的主人，而只是国家的第一仆佣"，宣扬"开明专制"的"君道"。其改革内容主要有以下几点：

（一）削弱贵族政治势力，加强中央集权和依法治国。他设立以国王为首的"总执行局"，下设五部，废除贵族议会制，实行大臣负责制，并加强对地方的管理，克服了各省的离心倾向；改革司法制度，废除刑讯拷打，简化审讯程序，设立最高法庭，编纂国家法典；严厉约束和监督行政官员，明令取缔官衔交易，尽力杜绝贪赃枉法等腐败现象。

（二）推行重商主义，奖励发展工商业。设立商业和制造业部，引进英国机器，限制行会垄断，鼓励商人和地主创办手工工场，给予免税、减税和津贴，大力发展军需、纺织、冶炼等工业；奖励出口制成品，禁止出口工业原料，限制进口工业产品，保护民族工业发展；取消国内关卡，统一货币，设立银行、邮局，修筑运河、公路，发展交通运输业。

（三）改善农奴处境，发展农业生产。国王于1763年、1777年两次颁布法令，取消王室领地波美拉尼亚的农奴依附关系，禁止地主把农民赶出份地，并宣布保护农民的财产权和继承权；大力提倡向国内落后地区移民，排干沼泽，垦殖农田，改进农艺。

（四）发展教育文化事业。重新启用被逐出境的启蒙思想家，传播法国文化和启蒙思想；重建普鲁士科学院，支持学术和艺术的发展；创办专科学校，扩大城乡初级教育，编写教科书，制定教学规程。

（五）推行军国主义，积极对外扩张。在腓特烈二世统治期间，普鲁士军队由8万人增加到20万人，军费开支占国库开支的五分之四。他用这支军队不断进行扩张战争，1740年，借口奥地利王位继承问题夺取西里西亚；1756

年,参加"七年战争";1772 年,它与俄、奥共同瓜分波兰,取得西普鲁士,使它在波罗的海沿岸的领土连成一片。

腓特烈二世的改革具有两重性。一方面,它促进了国内生产力的发展和生产关系的某些变化,遏止了"再版农奴制"的势头,对农业沿着"普鲁士道路"实现资本主义化起了重要作用;另一方面,它强化军事官僚机器,大力扩充军事实力,宣扬"普鲁士精神",又使普鲁士变得更加专制,迅速走上军国主义道路,为后来俾斯麦用王朝战争统一德国打下初步基础。

三、法国大革命

自中世纪以来,法国就是欧洲典型的封建专制国家。说它典型,一是因为王权空前强化;二是因为封建等级制度十分森严。在17、18世纪欧洲改革大潮的冲击下,国王路易十四(1643~1715年在位)、路易十五(1715~1774年在位)、路易十六(1774~1792年在位)虽然也想通过自上而下的改革来挽回封建王朝日落西山的颓势,但终因法国新兴的资本主义生产力和资产阶级力量的强大和成熟而不能如愿。法国的资产阶级和人民大众,在经历了启蒙运动的洗礼后,终于在18世纪末掀起了一场震撼全欧洲乃至全世界的大革命风暴,"以至整个19世纪,即给予全人类以文明和文化的世纪,都是在法国革命的标志下度过的"[①]。

法国大革命从1789年7月14日巴黎人民攻占巴士底狱开始到1794年7月27日"热月政变"为止,经历了三个阶段[②]。法国大革命的时代条件比英国革命时更为成熟,新的资本主义生产力和旧的封建主义生产关系的矛盾极端尖锐,已经没有调和的余地,因此,它具有以往资产阶级革命所没有的鲜明特点。

首先,领导法国大革命的资产阶级十分强大、成熟,它敢于和善于与人民群众结成联盟,把革命一步一步地推向前进,直到资产阶级民主革命的任务基本完成。在思想上,资产阶级的启蒙运动作为政治革命的先导,对封建神学、天主教会、专制制度和等级制度进行无情的揭露与批判,这对于启发和动员第三等级的广大人民群众起来积极投入反封建斗争,起了巨大的推动作用。在政治上,资产阶级内部的不同政治派别——君主立宪派、吉伦特派、雅各宾

---

① 《列宁选集》第3卷,人民出版社1995年版,第829页。
② 关于法国大革命的分期问题,史学界大致存有三种观点:(1)三段分期法,即以1789年、1792年和1793年三次人民起义为各阶段起点,将革命分为君主立宪派统治、吉伦特派统治和雅各宾派专政三个时期,以1794年"热月政变"为结束。(2)四段分期法,即在上述三段的基础上,加"热月党人的督政府统治时期",将结束时间推延到1799年督政府倒台。(3)五段分期法,即在前四段基础上,再加上"拿破仑统治时期",将革命下限推至1814年(或1815年)拿破仑帝国的崩溃。

派——都有明确的斗争目标,每当一个派别企图与封建势力妥协停止革命时,一个更激进的派别立即依靠人民大众的力量,用武力扫除绊脚石,把革命继续推向前进,直到审判和处死国王、建立共和国、把外国武装干涉军赶出国土。政治上的成熟还突出表现在雅各宾派上台后,于1793年6月3日、10日和7月17日连续颁布的三个土地法令,基本上解决了农民的土地问题,使广大农民视革命的成败与土地的得失为一体,自愿成为资产阶级革命的主力军。在组织上,以罗伯斯比尔(1758~1794年)为首的雅各宾派掌权时,在1793年8月至10月先后建立和健全了国民公会、救国委员会、保安委员会、地方市政机关、革命委员会等一套从中央到地方比较完备的革命民主专政机构,再加上各种革命俱乐部、人民团体等群众组织,这就从根本上否定了封建专制政体,为资产阶级的民主政体作了初步尝试。

其次,法国大革命是在欧洲封建势力的包围下进行的。法国的革命力量面对着国内波旁王朝和国际欧洲反动势力两大敌人,因此,资产阶级革命的成败和法兰西民族的存亡融为一体,使革命非深入进行下去不可。法国大革命的爆发,引起了欧洲反动君主们的极端仇视和恐慌。1792年2月,普鲁士和奥地利在沙俄和英国的支持下组成反法军事同盟,公开武装干涉法国。1793年初,英、俄、普、奥、荷、西、那不勒斯、撒丁等国组成第一次反法联盟,企图置法国于死地。在这种严峻的形势下,雅各宾派在1793年8月23日使国民公会通过了"全国总动员"法令,随即组建了一支60万人的军队,把侵略者全部赶出法国领土,捍卫了革命的成果和民族的生存。外国武装干涉的严重威胁和国内封建复辟危险的存在,是促使法国大革命不断深入下去的原因之一。

第三,法国的人民群众在大革命过程中发挥了巨大的推动作用,使这次革命带上了激进民主的色彩。人民大众是资产阶级革命的主力军。从革命开始时的"攻占巴士底狱"和同年的"秋季农村大暴动",表明法国大革命一开始就有城市和农村两个战场,城市平民、手工业者和广大农民都是革命的主力军。正是人民大众的力量支持法国的资产阶级在每一个紧要关头把革命推向前进;正是广大农民在农村自发地摧毁了封建土地所有制的根基,才使得雅各宾派在1793年连续颁布了三个土地法令;正是人民群众和士兵的强烈要求才迫使资产阶级不得不审判和处死国王,废除专制制度,建立共和政体;在1793年革命处于内忧外患的严峻形势下,也是由于以扎克·卢(1752~1794年)为代表的下层人民群众的英勇斗争,才迫使雅各宾派"把恐怖提上日程",采取了诸如建立"革命军"、镇压投机商人、颁布"嫌疑犯法"、通过"全面最高限价法案"等一些"非资产阶级方式"的"平民手段",使革命转危为安;正是人民群众掀起的爱国抗敌热潮,迅速组建起几十万军队进行浴血奋战,才把外国侵略者全部赶出了法国并平定了王党分子的叛乱。

总之,法国波旁王朝封建专制制度的典型性和顽固性,决定了法国资产阶级只有同人民群众结成联盟才有勇气、有能力消灭封建势力;法国的人民大众在革命中表现出来的高昂的政治热情和英勇奋斗精神,是推动法国大革命一直沿着上升路线前进,"直到交战的一方即贵族被彻底消灭而另一方即资产阶级完全胜利"① 的决定性力量。这也是为什么18世纪末的法国大革命能够成为欧美早期资产阶级革命的高峰的原因。

四、拿破仑帝国

1794年7月27日的"热月政变",结束了法国大革命的上升路线,使政权落到了大资产阶级手中。随之而来的是热月党人对民主力量的镇压代替了革命恐怖:雅各宾党人遭迫害,雅各宾俱乐部被查封,巴黎革命公社被解散,最高限价法案和反投机法令被废除。

热月党人控制的督政府(1795年11月~1799年11月)所推行的反人民、反民主的政策,助长了国内外封建反动势力的嚣张气焰,使法国政权摇摇欲坠。这一切不仅激起了人民群众的不满和反抗,也使法国大资产阶级深感不安。此时,已在战场上和镇压巴黎王党叛乱中崭露头角的年轻将军拿破仑,顺乎潮流地被大资产阶级推上了法国政治舞台。

拿破仑·波拿巴(1769~1821年)生于科西嘉岛首府阿雅克修城一个没落贵族家庭。大革命爆发后,他投身于革命洪流。当法国大革命遭到外国武装干涉时,他拥护雅各宾派的爱国抗敌主张。在1793年12月法军收复土伦港的战役和1795年10月镇压巴黎王党分子的叛乱中创建奇功,很快晋升为少将和巴黎卫戍区副司令官。随后,他在任督政府远征意大利方面军司令时,把奥地利军队打得落花流水,随之而来的是他个人财富的剧增和政治野心的日益膨胀。1799年8月,他在远征埃及、叙利亚受阻时,乘督政府危机四伏之机回到巴黎,成功地发动了"雾月18日政变"(1799年11月9~10日),推翻了督政府,建立了以他为第一执政的执政府(1799~1804年)。1802年的"共和十年宪法"又确认拿破仑为终身第一执政,从而为他称帝做好了法律上的准备。

1804年12月2日,拿破仑登上皇位,史称"拿破仑一世"。法国的政体由共和国变成了法兰西第一帝国。这个帝国的建立,不是封建制度的复辟,而是大资产阶级军事独裁政权的强化。

拿破仑执政15年,包括执政府(1799年11月~1804年12月)和帝国(1804年12月~1814年4月)两个时期。他对内政策的基本原则是:镇压封建保皇势力的复辟活动,压制人民群众的民主运动,保护资产阶级和富裕农民的利益。军队、警察和教会是他维护这个政权的主要支柱。

拿破仑执政时期在内政方面的重要成果,是制定了几部法典,用法律形式巩

---

① 《马克思恩格斯选集》第3卷,人民出版社1995年版,第710页。

固了资本主义的统治秩序。尤其是 1800 年至 1804 年他亲自主持编纂的《法国民法典》,自认为是他一生中的最大贡献。这部民法 1807 年首次命名为《拿破仑法典》。它是一部以法国大革命的社会成果为依据、以巩固资本主义制度为目的的系统的法律汇编。全文共 3 卷 36 篇 2281 条,详细规定了资本主义私有财产不可侵犯的原则,废除了封建等级制和所有制,固定了小农土地所有制,保证资本家的雇工剥削自由等等。接着,他又颁布了《民事诉讼法典》(1806 年)、《商业法典》(1807 年)、《刑事诉讼法典》(1808 年)和《刑法典》(1810 年)。

拿破仑在国内推行法制,还用战争手段把这些资本主义性质的法典强行推广到欧洲其他国家。这对破坏欧洲封建关系,保护资本主义发展是有进步作用的。

拿破仑的对内政策也有复旧倒退的一面。他剥夺了人民的民主权利,扼杀了法国大革命的民主成果,建立了高度集权的军事官僚的国家机器,并恢复了一些繁文缛节的礼仪法规,建立"荣誉军团",模仿旧王朝授勋封爵,从而形成了虽无旧的封建特权却有封号和地产的新的贵族阶层。他还与封建帝国奥地利的公主玛丽·路易丝联姻,起用某些旧贵族和前朝官吏,通过《帝国教理问答》向青少年灌输"忠君"思想和"君权神授"的陈腐观念。凡此种种同封建势力、习俗和意识妥协的复旧措施,都违背了资产阶级革命的原则和人民的意志,在客观上为正统王朝的复辟铺设了道路。

拿破仑政权同对外战争紧密地联系在一起,他的大半生都是在战场上度过的。从执政府建立到帝国覆亡,他亲自指挥了几十次大的战役,打败第一次至第五次反法联盟的围攻,对法国历史和欧洲历史都产生了重大影响。

战争是政治的继续。拿破仑战争的性质具有两重性:既有反对欧洲封建势力武装干涉和保卫法国大革命成果的民族自卫性质,又有法国争霸和奴役、压迫其他民族的侵略性质。它经历了一个转化过程。如果以 1804 年帝国建立为界,一般说来,前期以民族自卫性质为主,后期侵略扩张的性质占了主导地位。当然,他远征埃及、叙利亚和出兵镇压海地革命,则完全是非正义的侵略战争。由拿破仑的侵略而引起的欧洲各国人民进行的反拿破仑战争,也呈现出异常复杂甚至矛盾的现象。

拿破仑依靠法国大革命所提供的有利条件和广大士兵、农民的支持,先后粉碎了五次反法联军的进攻,捍卫了法兰西民族的独立,巩固了资产阶级革命的社会成果。在被他占领的欧洲地区,法军赶跑了部分贵族,扶植了资产阶级政权,推行拿破仑法典,废除封建义务和封建特权,取消行会制度和封建关卡,打击封建教会势力。这一切都有力地破坏了欧洲的封建统治秩序,促进了资本主义的发展。但是,拿破仑战争由于带有侵略、扩张和争霸的性质,因此,它在打击欧洲封建制度的同时,也掠夺、压迫、奴役了被占领地区的人民,必然引起欧洲各民族的反抗。战争加重了法国人民的负担,使得百姓不满、军队厌战，人力物力消耗殆尽，帝国陷入严重的政治、经济危机。

为了挽救危局，拿破仑于 1812 年 6 月 24 日率领 67 万大军，偷渡涅曼河，侵入俄国领土。9 月 14 日，法军占领莫斯科时，莫斯科已是一座浓烟滚滚的空城。法军沿途抢劫，暴行累累，遭到了俄国人民尤其是农民的四处反击，加之冰天雪地，给养奇缺，病疫流行，使拿破仑军队陷入了饥寒困苦的绝境，不得不在 10 月 19 日开始撤离莫斯科。撤退途中，法军死伤惨重，到 12 月 13 日，只剩下两万多残兵败将离开俄土。拿破仑乘坐雪橇，逃回巴黎。

远征莫斯科的惨败，是拿破仑帝国由盛而衰的转折点，也是欧洲各国进一步反对法国的总信号。

1813 年，英、俄、普、奥等国组成第六次反法联盟，出动百万兵力对付法国。10 月，在柏林西南部的莱比锡战役中，由于众寡悬殊，加之关键时刻萨克森军突然叛变，使拿破仑军大败。1814 年 3 月 31 日，联军进入巴黎。4 月 6 日，拿破仑被迫下诏退位。5 月 3 日，他被流放到地中海上的厄尔巴岛。同日，路易十六之弟在反法联军的支持下，回到巴黎，登上王位，称"路易十八"，波旁王朝第一次复辟。

1815 年 2 月 26 日，拿破仑带领一千余名士兵秘密离开厄尔巴岛，经过昼夜的海上航行，于 3 月 1 日在法国南岸登陆。在向巴黎进军的路上，拿破仑沿途受到了饱尝封建王朝复辟之苦的农民、士兵和地方有识之士的热烈欢迎。3 月 20 日，他不费一枪一弹，在军队和人民的支持下到达首都。路易十八早在头两天深夜就逃到了法、比边境。

拿破仑重返巴黎的消息，吓坏了正在维也纳参加"庆功"宴会的欧洲各国的反动君主，他们立即组织第七次反法联盟。6 月 18 日，在比利时境内的滑铁卢战役中，70 万联军打败了 20 万法军。22 日，拿破仑再次退位。这次拿破仑重登皇位不足一百天，史称"百日王朝"。7 月 8 日，路易十八在联军刺刀的保护下回到巴黎，波旁王朝第二次复辟。至此，拿破仑帝国彻底崩溃。

反法联盟诸国因害怕拿破仑东山再起，7 月 15 日将他放逐到南大西洋上的圣赫勒拿岛。这位显赫一时的皇帝在此度过了他的余生，于 1821 年 5 月 5 日病逝，终年 52 岁。

第二节 美洲大陆的觉醒

一、欧洲殖民主义统治下的美洲

地处西半球的美洲地区，在"地理大发现"以前世代居住着土著印第安人。自 1492 年哥伦布发现这块"新大陆"之后，美洲印第安人原始隔绝的状态被欧洲殖民主义者打破了。在此后的一百年间，原有的印第安人遭到了灭顶之灾,人口减少了90%以上。在16世纪至18世纪中叶,美洲这块富饶的土地相继被五个西欧殖民主义国家所统治。

西班牙人是最早征服美洲的殖民主义者之一。到18世纪末,它除了占据美洲北部路易斯安那地区外,还统治着从墨西哥到除巴西以外的中南美洲和西印度群岛的绝大部分岛屿。葡萄牙统治着占拉丁美洲总面积七分之三的巴西。英国在1607~1733年间占据了从北美大西洋沿岸到阿巴拉契亚山脉之间的13个殖民地和西印度群岛上的少量岛屿。法国和荷兰分别在北美、西印度群岛和南美的圭亚那统治着一部分地区。

欧洲殖民主义者的到来虽然冲击和渐次瓦解了美洲印第安人的原始农耕经济和游牧经济,使欧美之间的联系与交往加强,但这种联系与交往是建筑在强权和极不平等的基础之上的。由于欧洲殖民诸国本身资本主义发展的程度不同,使它们在美洲推行的殖民政策和所建立的殖民制度也有很大的差异。

英属北美殖民地社会的主要居民是来自英国和欧洲其他国家的移民,原有的居民印第安人绝大多数被屠杀或被驱赶到偏僻的"保留地"。这些移民除少数是地主贵族和特权商人外,大多数是下层劳动人民。早期的移民大多来自英国,他们不仅把英国资本主义的经济制度,而且把英国的议会制度都带到北美来,移民有微弱的民主、自由权利,殖民地的统治有较明显的资本主义性质。

西班牙和葡萄牙所属的拉丁美洲殖民地带有浓厚的封建移殖性质。当时的西、葡两国,正处于封建制度的极盛时期,它们不仅把封建王国的中央集权制和分封、授地制搬到殖民地,而且还补充了白人殖民者残酷压迫有色居民的种族歧视政策,建立了一套封建殖民统治体制。如西班牙在国内设置印度等地事务委员会,主管美洲殖民地事务,委员会直接听命于国王,国王任命最忠实于王室的大贵族充当总督和都督。到18世纪时,西班牙在拉美先后建立了四大总督区和五个自治都督府①。在司法上,各总督辖区的首府和重要城市设检查庭,首席检查官也由国王任命,负责审理一切司法案件和有权对包括总督在内的一切行政官员进行监督。在经济制度和剥削方式上,起初曾推行"委托监护制"②,后来又沿袭国内的授地制,建立大庄园、大种植园和大采矿场,实行封建农奴制和奴隶制相结合的经济剥削制度。在贸易管理方面,西班牙殖民当局推行贸易垄断制和封建专卖制,禁止殖民地生产宗主国能输出的产品,不准

---

① 四大总督区,即新西班牙(包括今墨西哥、中美洲、西印度群岛和北美南部的大片土地),秘鲁(今秘鲁、智利),新格兰纳达(今哥伦比亚、巴拿马、委内瑞拉、厄瓜多尔),拉普拉塔(今阿根廷、巴拉圭、乌拉圭、玻利维亚)。五个自治都督府是总督区中划出的委内瑞拉、智利、危地马拉、古巴、波多黎各。

② 委托监护制:监护主对土地不享有所有权,但在监护区域内有最高管辖权;被监护者每年要为监护主从事一定的无偿劳动或交纳代役租。

与宗主国以外的地区通商,强迫殖民地发展单一经济,实行不平等贸易。在精神领域方面,西班牙殖民者在"传播基督文明"的幌子下,强迫印第安人信仰天主教,麻痹他们的斗志。天主教会不仅占有殖民地可耕地的三分之一以上,还在各地设置宗教裁判所,对所谓"异端"与不满分子进行残酷的迫害。

葡属巴西的殖民统治方式与西班牙大致相同,原设有13个都督府,后合并为一个总督区,由国王任命的总督掌管着行政、军事和司法的最高权力。在巴西大片的种植园里,盛行黑人奴隶制。

由于宗主国殖民政策的差异,在美洲殖民地,经济发展呈现出不同的层次。英属北美殖民地政策由于具有较明显的资本主义性质,经过一百多年的统治,使生产方式初步完成向资本主义性质的转变,促进了经济的发展。当然,英属北美13个殖民地,也各有自己的特点。北部四个殖民地(马萨诸塞、新罕布什尔、康涅狄格、罗德岛)是资本主义工商业最发达的地区,尤其以造船业发展规模最大。中部四个殖民地(宾夕法尼亚、纽约、新泽西、特拉华)土地肥沃,农业发达,大量小麦可供出口,有"面包殖民地"和"粮仓"之称。南部五个殖民地(弗吉尼亚、马里兰、北卡罗来纳、南卡罗来纳、佐治亚)以种植园奴隶制经济为主,广泛采用奴隶劳动,主要种植烟草、棉花、蓝靛和水稻,产品大都运销英国,是资本主义经济的附庸。英属北美三类殖民地的经济发展虽各有特点,但共同之处在于它们的商品生产与商品交换都有较高程度的发展,这就为正在形成中的美利坚民族摆脱英国殖民统治的枷锁,走上独立发展资本主义的道路提供了物质前提。

西、葡所属的拉美是封建性的殖民经济。西、葡殖民者将榨取到的大量的金银财富供给宗主国王室、贵族与官僚大肆挥霍,或支付它们对外掠夺战争的军事费用,因而没有给宗主国的工业带来什么发展。尽管由于海上贸易发展的巨大冲击和欧洲市场金银需求的强烈刺激,也激起了拉美采矿业的发展和金银产量的猛增,但占主导地位的是建立在奴隶和农奴劳动基础上的封建大地产制和单一经济作物制。这种落后的经济结构是严重束缚拉美经济和社会发展的巨大障碍。

二、美利坚民族的独立

资本主义的发展,使英属北美13个殖民地之间的联系日益加强。到独立前夕,它已有近300万人口。许多移民从欧洲带来了先进的生产技术,加上共同生存、发展的愿望,一般都不固守其原来民族的习俗,彼此之间自由通婚和融洽聚居,逐渐融为一体。

到18世纪中叶,这里逐渐形成了统一的民族市场,城市人口不断增加,各殖民地的科学文化教育事业也发展起来。在频繁的交往中,原占殖民地人口三分之二的英国移民所使用的英语,逐渐成为各殖民地居民通用的语言。这种共同的经济文化生活和遭受英国殖民者压迫、剥削的处境,使得北美殖民地内部的民族凝聚力日益增强,一个新的美利坚民族开始形成。

英法七年战争(1756~1763年)① 的爆发和英国工业革命的开始,给北美人民带来了巨大的灾难。英国为了弥补连年战争造成的财政困难和扩大原料产地及工业品销售市场,加紧了对北美殖民地的掠夺和控制,从而使美利坚民族与英国殖民者之间的民族矛盾急剧上升。

英国政府于1763年下令禁止北美13个殖民地居民向西部移民和开垦土地;1765年,颁布《印花税法》;1767年,颁布《唐森条例》;1770年,制造"波士顿惨案";1774年,颁布五项强制法令等等。这一系列加强控制和掠夺的政策、措施,促使北美殖民地人民的反英运动进入高潮。

1774年9月5日至10月26日,12个殖民地(佐治亚未派人出席)的55名代表在费城召开第一届大陆会议,通过了与英国"三断"的决议案(即与英国断绝一切输入、输出和消费的关系),支持抵制英货运动。

1775年4月19日,在列克星敦及康科德的战斗中,当地民兵机智勇敢的痛击,使英军死伤、被俘近300人。这次战斗的胜利,激发了北美人民的斗志和信心,实为独立战争的开端。接着各地群众同仇敌忾,纷纷拿起武器,组织民兵、游击队,奔赴战场。几天之内,汇集在波士顿城外的民兵就达两万余人。

在高涨的革命形势下,1775年5月10日,各殖民地代表在费城召开第二届大陆会议,讨论了防务和采取共同行动的问题。会议通过了《关于拿起武器的原因和必要性的声明》,决定发行纸币,购买武器,征募志愿兵,整编各地民兵为大陆军,任命华盛顿为大陆军总司令。

乔治·华盛顿(1732~1799年)生于弗吉尼亚一个大种植园主家庭。英法七年战争期间,他曾参加对法军作战,屡建军功。长期的戎马生涯锻炼了他的军事指挥才能。虽然他在政治上比较保守,曾经对英王有过幻想,但在人民革命力量的推动下,他能顺应历史潮流,反对英国的殖民政策,主张民族独立。

1775年6月17日,三千多民兵在波士顿北面的邦克山战役中,以惊人的毅力顽强奋战,在一天内就打退了英军的三次进攻,打死打伤英军一千多人。英军以惨重的代价最后才占据了山头。

武装斗争的迅速发展,使民族独立的呼声越来越高。正当第二届大陆会议上激进派与保守派在北美是否独立问题上斗争十分激烈之时,从英国移居北美的资产阶级思想家托马斯·潘恩(1737~1809年)于1776年1月发表了一本名为《常识》的鼓动性小册子,批驳了保守派主张与英国继续保持联系并受其支配的错误观点,主张以武装斗争的手段争取北美独立。《常识》出版后,不到三个月就销售12万余册,在人民和军队中争相传阅,一时间此书成了革命

---

① 英法七年战争在美洲亦称"法国人和印第安人战争"。

的"圣经",为独立战争的胜利在舆论上起了唤醒民族意识、动员人民参战的作用。

1776年3~4月间,华盛顿率领大陆军在民兵的配合下,先后解放了波士顿和纽约;南方的民团也击溃了英国舰队的进攻,镇压了内奸的叛乱。4~5月间,北卡罗来纳、弗吉尼亚自行宣布独立。形势的发展促使大陆会议向左转,与英国决裂的主张在会议上愈来愈占优势。6月7日,弗吉尼亚的代表理查德·亨利·李提出一项关于起草独立宣言的议案。6月11日,大陆会议成立了以民主派领袖托马斯·杰斐逊(1743~1826年)为首,包括罗伯特·利文斯顿、约翰·亚当斯、本杰明·富兰克林、罗杰·谢尔曼在内的五人起草委员会。7月4日,大会正式通过了由杰斐逊起草的《独立宣言》。

《独立宣言》首先以"天赋人权"的观点宣称"一切人生来都是平等的",每个人都有"生存、自由和追求幸福"的权利;统治者的权力来自被统治者的同意,当政府损害了这些权利时,人民有权去改变它,或废除它,重新建立新政府。接着宣言列举了英王乔治三世和英政府的种种罪状,说明独立的具体理由。最后宣言庄严宣告:北美联合殖民地与英国断绝一切隶属关系和政治联系,成立自由独立的国家。

《独立宣言》是美国人民要求民族独立和民主权利的宣言书,也是世界上第一个把天赋人权、殖民地有起义权等理论变成实际革命行动的官方文件。它不仅对北美独立战争,而且对法国大革命和拉丁美洲民族独立运动都产生了深远的影响,马克思称它是"第一个人权宣言"。7月4日这一天,后来被定为美国的独立日。

美利坚民族的独立,不是仅靠一纸宣言就能取得的,它必须经过美国人民的浴血奋战才能实现。

在独立战争的第一阶段(1775年4月19日~1777年10月17日),由于双方军事力量过于悬殊,大陆军处于劣势,英军一度包围波士顿,占领纽约和费城。在危急关头,是美国人民群众的英勇奋战多次使形势化险为夷。

1777年9月,英军在占领费城后,过高地估计自己的力量,急于速战速决。他们企图用三路大军展开钳形攻势,切断大陆军与新英格兰的联系。可是,当从加拿大南下的柏高英部队开始进入新英格兰时,就遭到了美国民兵的阻击,接着大陆军和民兵南北夹击,把他们围困在纽约州北部的萨拉托加城。10月17日,柏高英部在弹尽援绝的情况下,不得不率5 000英军向美军投降。

萨拉托加战役沉重打击了英军的嚣张气焰,极大地鼓舞了人民的斗志,使新英格兰和中部各州基本上处在大陆会议的控制之下。这次大捷是整个战局的转折点,使美军从战略防御转入战略进攻,它产生的重大影响为美国人民取得最终胜利创造了有利的国际条件。

美利坚民族的独立,是美国人民经过军事和外交这两条战线上的成功配合才取得的。为了在国际上孤立英国,争取外援,美国推行了积极的外交策略。1776年9月,大陆会议派德高望重的本杰明·富兰克林(1706~1790年)等三人出使法国。富兰克林充分利用萨拉托加大捷的成果,周旋于巴黎,巧妙灵活地施展外交手腕,终于在1778年2月6日使法国正式承认美国,并缔结美法军事同盟条约和通商条约。不久,英法公开宣战。俄国、荷兰、瑞典、丹麦、普鲁士、奥地利和葡萄牙等国结成"武装中立同盟",对抗英国的海上霸权,打破英国对北美的海上封锁。西班牙和荷兰也分别在1779年和1780年对英作战。这样,英国就处于空前孤立的境地。

在独立战争的第二阶段(1777年10月~1781年10月),军事态势和国际形势都向着有利于美国的方面发展。1781年上半年,英军总司令康沃利斯率部退守弗吉尼亚的约克镇,等待海上增援。华盛顿和罗尚博立即率领美法联军南下,并与欧洲志愿军拉法叶特率领的部队会合,包围了约克镇。9月,法国舰队在约克镇附近海域击败英国海军,切断了英军与英国舰队的联系。10月,美法联军在游击队的配合下对英军实行南北夹击、层层包围,康沃利斯在走投无路的情况下,不得不于10月19日率七千多官兵向美军投降。至此,独立战争取得了决定性的胜利。次年8月,东部沿海地区的战斗也告结束,战事只在西部和西北部零星进行。9月27日,美、英在巴黎开始单独和谈。1783年2月3日和4月11日,英、美先后宣布停战。9月3日,美、英签订了《巴黎和约》,英国正式承认北美原13个殖民地"是自由的,有主权的和独立的",确认美国疆界北接加拿大与大湖地区,南至佛罗里达北界,东起大西洋沿岸,西止密西西比河东岸。

独立后的美国,是资产阶级和种植园奴隶主联合专政的国家。1787年5月25日至9月17日,有产阶级的代表55人在费城召开秘密制宪会议,华盛顿被推举为会议主席。经过近四个月的激烈争论,会议最后通过了由詹姆斯·麦迪逊(1751~1836年)和亚历山大·汉密尔顿(1755~1804年)起草、由古维纳尔·莫里斯定稿的美利坚合众国宪法——通称"美国1787年宪法"。

依据这部宪法,美国由1777年11月通过的《邦联条例》和1781年3月成立的松散的邦联政府成为统一的、由各州联合组成的联邦制国家,确立以"三权分立"为原则的共和政体。所谓"三权分立",就是立法、行政、司法三个部门互相独立而又相互制衡的资产阶级统治形式。该宪法于1788年6月21日经9个州批准,正式生效①。

1789年3月4日,依照宪法所产生的美国第一届国会在纽约开幕。同年4月30日,联邦政府正式成立,华盛顿宣誓就任第一届总统,杰斐逊和汉密尔

---

① 该宪法1789年通过了前10条修正案(即"人权法案")。到1992年5月止,共通过27条修正案与宪法本文一起构成美国的根本法。

顿分别任国务卿和财政部长。至此，独立的美利坚民族开始进入一个新的历史时期。

三、拉丁美洲诸独立国家的建立

地理上的拉丁美洲是指加拿大、美国以南的美洲地区，包括墨西哥、中美洲、南美洲和西印度群岛。总面积为二千一百多万平方公里。

独立前夕的拉丁美洲，已有人口近2 000万。在西班牙所属殖民地中，有来自宗主国的白人统治者——"半岛人"，他们人数不多，但占据着行政、军事、法庭和教会的高位和大量地产，自命为高等白人，是革命的对象。"克列奥人"是白人移民的后裔，他们拥有土地，是殖民地社会中地主集团的核心。由于他们生长于拉美，逐渐脱离了宗主国的影响，政治上又受"半岛人"的压迫，因而要求摆脱宗主国的统治。他们有文化，有财产，有一定的社会地位，所以不仅卷入了独立战争，并且掌握了革命的领导权。混血种人多数是自由职业者和自由农民，名义上是"自由人"，但并不享有公民权利。印第安人和从非洲贩运来的黑人奴隶处于社会的最底层，他们和混血种人是革命的主力军。

拉美民族独立战争的兴起，首先，主要是由于殖民地人民与宗主国统治者之间民族矛盾的激化。其次，欧洲的启蒙思想、北美的独立战争和法国的大革命也直接或间接地激发了拉美人民的民族独立意识，鼓舞了他们的斗志。第三，19世纪初，西班牙、葡萄牙受到国内革命的冲击和拿破仑战争的打击，国力日益衰弱，这也为拉美人民挣脱殖民枷锁提供了有利的条件。

海地是拉丁美洲诞生的第一个独立国家。它位于加勒比海中第二大岛——圣多明各岛的西部，原是西班牙的殖民地，1697年后被法国占领。独立前，海地共有48万黑人奴隶，他们受着3.5万白人种植园奴隶主的压迫和剥削。其余三万"自由黑人"和黑白混血种人，也遭到殖民者的压榨和歧视。

法国殖民者的民族压迫和种族歧视，迫使黑人多次举行起义。在法国大革命的影响下，1791年8月22日，奴隶出身的马车夫杜桑·卢维杜尔（1743～1803年）领导海地黑奴举行了新的起义。杜桑开始起义时响应者只有六百余人，很快发展到数千人。他们在战斗中锻炼成为一支纪律严明、所向披靡的革命部队，连续击溃了近万名法军的围剿，控制了海地绝大部分领土。

1793年，西班牙人利用法国同欧洲反法联盟作战之机，打着"支持解放黑奴"的招牌，趁火打劫，从岛的东部侵入，妄图骗取杜桑与之合作，进而夺取海地。但是，杜桑很快识破了这一阴谋，率领起义军把西班牙入侵军赶出了圣多明各岛。不久，英国殖民者又借口法国种植园主的求助，派出1.5万名海上陆战队从海地西部登陆，并攻占太子港，妄图镇压起义。1795年，杜桑率军夺回太子港。又经过两年多的战斗，终于迫使英军主力撤退。1798年，英国被迫议和，承认海地独立。此时，杜桑的军队实际上控制了全岛。1801年7

月，圣多明各召开制宪会议，制定了废除奴隶制的新宪法，杜桑被选为终身总督。

拿破仑上台后，梦想再度控制海地，他拒绝批准海地新宪法，并于1802年初派他的妹夫勒克莱尔将军率54艘战舰和两万精兵侵入海地。杜桑率领全岛军民奋战强敌，屡败法军。勒克莱尔在遭受重大损失后，便以诡计诱骗杜桑和谈，乘机将他逮捕，押往法国。这位黑人民族英雄，1803年4月被害死于法国狱中。殖民者的卑鄙行径激怒了海地人民，他们在杜桑的战友亨利·克里斯托夫（1767～1820年）和德萨利纳的领导下，更加顽强地战斗，打得法军在1803年11月9日缴械投降。

海地黑人在连续12年的武装斗争中，相继战胜了法、西、英三个殖民大国的侵略军，于1803年11月29日宣告独立。1804年1月1日，拉丁美洲历史上第一个黑人共和国——海地（意为多山的地方）诞生了。这一伟大胜利树立了小国打败大国和奴隶们自己解放自己的光辉榜样，极大地鼓舞了整个拉丁美洲人民争取独立自由的斗争。

西属拉美的独立战争，可分为两个阶段、三个战场。

第一阶段（1810～1815年），西班牙在拉美的殖民地，除秘鲁外，都揭竿而起，发动了武装斗争。起义者利用有利的国际形势，初步建立了独立政权。但掌握领导权的"克列奥"地主集团没有发动人民群众，加上维也纳会议后西班牙封建王朝复辟，使刚建立的独立政权大部分被扼杀。

第二阶段（1816～1826年），独立战争在人民群众的积极参加和支持下，重新推翻殖民统治，建立独立政权，直到取得最后胜利。

在墨西哥战场，独立战争初期的领导人是米格尔·伊达尔戈神甫（1753～1811年），他于1810年9月16日在多洛雷斯镇发出了起义的呼声，提出争取国家独立、夺回被西班牙人300年前抢去的土地、废除奴隶制等革命主张，得到广大印第安农民的热烈响应。起义军在短时间内扩大到八万余人，攻占了北部许多城镇，逼近首府墨西哥城。但在大好形势下，伊达尔戈止步不前，在战略上出现失误，1811年起义军被西班牙军击败，伊达尔戈被俘就义。墨西哥人民为了纪念这位"独立之父"，后来把发出"多洛雷斯呼声"的9月16日定为墨西哥的国庆日。

伊达尔戈牺牲后，他的学生和战友何塞·莫雷洛斯神甫（1765～1815年）继续领导斗争，并提出激进的革命纲领，于1813年召开国民议会宣布墨西哥独立。次年又公布共和国宪法。由于"克列奥"地主集团害怕农民的革命行动，叛国投敌，1815年，起义军被西班牙镇压，莫雷洛斯从容就义。此后，墨西哥人民转入山地游击战，直到1824年推翻西班牙统治，建立墨西哥共和国。与此同时，中美洲的危地马拉、尼加拉瓜、洪都拉斯、哥斯达黎加、萨尔瓦多五省，也于1821年宣布独立。1823年，这五省成立"中美洲共和国联盟"。1838年，该联盟又分为五个独立的共和国。

南美北部战场包括委内瑞拉、哥伦比亚、厄瓜多尔、巴拿马等地。委内瑞拉独立战争初期的领导人米兰达（1750~1816年）先后到过美国、欧洲，参加过法国大革命，并第一个提出了西属拉美独立的口号。1811年底，他回国领导委内瑞拉"爱国协会"进行革命宣传。不久，成立了以他为首的委内瑞拉共和国。这个政权没有群众基础，当1812年西班牙殖民军发动进攻时，共和国被推翻，米兰达也被捕，1816年死于狱中。

米兰达被捕后，西蒙·玻利瓦尔（1783~1830年）成了南美北部独立战争的主要领导人。他生于委内瑞拉种植园奴隶主和大工商业者家庭，青年时代在欧洲留学，深受法国启蒙思想的影响，曾参加过拿破仑皇帝的加冕典礼，立志要解放自己的祖国。1813年1月，他率领几百人的起义军向加拉加斯进发，沿途各地人民纷纷加入他的部队，迅速解放了加拉加斯等大片地区，重建委内瑞拉第二共和国。由于玻利瓦尔没有实行人民所期望的社会改革，1814年共和国再次被推翻，玻利瓦尔逃亡海地，革命转入低潮。

1816年，玻利瓦尔在海地共和国的支援下，重新组织队伍，在委内瑞拉东部登陆。革命军在游击队的配合下，以奥里诺科盆地为中心建立革命根据地。这一次玻利瓦尔采取了许多社会改革措施：宣布废除奴隶制，取消等级特权，没收西班牙王室和反革命分子的土地，许诺将没收来的土地分给士兵。

1818年，玻利瓦尔宣布成立委内瑞拉第三共和国。1819年，起义军人数达到一万四千多人，并得到欧洲几千名志愿军的支援。这一年春天，玻利瓦尔率领爱国部队采用声东击西的战术，一路佯攻加拉加斯，调敌军主力防守委内瑞拉战线，另一路偷越安第斯山，奇袭哥伦比亚首府波哥大。同年8月，在波亚卡河畔战斗中，起义军大获全胜。接着，爱国部队一举解放了波哥大。12月，玻利瓦尔宣布成立"大哥伦比亚共和国"（包括委内瑞拉、哥伦比亚、厄瓜多尔），自任总统。1821年，玻利瓦尔又回师委内瑞拉和厄瓜多尔，消灭了殖民军的残部，取得解放南美北部大部分地区的胜利。

南美南部战场包括阿根廷、智利、巴拉圭、乌拉圭等地。1810年5月25日，阿根廷爆发"五月革命"，推翻了西班牙总督的殖民统治，在布宜诺斯艾利斯成立临时政府。与此同时，巴拉圭、乌拉圭也展开了反西斗争。1811年，巴拉圭人民发动起义，宣布独立。何塞·圣马丁（1778~1850年）指挥的骑兵两次击败敌军，巩固了临时政府。1816年，阿根廷正式宣布独立。

何塞·圣马丁是阿根廷一土生白人船主的儿子，青年时就立志为祖国和拉美的独立自由而奋斗。从1814年起，他担任阿根廷革命军的统帅。1817年春，圣马丁亲自率领他组建的五千五百多人的远征军，踏积雪，冒严寒，经过三个多星期的艰苦行军，越过安第斯山，出其不意地进攻智利西班牙守军，创造了军事史上的光辉奇迹，于2月中旬占领智利首府圣地亚哥。他在智利人民武装的配合下,歼灭了西班牙的残兵败将,1818年2月,智利正式宣布独立。

1821年7月,圣马丁乘西班牙国内爆发资产阶级革命的有利时机,率领远征军在秘鲁人民的配合下,从海上攻入首都利马。不久,宣布秘鲁独立,圣马丁被授予秘鲁共和国"保护者"的称号。此时,玻利瓦尔的军队已解放厄瓜多尔,正向秘鲁逼近。

1822年7月26~27日,圣马丁和玻利瓦尔在厄瓜多尔的瓜亚基尔港秘密会晤①。因双方意见分歧,未达成任何协议。两个月后,圣马丁自动辞去秘鲁政府首脑职务,返回阿根廷,后去法国。

圣马丁引退后,玻利瓦尔担当起解放秘鲁全境的重任。1824年6月6日的胡宁战役,击溃殖民军;同年12月9日的阿亚库乔决战中,玻利瓦尔率领秘鲁、智利、哥伦比亚、阿根廷的革命军大获全胜,俘虏了包括秘鲁总督、四个元帅和十个将军在内的二千六百多名官兵,摧毁了西班牙在南美洲的老巢,迫使敌人投降。接着,革命军乘胜解放上秘鲁。为了纪念"解放者"玻利瓦尔的功绩,1825年独立的上秘鲁取名为"玻利维亚"。1826年1月23日,西班牙在南美洲的最后一个据点的守军投降,至此,西属拉美的独立战争胜利结束。

葡萄牙的殖民地巴西,是拉美最大的国家,国土面积为八百五十多万平方公里。早在1789年,牙医西尔瓦·沙维尔(1748~1792年,称"拔牙者")就组织了武装密谋团体,提出了建立独立的巴西民主共和国和消灭奴隶制的主张。1807年,拿破仑入侵葡萄牙后,葡摄政王和王室成员在英国舰队的护送下逃到巴西,使巴西变成了葡王国的政治中心。1815年,摄政王阿尔加尔弗宣布成立"葡萄牙、巴西和阿尔加尔弗联合王国",自任国王,称"若奥六世",企图以此缓和巴西人民日益增长的民族独立情绪。巴西形式上与葡萄牙平等,但实际上联合王国的一切大权都掌握在葡王室和贵族手中,因而殖民统治更加强化。

1817年3月,东北部的伯南布哥省发生了士兵和人民起义,一度夺取了地方政权,宣布成立共和国。起义坚持了76天,最后被镇压。1820年,葡萄牙国内发生资产阶级革命,新议会要求若奥六世回国。1821年,巴西又发生军队暴动和南方各省人民起义。为了既避免革命又维持巴西大地主、大种植园奴隶主的统治,若奥之子彼得罗亲王按照父亲的嘱托,于1822年9月7日正式宣布巴西与葡萄牙决裂,成立巴西帝国,驱逐殖民军,自称"彼得罗一世"。

巴西的独立是人民长期斗争的结果,但由于种种原因,这场独立运动没有

---

① 瓜亚基尔会晤时,因只有两位领导人参加,也未留下任何文字材料,故内容不详。因两人经历、政见不一,未能达成一致,这是事后史家的判断,史称"瓜亚基尔会晤之谜"。

转变为大规模的革命战争,而是自上而下完成的。因此,独立后的大地主土地所有制和种植园奴隶制没有什么改变。但是,它毕竟摆脱了葡萄牙的殖民统治,为巴西社会经济的发展提供了有利条件。此后,经过七十多年的斗争,到1889年巴西终于废除了奴隶制,推翻了君主制,建立了共和国。

18世纪末到19世纪初的拉丁美洲民族国家的建立,在世界民族解放运动史上有极其重要的地位,也是这一时期世界资产阶级革命高潮的一个重要组成部分。

拉美各族人民经过36年(1791～1826年)的武装斗争,基本上摧毁了西、葡、法在美洲的殖民统治,除了古巴、波多黎各、圭亚那和西印度群岛的某些岛屿外,先后建立了18个独立国家,大体上形成了今天拉丁美洲各国的政治布局。这些独立国家,除巴西外,在形式上都确立了资产阶级共和制,废除了奴隶制和一些封建法规,削弱了天主教会的政治经济权势,打破了工商业殖民垄断制度。这些成果都为拉美各国的社会进步和资本主义的发展提供了有利条件。

由于拉美殖民地原来的资本主义发展很微弱,资产阶级没有完全形成和充当这场独立革命的领导阶级,而掌握领导权的是土生白人"克列奥"地主集团中的先进分子。他们在反对宗主国殖民统治、争取民族独立的同时,又力图保留大地产制和封建剥削,这就没能从根本上动摇旧的社会经济基础。因此,这些国家政治上独立了,但经济上没有摆脱对殖民主义国家的依赖;赶走了老殖民主义者,但又不能抵御新殖民主义者的渗透。这是独立后的拉美各国在经济上停滞不前、政治上独裁暴君迭出和政变频繁的主要原因。从这个意义上说,这场独立革命虽然属于世界资产阶级革命的范畴,但是并没有完成资产阶级革命的任务。

第三节 面临工业世界挑战的亚洲和非洲

一、亚洲封建专制制度的基本特征

亚洲是世界第一大洲,有着悠久的历史和灿烂的文化。勤劳勇敢、富有革命精神是亚洲各族人民的传统。

在世界历史的不同时期,东、西方的社会发展,都出现过时先时后的现象。亚洲和非洲在古代和中世纪,曾经走在世界前列,创造过黄河文明、印度河文明、两河文明和尼罗河文明。但是,到16世纪后,由于西方殖民主义者的野蛮入侵,不少亚、非国家相继沦为殖民地或半殖民地,社会独立发展进程被破坏,还出现了严重的社会经济衰退。

造成亚洲国家落后的内在因素,是封建专制制度的延续。直到18世纪,封建关系仍在亚洲绝大多数国家占据统治地位,有的国家发展成为典型的封建专制的中央集权国家,如中国、日本、印度、奥斯曼帝国;有的国家虽然刚刚完成从奴隶制向封建制的过渡,但也普遍建立了封建宗法制,如印度尼西亚、阿富汗、阿拉伯半岛诸国。亚洲国家的封建专制制度有着不同于欧洲国家的基本特征。

(一)政治上高度中央集权,专制王权世袭化。奥斯曼帝国的苏丹、印度莫卧儿帝国的国王、中国明清王朝的皇帝、日本幕府制的天皇,都是集中央到地方一切大权于一身的专制君王。这些君王一般都是国家的最高土地所有者、政治和宗教的首领。法律出自君主之口,所谓"朕即国家"、"圣旨就是法律",便是这种皇权至上的写照。在世袭君主的专制统治下,亚洲各国均有一套等级森严的、完备的封建宗法制的统治机构,十分保守和反动。

(二)经济上固守农本经济,推行重农抑商政策,严重阻碍着社会生产力的发展。以农为本的自给自足的自然经济在亚洲各国占据统治地位,商品交换在整个经济生活中处于十分次要的位置。封建统治者为了维护和巩固以农为本的经济结构,长期推行重农抑商政策。他们限制农村经济商品化的发展;限制手工工场的扩大和对矿山、盐田的开发;封锁海外贸易,制止商人资本的扩充和商业经营范围的扩大。

这种重农抑商政策,还表现在各封建国家仍保留具有宗法关系的农村公社。这种农村公社是建立在个体农耕和家庭手工业结合之上的宗法组织,农民被牢牢地束缚在土地上,这就堵塞了农业经营走向商品化的道路,阻碍了城乡间的商品交换和社会劳动分工的发展。与欧美国家不同,亚洲国家的城市不是资本主义的经济、政治中心,而是封建王公贵族的"军营",是封建经济剥削和政治统治的中心,它在客观上也起着阻止资本主义发展的作用。

(三)思想文化上因循守旧,固步自封,闭关锁国,抗拒先进思想文化的传播。愚昧的封建专制,使人的思维方式僵化守旧。对外交往的稀少,导致思想文化的封闭自大。16～17世纪,西方商人和传教士进入日本,刺激了日本工商业的发展与各界人士思想的活跃,同时也加深了各大名诸侯与封建中央集权制的矛盾,动摇了封建专制的基础。为了强化封建统治,德川幕府于1612年颁布了禁教令,把西方传教士统统驱逐出境,对国内基督教徒实行残酷的迫害。1637年,幕府又下令禁止日本人出国,禁止制造超过500吨的远洋航行船只,违者处以极刑。1639年,幕府正式颁布"锁国令"。这一系列锁国政策和措施,虽然在客观上阻止了西方列强对日本的掠夺,但却使日本与外部世界完全隔绝,严重地阻碍了本国思想文化与外国的沟通。

在中国,明末清初之际,刚上台的满洲贵族为了巩固新建的王朝统治,在顺治、康熙两朝,中西经济文化交流曾一度得到发展。康熙皇帝除了吸纳一批饱有学识的教士于宫廷外,还在1664年和1667年先后接见了荷兰东印度公司和葡萄牙的贸易代表团。但是，到18世纪初，当清帝国的中央集权日趋巩固时，便开始抗拒外来文化，实行闭关自守政策。雍正年间，"西学东渐"的进程突然中止。乾隆年间，颁发了禁止洋人在广州以外一切口岸进行贸易的上谕。从此，天朝帝国自锁大门，与外部世界隔绝开来。

（四）分裂割据、战乱频仍，社会动荡不宁，是亚洲国家发展停滞的重要因素。地跨欧、亚、非三洲的奥斯曼帝国，没有统一的经济基础，只是一个不稳定的军事行政集合体，民族矛盾和宗教矛盾交织，社会长期动荡。17世纪后半期至18世纪初，土耳其封建主曾先后发动对其他各族的军事掠夺，导致1730～1731年伊斯坦布尔人民起义的爆发。起义被镇压后，统治者又进行了两次土俄战争（1768～1774年、1787～1791年），终于使奥斯曼土耳其帝国走向瓦解。

总之，由于亚洲国家传统的农本经济和重农抑商政策，加之皇权至上，君临一切，闭关锁国，思想僵化，使得美丽富饶的亚洲死气沉沉，毫无生机。这一切都是亚洲各国封建统治阶级抱残守缺、固步自封带来的恶果。

二、亚洲国家的不同发展趋势

进入16世纪以后，由于世界历史从分散发展向整体发展的转变，亚洲国家在发展不平衡规律的作用下，出现了不同的发展趋势。

首先是尚能维护独立的亚洲国家，以中国最为典型。中国早在16世纪中叶（明代嘉靖年间）就出现了资本主义因素的萌芽。到18世纪末（清代乾隆年间），在沿海和个别内地城市资本主义性质的手工工场不断出现，商品生产和国内外贸易极为活跃。苏州的棉布、杭州的丝绸、江西景德镇的瓷器、湖北汉阳的铁器等由海路运往朝鲜、越南、南洋各地以及欧洲，并通过菲律宾远销到美洲。由于当时中国还是一个政治上统一的中央集权国家，所以在早期殖民侵略面前，还能保持民族独立，维护民族尊严，从而使社会经济文化获得一定程度的发展。

17、18世纪独立发展的亚洲国家，还有日本、朝鲜、越南、波斯、阿富汗以及中亚、西亚的一些国家。它们打退了欧洲殖民者的入侵，基本上维护了民族的独立与尊严，但是也不同程度地蒙受了西方殖民主义的祸害。中、日、朝等国实行的闭关自守政策，是封建王朝采取的遏制殖民主义的消极政策。它虽然在一定时期起了抵御外侮、维护国家独立的积极作用，但也带来了一些消极后果，使本国同外国的经济、文化、思想等各方面的联系大大削弱，把自己与外界隔绝起来，正常的交往中断。随着时间的推移，它所造成的恶果日益明显地暴露出来。

其次是沦为殖民地的国家，以印度、印度尼西亚和菲律宾为代表。印度本是一个世界文明古国，到16世纪在亚洲还是经济比较发达的大国。但是，自从英国殖民强盗的黑手染指印度后,它就坠入了黑暗的深渊。1600年成立的英属东印度公司是英国侵略印度的重要工具。从17世纪初英国的船只驶抵印度西海岸苏拉特开始,到18世纪中叶东印度公司乘莫卧儿帝国无力抵御外来入侵之机,以印度沿岸为据点,肆意蚕食鲸吞,直至1757年的普拉西战役,印度便开始沦为殖民地。此后,英属东印度公司以孟加拉为基地向沿海和内陆侵略。1798年,英国征服印度南部迈索尔公国领地,1803～1805年,英国把马拉特诸公国变成驻印总督的藩属。1849年,英国吞并旁遮普。至此,整个印度完全成了英国的殖民地。

印度尼西亚也是西欧殖民者争夺的猎物。这个有"千岛之国"美誉的国家,主要由爪哇、苏门答腊、加里曼丹、苏拉威西以及摩鹿加群岛(今马鲁古群岛)等岛屿组成。16世纪初,葡萄牙人捷足先登,西班牙人接踵而至。当西班牙的"无敌舰队"被英国摧毁后,荷兰殖民者又趁机取而代之。1609年,荷兰任命第一任驻印尼总督;1619年,荷兰在爪哇岛上占领第一块土地——椰城(今雅加达);1623～1640年,荷兰又先后侵占了马德拉岛、泗水及葡萄牙在南洋的据点马六甲;17世纪70年代,荷兰虽还没有征服爪哇岛上的马打兰和万丹两个王国,却已建立了对爪哇的全面监督。18世纪中叶,这两个王国成为保护国后,整个印度尼西亚就成为荷兰的殖民地。

有"花园群岛"之称的菲律宾,也是殖民者争夺的又一个战略要地。1525～1527年,西班牙两次派兵侵入南部最大的棉兰老岛抢劫搜刮;1542年,西班牙军第三次侵入中部的萨兰加尼岛和三描岛,并以西班牙王子菲律普之名将三描改称菲律宾。1565年,西班牙任命黎牙实比为菲律宾总督。1571年,黎牙实比率军攻占北部最大的岛屿吕宋,占领了马尼拉。1600、1628、1630年,西班牙又三次南攻苏禄群岛和棉兰老岛,均遭失败,直到19世纪中叶,西班牙才全部征服了菲律宾群岛。

总之,从16世纪初至19世纪中叶,整个印度、锡兰、马来亚的马六甲、印度尼西亚的主要岛屿和菲律宾群岛,均分别沦为英、荷、西的殖民地。此外,还有法国对越南的侵略、英国向缅甸和马来亚的扩张、俄国对中国黑龙江地区的侵略以及向西伯利亚的扩展。这一切都证明:西方列强的资本主义是以牺牲东方人民的利益而发展起来的,西方的繁荣兴盛是建立在东方人民的累累白骨之上的。

第三是有些亚洲国家虽未沦为殖民地,但也遭到了欧洲列强的欺凌,被迫签订了一系列不平等条约或开始被瓜分,处于半殖民地的地位。如土耳其奥斯曼帝国等就是这种类型的国家。

亚洲人民为了维护国家的独立和领土的完整,曾进行了英勇顽强、可歌可泣的斗争。但是,这些斗争均以失败而告终。这与亚洲封建专制制度的基本特征息息相关。首先,亚洲国家的经济日益落后,政治四分五裂,给西方殖民侵略者以可乘之机；其次，亚洲国家的封建专制制度腐朽，统治阶级反动愚昧、思想僵化，贪生怕死，在民族存亡的危急关头，大多数封建统治者不是积极依靠、发动、支持人民大众团结一心、奋勇抵抗，而往往是向侵略者屈膝投降，出卖民族利益，堕落成可耻的帮凶和走狗。近代亚洲的历史告诉我们：落后、腐朽必然挨打，分裂、反动就会亡国。这是亚洲人民必须牢记的惨痛教训。

三、非洲人民的悲惨命运和反抗斗争

非洲是世界上第二大洲。南至好望角，北临地中海，中部的撒哈拉大沙漠和稠密的原始森林把近代非洲大陆分成在人种上、社会经济及政治发展水平上都有明显差别的几部分。北非比较先进，东非、西非比较落后，中非和南非是最落后的地区。

北非的埃及、阿尔及利亚、突尼斯、摩洛哥属于阿拉伯人国家，在17、18世纪已处于封建社会晚期。四大文明古国之一的埃及，是非洲社会经济最发达的地方。尼罗河三角洲出现了资本主义性质的大庄园，雇用了成千上万的农民进行生产。开罗等城市有许多资本主义手工工场，拥有一万五千多名雇佣工人。埃及的商业和对外贸易也非常活跃，开始出口棉布、亚麻、大米、小麦和蔗糖。在阿尔及利亚、突尼斯和摩洛哥，18世纪也出现了资本主义萌芽，社会经济也有显著的发展。东非的埃塞俄比亚、乌干达、布隆迪等国，这时也进入封建社会。西非的一些国家，奴隶制占主导地位。中非和南非的一些地区还处在部落联盟向奴隶制国家过渡的阶段。

在非洲大陆，盛产黄金、象牙、胡椒和橡胶，是人类古代文明的发祥地之一。然而，从15世纪末开始，它们就成了欧洲殖民强盗掠夺的对象。过去西非的一些奇怪地名，如黄金海岸（今加纳）、象牙海岸（今科特迪瓦），就是殖民者当年掠夺非洲留下的罪证。

最先从事黄金、象牙贸易的是葡萄牙人。1482年，葡萄牙国王开始在黄金海岸建筑一座坚固的石头城堡，派重兵守卫，设总督管辖，专门用来掠夺黄金、象牙并镇压、蹂躏当地居民。后来英、荷、法、德、瑞典人接踵而至，在西非展开了激烈的争斗。

非洲森林密布的地方，是大象理想的生活场所。非洲象不仅体高健壮，而且象牙特别长。一对成熟的象牙，重量达35～70磅。赤道非洲特产的牡象尤为珍奇，牙长9英尺，重约115磅，以花纹细致、光泽如玉闻名于世，是牙雕原料的极品。

起初，西方商人主要是靠不等价交换来骗取黄金、象牙等珍贵物品。他们用低劣的日用小工业品（如玻璃珠子、镜子、别针等）从非洲人手中换取黄金、象牙。据记载，16世纪中叶，在几内亚海岸，用一个铜脸盆可以换到价值30英镑的黄金。16世纪初，仅葡萄牙人就从西非运走了10万英镑的黄金，

相当于当时世界黄金总产量的十分之一,同时还骗走了大量象牙。1554年,一名叫洛克的英国商人从西非带回了400多磅黄金、250只象牙和36桶胡椒,这使伊丽莎白女王也垂涎三尺。1561年,伊丽莎白女王投资1 000英镑作航行费用,派洛克指挥两艘商船驶往西非。第二年,该船队满载着363磅黄金、155只象牙、22桶胡椒和其他货物驶进了伦敦泰晤士河。

后来,殖民者把掠夺黄金、象牙与奴隶贸易结合起来,因为一对象牙重量达几十公斤,要从内陆森林地带运到海岸需长途跋涉,全靠人力搬运。由于原始森林中道路阻隔、荆棘丛生,常有野兽出没,所以数十万名搬运象牙的奴隶和脚夫,许多累死、病死、伤害致死在途中。据统计,每五个背送象牙的人中,只有一个能够活着到达目的地。

到18世纪末,非洲人民世世代代积存下来的象牙几乎被欧洲商人搜罗一空。闪烁发光的黄金和纯洁如玉的象牙上沾满了非洲人民的斑斑血迹,而那些欧洲的黄金贩子和"猎象家"们却在这肮脏的交易中飞黄腾达、发财致富。这就是资本原始积累时期展现在人们面前的一幅血与火交织在一起的图画!

在资本主义原始积累时期,西方殖民主义者对非洲人民犯下的更为残暴、无耻的罪行,就是悲惨的黑人奴隶贸易。

奴隶贸易的始作俑者是葡萄牙人。早在15世纪40年代,葡萄牙人就从西非海岸猎捕黑人,贩回欧洲,卖给封建贵族充当奴隶或送到海岛种植园充当苦力,平均每年被贩卖的黑奴就有5 000人左右。地理大发现后,西方殖民者在美洲实行"种族灭绝"政策,使这里的劳动力严重缺乏,于是便把非洲作为奴隶来源的地区。

1502年,葡萄牙人把第一批黑奴贩运到美洲。17世纪后,荷兰、英国、法国先后加入了这种人贩子的行列。17世纪中叶,荷兰的西印度公司在奴隶贸易中占优势。到17世纪后期,英国成为奴隶贸易的主角。伊丽莎白女王和那些道貌岸然的内阁大臣、传教牧师、贵族骑士以及富商大贾们勾结起来,在1672年成立了"英国皇家非洲公司",专门经营这种罪恶的贸易。据统计,英国从非洲运往美洲的黑人奴隶,是所有其他贩奴国家总和的四倍。

西非海岸是奴隶贸易的主要场所。冈比亚河到尼日尔河河口三角洲一带是最大的奴隶市场。在长期的黑奴贸易中,欧洲的奴隶贩子们多采取"三角贸易"的路线,即满载粗劣的日用工业品和旧式枪支弹药的商船从欧洲的伦敦、利物浦、马赛等港口出发,航行到西非海岸的奴隶市场,以船上的货物向非洲部落酋长廉价换取大批奴隶(谓之"出程");奴隶贩子在黑奴身上打上烙印,带上镣铐,像牲畜一样把他们塞进拥挤不堪的船舱,横渡大西洋驶向美洲(谓之"中程");在美洲奴隶市场高价出售奴隶,换得美洲殖民地出产的蔗糖、棉花、烟草、金、银、铜等工业原料,再由原船运回欧洲出卖(谓之"归程")。一次"三角贸易"约需六个月时间,奴隶商可做三次买卖,三次获利,纯利润往往是成本的几倍或几十倍。欧洲的许多城市也是因奴隶贸易的兴起而发展起来的。例如,英国的利物浦,17世纪时还是一个落后的渔村,到18世纪80年代,人口增加了六倍,成了一个国际贸易的中心城市。难怪该城有一句谚语:"主要街道是由非洲奴隶锁链来划分,墙壁是用非洲奴隶的鲜血粉刷而成。"

长达三百多年(16世纪～19世纪上半期)的奴隶贸易给西方国家提供了巨额财富,成为欧美资本原始积累的重要来源之一。但是,它给非洲人民却带来了深重的灾难,也给非洲的社会发展带来严重后果。

首先,劳动力大量丧失,严重破坏了非洲生产力的发展。据统计,在这三百多年中,运到美洲的非洲黑奴达一千五百多万人;在捕捉黑奴时,非洲人往往整个部落被灭绝;在贩运途中因残酷虐待、瘟疫流行致死的达四千万人以上;整个非洲人口损失达一亿。这相当于1800年非洲人口的总和。17～18世纪,非洲人口占世界总人口的五分之一,到20世纪初则下降为十三分之一。这一亿人口中大多数是年轻力壮的男子和妇女,劳动力的锐减使非洲许多地区人烟稀少、田园荒芜,社会经济出现停滞甚至倒退的凄凉景象。

其次,连年不断的"猎奴战争"破坏了非洲各地的社会联系,中断了许多国家独立发展的进程。为猎获奴隶而进行的无休止战争不仅使非洲大片地区的农业、畜牧业、手工业横遭摧残,而且造成各地区、各部落之间的自相残杀,使原有的国家灭亡,新的国家又建立不起来,社会文明与进步被扭曲,致使非洲大陆长期陷入贫困、落后的黑暗深渊。

第三,奴隶贸易加深了非洲社会阶级分化,出现了一批直接参与奴隶贸易的部落上层人物和本族的奴隶贩子。这一小撮人为西方殖民主义张目,是奴隶商的代理人和民族的败类,也是后来非洲人民走上民族独立道路的隐患。

奴隶贸易的产生给美洲带来了直接奴隶制,这是西方殖民主义给非洲人民造成的恶果。但如果从世界历史发展的进程来考察,这种直接奴隶制也是推动历史发展的动力之一。正如马克思指出:"直接奴隶制也像机器、信贷等等一样,是我们现代工业的枢纽。没有奴隶制,就没有棉花;没有棉花,就没有现代工业。奴隶制使殖民地具有了价值,殖民地造就了世界贸易,而世界贸易则是大机器工业的必不可少的条件。在买卖黑奴以前,殖民地给予旧大陆的产品很少,没有显著地改变世界的面貌。可见,奴隶制是一个极为重要的经济范畴。没有奴隶制,北美这个最进步的国家就会变成宗法式的国家。"[①]

酷爱独立自由的非洲人民,对西方殖民列强的野蛮入侵和惨无人道的压榨、搜刮恨之入骨。从侵略者踏上非洲土地的第一天起,他们就拿起石头、弓箭、长矛进行着不屈不挠的反抗。1510年,葡萄牙驻印度总督德·阿尔梅达返

[①] 《马克思恩格斯选集》第4卷,人民出版社1995年版,第538页。

回途中,在非洲南端好望角登陆抢劫财物,当地居民用毒箭把他和他的六十多名随从全部射死。刚果人民在 16 世纪末把入侵的葡萄牙殖民者大部分杀死。到 17 世纪 30 年代,葡萄牙殖民者被全部赶走。

从最初自发的反抗斗争,发展到有组织、有领导的武装起义。赤道非洲的安哥拉人民,1624 年在民族英雄、女王恩津加·姆班德(1582~1663 年)的领导下与葡萄牙侵略者进行了近 40 年的斗争。恩津加发表宣言,号召各部族停止部族之间的斗争,增强团结,共同抗击外国侵略者。她告诫人民"要做命运的主人,不当葡萄牙人的囚徒"。因此,人民群起响应,许多酋长表示效忠女王,黑人的反抗情绪普遍高涨,团结起来,共同对敌。1654 年,葡萄牙不得不与她缔结"和平协定",直到 1663 年 12 月恩津加逝世后,葡萄牙人才又卷土重来。南部非洲人民为了反抗葡、荷、英殖民者,也进行了前赴后继的武装斗争。

18 世纪,在猎奴据点上,非洲人民以部落为单位群起自卫,严惩侵略者,赶走奴隶贩子,先后爆发 15 次大的起义,迫使殖民强盗不敢亲自深入内陆"猎奴"。在大西洋的运奴船上,奴隶们宁死不屈。他们经常集体暴动,或者打死奴隶贩子和船长,将船驶回非洲;或者凿沉船只,同归于尽。据不完全统计,在 1700~1845 年间,仅在英、美贩奴船上就爆发 55 次奴隶大暴动。被运到美洲的黑奴,也用各种方式反抗白人奴隶主的奴役。

正是非洲人民长期顽强的斗争和全世界人民的强烈谴责,血腥的奴隶贸易到 19 世纪上半期才逐渐停止。然而,西方殖民主义者并没有放弃非洲这块"肥肉",只不过是改变了"吞吃"的方式而已。

第四节 欧洲封建势力与资本主义的较量

一、欧洲封建秩序的恢复和神圣同盟的建立

1814 年反法联盟诸国对拿破仑战争的胜利,是当时震撼欧洲影响世界全局的大事。从欧洲范围看,它意味着旧的封建主义势力暂时压倒了新的资本主义势力;从世界全局看,它也影响了拉丁美洲民族独立运动的进程。同年 5 月 30 日,反法联盟的主要成员国英、俄、普、奥分别同法国在巴黎签订和约。该和约规定,参加目前战争的任何一方的一切国家,应派全权代表去维也纳参加国际会议,以处理战后问题。

维也纳会议从 1814 年 10 月 1 日开始,到 1815 年 6 月 9 日结束,这是近代国际关系史上一次规模空前的国际会议。出席会议的正式代表 216 人,除了奥斯曼帝国外,所有欧洲国家都有头面人物参加。尽管这次会议声势浩大,但真正对会议进程和结果起主宰作用的是英、俄、普、奥的首脑和代表——英国

外交大臣卡斯尔累勋爵（后期是威灵顿公爵）、俄国沙皇亚历山大一世和副首相涅塞尔罗德、普王弗里德里希·威廉三世和首相哈登堡、奥皇弗朗茨一世和首相梅特涅亲王。其中梅特涅的反动作用尤为突出，他既是东道主的首席代表，又是这次会议的主席。此外，战败国的外交大臣塔列朗公爵代表法国国王路易十八赴会，他施展自己的外交手腕，随机应变，对会议的进程也起了重要作用。

维也纳会议的目的名义上是重建欧洲的持久和平，确立新的政治均势，实际上是为了恢复和巩固欧洲大陆的封建统治秩序，力图勾销法国大革命和拿破仑战争造成的积极影响，压制新的革命运动，同时满足反法联盟主要成员国重新分割欧洲领土和海外殖民地的欲望。因此，这是一次对资产阶级革命成果反攻倒算的会议，也是欧洲反动势力的分赃会议。这一点，梅特涅的顾问、会议的秘书长根茨就公开宣称：此次"会议的真正目的，是要在战胜国之间瓜分从战败国那儿得来的赃物"。

战胜国在恢复欧洲封建统治秩序、防止新的革命运动再起上，态度是一致的。但是，在瓜分领土和殖民地问题上却各怀鬼胎，勾心斗角，矛盾重重，尤其是在俄、英、奥、普、法五大国之间斗争十分激烈。

正当列强们为分赃争吵不休时，流放到厄尔巴岛的拿破仑重返巴黎、再登帝位的消息传来，使他们惊慌失措。一面重新组成第七次反法联盟对付拿破仑；一面暂时达成妥协，使会议草草收场，于6月9日签署了《最后议定书》。该议定书共有12条，主要内容有：

（一）按照"正统主义"原则，基本上恢复了欧洲封建王朝的统治秩序。除了神圣罗马帝国没有死灰复燃外，封建王朝都重新登上昔日的宝座。意大利又恢复了四分五裂的状态。

（二）重划欧洲政治地图，满足列强的领土要求。《最后议定书》包括了1815年2月11日达成的解决波兰—萨克森问题的协议。依据该协议，波兰第四次遭到瓜分：四分之三的领土(12.7万平方公里，320万人口)组成波兰王国，由沙皇兼任国王；奥地利占领加里西亚；普鲁士除占领波兹南和但泽外，还获得了萨克森北部约五分之一的领土连同85万人口、莱茵省、威斯特发利亚的一部分及原瑞典属地波美拉尼亚地区。克拉科夫一带约1 000平方公里的土地和近10万人口组成克拉科夫共和国，由俄、普、奥三国共管。萨克森五分之三的土地，仍由萨克森国王统治。此外，俄国还占领了芬兰和比萨拉比亚。奥地利还领有萨尔斯堡、提罗尔、达尔马提亚沿海一带。普鲁士还从荷兰得到欧庞、马尔梅迪作为"补偿"。英国占领了地中海的战略要地马尔他岛和爱奥尼亚群岛；从法国手中夺取了西印度群岛上的圣卢西亚岛、多巴哥以及马达加斯加附近的毛里求斯；从荷兰手中夺取了南非的好望角、南美的圭亚那、亚洲的锡兰岛（今斯里兰卡），从而控制了通往东方的要地。这样，在欧洲大陆，俄国和奥地利取代法国成为霸主；在海上，英国巩固并扩大了殖民霸权，成为名副其实的"海上霸王"。荷兰合并了比利时、卢森堡公国，改称尼德兰王国。瑞典合并了挪威（原属丹麦）。包括22个州的瑞士联邦，宣布为永久中立国。

（三）决定建立德意志邦联。按照梅特涅的计划，该邦联由德意志境内34个邦和4个自由市（汉堡、不来梅、卢卑克、法兰克福）组成，设立一个由各邦代表参加的、由奥地利任主席的邦联议会，处理邦联事务。但该邦联不具有中央政府的权力，只是一个松散的政治联盟。德意志仍旧保持着封建割据的局面。

（四）关于对法国的处置。法国大体上恢复到1790年时的边界。此外，法国需向联盟国赔款7亿法郎，交出全部军舰；在赔款付清前，法东北边境的要塞由盟军占领3～5年，15万占领军的给养由法国承担。

维也纳会议的结果表明，它是在背离世界历史潮流、践踏各弱小国家和民族的权利、充分满足反法联盟主要成员国的私利和欲望的情况下进行的。尽管这一反动秩序暂时重建了英、俄、普、奥在欧洲的均势，但是它没有也不可能消除法国大革命和拿破仑战争所带来的广泛的国际影响，先进的资本主义生产方式所产生的经济、政治、思想、文化诸方面的成果，不仅在法国就是在全欧洲、全世界都已不能一笔勾销。

在维也纳会议上，欧洲列强明争暗斗，虽然几经波折勉强签署了最后的议定书，但它们明白，单靠一纸决议是无法维持这次会议所确立的反动秩序的。早在1804年和1812年，沙皇亚历山大一世就曾表示，要用基督教的名义把欧洲各国联合起来，以便共同对付资产阶级革命风暴。在拿破仑被再次打败以后，沙皇政府认为时机成熟，便倡议与奥皇弗朗茨一世和普王威廉三世于1815年9月26日在巴黎共同发表宣言，缔结"神圣同盟"。

由亚历山大一世亲自起草的这一宣言，包括一个序言和三条正文。正文第一条宣称："缔约三国的君主将一致以一种真诚的与不可分的手足之情互相联系，并彼此视为一国同胞，无论何时、何地，均将互相援助"，以便"去保卫宗教、和平与正义"。第二条标榜："三位联盟的君主"，"受上帝之托"，"建议他们的人民日益勉励遵守'基督教教义'，并要尽神圣的救世主所教导人类应尽的那些职责"。第三条表明："一切国家，凡愿意庄严承认本盟约中所规定的神圣原则……都将一视同仁地、热忱地被接受参加这一'神圣同盟'。"

以上这些充满宗教色彩的漂亮词句，开始并未引起人们的重视。卡斯尔累视它为一种玄想和胡言乱语；梅特涅也讥讽它是"响亮而空洞的东西"。但是，不久他们便发现这个同盟乃是维护维也纳会议所确立的反动秩序的理想工具。到1815年底，除英国、土耳其和罗马教皇外，所有欧洲国家都相继加入。英国虽未参加，但当时摄政的乔治亲王亲自写信给亚历山大一世，表示他完全支持该同盟的基本原则。

神圣同盟是19世纪20年代产生的国际性的反对资产阶级革命和民族解放运动的联盟组织。沙皇俄国在其中扮演了盟主的角色,成为欧洲反动势力的主要堡垒。梅特涅以其狡诈的外交手腕,成为该同盟反动政策的主要炮制者和执行人。后来的事实证明,神圣同盟是欧洲封建君主在沙俄领导下反对一切革命运动的大本营,成为19世纪上半期欧洲封建反动逆流的策源地。

神圣同盟建立近两个月后,同盟国于1815年11月20日在签订第二次巴黎和约时,由英国建议,英、俄、普、奥又签订了四国同盟条约。该条约规定:维护第二次巴黎和约;任何一方如遭到法国攻击,缔约国各出兵六万人援助;缔约国定期举行会议,以维持欧洲和平;条约有效期为20年。从以上内容可以看出,四国同盟实际上是神圣同盟的补充和加强。所谓"维持欧洲和平",就是维持维也纳会议在欧洲建立的"政治均衡"和国家制度;"定期举行会议",则为以后同盟国的一系列国际会议和"欧洲协调"奠定了基础。它的反动宗旨和神圣同盟是一脉相承的,只不过是形式上有英国正式参加罢了。到1818年,法国还清了全部赔款后不久,也加入了这一同盟。

以上两个国际性反动组织的建立,表明包括法国复辟王朝在内的所有欧洲君主国都想从政治上、军事上、外交上、思想上来防止和镇压新的资产阶级革命,压制和扼杀自由主义和民族解放运动。这是在拿破仑帝国覆亡后,近代欧洲掀起的一股反动逆流,它使欧洲的历史出现了严重的倒退。然而,资本主义取代封建主义的历史潮流是不可抗拒的。神圣同盟和四国同盟所精心筑起的堤坝,也必然会因外部革命洪流的冲击和内部利害冲突的激化而土崩瓦解。

二、资产阶级革命运动的复苏

19世纪20~30年代,黑暗的欧洲在经过一阵沉寂之后,革命的风暴又席卷而来。这期间欧洲革命运动的主要事件有:1820~1823年的西班牙资产阶级革命;1820~1821年的意大利资产阶级革命;1821~1829年的希腊民族独立运动;1825年的俄国十二月党人起义;1830年的法国七月革命,以及比利时、波兰和德意志境内许多小国的革命运动。

虽然西班牙和意大利的革命最终被神圣同盟派兵用武力镇压下去,但是,希腊人民反对土耳其的民族独立战争却打乱了神圣同盟的阵脚。

希腊是欧洲的文明古国,公元前5世纪是它的全盛时期。后来先后被罗马帝国、拜占廷帝国和土耳其奥斯曼帝国所统治。1821年3月,希腊本土摩里亚半岛人民在秘密革命团体"友谊社"的领导下,发动了反对土耳其的民族起义。起义风暴很快席卷了整个希腊大陆和爱琴海上的岛屿。到1821年底,起义者已经占领了希腊的大部分地区。1822年初,国民议会宣布希腊独立,成立国民政府,并通过新宪法。面对土耳其军队的野蛮镇压,希腊人民到处组织游击队在陆上和海上把土耳其人打得狼狈逃窜。

　　一个弱小的希腊民族敢于蔑视和反抗土耳其帝国的英勇无畏的精神，在欧洲引起了极大的反响，得到了欧洲各国进步力量和人士的赞扬与支持。英国的拜伦、雪莱，俄国的普希金都发表诗作热情赞颂希腊民族起义。当时欧洲许多国家成立了"战斗希腊之友委员会"，几千名志愿兵奔赴希腊战场。杰出的浪漫主义诗人拜伦就是在与希腊人民并肩战斗中于1824年不幸病逝的。

　　希腊民族起义，在神圣同盟诸国内部引起了不同的反应。奥地利认为这是反对"合法君主"的叛乱，害怕因此引起本国境内的民族解放运动，因此，梅特涅主张出兵镇压。沙俄因一贯采取削弱土耳其、以扩大自己在巴尔干势力的政策，反对出兵希腊。俄国把希腊革命当成是削弱土耳其势力、自己渗入巴尔干的好机会，因此，它便以希腊东正教的当然保护者自居，谴责土耳其对希腊的屠杀。英、法两国为了扩张自己在巴尔干的势力，也反对出兵希腊。1827年10月，在土耳其拒绝停战的情况下，俄、英、法三国联合舰队出动摧毁了土耳其—埃及舰队。1828年，俄国正式对土宣战。次年，土耳其战败求和。希腊人民正是利用这些大国的矛盾，依靠自己的艰苦斗争，迫使土耳其于1829年9月承认希腊为自治公国。1830年，正式宣布为独立的希腊王国。

　　希腊民族独立革命的胜利，不仅在巴尔干半岛建立了第一个独立国家，而且它加深了神圣同盟的内部矛盾，使维也纳会议所确立的反动体系公开破裂，这是具有世界意义的事件。

　　法国1830年"七月革命"的胜利，推翻了波旁王朝在法国的复辟统治，巩固了资产阶级革命的部分成果，也粉碎了所谓"正统主义"原则，大大推动了欧洲其他国家资产阶级革命和民族解放运动的发展，为全欧范围的革命做了准备。

三、欧洲范围的革命

　　1848年，是世界历史上极不平凡的一年。正当马克思、恩格斯的《共产党宣言》在伦敦发表之际，欧洲大陆爆发了一场声势浩大的革命运动。这是一场规模最大、范围最广、影响最深的资产阶级民主民族革命，它把欧洲大陆的各个阶级、阶层和党派都卷进了斗争的漩涡。

　　这场革命的任务，总的来说是：消灭封建制度及其残余，进一步发展资本主义，推翻外族压迫，争取民族独立，建立统一国家，巩固和确立资产阶级在欧洲的全面统治。各国因国情不同，面临的具体任务也不尽相同，但就其历史内容来看，都属于资产阶级革命的性质。

　　1848年革命，是欧洲人民长期以来反封建、反压迫斗争的继续和发展。直接原因是1845～1846年出现遍及欧洲大陆的马铃薯病虫害使农业歉收和1847年由英国开始而波及全欧的工商业经济危机。

这场革命大致可分为两个阶段。第一阶段：从1848年1月意大利革命开始到巴黎六月起义。其间主要有法国二月革命，德意志境内的维也纳、柏林的三月革命，匈牙利、捷克、波兰、罗马尼亚等地的民族解放斗争。其特点是，由于人民大众的英勇奋战，取得了不同程度的胜利，但革命果实大都被资产阶级所窃取。第二阶段：从巴黎六月起义失败到1849年8月匈牙利民族解放战争被镇压。捷克布拉格六月起义、意大利争取独立和统一的战争、维也纳十月起义及其他东南欧被压迫民族的继续斗争，是其中的主要内容。这阶段的特点是，无产阶级和被压迫民族的革命势力同沙皇俄国、奥地利、本国的封建贵族与资产阶级中的反革命势力的激烈搏斗，终因国内资产阶级的背叛、小资产阶级的动摇和以沙俄为中心的国际反动势力的镇压而失败。

法国1830年革命后建立的"七月王朝"，只代表金融贵族集团的利益，是"剥削法国国民财富的股份公司"（马克思语）。到1848年初，国内阶级矛盾再度激化。在意大利一月革命的影响下，法国社会各阶级都行动起来了。由工业资产阶级组成的共和派，以"宴会"为名进行集会，要求降低选举的财产资格限制，实行某些社会改革，幻想让自己参与政权，改王朝为共和国。但是，反动的基佐政府不答应，国王路易·菲力普下令取缔"宴会运动"，禁止一切政治集会和游行，准备使用武力对付。资产阶级屈服了，但巴黎的工人、市民和学生在2月22日用声势浩大的示威游行，用"打倒基佐！革命万岁！"的口号，回答了反动政府的武力威胁。2月23日，示威游行发展为武装起义。革命人民同政府军展开了激烈的巷战，王朝的军队开始动摇。国王被迫免除政府首相基佐的职务，授权自由派组织内阁。资产阶级认为已经达到目的，准备妥协，企图在君主立宪制下保存"七月王朝"。但是，工人和其他革命群众坚决不答应，他们要求废除王政，建立共和国。武装的工人一夜之间筑起了一千五百多座街垒，起义迅速扩大。2月24日晨，起义者高呼"打倒路易·菲力普！"的口号，冲进王宫，把国王的"宝座"扔到巴士底广场上的烈士纪念碑前，当众烧毁。路易·菲力普狼狈出逃，投奔英国。"七月王朝"被人民埋葬了。

资产阶级没有参加二月革命的武装斗争，这时却出来抢夺胜利的果实。24日成立临时政府，在11名临时政府成员中，资产阶级共和派的代表就有七名，并掌握了实权。他们害怕工人阶级，不愿马上宣布成立共和国。25日，工人群众在革命家拉斯拜尔医生（1794～1878年）的带领下，在市政厅前向临时政府发出警告：如果在两小时内不成立共和国，就要发动20万人起来造反！因为工人手中掌握着武装，迫使资产阶级在当天宣布成立法兰西第二共和国。

无产阶级给法兰西第二共和国打上了"社会共和国"的烙印，在三色国旗上加上了红色丝带。但资产阶级却在暗中策划反革命阴谋，他们凭借窃取的政权施展两面派手段：一方面，颁布一些由小资产阶级空想社会主义者路易·勃朗（1811～1882年）提出的关于"普选权"、"劳动权"的法令，设立"劳动委员会"来欺骗、麻痹工人阶级;另一方面,加紧拼凑和扩充反动武装,建立了24个营的别动队(每营一千人),准备镇压工人阶级。

当资产阶级准备就绪后,便于5月10日解散了临时政府,成立了由清一色的资产阶级组成的新政府,接着否决了关于设立"劳动部"的提案,下令镇压工人的示威游行,逮捕了拉斯拜尔、阿尔伯、布朗基等工人领袖,并任命屠杀阿尔及利亚人民的刽子手卡芬雅克为军政部长,在巴黎集结了大批军队。

6月22日,新政府宣布解散"国家工场",迫使工人们不得不举行武装起义。尽管双方力量对比十分悬殊,工人没有经费,缺少武器弹药,领袖被捕,孤立无援,但是他们表现了无比的英勇、坚决、沉着和机智,与五倍于自己的敌人,血战了整整五天五夜,打退了敌军一次又一次进攻,用鲜血和生命写下了可歌可泣的英雄诗篇。

巴黎六月起义虽然被血腥镇压下去了,"但是,无产阶级至少是带着进行过世界历史性的伟大斗争的光荣而失败的;不仅法国,并且整个欧洲都被六月的地震所惊动"①。这次起义,具有鲜明的无产阶级性质,是资本主义社会中两大对立阶级间的第一次单独战斗。它使无产阶级从血的教训中看清了资产阶级共和国的本质,抛弃幻想,认识到只有"推翻资产阶级,工人阶级专政"才是无产阶级的伟大历史使命。同时,这次起义也宣告了小资产阶级社会主义理论的破产,从而增强了无产阶级接受马克思主义理论的自觉性。

法国二月革命的火花,点燃了近邻德意志各邦三月革命的烈火,其中以奥地利和普鲁士的革命影响最大。

1848年3月13～15日,奥地利帝国首府维也纳的工人、学生和市民,用武装起义一举推翻了本国的反动政府,首相梅特涅男扮女装,仓惶逃往英国。同月18日,普鲁士王国首府柏林也爆发了人民起义,以工人为主体的革命群众同一万四千多名政府军血战了18个小时,终于迫使柏林驻军撤走,国王弗里德里希·威廉四世在人民的押解下,不得不在王宫的阳台上脱帽向街垒战阵亡的战士致哀。与此同时,南德的巴登等四个邦国也爆发了起义。

德国人民用武装斗争打出来的大好革命形势,引起了软弱无能的资产阶级的担忧,他们在抢夺了人民的胜利果实之后,就倒向封建王朝一边镇压革命。这样,轰轰烈烈的德意志革命被资产阶级葬送了。

1848年革命前夕,匈牙利是一个处在奥地利统治下的封建农奴制国家。3月15日,首府布达佩斯爆发了起义。匈牙利资产阶级革命民主主义者、青年爱国诗人裴多菲·山陀尔(1823～1849年)在这次起义中起了重要作用。

裴多菲生于佩斯特省一个小商人家庭。革命爆发时,他已是闻名全国的爱国诗人。3月15日上午,他带领工人、学生和市民用武力占领了一个印刷所,

---

① 《马克思恩格斯选集》第1卷,人民出版社1995年版,第592～593页。

印刷了匈牙利资产阶级革命的纲领《十二项要求》和《民族之歌》。他在起义的人群中高声朗诵他写的《民族之歌》：

"起来，匈牙利人，祖国正在召唤！
时候到了，现在干，或者永远不干！
是做自由人呢，还是做奴隶！
就是这个问题，你们自己选择！——
在匈牙利人的上帝面前，
我们宣誓，我们
永不做奴隶！"

这是一首充满爱国主义激情和民族独立精神的战斗檄文，有力地动员和鼓舞了匈牙利人民为独立自由而斗争。

当天下午，一万多名群众冒着倾盆大雨在佩斯民族广场集会，通过了《十二项要求》。当起义者到达市政厅监督市长在《十二项要求》上签字时，政府军开来了。群众高呼："拿起武器来！"、"到布达去！去打开牢门！"随即有两万多人拥向布达。总督府官员吓得直打哆嗦，经过几分钟谈判后，不得不同意起义者的全部要求。革命群众当即组织起国民自卫军，控制了布达佩斯。

首都的革命浪潮，很快冲击到全国其他地区。4月，匈牙利成立独立政府，奥军被赶出匈境。这时，独立政府内以路德维希·科苏特（1802～1894年）为代表的资产阶级革命派，主张民族独立，消灭封建制度。面对奥地利军的疯狂反扑，科苏特在革命人民的支持下，组成了国防委员会，武装群众，保卫祖国。9月22日，以科苏特为总理的内阁，镇压了民族的叛徒。29日，革命军击溃奥军，并乘胜追击，打到奥国境内。

11月初，维也纳十月起义失败后，奥地利皇帝派了近20万大军向匈牙利反扑过来。由于敌我悬殊，到1849年1月，佩斯陷落。但是，匈牙利人民誓死血战到底！他们的正义斗争得到国际革命力量的大力支持。以波兰革命家约瑟夫·贝姆为首的欧洲数以万计的志愿人员，组成外国军团，和匈牙利人民并肩战斗。科苏特不畏强敌，组织军队击败了奥军主力，4月初转入反攻。4月14日，匈牙利议会正式宣布匈牙利独立，科苏特任国家元首。4月底，奥军被全部驱出匈境。5月21日，佩斯又回到了人民手中。

匈牙利独立战争的胜利，对于当时处在不利形势下的欧洲各国革命，是极大的鼓舞，自然也引起了欧洲反动势力的极大恐慌。奥地利皇帝急忙向沙皇求援；英国希望俄国"迅速镇压"；普鲁士允许俄军过境使用它的铁路。本来急于出兵的沙皇尼古拉一世5月8日发表了武装干涉匈牙利革命的宣言，27日，他派出14万军队、576门大炮前往匈牙利，命令他的将军对匈牙利的革命者"格杀勿论!"

　　沙俄的武装干涉,使匈牙利革命军腹背受敌。这时,匈牙利内部的投降派也与俄、奥勾结起来,到1849年8月,轰轰烈烈的匈牙利革命被俄军和奥军联合绞杀了。科苏特出走土耳其。是年7月31日,年仅26岁的裴多菲光荣战死在疆场。但是,匈牙利人民并没有屈服,他们继续开展艰苦的斗争,给俄、奥反动派以沉重打击。匈牙利人民是最后拿起武器保卫1848年欧洲革命的民族,它的失败标志着这场大革命的结束。

　　在整个1848年欧洲革命中,沙皇俄国始终充当了镇压各国人民革命的可耻角色。正如马克思、恩格斯所说:"在1848～1849年革命期间,不仅欧洲的君主,而且连欧洲的资产者,都把俄国的干涉看作是帮助他们对付刚刚开始觉醒的无产阶级的唯一救星。沙皇被宣布为欧洲反动势力的首领。"①

　　1848年,也是马克思、恩格斯的革命活动和理论建树的重要时期。在1847年欧洲经济危机爆发时,他们就预见到革命风暴即将来临。法国二月革命兴起时,他们立即奔赴斗争的第一线。3月,马克思和恩格斯先后到巴黎改组了共产主义者同盟中央委员会。他们以《共产党宣言》的革命原则和策略与当时德国革命的实际相结合,制定了《共产党在德国的要求》,作为德国无产阶级在这次资产阶级民主革命中的具体政治纲领。

　　4月10日,马克思、恩格斯回到德国,以科伦市为活动中心,6月1日创办了《新莱茵报》,这是世界上第一张无产阶级的报纸。它面对敌人的枪林弹雨,无所畏惧地宣传和指导着欧洲人民的革命斗争,在不到一年的时间内(1848年6月1日至1849年5月19日),共出版301期(号外不计在内),成为反动派眼中的一个红色堡垒。马克思和恩格斯还在1849年亲临德国前线,指导和参加人民的武装起义。革命失败后,他们在极端困难的条件下,总结了这场革命斗争的经验教训,写下了不朽的著作,丰富和发展了无产阶级革命和无产阶级专政的理论,从而为国际工人运动的发展进一步指明了前进的方向。

---

① 《马克思恩格斯选集》第1卷,人民出版社1995年版,第250～251页。

第八章

工业革命开创了世界历史

18世纪60年代至19世纪70年代,在世界历史发展的进程中,是资本主义席卷全球的大发展时期,也是国际工人运动高涨的时期。以首次工业革命为中心内容的近代工业化第一次浪潮,既是推动这一时期整体化进程的原动力,又为开创新的世界历史提供了重要的物质条件。

工业革命是社会生产力发展到一定水平的产物。英国首先具备这场革命所必须的条件而成为工业革命的先驱。英国工业革命的后果是全方位的。它的成果有力地促进了欧美其他国家迅速走上近代工业化道路。工业化浪潮大大加速了这些国家资本主义的发展,推动了资本主义世界民族统一运动、改革运动的进行,并最终使资本主义制度在欧洲和北美确立和巩固。面对资本主义在全世界的扩张,广大亚洲、非洲、拉丁美洲国家几乎都成了西方列强的商品销售市场和原料供应地,唯有亚洲的日本,通过明治维新变革自强走上了独立发展的道路,成为亚洲唯一的资本主义国家。

近代大工业的发展,使资本主义社会固有的基本矛盾暴露出来,从而使工人阶级独立地登上政治舞台。马克思和恩格斯为了适应无产阶级反对资产阶级斗争的需要,在总结早期三大工人运动的经验、汲取人类优秀思想文化成果的基础上,创立了崭新的科学社会主义理论。1848年2月,《共产党宣言》的发表,标志着马克思主义的诞生。由于马克思主义的影响,在欧洲工人运动的新高潮中,1864年9月成立了第一国际。第一国际在与各种机会主义派别的斗争中,提高了各国工人阶级的思想觉悟,把国际工人运动推向了一个新阶段。1871年3月18日爆发的巴黎公社革命,是第一国际活动时期世界历史上发生的最重大的事件。公社虽然只存在了72天,但是,巴黎工人阶级的革命首创精神和伟大创举,却为全世界无产阶级留下了一份宝贵的财富。

第一节 首次工业革命与近代工业化

一、近代工业化的第一次浪潮

18世纪60年代至19世纪中叶，在欧美资本主义国家和俄国出现了近代工业化的第一次浪潮。首次工业革命是近代工业化的第一阶段和中心内容，是推动世界历史进一步走向整体化的原动力。工业化是为近代社会提供物质基础的宏伟工程。它通常指某一国家从传统的农业社会转变成工业社会的过程，即机器大工业在国民经济中取得优势地位的过程。西欧的重商主义是工业化的前奏，而工业化又是工业革命的必然结果。

首次工业革命（亦称产业革命）是指资本主义工业生产从手工工场阶段向机器大工业阶段的飞跃。它是生产技术的巨大变革，也是引起生产关系深刻变化的社会革命。首次工业革命是整个资本主义工业化的初始阶段，它发端于18世纪60年代的英国，随后在法、美、德、俄、比利时、瑞士等国开展，历时一个多世纪，掀起了近代工业化的第一次浪潮。

用机器大工业代替工场手工业，既是资本主义生产力不断增长的需要，也是资产阶级加强、巩固自己统治的迫切要求。16世纪至19世纪初的欧美资产阶级革命，是在工场手工业时期进行的。当时的资产阶级以商人为主体，力量相对薄弱，因此，荷兰、英国、美国资产阶级在革命胜利后，都不得不与一部分贵族或大种植园主分享政权。即使是经历了18世纪末大革命洗礼的法国，封建王朝也两度复辟，随后在1830年"七月革命"中建立的"七月王朝"，也仍然是金融资产阶级掌握政权。出现这种现象的根本原因，是由于资本主义生产方式在国民经济中还没有获得雄厚的物质基础，因而资产阶级在政治上就不可能确立自己的绝对统治地位。资产阶级为在经济上、政治上完全确立和巩固自己的统治，增强在世界市场中角逐的实力，必须实现由工场手工业向机器大工业的过渡，以进一步发展生产力，促进资本主义社会的阶级、经济关系充分成熟。直到19世纪上半期，资本主义制度还只在西欧、北美部分国家中建立，在世界大多数国家和地区，仍然是封建主义占优势。因此，从加速人类社会由封建主义向资本主义转变的整个进程看，工业革命的必要性和重要性就显得更为明显。

总之，首次工业革命是欧美乃至世界历史发展的必然趋势，以它为中心内容的近代工业化第一次浪潮，是推动人类社会从封建主义向资本主义转变的决定性力量，它在世界历史的整体化进程中起着举足轻重的作用。工业革命的兴起必然开创世界历史的新局面。

二、英国是工业革命的先驱国

工业革命是社会生产力发展到一定水平的产物。英国之所以成为首次工业革命的先驱国,是因为它首先具备了这场革命所必需的社会、政治、经济和技术方面的条件。

早在 15 世纪初,英国的农奴制已基本瓦解。从 15 世纪末开始并持续四个世纪之久的圈地运动,破坏了传统的封建土地占有制度和陈旧的耕作方式。16 世纪的宗教改革,使一大批寺院土地实际上变成了贵族、乡绅和官吏的私有财产。17 世纪的资产阶级革命,废除了骑士领地制和与其相关的封建义务。这场农业革命破坏了封建社会的经济结构,提高了农业劳动生产率,拓宽了国内市场,加速了农产品的商品化和农村劳动力的社会化,为工业革命提供了雄厚的物质基础和良好的社会环境。

革命后的英国,统治阶级利用政权的力量在国内大规模地开展圈地运动,在国外疯狂进行殖民扩张和从事黑奴贸易,使它在 18 世纪中期成为最大的殖民帝国。这一方面为少数资本家积累了巨额资本;另一方面为工业发展提供了廉价的雇佣劳动力和广阔的市场。与此同时,英国拥有欧洲一流的工场手工业和优秀工匠,使手工工场已发展到精细的劳动分工,各生产工序和工具已简化到能使用机器代替手工劳动的程度。科学和教育的发展是工业革命必需的智力前提,大科学家伊萨克·牛顿(1642~1727 年)经典力学三大基本定律的创立和大批技师和熟练工匠的涌现,都为机器的发明和应用提供了科学技术条件。

英国工业革命开始于 18 世纪 60 年代,完成于 19 世纪 40 年代,首先从棉纺织业开始,大致经过以下四个步骤。

(一)用机械提高手工劳动的效率。1733 年,机械师凯伊(1704~1774 年)发明了"飞梭织布法",成倍地提高了织布的效率,使棉纱供不应求。为解决这一矛盾,英国皇家学会悬赏征求新式纺纱机。最先获得成功的是技师哈格里夫斯(1720~1778 年),约在 1764 年,他发明一种手摇式可同时转动 16~18 枚纱锭的"珍妮"纺纱机,以后经多次改进可同时纺 130 枚纱锭,但所纺的纱质脆细而易断。

(二)用水力代替人力。1769 年,钟表匠阿克莱特(1732~1793 年)自称他发明的水力纺纱机问世,并于 1771 年在曼彻斯特建立了第一个水力纺纱厂。这样水力成为机器的动力,不久推广到全国,但水力机纺出的纱质地坚韧而不细。1774~1779 年,织工克朗普顿(1753~1827 年)综合了"珍妮"机和水力机的优点,发明了"缪尔"纺纱机(又称骡机,是英文骡子 mnle 的译音),可同时用水力带动 300~400 枚纱锭,纺出的纱又细又结实。1785 年,牧师卡特莱特(1743~1823 年)发明的水力织布机将织布效率提高了 40 倍。不久,净棉机、梳棉机、自动卷纱机以及漂白、染色和印花的机器也相继发明和应用。上述工作机的不断改进,由棉织业迅速推广到呢绒、印刷、造纸等其他工业部门。大批的机器工厂出现了。

(三)蒸汽机的发明和应用。为了克服水力动力所受季节变化和地理环境的限制,就需要有一种新的万能发动机。1769年,徒工出身的苏格兰格拉斯哥大学机械修理工詹姆斯·瓦特(1736~1819年)在改进纽康门大气压力蒸汽机的基础上研制成功第一部单动式蒸汽机,并于1774年取得专利。1782年,瓦特又成功地把单动式改为旋转运动的复动式蒸汽机,并于1785年在英国诺丁汉建立了第一座蒸汽机纺纱厂。不久,蒸汽机在其他工业部门也推广开来,到1815年英国已拥有几千台蒸汽机了。

蒸汽机的发明和应用,具有划时代的意义,它是人类认识史上的一次飞跃。古时候摩擦取火是把机械运动转化为热能,现在蒸汽机又把热能转化为现代化机械运动,使工业动力从低效的人力、兽力、自然力(风力、水力)转变为由人控制的高效的汽动力。这不仅有可能把动力机、传动机、工作机组成一个机器行列,有效地促进采矿、交通运输、冶炼等部门资本主义大工业生产的飞速发展,而且给生产技术和社会经济关系带来了根本性的变革。因此,蒸汽机的发明和应用成为首次工业革命的主要标志,19世纪被称为"蒸汽时代"。

(四)用机器制造机器。到19世纪40年代,机器生产和工厂制度已在英国的轻工业部门中占主导地位。同时,英国钢铁工业的发展居世界第一位。随着大机器工业推广到重工业部门,英国最早成为用机器制造机器的国家,这标志着英国工业革命基本完成。

三、英国工业革命的后果

首次工业革命在英国大获成功,不仅极大地改变了英国的面貌,而且通过英国有力地推动了世界历史的进程。

第一,生产力的飞速发展和人口城市化。在工业革命期间,英国工业年均增长速度为2.9%,整个工业生产约增长5.8倍,工人的日生产率平均提高约20倍。棉织品产量从1785年的4 000万码增至1850年的20亿码(1码=0.914公尺);煤产量1800年约为1 000万吨,1850年达4 900万吨;生铁产量1800年为25万吨,1850年达225万吨。到1840年,英国占世界工业总产值的47%、占世界贸易总额的21%,它的产品在世界市场上占垄断地位,成了名副其实的"世界工厂"。工业的发展使英国的经济重心迅速向拥有丰富煤铁资源的西北地区转移,大批农村人口流向新兴的工业城市。如曼彻斯特在1773年只有居民3万人,到1841年增加到35.5万人;伯明翰在1760年也只有3万人,到1841年已增至19.1万人。18世纪初,英国城市人口占全国总人口的三分之一,到1850年上升到二分之一。1851年,伦敦居民已达230万,大大超过了同期的巴黎,号称"世界首都"。

第二，生产关系的巨大变革。工厂制度的确立，正式缔造了近代资本主义社会两个对立的基本阶级——工业资产阶级和工业无产阶级，同时揭开了无产阶级反对资产阶级斗争的序幕。工业革命在促进生产力发展的同时，也不可避免地把资本主义社会固有的矛盾充分暴露出来。随着大机器工业的发展，生产的社会化与生产资料私人占有的矛盾日益深刻和尖锐地展开，19世纪初在英国许多工厂兴起的工人捣毁机器的"卢德运动"和1825年在英国爆发的世界上第一次周期性的资本主义经济危机，就是最有力的证明。

第三，加速了资产阶级内部的分化。工业革命增强了工业资产阶级的经济实力，迫使它们要求改变政治上的无权地位，要求掌握政权。19世纪初，以工业中心曼彻斯特为大本营，工业资产阶级发起的自由主义运动，向国王和商业金融资产阶级发起了进攻，终于迫使英国议会在1832年6月实行第一次议会改革，使它们在议会中取得了部分席位。尽管这次改革没有改变英国全部政权的性质，但加速了资产阶级内部的分化，成为英国近代民主化进程的起点。1846年，英国议会宣布废除1815年颁布的《谷物条例》，标志着英国工业资产阶级所向往的自由贸易时代的到来。

第四，产生了资产阶级古典政治经济学。为适应工业革命所带来的经济变革，一种新的经济理论出现了，这就是亚当·斯密（1723～1790年）和大卫·李嘉图（1772～1823年）所创立的英国古典政治经济学。他们代表工业资产阶级的利益，提出了"劳动价值论"。这种理论不仅反过来促进了资本主义经济的发展，而且也为马克思、恩格斯创立剩余价值学说提供了宝贵的思想材料。

第五，推动了19世纪科学技术和教育事业的发展。机器大工业把科学的应用提到了首位，加强了技术对科学的依赖。工业革命的实践证明"知识就是力量"，"科学技术就是生产力"。于是，由官方和私人企业发起组织的科学社团大量涌现，各种专业性学会纷纷建立，专利制度的实行和专利法的完善等，都大大促进了英国乃至全欧洲科学技术的发展。同时，科技的发展迫切需要大批专业性技术人才，于是各类技工学校、技术学院、高等师范学院、医学院等相继创办，这不仅为19世纪科技进步提供了宝贵的人才资源，而且也促使传统教育思想的转变，使教育与生产实践、科技发展紧密结合。

四、欧美其他国家走上工业化道路

英国工业革命的成果，对欧美其他国家走上近代工业化道路起了重要的促进作用。

法国工业革命启动于19世纪初拿破仑政权时期（1799～1814年），到第二帝国时期（1851～1870年）基本完成。1800年法兰西银行的建立和1801年"鼓励民族工业协会"的诞生，都表明政府大力鼓励、扶植本国工商业发展的决心。保护关税政策和"大陆封锁令"的强制推行,也暂时有利于法国开拓欧洲市场和促进本国工业的发展。1825年,英国废除禁止机器输出和技工外流的法令,使法国蒸汽机的数量激增和纺织部门机械化程度明显提高。拿破仑三世(1808～1873年)的对外侵略和殖民扩张,为法国工业发展一时提供了更多的原料产地和海外市场。他给企业发放贷款、鼓励引进新技术的政策也刺激了工业发展。在第二帝国时期,法国工业年均增长率为0.9%,工业总产值增加了两倍。

尽管法国的工业和对外贸易在19世纪40年代一度居世界第二位,但到后来其发展速度明显趋缓。以1870年为例,法国的棉纺织品产量只有英国的20%,美国的55%;煤产量只有英国的12%,德国的39%;铁产量只有英国的43%;铁路长度只有美国的35%,英国的71%;商船吨位数只有英国的27%,美国的28%。在世界工业中所占的比重,英国(占31.8%)、美国(占23.3%)、德国(占13.2%)都高于法国(占10.3%)。出现这种现象的主要原因,是法国有许多不利于工业发展的因素,如法国农村人口居多,城市化程度不高,小农经济在国民经济中占据优势;高利贷资本畸形发展,使资本大量外流,影响法国商品在国际市场上的竞争力和国内办工业的积极性;中、小企业大量存在,影响新技术的推广和工业生产力的提高;国内政局不稳定,自大革命以来出现过共和帝制多次更迭等等。

美国工业革命发端于塞缪尔·斯莱特(1768～1835年)的创举。这位从英国移居美国的纺织工人,于1790年凭记忆制造出两台阿克莱特水力纺纱机和三台梳棉机并在罗得岛创办了美国第一家近代棉纺工厂。1793年,耶鲁大学毕业生伊莱·惠特尼(1765～1825年)发明的轧棉机,使脱棉工效提高50～100倍。他的发明对美国棉纺织业和南方棉花种植业起了巨大的推动作用。第二次美英战争(1812～1814年)后,美国的独立得到巩固,经济上的自主能力增强,尤其是在1824年和1828年,政府两次提高关税率(达40%和45%),为美国工业的发展提供了有利的市场环境。到1840年,美国棉纺织厂增至1 369家,工厂制度在棉纺织业中已得到广泛推广,煤和生铁的产量、船舶吨位和铁路长度都有大幅度增加。此时,美国在世界工业总产量中占11%,在世界外贸总额中占9%,均居世界第三位。

直到1861年南北战争前,美国工业革命仍处在初始阶段,其显著特点是各地区发展极不平衡。机器工业集中在东北部,新开发的西部地区仍以家庭手工业为主,在种植业奴隶制占统治地位的南部地区,经济十分落后,几乎没有什么工业。

德意志民族由于长期处于四分五裂的封建割据状态,经济发展缓慢。19世纪初,经过拿破仑战争的冲击、施泰因和哈登堡两位首相的改革,尤其是1834年全德关税同盟的建立,才使德国初步具备了工业革命的条件。普鲁士是全德工业革命的中心。1835年，普鲁士率先修建了德国的第一条铁路。1840年，德国产煤260万吨，铁17万吨，修铁路810公里，工业生产在资本主义世界中占12%。1871年德国统一后，工业革命进入迅速发展的新时期，它在工业的许多方面已超过法国。

德国工业革命的显著特点，是国家政权积极干预工业革命和十分重视提高国民文化素质，因此能够后来居上。国家干预主要表现在：实行高额关税，保护民族工业；兴办国营企业，资助私营企业；派出去，请进来，学习外国先进技术和经验；成立各种科学团体，及时介绍国外新技术、新成果等等。政府认识到文化科学知识的普及与提高，发挥人的智力作用，是加速工业革命步伐的关键。为此，政府积极推行教育改革，大力促进新技术的开发研究。早在1825年，普鲁士就实行义务教育制度，到19世纪60年代，学龄儿童入学率已达到97.5%。与此同时，各邦政府还兴办了各类中等专业技术学校和职工补习学校。在高等学校中，贯彻教育、科研与生产相结合，基础研究与应用研究相结合的方针。教育改革的成功，不仅使国民文化水平普遍提高，而且还培养出了一批像西门子那样的集企业家、科学家和工程师于一身的优秀人才，使许多新发明、新成果不断涌现。到19世纪70年代末，德国的生产技术与英国已基本没有了差距，并在电气、化学等新兴工业领域走在了世界前列。

在欧洲，俄国是工业革命开始最晚的大国，大约在19世纪40年代它才艰难地起步，而这一起步的主要推动力不是来自俄国自身，而是来自外部市场经济环境的影响。19世纪40年代末，俄国几乎同所有欧洲国家都缔结了商约，以粮食出口为主的对外贸易明显增长。这种环境促使俄国地主在利益驱动下不得不改变经营方式，开始投资创办工厂企业，同时政府也颁布法令，允许工场主解除所属工人的农奴身份。到19世纪中叶，俄国初步具备了工业革命所必备的包括资金、市场、劳动力、技术在内的条件。

1858年，俄国有工厂12 259家；1860年，有工人86万，其中雇佣工人占61.4%。19世纪50~60年代，在欧俄4 000家较大企业中，有700家使用了蒸汽动力。作为重点发展的棉纺织业已逐渐形成规模，1861年拥有200万纱锭。1861年农奴制改革后，工业革命的进程加快，冶金、铁路、汽船、机器制造等工业也开始发展起来。由于俄国经济技术落后，农奴制在全国范围内没有根本废除，所以外国资本和技术在本国工业革命中起重要作用。加上它地域广阔，工业分布不均，绝大多数工业企业集中在欧俄地区，因此，无论从深度或广度上，俄国工业革命的水平都远远落在西欧和美国的后面。

以首次工业革命为中心内容的近代工业化浪潮，不仅改变了大国的面貌，也席卷着欧洲许多小国。如西欧的比利时，凭着临海靠近英国的有利条件，在19世纪中叶就成为欧洲大陆第一个完成工业革命的国家；中欧的内陆国家瑞士充分利用其中立国的国际地位，吸收英国的先进技术和资金，也在19世纪中叶继比利时之后完成了工业革命,走上了近代工业化的道路。

可见,第一次工业革命划时代的意义在于,它使资本主义大工业在欧洲北美地区的多数国家里代替了自给自足的自然经济,消灭了闭关自守的孤立状态,从而结束了民族地域性历史,实现从民族历史向世界历史的转变,开创了世界历史的新局面。

第二节 资本主义制度的巩固和扩展

一、德意志民族统一国家的建立

19世纪60年代开始的德意志统一运动,是由普鲁士通过王朝战争的形式自上而下进行的。奥托·俾斯麦(1815~1898年)在其中起了关键性的作用。1862年,被普鲁士国王威廉一世(1861~1888年在位)任命为首相兼外交大臣的俾斯麦,面对软弱无能的资产阶级,一上台就不顾议会的反对,擅自扩军备战,强制推行其"铁血政策"。在1862年9月30日的议会上,他公开宣称:"德意志的未来不在于普鲁士的自由主义,而在于强权……当前的种种重大问题不是演说词和大多数人的决议所能解决的,……要解决它只有用铁和血。"俾斯麦由此获得了"铁血宰相"的称号。

在德意志诸邦中,普鲁士是工业最发达的地区。经济上的优势为它在政治、军事上统一德意志打下了基础。俾斯麦充分利用了当时对普鲁士有利的国际国内形势,施展外交手段,通过三次王朝战争实现了德意志的统一。

第一次是1864年普、奥对丹麦的战争。1863年底,丹麦国王合并了德意志北部的邦联成员国什列斯维希和霍尔斯坦,引起了德民族主义者的抗议。俾斯麦借此拉拢奥地利于1864年2月对丹麦开战。俾斯麦此时把奥地利作为自己的同盟者的目的有二:一是解除后顾之忧,确保对丹麦速战全胜;二是借机窥探奥地利的实力,为下一步打败它做准备。奥地利为了不让普鲁士独吞这两个公国,也愿意参战。战争很快以丹麦的失败而告终,10月签订和约,丹麦放弃两公国,普鲁士占领什列斯维希,奥地利占领霍尔斯坦。

对丹麦之战实为俾斯麦对奥战争的前奏,接着,他在外交上争取意大利、法国、俄国的支持或中立,孤立奥地利。1866年6月,普军入侵霍尔斯坦,挑起对奥战争。7月3日,双方在奥属捷克境内的萨多瓦村附近决战,奥军大败。14日,普军逼近维也纳,奥国被迫请求法国调解。8月23日,普、奥在布拉格签订和约,规定奥地利退出德意志邦联,旧邦联宣告解散;奥地利承认普鲁士在莱茵河以北建立北德意志联邦;奥地利同意把霍尔斯坦以及协助奥军作战的汉诺威、拿骚、法兰克福市划归普鲁士。

对奥战争的胜利,确立和巩固了普鲁士在德意志的统治地位,也进一步增强了它的经济、军事实力。1867年成立的以普鲁士为首的北德意志联邦，包括21个邦和3个自由市，人口三千多万，成为后来德意志帝国的基础。俾斯麦在联邦内统一度量衡，取消封建行会，放宽组织股份公司的条件，为资本主义发展开拓了广阔市场。因此，原来反对俾斯麦的资产阶级不仅消除旧怨，而且积极支持他的政策。正如恩格斯所说，在普奥战争中被打垮的不仅有奥地利，而且还有德国的资产阶级。

第三次是1870~1871年的普法战争。北德意志联邦建立后，南德四个邦（巴伐利亚、符登堡、巴登、黑森—达姆斯塔得）仍保持独立地位。这四邦紧邻法国，而法国皇帝拿破仑三世害怕德国强大，竭力阻绕德国统一。因此，对法作战就成了俾斯麦最后完成统一的关键。1870年，普、法两国为西班牙王位继承问题发生争执，俾斯麦乘机篡改普王的电报以激怒法国。7月19日，拿破仑三世对普宣战。9月初，色当一役法军大败，南德四邦加入了北德意志联邦。

1871年1月28日，统一的德意志帝国在巴黎附近的凡尔赛宫宣告成立，普鲁士国王威廉一世当上了帝国皇帝，俾斯麦任帝国首相。同年4月，帝国宪法颁布。至此，长期分裂割据的德意志民族终于在保持容克贵族势力和军国主义传统的情况下，实现了统一，为资本主义的迅速发展扫清了障碍，使德国的历史进入了一个新阶段。

二、意大利民族统一国家的建立

19世纪中叶，意大利处于封建割据状态和外国占领之下，分裂为八个邦国和地区。北部的伦巴第—威尼斯地区，中部的托斯卡纳、摩德纳、巴马、卢加等公国，都处在奥地利的统治或控制下；南部的两西西里王国为西班牙所统治；中部的教皇国及罗马地区驻着奥地利和法国占领军；只有北部的撒丁王国是唯一的独立邦。

撒丁王国（亦称皮埃蒙特王国，包括皮埃蒙特和撒丁两部分），是意大利资本主义经济最发达、唯一保留了1848年自由主义宪法的君主立宪制国家。自1852年11月自由派贵族卡米洛·本佐·加富尔（1810~1861年）出任首相后，推行了富国强兵的改革，使撒丁王国成为意大利统一运动的中心。

1859年4月，撒丁王国联合法国对奥宣战，6月底，奥军战败撤出伦巴第，退守威尼斯。这年秋天，撒丁王国利用人民起义的胜利实现了除威尼斯以外的意大利北部和中部的统一。1860年4月，南部西西里岛首府巴勒摩爆发起义，不久，起义浪潮席卷全岛。此时，意大利的民族英雄朱泽培·加里波第（1807~1882年）为了支援南意农民起义，立即组织、率领近1 200人的"红衫军"从热那亚赶赴西西里参战。在当地农民游击队的配合下，"红衫军"所向披靡，于5月27日攻克巴勒摩，成立临时政府。7月，西西里岛基本解放。

随后,加里波第又率军向两西西里王国首都那不勒斯进军。9月7日,攻克那不勒斯城,推翻了西班牙波旁王朝的统治,使整个南意大利政权实际上掌握在加里波第手中。

在统一运动的关键时刻,作为一流军事家的加里波第在政治上显得幼稚和不成熟。他没有立即在南意大利宣布成立共和国,放弃了用革命手段统一意大利的有利时机,反而对撒丁王国抱有天真的幻想,坐视加富尔把统一运动纳入自上而下的轨道。加富尔此时一面阻止加里波第武装进入教皇辖地,一面派兵进入那不勒斯,并提出将两西西里政权的归属问题交由"全民投票"表决,加里波第竟然同意。这种全民公决的把戏完全在加富尔的操纵下进行,结果自由派获胜,南意大利并入撒丁王国,加里波第交出了政权。

1861年3月,在都灵召开的意大利第一届议会宣布成立意大利王国,撒丁国王维克多·埃曼努尔二世为国王,加富尔为首相。此时,威尼斯仍被奥国占领,罗马地区被法、奥保护下的教皇世俗政权统治着。

为了彻底完成祖国的统一大业,加里波第于1862、1867、1870年三次组织志愿军进军罗马,但终因意大利王国政府军的阻挠而未能如愿。1866年,意大利利用普奥战争奥国战败之机,收回了威尼斯。1870年,在普法战争中,意政府军于9月20日开进罗马。根据10月公民投票的结果,罗马教皇国合并于意大利王国,教皇庇护九世被剥夺了世俗政权,避居梵蒂冈,这就是世界上最小的宗教国家梵蒂冈的由来。1871年1月,意大利王国首都从佛罗伦萨迁到罗马,统一运动最后完成。

意大利统一民族国家的建立是意大利人民大众艰苦奋斗的成果,尤其是以加里波第为统帅的"红衫军"在统一运动中起了重要的促进作用。但是,由于撒丁王国的经济基础雄厚,加富尔政治上的老练,所以最终还是在撒丁王国的领导下通过自上而下的道路实现的。统一王国的建立,使意大利结束了外族压迫和封建割据的混乱局面,形成统一的民族市场,为资本主义的发展扫除了最大障碍,是意大利历史上一个新的转折点。但统一后的意大利是一个大资产阶级和贵族联合专政的君主立宪制国家,仍保留了大量的封建残余,这对以后意大利产生了许多不良影响。

三、美国南部奴隶制的废除

19世纪上半叶工业革命的开展,使美国南北地区社会经济出现了截然相反的发展趋势:北部资本主义经济日渐发达,南部种植园奴隶制经济严重滞后。这种南北两种不同社会经济形态的对立,随着美国领土的不断扩张愈演愈烈。

到1860年,在美国的34个州中,"自由州"和"蓄奴州"各占一半。每一个新州的建立都要引起南北双方的激烈斗争:北部资产阶级主张建立"自由州",渴望获得更多的工业原料和商品销售市场,发展资本主义;南部种植园奴隶主要求建立"蓄奴州",企图得到更多的土地和奴隶,扩展奴隶制。双方斗争的实质是资产阶级和奴隶主争夺国家的统治权。因为美国宪法规定:国会参议院由每州各派两名代表组成。哪一方的州多,就意味着哪一方在参议院的代表多、政治势力强。到1854年出现的堪萨斯—内布拉斯加事件,使双方的争斗发展到武装冲突的地步。

从19世纪30年代起,废除南部奴隶制的群众运动在美国各地展开。1832年成立的废奴协会,到1840年发展到两千多个分会和25万会员。1838年,废奴主义者组织了全国性的秘密团体"地下铁道协会",它用群众掩护、分段护送等办法帮助南部黑人奴隶逃出奴隶主的魔掌。19世纪中叶,美国的废奴运动达到高潮。1852年出版的两部长篇小说——斯托夫人的《汤姆叔叔的小屋》和希尔德烈斯的《白奴》,对唤醒民众起来废除奴隶制起了很好的作用。1859年10月,约翰·布朗(1800~1859年)发动的武装起义更是用鲜血和生命对奴隶制的讨伐。

1861~1865年的南北战争,实质上是美国资本主义制度战胜奴隶制度的必然结果。1860年11月,美国共和党候选人亚伯拉罕·林肯(1809~1865年)当选为美国第16届总统。南部奴隶主害怕林肯执政损害他们的利益,于是在1861年4月制造分裂,发动内战。

在内战之初,由于林肯政府回避战争的要害——废除奴隶制问题,只追求形式上的联邦统一,使政府军接连失利。北方人民多次举行示威游行,要求政府立即释放黑人奴隶。前线的失利和后方群众的不满,迫使林肯政府于1862年9月22日颁布了《解放宣言》。该宣言规定,从1863年1月1日起,叛乱诸州的奴隶都被视为自由人,可以参加联邦军队。这就在人身依附关系上使南部参加叛乱的11个州的400万黑人奴隶获得解放。1865年1月,国会又通过了宪法第13条修正案,从法律上正式确认废除奴隶制。《解放宣言》的颁布和《宅地法》等其他革命措施的推行,极大地调动了包括黑人在内的各阶层人民参军参战的积极性,致使历时四年的内战在1865年4月9日以北方政府军的胜利而结束。

在1867~1877年美国南方"重建"时期,围绕黑人的公民权问题又经历了曲折的斗争。1865年4月14日晚,再次当选总统的林肯被南方奴隶主收买的奸细约翰·威尔克斯·布什在华盛顿福特剧院枪杀身亡。继任的副总统安德鲁·约翰逊是个亲奴隶主分子。他上任后不久便颁布大赦令,几乎赦免了所有的叛乱分子,恢复了他们的政治、财产权利,于是奴隶主又乘机控制了南部各州的立法与行政大权,并组织"三K党"恐怖团体对黑人进行野蛮屠杀。奴隶主还制定《黑人法典》,剥夺黑人的一切民主自由权利。

约翰逊政府的反动政策,引起了美国人民的强烈愤慨。资产阶级害怕奴隶主在南部复辟,使内战的胜利果实化为乌有,坚决要求肃清南部奴隶主势力。众议院曾提出弹劾约翰逊总统的议案,仅以一票之差未获通过。但在1866年的国会选举中,共和党激进派取得了议席的多数。同年,国会通过了宪法第14条修正案,给予黑人以公民权。1867年,国会不顾总统的反对,强行通过了南部"重建法案"。该法案宣布:按约翰逊有关重建宣言建立起来的各州政府无效;对南部10个州实行军事管制;给予黑人以选举权;剥夺参加叛乱奴隶主的选举权等。

在"重建"时期,黑人不顾"三K党"的恐吓和阻挠,第一次行使了自己的民主权利。有一些黑人当选为州、县两级立法会议的议员和政府官员,甚至有两名黑人当选为联邦参议员、16名黑人当选为联邦众议员。由于黑人代表的努力,南部各州先后废除了《黑人法典》,并制定了保障黑人人权的法律,创办了黑人学校。1870年,国会通过宪法第15条修正案,规定全体男子不分种族、肤色,都有选举权,这为南部的政治民主化奠定了基础。与此同时,南部各州政府采取了一系列发展工商业的措施,有力地促进了南部资本主义的发展。尽管美国黑人在政治、经济和社会地位上获得彻底解放,还要经历长期艰苦的斗争,但是南部奴隶制度的废除毕竟为实现这一目标迈出了决定性的一步。

四、俄国农奴制改革

19世纪中期,欧洲反动势力的主要堡垒沙皇俄国也被卷进了资本主义的大潮,尽管此时它还是一个落后的封建农奴制国家,但是随着工业革命的开展,资本主义经济关系也在封建社会内部缓慢地发展起来,并逐步瓦解着封建农奴制的基础。

19世纪50年代,在农奴制危机日益严重的情况下,沙皇政府企图通过对外战争来转移人民的视线,并扩展俄国在欧洲的霸权。但是,俄国在1853~1856年克里米亚战争中的惨败,更加剧了国内一切矛盾的激化。与此同时,以赫尔岑(1812~1870年)、别林斯基(1811~1848年)、车尔尼雪夫斯基(1828~1889年)、杜勃罗留波夫(1836~1861年)为代表的先进知识分子,站在资产阶级民主主义的立场上,对沙皇专制制度和农奴制度的无情揭露和批判,更加速了农奴制的崩溃。

在内外交困、走投无路的情况下,新上台的沙皇亚历山大二世(1855~1881年在位)也意识到不能再照旧统治下去了,与其让农奴们自下而上的革命,不如利用政权的力量自上而下的改革。经过一段时间的准备后,1861年3月3日(俄历2月19日),亚历山大二世正式批准改革法令并签署了废除农奴制的特别文告。这一法令包括《关于农民脱离农奴依附地位的总法令》等17个文件,规定在一段时期内分阶段、分地区地"解放"大俄罗斯、乌克兰、白俄罗斯和立陶宛的农奴。改革内容归纳如下：

（一）关于农奴的人身解放。农奴可以脱离对地主的依附关系，获得人身自由。农民有权从事各种职业，领有动产和不动产，有权订契约、打官司。地主不得再把农民任意买卖、典押、交换和转让。

（二）关于份地和义务。农民在获得人身自由时，可分到一块份地和宅旁园地，但需负担一定的义务。份地在法律上仍属地主的财产，农民只有永久的使用权。农民在赎买份地前，必须履行义务，缴纳代奴租和服劳役。

（三）关于份地的赎取办法。农民的宅旁园地可以赎取，但份地的赎取必须得到地主的同意。份地的赎金数额大大超过实际地价，农民可先向地主缴纳赎金的20%～25%，其余暂由国家垫付，农民在以后49年中每年加利息偿还给政府。

（四）关于农村管理机构和统治形式。改革后的农村保留原有的村社组织，把村社和乡完全置于地方行政机构和由地方贵族担任的调停吏的管辖之下。这样以前受个别地主支配的农奴，现在处于地方政府和贵族集体的控制之下。另外，在村社中还建立了连环保制度，监督强迫农民按时完成各种义务。

从以上内容可以看出，这次农奴制改革是在有利于地主阶级的条件下进行的。它决不是像沙皇政府所宣扬的是什么"有教养社会"的"理智行动"，是地主向农民施行的"德政"。实际上，亚历山大二世自己就承认"凡是可以保护地主利益的措施都一一做到了"。

1861年的法令只对欧俄1 025万"地主农民"有效。1863年和1866年，沙皇政府根据上述法令的基本原则，又先后"解放"了100万"采邑农民"和950万"国有农民"。其他非俄罗斯地区的改革进行得很慢，中亚部分地区的农奴制，一直保留到1917年十月革命前夕。

农奴制部分废除后，沙皇政府在1864～1874年间，在政治、法律、教育、财政和军事方面也实行了一些资产阶级性质的改革。如设立省和县的地方自治局、市杜马（议会）；实行开庭审讯，建立律师辩护制度和陪审制度；取消大学入学的等级身份；公布财政开支；废除募兵制，实行普遍义务兵役制等等。

俄国农奴制改革，按其社会内容来说，是资产阶级性质的改革。它是使俄国封建生产方式过渡到资本主义生产方式的具有决定意义的第一步。农奴制的废除，加速了俄国农业资本主义化，也使俄国资本主义工业发展获得了必要的劳动力、市场和资金，从而使资本主义生产关系在全国经济中逐渐占据主导地位。同时，改革后沙皇专制制度的阶级基础扩大了，成了地主和资产阶级的联合专政。

当然，这次改革是极不彻底的，它没有动摇贵族地主大土地所有制和沙皇专制制度的根基，使农民在几十年内遭受了最痛苦的剥削和掠夺。改革后的俄国在经济、政治、文化、思想各方面仍旧保留有大量的封建残余。这就是后来俄国具有军事封建帝国主义特征的历史原因之一。

五、日本明治维新

当欧美主要国家进入资本主义社会时,在亚洲只有日本走上了资本主义道路。日本之所以能走上资本主义道路,关键是发生了明治维新运动。

早在 12 世纪末,日本天皇就大权旁落,形成了军事封建贵族统治的幕府制度。1603 年,日本进入了德川幕府统治时期。德川家族控制的幕府把全国居民划分为士(武士)、农、工、商四个等级。武士以幕府将军为首,将军之下有大名(诸侯);大名之下有各自的家臣。士这个等级约占全国人口的十分之一,他们与天皇及宫廷贵族构成了日本的封建统治阶级。农、工、商则是被统治的平民。随着商品经济的发展,到 19 世纪中叶日本的社会关系发生了深刻变化:一是商人的经济实力和社会地位不断提高;二是下级武士的特权地位日益下降;三是城乡手工业者和农民的暴动起义经常发生。与此同时,幕府长期奉行的闭关锁国政策被美、英、俄、荷等西方列强所打破,在一系列不平等条约的保护下,外国商品大量涌入,致使日本和同期亚洲其他国家一样面临着沦为半殖民地的危险。

在民族危机日益严重和人民运动不断高涨的形势下,地处西南的长州、萨摩、土佐、肥前四藩(大名的领地称"藩")的下级武士改革派与部分公卿、商人结成联盟,利用人民群众的力量,领导了轰轰烈烈的倒幕斗争。这些资产阶级化的下级武士提出了"富国强兵"的口号,把"攘夷倒幕"推进到"开国倒幕",希望效法西方国家,改变日本的落后面貌。

德川幕府为维护自己的统治,对倒幕派实施残酷的镇压。1858~1859 年,即安政六年至安政七年,有几十名倒幕派人士被捕入狱,七人被杀,史称"安政大狱"。1864、1866 年,幕府又发动两次征讨长州藩的战争。为了加强倒幕力量,1867 年 10 月,长州、萨摩、安艺三藩的倒幕派代表在京都秘密开会,决定组织倒幕联军,并通过公卿改革派岩昌俱视取得了年轻的明治天皇睦仁(1867~1912 年在位)的支持。同月 14 日,以天皇名义颁发"讨幕密诏"。此时,德川幕府的第 15 代将军德川庆喜为了争取时间,便假意宣布辞去将军职务,将"大政奉还"天皇,这实际上是他的缓兵之计。

1868 年 1 月 3 日,倒幕派以天皇名义在御前会议上宣布"王政复古诏书",废除幕府一切官制,剥夺其全部权力,责令德川庆喜立即交出领地和财产。倒幕派还宣布成立以天皇为中心的明治政府,初设"总裁"、"议定"、"参与"三种官职,由大久保利通、木户孝允、西乡隆盛等倒幕派领袖掌握实权。德川庆喜立即率 1.5 万人的军队从大阪向京都进军,挑起了内战(史称"戊辰内战")。倒幕联军与幕府军在京都附近的鸟羽、伏见展开决战,由于倒幕军以农民为主,英勇善战,又有人民群众的支持和资产阶级的财力援助,结果幕府军惨败。德川庆喜连夜逃至大阪,后经海路回到江户。同年4月,倒幕军进占江户,德川庆喜投降。10月,明治政府改江户为东京。次年3月,将国都由京都迁到东京。

1868年3月与4月间,明治政府以天皇名义颁布了《五条誓文》和《维新政体书》。前者是政府的施政纲领,后者是关于国家制度和机构的法令。在这两个纲领性文件的指导下,明治政府推行"富国强兵"、"殖产兴业"、"文明开化"三大政策,进行一系列的资产阶级性质的改革。(1)奉还版籍,废藩置县,建立中央集权的统一国家。(2)确定土地私有制,实行地税改革,增加政府的财政收入。(3)殖产兴业,在资金、技术、人才上支持发展工商业,统一国内市场。(4)学习西方科技文化,进行教育改革,提高全民族文化素质。(5)建立常备军,灌输"武士道"精神和忠君报国思想,走上军国主义道路。

日本明治维新以国内战争的形式,推翻了德川幕府的统治,结束了封建割据状态,建立了天皇君主制形式的地主资产阶级联合专政的统一国家,实行了有利于资本主义发展的政策和改革。它不仅开始改变了日本的社会性质,而且使它摆脱了民族危机,为其逐步发展成亚洲唯一的资本主义国家奠定了坚实的基础。所以,明治维新是日本从封建社会过渡到资本主义社会一个有决定意义的转折点,也是它避免沦为欧美列强殖民地或半殖民地的关键,在日本史上具有划时代的意义。

作为一次资产阶级革命,它不仅形式特殊,而且极不彻底。这不仅表现在封建残余大量保存,而且表现在原有的"武士道"精神更加发展,使之很快走上对外疯狂扩张的军国主义道路。这也是日本之所以成为世界上军事封建帝国主义国家之一的历史根源。

第三节 马克思主义诞生和巴黎公社革命

一、马克思主义产生的历史条件

任何新学说的产生,都是一定时代的产物。马克思主义作为无产阶级的解放斗争学说产生于19世纪40年代不是偶然的。它是西欧资本主义的物质生产、阶级斗争、思想文化和自然科学发展到一定水平的产物。

近代工业化第一次浪潮极大地促进了大工业的发展,从而使资本主义社会的基本矛盾日益暴露出来。这就为人们科学地认识资本主义的本质和揭示资本主义生产方式的发展规律,提供了现实的可能。在这种社会经济前提下,无产阶级反对资产阶级的斗争有了新的发展——由自发的、分散的破坏机器运动发展到有组织的、集中的罢工斗争;由经济斗争发展到反对资产阶级统治的政治斗争直至武装起义。这一新发展的标志，是早期三大工人运动的发生，即1831年和1834年法国里昂丝织工人的两次起义、1836~1848年英国宪章运动的三次高潮和1844年德国西里西亚的织工起义。这三大工人运动表明，无产阶级不仅仅是一个受苦受难的阶级，更重要的是一个有强大力量、能独立进行争夺统治权斗争的先进阶级，这为马克思主义的产生提供了阶级基础。同时，它们的失败也表明，工人运动如果没有科学的理论和坚强的革命政党领导，无产阶级也不可能完成自己的历史使命。马克思、恩格斯正是清醒地看到了这一点，适应无产阶级斗争的要求，担当和完成了创立科学共产主义理论的伟大历史任务。

马克思主义不是离开世界文明发展大道而产生的学说，它是从已有的思想材料出发，结合当时社会实际加以能动地改造和创新的产物。人类有史以来的全部优秀思想文化成果——从希腊罗马的古代奴隶制文明、文艺复兴到启蒙运动的优秀文化遗产——都是马克思主义的思想渊源。而德国古典哲学中黑格尔的辩证法、费尔巴哈的唯物论，英国古典政治经济学中大卫·李嘉图的"劳动价值论"和法国、英国的圣西门、傅立叶、欧文的空想社会主义中有价值的思想材料，是马克思主义的主要理论来源。此外，19世纪自然科学的三大发现① 和1815~1830年复辟时期法国历史学家、经济学家的阶级斗争观点等，也为马克思主义的创立提供了思想营养。

卡尔·马克思（1818~1883年）和弗里德里希·恩格斯（1820~1895年）两人的家庭出身和个人经历虽然不尽相同，但是他们都有勤奋好学、思想敏锐的特点和立志为人类幸福而奋斗的崇高理想。青年时代的马克思和恩格斯，在世界观上都经历了一个从唯心主义者向唯物主义者、从革命民主主义者向共产主义者转变的过程。这两个转变大致可分为三个阶段。

第一阶段（1842~1843年秋）：马克思通过主编具有反普鲁士政府倾向的《莱茵报》，撰稿抨击封建专制制度，捍卫贫苦农民利益的实践，由怀疑转到批判黑格尔哲学。恩格斯在英国工人运动的中心曼彻斯特，通过与工人群众和宪章派的交往了解到资本主义的恶果，促使其思想转变。

第二阶段（1843年冬~1844年春）：马克思与燕妮（1814~1881年）结婚不久，被迫迁居巴黎。在巴黎，他与卢格合办《德法年鉴》，出席工人集会，研究英国古典政治经济学、空想社会主义和法国革命史，于1844年2月发表《论犹太人问题》和《〈黑格尔法哲学批判〉导言》。恩格斯继续在曼彻斯特深入考察工人阶级状况，总结工人运动的经验，研究古典政治经济学和空想社会主义，于1844年2月发表《政治经济学批判大纲》。上述论著中的观点，表明

---

① 三大发现是指有机细胞结构学说、能量守恒及转化学说和达尔文的物种起源和发展学说。

他们都基本上完成了世界观的转变。

第三阶段（1844年夏～1847年）：1844年夏和1845年春，马克思和恩格斯在巴黎和布鲁塞尔的两次会见，使他们成为在一切政治理论问题上意见完全一致的志同道合的朋友，从此开始了两位巨人共同系统制定科学共产主义原理的工作。这一时期两人合著的《神圣家族》和《德意志意识形态》，恩格斯著的《英国工人阶级状况》，马克思著的《关于费尔巴哈的提纲》和《哲学的贫困》等著作，表明他们已基本确立了唯物主义的历史观，萌生了剩余价值学说和基本完成了社会主义从空想到科学的发展，从而初步创立了科学共产主义理论的思想体系。

二、共产主义者同盟和《共产党宣言》

马克思、恩格斯是伟大的理论家，也是杰出的革命家。他们为了用科学共产主义武装工人阶级，建立无产阶级政党，在十分艰苦的条件下做了大量的宣传、组织工作。

1846年初，他们在布鲁塞尔建立了"共产主义通讯委员会"，与西欧主要国家的共产主义者交换信息、沟通思想，为建党做思想上、组织上的准备。通过对"正义者同盟"①的争取、改造工作，他们先后战胜了魏特林的空想平均共产主义、德国小资产阶级的"真正社会主义"和蒲鲁东主义等错误思潮，提高了各国工人阶级的思想觉悟，使该同盟的许多领导人受到了教育和锻炼，表示接受马克思、恩格斯的理论，并邀请他们参加改组"正义者同盟"的工作。

1847年6月，在伦敦举行的"正义者同盟"改组大会上，根据恩格斯的建议，决定把"正义者同盟"改名为"共产主义者同盟"，并以"全世界无产者，联合起来！"的口号代替了原来"四海之内人人皆兄弟"的旧格言。大会通过由恩格斯和沃尔弗起草的新章程草案，选举了新的中央领导成员。

1847年11月底至12月初，马克思、恩格斯出席了在伦敦举行的共产主义者同盟第二次代表大会。经过十多天的激烈辩论，大会批准了新章程，并委托马克思、恩格斯起草一个新的纲领作为党的宣言公布于世。这表明该同盟的指导思想已走上马克思主义轨道，它已成为国际性的第一个无产阶级政党。

会后，为了起草宣言，恩格斯先写了两个草案，即《共产主义信条草案》和《共产主义原理》。在这个基础上，马克思执笔写成《共产党宣言》，于1848年2月24日左右在伦敦发表。

《共产党宣言》是国际无产阶级第一个"周详的理论和实践的党纲"。它较完整系统地阐述了马克思主义的基本原理，"以天才的透彻而鲜明的语言描述

---

① 正义者同盟成立于1836年，最初是侨居巴黎的德国工人的秘密团体。1842年后，它在法、英、波兰、瑞士等国建立了支部，成为国际性的工人组织。

了新的世界观,即把社会生活领域也包括在内的彻底的唯物主义、作为最全面最深刻的发展学说的辩证法、以及关于阶级斗争和共产主义新社会创造者无产阶级肩负的世界历史性的革命使命的理论"①。这部划时代的文献,既是国际工人运动丰富经验的科学总结,也是马克思、恩格斯长期研究的最好结晶。其内容博大精深,意义重要、深远。

《共产党宣言》原文有一个引言和四章。中译本前面有1872～1893年由马克思、恩格斯合写或恩格斯一人所写的七个序言。《共产党宣言》的基本思想是:经济是基础,经济基础决定上层建筑;自阶级产生以来到当时的资本主义社会,全部历史都是阶级斗争的历史;无产阶级只有解放全人类才能最后解放自己。它的核心是历史唯物主义。《宣言》肯定了资产阶级的历史作用后揭示了资本主义必然灭亡和共产主义必然胜利的客观规律;阐述了无产阶级是资本主义的掘墓人和共产主义的建设者的伟大历史使命。它明确指出:"工人革命的第一步就是使无产阶级上升为统治阶级,争得民主。"无产阶级夺取政权后,"将利用自己的政治统治,一步一步地夺取资产阶级的全部资本,把一切生产工具集中在国家即组织成为统治阶级的无产阶级手里,并且尽可能快的增加生产力的总量。"② 它还提出了无产阶级的国际团结是夺取革命胜利的重要条件;阐明了无产阶级政党的性质、特点、作用、政策策略原则和基本任务;驳斥了反动势力对共产主义的种种诬蔑,批判了各种假社会主义的错误思潮。

《共产党宣言》的公开发表,标志着马克思主义的诞生。它使全世界无产者反对资产阶级的斗争进入了一个新的历史时期。一个半世纪以来,《共产党宣言》已被翻译成各种文字在全世界广泛传播。无论在当时、现在和将来,宣言的基本思想和原理都永远是指导全世界无产阶级革命和建设的行动指南。

三、工人运动的高涨和第一国际

19世纪五六十年代,近代工业化的热潮席卷了欧洲和北美,自由资本主义进入了它的"黄金时代"。随着大工业的发展,工人阶级的队伍迅速壮大。到19世纪60年代,欧洲产业工人达874万,手工业工人已有1 123.5万。由于资本家对剩余价值的盲目追求,广大工人的工作时间长,劳动强度大,工资待遇低,加上1857年爆发的世界性经济危机,更促进了各国工人运动的发展。

1859年,英国建筑工人大罢工,打破了1848年革命失败后工人运动的沉静局面。在这次罢工的影响下,还出现了英国各行业工人的联合组织——工联伦敦理事会。在德国,1859年掀起了产业工人罢工浪潮,并于1863年5月成立了全德工人联合会。在美国,1859年宾夕法尼亚所有行业工人举行总罢工,

---

① 《列宁选集》第2卷,人民出版社1995年版,第416页。
② 《马克思恩格斯选集》第1卷,人民出版社1995年版,第293页。

并于1863年初建立了全国性的工人联合会。在法国，1862年，巴黎印刷工人罢工；1863年，工人提出自己的候选人首次参加议会选举；1864年，工人罢工又迫使第二帝国废除了禁止工人结社的《勒夏普立埃法》。上述工人运动的发展，为第一国际的创立奠定了阶级基础。

在资本主义世界市场和世界体系已经初步形成的条件下，各国工人阶级的斗争必然带有国际性的特点。当资产阶级从国外雇用廉价劳动力来破坏本国工人罢工斗争之时，工人们更清楚地认识到各国无产阶级利益的一致性和加强国际团结的必要性。这一时期欧美和亚洲民族民主运动的高涨，也使工人的国际团结思想进一步增强。1862年夏，在伦敦举行的第三届世界工业博览会，有三百多名法国工人代表前往参加，并受到了英国工会联合会的热情接待，双方就国际团结问题进行了商谈。1863年7月，英、法两国工人代表在伦敦举行声援波兰人民反对沙俄民族起义大会。会后，英国工联领袖奥哲尔在《致法国工人书》中，呼吁进行联合斗争并建议召开一个国际工人代表大会。这一建议得到了欧洲许多国家工人的积极响应。这些从斗争实践中产生的国际团结思想，虽然还不是无产阶级国际主义，但毕竟反映出国际工人组织产生的条件已经成熟。

当时马克思主义还没有在国际工人运动中居领导地位，各种非马克思主义的社会主义派别和思潮还严重影响着工人运动。为了用正确的思想武装和团结工人阶级，这一时期马克思和恩格斯在进行艰苦的理论研究、撰写《资本论》等光辉著作的同时，还教育培养了许多工人运动的骨干，为第一国际的建立在思想上、组织上准备了条件。

1864年9月28日，在伦敦圣马丁教堂召开了声援波兰人民起义的国际工人大会，有英、法、德、意、波兰等国近2000名工人代表参加。马克思应邀出席并当选为大会主席团成员。大会根据法国工人代表的提议，通过了建立"国际工人协会"（简称"第一国际"）的决议，选出21人组成临时中央委员会（1866年底改称总委员会），马克思当选为委员并任德国通讯书记。中央委员会最后通过了马克思起草的《成立宣言》和《共同章程》。这两个文件为第一国际制定了正确的政治路线和组织原则，表明它是在科学社会主义理论的指导下、按照民主集中制建立起来的国际无产阶级第一个群众性的革命组织。

第一国际共召开了五次代表大会和两次代表会议。它在活动的第一时期（1864～1868年）主要是反对蒲鲁东主义，同时也批判了英国的工联主义和德国的拉萨尔主义；第二时期（1869～1876年）主要是反对巴枯宁主义。在马克思和恩格斯的指导和影响下，第一国际在与各种机会主义派别和错误思潮的斗争中，提高了各国无产阶级的思想觉悟，把国际工人运动推向了一个新阶段。

巴黎公社革命失败后，第一国际各支部遭到各国反动政府的迫害，内部又有机会主义分子的干扰和破坏，第一国际要继续开展正常活动已十分困难。所以，1872年海牙代表大会决定把总委员会迁到纽约后，已基本停止了活动。此时欧洲开始进入资本主义相对和平发展时期，国际工人运动的任务是在各国建立无产阶级政党，积蓄革命力量，准备迎接未来的社会主义革命。革命的组织形式必须服从革命任务的需要，第一国际在光荣地完成了历史使命后，为适应新形势和新任务的需要而自动退出了历史舞台。根据马克思的提议，总委员会于1876年7月15日在美国费城召开了最后一次代表会议，通过宣言正式宣告解散。

第一国际有着不可磨灭的历史功绩。它在斗争中把马克思主义同各国工人运动相结合，团结教育无产阶级，积累了同资产阶级和各种机会主义作斗争的丰富经验，培养了一大批未来各国无产阶级政党的优秀骨干，促进了国际工人运动向纵深发展。到第一国际解散时，不仅马克思主义在国际工人运动中确立了主导地位，而且在组织上为各国无产阶级建立独立的政党奠定了基础。因此，第一国际在工人解放的斗争史中是万古长存的。

四、巴黎公社革命的创举

第一国际期间，世界工人运动中的最伟大事件是巴黎公社革命。这场革命是在法国民族矛盾和阶级矛盾空前激化的特殊条件下，巴黎工人阶级被迫自发地发起的。

1870年9月初色当战役后，由于普鲁士军队占领了法国东北部并向巴黎逼近，巴黎人民为了保卫祖国，迅速扩充了194个营的国民自卫军，参加的工人达30万。但不论是9月4日革命后成立的资产阶级临时政府，还是1871年2月国民议会选举的梯也尔（1797~1877年）政府，都把这支工人武装看作是对资产阶级统治的最大威胁，把解除这支工人武装当作自己的首要任务。因此，它们一方面采取种种敌视工人的政策，制造首都严重的饥荒，准备发动内战，用武力镇压巴黎革命人民；另一方面加紧卖国投降活动，以便集中精力镇压工人。1871年3月1日，法国国民议会批准了梯也尔与俾斯麦签订的和约。这一卖国条约规定，法国赔款50亿法郎并割让阿尔萨斯全省和洛林的一部分。与此同时，梯也尔政府又宣布取消工人所参加的国民自卫军的薪金，停止延期偿还债务，致使巴黎工人生活陷入绝境。

3月18日凌晨，梯也尔派军队偷袭蒙马特尔高地停炮场，企图夺取工人筹资备置的四百多门大炮。当地妇女发现偷袭拖运大炮的士兵时，立即敲响警钟，巴黎工人和市民闻讯后，纷纷拿起武器从四面八方奔往停炮场狙击敌人，并向士兵进行说理斗争。在正义力量的感召下，许多士兵调转枪口。中午，国民自卫军中央委员会因势利导，发动武装起义。下午3时许，国民自卫军占领了陆军部、警察局、市政厅和其他政府机关。梯也尔和高官显贵们如惊弓之鸟，仓惶逃往凡尔赛。晚8时许，起义取得胜利，市政厅上空红旗招展，宣告巴黎政权转到工人阶级手中。3月28日，由普选产生的巴黎公社正式诞生。

在巴黎市民投票选举的86名公社委员中，有21名资产阶级住区的代表不久退出。在65名委员中，有工人三十多名，其余是新闻记者、教师、医生、职员等革命知识分子，他们中有37名第一国际会员。在公社委员中，布朗基派人数最多，其次是蒲鲁东派和新雅各宾派，还有极少数无党派人士。由于他们大多数是工人或公认的工人代表，都程度不同地受过马克思主义的影响，所以在严峻的阶级斗争面前，为了维护工人阶级的利益，能够在一定程度上抛弃布朗基主义、蒲鲁东主义的某些信条，不自觉地使公社在本质上成为无产阶级专政的政权。这一性质体现在公社所采取的一系列创造性的措施上。

公社共颁布414个法令，主要内容是：

（一）打碎资产阶级国家机器。废除资产阶级常备军，用国民自卫军代替；取消旧警察，由工人武装队伍维持秩序；封闭资产阶级法庭，建立人民的司法机构；宣布教会与国家分离，没收教会财产，不许教会干涉国家事务。

（二）建立新的国家机关。公社废除了资产阶级的议会制度，成立按民主集中制组织起来的兼有立法与行政权力的工作机关。在公社领导下建立了相当于政府各部门的十个委员会。为了防止国家工作人员由"社会公仆"变为"人民老爷"，公社采取了两项重要措施：公社的主要工作人员由普选产生，对不称职者可随时撤换；国家公职人员的最高年薪不得超过熟练技术工人的工资（6 000法郎）。

（三）实行保护人民利益的社会经济政策。如没收逃亡资本家的工厂，交给工人合作社管理；免除1870年10月到1871年4月的房租；取消面包房工人的夜班制；禁止当铺拍卖过期的典当品，凡在20法郎以下的典当品，无条件地退还原主；禁娼禁赌；禁止对工人任意罚款和克扣工资；设立救济贫民的专门机构，等等。

（四）改革资产阶级教育制度。如取消宗教教育，实施全民教育、职业教育和免费教育；信任和重用知识分子，提高教师的政治、经济地位；取缔反动报刊，加强无产阶级宣传阵地；成立俱乐部，开办图书馆；革新剧院演出内容，提倡创作题材革命化，等等。

（五）高举无产阶级国际主义旗帜。公社摧毁了象征对外侵略和民族压迫的巴黎旺多姆广场上的"凯旋柱"，将广场改名为国际广场。公社声明："巴黎公社的旗帜是世界共和国的旗帜"，对各国革命者一视同仁。

（六）关心农民问题。公社发表《告农村劳动人民书》，指出工人和农民的利益是一致的，并宣告："巴黎希望农民得到土地，工人获得工具，人人皆有工作。"

此外，公社还十分注意与人民群众保持紧密联系。公社存在期间，群众性的俱乐部每天都有1～2万人参加活动，公社细心听取他们的倡议、批评，认真改进工作。

由于当时公社面临着严重的军事斗争，上述措施不可能全面实施。但公社在短时间内就奇迹般地改变了巴黎的面貌，使劳动人民成了国家的主人。巴黎公社的伟大创举，第一次显示了刚刚萌芽、极不完备的无产阶级政权的强大威力。

正当巴黎工人阶级和劳动人民开创新生活之际，逃往凡尔赛的梯也尔在国际反动势力的支持下，从4月2日起开始对公社进行军事围剿。5月10日，梯也尔和普鲁士签订《法兰克福和约》，梯也尔换得10万法军战俘和普鲁士军队的暗中支持。5月21日，由于奸细内应，开门揖盗，梯也尔军队闯进巴黎。为了保卫公社，巴黎工人筑起了500个街垒，进行了7天（5月21～28日）的浴血巷战，史称"五月流血周"。5月27日，二百多名公社战士在巴黎东郊拉雪兹神甫公墓抗击5000名凡尔赛匪军。傍晚，公社战士弹尽援绝，同敌人展开肉搏战，最后在该公墓围墙内侧一隅高呼着"公社万岁"的口号，全部壮烈牺牲。此处后来被称为"公社战士墙"，至今仍作为巴黎公社不朽业绩的历史见证，受到世人的敬仰。公社失败后不久，公社委员、工人诗人鲍狄埃便创作了《国际歌》歌词。1888年，由工人作曲家狄盖特谱曲后，《国际歌》很快传唱开来，至今它仍是全世界无产者豪迈雄壮的战歌。

巴黎公社革命失败的原因，客观上是社会主义革命的条件还不成熟，即从资本主义的发展水平和无产阶级的成熟程度来看，在当时的法国都不具备创建新社会所必需的条件，加上敌人的力量又十分强大。主观上是它还没有无产阶级政党的领导。当时公社领导层的布朗基派、蒲鲁东派、新雅各宾派都不是马克思主义政党，都不懂得如何把革命引向胜利，甚至还犯了一些致命的错误。如3月18日起义后，没有立即向凡尔赛进军，以致养痈遗患；对敌人过于仁慈和宽大，没有坚决镇反；没有没收法兰西银行，甚至听任它用金钱帮助梯也尔；没有取得农民的支援，建立工农联盟，等等。

公社领导层虽然犯有错误，但公社委员和巴黎无产者却用他们的首创精神、鲜血和生命在人类历史上书写了光辉的一页。首先，公社为创造世界上第一个无产阶级政权作了伟大的尝试，丰富了马克思主义的国家学说。公社的实践证明：首先，无产阶级必须彻底打碎资产阶级的国家机器，建立无产阶级专政，才能实现社会主义和共产主义；其次，无产阶级革命必须要有一个统一的马克思主义政党领导，才能战胜敌人，夺取胜利；第三，工人阶级必须要和农民建立可靠的联盟，才能巩固无产阶级政权。

马克思和恩格斯十分重视巴黎公社的斗争。他们热情赞扬巴黎工人的革命首创精神，马克思写了几百封信向全世界的无产者宣传公社的创举。公社失败后，马克思在第一国际总委员会上宣读了他的《法兰西内战》，及时地总结了公社的新经验，并指出："无论公社在巴黎的命运怎样，它必然将遍立于全世界。"① 公社的原则是永存的。

---

① 《马克思恩格斯选集》第3卷，人民出版社1995年版，第94页。

第九章

世界整体的形成

> 19世纪70年代,在世界历史的发展进程中,第二次科技革命发生了。这次革命有四个方面的主要内容:一是在电磁学理论的指导下,电力技术在社会上得到广泛的开发和运用;二是内燃机的发明和应用;三是化学工业的兴起与发展;四是炼钢技术的大发展。在这次科技革命的推动下,世界出现了一个新的工业化浪潮。各主要资本主义国家的经济结构完成了从农业到轻工业到重工业的重大转变,世界经济结构发生显著变化,世界大工业文明建立了。
>
> 大工业文明的建立,带动了整个世界工业生产的蓬勃发展。同时,它还引起了资本主义生产关系的深刻变革:资本主义从自由竞争阶段过渡到了垄断阶段。在垄断资本的统治下,世界市场最终形成了,世界城市与世界农村的分离过程也告结束。世界各国之间在经济上的联系越来越紧密,世界成为一个相互联系不可分割的整体。
>
> 资本主义从自由竞争阶段过渡到垄断阶段,即帝国主义阶段后,资本主义的一切矛盾都深深地激化了。国际工人运动在发展过程中,受到修正主义思潮的侵蚀,工人运动发生了分裂。在与修正主义的斗争中,列宁主义诞生了。从此,欧洲的工人运动进入到一个新的发展阶段。
>
> 在帝国主义列强的入侵下,日益卷入世界历史进程的亚洲、非洲和拉丁美洲各国的殖民地半殖民地处境不断恶化。不堪忍受帝国主义剥削和掠夺的亚、非、拉人民掀起了强大的反帝民族解放运动。民族资产阶级参加并领导了这场运动,殖民地半殖民地的民族解放运动有了新的发展。

第一节 第二次科技革命与世界工业化浪潮

一、第二次科技革命及其划时代意义

首次工业革命前就已出现了科技革命。19世纪70年代,以电力技术进步为

主要标志的第二次科技革命又发生了。这次革命主要有以下四个方面的内容：

1. 电力技术的广泛开发和应用。尽管早在1832年第一批机械发电机就在巴黎出现了，但是过了许多年后，发电机才具有足够的功率和充分的可靠性，使电能够实际应用。到19世纪80年代，大规模的发电事业，已牢固建立。电最早的重要用途之一是照明。1875年，法国米卢兹的一家面粉厂采用了电力照明；一年以后，夏佩勒车站也同样地采用了。英国则是1878年在娱乐剧院首先采用。白炽灯问世以后，电力照明就普遍了。1873年，第一台有实用价值的电动机在市场上出现。电动机早期用于牵引。19世纪末，开始把它作为一种小型的、机动的动力装置，用于工厂。此外，电还被广泛应用于人类的物质生产和社会生活的各个领域，从而使人类在继蒸汽时代之后，进入了电力时代。

2. 内燃机的发明和应用。内燃机设计思想的出现，比蒸汽机早。但直到1876年德国工程师奥托试制成功热效率高于蒸汽机的四冲程煤气内燃机后，才引起广泛注意。由于内燃机结构轻巧、热效率高，开始取代蒸汽机。继1883年汽油机和1897年柴油机制成后，内燃机开始广泛地作为大功率的、高速运输工具的发动机，从而促进了汽车、飞机、轮船、石油等工业的兴起和发展，促成了运输业的革命。

3. 炼钢技术的大发展。19世纪中叶，亨利·贝塞麦以转炉炼钢法闻名于世。19世纪60年代开始，许多国家都修建了贝氏转炉。弗里德里希·西门子创造出了一种不同的但具有同样效果的方法，西门子后来与法国炼钢专家比埃尔·马丁联合起来，西门子—马丁炼钢法得到广泛采用，到19世纪末，甚至比贝氏炼钢法还要普遍。然而，贝氏炼钢法和平炉炼钢法都有根本的缺陷，即两者都不能使用含磷的矿石。这对英国来说，后果还不是十分严重，因为英国拥有大量不含磷的矿石。但它对欧洲大陆，尤其对比利时、法国和德国来说，却极为不利。1879年，托马斯以碱性材料作为炉衬，建成碱性转炉，解决了含磷铁矿的冶炼问题，从而使富有磷铁矿的欧洲大陆冶炼工业得以迅速发展。由于钢具有许多重要的优点，诸如，它比铁的寿命长15～20倍、韧性强等，又由于钢铁工业的蓬勃发展，钢价格不断下降，因此，钢被越来越多地用于生产和生活中。例如，19世纪末美国的高层建筑就主要是用钢材建造的。钢铁在工业、交通、建筑、军事等领域中大显身手。从此，人类由"纺织时代"一跃进入了"钢铁时代"。

4. 化学工业的兴起。化学工业的兴起是与电力工业直接相联系的。例如，用电解法获取铝，这使得长期以来一直是一种科学珍品的铝，得到了广泛应用。此时化学工业的发展，还表现在制造氨碱、硫酸、染料、烈性炸药等方面。纺织业到1860年为止，其使用的染料几乎全部都是天然的。然而，到19世纪末，合成染料就变得非常重要了，尤其是同时可染羊毛和棉花的、品类繁多的新合成染料,对纺织业的影响是极为深刻的。随着化学工业的发展,19世纪70年代后,形成了一个以煤焦油为原料的有机合成化学工业,人类物质生产的领域被进一步扩大和丰富了,人类生活的方向也被进一步改变了。

当然,第二次科技革命的内容不止上述四个方面。比如,此期在物理学的许多部门都有很大进展,其中热力学和电磁学理论的发展尤为突出。在生物学方面,此时也取得了许多重大的突破,形成了许多新的观念,如达尔文的进化论、巴斯德在微生物研究方面的重要进展,等等。与第一次工业革命相比,这次革命有以下三个方面的显著特点:

1. 这次革命的范围广、规模大。这主要表现为这次革命所涉及的学科面广、工业部门多。在地域的分布上,它也越出了19世纪前半期所局限的各国的首都和交通中心,而更深入地向边陲地区发展,向全国各地辐射。与之同时,在世界范围内,工业化的浪潮也从西欧、北美个别地区的某些国家向更大的范围扩展,工业化呈现出一幅世界图景。

2. 科学的发展与技术的进步两者之间的联系更加紧密,人类活动的领域大为拓宽。与发端于纺织机的发明,以蒸汽机的改进和广泛应用为基本动因的第一次工业革命相比,第二次科技革命不是直接来源于工场或其他生产实践领域,而是以科学理论为先导,来源于科学实验室。此期自然科学不但追赶上了工业和技术的发展,而且还逐渐地走到生产的前面,成为技术革命的先导,这是第一次工业革命所无法比拟的。

3. 这次科技革命加速了各个国家和各个地区乃至整个世界生产方式的迅速变革,对世界历史的进程产生了远比第一次工业革命深远、宏大的影响。过去,在几百年甚至上千年的时间里,社会生产方式都可以基本不变。现在则不然。一般说来,社会生产方式变革的速度决定了一个社会大变革或全面发展的速度,即社会生产方式的变革愈快,人类社会的发展就愈快,社会的进步也就愈明显;反之亦然。第二次科技革命在加速社会生产方式的变革中,具有显著作用,因而它推动了社会的进步和历史的发展。

第二次科技革命在世界历史的发展进程中,是一次具有划时代意义的革命。我们知道,第一次工业革命尽管实现了资本主义生产从手工工场制向近代工厂制的转变,但大工业并未确立它在国民经济中的主导地位。在整个世界生产结构中,农业居重。在工业结构中,轻工业居重,重工业基础薄弱。是第二次科技革命改变了这一历史状况,它促进了世界大工业文明的建立,使整个世界的经济结构发生了显著变化。与之同时,它还实现了人类社会互动手段的现代化。民族闭关自守的状态被改变了,在金融资本的密网从经济上把世界联成一个整体的同时,人类社会现代化的互动手段又从物质上把世界各部分紧密地联系起来,使之成为一个有机的整体。不仅如此,第二次科技革命还通过对生产力巨大发展的促进,促使资本主义生产关系不断调整、不断变革,从而推动了人类社会向更高级社会形态的过渡。

二、垄断资本对世界的统治与世界市场的最后形成

第二次科技革命推动了生产技术的巨大进步和工业生产的迅速发展，特别是重工业的发展，使企业规模越来越大。与之同时，"生产集中于愈来愈大的企业的过程进行得非常迅速①"，生产集中引起垄断组织的产生。垄断组织虽在19世纪60年代和70年代初就已出现，但这时正是资本主义自由竞争发展的顶点，垄断组织还只是个别现象。1873年的经济危机使许多中小企业破产，危机后长期的萧条激化了企业之间的竞争和新技术的采用，从而推动了生产的集中，于是垄断组织广泛发展起来。但这时的垄断组织，一般还不稳固，尚未在国民经济中占统治地位。一直到19世纪末20世纪初，垄断组织才在发达的资本主义国家中普遍发展起来，成为全部经济生活的基础。以美国为例，"美国所有企业的全部产值，差不多有一半掌握在仅占企业总数百分之一的企业手里！而这3000个大型企业包括258个工业部门"②。在德国，莱茵—威斯特发里亚煤业辛迪加，在1893年成立时，就集中了该区产煤总额的86.7%，1910年更达到95.4%。德国钢业联盟（1904年成立）和铁业联盟（1910年成立）垄断了全国钢铁产量的98%。化学工业和电气工业则分别被两大集团所操纵。除了美国和德国以外，在英、法、俄等资本主义国家中，垄断组织的发展同样惊人。这些表明，垄断资本主义已经最终形成，资本主义进入了帝国主义阶段。

在帝国主义阶段，少数最富有的资本主义国家"'已经过度成熟'，'有利可图的'投资场所已经不够了"③，从而形成了大量的"过剩资本"。为了攫取高额利润，夺取原料产地和商品销售市场，这些帝国主义国家，纷纷把"过剩资本"输向国外。资本输出成了帝国主义国家进行对外扩张的重要手段，成了金融资本对全世界进行剥削和统治的重要基础。为了确保资本输出、确保在激烈的国际竞争中取胜，获取高额垄断利润，各国垄断资本总是力图夺取和独占原料来源地、商品销售市场和资本输出场所。同时，帝国主义各国还力图通过掠夺殖民地以缓和国内日益尖锐的阶级矛盾。这样，殖民地在帝国主义时期的作用越来越重要了。自19世纪80年代以来，帝国主义国家在从经济上瓜分世界的同时，展开了激烈的争夺殖民地的活动，展开了瓜分和重新瓜分世界领土的激烈斗争。到20世纪初，世界领土已被瓜分完毕，资本主义囊括了全世界，垄断资本对世界的统治已经确立。

资本主义对全世界的囊括、垄断资本对世界统治的确立，使整个世界更加

---

① 《列宁选集》第2卷，人民出版社1995年版，第584页。
②③ 《列宁选集》第2卷，人民出版社1995年版，第585、627页。

紧密地联系在一起,成为一个不可分割的、统一的有机体。在这个有机体内,世界市场也最后形成了。

众所周知,世界市场的产生和发展是和资本主义生产方式紧密相联的。一方面,世界市场的产生对封建生产方式的解体和资本主义生产方式的确立起了巨大的促进作用;另一方面,世界市场也只有在资本主义生产方式的基础上,才能完全形成并且获得充分的发展。尽管世界市场在15世纪末16世纪初随着资本主义制度的产生而开始产生,但是,由于当时的国际贸易还具有地域性,世界市场并未真正形成。当时世界市场的特点是:(1)16世纪称霸世界的是葡萄牙、西班牙。这两个国家由于封建势力强大,因此,掠回的财物并未转化成资本,而是被封建主挥霍掉了。以后这两个国家的资本主义不仅没有首先发展起来,而且在英国、荷兰的排斥下,走向衰落。(2)从市场规模和范围来看,一个国家投入对外交换的商品数量占整个社会生产的比例极小,商品结构主要是土特产品、奢侈品,还有黑奴贸易。虽然贸易活动遍及几大洲,但仍具有明显的地域性。(3)贸易活动往往是借助于欺骗和暴力手段进行的,具有强制和掠夺的性质。如殖民主义者用玻璃球、小镜子等,骗取非洲的象牙、黄金、宝石。(4)以金银储量多少作为国家贫富的标志,一味追求扩大对外贸易的顺差,在外贸政策上,实行的是重商主义。重商主义尽管曾对西欧资本主义生产方式的成长起过一定的促进作用,但它仅从商业资本运动的表象出发,并错误地认为利润来自流通过程,因此具有很大的局限性。

18世纪60年代到第二次科技革命发生之时,世界市场随着资本主义制度的确立开始形成。此时世界市场的特点为:(1)英国是当时世界的经济中心,是最大的殖民帝国。(2)世界市场迅速扩大。随着第一次工业革命的发生、发展,以机器为主体的工厂制度代替了以手工技术为基础的工场手工业,各主要资本主义国家的经济得到了很大发展,从而促进了世界市场的发展。例如,从1820年到1870年,世界贸易总值增长了9.5倍以上。市场交换的商品品种也发生了变化,工业品、工业所需原料和农产品在市场交换中占了优势。(3)价值规律已在世界商品交换的领域中发挥作用,世界市场上的国际价格开始形成。(4)自由贸易政策和保护关税政策同时并举,在不同国家各有不同。但总的来看,在19世纪70年代以前,除英国以外,各主要资本主义国家还仍然是农业占优势的国家,大工业并未确立它在国民经济中的主导地位,这不能不对当时的世界市场有所影响。恩格斯在谈到19世纪中期以前世界市场的不发达情况时曾指出:"这个世界市场当时还是由一些以农业为主或纯粹从事农业的国家组成的,这些国家都围绕着一个大的工业中心——英国。"① 这种局面在19世纪70年代以后得到了改变。

---

① 《马克思恩格斯选集》第4卷,人民出版社1995年版,第420页。

19世纪70年代，第二次科技革命发生。在第二次科技革命的推动下，美、德等资本主义国家工业化的步伐加快。19世纪80年代，美国工业生产总值超过英国，居世界第一位。1900年，德国的工业生产总值又超过英国，居世界第二位。在世界市场上，美、德成为英国强有力的竞争对手。以英国一个国家为中心的贸易格局发生变化，代替英国的是欧美一系列工业化国家。此外，世界市场、国际贸易的规模也越来越大，内容出现更新。这主要表现为以工业产品占主导地位的世界市场、国际贸易形成。例如，20世纪初德国输出的商品就以制成品为主，美国也不例外。在世界市场上，除了商品销售市场外，还有资本输出市场。从1874~1913年，主要资本主义国家的海外投资总额增加5.8倍，金融资本的密网把整个世界联系在一起，而第二次科技革命所引起的交通运输、通讯事业的现代化，又为原料和成品迅速地运输，为资本大量地输出提供了可靠的保证。这样，到了19世纪末20世纪初，世界市场最终形成。

三、资本主义国家间经济、文化交往的加强

　　第二次科技革命促进了世界经济的迅猛发展，并使资本主义国家都实现了工业化。同时，资本主义国家间的经济、文化交往也不断加强。

　　美国在第二次科技革命的推动下，从19世纪下半叶开始，重工业迅速发展。19世纪80年代初，美国的工业生产总量已跃居世界第一。到19世纪90年代，美国的钢铁、煤炭、机器制造、电气等重要工业部门的生产，也都超过其他国家占据世界首位。此外，20世纪初的美国出现了一系列新兴工业部门，如电子工业、汽车工业和石油业，而且发展非常迅猛。1900年，美国有汽车4 000辆；1914年，猛增为568 781辆。石油则从1900年的6 362万桶（每桶42加仑），增加到1910年的20 960万桶。对此，列宁曾这样说过："美国就人的联合劳动的生产力发展水平来说，就应用机器和一切最新技术奇迹来说，都在自由文明的国家中间占第一位。"[①]

　　德国是一个科技发展十分迅速的国家。例如，平炉炼钢（1861年）、交流发电机（1873年）、四冲程发动机（1877年）、电车（1879年）、汽油机（1883年）等等，都是它的科技成果，可谓硕果累累。此外，对于新技术、新设备的采用，德国也较为迅速。在科技的作用下，20世纪初德国实现了资本主义工业化。德国全境普遍发展了资本主义机器大工业，并且呈跳跃性的发展，大大超过了英、法的发展速度。特别是钢材、煤矿、铁路及机器制造业、造船业、电气工业和化学工业，在1870~1900年间增长尤快。到第一次世界大战前夕，德国已在最新技术基础上建立起完整的工业体系，成为一个以重工

---

① 《列宁选集》第3卷，人民出版社1995年版，第557~558页。

业为主导的工业强国。

19世纪末20世纪初法国工业生产中重工业生产部门发展较快,钢铁生产增长最为显著。此外,一些新的工业部门,如汽车制造业、化学工业、制铝业、机器和电机制造业、人造丝生产,也都取得很大成就。尽管整个轻工业在国民经济中仍占重要地位,但纺织业在法国国民经济中所起的主导作用,已逐渐被冶金业所代替。

英国在资本主义工业化的道路上,起步最早,工业生产长时期在世界上处于遥遥领先的地位。第二次科技革命期间,英国工业发展的速度虽明显缓慢下来,但仍有一定程度的发展。1870～1913年,英国的煤产量从1.122亿吨增至2.92亿吨,生铁产量从597万吨增至1 042万吨,钢产量从22万吨增至778万吨。英国的纺织业、造船业、对外贸易和资本输出继续在世界上保持其传统的领先地位。电力、汽车、化学等新兴工业也得到初步发展,英国仍然是世界强国之一,在世界舞台上具有举足轻重的作用。

在俄国国民生产总值中,农业所占比重虽然大,但工业的发展也是引人注目的。19世纪90年代,俄国的工业企业数目增加了18.3%,工人人数增加了66.6%。在工业生产中,煤产量几乎增加了两倍,铁矿产量增长2.4倍,生铁生产增长约两倍,钢产量几乎增长了五倍,石油产量增长了近一倍,并形成了煤炭、冶金、石油等巨大的生产中心。

奥匈帝国是一个多民族国家。19世纪70年代后,奥匈帝国的工业开始较快地发展起来,其中奥地利和捷克斯洛伐克的发展水平最高。1905～1915年间,奥地利的大企业增加了50%,四分之一的工人集中在50人以上的工厂中,卡特尔组织达二百多个。其中,由罗特西尔德家族掌握的奥地利最大的银行集团几乎控制了全国的钢铁生产。这些情况说明,20世纪初的奥匈帝国尽管是欧洲的一个落后国家,但其工业发展已具有一定规模和水平了。

20世纪初,日本重工业部门实现了产业革命和资本主义工业化。在机器制造业方面,开始了国产母机的研制和生产工作。在能源及动力工业方面,除蒸汽动力普遍使用外,电力工业也开始建立和发展。到第一次世界大战前夕,日本已经成为轻重工业各主要部门都已建立并获得相当发展的资本主义工业国。

还有一些资本主义国家工业化的进程也很迅速,限于篇幅,这里不一一介绍了。

大工业经济是一种扩张性的经济。大工业生产越发展,就越需要到世界市场去购买原料,其大量的工业产品也就越需要运到世界各地去销售,这极大地推动了资本主义国家间经济、文化交往的加强。仅从欧洲情况来看,1913年,欧洲国家在俄国出口中占89%,在俄国进口中占78%。俄国既是这些欧洲国家经济中许多重要商品的最大供应者,又是这些国家工业品的巨大消费者。从英、俄之间的经济交往来看:"战前,俄国曾是联合王国大部分小麦进口和近乎全部亚麻进口的来源(缺少亚麻,贝尔法斯特和邓迪亚麻工厂仅仅只能雇佣一半人);由于同样原因,俄国每年占英国出口(以战后价格算)的总额近七千五百万英镑。"① 英国人萨缪哀尔在他的演说中曾讲过:他选区的工厂75%的生产品,在欧战以前是输往俄国的。② 此外,19世纪末20世纪初,美国与欧洲资本主义国家间的经济、文化交往也在不断加强。1894年,美国工业生产跃居世界首位。1900年,美国工业产值约占世界工业总产值的30%。1859年,美国制造业产值约为18.8亿多美元,到1900年达130亿美元,居世界第一位。它的煤、钢产量是英国和德国的总和。工业的迅猛发展,使美国对国外市场的需求越来越大。19世纪末20世纪初,美国石油的50%、钢铁的15%、铜的50%、农业工具的16%均依赖出口。为此,它极力扩大对欧洲资本主义国家的出口,并以经济实力为后盾,积极插手欧洲事务。1906年1月,美国派代表参加在西班牙的阿尔赫西拉斯召开的关于摩洛哥问题的国际会议,调解德国与法国、英国之间的矛盾,从而改变了美国自建国以来不介入欧洲事务的传统外交政策。移民对美国和欧洲资本主义国家加强经济、文化交往也有很大影响。可以说,美国的发展,在很大程度上受到外来移民浪潮涨落的支配。从1860年到1900年间,将近1400万移民来到美国,1900年到1915年,又有1450万以上的人接踵而至。1860年以后,大多数移民来自英格兰、爱尔兰、德国和斯堪的纳维亚。1891年以后,大部分移民则来自东、南欧,他们是意大利人、斯拉夫人、马扎尔人和犹太人。这些移民对美国社会的影响是多方面的,他们对美国加强与其他各国的经济、文化交往起了促进作用。

19世纪末20世纪初,日本与资本主义国家间的经济、文化交往也不断加强。日本输出大量的农产品,并从其他资本主义国家进口制成品和引进技术。为了建立一个"近代国家",日本的明治政府派出许多代表团前往欧洲和美国,在调查、比较、检验各资本主义国家发展的情况后,由政府作出关于哪个领域应以哪个国家为样板的决定。例如,1872年颁布的教育制度就是以法国学校区划制度为样板的;日本帝国海军是英国皇家海军的复制品,而陆军则受到法国陆军的巨大影响;电报和铁路是按照英国的模式建立的,大学则是效法了美国的样板。西学东渐,日本在与其他资本主义国家不断加强的经济、文化交往中,获益匪浅,这为日后日本作为世界大国的崛起准备了条件。

总之,19世纪70年代以后,资本主义国家间经济、文化交往的不断加

---

① 参见厄尔曼《英国和俄国内战,1918年11月~1920年2月》,普林斯顿,新泽西,1968年版,第317页。

② 〔苏〕鲁宾斯坦:《1921~1922年苏俄与资本主义国家的关系》,时代出版社1950年版中译本,第389页。

强,是一种普遍的趋势,它既是资本主义国家经济发展的必然,反过来又推动了资本主义国家经济的发展。

第二节 资本主义世界体系的建立

一、世界殖民体系

随着资本主义的发展及其向垄断资本主义的转变以及第二次科技革命的深入开展,原料产地、商品市场、投资场所对各个资本主义国家的发展越来越重要。而各个资本主义国家又拥有强大的军事、经济实力,有能力推行殖民扩张政策。从19世纪70年代起,出现一个规模空前的瓜分世界领土的狂潮。

在非洲,争夺最剧烈的是英、法、德三国。英国为了占有纵贯非洲大陆的大片殖民地,它从南北两面同时下手,制定了"从开普敦到开罗"的"二C计划"(C即开普敦、开罗英文名称的第一个字母)。法国为了横贯东西非洲,建立从大西洋到印度洋的殖民帝国,提出了从佛得角到索马里的所谓"VS计划"(V、S即佛得角、索马里英文名称的第一个字母)。德国为了把它的东非及西南非的殖民地连接起来,抛出了占领从东非到西南非洲(纳米比亚)斜贯非洲大陆的计划。此外,比利时想侵占刚果河流域的地盘,其他列强也都有各自的扩张计划。从19世纪70年代中期起,资本主义列强从瓜分刚果开始,尔后扩及全非洲。1884~1885年召开的关于刚果问题的柏林会议,是列强争夺非洲的重要阶段。柏林会议前,列强瓜分非洲,主要是在非洲沿岸抢占据点,"抢先占领"是当时争夺非洲的普遍原则。为了能抢先占领,阻止其他国家染指,资本主义列强往往以"探险"、"地理考察"为名,所到之处,或是强迫和诱骗非洲一些国家的国王或部落酋长签订接受"保护"的条约,或是插上本国国旗,抢先宣布,据为己有。柏林会议以后,争夺非洲领土的斗争向纵深内陆发展,并提出了"有效占领"的原则。所谓"有效占领",就是以实力为后盾,垄断地占有殖民地。

在中东,资本主义列强的争夺也极为激烈。中东地处地中海、黑海、里海、阿拉伯海和红海之间,常称为"五海之地",是连接欧、亚、非三洲的交通枢纽,战略地位非常重要。1869年苏伊士运河通航,它大大缩短了从大西洋到印度洋的航程,是通向欧亚两洲的咽喉。随着19世纪下半叶原来统治中东地区的奥斯曼帝国的日渐解体,中东就成为资本主义列强瓜分的重要对象。20世纪初,在波斯湾地区发现了石油,更引起帝国主义国家的激烈角逐,英、法、俄之间的尖锐矛盾逐渐为英、德矛盾所代替。英、德矛盾主要是围绕修建巴格达铁路的特许权展开的。巴格达铁路是从博斯普鲁斯海峡,经过小亚细亚半岛,再由巴格达直达波斯湾,是横贯中东心脏地区和富饶地带的一条战略要道。德国首先夺得了修建此铁路的特许权,与英、俄的殖民利益发生了冲突,遭到了英、俄的反对。为了和德国争夺,英国玩弄外交手段,通过1904年英法协定和1907年英俄协定,缓和了同法、俄的矛盾,纠合法、俄共同对付德国的扩张。经过多次谈判,直到第一次世界大战前夕,英、德两国才达成妥协性协议,英国有条件地同意德国修建巴格达铁路。这些条件是:(1)铁路以巴士拉为终点。在波斯湾上不得建立海港或铁路车站。(2)英国在巴格达铁路公司的董事会中应有两名董事。(3)由英国发起成立一家对伊拉克河道享有独占权利的奥斯曼河道航运公司和一家修建和管理巴格达及巴士拉港口及终点站的奥斯曼港口公司,这两家公司将分配大量股份给土耳其政府和巴格达铁路公司。(4)德国人承认英伊石油公司在波斯南部巴士拉省勘探和开采石油的独占权。巴格达和摩苏尔两省的石油开发交给土耳其石油公司独家经营,但英国股份应占四分之三,德国只占四分之一。然而,协议尚未签字,双方就爆发了战争。

在太平洋地区,从19世纪下半叶起,列强就加紧了对中国的争夺。首先是侵占中国的邻邦,蚕食中国边境领土,作为侵略中国的基地。1874~1887年间,英国侵占了马来亚地区。1885~1886年,法国侵占了印度支那,英国吞并了缅甸,接着英、法两国又瓜分了暹罗(今泰国)。俄国侵占了靠近中国边境的许多封建小王国,并先后割去中国150万平方公里的领土。帝国主义国家还向中国发动了一系列侵略战争,强迫中国清朝政府签订了许多不平等条约。通过这些不平等条约,帝国主义列强强迫清政府割地赔款;通过这些不平等条约,帝国主义列强肆意在中国划分势力范围:沙俄强占了中国东北、西北大片领土,占领旅顺、大连,把东北大部划为它的势力范围。法国强占广州湾,把云南、广东、广西划为它的势力范围。英国则强占山东的威海卫,并在长江流域扩张它的势力范围。日本强占台湾、澎湖列岛和辽东半岛,又把福建划为它的势力范围。德、俄、法三国干涉还辽后,德国的势力亦在中国发展起来。美国由于当时忙于美西战争和向拉美扩张,顾不上参加争夺,但它并不甘心中国被其他帝国主义列强所瓜分,于1899年提出臭名昭著的"门户开放"政策,要求"利益均沾"。帝国主义列强还取得了领事裁判权和在中国驻扎军队等特权。它们控制了中国的通商口岸、海关、对外贸易和交通事业,掌握了中国的金融和财政。

经过30年左右的疯狂扩张,到19世纪与20世纪之交,英国夺得了958万平方公里的领土连同5 700万人口;法国夺得了932万平方公里的领土连同3 650万人口;德国夺得了259万平方公里的领土连同1 470万人口;比利时夺得了233万平方公里的领土连同3 000万人口;葡萄牙夺得了207万平方公里的领土连同900万人口。从1876年到1914年,英、俄、法、德这四大国的殖民地面积由4 040万平方公里扩大为6 440万平方公里,人口由27 380万增加到49 450万。整个非洲大陆94.4%的土地是殖民地(19世纪70年代以前只有 10.8%）。其中法国占领的非洲土地面积最大，达 1 097 万多平方公里，约占非洲总面积的 36%，相当于法国本土面积的 20 倍。其次是英国，占有 866 万多平方公里，约占非洲总面积的 29%，为英国本土面积的 36 倍。德国和比利时约占 234 万多平方公里，约占非洲总面积的 7.7%，这个殖民地面积是德国本土面积的 6.6 倍，是比利时本土面积的 77 倍。意大利占有面积 233 万多平方公里，约为非洲总面积的 7.7%，为意大利本土面积的 7.8 倍。此外，在非洲占有殖民地的还有葡萄牙、西班牙等国家。在面积达 4 353 万多平方公里的亚洲地区，56% 的土地沦为殖民地，其余部分除日本外，则成为半殖民地。拉丁美洲除原有的殖民地外，其他宣布过独立的国家，实际上也成为依附于英国、美国的半殖民地。

亚、非、拉三洲在地球 1.33 亿平方公里的陆地面积（不包括两极）中占 9 590 万平方公里，在当时全世界约 16.5 亿人口中占 11.32 亿。帝国主义列强对占世界面积和人口大多数的亚、非、拉地区以及加拿大、大洋洲的奴役和控制，标志着它们已经首次把世界领土瓜分完毕。同时，资本主义世界殖民体系也宣告最终形成，资本主义列强已经从领土上建立了对全世界的统治。

二、世界经济体系

世界殖民体系的建立，实现了资本主义列强从领土上对全世界的统治，使殖民压迫与剥削更加广泛与深入。

资本主义制度是伴随着血腥的殖民掠夺而发展起来的。这种殖民掠夺在金融资本统治的时期，达到了前所未有的程度，除采用直接的、公开的军事暴力手段瓜分世界领土外，还采用各种经济手段进行殖民奴役。列宁曾经这样指出过："对自由竞争占完全统治地位的旧资本主义来说，典型的是商品输出。对垄断占统治地位的最新资本主义来说，典型的则是资本输出。"① "其所以有输出资本的必要，是因为在少数国家中资本主义'已经过度成熟'，'有利可图的'投资场所已经不够了（在农业不发达和群众贫困的条件下）。"② "其所以有输出资本的可能，是因为许多落后的国家已经卷入世界资本主义的流转，主要的铁路线已经建成或已经开始兴建，发展工业的起码条件已有保证等等。"③ "在这些落后国家里，利润通常都是很高的，因为那里资本少，地价比较贱，工资低，原料也便宜。"④ 因此，资本输出在 20 世纪初期大大发展起来。

帝国主义资本输出的形式，一是强迫殖民地半殖民地国家借大量的外债，让宗主国通过贷款和发行公债进行掠夺和剥削，进而控制殖民地半殖民地国家的经济命脉和内政外交；二是在殖民地半殖民地国家大量投资经营各种企业，

---

①②③④ 《列宁选集》第 2 卷，人民出版社 1995 年版，第 626、627 页。

利用殖民地半殖民地国家廉价的原料和劳动力，直接剥削被压迫民族。第一次世界大战前，英、法、德三国是主要的资本输出国，国外投资总额达1 750亿～2 000亿法郎，按最低的利率计算，每年纯利达80～100亿法郎，其中绝大部分是剥削殖民地半殖民地人民的。例如，1910年左右，英国在海外的投资总额达700亿马克，其中亚洲、非洲、澳洲就占了290亿马克，由此可见，英国资本的大量输出与殖民地半殖民地有最密切的联系。应该指出，帝国主义对殖民地半殖民地的资本输出，目的并不是为了帮助殖民地半殖民地经济的发展，而是为了维持并加强殖民地半殖民地对宗主国的依附地位。为此，帝国主义国家输出的资本大量用在商业领域，主要作为高利贷借贷资本，投入生产方面的小部分资本，则集中用于掠夺和开采原料，或对原料进行初步加工；或用来修筑铁路，发展运输，扩大交通网，以便于掠夺。而对机器制造工业，是不予投资的。1914年以前，英国在印度的投资额高达4亿～5亿英镑，而直接投资到工业上的不到百分之三，即使这点工业投资也是用于矿山的开采等，为帝国主义提供原料。1914年，美国投在加拿大的矿业、工业和铁路方面的资本约为8.7亿美元；投到墨西哥的资本约为8.5亿美元，其中大多数投到铁路、矿场、大农场和石油方面；投到古巴的资本为2亿美元；投到加勒比其他各岛的资本为1.36亿美元；投到中美洲的资本为0.93亿美元；投到南美诸国的为3.66亿美元。大量的资本输出，使资本主义列强牢牢地控制了落后国家的经济命脉，恣意剥削、掠夺落后国家人民的财富。到20世纪初，印度全部的铁路、采煤的82%、几乎全部的黄麻工业、银行存款的四分之三、棉纺织业的三分之一都被英国资本所控制。伊朗六分之五地区的石油开采权由英国所攫取。在拉丁美洲，阿根廷1913年共有4.9万家工业企业，外资占3.1万家，其中以英国资本的势力最大，阿根廷因而被称为"不列颠帝国的第五自治领"。至于美国，它几乎全部控制了古巴的制糖业、卷烟业。此外，还控制了墨西哥国内78%的矿井、72%的冶金企业、58%的石油开采企业以及68%的橡胶企业。在墨西哥的每一个州内，几乎都有美国的大地产。

在资本输出的同时，掠夺性的国际贸易也迅速发展起来。1870～1913年间，世界贸易总额增长了三倍以上。虽然越来越多的殖民地附属国和其他落后地区被卷入了世界贸易的行列，但是，在世界市场上，它们完全处于原料输出国和农业附庸国的地位。例如，在古巴，甘蔗园占全国大部分耕地面积，糖出口量占其出口总值的80%。巴西在19世纪末是世界上最大的咖啡生产地，咖啡出口量占其出口总值的70%以上。委内瑞拉片面发展石油生产，石油出口量占其出口总值的97%。玻利维亚以开采锡矿为主，锡出口量占其出口总值的70%。象牙海岸（今科特迪瓦）主要产可可和咖啡，可可和咖啡占其出口总值的85%。亚、非、拉地区还有一些殖民地半殖民地国家也是如此。这种状况是帝国主义强迫殖民地半殖民地片面发展单一作物经济所造成的，使广大殖民地半殖民地国家被牢牢地拴在帝国主义经济体系上，在不平等的国际贸易中饱受帝国主义列强的剥削和奴役。

总之，资本输出使全球布满了帝国主义金融扼制的密网；掠夺性的国际贸易，则是通过商品的"大炮"轰开各国闭关自守的大门，把各国国内的市场汇合成世界市场，使各国都成了世界市场上的一员；而第二次科技革命期间，火车、铁路、汽船、飞机、汽车、电报电话、公共邮政的纷纷发明或推广运用，又为各国家各民族之间的密切联系提供了极为重要的物质技术基础。于是，一个无所不包的资本主义世界经济体系，即资本主义生产方式统治下的全世界范围的生产与交换的体系，就最终建立起来了。

三、世界成为不可分割的整体

人类社会的发展，最初是以各民族各地区封闭的分散发展为特征的。随着资本主义的产生和发展，随着自由竞争资本主义向垄断资本主义的转变以及世界殖民体系和世界经济体系的建立，世界不再是亚欧大陆加上地中海南岸的世界了。南北美洲、撒哈拉以南非洲的东西两岸，稍后还有大洋洲，都加入了以亚欧大陆为主体的文明世界，世界的范围空前扩大了。与此同时，世界各民族、各地区之间的联系也日益密切，到20世纪初，世界已成为一个不可分割的有机整体。

经济上，随着大工业在世界经济中主导地位的确立，大工业从农业中分离出来，而且这种分工规模不断扩大，类别不断齐全，使大工业逐渐脱离本国的基地，使社会分工不断向国际领域扩展，以致在19世纪末20世纪初最终形成国际分工体系。在这个国际分工体系中，有以下三方面的新特点：

1. 工业部门增多，专业化生产进一步发展。过去，工业国的工业生产主要是轻工业，农业国的农产品主要是食品和轻工原料。现在则不然。在工业国中，重工业占据了主导地位，并出现了许多新的工业部门。在农业国中，燃料和采掘工业有了发展。从世界范围来看，门类较齐全的国际分工体系形成。

2. 国际分工不平等进一步加深。由于帝国主义国家通过资本输出以及其他强制手段，对许多经济落后的国家实行殖民统治，阻碍其建立民族工业，强迫其种植供出口的经济作物，结果使得国际分工形成这样一个局面：工业生产集中在欧洲、北美、日本，而原料、食品的生产则集中在亚、非、拉广大落后国家，使这些落后国家的经济严重依附于帝国主义国家经济。

3. 世界城乡分离完成。马克思指出："一切发达的、以商品交换为媒介的分工的基础，都是城乡的分离。可以说，社会的全部经济史，都概括为这种对立的运动。"① 资本主义国际分工的发展，一方面把食品和原料的生产集中在

---

① 《资本论》第1卷，人民出版社1975年版，第390页。

占世界人口大多数的亚、非、拉国家和地区；另一方面又把工业生产集中在占人口少数的欧洲、北美和日本，即把大多数国家变为世界的农村，而把少数国家变为世界的城市。世界城乡分离的完成，标志着东方从属于西方，标志着世界各国相互依存关系的加强。世界在经济上被紧紧地连在一起，从此，世界上每个国家的生产乃至自身的生存都或多或少地依赖于别国的生产。

　　经济是基础，政治是经济的集中表现。由于世界各国在经济上形成了一个密切联系、相互依存，又矛盾又统一的有机整体，这就使各国政治家、外交家为追求本国的利益而往来奔走于全球，从而进一步导致了世界各国在政治关系上的密切联系。随着世界殖民体系的建立，全世界基本上被分为两类民族，即压迫民族和被压迫民族。从此，既不侵略别人又不受侵略的民族已不存在，世界在政治上也连成一体。在这个整体的世界政治体系中，世界性的殖民帝国和推行世界霸权的国家一个接一个出现。为了维护其殖民统治和争夺世界霸权，它们相互勾结，共同对付、镇压殖民地半殖民地人民的革命斗争。同时，它们之间又为统治世界而相互掣肘，明争暗斗，这种矛盾和斗争随着帝国主义列强间力量发展不平衡的加剧更趋激烈。到了20世纪初，以英、法、俄为一方，以德、奥为另一方的互相敌对的两大军事集团形成。各集团将其殖民地附属国及其他盟国纷纷拉入自己的营垒，使集团的划分具有了世界规模，两大帝国主义集团的矛盾斗争也扩展到了全世界。这时，只要牵动任何一国的利益，都会引起整个世界局势的动荡；只要某个国家发动侵略战争，就会在世界范围内燃起熊熊战火。个人的解放，被压迫民族、被压迫人民的解放，打碎旧世界、建立新世界的斗争也不再是孤立进行的，因为个人、被压迫民族、被压迫人民如果只囿于狭隘的地域性利益，就不可能夺取斗争的完全胜利，即使胜利了，也有失去的可能。因此，全世界无产者必须联合起来，以解放全人类为己任，这样才能最后解放自己。

　　由于第二次科技革命所导致的人类交通运输、通讯事业现代化的实现，使整个世界紧紧地连在一起。铁路这一工业社会的交通大动脉、现代社会的"神经枢纽"在19世纪末20世纪初获得了惊人的发展。1870～1890年，美国铁路总长度增长三倍，达268 275公里；1910年，又增长到386 938公里。法国铁路在1914年已增长为50 900公里。1870～1914年，德国铁路的可靠性及设备的完好性已在欧洲首屈一指，其铁路的总长度在第一次世界大战爆发前夕，已达到58 750公里。俄国在1890～1900年的10年间共修筑了22 600公里的铁路线，这个数字相当于俄国过去50年所修筑的铁路的一半，其中西伯利亚铁路、中亚细亚铁路和南高加索铁路，不仅把俄国国内连成一体，而且还将它与世界其他国家连在一起。到19世纪90年代末，俄国的铁路线长度仅次于美国，在世界上居第二位。日本在明治初年着手铁路建设，从1870年第一条铁路动工到1912年，日本铁路线总长度已达9 000公里。在亚、非、拉各洲，铁路建设同样发展迅速。在亚洲,印度于1913年就拥有55 782公里的铁路线,中国有9 910公里的铁路线。在拉丁美洲,1870年全拉美的铁路长度仅数千公里,到1890年,增为40 296公里,1913年则达到了110 802公里。其中,古巴铁路网的密度居拉美之首。除了铁路运输外,公路运输也发展很快。公路运输的主要工具是汽车。1907年至1912年,英国的汽车产量达25 000辆。1913年,法国的汽车产量达45 000辆。美国是世界上汽车工业发展最快的国家。仅以福特汽车公司的"T"型汽车为例:1910~1911年,"T"型福特汽车生产达到34 000辆;1911~1912年,达到78 000辆;1912~1913年,为168 000辆,年年增产,速度惊人。至于水上交通,发展势头也很好。航空事业是本世纪初才出现的一种新型事业,早期飞机的空中飞行不够安全,成本高,但是,由于它不受地形条件的限制,速度很快,对急需的客、货运输有着不可取代的优点,因此越来越受到重视,发展很快。

以上是人类的交通运输发展情况,关于通讯方面,19世纪70年代以来,电话电报无线电通讯愈来愈普及。例如,1880年,仅美国就有电话机48 000台,至1900年时达1 355 900台。从1903年起,美国开始用无线电向《泰晤士报》电传新闻,当日新闻,当日见报。除美国外,许多国家的要塞、海港和船只也都装有无线电设备,无线电开始成为全球性的事业。

19世纪末20世纪初,人类社会陆路、水路、航空交通与无线电报、电话通讯现代化的实现,使地域上的分离再也不能成为人类交往和世界整体发展的障碍了。从此,伦敦的茶叶或芝加哥的小麦价格会转而影响到世界其他地方的买卖;政府部长或外交官的公众声明,顷刻之间不但为他国政府而且也为一般民众所知晓,外交再也不能在完全不为外界所熟悉的环境中进行了。这样,当世界在经济上、政治上成为一个整体的同时,先进的交通运输和通讯手段使人类在地域上也联结成为一个整体,世界历史由此开始了它的整体发展阶段。需要指出的是,尽管20世纪的世界从总体上进入整体发展阶段,但仍有很多民族和国家还远未完成从民族历史向世界历史的转变。它们仍然要随着生产力的发展,由各自的封闭状态逐步走向开放,从彼此隔绝转为相互依赖。因此,世界整体仍然处于一个发展过程之中。

第三节 帝国主义时代的矛盾与列宁主义的诞生

一、帝国主义时代的世界基本矛盾

世界整体是一个矛盾的统一体,资本主义世界经济是它的主要载体。进入帝国主义时代,生产力和生产关系的矛盾,作为资本主义生产方式的固有矛盾,日益扩展为国际范围内的生产社会化与资本主义占有制的矛盾,成为制约整个世界历史进程以及被卷入这个总进程的各民族各国家发展的基本矛盾。受这一基本矛盾的影响,资本主义所固有的一切矛盾不仅依然存在,而且不断扩大和加深了。

无产阶级与资产阶级的矛盾。帝国主义时代,劳资矛盾更加尖锐。在垄断资本统治下,工人所遭受的剥削更加残酷。以美国为例,美国垄断资本家为了追求高额利润,推行了被列宁称之为"血汗制度"的"福特制"、"泰罗制"以及其他"赶快制度",使工人的劳动强度达到无以复加的程度。资本家由此得到高额利润,而工人则遭受失业和贫困。美国报纸关于1873年的危机报道说,在各大工业中心,每天都有全家饿死的。工人的劳动条件极差,工矿企业缺乏最必要的安全设备和劳动保护设施,职业病和工人伤亡事故都很严重。20世纪初期,因工伤事故而死亡的工人每年平均达75 000人,其中有35 000人在不幸的事故中当场死亡。这就是说,在美国每16分钟就有一个工人死在机器旁边。垄断资产阶级不仅剥削和压迫工人,而且通过垄断价格、资产阶级国家的税收和兼并活动,剥削和掠夺其他阶层的人民,把广大的小资产阶级推入无产阶级的队伍。他们用低价收购农产品,高价出售工业品,并通过信贷系统掠夺农民,使广大农民日益贫困破产。资本主义生产的社会性和资本主义私人占有之间的矛盾更加尖锐了,垄断资本统治在政治上也日趋反动,使资本主义国家内部的经济矛盾和阶级矛盾愈加激化,无产阶级反对垄断资本的斗争此起彼伏,不断加强。例如,1910~1913年,德国爆发罢工一万一千多次,参加人数达150万。美国在1886~1914年间,每年都发生一千次以上的罢工,参加罢工者达数十万人,罢工还常常发展为武装冲突。英、法、俄三国也一样,尤其是俄国,其阶级斗争的水平最高,走在西方各国的前面。应该指出的是,由于世界已是一个密不可分的整体,资本主义社会基本矛盾在阶级关系方面的表现,也不再是单纯的国家内部的阶级对立和阶级斗争,而是扩展演化为国际垄断资本与国际雇佣产业大军和被压迫民族之间的对立和斗争。

殖民地半殖民地人民同帝国主义之间的矛盾。帝国主义时代,资本主义世界体系最终形成。资本主义世界体系在人类历史的发展中起了很大的进步作用。它消灭了民族闭关自守状态,促使各民族各国家走向世界,参与国际化的经济、文化交往。国际化是生产社会化发展到一定阶段的历史形式,它体现了现代化发展的程度和水平。本来,国际化拓展应以商品经济的等价交换为前提,参与交往的各方自愿平等、互惠互利,这种交往有利于各民族各国家人民共同利益的实现。然而,资本家对垄断高额利润的追逐,使国际化拓展变成了疯狂的经济掠夺,而且资本主义世界体系的建立不是通过各国平等合作,而是在殖民主义、帝国主义和霸权主义对弱小民族的压迫和奴役下实现的。随着资本主义世界体系的建立,广大亚洲、非洲和拉丁美洲的国家在外国资本势力的侵略下,变成了帝国主义列强的殖民地半殖民地。帝国主义列强将这些殖民地半殖民地作为它们的原料产地、商品销售市场和最有利的投资场所。经济上的残酷剥削,政治上的血腥统治,使殖民地半殖民地人民与帝国主义之间的矛盾更加深刻、更加激烈。1905~1911 年间,伊朗、土耳其、中国先后爆发了规模空前的革命运动。印度、印度尼西亚、越南、朝鲜、菲律宾的广大人民也采取各种斗争形式,打击英、法、俄、德、日等帝国主义在亚洲的殖民统治。在非洲和拉丁美洲,反对帝国主义统治,争取民族解放的斗争也广泛开展,帝国主义的殖民统治已遭到殖民地半殖民地人民的严重打击。

帝国主义国家之间的矛盾。帝国主义时代,资本主义政治、经济发展不平衡加剧,一些国家在较短时期跳跃地赶上和超过了另一些国家。帝国主义国家之间的矛盾更加尖锐了,其中英、德矛盾尤为突出。因为到 19 世纪末 20 世纪初,英、法帝国主义的经济发展越来越相对落后,而新兴的美、德帝国主义的经济得到了跳跃式的发展,在经济实力上先后超过了英、法。1870~1913 年间,英国和法国的工业生产分别只增长了 1.3 倍和 1.9 倍,而德国增长了 4.6 倍,美国增长了 8.1 倍。资本主义国家发展不平衡的加剧,引起了各主要资本主义国家在世界经济中地位的急剧变化。1870 年,英国工业生产总值居世界第一位。19 世纪 80 年代,美国赶上并超过英国而居世界第一位。1900~1910 年,德国又超过英国居世界第二位。然而,帝国主义国家对殖民地和势力范围的划分与这种经济实力对比的变化是极不相称的。经济实力相对落后的英国和法国,拥有绝大部分的世界殖民地和落后国家的市场,而经济实力日益增强的美国和德国所得到的只是英、法"饱餐后的残羹"。于是,新、老帝国主义国家之间的矛盾日益尖锐。美国首先把斗争的矛头指向力量已经衰落的殖民帝国西班牙,1898 年 4 月 25 日,美西战争爆发。通过美西战争,美国夺得了菲律宾。美国海军先后在菲律宾和古巴消灭了西班牙舰队。19 世纪末,德国推行所谓"世界政策",要求扩大日光下的地盘。对于德国经济的强烈竞争和咄咄逼人的重新瓜分殖民地的要求,英国不能容忍。终于,19 世纪末 20 世纪初,以英、德为盟主的两个对立的帝国主义军事集团形成了,它们彼此进行激烈的争夺,从而导致了第一次世界大战的爆发。

二、国际工人运动的发展与修正主义的出现

19 世纪 70 年代以后,随着大工业文明的建立,产业工人的队伍日益增长和壮大。到第一次世界大战前夕,全世界工人估计有四千万,其中绝大部分分布在西欧、北美,仅英、美、德、法四国工人人数约占世界工人总数的四分之三以上。工人的人数越来越多,工人阶级队伍也越来越集中。工人人数增多、工人阶级队伍集中以及工人遭受的剥削和压迫的加重,使劳资矛盾日益尖锐,越来越多的工人积极投入到反对资本主义剥削和压迫的斗争中。因此,资本主义国家工人运动的国际性日益显著,这主要表现为:

1. 国际工人运动在规模上呈现出日益扩大的趋势。

19世纪70年代以前,国际工人运动比较发展的地区,限于西欧少数国家。19世纪70年代以后,劳资矛盾日益扩展,工人运动也很快越出西欧少数国家的范围而真正具有国际性。除英、法罢工运动和工会运动外,其他国家的工人运动也很引人注目。例如,德国在统一后,工人运动蓬勃发展,1889年,全国罢工次数达1 000来次,有40万人参加。美国1886年工人运动出现高潮,这一年5月1日,全国各大城市约35万工人在"工作八小时,休息八小时,教育八小时"的口号下,举行示威游行和罢工。5月3日,在罢工斗争的中心芝加哥,6名工人遭到资产阶级民团的枪杀。次日,工人在干草场举行抗议集会,再次遭到军警镇压,几名工人被杀,二百多名工人受伤,几百人被捕。接着,又有4名工人领袖被政府绞杀。反动当局的暴行激起全国工人的强烈反对,也受到世界舆论的谴责。最后,资产阶级被迫作了一些让步,使大约20万工人获得了八小时工作日。美国工人争取八小时工作日的斗争是国际工人运动史上光辉的一页。俄国工人运动在19世纪70～80年代开始兴起,其中最大的一次是1885年莫罗佐夫纺织厂八千多人参加的罢工。比利时、荷兰、瑞典、挪威、西班牙、日本的工人罢工、骚动也不断发生。

在罢工斗争兴起的同时,工会组织蓬勃发展。其中,美国工会运动特别活跃。1869年,裁缝工人斯蒂芬斯(1821～1882年)在费城成立了秘密工人组织"劳动骑士团"。1881年起,该组织进行公开活动,1886年会员达70万。1881年,美国和加拿大行业及劳工工会联合会成立,有会员10万,这是美国的又一重要工会组织,1886年,该组织改名为美国劳工联合会。

2. 群众性社会主义政党普遍成立。

第一国际期间,马克思主义在理论上的胜利,已经为各国无产阶级政党的创建准备了条件,继1869年8月奥古斯特·倍倍尔(1840～1913年)和威廉·李卜克内西(1826～1900年)领导建立了德国社会民主工党后,1876年7月美国劳动人民党(次年改称美国社会劳工党)成立。1879年10月,法国工人党成立。建立工人政党的国家还有捷克(1872年)、丹麦(1876年)、比利时(1879年)、西班牙(1879年)、英国(1881年)、意大利(1882年)等。1883年,俄国在格奥尔基·瓦连廷诺维奇·普列汉诺夫(1856～1918年)领导下,在日内瓦成立了著名的宣传马克思主义的团体——劳动解放社。

工人运动广泛兴起和工人政党普遍建立后,形形色色的社会主义思潮也在国际范围内出现。1884年,英国伦敦成立了著名的资产阶级社会主义团体——费边社。费边社的主要代表人物是剧作家乔治·萧伯纳和政论家韦伯夫妇。该社揭露并抨击了资本主义社会的各种弊端,但反对阶级斗争,主张社会改良。为此,他们提出从地方自治的市政机关组织各种公益事业入手,逐步实现"市政社会主义"纲领,并以善于等待时机和采用迂回战术的古罗马将军费边作为社名。法国工人党成立不久,党内便出现了以贝努尔·马隆(1841~1893年)、保尔·布鲁斯(1884~1912年)为代表的"可能派"。该派要求取消党的最终目标,而只提出一些眼前"可能"实现的任务,并把注意力集中于市政议会的选举上。可能派的行动导致了法国工人党的分裂,在退出工人党后,他们另组法国社会主义工人联合会。德国工人运动和工人政党早期受到拉萨尔主义的严重影响,随后又受到杜林主义和党内右倾机会主义的干扰。美国工人运动也受到欧洲错误思潮的严重影响。对此,马克思、恩格斯一方面给予各国工人运动以宝贵的指导,要求各国的社会主义者努力克服宗派主义和教条主义,使科学社会主义与工人运动结合起来;另一方面马克思、恩格斯对费边主义等错误思潮的实质进行了深刻的揭露。1875年5月初,马克思针对德国党与拉萨尔派不正确的合并,写了《对德国工人党纲领的几点意见》,即著名的《哥达纲领批判》寄给德国党的领袖。在附信中,马克思强调指出,党的纲领是判定党的运动水平的界碑,决不能为了一时的成功而"拿原则来作交易"。

在马克思、恩格斯的指导和帮助下,国际工人运动在与错误思潮、错误路线的斗争中进一步发展。1889年7月14日是法国资产阶级革命一百周年的纪念日,国际社会主义者代表大会在巴黎罗舍舒阿尔街佩特勒大厅隆重开幕。参加大会的有22个国家的393名代表,会场上悬挂着马克思像和"全世界无产者,联合起来!"的巨大横幅。国际上知名的社会主义活动家都出席了大会。巴黎大会并没有正式宣布成立新的国际组织,更没有制定正式的纲领章程和建立统一的领导机关。但它决定今后国际社会主义者将定期召开代表大会,这实际上恢复了各国工人的国际联系和合作,宣告了第二国际的成立。

第二国际在其早期活动中,主要围绕无产阶级的斗争策略问题,着重同当时日益活跃并呈现出国际性趋势的无政府主义展开斗争。恩格斯不仅参加了这场斗争,而且还对当时日益滋长起来的右倾机会主义进行了坚决斗争,从而保证了工人运动能够沿着健康的道路发展。不幸的是,1895年8月15日,恩格斯逝世了,这是继1883年3月14日马克思逝世后,国际共产主义运动遭到的又一个巨大损失。恩格斯逝世不久,第二国际早期隐伏着的右倾机会主义,迅速发展成为修正主义。

第二国际修正主义的创始人和主要代表是德国的爱德华·伯恩施坦。他是德国社会民主党的成员,曾经以马克思主义者自居。在恩格斯逝世后的第二年,即1896年,伯恩施坦以《社会主义问题》为总标题,在《新时代》杂志上陆续发表了一系列文章。他借口时代的变化和资本主义社会出现的某些新现象,提出要对科学社会主义理论进行"修正"。1898年,他写成《社会主义的前提和社会民主党的任务》一书,于1899年1月出版。在书中,他以社会主义问题为中心,对马克思主义进行了全面、系统的攻击。在哲学方面,他提出"回到康德那里去"的口号,反对马克思的辩证唯物主义和历史唯物主义;在政治经济学方面，否认马克思主义的剩余价值学说，认为垄断组织能够消除资本主义危机；在政治上，主张阶级调和，宣扬"议会道路"，鼓吹资本主义和平长入社会主义。此后，他继续写了些论著，坚持并宣扬修正主义观点。伯恩施坦的修正主义在德国党内迅速蔓延，并在欧美各国泛滥开来。各国的修正主义者，都步伯恩施坦的后尘，攻击科学社会主义和马克思主义，鼓吹修正主义。不久，法国又发生了"米勒兰入阁事件"。亚历山大·艾蒂安·米勒兰（1859~1943年），法国独立社会党人。1899年，法国由于德雷福斯事件而陷入政治危机之中。在这种情况下，米勒兰未经党组织同意，擅自加入资产阶级内阁，出任工商部长。米勒兰入阁是一种实践的伯恩斯坦主义。

修正主义瓦解着工人阶级的斗志，破坏工人运动的团结，给国际共产主义运动造成了严重的破坏。它的产生与帝国主义的寄生性、腐朽性是紧密相联的。这是因为帝国主义国家从殖民地半殖民地掠夺的巨大超额利润，是修正主义产生的经济基础；而垄断资产阶级用这些超额利润的一部分豢养的工人贵族，则是修正主义的阶级基础。资产阶级统治策略的变化，迷惑了工人运动中的不坚定分子；而大批破产小生产者和资产阶级知识分子加入工人运动的队伍，又进一步加强小资产阶级、资产阶级对工人运动的影响，有利于修正主义的滋生。科学社会主义面临着新的严峻的挑战，国际共产主义运动迫切需要坚持并发展马克思主义。在这种情况下，20世纪初，列宁主义在俄国诞生。

三、列宁主义的诞生

弗拉基米尔·伊里奇·列宁（1870~1924年）原姓乌里扬诺夫，于1870年4月22日诞生于辛比尔斯克（今乌里扬诺夫斯克）的一个知识分子的家庭。1887年中学毕业后，进喀山大学法律系学习。数月后，因积极参加学生运动被开除、流放。约一年后，列宁回到喀山，开始认真研读《资本论》等马克思主义著作，并积极参加当地马克思主义小组的活动。1891年，列宁通过考试获得彼得堡国立大学法律系毕业文凭。1893年，列宁移居彼得堡，开始为在俄国建立马克思主义政党而进行大量工作。1894年，列宁写下了《什么是"人民之友"以及他们如何攻击社会民主主义者？》，严厉批判了民粹派的理论观点和政治纲领，全面论述了无产阶级的先锋作用和建立无产阶级政党的重要性。1895年秋，列宁把彼得堡二十多个马克思主义小组统一为"工人阶级解放斗争协会"，并通过斗争协会领导首都工人进行罢工斗争。12月，列宁遭逮捕，被流放到西伯利亚。

列宁在监狱和流放地，继续进行革命活动，继续研究、宣传马克思主义。1899年，他写成了《俄国资本主义的发展》、《俄国社会民主党人的任务》等三十多种著作和论文。在这些论著中，他阐明了俄国革命的不可避免性，论述了马克思主义的政治经济学理论，总结了工人阶级斗争的经验，制定了党的纲领和策略,从思想上给民粹派以粉碎性的打击。

1900年初流放期满,列宁到达慕尼黑。同年12月24日,在德国创办了马克思主义者的第一种全俄政治报纸《火星报》,每月出版一期。1902年起,每两周出版一期。该报为在俄国建立独立的无产阶级政党,在思想上和组织上做了重要准备。

1902年1月,列宁以他在《火星报》上发表的《同经济主义的拥护者商榷》一文为大纲,写成了《怎么办》一书,并于3月出版。在该书中,列宁批判了经济派只要经济斗争,不要政治斗争的谬论。列宁指出,经济派的基本错误是崇拜工人运动的自发性,而自发的工人运动只能产生工联主义,无力推翻资本主义制度。只有把科学社会主义思想灌输到工人运动中去,成立无产阶级政党,才能把革命引向胜利。列宁的这些著述为在俄国建立无产阶级政党,奠定了思想理论基础,对建党工作起了重要的推动作用。

1903年7月30日至8月23日,俄国社会民主工党第二次代表大会在布鲁塞尔召开,不久移到伦敦继续举行。参加大会的有43名代表,分别代表26个组织。第二次代表大会的任务是完成1898年3月在明斯克召开的第一次代表大会未能完成的建党工作。大会议程共20项,其中最重要的有:讨论和通过党纲、党章,选举党的中央领导机构。出席会议的代表中,有坚定的火星派分子、不坚定的火星派分子和反火星派分子,会议争论十分激烈。

在讨论党纲时,争论的焦点是要不要在党纲上写进无产阶级专政的原则。争论的结果,以列宁为首的火星派取得了胜利。大会通过的党纲明确规定,社会主义革命的"必要条件就是无产阶级专政"。在国际共产主义运动史上,这是第一个将争取建立无产阶级专政列为党的基本任务的党纲。此外,在二大通过的党纲中,还对关系农民切身利益的土地问题作出了明确规定。党纲指出,党的最低纲领是推翻沙皇专制制度,建立民主共和国,实行八小时工作日;在农村中消灭一切农奴制残余,把地主夺去的"割地"归还给农民(后来,布尔什维克用没收全部地主土地的要求代替了归还"割地"的要求)。这有利于工农联盟的建立和巩固。

在讨论党章时,围绕党章第一条的规定,大会出现了更加激烈的争论。列宁主张建立一个集中统一、组织严密的党,要求每个党员必须承认党纲,在物质上帮助党并参加党的一个组织。马尔托夫(1873~1923年)带头反对列宁的这一建党原则,提出了机会主义的党章条文,主张任何人皆可自行列名入党,党员不必参加党的组织、服从党的纪律。经过激烈的争论,大会通过了马尔托夫的条文。

最后,大会进行了中央领导机构的选举。由于有五名崩得[①]分子和两名

[①] 崩得,即立陶宛、波兰和俄罗斯犹太工人总联盟。

经济派分子退出大会,大会力量对比发生有利于火星派的变化。结果,在中央委员会和《火星报》编辑部的选举中,拥护列宁的一派占多数,称布尔什维克("多数派"的俄文译音),马尔托夫一派占少数,称孟什维克("少数派"的俄文译音)。

1903年,俄国社会民主工党第二次代表大会宣告了布尔什维克党的建立。以列宁为首的布尔什维克的思想体系,被称之为布尔什维主义。布尔什维主义的出现,标志着列宁主义的诞生。

列宁主义是在马克思、恩格斯革命理论的基础上产生的,是在同敌视马克思主义、社会主义革命和无产阶级专政理论的修正主义者、机会主义者进行不断的斗争中成长和巩固起来的。它的产生和发展为无产阶级的世界革命提供了最重要的思想武器。

第四节 日益卷入世界历史进程的亚洲、非洲和拉丁美洲

一、亚洲民族资本主义的产生与人民的觉醒

19世纪末20世纪初,资本主义由自由竞争阶段过渡到垄断阶段,世界的殖民体系、经济体系均已形成。日益卷入世界历史进程的亚洲国家的民族资本主义也普遍产生和初步发展。

在印度,民族资本主义是伴随着英国的经济侵略和资本输出产生和发展的。在印度的民族工业中,民族纺织工业发展较快,是民族工业中最发达的部门。1900年就有纺织厂193家,雇用16.1万名工人。印度的民族重工业也有发展,1907年建立了塔塔钢铁公司,1913年该公司炼出了第一批钢。此外,印度民族资本在碾米、榨油、磨粉、制糖、毛织、水泥等工业领域中也有一定的地位。但从总的来看,印度的民族工业以轻工业为主,铁路、采矿等部门被英国资本所控制。英国资本在印度近代工业中仍占绝对优势。在英国资本控制下,印度几乎完全没有机器制造业。

在中国,民族资本主义是在国内封建压迫和外国资本入侵的艰难条件下产生和发展的。从19世纪60年代起,清朝统治集团分化成顽固派和洋务派。洋务派在"求强"、"求富"的口号下,大力推行洋务活动,创办军事工业和民用性的企业。其中洋务派创办的民用企业,虽具有严重的买办性和封建性,但基本上是属于资本主义性质的。此外,纯"商办"的民族工业,从19世纪60年代到1894年也创办了一百多个,包括缫丝、纺织、面粉、机器、火柴、造纸、采矿、印刷、出版、公用等业。中国民族工业的特点是,资本少,规模小,设

备简陋,技术落后,摆脱不了外国资本的控制。

在越南、朝鲜、印度尼西亚、菲律宾、泰国、缅甸、土耳其和波斯等亚洲国家中,民族资本主义也都已产生并有一定的发展。亚洲各国民族资本主义的产生和发展,使得举步维艰的民族资产阶级开始登上亚洲的政治舞台。

民族资产阶级希望摆脱帝国主义、封建主义的束缚,独立发展民族经济,并进行了一系列的改良主义运动。例如,1882年前后,朝鲜出现"开化派"的改良主义运动;19世纪80年代,印度开始出现国民大会运动,并于1885年12月28日成立国民大会党;1898年,中国出现维新变法运动;1890~1891年,波斯出现君主立宪运动等等。由于亚洲各国的民族资产阶级是在殖民地半殖民地的社会条件下成长起来的,它们的经济力量十分脆弱,因而,他们的反帝反封革命斗争具有不彻底性和妥协性。这种"两重性"是殖民地半殖民地国家民族资产阶级的共同特点。

民族资本主义的产生,民族忧患意识和民主改革意识的形成和发展,使得19世纪末20世纪初,特别是20世纪初的民族民主革命席卷了整个亚洲,人民觉醒了,亚洲觉醒了。

菲律宾曾经是西班牙的殖民地。在西班牙的统治下,菲律宾的民族矛盾十分尖锐,起义频频发生。1896~1898年,菲律宾人民发动了民族独立战争。曾经当过店员的波尼法佐创立的菲律宾"人民儿女高尚和尊贵的联合会"(简称"卡的普南")领导了这次独立战争。独立战争的枪声首先在巴林塔瓦克打响,然后迅速扩大到菲律宾群岛。1896年底,前菲律宾联盟领导人黎萨被杀,又促使菲律宾资产阶级参加起义。菲律宾的民族独立战争沉重打击了西班牙的殖民统治者,从根本上动摇了西班牙的殖民统治。美西战争爆发后,美帝国主义在"解放"菲律宾的旗号下入侵菲律宾,绞杀了这次革命。菲律宾的资产阶级革命尽管失败了,但它仍然是菲律宾民族解放运动史上的光辉一页。同时,它还拉开了20世纪初亚洲革命风暴的序幕。

继菲律宾革命后,1905~1908年,印度提拉克领导的国大党激进派发动了反对英国殖民者的自主自产运动。这次运动的导火线是寇松1905年颁布的把孟加拉省划分为两个行政管理区的法令。在这次自主自产运动中,印度的无产阶级多次罢工,表明印度无产阶级作为一支新兴的阶级力量已经成长起来。

1905~1911年,波斯(今伊朗)资产阶级革命爆发。这次革命可分三个阶段:第一阶段是立宪运动(1905年12月~1908年6月)。1905年12月,德黑兰地方官毒打商人和阿訇、政府军毒打"避难"群众事件发生后,德黑兰、大不里士等城市群众纷纷举行抗议。1906年夏季,抗议的群众提出了立宪要求。迫于压力,国王下诏召开立宪会议。10月,第一届议会开幕。12月,颁布宪法。第二阶段是护宪运动(1908年7月~1909年7月)。在1906年以后的制宪过程中,波斯的民主政治气氛十分活跃,一些革命组织相继出现。如具有地方革命政权性质的"恩楚明"(意即"委员会"),小资产阶级激进派组织"穆扎希德"(意即"为革命事业而斗争的战士"),革命武装"费达伊"(意即"敢死队")。英、俄对波斯革命感到十分不安,两国签订了划分势力范围的协定。协定的签订,助长了反革命势力,国王发动了两次反革命政变。政变得逞后,国王宣布废止宪法,解散国会,颁布军管法令,大批革命者被杀被捕。在这种情况下,波斯出现了规模巨大的护宪运动。第三阶段是英、俄武装干涉和革命失败(1909年7月~1911年7月)。伊朗革命是反帝反封建的资产阶级民族民主革命。它打击了封建主义和帝国主义势力,开辟了波斯反帝反封建革命的新阶段。

1908~1909年青年土耳其革命。19世纪末20世纪初的土耳其,是一个十分落后的半封建半殖民地国家,封建制度危机和民族危机都很严重。内忧外患使爱国知识分子举起抗争的旗帜。1894年,"奥斯曼统一与进步协会"成立,该协会通称"青年土耳其党"。在1905年俄国革命和波斯革命的鼓舞下,1908年7月3日,马其顿雷士那的驻军少校、青年土耳其党人尼雅吉首举义旗。在起义军的强大攻势下,土耳其苏丹被迫发出诏书,宣布立即恢复宪法,并在短期内举行全国大选。12月17日,新议会开幕,青年土耳其党领袖李萨当选为议长。在粉碎了封建复辟势力后,青年土耳其党人组织了新政府。

青年土耳其革命是一次不彻底的资产阶级革命。由于这次革命没有完成民族民主革命的任务,革命后的土耳其仍然未能摆脱半封建半殖民地的地位。但这次革命打击了国内的封建势力和英、俄的霸权主义势力,为国内工商业的发展创造了有利的条件,并激发了巴尔干地区的民族解放运动,它是人民觉醒的一个重要内容。

1911年,中国爆发了辛亥革命。19世纪末20世纪初,中国成为欧美列强争夺和瓜分的"肥肉"。辛亥革命前夕,中国大地上存在三股革命力量。第一,是以农民为主体的群众自发斗争,其中以1909年长沙抢米风潮、1910年山东莱阳的抗捐斗争和1906~1908年陕西的"交农抗捐"声势最大。第二,是同盟会有组织的武装起义,它以1910年2月和1911年4月的广州起义最为突出。"黄花岗72烈士"的英雄气概,震动全国。第三,是山西、陕西、奉天、山东、安徽等地先后爆发了收回矿权、路权运动。在收回权利运动中,湖南、湖北、四川、广东的保路运动声势最大,成为辛亥革命武昌首义的导火线。

在思想战线上,以孙中山为代表的革命派以《民报》为阵地,宣传"民族、民权、民生"的三民主义,号召进行革命,并与改良派进行了大论战。

人民起义、爱国运动和对改良派的批判,为即将到来的革命提供了有利的条件。1911年10月10日夜,革命党人发动了武昌起义,并取得成功。12日,孙中山被选为临时大总统,具有资产阶级共和国性质的南京临时政府成立。1912年3月11日,孙中山在南京颁布了《中华民国临时约法》,用法律形式把资产阶级民主共和制肯定下来。

辛亥革命是以孙中山为代表的先进人物,借世界潮流推动中国走向世界的资产阶级民主主义革命。这场革命虽然最后失败了,但它推翻了清王朝统治,结束了中国两千多年的封建帝制,建立了中华民国,使民主共和国的思想深入人心,这是其他亚洲国家的革命未能做到的,因此,辛亥革命是亚洲人民觉醒的发展顶点,在中国历史和世界历史中具有重要地位。

除上述亚洲国家的革命外,1905～1911 年,越南人民展开了反对法国殖民者的斗争;1905～1911 年,朝鲜发生了"义兵"运动;1912～1913 年,印尼人民掀起了反荷兰殖民者的斗争……20 世纪初,在亚洲爆发的这一系列资产阶级革命和民族运动,构成了亚洲人民的第三次革命高潮。列宁在《亚洲的觉醒》一文中指出:"世界资本主义和俄国 1905 年的运动终于唤醒了亚洲。几万万受压制的、由于处于中世纪的停滞状态而变得粗野的人民觉醒过来了,他们走向新生活,为争取人的起码权利、为争取民主而斗争。"① 然而,这些革命均属于旧式的资产阶级民主革命。革命的任务是推翻帝国主义和封建主义的统治,革命的基本动力是以农民和工人为主体的人民大众,革命的领导者是具有"两重性"的资产阶级。结果,这些革命都先后失败了。但它仍有重要的历史意义。在这次亚洲革命高潮中,以往旧式的农民起义已被资产阶级领导的民族民主运动代替,宗教的旗帜已被民族主义、民主主义的旗帜代替,分散的、自发的斗争已被自觉的、有组织的斗争代替。所有这些,都体现了亚洲人民的伟大觉醒,是亚洲历史上的一个划时代的进步。

二、非洲民族资本主义的萌芽与反瓜分斗争

非洲是个自然资源丰富、人口众多的大陆。从 15 世纪起,欧洲殖民者开始入侵非洲。到 19 世纪末 20 世纪初,非洲基本上已被列强瓜分完毕。西方列强对非洲的侵略和殖民统治,造成了非洲的极度贫穷落后。同时,也使非洲日益卷入世界历史进程,民族资本主义在沿海极少数国家中,也开始萌芽。

埃及是非洲经济水平发展最高的国家,早在 19 世纪上半叶,埃及建立的近代工业有纺织、军火、制糖、蓝靛等。为了物产的运输,特别是为了发展欧洲到中东的过境贸易,埃及的铁路建设发展很快。1860～1876 年,其铁路长度由二百多公里增至一千八百多公里。苏伊士运河通航后,亚历山大港成为世界上最大的商埠。此外,农业中也开始出现一些具有民族资本性质的农场。

19 世纪下半期阿尔及利亚的民族资本主义有所发展,尤其是葡萄种植业发展很快。此外,阿尔及利亚的葡萄酒酿造业,从一开始就是以资本主义农场的形式发展起来的。

---

① 《列宁选集》第 2 卷,人民出版社 1995 年版,第 316 页。

突尼斯于19世纪上半叶开始兴建近代工厂,如军工厂、制革厂、被服厂和面粉厂。20世纪初,一些地主、商人、高利贷者投资于农业,兴办资本主义农场,使用农业机械,雇用农业工人。

在马达加斯加,19世纪下半期,也出现允许土地自由买卖、手工工场和雇佣制度等资本主义的萌芽。

随着资本主义的萌芽和产生,在一些国家和地区,民族资产阶级开始形成,民族意识也开始觉醒。面对帝国主义列强的侵略、瓜分和奴役,非洲人民进行了顽强的反抗斗争。1871年,阿尔及尼亚人民大起义;1879~1882年,埃及祖国党人领导了抗英斗争;1881~1885年,苏丹马赫迪起义;1889年,德属东非人民起义;1895年,阿比西尼亚(今埃塞俄比亚)人民抗意卫国战争;1896年,罗得西亚马绍那人和马达别列人联合起义,等等。在这场席卷整个非洲大陆的反帝反瓜分斗争中,埃及、苏丹、阿比西尼亚人民表现得尤为突出。

埃及初为英、法等国控制,后沦为英国的殖民地。19世纪70年代,埃及政府因开凿苏伊士运河而负债累累。为偿还债务,政府加强了对人民的剥削,并将运河公司股票总额的44%出售给英国。即使如此,埃及在1876年外债仍高达9100万英镑,政府每年所付外债利息占国家财政收入的三分之二。埃及被迫宣布财政破产。于是,英、法等债权国便乘机对埃及实行"双重监督制",由英国人管理埃及的收入,法国人管理支出。1878年,英、法等国策划、组织了"欧洲人内阁",英国人任财政部长,法国人任公共工程部长,意大利人和奥地利人分别任副部长,并雇用了一千三百多名欧洲人。"欧洲人内阁"实行极为反动的政策,遭到埃及举国上下各阶层的强烈反对。1879年,由埃及地主、资产阶级出身的知识分子、爱国军官组成的埃及第一个民族主义组织祖国党正式成立。祖国党在阿拉比(1839~1911年)的领导下,与埃及人民一起为维护埃及的主权和独立而斗争。英、法帝国主义用武力进行干涉。1882年7月11日,英国舰队炮轰亚历山大港,并派兵占领该港。阿拉比领导埃及军民进行了英勇的反抗斗争,最后因种种原因,反英战争失败。埃及抗英战争是埃及近代史上一次大规模的反抗外国侵略的武装斗争。它第一次提出"埃及是埃及人的埃及"的口号,斗争矛头直指外国侵略者。这场斗争虽然失败了,但极大地鼓舞了埃及人民以后的反帝斗争。

苏丹位于非洲的东北部,地处尼罗河中上游,是非洲面积最大的国家。1819~1821年,苏丹被埃及吞并,开始受埃及的统治。以后,英国殖民势力也进入苏丹。在英国殖民者和埃及封建势力的双重压迫下,苏丹人民生活痛苦、贫困,从而导致苏丹人民的激烈反抗,起义不断。1881年,苏丹马赫迪起义是非洲近代史上规模最大、时间最长的一次反帝反殖反瓜分的民族起义。

马赫迪起义的主力是贫苦农民,一开始就具有广泛的规模。起义的领导者穆罕默德·阿赫默德出身于贫苦家庭,曾做过伊斯兰教传教士。他宣布自己是伊斯兰教的"救世主"马赫迪，1881年底，他号召人民进行"圣战"，把异教徒（英国人、欧洲人）和叛教者赶出国土，"恢复伊斯兰教的纯洁"。苏丹各地人民积极响应，马赫迪起义爆发。起义军取得了胜利，1885年9月，苏丹获得了独立，建立了统一的伊斯兰封建国家——马赫迪王国，建都恩图曼。1896年，英帝国主义为打通开普敦到开罗的通道，实现其殖民帝国计划，再次向苏丹发起进攻，最终侵占了马赫迪王国，大肆进行抢劫和骇人听闻的大屠杀。马赫迪军队在科尔多凡的沙漠上坚持游击战。直到1900年才最后失败。

马赫迪起义是一次以宗教为旗帜的群众性革命运动，它坚持了二十年之久，并且建立了独立的马赫迪国家，沉重地打击了英帝国主义，使列强从东北方面入侵非洲内地的计划被迫推迟二十年，在反对帝国主义瓜分非洲的斗争中，是有重要意义的。

阿比西尼亚（今埃塞俄比亚）地处非洲东部、红海西岸。19世纪中叶，全国统一后建立中央集权制的封建国家。1867年，英国发动侵略阿比西尼亚的战争，阿军战败，国家再度陷入分裂。1889年，孟纳利克（1889～1911年）继位，建立了统一的中央集权国家。由于孟纳利克在统一国家的过程中，曾得到过意大利的支持，1889年5月2日，两国签订了《乌查利条约》。1890年2月，意大利妄图变阿比西尼亚为自己的保护国，遭到阿比西尼亚的强烈反对。1894年7月，意大利悍然对阿比西尼亚发动侵略战争。1895年9月17日，孟纳利克发表《告全国人民书》，号召人民为独立而战。在很短的时间内，阿比西尼亚便组建了一支11万人的军队。阿军对入侵的意大利军队进行了顽强的抗击，并不断取得胜利。1896年3月，阿、意双方在阿杜瓦决战，阿取得了决定性的胜利。10月26日，意大利被迫在战败的和约上签字，无条件承认阿比西尼亚独立，放弃已侵占的土地，赔款一千万里拉。

阿比西尼亚是在帝国主义瓜分非洲时期，唯一取得民族卫国战争胜利的国家。它的胜利给非洲各国树立了小国战胜大国、弱国战胜强国的光辉榜样，是非洲反帝斗争史上的重要一页。

三、拉丁美洲民族主义运动的新发展

拉丁美洲独立后，有两个显著的特点，即经济上，大地产制扩大、加强；政治上，考迪罗主义普遍盛行。例如，20世纪初，墨西哥一般庄园的土地很少在2 500英亩以下，占地最多的11个庄园分别达25万英亩之多。巴西的大咖啡种植园的面积更是大得惊人，2 000个大地主拥有的土地比意大利、荷兰、比利时、丹麦四国面积的总和还大。1899年，在中美洲建立的美国联合果品公司，霸占的土地占中美洲七国全部耕地面积的28%，被称为"绿色魔鬼"。大地产制的存在和发展，使大批农民，主要是印第安人破产沦为债农，使农业生产力受到很大的破坏和摧残。大种植园发展的单一作物制，生产与外

贸受外国的控制,加深了拉美各国经济发展的殖民性质。大地产制阻碍着民族资本主义的发展,是拉丁美洲经济肌体中的一大毒瘤。伴随大地产制的加强和发展而来的是考迪罗主义的普遍盛行。"考迪罗"是西班牙文"Caudillo"的音译,意为首领,实指军事首领,引申为军事独裁。考迪罗通过暴力,主要是军事政变上台,上台后通过暴力及投靠外国势力维持其统治。因此,考迪罗主义的实质是依靠暴力建立军人专政的独裁体制,它是拉丁美洲大地主专政的一种特殊形式,是帝国主义侵略拉丁美洲的政治支柱。

大地产制和考迪罗独裁统治,使外国资本大量涌入拉丁美洲各国,加紧对拉美的扩张,使拉美各国重新沦为半殖民地国家。例如,阿根廷在财政上完全依赖于英国,几乎是英国的商业殖民地。美国则利用门罗主义和"泛美联盟"疯狂向拉美进攻,首先控制了加勒比海地区,把加勒比海变成为美国的"内湖",接着从北向南,加紧渗透,力图把整个拉美都变成美国的"后院"。

尽管受到帝国主义的侵略和国内封建势力的束缚,在19世纪后期,拉丁美洲各国民族资本主义经济还是有所发展,民族资产阶级逐渐成为各国的政治力量。民族资产阶级不满国家半封建半殖民地的现状,在它们的领导下,拉丁美洲民族主义运动有了新的发展。

1868年9月,西班牙国内发生推翻伊萨贝拉二世统治、建立共和政府的事件。以此为契机,古巴发生了反对西班牙统治的独立战争。十年独立战争,给西班牙殖民军以重创,迫使殖民当局放松了对古巴的经济控制并进行了某些有限的改革。19世纪90年代,西班牙殖民者把战争中遗留下来的巨额债务转嫁到古巴劳动人民身上,使税收猛增。美国资本对古巴的加紧渗透,使古巴的种植园经济陷入困境,古巴的社会矛盾激化,新的独立运动再次爆发。

1892年4月,古巴杰出的革命民主主义者何塞·马蒂在纽约建立了古巴革命党。1895年2月,在古巴革命党领导下,古巴第二次独立战争首先在奥连特省爆发。经过艰苦的斗争,击溃了二十余万装备精良的殖民军,解放了全国三分之二的领土,迫使西班牙于1897年11月同意古巴自治。正当古巴人民即将取得全胜的关键时刻,美西战争爆发。美国于1899年取代西班牙,对古巴实行军事占领,并解散了古巴解放军。1902年5月,古巴制宪会议在美军刺刀的威胁下召开,宣布成立古巴共和国,美国扶植的右翼代表帕尔马任总统。美国还把控制古巴的《普拉特修正案》附录于古巴宪法之后,使古巴实际上沦为美国的附属国。从此,古巴人民又开展了长期、艰苦的反美斗争。

震动拉丁美洲的墨西哥资产阶级革命是1910年发生的。1876年,由美国支持的反动军人波菲里奥·迪亚斯发动政变,攫取了总统职位。迪亚斯代表帝国主义、封建地主和天主教会反动势力的利益,他的政策越来越招致全国人民的不满。1910年总统换届选举时,迪亚斯将资产阶级和自由派地主推选出来的总统候选人马德罗逮捕入狱。马德罗越狱逃往美国后,于1910年10月发表

《圣路易斯·波托的计划》，号召人民起义，推翻迪亚斯反动政权，重新审查土地法令，把土地分给农民。马德罗的号召得到南北两支农民武装的响应和支持。在南北两支农民军的夹击和首都人民反对浪潮的压力下，政府军土崩瓦解，迪亚斯被迫下台。1911 年 11 月举行总统选举，马德罗当选为总统。马德罗当选总统后，迪亚斯政府中的反动军官韦尔塔发动政变，杀害了马德罗，自任总统。韦尔塔的反动政变，遭到人民的反对。马德罗政权的地方官员卡兰沙组织护宪军投入推翻韦尔塔的战斗。1914 年 7 月，韦尔塔被迫辞职，逃亡国外。卡兰沙占领首都，夺取了政权。卡兰沙上台后，为了巩固政权，实行了一些改革，1915 年 1 月颁布土地法令，1916 年 12 月召开立宪会议，1917 年 2 月完成新宪法的制定。

1910～1917 年的墨西哥革命是一次反帝反封建的资产阶级民主革命。这次革命沉重打击了帝国主义和国内封建势力，为维护墨西哥国家主权和进一步发展民族资本主义创造了有利条件，它在拉丁美洲民族运动史上具有重要的地位。

19 世纪末 20 世纪初，巴西的民族主义运动取得很大胜利。1822 年，巴西脱离葡萄牙宣布独立。1824 年，颁布宪法确立君主立宪政体，开始了独立的巴西王国时期。巴西虽然独立，但君主制和奴隶制仍然是巴西社会向前发展的两大障碍。废除奴隶制和推翻君主政体，成为巴西民族民主运动的起码要求。19 世纪中期以后，以资产阶级共和派为领导，有广大黑奴、农民、工人、小资产阶级分子参加的废奴运动和共和运动蓬勃兴起，奴隶起义和反帝制斗争交错进行。1865 年，美国南北战争结束后，巴西的废奴运动进一步发展。1885 年 5 月，议会在人民的压力下，终于通过了无条件废除奴隶制的法律，使剩存的 75 万黑奴获得自由。奴隶制废除后，巴西人民斗争的锋芒指向帝制。1889 年 11 月 11 日，共和派领导人与陆军元帅丰萨卡等军事首领谈判，策划军事政变。11 月 13 日，政变成功，15 日巴西合众国宣告成立，彼得罗二世被放逐欧洲，巴西进入共和时期。

第三编
世界进入整体发展的新阶段
(20世纪)

第十章

从资本主义向社会主义过渡的开始

> 19世纪与20世纪之交,人类社会进入一个重大转折关头。从世界经济关系看,以垄断为基本经济特征的资本主义生产方式占主导地位,但前资本主义生产方式还在广大地区存在;从世界政治关系看,无产阶级与资产阶级的矛盾已成为占主导地位的矛盾,同时存在压迫民族与被压迫民族的矛盾。资本主义由和平发展向革命和战争转化。资本主义各种基本矛盾日趋激化,历史发展到资本主义开始向社会主义过渡阶段。
>
> 在世界已经进入整体发展的情况下,哪个国家率先进入社会主义,不仅仅取决于该国国内社会矛盾的发展,更重要的是取决于该国在世界各国各民族的总体联系中所处的地位。第一次世界大战造成的特殊历史条件,使俄国成为帝国主义整个链条中的薄弱环节,它超越了资本主义充分发展阶段,率先走上社会主义道路。十月社会主义革命后掀起的东西方革命高潮,是世界无产阶级与被压迫民族反对帝国主义的一次联合行动。
>
> 第一次世界大战改变了世界经济格局和政治格局,历史活动舞台扩大到整个世界。西方列强按照战后新的力量对比重新瓜分世界,暂时调整了它们之间的矛盾,组成对付苏俄和各国反帝斗争的反革命联盟。凡尔赛—华盛顿体系是国际资产阶级在共同反对苏俄和镇压各国革命运动的基础上又争夺又勾结的结果,它建立在各种矛盾之上,是一个不稳定的世界秩序。苏联粉碎资本主义国家的武装干涉和国内的反革命叛乱后,赢得了与西方国家和平共处的局面。20世纪20年代世界各种关系处于调整之中。

第一节 20世纪初的世界

一、20世纪初的世界经济关系和世界政治关系

要研究20世纪世界历史,首先就要认识人类社会进入20世纪时的世情。所谓世情,就是世界最基本的实际情况,即世界的经济关系和世界的政治关系。

世界产业革命和现代化进程发端于18世纪下半叶的英国,19世纪席卷欧洲和北美,并在那里实现了从农业文明向工业文明的转变。20世纪初,出现产业革命向全球推进的趋势,与此同时,资本主义已发展到帝国主义阶段,它要把全球置于自己的统治之下,使尚未发展起来的一切国家都成为它们奴役的对象。这个总的形势决定了世界经济关系和世界政治关系的多样性和复杂性。

认识世界经济关系和世界政治关系的关键,是认识帝国主义的经济实质。19世纪末20世纪初发生的美西战争、英布战争、日俄战争和1900年世界经济危机是世界历史进入新时代的标志。三次战争都是帝国主义战争,都是为了重新瓜分世界。1900年的经济危机加速了各个主要资本主义国家的生产集中和垄断组织的形成,尤其是促进了银行垄断资本与工业垄断资本的融合。垄断组织在各个主要资本主义国家成为全部经济生活的基础。垄断的统治意味着,最大资本家的联合在经济和政治中起着决定性作用。垄断资本从对生产的统治到对流通的统治,从对一个国家的统治到对世界的统治,一方面使生产社会化高度地发展——国际化了;另一方面使占有愈来愈成为极少数人的垄断私有。正如列宁所概括的:"资本主义已成为极少数'先进'国对世界上绝大多数居民实行殖民压迫和金融扼杀的世界体系。"① 这表明,随着资本主义发展到帝国主义阶段,资本主义社会的生产力与生产关系的矛盾运动不再仅仅局限于各个单个民族和国家之内,已是全球社会的基本矛盾运动了,各个民族或国家的历史都要受到这种全球性的基本矛盾运动的制约和影响。

到第一次世界大战前夕,欧洲、北美几个主要资本主义国家主宰了世界经济。欧洲已成为世界的"银行家",为建造横贯大陆的铁路、开凿沟通海洋的运河、开发矿山、建立种植园提供资金。到1914年,英国对外投资达40亿英镑,占其全部国民财富的四分之一;法国对外投资达450亿法郎,相当于其国民财富的六分之一;德国对外投资达220亿至250亿马克,为其国民财富的十五分之一。欧洲已成为世界工厂。1870年,欧洲的工业产量占世界工业总产量的64.7%,美国占23.3%;到1913年,美国上升到35.8%,但欧洲工业

---

① 《列宁选集》第2卷,人民出版社1995年版,第578~579页。

产量仍占世界总产量的47.7%。英国在欧洲的发展中走在最前列。它是早期产业革命的主要受益者,是世界的贸易中心。从19世纪60年代到20世纪初的半个世纪中,英国虽然保持着世界工厂的地位,但是随着产业革命在欧洲、北美一些国家的扩展,世界力量对比发生不利于英国的变化。资本主义国家发展不平衡的加剧,使各主要资本主义国家在世界经济中的地位发生急剧变化。1870年,英国在世界工业生产中居第一位,约占世界生产总量的三分之一。19世纪80年代,美国赶上英国居世界第一位,占有世界工业总产量的30%以上。1900~1910年间,德国又超过英国居世界第二位。法国和英国一样,它在世界工业生产中的比重一直下降,在英国之后,居世界第四位。英国、法国在世界上的地位削弱,加剧了主要资本主义国家之间的竞争,同时,大大加强了列强争夺殖民地、获取高额利润的斗争。19世纪末出现帝国主义大肆掠夺殖民地的浪潮。欧洲列强不仅占有广大的殖民地,还控制了许多经济上和军事上薄弱的地区,中国、奥斯曼帝国和波斯名义上都是独立的,实际上经常遭受列强的掠夺、屈辱和控制,而成为帝国主义列强的半殖民地。拉丁美洲在经济上也是列强的附庸,并屡遭美国的干涉(包括武装干涉)。列强从对殖民地半殖民地的掠夺中获得丰厚的利润,而殖民地半殖民地人民却日益贫困。

　　从帝国主义的经济实质和20世纪初的世界基本情况,可以对进入20世纪的世界经济关系作如下概括。以垄断为基本经济特征的资本主义生产方式占主导地位,但前资本主义生产方式还在广大地区存在。由此产生世界经济关系的多样性和复杂性:(1)资本主义现代化工业同大量落后的农业和手工业同时存在;(2)发达资本主义国家生产力迅速发展,生产社会化达到很高程度,商品经济高度发达,但殖民地半殖民地国家的生产力落后,生产社会化程度很低,商品经济和国内市场很不发达,自然经济和半自然经济占统治地位;(3)少数经济发达民族同很多经济落后民族并存。这种经济关系是20世纪一切矛盾的深刻的经济根源。

　　世界经济关系决定世界政治关系。以垄断为基本特征的帝国主义阶段是从资本主义向社会主义的过渡阶段。20世纪初,世界进入从资本主义向社会主义过渡的时代。这个时代在阶级关系上的重大变化是,无产阶级与资产阶级的矛盾已成为占主导地位的矛盾,无产阶级已成为时代的中心,决定着时代的主要内容和时代发展的主要方向。这两大对抗阶级以外的各阶级(地主阶级、农民阶级和其他个体劳动者阶级等)间的关系,以及这些阶级与两大对抗阶级间的关系,不仅同时并存,而且相互交错,使阶级关系异常复杂。与此同时,民族关系日益显示了它的重要地位。因此,在世界政治关系中,无产阶级与资产阶级的矛盾和压迫民族与被压迫民族的矛盾并存,形成世界无产阶级被压迫人民和被压迫民族与帝国主义(即国际资产阶级)对峙的基本格局。同时,垄断的统治使帝国主义列强加剧了对殖民地和势力范围的争夺。这样,伴随资本主本矛盾日益发展而来的是,资本主义国家国内的阶级对立,国际上帝国主义列强之间的对立,以及宗主国与殖民地附属国之间的对立都日益尖锐化。

二、资本主义由和平发展向革命和战争转化

巴黎公社和普法战争以后,资本主义国家出现了一个长达三十多年的和平发展时期。但是,资本主义的和平发展并不是资本主义固有矛盾的消失。随着资本主义向帝国主义过渡,资本主义基本矛盾在不断加剧与扩大,革命与战争的倾向,也随之日益增长。

革命倾向的增长是各国工人运动普遍兴起与高涨的必然结果。

由于各国工业化更广泛、更深入地进行,工人阶级队伍得到发展壮大。到第一次世界大战前,全世界工人已达约 4 000 万,其中绝大部分分布在西欧、北美。都市化进程的加快和工厂规模的扩大,尤其是大工业城市的兴起与大工厂的建立,大大提高了无产阶级队伍集中化的程度。与此同时,资产阶级在很大程度上仍然采用工业化初期甚至资本原始积累时期的方式剥削工人。各国工人的工作日都在 12 小时以上。工人的实际工资在一些国家虽稍有提高,但仍远远低于劳动生产率的增长,而且当经济不景气时,工人的实际工资经常出现停滞或下降。各国工人还经常面临失业与半失业的威胁,尤其是在经济危机年代更是如此。此外,劳动强度的增大与劳动条件的恶劣,使各种工伤事故频繁发生,成为工厂生活中的一大灾难。这些使劳资矛盾日趋尖锐,促使越来越多的工人积极地投入反对资本主义压迫、剥削的斗争。

在和平发展时期,在许多国家工人通过斗争获得了选举权,工会的合法地位得到了承认,颁布了一系列劳动立法,这些使工人阶级可以利用资产阶级国家的法律开展合法斗争,有利于动员、组织广大工人群众参加反对资产阶级的运动。

在 19 世纪 70 年代末和 80 年代,国际工人运动广泛发展,几乎所有资本主义国家都展开了声势浩大的罢工浪潮,其中尤以德国和美国的工人运动最为突出。各国工人运动的普遍兴起,以及马克思主义在各国先进工人中影响的加强,为各国无产阶级政党的创建提供了前提。在工人政党普遍成立的基础上,1889 年诞生了第二国际。19 世纪 90 年代的工人运动比 80 年代的规模更大、组织性更强和更富有战斗性,建立的工人政党和团体更多,其中包括列宁在 1895 年成立的工人阶级解放斗争协会。经过长期的斗争,至 19 世纪末,欧美各国工人政党人数已发展到约 30 万人,工会会员约 400 万人。议会选举斗争也取得很大胜利,1900 年,共有 10 个国家的 207 名工人政党的代表当选为议员,其中,1898 年德国党的议会席位增至 56 个,所得选票占全部选票的四分之一以上。

各国工人的斗争,有力地冲击着资产阶级的统治,并从思想上、组织上为

未来的无产阶级革命做了重要的准备工作,从而促进了资本主义由和平发展向革命转化的进程。

在革命倾向增长的同时,战争倾向也日趋严重。在瓜分世界领土和划分势力范围的斗争中,列强根据各自的利害关系,在1882年和1893年先后形成了德、奥、意三国同盟与法、俄协约,这两个军事集团的出现,是战争倾向明显增强的标志。19世纪与20世纪之交,世界领土基本上被瓜分完毕。列强占有殖民地的状况与列强间的经济实力对比是极不相称的。英国在1914年已拥有3 350万平方公里的殖民地,约占全球可住面积的四分之一,相当于本土面积的110倍,殖民地人口近4亿,约等于本土居民的9倍。英国资本输出占所有资本主义国家资本输出总额的近一半,在对外贸易方面继续保持世界首位。同年,德国的殖民地面积只有290万平方公里,约相当于英国的十一分之一,殖民地人口为1230万,约为英国的三十二分之一。英国与德国形成明显的反差。在第二次科技革命和产业革命蓬勃开展的环境下,技术领先的后起资本主义国家在经济发展上获得了"跳跃式"的进步,因而在短时间里能够赶上并超过经济发展相对停滞的老牌资本主义国家。在欧洲,德国已于19世纪末20世纪初基本上实现了工业化,至1913年,德国在世界工业中的比重上升至15.7%,英、法则分别下降到14%和6.4%。德国已成为欧洲最强的工业国。在这种新的形势下,要求按新的经济实力对比重新瓜分世界的问题便尖锐地提了出来。美西战争、英布战争和日俄战争,就是列强重新瓜分世界斗争的前奏。

美国是世界上第一工业强国,由于国内广阔的中西部地区尚待进一步开发,它对外政策的近期目标暂时还限于控制拉美和向亚太地区扩张。而德国则迫切需要从英国手里夺取殖民地和其他权益,因此,英、德之间的矛盾便上升为国际关系中的主要矛盾,两国的争夺也迅速超出局部范围而具有全球性。德国在19世纪90年代抛弃了以往的"大陆政策",代之以新的"世界政策",确定英国为德国的主要对手。此后,德国在各个方面都对英国采取了主动进攻的态势。

面对德国咄咄逼人的挑战,英国采取了积极的应战措施。英国对外政策作了重大改变,即从长期推行的不结盟的"光荣孤立"政策转向结盟政策。1904年,英、法签订协约;1907年,英、俄签订协约,调整了英国与法、俄在一些地区的关系,英法协约、英俄协约以及原已存在的法俄协约,构成了一个与三国同盟相对立的协约国集团。这表明,俄、法与德、奥在欧洲大陆的对峙,已发展成为分别以英、德为首的两大军事集团在世界范围的广泛争夺;这也表明,帝国主义国家已为进行一场世界性的战争,完成了重要的组织上的准备。

以上说明,由于无产阶级与资产阶级之间的矛盾以及资本主义列强之间的矛盾日趋激烈,无产阶级革命与帝国主义战争同时提上历史日程,出现革命与战争两种倾向迅速增长的局面。

三、世界历史面临一场重大转折

19世纪末20世纪初，出现对世界历史进程具有重要意义的两大运动：一是国际工人运动的中心由西欧的德国转移到了俄国；二是东方发生深刻的社会变动和民族矛盾空前激化。

工人运动是产业革命后随着工业无产阶级的诞生而出现的。伴随产业革命越出英国一国范围，扩展到欧洲其他国家和北美，工人运动也逐渐发展成为一种国际现象。各国工业化发展的不平衡，使各国工人阶级登上历史舞台有先有后，阶级斗争的发展也不平衡。在不同历史阶段，不同国家的工人阶级在国际工人运动中扮演了"第一小提琴手"，国际工人运动的中心不断地由一个国家向另一个国家转移。

欧洲主要大国工人运动的高涨，大体上经历了如下的顺序：最先登上政治舞台的是英国工人阶级，1836年至1848年的宪章运动标志着英国最先成为国际工人运动的中心；其次是法国工人阶级，巴黎公社革命标志着国际工人运动的中心转移到了法国；到19世纪80～90年代，国际工人运动的中心进一步向德国转移。这个顺序表明，欧洲国际工人运动中心转移的趋势，与欧洲主要国家产业革命进程的先后次序大体上是吻合的，即产业革命最先完成的国家，最早成为国际工人运动的中心。恩格斯在论述工人运动的中心向德国转移问题时，对工人运动的高涨与产业革命进程之间的内在联系作了深刻分析。他认为，在19世纪八九十年代，国际工人运动的中心由英、法向德国转移的根本原因，就在于英、法的产业革命早已结束，产业革命造成的工人阶级社会地位和生活环境的剧烈变化，已经为工人阶级所习惯，"资本主义的发展显得比革命的反抗更有力量"[①]。而德国工人阶级却正经受着产业革命带来的深重苦难。

由于各国工业化发展不平衡，以及其他多方面的原因，在19世纪末20世纪初出现的资本主义世界体系中，西欧英、法、德等国的地位与沙皇俄国的地位是大不相同的。英、法、德等西欧国家凭借强大的经济实力，通过社会立法的形式进行各种调整，以缓和由于资本主义工业化迅速发展而产生的各种社会矛盾和阶级斗争。此外，西欧主要国家的资本主义制度也日益巩固和完善，它们都制定了宪法，设立了议会，加强了资产阶级的国家机器，扩大了资本主义政治民主，实现了普选权。因此，西欧各国社会政治生活的民主化和广泛的社会立法活动，使劳动人民的社会政治地位有所改善，物质生活水平有所提高，从而缓和了各国的社会阶级矛盾。西欧各国资产阶级拿出一小部分利润用于改善工人阶级的物质生活条件，收买、培养工人贵族，从而使工人阶级满足于现状，

---

① 《马克思恩格斯全集》第36卷，人民出版社1975年版，第231页。

革命倾向和战斗意志都大为削弱,机会主义泛滥。到 20 世纪初,西欧各国已丧失了国际工人运动的中心地位。

俄国工业化进程的滞后,使它在 19 世纪末 20 世纪初经历着西欧国家早期工业化所出现过的社会动荡,工业化使国民陷入一种陌生并常常产生怨恨的生活方式中,造就了一个怀有不满情绪的新的工人阶级。农奴制残余的存在,外国资本的渗透,残酷的沙皇专制统治等等,使俄国社会的各种矛盾尖锐激化,工人阶级经受着深重苦难。当英、法、德等西欧国家工人阶级的社会政治地位和物质生活条件开始改善时,俄国工人阶级却处在水深火热之中。他们每天工作 16～18 小时,工资很低,1913 年所有工业工人的平均月工资为 22 卢布,有些厂矿每年只发 3～4 次工资,很多工厂任意对工人进行罚款,罚款额往往高达工资的 30%～50%。这种状况决定了 20 世纪初期的俄国工人阶级必然比英、法、德等国的工人阶级具有更强烈的自发革命倾向,更富有战斗精神。当俄国社会各种矛盾尖锐激化,当资本主义世界经济危机波及俄国,当俄国在帝国主义争霸斗争中处于不利地位时,俄国便很容易出现社会动荡,乃至形成革命形势,工人阶级的斗争便会迅速高涨。显然,在 20 世纪初,欧洲国际工人运动的中心已经由西欧(具体由德国)转移到了俄国。

19 世纪末 20 世纪初,是东方发生深刻社会变动和民族矛盾空前激化的历史转折的关头,也是东方开始觉醒并显示其在全球政治中战略地位的重要时期。

到 19 世纪与 20 世纪之交,亚洲沦为殖民地的国家和地区已占全洲面积的 56%,其他绝大部分国家和地区也成为半殖民地。东方殖民地半殖民地是构成资本主义世界殖民体系的最主要部分。列强在凭借其军事优势把东方各国纳入世界殖民体系的同时,还凭借其经济优势控制殖民地半殖民地国家的经济命脉,迫使东方国家以农业附庸的身份加入资本主义世界经济体系。外国资本和商品的大量涌入,像狂飙一样摧毁了东方农业社会的自然经济,造成了广大农民和手工业者的贫困和破产,但在客观上为民族资本主义经济的产生和发展提供了某些条件。虽然民族资本主义的产生、发展并未改变东方殖民地半殖民地的社会性质和改变这些国家的落后面貌,然而,民族资本主义作为一种新的经济形态开始在东方普遍出现,仍然具有深刻的历史意义。

随着民族资本主义的诞生,作为这种新经济形态代表的民族资产阶级,也开始出现在东方的历史舞台上。这个阶级一方面具有软弱性和妥协性,另一方面又在一定程度上具有反帝反封和独立发展民族经济的革命要求。当民族资产阶级作为一个新兴的、具有革命性的阶级诞生后,东方反帝反封的斗争,从总体上看,已开始跨越旧式农民起义的历史阶段而走上近代资产阶级民族民主运动的新道路。20 世纪初,酝酿已久的资产阶级民族民主革命运动,终于席卷东方,从而把这一地区的反帝反封建斗争提高到一个新的水平。构成这场巨大风暴的主要部分,是波斯、印度、土耳其、中国这几个亚洲大国的反帝反封建斗争。此外,印度尼西亚、越南、朝鲜等国家,也不同程度地被卷进这场风暴之中。

20世纪初的东方革命表明:"极大的世界风暴的新的发源地已在亚洲出现"。①"几万万受压制的、由于处于中世纪的停滞状态而变得粗野的人民觉醒过来了,他们走向新生活,为争取人的起码权利、为争取民主而斗争"。②东方各族人民的觉醒和斗争,最终必然会从根本上动摇帝国主义的世界统治。东方各族人民的斗争,已成为反对帝国主义的世界总战线中极为重要的组成部分,并将在越来越大的程度上影响着世界历史的发展。20世纪初,西方无产阶级与东方被压迫民族联合起来进行反对帝国主义的斗争,已经成为世界历史发展的必然趋势。

总之,历史进入20世纪,资本主义的各种矛盾日益尖锐并扩展到全世界,无产阶级成为时代的中心,代表了时代的发展方向,它的历史使命是推翻资产阶级统治,用公有制代替私有制,用社会主义制度代替资本主义制度。被压迫民族要求摆脱殖民统治,实现民族独立。各种政治力量开始在世界范围内组合起来,形成世界力量对比的总配置,使世界出现以下政治格局:帝国主义为一方,世界无产阶级、被压迫人民和被压迫民族为另一方,帝国主义已成为世界各国人民的共同敌人。从帝国主义的奴役和统治下解放出来,是各国无产阶级和被压迫民族的共同要求。俄国布尔什维克党诞生(1903年)和俄国1905年革命,标志着欧洲无产阶级已由长期和平斗争转向直接进行革命冲击的时期。亚洲的觉醒,预示着极大的革命风暴将要来临。事实表明,世界各种矛盾的发展激化,已酿成一场整个资本主义世界的危机。欧洲工人运动和亚洲民族解放运动的迅猛发展,表明世界无产阶级和被压迫民族正在联合起来准备向国际资产阶级发动冲击。世界历史发展进程已将实现一场伟大变革的任务摆到世界人民面前。

从上可见,20世纪初的世情已不同于马克思、恩格斯制定科学社会主义时的19世纪中叶的世情。第一,从世界历史发展进程看,一个新的历史时代已经到来,它就是从资本主义向社会主义过渡的时代。这个时代是一个大时代,它将是一个长期的历史时期。第二,世界历史已进入整体发展的新阶段,从世界整体看,资本主义世界各种矛盾的发展、激化表明,从资本主义向社会主义过渡的条件已经具备,一场伟大变革已不可避免。第三,在资本主义世界经济体系已经形成和世界进入整体发展的条件下,从哪里开始过渡,不能仅从各国内部的矛盾来寻找,而要从世界全局来考察。由于世界各种矛盾的尖锐激化,使社会主义革命、民族民主革命在很多国家都已成熟,而工人运动的分裂

---

①② 《列宁选集》第2卷,人民出版社1995年版,第307、316页。

使发达资本主义国家进行无产阶级革命的主观条件尚不具备,因此,从资本主义向社会主义过渡已不可能像马克思、恩格斯所设想的那样从发达资本主义国家同时开始,而将从资本主义世界体系的薄弱环节率先突破。这就是说,马克思、恩格斯在19世纪中叶预测的历史发展顺序将要改变,将要出现新的发展途径,具有新的特色。

第二节 资本主义世界体系的突破

一、一场空前规模的世界战争

第一次世界大战是资本主义世界体系形成过程中各种矛盾发展、激化的产物,是资本主义发展到帝国主义阶段世界各种矛盾的总爆发。

19世纪末20世纪初,帝国主义的全球扩张,即垄断资本主义在世界的统治(这是世界交往普遍发展的结果和一种表现形式)是爆发第一次世界大战的根本原因。正是垄断的统治,促使资本主义国家将国内矛盾向国外转移,加紧对外侵略扩张,从而激化了国际矛盾;各国对外经济扩张与为其服务的国家政治权力及思想舆论的相互作用加剧了国家之间的矛盾;各国争夺市场和世界霸权的现实矛盾与历史上的矛盾(德、法世仇,俄、奥宿怨)交织在一起又使矛盾激化。正是这一切矛盾(国内的和国际的,经济的和政治的,现实的和历史的)形成合力的作用,使萨拉热窝事件成为导火线,引发了第一次世界大战。

这场战争为什么会成为世界规模的战争?为什么能把世界多数国家都卷了进去?从根本上讲,这是世界的经济、政治状况所决定的。世界已经形成各民族各国家紧密联系、不可分割的整体,几个帝国主义大国(特别是英、法、德、美四国)处于这个整体的支配地位,它们一方面直接统治着一批殖民地,另一方面又影响和控制一批中小国家,不少中小国家又有自己的殖民地。宗主国和殖民地关系中的矛盾,大国和小国关系中的矛盾,以及各种矛盾错综复杂的交织,使世界这个整体几十年来积累了各种经济、政治矛盾,存在着大量的引火物。在各种矛盾中,少数帝国主义国家重新瓜分世界、争夺世界霸权的斗争最为突出,其中,英德、法德、俄德矛盾的发展,形成英、法、俄与德、奥两个军事集团的对抗。这一切表明,由于各国都是这个世界整体的一部分,并为帝国主义经济关系和政治关系的密网所缠绕,因此,战争一打响,不出几天便席卷全欧,并迅速从欧洲扩大为世界规模。具体说来,世界多数国家卷进这场战争主要通过以下途径:第一,统治世界的几个主要资本主义国家,它们各自控制着一批殖民地和附属国,一个国家参战就意味着将它的殖民地、附属国绑上了战车,如英国参战就把整个大英帝国带进了战争。第二,这场战争是为了重新瓜分世界、争夺世界霸权，交战双方在世界范围展开争夺，这样，争夺到哪里，就在哪里燃起战火。第三，两大军事集团为了战胜对方，都要竭力拉拢别国入伙，壮大自己的力量，扩大战争的军事经济基础，而一些国家的统治集团也想依靠某个军事集团的支持，实现自己的领土扩张野心。为此，双方都加紧了争取盟国的外交活动，使土耳其、意大利、保加利亚、罗马尼亚和希腊等国先后参加一方作战。第四，世界已从经济上连成一气，资本输出、对外贸易和世界市场等把各国紧紧联系起来，经济利益必然影响每个资本主义国家特别是帝国主义大国对待战争的态度。美国参加协约国一方作战，归根到底是它与交战双方的经济、政治关系和交战双方的力量对比所决定的。美国与英、法的经济关系比起它与德国的关系要牢固得多，而协约国的人力、物力资源远远超过同盟国，军队人数也比德奥集团多。这种经济、政治因素和力量对比，使美国从战争开始时的亲协约国立场最终转变为1917年4月6日对德宣战。

这次世界大战席卷39个国家，其中欧洲国家15个（英、法、俄、德、奥匈、比、意、卢森堡、圣马力诺、塞尔维亚、门的内哥罗、保、罗、希、葡），亚洲9个（土、日、中、印、暹罗、汉志、叙利亚、伊拉克、波斯），非洲3个（利比里亚、南非联邦、埃及），北美2个（美国、加拿大），大洋洲2个（澳大利亚、新西兰），拉丁美洲8个（巴西、古巴、巴拿马、危地马拉、尼加拉瓜、海地、洪都拉斯、哥斯达黎加）。主要资本主义国家都参加了战争，最大的殖民地半殖民地和英帝国的自治领都被卷入。中立国也大都受到战争的影响，有的依附于协约国，有的依附于同盟国。事实表明，第一次世界大战牵动了整个世界。

为了战胜对方，赢得战争胜利，交战国家采用一切办法动员巨大的人力、物力，以适应战争的需要。各国社会生活随着战争的爆发和进行而发生巨大变化。大战使整个世界激烈动荡，各种力量围绕战争发动起来，各个国家和民族都在世界舞台上为谋求自身利益而搏斗。战争的进程、结局关系每个国家的命运，因而，这场战争从政治上把世界连成一气，使世界进一步成为不可分割的整体。世界整体的发展演变影响和制约着大战的进程，大战的结局又将影响世界历史的整体发展。

这场战争不是两个国家之间的战争，而是世界上这一部分国家与那一部分国家之间，即两个军事集团之间的战争，是两个联盟之间的战争。这场战争的特点是，联盟国家在战事中相互配合和支援。联盟中的某些国家在战争中取得的胜利或遭到的挫败不能决定整个战争的胜负。联盟体系使这场战争不会速决，而将是一场旷日持久的战斗。它的最终结局取决于交战双方的实力，胜利必将属于资源最丰富的一方，这不仅指陆、海军力量，还包括财政、工业和科学技术的力量。

交战双方的实力主要看交战大国的力量，而交战大国的力量对比在大战期间经历了一个变化的过程。大战爆发时,美国尽管在商业和金融上与英、法有重要联系,但还是中立国,它的力量不能算在协约国一方。日本虽然对德国宣战了,但对协约国没有起什么作用。意大利于1915年参加协约国,向德奥同盟宣战,但它在军事和经济上都很虚弱,也难发挥大的作用。因此,交战双方力量对比主要看欧洲五个大国,即德、奥匈、法、俄、英五国。从它们的经济力量和军事实力看,协约国在力量对比上占了优势,有能力夺取战争的胜利。但到1917年初,协约国还未能占上风,为什么?从根本上讲,协约国的力量优势未能在战争中充分发挥。协约国虽拥有比同盟国更强大的人力、物力,但未能迅速动员起来。直到美国在1917年4月参战,才完全改变了交战双方的力量对比。当时美国军队远远没有准备好,它的强大在于经济力量。协约国在美国的军事订货达几十亿美元,极大地推动了美国生产力的发展。它的工业潜力和制造业产量是当时德国的两倍半。它的粮食出口额占世界粮食出口额的一半,输往英、法和意大利。德国潜水艇虽然每月都击沉50万吨以上的协约国船只,而美国能使数以百计的商船下水,并以惊人的速度建造驱逐舰。到1918年春,美国已能够每月把近30万人的部队投入法国,协约国的护航队完全遏止了德国的无限制潜水艇战。在协约国组织英、美、法三国军队开展一系列的攻势下,德国很快由胜转败。德国的有利条件终于未能抵消经济实力的不利而最后遭到失败。总之,从战争的全过程和结局看,经济力量的优势在第一次世界大战中是最终的决定性因素。

这场战争历时四年零三个月又十天,参战国家的人口超过15亿,约占世界人口的四分之三,参战的武装人员为七千多万,比这更多的人在后方为战争服务。军事行动的范围达14个国家的400万平方公里以上的领土。使用了大量的新式武器装备:飞机、潜水艇、鱼雷、坦克、机枪、无线电通讯、大水雷等,大约1 000万人在战场上死亡(约等于战前一千年间欧洲历次战争中死亡人数的总和)、2 000万人受伤,战争引起的流感仅1918年就夺去约1 000万人的生命。各交战国政府的军费支出共达2 080亿美元,十倍于1793～1907年历次战争的总开支,大约等于1910年世界全部有息证券价值的一倍,或战争前夜英国、德国和法国的国民财富的总和。

二、第一次世界大战带来世界的深刻变化

第一,资本主义世界体系的削弱和各国经济发展不平衡的加剧。大战打乱了世界工业化进程,毁灭了巨大的物资财富。世界制成品的总生产量急剧下降,1920年比1913年下降了7%,农业产量低于正常年景的三分之一,出口量仅及战前的一半左右。这个变化主要发生在作为主要战场的欧洲各国。欧洲经济在大战期间停滞8年,俄国1920年的工业产量仅及1913年的13%,而德国、法国、比利时和东欧多数国家,工业产量较战前至少下降了30%,欧

洲大陆的农业生产约低于战前的三分之一。欧洲交战国的经济衰退促进了美国、日本等国的经济高涨。交战国的大批订货，使美国极大地扩充了国外市场，推动美国工业的迅速发展，工业产量大幅度增长。战争使美国的财富急剧上升，它的国民财富由 1912 年的 1 870 亿美元增加到 1920 年的 5 000 亿美元，几乎超过整个欧洲。美国从战前的债务国一跃而成为债权国，战前美国的债务为 55 亿美元，而到 1922 年 11 月，外国欠美国的债务已达 116 亿美元，其中，英国欠 47 亿，法国欠 38 亿，意大利欠 19 亿，比利时欠 5 亿左右。列强各国在资本输出上也发生了很大变化，大战期间，英国国外投资大约丧失四分之一，法国丧失一半以上，德国失掉所有国外投资，成为资本输入国家，而美国国外投资却增加了四倍多，总数已超过英国。美国的黄金储备从 1914 年 6 月 30 日的 19 亿美元增加到 1922 年 6 月 30 日的 38 亿美元，几乎占当时世界黄金储备的一半。这些表明，美国已成为世界上最强大的资本主义国家。欧洲在世界上地位的下降和美国地位的上升，表明资本主义国家发展不平衡的加剧，成为资本主义世界一系列矛盾发展演变的基础。

美国、日本、加拿大和其他许多国家和地区工业生产的增长，并未能补偿欧洲交战国和一些中立国工业生产的衰退。大战削弱了资本主义世界体系，战争阻碍了世界总产量的增长和资本的积累，破坏了国际经济体系以及许多国家的金融货币流通体系，持续了 30 年左右的国际金本位制度（它实际上是一个以英镑为中心，以黄金为基础，各国普遍采用金本位制的国际货币体系）在第一次世界大战爆发后即告解体。

第二，一般垄断向国家垄断的转变。各国垄断资本集团在准备和进行重新瓜分世界的战争过程中，都竭力运用国家政权的力量。为了保证战争对武器装备和各种物资的需要，为了资本主义再生产能继续进行，为了垄断组织和整个资产阶级能积累资本与获取利润，各交战国都对经济生活进行了国家干预，即对本国的生产和分配普遍实行国家监督、管制和调节，使垄断资本主义逐渐转变为国家垄断资本主义。在世界大战的条件下，国家军事垄断经济的发展，在德国达到很高的程度，在其他帝国主义国家也形成了广泛的规模。列宁深刻地揭示了第一次世界大战中一般垄断演变为国家垄断的意义，他说："战争异常地加速了垄断资本主义向国家垄断资本主义的转变，从而使人类异常迅速地接近了社会主义，历史的辩证法就是如此。"[①]

第三，世界各种矛盾加剧和革命形势日益成熟。第一次世界大战加剧了资本主义世界的一切矛盾，作为主要战场的欧洲，各交战国人民陷入空前深重的灾难之中，劳动人民的生活水平急剧下降，遭受着饥饿的严重威胁，政治上被剥夺了起码的民主权利。残酷的帝国主义战争教育和锻炼了人民，战争带来的

[①]《列宁选集》第 3 卷，人民出版社 1995 年版，第 266 页。

灾难和资产阶级政府的反动行径,使越来越多的人民认识到了大战的真正原因,看清了资产阶级政府的本质,起来反对帝国主义战争。各国人民反对帝国主义战争和资产阶级反动统治的斗争,从 1915 年起走向高潮。同时,社会民主党和工会内的反战派力量增大,社会民主党内的左派日益发挥着积极作用。欧洲各交战国掀起声势浩大的反战运动,罢工人数猛增。革命形势在一些国家迅速成熟。殖民地半殖民地人民在战争中受到了锻炼和教育,普遍增强了反帝的斗争要求。反对帝国主义及其走狗的斗争,在亚、非、拉广大地区此起彼伏,不断发生。这些斗争加深了帝国主义的经济、政治危机,促进了欧洲革命的爆发,并为战后民族解放运动的高涨准备了肥沃土壤。

这场世界战争把世界一切矛盾推向了极端,成为新世界诞生的催化剂。它引起世界的巨大变化,使人类异常迅速地接近了社会主义,准备了人类从资本主义向社会主义过渡所需要的一切条件,迎来十月革命的胜利和以它为开端的世界革命高潮,极大地推动了世界历史进程。列宁指出:"战争使最文明的、文化最发达的国家陷于饥饿的境地。不过从另一方面来看,战争这一巨大的历史过程又空前地加速了社会的发展。"① 这就是第一次世界大战的历史地位,也是历史辩证法的最生动的体现。

三、俄国成为帝国主义链条上的薄弱环节

第一次世界大战引起的巨大变化极大地推进了社会主义革命的到来。资本主义经历了从自由竞争向垄断的过渡,第一次世界大战又推动一般垄断演变为国家垄断,这样,世界经济的发展程度为社会主义直接打开了大门。因此,从世界资本主义体系的总体看,已经成熟到可以由社会主义体系所取代。从单个国家看,欧洲多数资本主义国家都已具备社会主义革命的经济前提,国家垄断资本主义的发展又扩大了向社会主义过渡的客观条件。但是,社会主义革命能否爆发和胜利,并不取决于国家垄断资本主义发展的水平,而是取决于有无革命形势,有无革命的主观力量,有无适应具体历史条件和形势变化的战略与策略。在世界已经成为一个互相联系不可分割的整体的条件下,革命发展与社会发展不会是同步的,即社会发展水平最高的国家不一定是革命发展最快的国家。第一次世界大战严重削弱了资本主义世界体系,产生了帝国主义链条上的薄弱环节,而成为薄弱环节的国家的无产阶级有可能利用有利时机,突破国际资本体系,夺取社会主义革命的胜利。这就是说,走在社会主义革命前列的,不一定是发达资本主义国家,而可能是比较落后的国家。

西欧发达资本主义国家在几个世纪的发展中,资本主义制度逐渐完善,资产阶级获得较为丰富的统治经验,不仅发展了强大的经济力量,还大大加强了

---

① 《列宁全集》第 33 卷,人民出版社 1985 年版,第 171 页。

国家机器和宣传舆论工具，巩固了垄断资产阶级的统治。在和平发展的条件下，工人运动中滋生了改良主义与合法主义，资产阶级用部分从海外剥削来的高额利润培植了一个工人贵族阶层，以伯恩斯坦为主要代表的修正主义日益严重地腐蚀着各个社会民主党，使欧洲多数资本主义国家的工人运动遭到分裂，这些给无产阶级革命事业带来巨大危害。在欧洲交战双方严重削弱、许多国家出现革命形势时，欧洲大多数资本主义国家却没有一个能够领导革命的马克思主义政党，未能形成一支能够战胜资产阶级的革命力量。

这时，世界历史的发展把俄国推到了前台，让它充当了世界社会主义革命事业的带头人。

俄国进入资本主义社会比西欧主要国家要晚，但从1861年农奴制改革后，资本主义获得迅速发展。到20世纪初，俄国钢产量占世界第五位，煤产量占世界第6位，机器制造占世界第9位，发电量占世界第15位。俄国工人人数不占全国总人口的多数，但高度集中。1913年，5%的大企业集中了54%的工人，其中，在拥有一千个工人以上的大企业中工作的工人占工人总数的40%。资本也很集中。第一次世界大战前夕，资本在100万卢布以上的企业有1 107家，资本总额为42.662亿卢布，其中资本在1000万卢布以上的企业有95家，资本总额达15.977亿卢布。

随着生产和资本的集中，19世纪末20世纪初，在一些最重要的工业部门出现垄断组织。到1909年初，国家45个工业部门中有140个垄断联合组织。12家最大的银行集中了俄国所有50家股份银行80%的固定资产和债务，参与了90%以上的筹措资金和工业信贷的业务。俄国在工业生产和银行资本集中及大工业垄断化程度上，处于先进资本主义国家的水平。第一次世界大战促进了俄国工业中许多垄断组织的加强，并产生了一些新的辛迪加与托拉斯。

俄国向垄断资本主义的过渡，是在世界资本主义更为发展和国内资产阶级革命尚未完成的条件下进行的。在20世纪初的俄国，消灭封建主义的任务远未完成，农奴制残余在政治和经济领域还严重存在。统治俄国的沙皇制度是贵族地主同大资产阶级相勾结的联合专政，贵族地主阶级占了主导地位，仰赖沙皇政府政策庇护的资产阶级在政治上是软弱的，俄国贵族地主阶级及其国家政权根据是否符合它的阶级利益和能否维持其政治领导权来决定对资本主义的态度。因此，俄罗斯国家的阶级本质是反动的、落后的，基本上仍是封建的政治上层建筑，它不完全、不充分地反映俄国帝国主义的需要。由于俄国垄断资本比欧美发达资本主义国家软弱，俄国帝国主义对外侵略扩张只有在拥有强大军事力量的沙皇专制国家的积极参与下才可能实现。俄国政治上层建筑的军事封建本质同俄国经济中的前资本主义因素有着紧密的联系。在俄国农村，保留着大量半农奴制的土地占有制、农民小商品生产、宗法式的和封建主义的经济形式。农奴制残余的严重存在，使俄国仍然是世界上最大的地主土地所有制的国家，19世纪末，三万户大地主占有 7 000 万俄亩土地，与 1 000 万农民占有的土地几乎相等，大多数农民仍然处于农奴制下的奴隶地位，俄国农业生产率比其他资本主义国家仍然低得多，广大农民的生活困苦不堪。

俄国农奴制残余是阻碍俄国社会生产力进一步发展的严重障碍。正如列宁指出的，俄国经济"一方面是最落后的土地占有制和最野蛮的乡村，另一方面又是最先进的工业资本主义和金融资本主义"。① 到第一次世界大战前，在俄国国内，农业依然占优势。全国从事农业的人口占总人口的 76%，从事工业的人口只占 10%。在工农业总产值中，工业占 42.1%，农业占 57.9%。第一次世界大战，一方面把俄国向垄断资本主义的过渡推向更高阶段，另一方面又把它的根本矛盾（先进工业资本主义与落后封建主义残余之间的矛盾）进一步暴露并使俄国的各种社会矛盾激化。

俄国在资本主义世界体系中处于什么地位呢？列宁作过这样的论断："俄国是个介于文明国家和初次被这场战争最终卷入文明之列的整个东方各国即欧洲以外各国之间的国家。"② 这就是说，俄国处于发达的西欧国家和落后的东方国家之间。按金融资本实力，俄国大大落后于世界资本的四大"台柱"（英、美、法、德），而处于第二等资本主义国家的水平。俄国"被前资本主义关系的密网紧紧缠绕着"。③ 这种复杂的经济结构，既有发达的工业资本，又有落后的农奴制残余，使它既苦于资本主义的发展，又苦于资本主义的不发展。沙俄在国内实行民族压迫政策，严重阻碍国内一切民族的经济和文化的发展，激化了俄罗斯民族与各少数民族的矛盾，俄国还奴役相邻的亚洲国家，一度充当了"世界宪兵"，使俄国与东方国家的矛盾非常尖锐。这些使俄国具有不同于西欧发达国家和东方落后国家的特点，就是说，俄国既不是西欧那样的发达国家，不是典型的资本主义国家，又不是东方那样的落后国家，不是帝国主义的殖民地半殖民地。同西欧发达国家相比，俄国还是一个落后的小农国家，是一个经济、文化相当落后的资本主义国家。国内存在垄断资产阶级同无产阶级的矛盾，人民大众同沙皇专制制度和农奴制残余的矛盾，大俄罗斯民族同各被压迫民族的矛盾，俄国帝国主义同外国帝国主义的矛盾。从世界整体看，俄国处于资本主义世界体系的边缘位置和特殊地位，资本主义世界各种矛盾在这里集结，使它成为帝国主义链条上最薄弱的一环。

俄国在世界的特殊地位和错综复杂的矛盾，使俄国面临着两方面的任务，即反对沙皇专制制度及农奴制残余和反对资本帝国主义，前者属资产阶级民主革命性质，后者属社会主义革命性质。无产阶级应首先实现资产阶级民主革命

---

① 《列宁全集》第 16 卷，人民出版社 1988 年版，第 400 页。
② 《列宁选集》第 4 卷，人民出版社 1995 年版，第 776 页。
③ 《列宁选集》第 2 卷，人民出版社 1995 年版，第 644 页。

的任务,然后向社会主义革命转变,最终完成俄国革命的全部任务。第一次世界大战使俄国各种矛盾暴露得最为充分、最为彻底。俄国不仅具备了进行社会主义革命的客观前提,而且形成了革命的主观力量。世界大战为俄国革命造成有利的国内国际形势,为俄国革命提供了最有利、最难得的时机。正是在革命力量对沙皇反动势力处于绝对优势的情况下,一举取得了二月革命的胜利。

四、俄国从民主革命向十月社会主义革命的转变

1917年初的几个星期,俄国爆发了战争时期最大规模的罢工运动。俄历2月25日,政治罢工发展成为总罢工,在许多地方,工人解除警察宪兵的武装,打死警察队长。2月26日,总罢工发展为武装起义,整团整团的士兵转到革命人民的一边。2月27日,有六万多名彼得格勒卫成部队的士兵参加武装起义(28日超过12万,3月1日达到17万),工人运动同士兵起义的结合,改变了革命与反革命的力量对比。2月28日,沙皇政府的抵抗最终被粉碎。当天,莫斯科在布尔什维克党的号召下,爆发了政治总罢工,并迅速转为武装起义。全国各地的人民群众纷纷起来斗争,推翻旧政权。这样,俄国在短短几天之内,从政治罢工到武装起义,从工人运动到工人运动同士兵起义相结合,无产阶级领导的千百万群众所形成的革命洪流,埋葬了沙皇专制统治,摧毁了罗曼诺夫王朝,宣告了二月资产阶级民主革命的胜利。

在革命风暴中,革命人民在彼得格勒、莫斯科和许多大小城市建立各种苏维埃,并成立了统一的、体现工农联盟的工兵代表苏维埃。在武装的人民的支持下,彼得格勒苏维埃掌握了实际权力。但是,当布尔什维克和革命人民在街头与反动军警搏斗时,孟什维克和社会革命党人占据了彼得格勒苏维埃执行委员会的多数席位,他们认为这是一场资产阶级性质的革命,政权应归资产阶级。经过彼得格勒苏维埃执委会代表团同国家杜马委员会代表团谈判,3月2日宣布临时政府成立,李沃夫大公任临时政府主席,立宪民主党和十月党的首领们担任最重要的职位,资产阶级临时政府从孟什维克和社会革命党人手中获得政权。这样,在二月革命后的俄国,出现了一个非常独特的局面,既有工兵代表苏维埃政权,又成立了资产阶级临时政府,两个政权相互交错,列宁称之为"两个政权并存的局面"[①]。

二月革命包含着不可调和的内部矛盾。革命是由工人、农民和士兵实现的,但革命果实却落到了资产阶级手里。在革命人民和资产阶级临时政府之间出现了深刻的矛盾。在社会革命党和孟什维克的支持下,资产阶级竭力利用政权阻碍革命的发展。俄国仍然处在帝国主义战争、经济崩溃和粮食恐慌的重压之下。前线土崩瓦解,工厂时常停工,国内饥荒日益严重。要摆脱战争造成的

---

① 《列宁选集》第3卷,人民出版社1995年版,第19页。

绝境，唯一的出路是进行社会主义革命，由无产阶级夺取国家政权。列宁认为，革命的根本问题是政权问题，二月革命后，资产阶级已经掌握了国家政权，就这一点来说，俄国的资产阶级民主革命已经完成。斗争已经不是在沙皇制度和人民之间进行，而是在资产阶级和无产阶级之间进行。

俄国二月革命表明俄国无产阶级已成为全世界工人阶级的先锋，成为世界各国工人斗争的带头人。历史将首先取得社会主义革命胜利的任务提到俄国人民面前。列宁认为在临时政府得到苏维埃和多数群众支持的情况下，不能提出"打倒临时政府"的口号，对资产阶级临时政府的态度应是"不给临时政府任何支持"，并且对临时政府实行的帝国主义政策进行揭露和批评。列宁提出的口号是："全部政权归苏维埃"。只要把全部政权收回到苏维埃手中，就可以和平地剥夺临时政府的权力，然后在苏维埃内部进行斗争，把孟什维克和社会革命党排除出苏维埃，建立无产阶级专政。这就是说，通过全部政权归苏维埃的途径来实现从资产阶级民主革命向社会主义革命过渡。这是预计到革命有和平发展的可能性，它的依据是，"苏维埃是由广大自由的即不受任何外力强制的、武装的工人和士兵的代表组成的。武器掌握在人民手中，没有外力强制人民，——这就是问题的实质。这就开辟并保障了整个革命和平向前发展的道路"。①

列宁不仅为俄国革命的进一步发展制定了明确的战略任务，即建立工农联盟，进行社会主义革命，实行无产阶级专政。他还根据二月革命后的特殊情况制定了策略任务。由于多数群众不觉悟，相信孟什维克和社会革命党的谎言，使政权落到资产阶级手中，因此，没有多数群众的觉悟，无产阶级不可能夺取政权。策略的中心任务是：争取多数群众。要对群众进行耐心地、经常地、坚持不懈地教育，使他们从实际经验中认识临时政府和妥协党的错误，站到布尔什维克党这方面来。列宁提出的从民主革命向社会主义革命过渡的路线和方针、政策，得到党的第七次全国代表会议（四月代表会议）的批准。至此，列宁在1915年开始提出的"一国胜利"理论得到进一步发展，补充了关于俄国可以首先取得社会主义革命胜利的新内容。这是在新的历史条件下对马克思主义的重大发展。列宁的"一国胜利"理论成为鼓舞俄国人民实现从民主革命向社会主义革命转变的强大思想武器。

为了实现俄国从民主革命胜利地过渡到社会主义革命这个伟大的战略目标，布尔什维克党在群众中进行了大量的工作。以列宁为首的布尔什维克党的领袖和著名活动家不仅撰写了大量文章，而且深入到工人、士兵和农民中去，宣传和解释布尔什维克党的路线、方针和政策。布尔什维克党巧妙地把社会主义革命同广大群众对和平、土地和民族自由等迫切要求结合起来，提出了最易了解、最易接受、最能把群众引导到同资产阶级作革命斗争的口号。正因为布

---

① 《列宁选集》第3卷，人民出版社1995年版，第86页。

尔什维克党善于同各种政治力量和社会力量找到共同的语言，善于扩大工人阶级同盟军的阵线，所以，越来越多的人集合到无产阶级的旗帜下，迅速发展、壮大了社会主义革命的力量。

临时政府实行的帝国主义政策及其造成的恶果，彻底动摇了人民群众对临时政府的信任，破灭了广大群众对资产阶级立宪民主党的幻想，引起了四月、六月和七月大规模的反政府的群众游行示威，造成临时政府的三次政治危机。在七月事件中，临时政府在协约国的策动下武力镇压示威群众，打死56人，打伤650人。孟什维克和社会革命党把持的苏维埃中央执行委员会支持临时政府的反革命暴行，苏维埃已完全成为临时政府的附庸。至此，政权完全落入资产阶级临时政府手中，两个政权并存的局面结束。七月事件成为俄国民主革命向社会主义革命过渡中的根本转折，二月革命后开始的革命和平发展阶段由于资产阶级公然用武力镇压群众而告结束。

几个月的斗争经历和七月事件中血的教训，使人民群众的觉悟迅速增长，出现了群众失去对临时政府的信任和摆脱妥协党影响的急剧变化。这样，俄国国内的政治形势和阶级力量对比发生了重大变化。第一，结束了二月革命后的和平局面，布尔什维克党被迫转入地下。第二，社会革命党和孟什维克丧失了它们在工人、士兵中的影响，多数群众已转向拥护布尔什维克党，各主要城市和地区的苏维埃，从社会革命党和孟什维克手中转归布尔什维克党。第三，反对沙皇的各种政治力量重新组合，一支无产阶级革命的宏大队伍开始形成。整个形势表明，俄国革命已进入一个新的发展阶段，进入了革命与反革命的最后决战阶段。

由于资产阶级窃取了国家的全部政权，两个政权并存时期已告结束，列宁取消"全部政权归苏维埃"的口号，提出的新口号是：准备武装起义，推翻资产阶级专政和建立无产阶级专政。党的第六次代表大会确定党面临的主要任务是准备武装起义。

临时政府的反动统治，把人民和国家推上毁灭的道路，使本来面临破产的国民经济更趋崩溃。临时政府的反动政策造成的社会、经济恶果，引起空前严重的经济、政治和民族危机，使国内阶级矛盾急剧尖锐，加速了革命的进程。大规模的工人罢工斗争和农民夺取土地的斗争，以及被压迫民族的解放斗争，此伏彼起，革命发展迅猛异常。在布尔什维克党的领导下，俄国的工人、农民、士兵、城市小资产阶级和被压迫民族结成广泛的革命统一战线，工人阶级的社会主义运动，反对帝国主义战争的一般民主运动，农民争取土地的革命民主斗争，以及俄国各族人民的民族解放运动，汇合成为一股强大的革命洪流。而俄国资产阶级经济上、政治上的软弱，旧军队的迅速瓦解，使它的力量极其虚弱，统治极端不稳。

这时的国际环境更为有利。第一，两大帝国主义军事集团正在拼命厮杀，不可能拿出很大的力量来干涉俄国革命,俄国无产阶级及其政党能够利用这个时机组织革命力量。第二,西方工人运动和反战民主运动正在日益高涨,东方民族的解放斗争也方兴未艾。革命危机在整个资本主义世界迅速发展成熟,使俄国无产阶级革命在国际上能够获得越来越多的可靠的同盟者。

这一切表明,俄国确已成为世界帝国主义链条上最薄弱的环节,帝国主义和反动派在这里的统治已经摇摇欲坠,国际资本战线必将首先在这里被突破。布尔什维克党紧紧抓住有利的革命时机,成功地组织了无产阶级和劳动人民同资产阶级进行最后的决战。1917年10月24日(公历11月6日),彼得格勒的工人赤卫队、士兵在布尔什维克党的领导下,开始了推翻资产阶级统治的武装起义。10月25日(公历11月7日),彼得格勒的武装起义取得胜利,临时政府被推翻,政权转归工兵代表苏维埃。接着,在短短几个月内,社会主义革命在全国各地取得胜利。这样,俄国无产阶级首先冲破世界帝国主义战线,在世界六分之一的土地上推翻资产阶级统治,建立了第一个无产阶级专政的社会主义国家。

怎样看待十月革命对世界历史进程的作用?

第一,十月革命在俄国这个世界局部的变革,既坚持了马克思的世界历史思想和社会形态依次更替的理论,又没有照搬马克思、恩格斯根据西方发达资本主义国家的条件作出的世界社会主义革命道路的设想,在列宁的"一国胜利"理论指引下,落后的俄国超越了资本主义充分发展的阶段,率先进入社会主义阶段,从而缩短了世界历史的资本主义一统天下的发展过程,推动世界历史进入了从资本主义向社会主义过渡的阶段。

第二,二月革命与十月革命构成俄国革命的两个发展阶段,在无产阶级领导下,在短短的七八个月中,实现了从民主革命向社会主义革命的转变,从而开创了由落后国家无产阶级带头探索社会主义道路的新阶段,实现国际共产主义运动从理论到实践的飞跃。苏联在很短的时间内通过社会主义工业化和农业集体化,成为一个社会主义工业强国。在第二次世界大战中打败德国法西斯,它起了决定性作用,充分显示了社会主义制度的优越性和强大生命力。

第三,十月革命开创了一条争取和维护民族独立、国家主权的全新的道路,阻止了西方国家使世界大多数国家完全殖民地化的过程,推动了全世界被压迫人民、被压迫民族摆脱西方奴役的解放斗争,促使了世界历史发生根本性变化。十月革命将马克思列宁主义向周边国家以至向全世界传播。毛泽东说过:"十月革命一声炮响,给我们送来了马克思列宁主义。十月革命帮助了全世界的也帮助了中国的先进分子,用无产阶级的宇宙观作为观察国家命运的工具,重新考虑自己的问题。走俄国人的路——这就是结论。"[①] 中国革命是十

[①] 《毛泽东选集》第4卷,人民出版社1991年版,第1471页。

月革命的继续,没有1917年的十月革命,就不可能有1949年中国革命的胜利。十月革命的胜利为世界各国人民的革命胜利开辟了广阔的道路。

第三节 世界两种力量的较量

一、世界范围的革命运动

十月革命开始了一场新的世界革命。它是以西方无产阶级革命斗争为主导,被压迫民族解放运动为同盟军的一次世界规模的革命运动。东西方各国的革命和革命运动是在短短几年内连续甚至几乎同时爆发,并迅速扩展为世界规模。它以苏维埃俄国为基地,西方无产阶级革命运动和东方民族解放运动联合成为一个反对帝国主义的革命阵线,各国革命运动成为世界革命统一过程中的各个组成部分。

下面对这次世界革命高潮的三个互相联系的部分进行介绍。

第一方面,苏俄反对帝国主义武装干涉和粉碎国内反革命叛乱。

十月革命胜利后,国际资产阶级竭力堵塞俄国这个被冲破的缺口,妄图把这个世界革命的策源地扼杀在摇篮里。它们制定了反对俄国革命、瓜分俄国领土的计划。从1918年3月起,英、美、法、日等帝国主义国家开始联合对苏维埃俄国进行武装干涉,并策动和支持苏俄国内反革命势力发动叛乱,妄图从四面八方,里应外合,来绞杀苏维埃俄国。这样,苏俄结束了缔结《布列斯特和约》所获得的短暂和平,被迫进行一场反对外国武装干涉和粉碎国内反革命叛乱的战争。这场战争进行了整整三年(1918~1920年)。这是一场保卫十月革命成果、保卫无产阶级专政的革命战争,是解放了的工人、农民为摆脱本国和世界资本家压迫而进行的政治斗争的继续,是十月革命的继续。这场战争是两种社会制度之间你死我活的斗争,是当时世界革命与反革命两种势力斗争的焦点。这场战争的成败不仅关系到苏俄的命运和前途,也影响着其他各国革命运动的进程。反对帝国主义的武装干涉,不仅大大促进了西方无产阶级革命运动和东方民族解放斗争的发展,而且也是对它们最有力的支持。

第二方面,西方无产阶级革命运动。

十月革命对西方国家最大、最直接的影响是推动了反战斗争。苏维埃俄国通过的《和平法令》受到各国人民,特别是欧洲各交战国人民的热烈欢迎,极大地促进了各国人民要求和平的革命斗争。从1918年初开始,欧洲资本主义国家普遍爆发了无产阶级革命运动。

首先是1918年1月芬兰的工人革命,它是西方无产阶级革命运动高涨的前奏曲。地处中欧、东南欧的奥匈帝国各地区,在1918年10~11月,纷纷爆发资产阶级民主革命,推翻哈布斯堡王朝,先后建立了捷克斯洛伐克共和国、塞尔维亚—克罗地亚—斯洛文尼亚国（1929年起改称南斯拉夫）、匈牙利共和国和奥地利共和国，波兰地区和住着波兰人的其他地区合并建立一个新波兰国家。奥匈帝国崩溃之后，一场更猛烈的革命风暴在德国掀起。1918年11月3日，基尔港的8万名水兵为反对德军统帅部继续进行战争的命令而举行武装起义，基尔工人参加起义，开始了资产阶级民主革命。革命迅速在全国扩展。9日，工人和士兵在柏林举行起义。德国君主制度被推翻，霍亨索伦王朝覆灭。接着，工人阶级的先进分子为把民主革命转变为社会主义革命进行了英勇斗争。1919年4月13日，慕尼黑工人夺取了政权，成立巴伐利亚苏维埃共和国。1918年11月建立的匈牙利共产党为将资产阶级民主革命转变为社会主义革命进行了英勇斗争，1919年3月21日，宣告匈牙利成立苏维埃共和国。匈牙利无产阶级专政的建立，在帝国主义链条上又打破了一个缺口，大大鼓舞和推动了中欧、东南欧各国无产阶级的革命斗争。6月初，匈牙利红军解放了斯洛伐克的大部分领土。6月16日，斯洛伐克苏维埃共和国成立。意大利的革命形势也日趋成熟，1920年8月30日，意大利工人开始了夺取工厂的斗争，它从北部迅速扩展到中部和南部。西欧、北欧和北美各国在十月革命的影响下，也爆发了反战运动。它们虽未出现夺取政权的斗争，但是各国人民热烈拥护苏维埃，掀起大规模的群众性罢工斗争，开展了保卫苏维埃俄国的群众运动。

在西方国家兴起的无产阶级革命运动中，由于各国的社会条件不同，革命运动出现了很多水平不同的层次。有的国家实现了从资产阶级民主革命向社会主义革命的转变，如匈牙利；有的国家为实现从民主革命向社会主义革命的转变进行了英勇斗争，如德国；有的国家出现了大好的革命形势，如意大利；有的国家从反战开始到发动声势浩大的罢工运动，把争取切身利益的斗争同保卫苏维埃俄国的斗争相结合，如英、法等国。这些不同水平的斗争形成了西方无产阶级革命运动的高潮。

第三方面，亚、非、拉民族解放运动。

十月革命后，亚洲和北非各国的民族解放运动高涨。1918年，中国、印度、印尼、埃及、朝鲜及其他殖民地半殖民地掀起罢工运动浪潮。从1919年春天开始，一个包括亚、非最重要国家在内的反帝斗争高潮兴起。从西亚、北非到南亚这一广泛地区，成为世界革命高潮的又一个重要战场。土耳其、波斯、阿富汗、埃及、伊拉克和印度等国相继爆发反帝斗争，掀起民族解放运动高潮。其中，穆斯塔法·凯末尔领导土耳其人民进行了一场反对侵略者和苏丹卖国政府，悍卫民族独立的民族解放战争，它将东方被压迫民族的解放斗争与苏俄反对帝国主义武装干涉的斗争联结起来。它不仅鼓舞和推动了东方被压迫民族的反帝斗争，而且牵制了帝国主义武装干涉苏俄的力量。战后印度的反英斗争已从少数上层分子的活动发展为大规模的全民斗争。工人、农民、手工业者、知识分子、民族资产阶级甚至一部分有反帝情绪的地主也积极参加了斗争。亚、非广大地区的反帝浪潮,矛头主要指向英帝国主义。这些斗争与苏俄粉碎帝国主义武装干涉的斗争互相配合,打破了帝国主义的侵略计划,分散了帝国主义的力量,支援了苏俄人民的正义斗争。

在亚洲东部,也兴起了反帝斗争风暴,东方最大的国家中国,1919 年爆发五四运动,开始了中国新民主主义革命。朝鲜人民举行反对日本帝国主义的"三一"起义。蒙古人民也举起了反帝反封建的革命旗帜。

第一次世界大战期间,美国加紧向拉丁美洲扩张,在拉美各国扶植亲美的独裁政权,对拉美国家进行武装侵略。反对美帝国主义和各国反动独裁统治,是战后拉美民族解放运动的主要任务。阿根廷人民的斗争在拉美占有重要地位。此外,在墨西哥、巴西等国,也多次爆发罢工斗争。不少国家发生了武装起义。

事实表明,世界革命人民与国际资产阶级在第一次世界大战后都形成为国际力量。各国革命不仅遭到国内反革命的镇压,还要对付国际资产阶级的干涉。革命与反革命斗争的国际性,其意义超越了国家和地区的界限,牵动和影响了国际阶级斗争的进程和结局。在世界革命高潮中,任何国家的革命运动都已不是孤军作战,都将得到世界革命人民的支持和援助。苏俄反对外国武装干涉和国内反革命叛乱的斗争,西方无产阶级革命运动和东方被压迫民族的解放运动三者的相互支持和配合,真正形成了世界革命力量的联合。

在世界革命力量的联合中,十月革命和苏维埃俄国起了决定性作用。十月革命思想的传播,推动了东西方革命运动的蓬勃发展。苏俄对被压迫民族的支持和援助,促进了东方被压迫民族与俄国无产阶级和整个西方无产阶级的联合,反对帝国主义这个共同的敌人。

在东西方革命力量的联合中,共产国际发挥了重要作用。在各国革命运动中,工人阶级的先进分子以布尔什维克党为榜样,建立共产党或成立共产主义小组。为了加速各国共产党的建立和发展,促进世界各种革命力量的联合,推动无产阶级世界革命胜利前进,1919 年 3 月召开成立共产国际的第一次代表大会。共产国际通过一系列工作,在西方无产阶级同东方被压迫民族之间架起了一道桥梁,进一步推动了东西方革命力量的联合。正是依靠这种联合起来的力量,苏俄得以在极其严峻的形势下粉碎帝国主义的武装干涉和国内的反革命叛乱,在资本主义国家的包围中生存下来。

二、国际资产阶级的对策

十月革命掀起的世界革命高潮,震撼着资本主义制度。尽管从总的力量对比看,国际资产阶级仍占优势,在多数国家和地区,它的统治还是巩固的,但是,第一次世界大战大大削弱了它的力量,打乱了它的统治秩序。帝国主义列强重新瓜分世界、争夺世界霸权的矛盾仍然尖锐存在。国际资产阶级面对着两个根本问题：（1）扑灭威胁着世界资本主义生存的无产阶级世界革命；（2）恢复遭到战争严重破坏的资本主义统治秩序，巩固主要战胜国对世界的统治。

　　国际资产阶级关注的中心是欧洲局势。欧洲是资本主义的心脏地区，长期以来，资本主义统治世界，实际上就是欧洲的几个主要资本主义国家统治世界。欧洲资本主义制度的存亡关系着世界资本主义的命运。欧洲的主要资本主义国家是英、法、德三国，其次是俄国。现在，俄国资本主义制度已被社会主义制度所代替，并成为世界革命的基地。而德国的国内矛盾也已特别尖锐，革命已经爆发。由于德国的资本主义高度发达，又地处中欧，它对欧洲和世界的影响大大超过俄国，所以，国际资产阶级最害怕德国革命发展为社会主义革命，布尔什维主义向西蔓延。协约国极力主张建立一道"防疫线"，阻止革命向西方传播。它们企图把俄国与德国之间的芬兰、波罗的海沿岸各国、波兰、捷克斯洛伐克到罗马尼亚、塞尔维亚—克罗地亚—斯洛文尼亚等国家作为资本主义欧洲和社会主义俄国之间的缓冲国，并使这些国家成为反对苏俄的工具。出于维护整个国际资产阶级统治这一共同利益的需要，他们达成某些妥协，来暂时缓和他们之间的矛盾，从而结成反革命联盟，共同对付各国革命。国际资产阶级对各国革命采取的对策主要是干涉和封锁。

　　1918年1月芬兰革命胜利不久，德国就充当了扑灭芬兰革命的主角。德军先后在赫尔辛基以西的汉科和以东的洛维萨登陆，配合芬兰资产阶级的反动军队，向赤卫军发动进攻，在飞机和军舰的掩护下，于4月13日攻占赫尔辛基，扑灭了芬兰革命。

　　国际资产阶级镇压德国革命主要依靠德国国内的反革命势力。在奥匈帝国和德国革命爆发后，协约国竭力保存德、奥这两个旧制度的堡垒，用来镇压中欧、东欧国家的革命。1918年12月，德军撤到莱茵河右岸，既未解除武装，又未马上复员，一部分德军逐渐向柏林集中，各种名目的志愿部队（由退伍军官组成）在德军最高统帅部的同意和指使下成立，为镇压德国革命准备力量。协约国军队驻扎在德国的边境线上和莱茵河左岸，注视着德国局势。一旦德国反动派不能扑灭德国革命，协约国军队就将进行武装干涉，出兵占领整个德国。

　　德国社会民主党充当了资产阶级的代理人，艾伯特、谢德曼、诺斯克之流在革命爆发时掌握了革命领导权，后来又掌握了政权。他们拼凑由前德军军官组成新的暴力机关。临时政府刚成立，11月10日，艾伯特便与德军参谋长格林纳达成协议，建立临时政府与反动军阀的联盟，反对无产阶级革命运动。11月12日，艾伯特下令恢复旧军官的指挥权，接着，又下令工人交出武器，同时在各地成立武装的所谓"志愿服务团"，作为镇压革命的工具。改良主义工会领袖列金之流也利用自己的影响来维护资本主义制度，在11月15日，列金与大垄断资本家雨果·斯丁士签订《列金—斯丁士协议》,这个协议被称为"事业合作"。资产阶级所作的让步,是承认工人已经争得的东西,而改良主义工会领袖却保证维护资本主义统治,从革命中拯救德国资本主义制度,实现由工会官僚和资本家共同合作来制止革命的反动目的。临时政府完全充当了德国垄断资本家和军阀的反革命工具。12月16日,社会民主党控制的全德苏维埃第一次代表大会,决定把全部政权交给艾伯特政府,并举行国民议会选举,这实际上是宣告苏维埃的死亡,承认了资产阶级专政。从此,德国反革命势力肆无忌惮地向全国革命力量发动疯狂进攻,屠杀工人阶级的革命领袖和先进分子,扼杀革命人民为把民主革命转变为社会主义革命进行的斗争。4月末,反革命集结了10万军队进攻巴伐利亚苏维埃共和国,5月1日,共和国被颠覆。7月31日,国民议会在魏玛召开,通过宪法,成立魏玛共和国,艾伯特当选为总统,谢德曼为第一任总理。德国十一月革命至此以失败告终。

国际资产阶级颠覆匈牙利苏维埃共和国主要是在协约国直接指挥下进行的。帝国主义拒绝承认苏维埃匈牙利,对匈牙利实行经济封锁,禁止同匈牙利进行任何贸易。铁矿、煤炭、石油、工业原料和粮食都不再运进匈牙利,美国救济总署拒绝向匈牙利调运粮食。帝国主义妄想用封锁禁运来扼杀年轻的匈牙利苏维埃共和国。同时,着手组织武装干涉,策动捷克斯洛伐克和罗马尼亚参加武装干涉,并策划右派社会党人发动反革命政变。4月16日,在协约国指挥下开始武装干涉,参加干涉的有法国、罗马尼亚和捷克斯洛伐克的军队,匈牙利国内的反革命势力也到处发动叛乱。同时,以巴黎和会的名义接连向匈牙利苏维埃政府发出最后通牒,要匈牙利红军停止进攻,撤至协约国划定的分界线以内,否则协约国将对匈牙利实行进一步的武装干涉。红军被迫撤退后,协约国指使捷克斯洛伐克反动军队立即颠覆斯洛伐克苏维埃共和国。7月初,干涉军对匈牙利发动新的进攻。7月中旬,协约国在巴黎和会上商定了对匈牙利实行武装干涉的具体措施。7月30日,克列孟梭又发出取消苏维埃政府的照会。8月1日,匈牙利苏维埃共和国在同国内外敌人进行了133天的英勇搏斗后被颠覆。

国际资产阶级对付苏维埃俄国更是使出了全身解数。协约国的干涉最早是隐蔽的,主要是从政治上和财政上支持俄国反革命势力以及策划反苏维埃的叛乱。到1918年春天,俄国资本家和地主策动的叛乱都遭到失败,协约国决定自己出兵直接干涉。在战胜德奥集团后,协约国把摧毁世界革命的主要策源地——苏维埃俄国作为主要任务。11月13日,英国和法国政府批准了1917年12月签订的在俄国划分势力范围的协定。11月15日,英、法舰队开进黑海,并在敖得萨、塞瓦斯托波尔登陆,向俄国北方地区、高加索、中亚细亚和远东增派大批兵力,入侵苏俄的武装干涉军总数达25万多人。从此,武装干涉进入一个新时期,协约国决心亲手消灭苏维埃俄国。协约国勾结俄国反革命势力向苏俄发动了三次大规模的武装进攻。这样,苏俄与国际资产阶级的武装斗争代替了两个帝国主义集团之间的战争。在世界人民的支援下,苏俄结束了近乎完全孤立的状态,进入与世界革命人民共同战斗的新阶段。苏维埃俄国人民奋起参加卫国战争,坚决回击侵略者,红军在各条战线上(西部、南部、东部)都取得了巨大胜利。

第一次武装进攻是从1919年春开始的,它以东线高尔察克为主力。在列宁的号召下,布尔什维克党动员了一切力量反击敌人,经过几个月的英勇奋战,击溃了第一次进攻。在这次进攻中,干涉军开始严重瓦解,外国军队经常拒绝作战,英、法、美等国国内掀起了"不准干涉俄国"运动。在人民的压力下,英、美军队从苏俄的北方撤出,意、法等国先后将军队撤出俄国。从此,协约国从公开的武装干涉转入隐蔽的武装干涉,从依靠自己本国军队转为拉拢各个附属民族首先是拉拢俄国周边国家来反对苏维埃俄国。

1919年夏天,帝国主义组织了对苏俄的第二次进攻,即所谓"十四国进攻"(十四国指英、美、法、日、意、芬兰、爱沙尼亚、拉脱维亚、立陶宛、波兰、乌克兰、乔治亚、阿塞拜疆、亚美尼亚),这次进攻的主力是俄国南方的邓尼金部队。协约国企图把波罗的海沿岸几个小国和芬兰推上反对苏俄的道路,从而实现在苏俄的周围建立"防疫带"的计划。但是,这些国家的资产阶级越来越认识到他们帮助邓尼金,实际上就是放弃争取民族独立的斗争,从而也就丧失其在本国的统治地位。苏俄揭露了邓尼金妄图取消爱沙尼亚、拉脱维亚、立陶宛的独立并迫使它们服从俄罗斯资产阶级和地主统治的反动政策,宣布支持这些国家实行民族自决的原则。在苏俄的建议下,苏俄与爱沙尼亚、立陶宛和拉脱维亚先后签订了和约。由于苏俄从协约国那里夺走了这些小国,从而粉碎了协约国的第二次进攻。

1920年初,又发动了对苏俄的第三次进攻。这次进攻的全部力量是波兰和弗兰格尔,波兰被作为反苏的突击力量。这次苏俄对波兰的战争不同于前几次战争。高尔察克、邓尼金发动的进攻苏俄的战争都是在俄国境内进行的,它还不能够动摇凡尔赛体系。波兰是凡尔赛体系的一个重要支柱,协约国用它来反对布尔什维克,因此,苏俄对波兰的战争是比前两次战争更直接的对协约国的战争。1920年4月底,波兰军队侵入苏俄,弗兰格尔从克里米亚向北进攻。红军愈战愈强,很快就打败了敌人,转为反攻,一直进抵华沙郊区。如果波兰战败,变为苏维埃国家,革命就会推进到中欧,动摇整个欧洲资本主义的统治,凡尔赛体系就会垮台。因此,红军进逼华沙,引起国际资本主义统治的政治危机。协约国决定公开出面干涉,英国充当了主要角色。它的外交大臣寇松照会苏俄,要求红军在巴黎和会上确定的波兰东部国境线(从此称这条线为"寇松线")停止进攻,并立即与波兰签订停战协定。同时,大力援助波兰,派遣一个英法代表团到华沙参与指挥波军作战。8月3日,寇松向苏俄发出最后通牒，要求红军停止进攻，以发动对苏战争相威胁，美国也宣称它将保卫波兰。由于协约国的干涉和红军指挥上的错误，红军进攻华沙失败，被迫退却，波兰保存了资本主义制度。

到1920年底，经过几年的较量，苏俄反对帝国主义武装干涉和粉碎国内反革命叛乱取得了决定性胜利。这是世界革命人民反对世界反革命势力围剿所取得的最大成果。

帝国主义在疯狂镇压西方国家革命运动的同时，竭力绞杀东方各国的民族解放运动。东方各国人民通过艰苦的英勇斗争，取得一系列胜利。蒙古人民在苏俄红军的协助下，1921年开始了人民革命，首先进行的是反帝民族解放战争，击败武装干涉者，接着开展了反封建斗争，1924年成立蒙古人民共和国。凯末尔领导的土耳其反帝民族解放战争，于1922年取得了胜利，废除了色佛尔条约，1923年成立土耳其共和国。波斯政府在国内民族解放运动的推动和苏俄的支持下，1921年废除了英波协定，与苏俄签订了苏波条约，摆脱了对帝国主义首先是对英国的依赖，实现了国家的独立。阿富汗对英国侵略者的坚决抵抗和英国在中近东处境的困难，迫使英国结束了战争，签订了和约，阿富汗赢得了主权与独立。但是，在帝国主义殖民统治特别强大的地方，不少国家的反帝斗争遭到血腥镇压。印度的革命高潮在1921年达到顶点，由于甘地和国大党的妥协，英帝国主义得以绞杀印度人民的反英斗争，使印度有利的革命形势未能转变为胜利的革命。埃及1919年的起义被镇压，1921年12月又爆发起义，英国被迫于1922年2月承认埃及形式上的独立，但仍保留了它在埃及的特权。伊拉克起义被英军各个击破，最后被血腥镇压。朝鲜"三一"起义在日本帝国主义的残酷镇压下失败，结束了资产阶级民族运动时期，朝鲜人民的民族解放斗争进入一个新的阶段。

三、各国革命成败的经验教训

这次革命高潮是一次世界范围的革命与反革命的较量，但它只是国际资产阶级与世界无产阶级被压迫人民被压迫民族的一次初次交锋，还不是决定性的战斗。在这场斗争中，革命人民取得了重大成果。但是，国际资产阶级保持了它在世界大部分地区的统治。

为什么无产阶级未能利用战后有利时机在更多的国家夺取革命胜利？

社会主义革命是一场无产阶级推翻资产阶级统治的阶级斗争。因此，在阶级力量对比上，无产阶级是否具有战胜资产阶级的强大力量，是社会主义革命胜利的首要条件。除俄国外，欧洲各国并未形成这样的阶级力量对比，这是资产阶级和无产阶级两方面的状况造成的。

国际资产阶级召开巴黎和会，签订对战败国的和约，调整了它们的关系，重新建立帝国主义的反动统治秩序，暂时缓和了它们之间的矛盾，建立起对付世界革命的反革命联盟，从而大大加强了反对革命的力量。这是国际资产阶级能够保持他们统治的一个重要原因。

为了扑灭已经燃起的革命烈火和防止爆发革命，资产阶级被迫作了让步，满足了人民的某些要求，如复员军队，废除君主政体，实行普选，扩大选举权，宣布集会、结社、出版自由，实行八小时工作日，提高部分工人工资，增加养老金和失业救济等，这些使西方各国的国内矛盾有所缓和，人民的革命热情逐渐减弱。在欧洲很多国家，社会民主党充当了资产阶级的代理人，帮助资产阶级镇压革命，德国、匈牙利、意大利等国都是这样。这是国际资产阶级能够保持他们统治的又一个重要原因。

大多数国家的革命运动失败，还有更为重要的原因，即主观条件不成熟，未做好革命准备。从西方国家无产阶级革命运动来看，无产阶级革命要胜利，首先要有共产党及其领导；其次要做好革命的准备，主要是发动多数工农群众站在革命一边，组成一支强大的革命力量。这就是革命的主观条件。俄国具备这个条件，社会主义革命一举取得胜利。德国和奥匈帝国都存在把民主革命转变为社会主义革命的客观形势，但是，左派软弱，迟迟不与右派从组织上作彻底决裂，虽然建立了共产党，但是由于建党前长期未做争取群众的有效工作，多数工人不在自己一边，军队未争取过来，农民更没有发动，而社会民主党实行与资产阶级合作的政策，造成了工人阶级分裂，所以无法形成夺取革命胜利的主观力量。这样，在中欧、东南欧多数国家，优势转到资产阶级方面，资产阶级由守势转为攻势，使民主革命不能转变为社会主义革命。匈牙利虽然实现了革命转变，但犯了一系列原则性错误（共产党与社会民主党合并使共产党实际上被取消，实行土地国有脱离了要求分配地主土地的贫苦农民，对反革命实行宽大政策使反革命分子得以到处发动叛乱等等），这也说明匈牙利共产党还不成熟，未做好革命准备，以致夺取政权后被国内外反革命势力所颠覆。总之，革命主观力量不成熟，造成很多国家革命领导权一开始就被社会民主党篡夺，把革命引入资产阶级轨道，从而使革命最终失败。

多数国家革命运动的失败表明：一个国家革命的爆发当然是国内条件决定的，但是，在世界已经连成一体，革命与反革命都已形成国际性力量的情况下，各国革命的成败都不完全取决于本国国内革命与反革命的力量对比，在一定意义上，都是国际资产阶级与世界革命人民斗争的结果。这次革命高潮中各国革命的经验教训充分说明，在世界整体已经形成的条件下，一个国家革命要取得胜利，取决于三个方面条件：第一，能否发动国内无产阶级和大多数劳动人民组成一支强大的革命队伍；第二，能否得到世界革命人民和友好国家的支持和援助（道义上的支持和尽可能的物质援助）；第三，能否分化、瓦解敌人，粉碎国际国内反革命势力的联合进攻。如果具备这几方面条件，革命力量就会由小到大，由弱变强，由劣势转为优势，最后取得胜利。苏俄和土耳其两国革命性质虽然不同，但都具备了这些条件，因而取得胜利。如果没有这些条件，革命就会失败，德国、匈牙利和芬兰等国革命都是这样。这三个条件的根本点，是组织一支强大的革命力量。不论西方资本主义国家还是殖民地半殖民地国家，都要根据本国革命的性质和任务，建立反对主要敌人的最广泛的统一战线，把反对帝国主义的一切力量团结起来，才能形成浩浩荡荡的革命队伍。在西方，首要问题是克服工人阶级队伍的分裂，争取农民和城市小资产阶级。在东方，要团结一切民主力量和爱国力量，建立反帝反封建的民族统一战线。这是打败帝国主义，夺取革命胜利的根本途径。

第四节 世界各种关系的调整

一、凡尔赛—华盛顿体系的建立

20世纪初，资产阶级的政治思想和政治制度在欧洲达到鼎盛，并影响世界各地。然而，第一次世界大战使它遭到沉重打击。十月革命使俄国旧的地主资产阶级统治秩序为崭新的劳动人民当家作主的秩序所取代。在欧洲，资产阶级旧的统治秩序受到怀疑和挑战。苏俄向全世界宣布《和平法令》，要求各交战国"立即实现不割地、不赔款的和平"，"废除秘密外交"，并宣布废除临时政府批准和缔结的全部秘密条约，受到交战国人民的热烈欢迎，产生广泛而深刻的影响，很多国家出现了苏维埃运动，并广泛展开了"不准干涉俄国"运动。这些对资产阶级旧的统治秩序形成了巨大冲击。在这种形势下，国际资产阶级迫切需要建立新的统治秩序来维护它在世界的统治。

美国总统威尔逊在1918年1月8日的国会演说中提出所谓争取世界和平的"十四点纲领"，就是美国对建立战后世界秩序的基本构想，反映了美国干预世界事务、争夺世界霸权的思想。美国凭借它在大战中急剧增长的经济和军事实力，企图夺取建立战后世界秩序的领导权，实现它的战略目标：一方面，抵消《和平法令》在世界各国人民特别是交战国人民中的影响，扼杀尚处在摇篮中的苏维埃政权；另一方面，排挤英、法、日和其他竞争者，夺取资本主义世界的霸主地位。它的矛头既对准苏俄，又指向英、法等老殖民主义。美国纲领的主要内容之一是建立国际联盟，通过国际联盟来加强它在世界事务中的影响，夺取世界霸权。但是，美国的军事力量和政治影响同它在世界经济中的地位还不相称。这一不足必然使美国的一些主张在和会上要遭到英、法等国的抵制和反对。

英国在大战中受到削弱。它从美国的债权国变为债务国，开始失去作为世界金融中心的地位。但是，英国保持了强大的军事力量和政治影响，拥有世界上最强大的海军，它的军队遍布欧洲、西亚和北非；它继续支配着殖民帝国的巨大财富,是欧洲盟国的债权国;它夺取了德国在非洲的殖民地以及前奥斯曼帝国在近东的大片土地。这些使英国力图保持和扩大它的世界霸权。

法国在大战中损失严重,元气大伤。法国负债累累,欠美国38亿美元,欠英国6.5亿英镑,从而不能不受制于美、英。但是,法国拥有欧洲最强大的陆军,是欧洲最大的军事强国,占领着具有重要战略意义的地带。法国的战略目标是最大限度地削弱德国,保证法国自身的安全,确立它在欧洲大陆的霸权地位。

意大利的经济和军事实力较弱,在大战中屡战屡败,无所建树,因此,它的影响不能与美、英、法相比。由于英、美想把它作为一支在欧洲大陆同法国抗衡的力量,它想在英、美的支持下实现在巴尔干和非洲的领土要求,变亚得里亚海为意大利的内湖,在东地中海建立霸权。

日本也在大战中发了横财,经济实力迅猛增长,成为欧洲很多国家的债权国。它占领了德国在太平洋的殖民地马绍尔等三个群岛,抢占了中国的青岛和胶州湾,并在1915年1月18日迫使中国的袁世凯政府接受丧权辱国的"二十一条"不平等条约,妄图变整个中国为它的殖民地。日本的目标是保住已夺得的赃物,要世界承认它在中国的统治地位,进而取得远东霸权。

主要资本主义国家力量对比的变化和各自对战后世界秩序确定的目标,使它们在战后加紧对世界的争夺。第一次世界大战以前,争夺世界霸权主要在欧洲列强之间,世界大部分地区还处于资本主义列强各自的殖民统治之下。第一次世界大战以后,争夺霸权已在世界范围内展开,英国的世界霸权受到美国的全面挑战。但是,在主要资本主义国家的力量对比中,还没有出现压倒其他一切国家的超级大国。因此,在战后争夺霸权的斗争中,既不存在能把自己的意志强加于别人的国家,也未出现固定阵营的对峙。各国从实现自己的战略目际出发,确定自己的斗争策略。战胜国在对待战败国尤其是在对待德国的问题上存在尖锐矛盾。英国为了保持欧洲大国力量的均势,便于它控制欧洲,需要利用德国牵制法国。美国也需要利用德国抵消英、法的影响,以便它在欧洲取得优势。为此,英、美都不愿过分削弱德国,法国竭力削弱德国的企图为英、美所不容。德国也充分利用战胜国之间的矛盾来改善自己的处境。

1918年1月18日召开的巴黎和会,其主要任务是讨论对德和约,实际上是掠夺战败国,重新瓜分世界的分赃会议。由于无产阶级世界革命的高潮已经掀起,和会实际上还有一个主要任务,即扼杀苏维埃俄国和各国革命。国际资产阶级打算通过巴黎和会解决这两个主要任务,建立战后世界新秩序。

参加和会的国家共32个,与会代表共一千多人,还有一大批随团工作人员,其中有历史学家、法学家、统计学家、经济学家、地质学家和地理学家,还有译员、秘书、速记员、打字员等。这是一次规模空前的国际会议。参加和会的国家并不享有同等权利。只有美、英、法、意和日本五大国可以出席一切会议。各国代表席位的分配也不同，上述五大国各有5名全权代表，其他国家只有1~3名代表。苏维埃国家和战败国都被排斥在外。和会真正的主人并不是与会的所有国家和代表，而是五大国政府首脑和外交部长组成的十人会议，十人会议是在和会第一阶段决定一切重大问题的"最高会议"。由于人数还是太多，不便进行秘密交易，3月24日起改为仅由政府首脑出席最高会议，并非现任首相的日本首席代表也被排斥在外，自此，和会核心只剩下"四巨头"：美国总统威尔逊、法国总理克列孟梭、英国首相劳合·乔治和意大利首相奥兰多。4月24日奥兰多发怒回罗马以后的一段时间只剩下"三巨头"。所以，真正操纵整个会议的只是美、英、法三国。与会各国的所有代表都参加的全体会议，一共只举行了七次，实际上仅仅是起举手表决通过的作用。真正的工作都是在各个特别委员会里进行的，如国际联盟委员会、赔款委员会等，负责审议各种专门问题，提出议案由最高会议决定。特别委员会由有关国家的代表组成。在四人会议外，由五大国的外长组成一个五人委员会，处理一些次要的问题，他们所作的决议要获得"四巨头"的批准。

由此可见，巴黎和会是由少数大国掠夺战败国、重新瓜分世界的会议，是美、英、法三大国争夺世界领导权，按照自己的战略目标建立战后世界新秩序的会议。为了维护国际资产阶级在世界的统治，协约国可以共同对付苏维埃俄国和各国革命。但是，在掠夺战败国、重新瓜分世界、争夺世界领导权、建立战后世界新秩序上，他们展开了激烈的斗争，使和会几次濒于破裂。首先在国际联盟问题上展开争论，然后在讨论和约的主要问题上，如围绕德国的疆界和赔款问题展开了激烈的斗争。最后，达成了妥协，作出了如下决定。关于德国西部边界：法国收回阿尔萨斯和洛林，萨尔煤矿转归法国所有，萨尔由国际联盟代管15年，期满后经过公民投票决定其归属，莱茵河左岸按北部、中部和南部划分为三个占领区，由协约国军队分别占领5年、10年、15年，沿莱茵河右岸则是一条宽50公里的非军事化地带。关于德国东部疆界：把历来属于波兰的许多地区仍留给德国，波美拉尼亚某些地区、波兹南、大部分西普鲁士和一部分东普鲁士交给波兰，使波兰取得一条狭窄的通海地带，但泽（格但斯克）成为自由市。德国领土被波兰走廊分割为两部分。关于赔款数额及其分配：由于几个主要国家争执不下，和会决定交由赔款委员会解决。关于德国武装力量的处置：德国保留官兵员额为10万人的军队，保留一支36艘军舰的海军，禁止德国拥有坦克、装甲车、军用飞机、潜水艇，命令德国拆毁海防工事和西部边境线上的防御工事。但是，为了拉拢德国参加反对苏俄的战线，保留德国东部边境的防御工事，推迟撤回在波罗的海沿岸的德国军队。

在国际联盟盟约中，确定了委任统治制，它是帝国主义重新瓜分世界的一种重要制度，用来解决德国殖民地和奥斯曼帝国的阿拉伯领地问题，实际上是由战胜国瓜分这些领土。德国和土耳其把自己的殖民地和领地交给国际联盟

(简称"国联"),由国联委托受委任国直接统治。国联把委任统治权授给英国、英国的自治领、法国、日本和比利时,使这些国家和自治领实际上获得了新的殖民地。

1919年6月28日,在凡尔赛宫明镜大厅举行对德和约签字仪式,凡尔赛和约由此得名。第一次世界大战正式宣告结束。《凡尔赛条约》签订后,战胜国同其他战败国相继缔结和约。1919年9月10日,在巴黎附近的圣日耳曼宫,协约国与奥地利签订《圣日耳曼条约》。1919年11月27日,在巴黎市郊的纳依,协约国与保加利亚签订《纳依条约》。1920年6月4日,协约国武装颠覆了匈牙利苏维埃共和国之后,在凡尔赛的特里亚农宫同匈牙利签订《特里亚农条约》。1920年8月10日,协约国与土耳其签订了《色佛尔条约》。这一系列和约构成战后帝国主义的凡尔赛体系,它暂时调整了帝国主义列强在西方的关系,确立了战后资本主义在欧洲、西亚和非洲的新秩序。

巴黎和会建立的世界新秩序,维持了英国的海上霸主和最大殖民帝国的地位,确立了法国在欧洲大陆的霸权,巩固了日本在中国和南太平洋的优势。美国总统威尔逊除得到一个所谓"国联创始人"的虚名外,美国利用建立国联来控制世界、建立世界霸权的目标完全落空。因此,美国拒绝批准《凡尔赛条约》,拒绝加入国联,使国联成为被英、法两国操纵的工具。这次美国称霸世界的野心受挫的根本原因是美国充当世界霸主的时机尚未成熟。一战使美国成为世界上最强大的经济大国、债权国和金融中心。但是,英、法的政治影响和军事实力仍是强大的。美国与英、法等国之间的力量对比还远远不是第二次世界大战后所形成的那样。英、法两国在财政上虽然依赖于美国资本,但仍保持自己的政治独立性,欧洲到处都是英、法的军队,海洋上则由英、法、日的海军所控制,英、法凭借强大的实力和在战争中已经夺到手的果实,敢于抗拒美国称霸世界的企图。可见,美国失败的真正原因是它还不具备称霸世界的力量,还没有能够压倒英、法的实力。

美国在巴黎和会受挫后,将对外扩张的战略重点转向远东和太平洋地区。战后,帝国主义列强在远东和太平洋地区的实力对比已发生变化。苏俄摒弃了沙俄的侵略政策,德国战败,法国忙于国内的恢复工作及巩固在欧洲的地位,因此,争夺远东和太平洋地区霸权的主要是美、英、日三国。战后,三国展开了军备竞赛,造成这个地区局势紧张,并遭到各国国内和平运动的反对和财政上的困难。形势迫使各国考虑裁军。在美国的创议下,1921年11月12日,美、英、法、意、日、荷兰、比利时、葡萄牙和中国等九国会议在华盛顿召开,1922年2月6日结束。美国国务卿休斯被推选为会议主席,会议被美、英、日三国所操纵。经过近三个月的争吵,达成妥协,签订的条约主要有三项:(1)美、英、法、日四国签订《关于太平洋区域岛屿属地和领地的条约》,简称《四国条约》,把四国在太平洋地区内占领岛屿的现状固定下来,废除英日同盟。条约还规定，当缔约国在太平洋区域的权利受到其他国家的威胁时，它们应协商并采取有效措施，这实际上形成列强在远东和太平洋地区镇压各国民族解放运动的联盟。(2)《限制海军军备条约》，条约规定，五国主力舰总吨位的限额是：美、英各52.5万吨，日本为31.5万吨，法、意各17.5万吨。一般通称为5∶5∶3∶1.75∶1.75的比例。(3)《九国公约》，即《关于中国事件应适用各原则及政策之条约》，美国的四条原则成为《九国公约》的基本内容，确认了在中国推行美国的"门户开放"、"机会均等"原则，而中国提出的取消领事裁判权、归还租借地、关税自主等正当要求却遭到拒绝。

美国凭借其强大的经济实力，成为华盛顿会议上的最大赢家，它拆散了英日同盟，取得了与英国同等的海军实力地位，迫使列强正式承认在华"门户开放"、"机会均等"的原则。华盛顿会议承认美国在远东和太平洋地区占有的优势，解决了巴黎和会未能解决的某些问题，建立了战后帝国主义的"华盛顿体系"，从而确立了国际资产阶级在远东和太平洋地区的新秩序。美国在远东和太平洋地区取得与其实力相适应的霸权地位。英国由于放弃海军"双强标准"而开始丧失海上优势。日本丧失英日同盟，海军实力和对华扩张都受到较大的遏制，因而它在远东和太平洋地区的地位受到削弱。中国虽然收回山东主权，避免了被日本独占的结局，但却回到了被几个帝国主义国家共同支配的局面。

华盛顿会议是巴黎和会的继续，两会的目标都是几个主要战胜国根据战后力量对比的变化重新建立统治世界的新秩序。巴黎和会制定了《凡尔赛条约》等对战败国的和约，暂时解决了战胜国和战败国的矛盾；华盛顿会议签订了战胜国之间的一系列条约，暂时缓和了战胜国之间的矛盾。两次会议建立的统治世界新秩序，就是凡尔赛—华盛顿体系。它表明帝国主义列强已经按照战后新的力量对比重新瓜分了世界，暂时调整了资本主义世界的各种矛盾，并拼凑起各种反对革命的力量，组成了对付苏维埃俄国和东西方各国反帝斗争的反革命联盟。与此同时，帝国主义世界大战的结束，各国军队的复员，使激起革命的催化剂得以消除，几年战争造成的严重后果，使各国人民强烈要求和平，从而减少了爆发革命的因素，随着多数国家革命的失败，各国的国内秩序也趋于稳定。

战后世界新秩序是国际资产阶级在共同反对苏维埃俄国和镇压各国革命的基础上又斗争又勾结的结果，是战前旧秩序在战后新的力量对比基础上的重建，实际上是战前旧秩序的调整和补充，是英、美、法、日等列强共同统治世界的秩序。它包括由一系列多边条约构成的体系和国际联盟这样的国际组织。但是，它们不是建立在有序的国际经济体系之上的。一战打破了原有的世界经济秩序，资本主义国家先后放弃了金本位制，英国逐渐失去了世界金融中心的领导地位，不再拥有调节世界支付体系的手段，而在经济领域中拥有强大实力的美国又未承担这一任务。世界经济处于无序状态，它使世界新秩序不具有稳定的经济基础。

二、两种社会制度的国家由对抗转为共处

十月革命胜利后,资本主义已不再是唯一的和统治全世界的经济体系,世界分裂成为两个性质根本不同的体系,即资本主义体系和社会主义体系,它们之间存在着深刻的矛盾。苏俄从十月革命胜利之日起,就决定扩大社会主义生产,希望在新的基础上同资本主义国家发展经济关系,从外部获得资金、技术与市场,以利于实现社会主义建设目标。在列宁关于苏俄同资本主义国家发展经济关系极其必要而且可能的思想的指导下,苏俄政府制定了加强对外经济联系的一系列具体政策与计划,并为其实现作了不懈的努力。但在帝国主义列强对苏俄进行武装干涉和经济封锁的形势下,苏俄只能和少数中立国保持不稳定的贸易关系,其规模很小。到1919~1920年,随着苏俄粉碎外国武装干涉和国内反革命叛乱,国际资产阶级未能绞杀苏维埃俄国和恢复资本主义世界一统天下的局面。在苏俄与资本主义世界之间,出现了列宁所称的"相对的均势",国际资产阶级开始逐步调整对苏俄的政策。1920年1月,协约国宣布停止对苏俄的经济封锁。两种不同制度的国家长期并存,和平共处,不仅成为客观的需要,而且也有了可能。

两种社会制度的国家实行和平共处有更深层次的因素,这就是经济的因素。世界整体已经形成,各国在经济上相互联系和相互依赖的关系,要求战后恢复各国间正常的经济往来。俄国是一个农业和资源大国,与西方发达国家在经济上早就形成了很强的互补关系。西方需要俄国的资源和市场,俄国需要西方的资金、设备和技术。例如,在大战前的1913年,英国是俄国的第二大贸易伙伴,每年出口俄国的商品价值达2.68亿卢布,从俄国进口的商品每年达1.73亿卢布。俄国的粮食、油脂、蛋类、石油、木材、锰等产品,在英国市场上占很大分量。英国所需木材的50%、小麦的20%来自俄国。战前俄国用于工业的资金大量来自西欧发达国家。至于德国与俄国的经济联系还超过英俄的经济联系。正是这种经济联系,使重利务实的英国率先采取行动,1920年英国首相劳合·乔治就主张恢复英俄贸易关系,英国著名经济学家凯恩斯和英国报刊也指出,要恢复世界经济必须有俄国参加。正如列宁指出的:"有一种力量胜过任何一个跟我们敌对的政府或阶级的愿望、意志和决定,这种力量就是世界共同的经济关系。正是这种关系迫使它们走上这条同我们往来的道路。"[①] 苏维埃政府站稳脚跟后,立即把工作重心转到经济建设上来,医治战争创伤,发展国家经济,实现国家的工业化和现代化。为此,必须保证和平的国际环境,必须发展同资本主义世界正常的经济和贸易往来,吸收和利用西方

---

① 《列宁全集》第42卷,人民出版社1987年版,第332页。

的先进技术、设备、资金、管理经验等。列宁指出,社会主义共和国不同世界发生联系是不能生存下去的。不同资本主义国家发生关系,不吸收外国的资金、设备、技术,俄国单靠自己的力量是不能恢复经济和建设社会主义的。1919年秋和1920年初,列宁认为,随着反对帝国主义支持的反革命叛乱的战争的胜利,将出现社会主义国家与资本主义国家共存的时期,苏俄愿意在互不干涉内政的条件下,在互利的基础上与资本主义国家发展经济联系和事务上的往来。从此,苏俄与资本主义世界开始走向和平共处。

为了实现与资本主义国家和平共处,苏俄首先同参加或支持对苏俄武装干涉的一些周边国家改善关系。1920年,苏俄先后同波罗的海沿岸三国和芬兰缔结和约,在承认独立自主和双方平等的基础上,建立了正常关系。1921年3月,苏俄与波兰也缔结和约,建立外交关系。对西方资本主义大国,苏俄首先争取恢复与它们的经济关系,然后促进政治关系的正常化。苏俄与英国在1921年3月签订贸易协定,这是苏俄与资本主义大国签订的第一个正式协定。这个协定表明英国事实上承认了苏维埃俄国,同意与苏俄和平共处和发展贸易经济关系。英国当时是最有影响的西方大国,在英苏协定的影响和带动下,其他资本主义国家也先后同苏俄签订了贸易协定。尽管苏俄在外交上取得很多成就,但还未与任何一个资本主义大国正式建立外交关系,而苏俄在1921年转向全面的经济恢复和建设工作后,更迫切地需要发展同外部世界的关系。为此,苏俄政府在1921年10月向各资本主义大国发出照会,宣布对外政策的主要目标之一,就是同其他大国实行经济合作。表示在各大国承认苏俄、缔结全面和约和向苏俄提供贷款的条件下,苏俄愿意承认1914年以前沙皇政府所借的外债,欢迎外国资本来帮助开发俄国的资源。声明建议召开国际会议,讨论苏俄和其他国家的相互要求,以及缔结和约和实行经济合作问题。这一呼吁得到西方多数国家的积极响应。当时西方各国的经济尚未走出困境,需要苏俄的经济合作。1922年1月6日,英、法、意、比、德等国代表在法国的戛纳召开会议,协调立场,决定在热那亚举行有苏俄及战败国德、奥、保、匈等参加的全欧经济和财政会议,并提出了保证会议成功的条件,表示任何国家都不得把自己的制度强加给别国,放弃颠覆别国的宣传等,这实际上承认了不同社会制度的国家互不干涉内政、和平共处的必要性。

1922年4月10日至5月19日,热那亚欧洲经济和财政会议召开,有29个国家(加上英国的自治领,实为34国)参加。苏俄代表团第一次参加这样大规模的国际会议,这也是不同社会制度国家的代表第一次坐在一起举行这样的国际会议,通过和平谈判来处理相互关系。苏俄代表团由列宁亲自任团长,列宁因健康状况不佳未能与会,副团长、外交人民委员契切林享有全权,苏俄代表团的与会目标、活动原则和斗争策略,都是列宁亲自确定的。其主要内容是:扩大贸易,为最广泛最顺利地发展贸易创造有利条件,寻求最有利的形式。代表团认为,要做有利于自己的生意,要讲究斗争的艺术,要善于利用帝国主义国家的矛盾和帝国主义国家中各种不同派别的矛盾,争取朋友,减少阻力。为了打破帝国主义的反苏阵线,可以在会外做工作,同某些国家签订协定,达到自己的目的。苏俄代表团在会议上宣读了纲领性声明,指出:"俄国代表团坚持共产主义原则的观点,承认在当前这个旧制度和正在成长的社会主义制度可以同时并存的历史时代,为了普遍的经济恢复,代表着这两种所有制体系的国家之间实行经济合作,是绝对必要的。"契切林在发言中指出,苏俄的恢复对世界经济的恢复是必不可少的,苏俄准备租让部分森林、煤矿和其他矿产的开采权,扩大对欧洲工业的原料、粮食和燃料供应。他强调只有和平才能有利于世界经济的恢复,因此,苏俄主张普遍裁军,修改国联章程,清除一些国家统治另一些国家以及战胜国与战败国的区别。但是,协约国不接受苏俄的建议,反而对苏俄提出了苛刻的要求。由于双方的立场相去甚远,无法达成妥协。5月19日,会议结束。

热那亚会议虽未取得成功,但在两种不同社会制度的国家由对抗走向和平共处的过程中具有重要意义,它们毕竟坐到谈判桌前来了。更具有意义的是,苏俄在会议期间取得一项重大的外交突破,这就是与德国代表团签订《拉巴洛条约》。德国为了抵制协约国的压力,考虑同苏俄改善关系和进行合作,苏俄代表团鉴于协约国在谈判中的顽固态度,决定利用德国与协约国的矛盾,取得突破。1922年4月16日,苏、德两国代表团在热那亚郊区的拉巴洛进行会谈,当天达成协议,签订德苏协定,通称《拉巴洛条约》。条约规定:两国彼此放弃对战争费用和战争及非战争损失的赔偿要求;德国放弃对苏俄收归国有的原德国财产的偿还要求;两国立即恢复外交和领事关系;两国根据最惠国待遇发展贸易和经济关系,亲善合作。

《拉巴洛条约》的重要意义在于,苏俄获得了第一个西方资本主义大国的正式外交承认,并建立起经济贸易往来和合作关系,标志着两种不同社会制度的国家开始和平共处、平等合作。

英国是继德国之后承认苏联的西方大国。英国虽然最早同苏俄缔结了贸易协定,但在《拉巴洛条约》之后,德国与苏俄的关系却发展迅速,贸易额大幅度增长。英苏之间由于没有正式建交,影响了经贸关系的发展。1924年2月1日,英国工党政府终于宣布承认苏联。1924~1925年,意大利、法国、日本等资本主义大国,还有挪威、希腊、奥地利、丹麦、瑞典、墨西哥、汉志等国先后与苏联建立了外交关系。到1925年,同苏联建交的国家达到24个。在西方大国中,只有美国坚持不承认苏联的政策,但是,美苏民间经济贸易往来还是逐步在发展。

苏俄同东方殖民地半殖民地国家的关系,是苏俄对外政策的重要方面。殖民地半殖民地国家从社会经济形态和政治制度看,存在许多资本主义以前的因素，但从整体上讲它们都已被纳入资本主义世界体系。苏俄与殖民地半殖民地国家的关系，虽与苏俄和西方资本主义国家的关系有不同的内容和特点，但仍是社会主义国家与资本主义世界体系的关系。苏俄建立后，十分重视同东方殖民地半殖民地国家的关系，并通过积极的努力建立起平等、友好的关系，体现了不同社会制度国家和平共处的原则。它在《和平法令》、《俄国各族人民权利宣言》（1917年11月15日）、《告俄国和东方全体穆斯林劳动人民书》（1917年12月3日）和1919～1920年苏俄政府发表的两次对华宣言等文件中，宣布了苏俄对东方殖民地半殖民地国家政策的基本原则：民族平等和民族自决，反对一切民族压迫，废除沙俄对东方民族实行的帝国主义政策，放弃沙俄在东方国家攫夺的特权，与东方国家建立新型的、平等友好的关系，支持他们反帝反殖的正义斗争。

苏俄首先关注的是与俄国周边国家的关系，着手建立与波斯、土耳其、阿富汗、中国等国的睦邻友好关系。1921年2月，苏波签订友好条约；1921年3月，苏土签订友好条约；1921年2月，苏阿签订友好条约；1924年5月31日，苏中签订《中苏解决悬案大纲协定》。这些条约都是不同社会制度国家和平共处的体现。

到20世纪20年代中期，苏联已经同主要的资本主义大国（除美国外）和周边国家建立了正常的外交关系，发展了经济贸易往来，形成了相对稳定的共处局面。苏联继续加强同德国的和平共处与合作关系。1925年，苏德签署经济条约。1926年，苏德签署互不侵犯和中立条约。20世纪20年代中后期，苏联在原来临时协定的基础上，普遍与西方资本主义国家缔结了正式的贸易条约或协定。1925～1927年，苏联又先后同土耳其、阿富汗、立陶宛、拉脱维亚、波斯等周边国家缔结友好中立条约或类似条约。1927年，苏联参加国际联盟裁军筹备委员会的工作。1929年，苏联参加了《白里安—凯洛格公约》。这些外交活动，提高了苏联的国际地位，对巩固两种不同社会制度的国家和平共处的局面起到了积极作用。

但是，这种和平共处关系始终不是平静的、顺利的，而常常处在激烈斗争中。例如，美国长期坚持不承认苏联，并提出了实际上是要苏联改变其内部制度的先决条件。又如，英苏关系不断出现矛盾，1927年5月，英国政府策划了对设在伦敦的英苏贸易公司和苏联商务代表处的搜查，企图找到苏联干涉英国内政的证据，接着英国就宣布断绝英苏外交关系，并试图组织反苏的国际统一阵线，直到工党再次上台，英苏经过谈判，1929年10月才恢复了外交关系。

苏俄社会主义制度争得了与资本主义制度并存的权利，这是具有世界历史意义的变化。苏联仍处于被资本主义包围的状态中，资本主义列强没有放弃扼杀苏联社会主义制度的企图。

三、资本主义世界各种关系的演变

凡尔赛—华盛顿体系确立的列强关系格局，究其实质，在欧洲是以英、法为首的战胜国对德国等战败国的压制和掠夺，在亚洲和太平洋地区是列强在共同宰割中国、反对亚洲革命运动的基础上的斗争和合作。英、法是凡尔赛体系中的支配者，它们夺取了战败国的殖民地，强迫战败国交付巨额战争赔款，严格限制战败国的军备，占领和控制战败国的战略要地，操纵和控制国际联盟，将战败国置于受屈辱、受掠夺的地位。其中，法国在欧洲大陆占有特殊地位。由于德国战败，奥匈帝国瓦解，俄国发生革命，美国退回到孤立主义，英国的势力在欧洲大陆仍然不稳固，而法国又有军事上的优势，因此，法国在欧洲大陆一时成为霸主。它不仅利用国际联盟和协约国处理战败国赔款的赔款委员会来压制德国，而且与波兰、罗马尼亚、捷克斯洛伐克、南斯拉夫（后三国互订盟约，构成"小协约国"）等国家建立了同盟关系，以加强控制德国的力量。维持凡尔赛体系确立的欧洲秩序，就是维持法国的既得利益和在欧洲大陆的霸主地位。德国决不甘心接受屈辱和掠夺，修改凡尔赛和约，摆脱凡尔赛体系的桎梏，恢复德国的大国地位，成为战后历届德国政府的对外方针。

凡尔赛体系确立的列强关系格局，不符合已经形成的世界整体形势。德国是欧洲大陆工业的"心脏"，欧洲的繁荣离不开德国的繁荣，战胜国如果毁灭德国，也将毁灭自己。德国在战前吸收了英国出口商品的四分之一。美国与欧洲和德国的繁荣也息息相关，仅在欧洲的美国战债就达一百三十多亿美元，能否收回，取决于德国和欧洲的经济状况。正是这种相互依赖不可分割的经济联系，使英、美都采取了扶德政策。凡尔赛体系也不符合欧洲和世界范围的力量对比变化。战后，德国的力量暂时受到一定削弱，但其综合实力和潜力在欧洲还是首屈一指的，要长期压制德国，是欧洲任何一个大国都不能做到的，甚至也是欧洲列强难以共同做到的。西方列强为了离间德苏关系，利用德国充当阻止"布尔什维主义"向西扩散的前哨屏障，也必须调整与德国的关系。这些决定了凡尔赛体系难以长期维持下去。赔款问题和1923年初的鲁尔危机，成为列强在欧洲调整关系的催化剂和契机。德国对凡尔赛和约的抵制情绪和经济上的严重困难，使它不愿交付赔款。法国为了从德国获得赔款来改善法国的财政状况和恢复经济，坚持对德国实行高压政策。1923年1月11日，法国纠合比利时，出动10万军队占领德国的重工业区鲁尔。德国立即宣布实行"消极抵抗"，关闭鲁尔地区的煤矿，拒绝向法、比缴付赔款。结果是德国经济陷入空前危机，并且导致严重的政治危机；法国在国际上陷于孤立，受到广泛的谴责。英、美联合向法国施加压力，在国际金融市场上大量抛售手中的法郎和法国有价证券，加剧了法郎贬值和法国的财政困难。迫使法国接受美国提出的成立有美国人参加的专家委员会。1924年4月9日，以美国银行家查尔斯·道威斯为主席的专家委员会提出报告,即《道威斯计划》,其主要内容是:帮助德国稳定通货,复兴经济,以利其交付赔款。7月,在伦敦召开国际会议讨论《道威斯计划》。8月,签署协议,规定实施《道威斯计划》,恢复德国在鲁尔的行政权,法、比军队在一年内撤出鲁尔。会议还决定由美国人任赔款偿付总管,负责协调赔款的执行。

《道威斯计划》发挥了缓和赔款问题、稳定德国经济和恢复欧洲经济的作用,它是美国资本发挥主导作用的产物,使欧美列强的关系产生一次重要的变化。首先,德国由于获得大量贷款(主要是美国贷款),稳定了通货,改善了财政状况,恢复了经济。到1927年,工业生产已恢复到战前水平,1929年再次超过英、法,成为欧洲第一经济大国,为德国恢复国际政治地位打下了基础;其次,法国地位大大下降。伦敦会议规定赔款委员会由过去多数表决通过改为全体一致才能作出通过决定,赔款争端应提交仲裁,使法国丧失在赔款问题上的控制权,而美国在制定《道威斯计划》过程中和伦敦会议上充当了主角,并取得德国赔款问题仲裁人的地位,法国在赔款问题上的领导权已被美国取代。此后,形成了美国资金流入德国,德国向协约国交付赔款,协约国则向美国偿还战债这样一种连锁关系。这种关系进一步加强了德国以致整个欧洲资本主义经济与美国经济的联系,加强了美国对德国和欧洲事务的影响。第三,英国实现了扶德抑法、恢复欧洲大陆均势的目标,加强了英国在欧洲事务中的作用。

1924年9月,德国为进一步改善它的国际地位,提出加入国际联盟并要求成为常任理事国,要求与英、法等大国享有在国联中平起平坐的地位。《罗加诺公约》使德国的这一要求得以实现。《罗加诺公约》又名《莱茵保障公约》,起因于一战后法国的安全保障要求。法国虽是战胜国,但它十分担心德国一旦治愈战争创伤,就会东山再起,为改变现状而进行复仇战争。为此,法国迫切要求建立某种"安全保障"体制。1925年初,德国出于边界安全和主权完整的需要,先后向英、法主动提出了莱茵安全保障的倡议。这个建议受到欧洲几个大国的欢迎。1925年10月5日,英、法、德、意、比、捷、波七国代表在瑞士罗加诺召开会议,会议草签了"最后议定书"和七个条约,总称为《罗加诺公约》。主要有:1. 德、法、比、意、英相互保证莱茵地区安全公约,即《莱茵保证公约》,规定维持德法、德比边界现状,互不侵犯,和平解决争端。英、意充当保证国,承担援助被侵略国的义务。2. 德国同法、比、波、捷分别签订双边仲裁协定,规定如发生冲突不能通过正常外交方式和平解决,则提交仲裁,但是德、波和德、捷协定都没有保证边界现状的内容。1926年9月,在国联第七次大会上,德国正式成为国联成员,并获得国联行政院常任理事国席位。

《罗加诺公约》实质上就是通过和平地修改凡尔赛体系,缓和凡尔赛体系内在的深刻矛盾,来调整列强之间的关系,实现欧洲的安全、和平与稳定。它与《道威斯计划》一样,帮助德国恢复经济,恢复德国大国地位,减轻了凡尔赛体系对德国的压制,缓和了德、法之间的敌视和对抗。欧洲列强之间关系的调整和变化,使欧洲国际关系从战后最初几年的动荡和冲突进入相对稳定的时期。1928年,法、德等国共同签订了《非战公约》(即《白里安—凯洛格公约》),宣布不以战争作为国家政策的手段。1929年,在德国的要求下,制定了《杨格计划》,进一步减轻了德国的赔款负担,撤消了赔款委员会。1930年,协约国占领军从莱茵地区全部撤离,比原规定提前了五年。至此,德国受到凡尔赛体系的压制已大为减轻。

经过以上的调整,欧美列强的关系发生了很大变化。德国迅速地恢复大国地位;法国一度拥有的欧洲大陆的霸权地位被极大地削弱,降到基本上与德国平起平坐的地位;英国达到了扶德抑法、恢复欧洲均势的目标,提高了在欧洲大陆的地位,美国加强了在欧洲的地位和影响。

20世纪20年代中后期,在亚洲和太平洋地区基本上维持了华盛顿会议所确定的格局,即基本上维持了在共同宰割中国、反对亚太地区革命运动的基础上,列强协调共治的局面。华盛顿会议后,在远东和太平洋地区争夺的两个帝国主义大国——美国与日本维持了近10年的"和睦时代"。在维持华盛顿会议所确定的基本格局的同时,列强特别是美、日在远东和太平洋地区的矛盾和争夺并未停止。华盛顿会议后,日本修改帝国国防方针时,把美国列为日本头号的假想敌国。美国在1922年4月废除承认日本在华特权的"蓝辛—石井协定",打算在西太平洋建立美国的海上优势。列强在华争夺的另一办法是分别支持中国军阀的不同派系进行内战,以达到列强各自控制中国的目的。1925年,中国人民反帝斗争出现新的高潮。1926年,开始北伐战争。美、英、日等共同实行分裂中国革命阵营的政策,鼓励和支持蒋介石集团破坏了中国大革命,镇压中国共产党人,以维护它们在华的特权和利益。此后,美国对蒋介石的南京政府表示亲善,支持其继续北伐、"统一中国"。1928年,美国率先承认中国关税自主,并成为第一个承认蒋介石政府的国家,从而逐步成为蒋介石政府最主要的支持者。1928年12月,张学良通电易帜。这些表明日本在华地位受到削弱。日本当然不甘心,试图诉诸武力,维护其在华权益,圆其独霸中国和远东地区的梦想。

20世纪20年代,欧洲无产阶级革命运动转入低潮,但殖民地半殖民地的民族解放运动仍在持续发展。法国、荷兰、西班牙等殖民国家,为支撑国内的稳定和发展,对所属殖民地附属国的民族解放斗争,继续采取以武力镇压为主的方针,英国由于帝国摊子太大,内部各种矛盾日益激化,武力镇压已力不从心,因而被迫变换手法,着重通过调整帝国内部关系来稳定其殖民体系。1923年的英帝国会议,确认了各自治领签订条约的权利,并对自己的行动方针拥有最后决策权，这就正式承认了自治领独立的国际地位。自治领为实现完全独立和与英国完全平等而坚持斗争。为了集中力量对付国内的总罢工和亚洲殖民地半殖民地的民族解放运动，为了尽量使白人自治领留在英帝国范围内，英国被迫进一步调整与白人自治领的关系。1926年的帝国会议成了一次制宪会议，会议通过的贝尔福报告为各自治领的地位和与英国的关系确立了一系列具有宪法意义的指导原则，并就调整帝国内部关系提出了一些具体建议。1930年的帝国会议对帝国议会与自治领议会立法权限的划分进行了讨论、修改、补充。1931年12月，英国议会正式通过威斯敏斯特法案。法案为自治领废除了"殖民地法律有效性法案"和所有保留权，明确宣布各自治领享有完全独立的立法权。威斯敏斯特法案反映了本世纪20年代各白人自治领为争取与英国享有平等权利，以及英国为尽量保住自治领留在英帝国范围内，而不得不对其殖民政策作出了很多调整，并以法律的形式肯定下来。它是英联邦形成的标志，并为其他殖民地争取自治权利获得自身解放提供了一个奋斗目标。

第十一章

世界激烈动荡与力量对比变化

从1929年秋开始，一场经济大危机冲击了整个资本主义世界，本世纪20年代建立的国际金本位制崩溃，正常的国际货币秩序遭到破坏。资本主义国家为了摆脱危机，都以邻为壑，转嫁危机，主要资本主义国家组成相互排斥的货币集团展开竞争，给世界经济造成巨大破坏，削弱了各国经济的联系与合作，使资本主义世界经济陷入无序状态。

这时，苏联抓住有利时机，大量引进西方先进的技术和设备，在各主要工业部门建立了大批骨干企业，为实现社会主义工业化打下基础，并为卫国战争的胜利准备了重要的物质条件。同时，苏联建立了一套高度集中的经济体制与高度集权的政治体制。

在世界经济混乱与失衡、各种矛盾急剧激化的形势下，法西斯势力迅速崛起，打破第一次世界大战后建立的力量平衡，构成对各国安全和世界和平的严重威胁，并发动了第二次世界大战。面对德、意、日法西斯这个共同敌人，苏联、中国、美国、英国等几十个国家和世界上所有爱好和平的人民联合起来，结成广泛的国际反法西斯统一战线，相互配合，密切合作，终于彻底打败了法西斯。

反法西斯战争的胜利，是世界各国人民的共同胜利，奠定了世界和平的基础，开辟了民族解放的道路，推动了人类社会和各国历史的进步。社会主义事业有了很大发展，欧亚一系列国家通过人民民主革命走上社会主义道路，尤其是中国人民革命的胜利，极大地改变了世界力量的对比。另一个重大变化是，帝国主义殖民体系从亚洲开始崩溃，大批殖民地、附属国获得民族独立和国家主权，走上建设自己国家的崭新道路。西方国家竭力扼杀和遏制这场世界无产阶级革命运动和民族解放运动，终于形成以美国为首的帝国主义阵营和以苏联为首的社会主义阵营对峙的世界两极格局。

第一节 世界经济危机的震撼及其反应

一、经济危机严重动摇了资本主义统治

1929年10月爆发的世界经济危机是资本主义历史上最严重的一次经济危机。

这次危机是从美国华尔街股市崩溃开始的。1929年10月纽约股票市场暴跌,是这次经济大危机的一个开端,到1933年7月跌到最低点时,美国股票市场股价总共消失了740亿美元,即损失了六分之五。股市崩溃立即波及美国经济的所有部门,首当其冲的是银行。在股市引起的经济恐慌下,银行面临挤兑,纷纷被迫关门或倒闭。在危机时期,美国共有50亿美元存款的五千多家银行破产。随着金融危机而来的是日益严重的工业危机,失业人数激增,1930年为434万,1931年为802万,1932年为1206万,1933年将近1300万,大约为全部民用劳动力5195万的四分之一。失业者绝大部分是户主,因此,受失业影响的人数以千万计,那些完全失去收入的工人家庭面临饥饿的威胁。本世纪20年代的美国农业早已处在慢性危机当中,1929年的经济危机,使农业雪上加霜。农产品卖不出去,价格大跌,跌幅大大超过工业产品。农产品过剩的破坏性极大,如宰杀小猪,把农产品倒入河中等等。大萧条使早已陷入困境的农民受到毁灭性的打击。总之,金融危机、工业和农业危机,使美国遭受到自南北战争以来最严重的危机。千百万投资者丧失了积蓄,成千上万的人破产,银行关闭,债务膨胀,购买力锐减,工厂削减生产,工人遭到解雇,税收大减,政府裁员简政。一方面是成千上万的失业者生计无着,四处流浪;另一方面是到处存货堆积,粮仓满囤。

在世界整体已经形成,各国经济联系非常密切的情况下,在资本主义世界占有绝对经济优势的美国发生如此空前严重的经济危机,必然迅速地影响着欧洲、日本和整个资本主义世界,使垄断资产阶级关于资本主义经济"永久繁荣"的幻想破灭。在美国经济危机向世界扩展中,欧洲首当其冲,而德国成为受经济危机打击最严重的国家。由于外国抽回资金,1931年5月,奥地利最大的银行——奥地利国家信贷银行倒闭,震动了欧洲,向国际金融界敲响了警钟,并引起国内外债权人竞相挤兑德国银行的浪潮。同年7月,德国最大的银行之一达姆施塔特国家银行也宣告破产。从此,中欧各国的银行接连倒闭。金融危机波及到了英国,它已不能从债务国收回放款,以支付给前来伦敦银行提款的客户,而欧洲比较富有的小国如荷兰、比利时、瑞典和瑞士等,为了应付金融恐慌,稳定本国货币,纷纷抛售英镑以增加其黄金储备。在此形势下,英国被迫实行英镑贬值,开始脱离金本位,这对世界金融体制是一个沉重打击。

欧洲金融危机的另一个后果是，德国暂停支付赔款，协约国之间的债务也停付了，所有赔偿债务和协约国之间的债务都因危机统统被搁置了。杨格计划被洛桑协定（1932年7月）所取代。后者规定德国最后赔款额为30亿马克，纳粹上台后将它一笔勾销。

从1929年经济危机爆发，美国从欧洲抽回资金，造成中欧德奥银行倒闭，英国被迫放弃金本位，继而资本主义世界金本位制崩溃，这一过程表明，欧洲的经济危机是由美国资金的回流引发的。这反映了战后欧洲经济对美国的依赖程度之深，也说明在世界历史进入整体发展的时代，由于资本在国际间的迅速流动，使经济危机更加具有世界规模，其时间之长、危机之深和影响之广，是以前各次经济危机都无法相比的。

这场危机对亚洲国家影响最大的是日本。日本黄金大量流失，1931年12月也被迫停止金本位，危机对日本打击最大的是出口急剧减少，如丝绸的出口从1925年的8.5亿日元减少到3.42亿日元，而丝绸出口额占日本总出口额的35%。经济危机爆发后，各国都采取各种贸易保护措施，严重破坏了正常的国际贸易。在这样的形势下，日本既不可能像美国那样转向孤立主义，把美国市场保护起来，搞它的新政试验；也不能像英、法那样，通过加强对帝国范围的经济控制来缓解危机。这样，亚洲的日本和欧洲的德国都在各自独特的环境下，陷入走投无路的境地。这种形势，促使法西斯侵略势力迅速膨胀，形成新的战争的策源地。

世界经济危机也严重打击了殖民地半殖民地国家，主要表现在以下两个方面：其一，农业和矿产原料等初级产品大跌价以及工农业产品价格剪刀差扩大。危机爆发后，本来就很低的初级产品价格又一次率先猛跌，跌幅高达60%，粮食尤甚，而在垄断组织操纵下，工业品价格并没有下降到如此程度。这使原已存在的工农业产品价格的剪刀差进一步扩大。其二，由于世界银价上涨，白银大量外流，造成这些以白银为货币本位的国家的金融财政危机。

1929~1933年的世界经济危机之所以波及面这么广、程度这么深、持续时间这么长，有其多方面的深刻的原因。危机首先在美国爆发，反映当时资本主义的基本矛盾在美国表现得最为突出；欧洲一战后凋敝，在整个20世纪20年代，战债和赔偿问题使欧洲陷入政治动荡和经济紧缩，欧洲的经济困难引起财政的不稳定，动摇了世界经济体系，破坏世界金融的稳定，促使严重经济危机的爆发；英国没有能力而美国又不愿意承担稳定国际经济体系的责任；当时还缺乏国际间的金融、贸易、政策的协调行动机制，没有国际调节，没有各国在贸易和货币政策方面的协调，使危机和动荡得以在世界范围内传播。

二、资本主义各国寻求摆脱危机的途径

由于没有应变的思想准备，资本主义各国政府在突然而来的危机面前，不

知所措。到了大萧条后期,才逐步承担对社会经济活动的责任。在失业救济、就业、工业复兴、贸易保护、金融和货币稳定等方面,各国政府采取了同过去不同的政策和措施,在不损害垄断资本根本利益的前提下,各国政府实行了一些改良主义立法。国家干预社会经济生活,并采取强有力措施,在以前也出现过,如在第一次世界大战期间,但那是临时的非常措施。自本世纪30年代起,国家干预逐渐成为资本主义国家的常规。

运用国家干预来摆脱经济危机,在各个资本主义国家是有很大差别的,大体上可分为两种类型。在具有议会民主传统的国家,如美、英、法和西欧、北欧的大多数小国,都没有牺牲资产阶级民主以谋求经济稳定,这些国家的私人企业在原则上不受政府控制,政府只是在公共事业和政治压力下有必要时才发挥其影响。但在德、意、日等法西斯国家,取消了资产阶级民主,国家对经济生活各方面实行更严厉的监督。

在这两大类型的资产阶级国家里,摆脱危机的途径,根据各国的不同情况,按照不同的传统而有很大的区别。

在众多摆脱危机的尝试中,美国的罗斯福新政备受关注。它集中地反映了资本主义国家对付这场空前的经济危机的一般趋势,即加强了资产阶级国家对社会经济生活的全面干预;这种实践也反映了本世纪30年代资产阶级经济理论的一种重要演变,即凯恩斯主义取代了传统的自由放任主义。新政的主要政策、措施大部分是在罗斯福上台的头一百天开始颁布实行的。新政府的第一个目标是缓解失业压力,发放紧急和短期的政府救济,提供临时工作,雇用建筑工人,招募青年养护国家森林。新政的最初行动是从挽救银行入手的。首先颁布《银行条例法》,在整顿停业银行和改组破产银行的基础上,淘汰小银行并使大银行首先开业,政府贷款六亿美元来支持大银行。接着颁布《全国产业复兴法》,成立国家复兴管理局,把各产业部门的各企业单位组织起来,共同拟定必须遵守的法规:限制产量,避免盲目竞争导致生产过剩;规定市场价格,进行公平竞争。该法案对劳资关系作出了新规定,其中包括工人的集体谈判权利,每周的最高工时数和最低的工资额。集体谈判有助于加强工会运动;减少工时有利于失业者寻找工作,减少失业压力。但该法案排挤了中小企业,垄断组织在生产和销售等方面的地位都得到加强。为了解决农业危机,经过国会辩论,罗斯福于1933年5月12日签署《农业调整法》,在联邦农业部下成立农业调整局负责实施。该法案的目的是,在农业商品的生产和消费之间建立和维持平衡。为实现所谓平价,此法对主要农作物生产进行各种各样调整。同年设立的田纳西河流域管理局,使政府干预范围扩及到电力系统,其管辖范围涉及七个州,目标是提供廉价电力,防洪灌溉及生产硝酸盐。1935年,新政的重点转移到帮助工人和城市居民的方面上。1935年的瓦格纳法案大大加强联邦政府处理劳工关系的权限。在整个新政中,影响最为深远的是1935年和1939

年采取的社会保险措施。新政体现了美国联邦政府管理经济原则的转变，主要表现为政府对经济由自由放任转为实行大规模的干预。以上表明，美国罗斯福新政是把解决由于经济危机而引起的国内种种问题放在优先地位。

而在英国，一开始就把解决外部（主要在帝国范围）的贸易条件作为缓和国内经济危机的主要办法。1931年9月，英国宣布停止英镑兑换黄金，金本位的废除，立即引起英镑的贬值。英镑贬值使英国商品比当时货币稳定的国家（如美国、法国）的商品具有较大的优势，成为缓解英国经济危机的一项重要措施。英国克服危机的另一重大措施是，放弃自由贸易，实行保护关税制。1932年2月，英国通过保护关税法。7月，通过渥太华会议实行帝国优惠制，又将它扩大到整个帝国市场。实行这一措施，不仅保护了本国市场，并使帝国市场也整个置于英国保护关税的新体制下，巨大的帝国市场使英国贸易处于比其他资本主义国家竞争者更为有利的地位。由美国开头，英国紧跟着实行的高关税壁垒，引发了关税战、贸易战，使本世纪30年代贸易保护主义盛行。本世纪30年代各种排他性的货币与贸易集团，是由英国带头搞起来的。英国最先放弃金本位，继美国之后制定保护关税法，召开渥太华会议，企图靠英帝国内部经济区域化的办法来摆脱危机。这使法国、美国甚至德国也建立各自的经济区来同英国对抗。这样，统一的世界市场被破坏，彼此采取种种限制和报复措施，使世界贸易额大幅度地下降，1939年，世界贸易额仅及1929年危机前的一半。

法国的经济危机不同于其他国家，它开始较晚，但持续时间较长。法国有过类似美国新政的人民阵线的改革，但又未能贯彻到底，结果危机在法国延续了近10年。人民阵线政府改革的失败有许多因素，但从经济的角度看，它犯了金融和财政政策上的错误。金融政策上的错误在于未及时将法郎贬值；财政政策上的错误在于它不敢实行赤字财政，而这两点正是本世纪30年代危机时期各国政府普遍采取而又行之有效的办法。人民阵线在政治上成功地遏制了法西斯主义在法国的发展，保卫了资产阶级民主自由；工人的待遇也改善了，尽管工资的提高被后来的通货膨胀抵消了，但每周40小时工作制和假日照发工资被保留下来。然而，法国的经济却振兴不起来，它的工业产量只和1914年相等。可以说，法国的"新政"并没有成功地摆脱危机。法国是在很不利的情况下面临第二次世界大战的。

德国和意大利这两个法西斯统治的国家，在寻求摆脱经济危机的途径方面，与美、英、法等国有很大的不同。突出的一点是，都加强了国家对社会经济生活的全面的、严密的控制。这种控制主要表现在国家操纵了货币金融、对外贸易以及对全国各种资源的调拨。一系列管理的特殊法规的制定，使这两个法西斯国家的国内市场被高度保护起来，并有选择地发展同一些特定地区和国家的贸易联系。这两个国家，尤其是德国在减少失业、恢复经济和发展生产方面要比邻国法国成功得多。当然，德国人民付出了沉重的代价，他们被剥夺了基本的民主与自由，使纳粹能够凭借比较强大的经济潜力，发动第二次世界大战，把德国引向灾难。德国为外国债权人专门设立马克账户，对全部外汇业务严加控制。这样，不仅使国家财政收支平衡，而且德国马克成为不可兑换的货币，汇率完全由中央政府控制。这种特殊的国家管制，使原来投向德国的外资，不能把利润和资金调回本国，只能对德国进行再投资。这里指的外资，主要是道威斯计划实施以来流入的美国资本，其次是英国资本以及其他国家的资本。30年代纳粹经济发展较快，是同外资主要是美国资本的作用分不开的。

法西斯国家意大利在建立国家严密控制的经济体制以摆脱危机方面，同纳粹德国是相近的，虽然它的经济发展不及德国。意大利在发展国家垄断资本主义方面比纳粹德国走得更远，1936年意大利的国有企业比任何其他欧洲国家（苏联除外）的比例都要大。

法西斯德国和意大利到本世纪30年代中叶，都在全力以赴地为发动侵略战争做准备，而日本则是最先发动侵略战争以摆脱经济危机的国家。在1931年前后，日本为了摆脱经济危机的沉重打击，同英、美等竞争对手进行了一场历时数年的贸易战，由于采用日元贬值和商品倾销的办法，日本一度占了上风。但在英国的揭露下，各国纷纷提高关税，限制日货进口，到1934年底，对日本实行抵制的国家有四十多个，严重打击了依赖外贸的日本经济。在这种形势下，日本财阀要求日本政府转向武力外交。日本法西斯侵略势力利用世界经济危机的严峻形势，不断强调通过发动侵略战争来摆脱危机。

以上表明，本世纪30年代的经济危机是资本主义发展史上的一个重要转折点。它对资本主义各国的历史进程产生了深远的影响。在经济危机的震撼下，美国走上新政道路；德、意、日的法西斯掌握了国家政权，建立了法西斯专政。无论罗斯福新政，还是法西斯专政，都是资产阶级为克服本国经济危机、政治危机而采取的统治方式。

这两种统治方式的共同点是，加强国家统治职能，发展国家垄断资本主义，借以克服危机。国家垄断资本主义的一个重要特征，就是资产阶级利用国家政权，通过颁布法令、制定政策等措施干预政治经济生活，挽救资本主义摇摇欲坠的统治。但是，罗斯福新政和法西斯专政这两种统治方式在加强国家职能的措施、方式和目的上是迥然不同的。美国是利用国家政权颁布一系列法令对金融系统和经济生活进行全面整顿和控制，目的是把美国引上国家垄断资本主义道路，达到克服经济危机的目的。法西斯专政是在一切领域实行法西斯独裁的专制主义统治，使国民经济军事化，即通过强化国家机器，扩军备战，走军事冒险道路，发展军事国家垄断资本主义，目的是谋求发动侵略战争来摆脱危机，挽救资本主义的统治。

第二节 苏联一国建设社会主义的探索

一、苏联社会主义模式的形成

在西方资本主义国家处于经济危机带来的风雨飘摇之时,科学社会主义学说已在现实生活中开花结果。苏联建设社会主义取得巨大成就,它的经济高速增长,与资本主义国家的经济衰退形成鲜明对照。在这个历史进程中,产生了人类历史上第一个社会主义建设模式。它形成于斯大林主持苏联党和政府工作期间,因此有人称之为"斯大林模式"。这个模式与本世纪20年代后期到30年代的苏联历史紧紧相联。

苏联在探索建设社会主义模式中,经历了两次大转折。第一次大转折是在列宁主持下从战时共产主义过渡到新经济政策;第二次大转折是从新经济政策过渡到在斯大林主持下制定的社会主义建设模式。

在国内战争时期,为了战胜外国武装干涉和国内的反革命叛乱,巩固新生的苏维埃政权,苏俄实行了战时共产主义政策。其主要内容是:一是将土地、银行、对外贸易和重工业国有化,国民经济高度集中于中央政权;二是强征农民的剩余产品,以保证士兵和城市居民的需要。当时,新生政权处在危急之中,前线士兵在用鲜血和生命保卫农民获得的土地,城市居民在忍饥受冻。在这种情况下,农民理解并接受了战时共产主义政策。到内战后期,实施这种临时应急性措施的基础已不存在,但苏俄政府并没有立即取消这一政策,并试图由此直接地、迅速地过渡到共产主义的生产和分配,结果,不仅生产不能发展,经济不能恢复,而且使工农关系、农民和苏维埃政权的关系急剧恶化。1921年3月,曾在十月革命中起过重要作用的喀琅施塔得海军基地水兵哗变。这年,小麦歉收,俄罗斯东部和南部发生大饥荒达两年之久,三百万人饿死。显然,农民问题成为解决全局问题的关键,恢复和发展农业的任务迫在眉睫。列宁提出实行政策上的转变。1921年3月,党的第十次代表大会通过了由战时共产主义过渡到新经济政策的决议。新经济政策的目的是以商品、货币为杠杆,刺激经济恢复和生产发展;采用市场经济与计划经济相结合的办法调整农、工、商关系,解决农民问题,使社会主义的经济关系和社会关系都能适应并促进生产力的发展,从而加快苏俄社会主义建设。其主要内容有:(1)用粮食税代替余粮收集制,粮食税的数额比余粮收集制减少一半左右,农民在纳税后有权自由支配剩余农产品,可以在市场上自由买卖粮食或用粮食换取工业品和日用生活品;(2)在国家掌握大、中型企业的同时,给小私有企业以经营自由,并允许部分小型国营企业实行租让制、租赁制等国家资本主义形式,允许外国资本家承租苏俄的某些企业、矿山和森林;(3)将国家垄断贸易改为自由贸易，允许私商和资本家在一定范围内的贸易自由，以刺激商品经济的发展。由此可见，新经济政策的实质，是无产阶级同农民的联盟，是无产阶级先锋队同广大农民群众的结合。新经济政策取得很大的成功。它争取了广大农民群众，巩固了无产阶级专政的阶级基础。它迅速恢复了国民经济。1924年，国营工业和合作工业已居统治地位，占81%；私营工业仅占19%。铁路运输已经恢复，城乡物资交流大为发展。1925年底，苏联国民经济基本上恢复。到1926年，工业产量超过1913年的水平，农民生产的粮食已达到战前水平，人民生活水平逐步提高。

  1924年1月21日，在苏联社会主义建设面临重大转折的关键时刻，伟大的无产阶级革命导师列宁因病与世长辞。5月，俄共（布）第十三次代表大会召开，再次选举斯大林为中央书记处总书记，成为苏联党和国家的主要领导人。1923~1926年，联共（布）中央内部以斯大林为首的多数成员与托洛茨基反对派，季诺维也夫、加米涅夫新反对派，以及托洛茨基－季诺维也夫联合反对派之间，围绕对世界革命和苏联国内形势的估计、新经济政策的实施、党的路线方针和一国能否建成社会主义等重大政治问题进行了严肃斗争，并取得了胜利，保障了新经济政策的继续实施。布哈林站在联共（布）中央多数派方面，着重从理论方面捍卫新经济政策，并阐述了列宁晚期的思想。这一系列斗争解决了一国建设社会主义的问题。然而，在怎样建设社会主义的问题上，斯大林与布哈林发生了分歧。分歧的导火线是1927年底至1928年初出现的严重的粮食收购危机。1927年，全国只收购了三亿普特粮食，比上一年度少收一亿多普特，严重影响居民口粮、工业原料和粮食出口。粮食问题不仅关系到工业化的前途，而且关系到苏维埃政权的命运。斯大林认为这是由于富农对粮食囤积居奇和小农生产商品率低所造成的。联共（布）中央对富农采取强制措施，要求地方党组织限期完成收购任务。这些非常措施打击了富农，也伤害了中农，造成了严重后果，工农联盟受到威胁。1928年秋，再度出现粮食收购危机，虽然再度采取更严厉的非常措施。但是，1929年4月，粮食收购总额仍低于去年同期水平。在采用非常措施不能从根本上解决粮食问题的情况下，斯大林认为根本出路在于改变农业生产关系，使个体农民经济过渡到集体经济，因为小农经济产品的商品率只占12%~15%，而集体农庄产品的商品率是30%~35%。他还认为，要从根本上解决粮食问题，必须实现整个农业的社会主义化。这种认识导致了1929年农业全盘集体化。布哈林认为粮食收购危机的出现主要是由于高速度工业化而对农业采取错误政策，导致谷物业生产下降的结果。他反对采取非常措施，并写信给联共（布）中央和发表文章来说明他的观点。随着分歧的加深，斗争越来越激烈。联共（布）中央开展了批判布哈林"右倾机会主义"的运动，布哈林在联共（布）中央和共产国际的领导职务都被撤销。同时，苏联对经济采取了几项重大措施：（1）在全国开展农业全盘集体化运动，迅速变革农业生产关系，富农被剥夺；（2）加强对私营工商业的进攻；（3）限制农民经商；（4）提高对私营工商业征收的各种税收，实行农产品的义务交售制度，以此作为工业化资金来源。这些经济政策跟1921年春天开始实行的新经济政策，从原则到方法都有了明显的变化。（1）对农业，加强了国家指令性计划的控制；（2）对工业，强化了在商品、物资、拨款和供应等方面向重工业的集中；（3）对商业，在工农业间、城乡间的结合上采取集体农庄贸易制为主的形式，使商品流转只能在极有限的范围内进行，工农业间的市场联系不断受到限制，商品货币关系作用的范围日趋缩小；（4）加强对国民经济各部门的控制和监督，地方经济部门和基层企业失去经营自主权。这些变化集中起来，就是中止新经济政策，迅速变革资本主义和小生产的经济制度，实行社会主义的生产和分配制度，加速社会主义建设。

从此，苏联整个国民经济的发展，从新经济政策条件下比较活跃的状态，进入一个高度集中的阶段，形成了以高速工业化和农业全盘集体化为标志的社会主义模式。通常所说的苏联模式，或斯大林模式，主要内容是：（1）优先发展重工业，高速实现社会主义工业化；（2）实行以集体农庄为主要形式的农业全盘集体化；（3）实行指令性计划经济和高度集中的经济管理，忽视市场调节和经济杠杆的作用；（4）实行高度的中央集权，领袖个人有无限权力。

二、苏联社会主义建设的伟大成就和问题

从1926年起，苏联开创了一条优先发展重工业，高速度实现工业化的道路。1927年12月，联共（布）第十五次代表大会提出第一个五年计划的重点是发展冶金工业和机器制造业。1929年，通过和批准第一个五年计划，工业投资为164亿卢布，重工业占77％，轻工业占23％。农业全盘集体化运动开展后，1930年召开的联共（布）第十六次代表大会提出"五年计划四年完成"口号，将原计划的一些主要指标大大提高。1933年1月，苏联政府宣布第一个五年计划用了四年零三个月完成。工农业产值在国民经济总产值中的比例发生根本变化，工业产值从1927～1928年的48％增到1932年的70％，重工业产值在工业产值中的比重从1927～1928年的44.5％增加到1932年的53％。这表明工业产值超过农业产值，重工业超过轻工业，苏联已由农业国变为工业国。在第一个五年计划中，由于优先发展重工业，农业和轻工业投资少，加上农业税比较重，工农业产品价格的剪刀差比较大，农民很苦，损伤了农民的劳动积极性。根据这个历史经验和教训，1934年初，在联共（布）第十七次代表大会通过的第二个五年计划中，轻工业投资的增长幅度和产值增长率都超过重工业，同时提高农业增长率。但由于1933年法西斯在德国上台，国际形势恶化，苏联不得不加强国防，使加快发展轻工业和农业的计划没能实现，结果仍是优先发展重工业。在第二个五年计划期间，苏联完成了农业集体化。1936

年12月，公布苏联新宪法，宣布苏联已建立新的社会主义经济。苏联的工业生产已达到世界最发达国家的水平，工业总产值已超过英国、德国和法国，仅次于美国，居世界第二位，而工业化速度则超过了美国。1939年3月，联共（布）第十八次代表大会制定的第三个五年计划，仍然坚持优先发展重工业和继续发展东部地区的工业基地。由于国际局势日趋紧张，迫使苏联把愈来愈多的经费用来加强国防工业，准备转入战时轨道。

从1927～1940年的14年间，苏联社会主义经济建设取得了伟大成就，苏联已成为社会主义工业强国，建立了比较完整的工业体系，拥有比较先进的科学技术力量，大大增强了经济实力和国防实力，人民的物质文化生活也有了很大提高。苏联用14年的时间跑完了主要资本主义国家用50年到100年才实现资本主义工业化的路程。这个期间，苏联的工业产量平均每年增长10%，而当时经济最发达的美国，平均每年只增长2%。苏联的成就第一次向全世界显示了社会主义制度比资本主义制度具有很大的优越性。

怎样看待苏联社会主义模式？要正确评价它的功过得失，必须把它放在它所产生的时代背景和历史条件中去看。苏联是在强大的资本主义国家的包围下单独一国建设社会主义的，特别是法西斯在德国、日本掌握国家政权后疯狂对外侵略扩张的严峻的国际形势，极大地制约着苏联对内对外的活动和政策的制定与实施。同时，革命前的俄国是一个经济、政治和文化都比较落后的国家。苏联的这种国内外状况，根本不同于马克思、恩格斯设想的在发达国家建设社会主义的条件，它表明在苏联建设社会主义的艰巨性和特殊性。苏联建设社会主义应该走什么道路？采用什么模式？这是马克思、恩格斯没有回答过的，是把社会主义从理论变为现实必须解决的一项重大课题。从苏联面临的国内外形势看，要在资本主义国家包围中生存下去，必须加快社会主义建设，极大地增强经济力量和国防力量。这既要考虑国内外形势的紧迫要求，又要从国内落后的经济、文化现状出发，找到一条最适合国内外环境的建设社会主义的道路和模式。联共（布）把马克思主义与俄国实际情况相结合，领导苏联人民进行艰苦卓绝的斗争，作了反复的探索，开辟了一条通往社会主义的道路。列宁制定的新经济政策是对建设社会主义道路的一次探索，他在晚年提出了一些建设社会主义的重要意见。在十月革命后的六年多时间里，列宁的主要精力放在解决国内战争和恢复国民经济上，还未系统地制定实现社会主义的理论纲领，也还未提出具体的社会主义建设计划。列宁逝世后，斯大林在建设社会主义道路的探索中，在理论上他把社会主义看成是一个没有商品货币关系的、实行产品直接分配的社会，认为苏联革命的目标就是建立一种以公有制为基础、消灭了商品货币关系的计划经济。他没有找到在国家控制下，既允许资本主义发展又不允许其威胁社会主义经济、迅速建设社会主义的办法，所以，当征粮危机发生时，斯大林判断它是资本主义进攻的信号。为了不偏离革命目标，他决定向资本主义展开全面进攻。正是为了维护和实现苏联革命的目标，党内大多数人站到斯大林一边。

促使斯大林作出中止新经济政策的决定，形成他的建设社会主义的理论与做法的更为重要的原因是苏联面对的现实。一方面，资本主义国家的威胁和经济上的竞争，人民期待国家尽快富强的愿望，迫切要求实现工业化和高速度发展经济；另一方面，国内生产力极为落后，农业仍是主导产业，小生产还是汪洋大海，发展工业的财力、物力极其有限。在这样的严峻现实下，斯大林选择了借助国家力量强制实行积累和优先发展重工业的道路，在本世纪30年代形成了世界上第一个社会主义建设模式。

这个模式和当时苏联社会生产力的发展水平以及苏联人民思想文化状况基本上是相适应的。它的出现有其历史的合理性，在一个时期起过积极作用。它在本世纪30年代建立了后来打败德国法西斯的工业基础，保证了工业化时期急需的粮食和原料，并为实现苏联的现代化奠定了基础。它使苏联在不长的时期内由农业国变成工业国，这在反法西斯战争中起了决定性的作用，对世界也产生了巨大影响。它的历史功绩在于使社会主义第一次从理论变为现实，并敢于和强大的资本主义世界相抗衡。在世界社会主义历史上，如果说社会主义理论从空想变为科学是第一次重大飞跃，那么社会主义从理论变为现实就是第二次重大飞跃。前者应归功于马克思、恩格斯；后者来自于苏联党和政府领导人民长期进行的艰苦卓绝的斗争。作为列宁逝世后联共（布）党和苏联政府主要领导人的斯大林，其不朽功绩是无可否认的，这是把苏联模式放在世界历史进程中，运用历史观点考察它的形成和作用所必然作出的结论。

在肯定苏联社会主义建设模式的历史合理性及其积极作用的同时，应该看到它的历史局限性。它是特定历史时代和特定环境的产物，这种模式存在着很多弊病：在经济上，中央管得过多，统得过死，地方和企业缺乏生产经营的自主权；忽视市场机制和经济杠杆的作用，企业的经济效益不高；管理机构重叠臃肿，职责不清。在政治上，人民群众的民主权利受到限制；党政机构部门林立，官僚主义严重；对领袖的个人崇拜盛行。

应该看到，在苏联这样一个经济文化落后、小农占优势的国家里建设社会主义存在着极大的困难，没有任何前人的经验教训可以借鉴，只能依靠自己在实践中探索，不可能一开始就建成一套完善的经济政治体制。斯大林领导了人类历史上第一个社会主义国家进行社会主义建设的伟大事业，然而他所建立的是一种建设社会主义的死板的模式，即一种过分集中的、单一的经济政治体制。在这种体制下，客观经济规律被忽视，个人利益得不到应有的尊重，人民群众的积极性和创造性不能充分调动，从而束缚了社会生产力的发展，妨碍了社会主义制度优越性的发挥。总之，十月革命后，苏联对社会主义建设模式的探索，经历了一个曲折的艰难的过程，虽然取得了伟大成就，但同时也存在着严重的问题。

第三节 法西斯的威胁与世界掀起反法西斯运动

一、法西斯对世界和平和各国安全的威胁

1929～1933年的世界经济危机结束了20年代资本主义的暂时稳定。资本主义国家经济、社会、政治诸方面的危机严重动摇了资产阶级的统治。在垄断资产阶级中，摒弃议会民主，建立法西斯专政，对内镇压工人运动和革命运动，对外发动战争夺取世界霸权的趋势加强。法西斯崛起并迅速成为国际现象就是在这个国际背景下出现的。

1933年1月30日，希特勒在德国建立法西斯专政，揭开了德国历史上最黑暗的一页。德国一时成为世界法西斯的中心。法西斯在德国的胜利，助长了世界上最反动的势力，像堤防决口一样，大大助长了各国法西斯分子的反动气焰，在各国掀起法西斯进攻的浪潮，使法西斯迅速在全世界泛滥起来。大垄断资本家不但要使欧洲法西斯化，而且要使整个世界法西斯化。在许多国家，法西斯分子都准备夺取政权。法国法西斯的进攻来势凶猛，1934年初，法国出现重演德国事件的形势。奥地利、西班牙等国资产阶级也想走德国法西斯的道路。在东欧和东南欧各国，普遍出现法西斯的进攻。在英国和美国，法西斯分子也蠢蠢欲动。日本法西斯分子登上了本国政治生活的舞台。中国法西斯势力也在迅速增长。在拉丁美洲的巴西、阿根廷、智利都建立了法西斯组织，南非也出现了法西斯组织。从柏林到约翰内斯堡和里约热内卢，从东京到里斯本，帝国主义都越来越把赌注下到法西斯上。欧洲的形势尤为严峻。到1934年，法西斯像瘟疫一样已蔓延到法国和苏联之间的整个欧洲地区，只有在捷克斯洛伐克和斯堪的纳维亚国家里，法西斯还未得势。完全或几乎完全法西斯化了的国家有：德国、日本、意大利、波兰、保加利亚、罗马尼亚、匈牙利、芬兰、奥地利、阿尔巴尼亚、希腊、土耳其、拉脱维亚、立陶宛和爱沙尼亚，总共有两亿多人口，还有很多国家受到法西斯的威胁。全世界都面临着法西斯主义的严重挑战。

法西斯势力在很多国家的崛起带来各国政治形势的巨大变化。在法西斯执政的国家，无论是20年代建立的意大利法西斯政权，还是30年代建立的德国纳粹政权和日本的天皇制法西斯政权，都是和专制独裁、反对议会民主制度联系在一起的。1922年10月，墨索里尼的"国家法西斯党"在意大利获得政权、站稳脚跟后，就在1926年取缔了法西斯党以外的所有政党，解散各人民团体，驱逐反对派议员，打出"一切权力属于法西斯"的口号，逐步建立由墨索里尼个人独裁的法西斯专制体制。希特勒的纳粹党在德国大垄断资产阶级的

支持下上台后，立即制造了国会纵火案，屠杀德国共产党人，逮捕大批反法西斯战士，废除魏玛宪法中有关民主自由的一切条款（即保证人身、言论、出版、集会、结社等自由），宣布共产党为非法组织，搞垮工会，没收工会财产，把工会领导人关进集中营。德国工人阶级一百年来所取得的权利和自由，被法西斯在一百天内全部取消。接着，法西斯把矛头指向社会民主党，不仅取缔社会民主党，还把成千上万的社会民主党党员关进监狱和集中营，其中许多人被送上断头台。最后，解散所有资产阶级政党，只保留法西斯党。兴登堡死后，希特勒加封自己为国家元首，独揽大权，在德国建立起一个政党、一个领袖的法西斯独裁统治。日本法西斯不像意大利和德国那样有自己的政党，但在破坏民主制、建立专制独裁统治方面有异曲同工之处。它把法西斯的灵魂注入天皇制政治躯壳之中，实现日本政权向法西斯化演变，具体表现为日益法西斯化的军部逐步控制了政府，最终消除了政党政治，建立起军阀独裁的政治体制。

法西斯的危害，不仅表现在德、意、日法西斯专制独裁统治对民主自由的践踏上，还表现在欧美一些主要资本主义国家出现了严重的法西斯化的倾向。在30年代经济大危机的打击下，各国的资产阶级民主制度都出现了严重的政治危机，法西斯势力乘机迅速发展，给议会民主制带来了破坏和威胁。资产阶级民主制度是几百年来资本主义发展的产物，是适应资本主义经济基础的上层建筑，它的破坏必然给资本主义统治带来严重后果。

德、意、日等国建立法西斯政权后，完全取消了资产阶级民主制，代之以金融资本的极端反动、极端沙文主义、极端帝国主义分子的公开的恐怖独裁。这说明法西斯取得政权，并不是普普通通地由一个资产阶级政府取代另一个资产阶级政府，而是由资产阶级统治的一种国家形式代替另一种国家形式，即由资产阶级公开的恐怖专政代替资产阶级的民主制度。而在其他很多国家，法西斯势力正在侵犯资产阶级民主制度，策划建立法西斯统治。摆在各国人民面前的，已不是在无产阶级专政与资产阶级民主之间，而是在资产阶级民主制度与法西斯独裁统治之间进行选择。各国人民的首要任务是为保卫和扩大资产阶级民主权利而战斗，因为资产阶级民主制度比起法西斯专政来是前进了一步，而资产阶级民主制度被法西斯专政所代替却是历史的大倒退。无产阶级和劳动人民的任务不是反对整个资产阶级，而是联合一切受法西斯压迫的人们共同反对资产阶级中最反动的法西斯势力。

二、世界主要矛盾的转化

各国国内政治形势的变化，带来世界形势的剧变。法西斯就是侵略。德、意、日法西斯的扩军备战和对外侵略扩张，严重威胁世界各国的独立和安全。法西斯势力的发展和法西斯专政的建立适应了各国垄断资本缓和国内危机、镇压革命运动的需要，法西斯上台后，利用政权的力量，竭力维护垄断资本的利益。除了对内强化法西斯专政以维护垄断资产阶级的统治外,更重要的是对外扩张,发动侵略战争,争夺世界霸权,为建立本国垄断资本在世界上的统治开辟道路。正是法西斯和垄断资本集团两股势力的合流,使本世纪30年代在亚洲和欧洲形成了两个战争策源地。

1931～1936年,日本成为亚洲的战争策源地。日本军部以侵略中国的"战果"为资本,采用了一切手段实现日本政权的法西斯化。1936年"二二六政变",成立广田内阁,表明军部已实际上控制内阁,以天皇制为躯壳,以军部掌握实际权力的法西斯政权在日本宣告确立,意味着整个日本的国家机器从此必须按照法西斯势力的意志运转。

1933年,希特勒上台后,公开叫嚣要撕毁《凡尔赛条约》,加紧扩军备战。当年10月,希特勒以"军备平等"要求未获满足为理由宣布退出国联和裁军会议,放手秘密扩军。1935年3月16日,纳粹政府公然发表重整军备宣言,宣布恢复普遍义务兵役制。从此,德国海、空军迅速发展。1936年3月,德军进入莱茵非军事区,撕毁《凡尔赛条约》,违背和约精神。纳粹这一切行动除了受到一些一般性的"谴责"、"抗议"之外,没有受到任何实际制裁。从1936年起,纳粹德国加速了扩军备战的步伐,制定了扩军备战的第二个四年计划。纳粹德国就这样一步一步地走上通往世界战争的道路,成为欧洲的战争策源地。

随着法西斯扩军备战步伐的加快,其侵略野心日益膨胀。1931年"九一八事变",日军侵占中国的东北三省。1935年"华北事变",日军侵占中国的华北,企图侵占全中国。1935年10月,意大利法西斯入侵阿比西尼亚,把战火烧到非洲。1936年5月,意大利吞并了阿比西尼亚。1936年,正当西班牙内战趋于平息之时,德、意法西斯联合起来,武装干涉西班牙内战,公开支持西班牙的法西斯叛军,使西班牙的国内革命战争演变成民族革命战争。1937年"七七事变",日本扩大对中国的战争,开始全面侵华,远东战火越烧越大。这些表明法西斯的侵略扩张已对世界越来越多的国家构成严重威胁,对世界和平构成严重威胁。对于被侵略的国家和受到侵略威胁的国家,反对法西斯侵略、捍卫民族生存的权利,已成为首要任务。

德、意、日法西斯疯狂的对外侵略扩张,改变了第一次世界大战后形成的世界格局。战后建立的凡尔赛—华盛顿体系的主要支柱在远东是《九国公约》,在欧洲是《凡尔赛条约》。英、法、美等国指望通过这些条约来保证它们在世界的统治地位,把经过重新瓜分的世界固定下来。但是,在资本主义发展不平衡规律的作用下,帝国主义国家间的实力对比很快发生变化,突出表现为德国实力迅速恢复。在美、英垄断资本的扶持下,德国再度崛起。德国很快摆脱了战败国的地位,走上与其他帝国主义列强争夺世界霸权的道路。法西斯在德国上台后,要求按实力重新分割殖民地,为德国夺取"生存空间",而第一次世界大战后确立的凡尔赛—华盛顿体系越来越不符合帝国主义国家新的力量对比。德、意、日法西斯的侵略扩张，撕毁了《凡尔赛条约》和《九国公约》，打破了凡尔赛—华盛顿体系，不仅威胁各个弱小国家的独立和安全，也损害了英、法、美等国的利益。中国是英、美、法等国的重要商品市场、原料产地和投资场所，日本全面侵华直接侵犯了英、美、法等国的利益。法西斯轴心国侵略集团的建立，英、美、法等国的利益受到同一对手的威胁，使美、英在世界的矛盾和英、法在欧洲的矛盾缓和下来，退居到次要地位，英、法、美为一方和德、日、意为另一方之间的矛盾上升为主要矛盾。

法西斯的侵略扩张也使资本主义国家与社会主义国家之间的矛盾发生了重大变化。在本世纪20年代，两种社会制度的矛盾主要表现为以英、法、美等国为首的资本主义国家与社会主义苏联之间的矛盾，英、法、美等资本主义国家是社会主义苏联的主要敌人。苏联为了打破帝国主义的包围和封锁，利用帝国主义战胜国和战败国之间的矛盾，和德国先后签订了《拉巴洛条约》、《苏德经济条约》和《苏德友好中立条约》。到了30年代，形势发生了很大变化。帝国主义体系内分化出德、日、意法西斯这一部分最反动、最具侵略性的势力，它不仅威胁英、法、美等国的安全，而且也威胁苏联的安全。德、日、意法西斯已代替英、法、美等资本主义国家，成为苏联和世界人民的主要敌人。英、法、美等国与苏联之间虽然仍存在着不可调和的矛盾，但英、法、美在30年代处于非侵略国的阵营，不会形成对苏联的直接威胁。因此，苏联调整了对外政策，把原来反对西方帝国主义国家的侵略威胁转变为主要反对法西斯势力的威胁，从联合德国反对英、法转变为联合英、法反对法西斯德国。

由此可见，德国从本世纪20年代受奴役的战败国变为30年代最反动的法西斯国家，日本从20年代一般的帝国主义国家变为30年代最富侵略性的军国主义国家，德、日、意法西斯侵略集团的形成，改变了第一次世界大战后的世界格局。以英、美为首的国际帝国主义阵营一分为二，分裂为德、日、意法西斯侵略国家与英、法、美非侵略国家。英、法、美等国的既得利益受到德、日、意等国的侵犯和损害，它们和德、日、意等国的利益冲突越来越尖锐。因此，对世界大多数国家和地区的人民来说，主要敌人已不是前一时期的以英、美为代表的整个国际帝国主义，而是帝国主义中最反动、最富侵略性的一部分，即德、日、意法西斯。在反对法西斯侵略扩张上，无论是对资本主义各国还是对社会主义苏联来说，法西斯都是最主要、最危险的敌人。法西斯与反法西斯斗争已成为世界的主要矛盾。

本世纪30年代的世界历史是围绕着法西斯与反法西斯的斗争这个主要矛盾展开的，世界历史是前进还是倒退，取决于这场斗争的结局。世界反法西斯力量能否在法西斯发动世界大战之前将其遏制，是30年代世界历史的主要内容，也是世界各国人民关注的中心。

三、世界人民掀起反战反法西斯运动

世界主要矛盾的转化,使反对法西斯成为世界各国人民的首要任务。它要求在各国建立起人民阵线和反帝民族统一战线,把各国的反法西斯力量组织起来;在国际上建立起世界反法西斯统一战线,把世界的反法西斯力量联合起来。这是打败法西斯的根本途径,也是世界历史发展到 20 世纪 30 年代的必然趋势。

只有广泛发动人民群众,团结一切反法西斯的力量,才能取得世界反法西斯斗争的胜利。而有组织的工人的共同行动是进行反法西斯斗争的关键。但是,19 世纪末 20 世纪初历史形成的欧洲工人运动的分裂局面给这个斗争带来严重困难。由于绝大多数工人没有参加组织,严重影响了工人阶级斗争的力量。而有组织的工人状况又如何呢?非常不幸,他们却处在分裂状态。欧洲资本主义国家大多存在两个工人政党,即社会民主党(有的国家称社会党或工党)和共产党。挪威在 1920~1927 年有三个工人政党,即共产党、工党和社会民主党。工会更是有多个中心,在本世纪 20 年代存在着几个不同的国际工会组织。这些五花八门的工会,使有组织的工人处于严重的分裂状态。分裂工会从而分裂工人阶级,是资产阶级影响和危害工人运动的一种主要表现。

最基本、最严重的分裂是社会民主党人和共产党人之间的分裂以及国际工会联合会和红色工会国际之间的分裂,因为有组织的工人绝大多数分别属于这两个政党和这两个国际工会组织。社会民主党和国际工会联合会奉行与资产阶级进行阶级合作的政策,用改良主义、和平主义欺骗国内外人民。很多国家的资产阶级就是通过让社会民主党参加联合政府甚至单独组织工人政府的办法,为资本主义制度的逐步稳定扫清了道路。在资产阶级统治获得巩固以后,多数国家的社会民主党虽被排除出联合内阁,但它们仍然维护资本主义制度。社会民主党和国际工会联合会为了保持他们对工人的领导权和推行阶级合作政策,广泛进行破坏罢工和把进步工人大批从工会中开除出去的活动,加深了工人运动的分裂。社会民主党控制着相当数量的工人群众,还掌握着一部分脱离资产阶级政党的工人,并在一部分具有左倾情绪的小资产阶级中有一定的影响。共产国际和所属各国共产党及受它们影响的革命工会也团结了相当数量的工人。除俄国共产党人数很多外,德国共产党、捷克斯洛伐克共产党和法国共产党可以称为群众性政党,其他重要国家虽然差不多都有共产党组织,但多数的势力都很小。共产党和红色工会国际及其所属的革命工会推行革命政策,主张对资产阶级的进攻进行坚决抵抗,团结广大工人,但它们在政治上还不成熟,难以影响大多数工人。根据 1928 年共产国际和社会主义工人国际(社会民主党的国际组织)公布的材料,后者所属各政党的总实力几乎超过共产国际各政党力量的三倍。如果把俄国共产党除外,两者之间的人数之比将是 13:1。

西方工人阶级的分裂状况表明,无产阶级应该认清形势,开展艰苦细致的工作,准备和积蓄力量,迎接未来的战斗。而消除工人运动的分裂,发展和壮大革命力量,是无产阶级同垄断资产阶级进行决战、推翻资本主义统治的根本条件。

列宁在共产国际第三次代表大会上提出的主要口号是:"到群众中去!"大会认为争取群众的主要手段是运用工人统一战线的策略。1921年12月,共产国际执委会通过《关于工人统一战线的提纲》,标志着共产国际向新策略的转变。共产国际第四次代表大会通过《共产国际策略提纲》,号召坚决运用统一战线的策略,联合一切反法西斯力量,打退法西斯的进攻。

共产国际在列宁的积极参与下制定的使各政治派别的工人联合行动的工人统一战线政策是符合当时的世界情况的,是正确的重大决策。但是,在列宁逝世后,这个政策未能得到很好的执行,在克服工人阶级分裂、建立统一战线上没有取得什么成就。其中一个重要原因是,共产国际和各国共产党犯了"左"倾宗派主义错误。1924年6月召开的共产国际第五次代表大会,认为一切资产阶级政党都具有不同程度的法西斯性质,实际上否定了共产国际四大关于法西斯和资产阶级民主之间存在矛盾的思想,贬低了统一战线策略。共产国际五大以后,"左"倾宗派主义有以下主要看法:第一,仍然把争取无产阶级专政的斗争作为直接任务;第二,对可能和必须争取的同盟者所追求的一般民主主义任务的作用估计不足;第三,把中间的力量和政党作为主要打击对象;第四,把社会民主党作为社会法西斯政党对待。这些看法写进了共产国际第六次代表大会(1928年)的决议中。"左"倾宗派主义也表现在对殖民地半殖民地的民族资产阶级及其作用的看法上,共产国际六大的提纲断言"民族资产阶级不是一支反对帝国主义的力量",共产党必须"拒绝同民族改良主义反对派结成任何一种联盟"。"左"倾错误使各国共产党忽视争取多数群众建立统一战线,领导群众同法西斯进行战斗。

法西斯在德国上台后,世界形势急剧变化,促使共产国际和各国共产党的领导人在认识上开始转变。法西斯的疯狂进攻,更加激起广大群众捍卫民主、自由的强烈愿望。社会民主党领导实行的阶级合作政策,结果使德国等国家的法西斯上台和工人运动遭到惨重的失败。因此,联合一切民主力量打败法西斯的进攻,已成为世界历史发展的必然趋势。只要把工人阶级和一切反法西斯的力量组织起来,就能打退法西斯的进攻。1934年法国的"二月事件",表明法西斯叛乱在劳动人民的有力反击下被粉碎,人民的力量挡住了法西斯分子向前迈进的步伐。"二月事件"是法国共产党克服宗派主义错误的一个重要分界线。法共肯定了国内的主要危险是法西斯,当前的任务不是推翻资产阶级政权,而是打击法西斯势力和捍卫民主、自由。在法共的倡议和推动下,7月27日,法共和法国社会党签订了统一行动公约,初步建立起工人统一战线。在法共建议下和法国人民的支持下,1935年7月,48个民主组织联合成立反法西斯人民阵线。这是世界上的第一个人民阵线。

人民阵线运动的性质是资产阶级民主革命运动。它是西方无产阶级的创举,是民主运动的新形式,是反法西斯、反帝反战运动的新形式。工人统一战线和人民阵线的建立,使法国成为世界各国人民阵线运动的先驱。法国共产党的新政策对国际共产主义运动政策的转变起了重要作用。到1935年,几乎所有共产党组织都在反法西斯斗争中积累了组织工人统一行动、建立统一战线的经验。

新的世界政治形势,要求共产国际制定新的政治路线和方针政策。共产国际第七次代表大会(1935年7月25日~8月25日)的召开,完成了新的路线、方针的制定。季米特洛夫在题为《法西斯的进攻与共产国际的任务》的政治报告中,首先揭露了法西斯的阶级本质,阐述了德国法西斯上台后的严重形势,提出捍卫资产阶级民主已是工人阶级和共产党面临的紧迫任务。认为许多资本主义国家的劳动群众必须不在无产阶级专政与资产阶级民主之间,而在资产阶级民主与法西斯主义之间作一个明确的选择。报告明确提出共产国际和各国共产党的新政策是建立工人统一战线和反法西斯人民阵线。季米特洛夫对这项新政策作了详尽透辟的说明,他要求在工人阶级统一战线的基础上建立广泛的反法西斯的人民阵线。在建立人民阵线时,必须正确对待那些包括很多劳动农民和城市小资产阶级群众在内的团体和党派。在人民阵线运动的发展中,有可能产生人民阵线政府。为了彻底消除工人阶级的分裂,大会就争取工会运动的统一问题通过决议,要求各国共产党在坚持阶级斗争和工会民主的基础上争取国家范围和国际范围内的工会统一,大会还提出了争取无产阶级政治上统一和在每个国家成立统一的群众性的无产阶级政党。大会指出殖民地半殖民地的反帝民族统一战线同人民阵线有着密切联系,是世界反法西斯斗争的重要组成部分,资本主义国家的人民阵线和殖民地半殖民地的反帝民族统一战线互相配合、统一行动,就能打败法西斯的侵略扩张,维护世界和平,为殖民地半殖民地的民族解放铺平道路。

共产国际七大的重大贡献在于,制定了一条把争取民主的斗争同争取社会主义的斗争结合起来的正确路线。它要求通过工人阶级统一战线和人民阵线广泛发动群众参加反法西斯斗争,保卫和扩大民主,限制剥削和资本政权,实行有利于人民的新政策,实现由人民民主走向社会主义的道路。

共产国际七大以后,各国人民的反法西斯斗争有了明确方向,资本主义国家的人民阵线运动和殖民地半殖民地的反帝民族统一战线运动有了广阔、深入的发展,在很多国家获得了重大成就,其中尤以法国、西班牙和中国的运动特别引人注目。

法国共产党继续为巩固和扩大人民阵线而斗争。1936年3月,法国总工会和法国统一总工会合并为统一的法国总工会,结束了15年来工会的分裂,大批工人参加统一的总工会。工人的斗争推动了人民阵线运动,人民阵线在5月议会选举中取得巨大胜利。6月4日,成立以社会党领袖勃鲁姆为首的人民阵线政府。在人民的推动下,人民阵线政府实现了人民阵线纲领中某些社会经济要求。但是,随着法西斯威胁的减少,社会党和激进党的领导对人民阵线运动就越来越不能容忍了。1937年3月,政府停止实现人民阵线纲领,6月,勃鲁姆辞职,人民阵线政府结束。1938年11月,激进党、社会党同人民阵线决裂,人民阵线瓦解。

在西班牙,1936年1月15日,共产党、社会党等左派政党签订了人民阵线纲领。2月16日,人民阵线在选举中取得胜利,组成第一个人民阵线政府。法西斯势力遭受严重挫折后,7月17日,利用在军队和国家机关中的阵地发动叛乱。7月底起,德、意法西斯开始对西班牙进行武装干涉,供给叛乱分子大量的武器和金钱,派出军队20万(意军15万,德军5万),并加强对西班牙海岸的封锁。这样,西班牙的人民革命战争进入民族革命战争阶段,这是一场保卫西班牙共和国独立自由的战争。9月4日,成立人民阵线各党派(包括共产党)都参加的以社会党卡巴列罗为首的政府。经过共产党和人民群众的英勇斗争,取得马德里保卫战的胜利,推动共和国在经济、军事、政治和文化领域继续进行深入的改革。改革使西班牙从战争开始时的资产阶级民主共和国朝着人民民主共和国转变,在许多方面超过了第二次世界大战后中欧和东南欧各国人民民主制度发展的第一阶段,是西方人民阵线运动所达到的最高成就。西班牙共和国得到苏联和各国革命人民的巨大支持,来自53个国家的3.5万革命人民组成五个国际纵队,与西班牙人民并肩战斗。这是一场以西班牙人民为主的世界民主力量反击法西斯进攻的武装搏斗,是一场国际性的革命与反革命的战争。由于德、意法西斯的武装干涉,由于英、法、美等国政府对法西斯势力的纵容和支持,慕尼黑协定签订后,英、法于1939年2月承认叛乱的佛朗哥政府。3月,人民阵线崩溃。西班牙建立了法西斯制度。

人民阵线运动在欧洲受到挫折的时候,反帝民族统一战线在中国取得了辉煌成就。中国共产党在日本侵略造成的严重的民族危机中制定了抗日民族统一战线政策,得到了全国人民的广泛支持,迫使国民党再不敢拒绝共产党的国共两党合作团结抗日的建议,这样,抗日民族统一战线正式形成。中国共产党领导下的进步势力是它的主要支柱和基本力量,不断巩固、发展的抗日根据地是它的可靠基地和强大后盾。中国共产党坚持了抗日民族统一战线中的独立自主政策,执行了正确的方针、政策,得到了全国人民的拥护和支持,它领导的革命军队和革命力量不断发展壮大,因此,国民党顽固派破坏统一战线的阴谋未能得逞。

世界经济危机爆发后,拉丁美洲国家也受到严重打击,各种矛盾日益尖锐。在许多拉美国家,展开了建立人民阵线的运动。

德、意、日法西斯侵略扩张的加剧和它们对各国法西斯势力的支持、鼓励，使各国人民反对本国法西斯的斗争与反对德、意、日法西斯侵略扩张的斗争不可分割。反法西斯斗争已成为一场国际斗争，各国人民的反法西斯斗争已成为这场世界反法西斯斗争的组成部分。这场斗争不仅要求在各国范围内开展人民阵线运动和反帝民族统一战线运动，还要求在世界范围内开展国际反法西斯统一战线的斗争，要求团结一切进步力量统一行动。本世纪30年代的世界和平运动就是国际范围内的一场反法西斯的群众性运动。和平运动在本世纪30年代成为一支强大的社会舆论力量。它通过各种手段进行反法西斯反战的宣传鼓动，推动世界人民战胜法西斯，维护世界和平，从而为后来的反法西斯战争培养和积蓄了力量，为反法西斯战争的胜利准备了条件。

四、为什么未能制止第二次世界大战的爆发？

随着世界主要矛盾的转化，世界各种力量进行了重新组合。法西斯势力利用世界反法西斯力量还没有联合起来之时，组成法西斯侵略集团。1936年11月25日，德、日签订《反共产国际协定》，协定诬蔑共产国际干涉各国内政，威胁世界和平与安宁，规定在反对共产国际的斗争中紧密合作，采取共同的行动。1937年8月，意大利加入《反共产国际协定》，法西斯侵略集团"柏林—罗马—东京轴心"开始形成。这个协定是三国政治上的松散同盟，缔约各方还没有承担在军事上、经济上和外交上全面合作的义务。随着侵略步伐的加紧，德国迫切要求把三国政治同盟发展成为军事同盟。1939年5月22日，德、意两国在柏林缔结《德意同盟友好条约》，即《钢铁条约》。从此，德国和意大利在政治上、军事上实现了全面合作，加紧发动侵略战争。

在人类面临世界大战威胁的时候，怎样才能维护世界和平、防止世界大战全面爆发？在受到法西斯侵略和侵略威胁的世界各国中，苏联和以各国共产党为核心的世界爱好和平的人民坚决主张联合一切反法西斯力量，阻止法西斯势力的崛起和发动侵略战争，将世界大战消灭在萌芽状态。

建立反法西斯联盟，制止法西斯侵略是一切受到法西斯威胁的国家和力量的共同任务。英、法、美都是资本主义世界的强国，同法西斯国家相比，它们在经济、政治和军事力量方面占有一定的优势。苏联经过第一、二个五年计划的建设，已经成为一个社会主义工业强国，它的工业生产水平在1937年已跃居世界第二位和欧洲第一位。除了英、法、美等资本主义国家和苏联社会主义国家的力量外，还有世界反法西斯力量，包括各国人民阵线运动和各国人民反战运动以及殖民地半殖民地的反帝民族统一战线运动。这一切力量的联合，跟法西斯的力量相比，占有绝对优势，而英、法、美和苏联这四个大国的联合在世界反法西斯联盟中起着决定性作用。如果能在各国国内建立人民阵线和反帝民族统一战线，在国际上建立反法西斯统一战线，是完全能够制止法西斯发动这场战争的。

第二次世界大战是从一系列局部战争发展为全面战争的。从日本 1931 年侵占中国东北，意大利 1935 年侵略阿比西尼亚（今埃塞俄比亚），1936 年德、意武装干涉西班牙，1937 年日本发动对中国的全面侵略等局部战争，发展到 1939 年 9 月德国侵波、英法对德宣战而成为世界规模，然后发展为 1941 年 6 月德苏战争和 1941 年底太平洋战争。这种由小到大、由局部发展到全面的战争进程，从 1931 年算起到 1939 年有八年时间，从 1933 年 1 月希特勒上台算起也有 6 年半的时间。法西斯的力量并不是从一开始就很强大，世界大战并不是突然在一天早晨爆发的，它有一个准备的过程。这表明世界一切反法西斯力量实现联合，制止侵略战争的爆发，是有足够时间的。但是，这场战争却没有被制止，也没有被推迟。主要原因是反法西斯一方的力量没有联合起来。

苏联在联合受到法西斯侵略威胁的国家、共同制止法西斯侵略上作了很大的努力。希特勒上台几天之后，苏联就在世界裁军会议上提出《关于侵略者定义的宣言》草案。接着，苏联提出建立欧洲集体安全体系的计划。1935 年 3 月 29 日，苏联在《东方公约》被西方国家搁置的情况下，向法国建议缔结互助条约。在法国民主力量的强烈要求下，1935 年 5 月 2 日，双方签订《苏法互助条约》。同年 5 月 16 日，苏捷签订《苏捷互助条约》，附加的《签字议定书》规定："只有在法国对被侵略国提供援助时，苏、捷双方才有义务互相援助。"在苏、法缔结互助条约的谈判中，双方决定制订一项军事专约作为政治条约的补充，并约定苏、法、捷三国于 1935 年夏举行军事专约谈判。由于法国无意承担任何特定义务，军事协定未能签订，法国并未同苏联结成真正的联盟。

苏联对意大利侵略阿比西尼亚，德、意武装干涉西班牙，德国占领奥地利和捷克斯洛伐克都进行了谴责，建议采取必要措施制止侵略，宣布它准备参加防止扩大侵略的集体行动。苏联倡导并推行的集体安全体系是建立反法西斯统一战线的重要步骤，也是制止法西斯侵略、捍卫各国安全的唯一有效办法。但是，它没有得到西方国家特别是英、法、美几个大国的支持，并不断遭到反对和破坏。

面对法西斯的侵略威胁，英、法、美企图靠牺牲别国利益，把法西斯侵略势力从自己身边引开，保住各自的既得利益。希特勒在德国上台后，英国一方面认定德国是最大的潜在威胁，另一方面又急于寻求对德妥协，并通过各种方式鼓励和支持希特勒的扩军备战和对外侵略扩张，妄图建立一个西方资本主义国家的反苏阵线，这样既可把法西斯的威胁从自己身边引开，又可祸水东引，让法西斯去攻打苏联。法国为了维护自身安全，对外交政策作了重大调整，将与英国争夺改为同英国友好，要求建立英法同盟，在经济、政治和军事上实行合作，法国的对外政策逐渐使法国沦为英国的附庸。美国既面对着法西斯国家摧毁符合美国利益的世界统治秩序的挑战，也面对着与英、法的剧烈争夺，为了改善处境,美国力图利用法西斯国家同英、法及苏联、中国等国的矛盾,推行孤立主义的中立政策和不承认主义来对付复杂尖锐的国际局势,其实质是借他人之手,进行一场它所需要的战争。它在这场战争中,一可大做军火生意,二可趁机抢占交战国家的海外市场,三可在交战双方筋疲力尽、两败俱伤时,出来收拾残局,夺取世界霸权。

英、法、美不顾世界人民的根本利益和世界反法西斯斗争的大局,对法西斯的侵略扩张推行一条妥协退让的绥靖政策。在东方,对日本侵华行为听之任之。在非洲,未采取任何措施反对意大利侵略者,导致阿比西尼亚抗击法西斯斗争的失败。在欧洲,张伯伦、达拉弟将绥靖政策推向顶峰。1938年3月,纳粹德国占领奥地利。1938年9月29日,英、法、意、德四国首脑召开臭名昭著的"慕尼黑会议",签订了《慕尼黑协定》,规定捷克斯洛伐克在10天内把苏台德区和与奥地利接壤的南部地区割让给德国。接着,希特勒在1938年10月21日命令"消灭捷克国家的残余部分"。1939年3月15日,德国法西斯军队侵占整个捷克斯洛伐克领土。

由于日本、意大利、德国法西斯分别在亚洲、非洲、欧洲发动的局部战争没有及时得到制止,终于酿成了全面的世界战争。慕尼黑会议后不久,德国法西斯就向波兰提出了归还"波兰走廊"和但泽的要求。1939年3月21日,德国再次向波兰提出领土要求。同年4月,希特勒颁布了入侵波兰的"白色方案",决心向波兰开战。

在当时历史条件下,是否就不可能阻止德波战争爆发或使其推迟爆发呢?波兰是英、法的主要盟友,波兰若被纳粹德国占领,必然要损害英、法在欧洲的霸权利益。苏联紧邻波兰,希特勒若占领了波兰,也直接威胁着苏联的安全。因此,在波兰问题上,英、法、苏都有阻止法西斯侵略的要求,有可能结成反法西斯联盟。在力量对比上,苏、英、法、波四国在经济、军事、政治方面都占有绝对优势。从地理位置上看,苏、波和英、法的战略地位也十分有利。如果四国联合,从东西两面箝制住德国,希特勒是不敢对波兰轻举妄动的。然而,这些有利因素并没有变成遏制德国法西斯侵略波兰的现实。

促成德国入侵波兰,除了英、法长期推行绥靖政策纵容法西斯侵略外,另一个重要原因是英、法、苏三国谈判破裂,没有把占有优势的经济、军事力量联合起来,组成反法西斯统一战线。1939年4月14日,三国政治谈判在莫斯科开始,苏联就共同反对法西斯侵略提出八点建议,英、法不以互惠和义务平等的原则对待苏联,要苏联单方面承担反对德国法西斯侵略的任务。德国为了取得进攻波兰的胜利,竭力破坏三国谈判,使苏联在德波战争中保持中立。为此,德国首先通过经济谈判给苏联提供援助;其次,德国在宣传上降低了反苏语调;再次,对苏外交开始升级,表示德国并无侵苏意图。与此同时,德国还企图拉拢英国来破坏三国谈判,英国也幻想通过与德国的谈判回到慕尼黑轨道上来，又一次企图在波兰问题上制造新的慕尼黑。然而，由于英、德两国在世界市场、争霸欧洲问题上矛盾异常尖锐，尽管英国作了不少让步，仍不能满足法西斯德国的要求，英、德勾结没有实现。

在欧洲局势日益紧张的情况下，苏联于1939年7月23日建议举行三国军事谈判，商谈制定三国武装力量协同抗击德国法西斯的具体措施。英、法虽然同意，但采取拖延谈判的方针，派出的代表团成员都不是十分重要的人物。苏联十分重视这次谈判，认为这是最后一次集体抗击法西斯的极好机会。8月12日，三国军事谈判正式开始，苏联遵照对等的原则，提出一份三国协同作战的军事计划方案。但在一系列重大问题上都遭到英、法的拖延，谈判一再受阻。波兰坚决反对苏军越过波兰国境，使苏联无法履行支援西方的义务。8月21日，苏联代表团声明，对英、法是否真有和苏联进行军事合作的愿望表示怀疑，在没有得到波兰同意过境的答复以前，宣布长期休会，三国军事谈判陷入僵局。这为希特勒拉拢苏联提供了机会。

三国军事谈判毫无进展，英、法无意与苏联结盟，不愿承担对苏联的援助义务，而英国又暗地与德国勾结，企图达成妥协，把德国的侵略矛头指向苏联，加上东边又受到日本法西斯威胁，在这样严峻的形势下，苏联对英、法持不信任态度，对德国要求改善关系的建议不得不予以考虑。1939年8月23日，双方签订《苏德互不侵犯条约》，还签订了《秘密附属议定书》，就瓜分波罗的海国家和波兰达成一致意见。苏德条约是英、法、苏三国谈判破裂的产物。尽管《苏德互不侵犯条约》是在特殊而又紧迫的形势下，苏联出于自身安全考虑而签订的，但是，它带来很大的消极作用。由于条约的签订，苏联不得不暂时放下反对法西斯的这面旗帜，使希特勒得以实现避免两线作战的先西后东的战略计划，并给世界反法西斯力量造成思想混乱，涣散了整个世界的反法西斯力量。它只是保障了苏联暂时的和平，却没有保障包括苏联在内的整个世界的和平。至于苏联与德国达成瓜分波罗的海国家和波兰的协议，更是一次严重的大国沙文主义和民族利己主义的错误。

总之，英、法、苏三国谈判破裂，集体抗击法西斯的反侵略统一战线未能在德波战争爆发之前建立起来，主要原因是英、法、美长期推行的不顾世界人民的根本利益和世界反法西斯大局的绥靖政策，从根本上破坏了反法西斯一方各种力量的联合。正是这一政策使一场本来可以制止的世界大战未能避免。

第四节 反法西斯战争的胜利

一、名副其实的全球战争

第二次世界大战的一个重要特点是先由法西斯国家在不同时间和地点分别

挑起局部侵略战争，而后逐步扩大为世界大战。这是因为法西斯国家没有力量一开始就独自发动世界性的全面战争，只能先从争夺区域性霸权的局部战争开始，通过局部战争的胜利来扩大领土，掠夺资源，增强人力、物力、财力，为发动全面的世界大战做准备。而英、法绥靖政策的纵容，又加速了德国法西斯发动世界战争的步伐。

1939 年 8 月 31 日，德国突袭波兰，英、法两国被迫于 9 月 3 日对德宣战，此后，英国的自治领和殖民地相继对德宣战。从此，第二次世界大战由局部战争开始进入全面的世界大战阶段。9 月 28 日，华沙陷落，波兰灭亡。英、法虽然宣战，但未立即对德采取大规模的军事行动。这种现象从 1939 年 9 月延续到 1940 年 5 月，这段宣而不战的战争被称为"奇怪战争"或"静坐战"。为确保进攻西欧时侧翼的安全，1940 年 4 月 9 日，德军突袭北欧的丹麦和挪威。5 月 10 日，德军在西线发动全面进攻。德军 B 集团军群首先进攻中立的荷兰和比利时，吸引英、法盟军主力，而德军主力 A 集团军群却绕过马其诺防线，从卢森堡和比利时南端的阿登山脉向法国挺进。5 月 13 日，德军主力突然抵达马斯河边并占领色当。5 月 15 日，在中路强渡马斯河，而这时的法军主力全部放在德军右翼。5 月 20 日晚，德军抵达英吉利海峡，使比利时和英法联军主力陷入重围。从 5 月 26 日开始，经过 9 个昼夜的奋战，将 33 万被围困在敦刻尔克的英、法联军及其他盟军撤退到英国，史称"敦刻尔克大撤退"。德军攻占敦刻尔克后，南下直指巴黎。6 月 10 日，意大利向英、法宣战，进攻法国。6 月 14 日，德军占领巴黎。6 月 22 日，法国投降，约国土三分之二的北部工业区被德军占领，由贝当的维希傀儡政权控制南部及法国海军和海外殖民地。7 月 16 日，希特勒下令制定进攻英国的《海狮计划》。7 月 30 日，对英国实行空中闪击战，遭到英国的坚决反击，损失惨重。9 月，希特勒决定推迟进攻英国，并加紧制定入侵苏联的《巴巴洛沙计划》。

西线战争和法国的迅速败亡，急剧膨胀了几个法西斯国家的侵略野心。意大利乘机对非洲发动进攻，日本决定加强与德、意的联合，实施"南进战略"，建立"大东亚共荣圈"。1940 年 9 月 27 日，德、意、日三个法西斯国家在柏林签署了《三国同盟条约》。条约规定："日本承认并尊重德意在欧洲和非洲建立新秩序的领导权，德意承认并尊重日本在大东亚建立新秩序的领导权。"规定任何一方如同目前的非交战国发生战争时，"应以一切政治、经济和军事手段相援助"。

《三国同盟条约》签订后，希特勒除了继续对英国进行空战外，把侵略魔爪伸向东南欧和巴尔干，为进攻苏联做准备。罗马尼亚、匈牙利和保加利亚先后加入三国同盟。1941 年 4 月 6 日，德军侵入南斯拉夫，对南斯拉夫实行军事占领。在意军配合下，德军突然进攻希腊，在那里建立傀儡政权。

以上表明，1939 年 9 月到 1941 年 6 月，法西斯控制了除英国、苏联以外的整个欧洲,大战前已经占领奥地利、捷克斯洛伐克和阿尔巴尼亚,大战爆发后占领波兰、丹麦、挪威、比利时、荷兰、卢森堡、法国相当大一部分、希腊、南斯拉夫等。在亚洲,日本除了原已占领中国的东北、华北以外,又占领了中国的华中、华南和印度支那广大地区。法西斯在所占领地区建立法西斯统治的"新秩序",利用被占领国家的人力、物力和资源,以战养战,有的国家形式上独立,实际上是德国法西斯的附庸。总之,人口超过三亿的几乎所有欧洲国家的资源都被德国用于进行侵略战争。三国同盟的建立,扩大了法西斯的势力,欧洲的芬兰、保加利亚、匈牙利、罗马尼亚,亚洲的泰国加入这个同盟,还有斯洛伐克、克罗地亚两个傀儡,这个力量比一战时的德奥同盟的力量强大得多。与德国交战的国家中,唯有英国未被完全击败,但英国的国力已大为衰落。当时,资本主义世界中没有任何力量能够阻挡已经开动起来的法西斯战争机器。

为什么在大战初期法西斯能够取胜?从法西斯一方与反法西斯一方的力量对比看,从战争性质和人心向背上看,优势完全在反法西斯一方;在军事、经济潜力上,也是反法西斯一方强大。美、英、法和苏联都是强国,但都未强大到能够单独制止法西斯侵略。在当时的条件下,只有联合所有反法西斯国家和一切反法西斯的民主力量,才能打败法西斯。由于反法西斯一方没有联合起来形成一个巨大的整体力量,使法西斯一方的一些附带因素暂时起了作用:(1)军队数量、装备和素质(主要是德军)具有暂时优势;(2)对战争做了充分准备;(3)采取突然袭击的方法;(4)法西斯先组成法西斯同盟,形成对一个一个国家的绝对优势。这样,大战初期的形势就是反法西斯国家都是孤立地单个对付法西斯的侵略,使法西斯能够得逞。到1941年6月,世界反法西斯力量虽然具有强大潜力,但还处于分散状态,联合的趋势才刚刚出现(英国援助法国,美国援助英国),整个反法西斯力量的组合过程还未完成,各国反法西斯斗争的处境十分艰苦并不断遭受挫折、失败。

在这种形势下,希特勒被胜利冲昏了头脑。1941年6月22日清晨,德国法西斯悍然撕毁《苏德互不侵犯条约》,调动包括仆从国在内的190个师、550万人的兵力,分兵三路,以"闪击战"方式,向苏联发动突然袭击。战争开始后,由于苏联准备不足,仓促应战,加上战略估计和军事指挥方面的失误,苏军严重受挫,到7月中旬,德国突入苏联领土350~600公里,进至列宁格勒、斯摩棱斯克、基辅一线。斯大林提出了战略防御方针。从7月到9月,苏军进行了一系列英勇顽强、规模不等的积极防御战,重创敌军,消灭了敌人大量的有生力量,使希特勒三个月内灭亡苏联的狂言化为泡影。

《三国同盟条约》签订后,日本独霸亚洲的野心急剧膨胀。日本决定南进,夺取英、法、荷、美在亚太的殖民地。为了解除后顾之忧,避免两线作战,一方面在中国战场发动大规模攻势,迫使蒋介石政府投降;另一方面,极力改善同苏联的关系,1941年4月13日,缔结了《日苏中立条约》。苏德战争爆发后,日本加紧了南进步伐。10月,东条英机上台,决定发动太平洋战争。12月7日清晨,日本使用突击机群偷袭珍珠港,港内的美国太平洋舰队几乎全军覆没。与此同时,日军向东南亚和西南太平洋各岛发动攻击,美、英、荷、法在这一地区的殖民地几乎全部被日本占领。

1941年12月8日,美国宣布同日本处于战争状态。当天英国也对日宣战。次日,中国政府正式对日、对德宣战。加拿大、澳大利亚等二十多个国家相继对日宣战。12月11日,德、意及其仆从国匈、保、罗也相继对美国宣战。从此,不断扩大战争的法西斯侵略者与逐步汇合起来的世界反法西斯力量,展开了一场世界范围内的生死大搏斗,第二次世界大战从局部战争终于发展成为一场名副其实的全球战争。

二、世界人民赢得反法西斯战争的胜利

德国进攻苏联,使世界形势发生根本变化。战争超出了资本主义世界范围。苏联近两亿人口,领土占世界面积的六分之一,具有很强的政治、经济潜力,它的参战大大增加了反法西斯一方的力量,预示着战争会发生急剧变化。这个变化的实现,取决于能否建立反法西斯联盟。这时,建立反法西斯联盟的条件已完全具备:(1)苏联反对法西斯、捍卫国家安全的利益与资本主义国家的利益是一致的;(2)苏联在德苏战争爆发后,采取了正确的立场,积极主动地与其他反法西斯国家谈判,争取建立联盟,纠正它在大战爆发前后对外政策上的失误;(3)资本主义国家,主要是英、美两国也采取了积极态度,英国首相丘吉尔在德国入侵苏联的6月22日晚上向全世界发表广播演说,坚决支持苏联抵抗德国法西斯的侵略;(4)资本主义国家的人民积极推动他们的本国政府同苏联建立反法西斯联盟。1941年8月14日,英、美发表关于战争目的的联合声明,即《大西洋宪章》,其基本精神是积极的。苏联等国表示同意它的基本原则。它为反法西斯联盟的建立提供了政治基础。日本偷袭珍珠港,发动太平洋战争,促使美国正式参战,极大地改变了交战双方的力量对比。法西斯集团开始陷入两线作战的总体战中。美国的参战成为第二次世界大战战略转折的开始。

1942年1月1日,26国发表《联合国家宣言》,它是反法西斯联盟形成的一个重要标志。1942年5月26日签订苏英条约,1942年6月11日签署苏美协定,这不仅确定了在战争中的互助合作,并规定了战后三大国的继续合作,表明反法西斯联盟最终建立。这个联盟不仅有同一社会制度和意识形态的国家参加,还有原来互相对立的不同社会制度和意识形态的国家参加,是人类历史上从未有过的联盟,它是法西斯国家以外的几乎所有国家和法西斯势力以外的一切力量的最广泛的联盟。世界上拥有巨大人力和物资资源的各大国结成反法

西斯联盟,在政治、经济和军事上实行全面合作,就使法西斯力量与反法西斯力量的对比发生了根本变化。从此,与法西斯对抗的,不再是一些分散的单个国家,而是一个强大的国家联盟,是组织起来的全世界人民的强大力量。在这样的整体力量面前,对法西斯侵略暂时起过作用的那些因素都不再起作用了。

反法西斯联盟的形成,不仅在政治、战略方面显示出巨大威力,而且在经济上和军需生产能力上显示了极大的持久力,使交战双方的战时经济力量对比发生了深刻的变化。在反法西斯联盟形成以前,由于只有英、法等国与德、意、日处于交战状态,反法西斯国家的战争经济从国民收入、作战潜力和制造能力来看都不如轴心国强大。反法西斯联盟形成后,美、苏两大国的力量成为反法西斯的力量,同盟国的力量急剧增强,到1943年,同盟国的武器产值达到625亿美元,轴心国只有183亿美元。轴心国把夺取别国的原料产地和资源以壮大自己的军事工业基础作为确定战略目标的决定性因素,形成了夺取别国原料产地必然扩大侵略目标、而扩大侵略目标必然加重战争负担的恶性循环。因此,轴心国每侵占一地,虽然能掠夺到所需的部分资源,但由于被侵略被占领国家的人民不会甘心接受法西斯的奴役和掠夺,而是采取各种形式来反抗侵略者,使法西斯国家在自己脖子上套上了一条条绞索。反法西斯国家在战争初期虽然遭受了重大损失,但他们的战争经济基础雄厚,无论从国民收入、制造能力还是从资源潜力等各方面看,都大大超过德、意、日法西斯集团。因此,反法西斯国家在参战后都能在自身的经济基础上迅速有效地组织起战时经济,使国民经济适应战争的需要。

第二次世界大战的胜利,是反法西斯的各国人民相互配合、共同作战的结果,各国都对赢得战争胜利做出了自己的贡献。世界反法西斯联盟建立以后,盟国之间,特别是美、英、苏、中四大盟国之间,尽管仍然存在分歧,但为了战胜共同的敌人,都能求同存异,坚持在政治上互相协商、经济上互相支援、军事上相互配合。四大盟国的团结与合作,为赢得反法西斯战争的胜利提供了根本保证。

为了打败法西斯,四大盟国经常进行双边或多边高级会谈,特别是美、英、苏三国首脑之间保持着密切联系。为及时协调政治、军事战略,除英、美之间的多次双边会议外,战争期间四大盟国举行了多次首脑会议,协调解决了许多重大问题,对当时和战后的形势产生了巨大影响。1943年10月,中、美、英、苏四国签署了《关于普遍安全的宣言》,第一次正式宣布了法西斯国家必须无条件投降的原则。宣言为战后和平奠定了基础,并为后来的国际机构——联合国的工作确定了一些基本原则。为协调对日联合作战和商讨战后如何处置日本,1943年11月22～26日,中、美、英三国首脑在开罗召开会议,决定占领缅甸北部,打通滇缅公路,增加对华援助,会议签署了《中美英三国开罗宣言》,重申三国对日作战的目的"在于制止及惩罚日本之侵略",决定在打败日本后,将被日本霸占的中国东北、台湾、澎湖列岛等归还中国。

1943年11月28日~12月1日,罗斯福、斯大林、丘吉尔在德黑兰举行三国政府首脑的首次会晤,讨论的首要问题是加速击溃德国法西斯,早日结束战争,其中关键是尽快开辟第二战场的问题,会议决定:1944年5月实施攻打法国北部的"霸王计划"和攻打法国南部的"铁砧计划"。会议讨论了打败德国法西斯后如何处置德国的问题,但未获结果,决定将它交由欧洲咨询委员会进一步研究。波兰问题经过讨论,确定在波兰东部苏波两国以"寇松线"为界,波兰西部边界向西扩大,用德国领土补偿波兰在东部失去的领土。会议最后签署了《德黑兰宣言》。这次会议解决了美、英、苏三国在重大问题上长期存在的基本矛盾和分歧,加强和巩固了反法西斯各国在经济、政治、军事上的团结与合作。

1945年2月4~12日,苏、美、英三国首脑在克里米亚半岛的雅尔塔召开会议,他们一致表示要加强协同作战,从"东、西、南、北四方面"打击德国法西斯,迫使德国无条件投降,尽快结束战争。对德国的处置问题,决定由三国军队首先占领德国:苏联占领德国东北部,英国占领德国西北部,美国占领德国西南部,并邀请法国占领西部。"大柏林"区由盟国军队共同占领。关于赔偿问题,苏联提出德国的战争赔款总额为200亿美元,其中分给苏联的不少于100亿美元,三国同意以此为基础,由赔偿委员会进一步商讨决定。三国还对波兰政府的组成及波兰疆界的划定达成妥协。关于联合国的组织问题,确定苏、美、英、中、法五大国为常任理事国,在理事会中除关于程序问题外,一切实质性问题都可以行使否决权,但在和平解决争端问题时,即使是大国也要放弃在安理会的否决权。会议决定接纳同希特勒德国作战的各国加入联合国组织。三国还就苏联对日作战达成秘密协议,规定在欧洲战争结束2~3个月内,苏联将参加对日作战,其条件为:外蒙古维持现状,恢复1904年日俄战争前俄国的权益(即库页岛南部及邻近一切岛屿归还苏联,苏联租用旅顺港为海军基地,大连商港国际化,苏联在该港享有优先权益,中、苏共同经营中东、南满铁路),千岛群岛交与苏联。雅尔塔会议使美、英、苏三国在一些最复杂的问题上取得谅解,作出决定,并发表《克里米亚声明》,这对于调整盟国内部矛盾,推动和加速反法西斯战争的胜利起了很大作用。

在法西斯德国投降后,为了制定对德管制的共同政策,商讨共同对日作战,美、英、苏三国首脑在1945年7月17日~8月2日在柏林西南郊的波茨坦举行第二次世界大战期间的第三次首脑会议,斯大林、杜鲁门和丘吉尔(7月28日后为新首相艾德礼)出席会议。由于战争即将结束,反法西斯联盟内部尤其是美、英、苏之间的分歧和矛盾逐渐尖锐化和表面化,但由于日本尚未投降,三国首脑仍然在一些重要问题上达成协议,通过《波茨坦会议议定书》等文件,三国重申"德国军国主义及纳粹主义将予根除",确定了四国共同管制德国的政治和经济原则以及德国赔款和战犯处理原则问题，会议重新划分了波兰国界。7月26日，发表中、美、英三国签署的《波茨坦公告》，敦促日本无条件投降。苏联重申在欧洲战争结束三个月内参加对日作战。

为了充分发挥反法西斯联盟国家的经济优势，保证战争的胜利，同盟国加强了经济联系与合作，这对提高盟军的作战能力具有十分重要的意义。经济实力强大的美国所起的作用尤为突出。欧战爆发后，美国政府于1939年9月5日宣布中立，实际上是亲英中立，不久就修改了中立法。1939年11月4日，罗斯福总统签署了"现款自运"法案。1941年3月11日，罗斯福排除国内孤立主义势力的反对，废除了"现款自运"的原则，签署了《租借法案》，首先同英国结成伙伴关系，共同使用生产设备、原料、船舶舱位和军事设施，尽可能实现武器的标准化，美、英签署了租借总协定，这个协定成为美国同其他国家签订同类协定的样板。1942年6月，苏联同美国签订了类似协定，到1943年，已有13个主要的盟国接受了执行租借法的相似条件，到1945年，共签订了35个租借法。从1941年起，到1945年8月杜鲁门宣布中止租借法，美国共提供租借物资（包括运送这些物资的劳务）约近500亿美元，其中英国受援最多，英国本土及其自治领，共接受租借物资约313亿美元，占美国租借援助总额的三分之二。苏联获得约98亿美元的援助，中国获得美国的租借援助为8.4亿美元，法国获得14亿美元的援助。租借法是美国对世界反法西斯战争的一大贡献。这些援助促进了盟国之间的合作和团结，加速了反法西斯战争胜利的到来。

要彻底打败法西斯轴心国，反法西斯各国尤其是四大盟国除了政治上互相协商和经济上互相支援外，还要在军事上互相配合。在第二次世界大战的进程中，随着法西斯侵略的扩大，逐步形成了亚洲太平洋、欧洲大西洋和北非地中海等几个大战场，各大战场又可划分为若干战区，各个战场战区之间都有密切的联系，组成一个不可分割的整体。某个战场的胜败，都会影响其他战场以至全局。因此，每个反法西斯国家，特别是担负主战场任务的四大盟国，不仅要服从联盟大战略，还要在一些重大战役上互相配合。

第二次世界大战是世界性联盟战争，反法西斯联盟国家面对欧洲的德、意和亚洲的日本三大敌人，必须分清主次，确定联盟的大战略。由英、美两国提出并得到苏联同意的先欧后亚战略方针成为联盟国家共同执行的大战略，即首先击败力量最强、侵略野心最大的德国，然后全力对付日本。根据这个战略决策的要求，把欧、亚、非各条战线作为一个有机整体，统筹安排，相互配合，在战略上集中优势兵力，实现对主次敌人的各个击破。美、英、苏等国都坚持先欧后亚的联盟大战略。1943～1944年，美国部署在欧洲和地中海战区的兵力，超过太平洋和中印缅战区兵力总数的一倍以上。苏联为了集中力量打败德国，对日本小心谨慎，避免腹背受敌，直到欧洲战争结束，才出兵对日作战。

中国战场是打败日本法西斯侵略的主要战场,中国人民的英勇抗战,在亚洲牵制了强大的日本陆军,从而在战略上保证盟国能够集中兵力击败敌人,在世界反法西斯战争由败转胜的过程中,做出了重要贡献。

随着反法西斯联盟的建立和巩固,法西斯与反法西斯双方力量对比发生根本变化,从1942年下半年到1943年初,第二次世界大战的进程出现了根本性转折,各个战场相继出现转机,法西斯国家逐步丧失战略主动权。1942年初,莫斯科保卫战粉碎了德国"不可战胜"的神话,宣告了希特勒"闪击战"的破产,这是德军遭到的第一次重大打击。为了抢在英美盟军开辟第二战场之前击败苏联,希特勒决定在1942年的夏季攻势中,集中主要兵力在南线向斯大林格勒发动被认为是打击苏联要害的进攻,他调集了苏德战场将近一半的兵力,计划7月25日前攻占斯大林格勒,摧毁苏联尚存的全部战争潜力,夺回战略主动权。苏军最高统帅部决定采取积极防御的方针,通过斯大林格勒会战,大量消耗敌人的有生力量,根本扭转战局。7月17日,德军开始进攻,苏军殊死抵抗,顽强阻击,与德军展开逐街、逐巷、逐屋的反复争夺,到11月中旬,德军虽已占领该城的大部分市区,但已筋疲力尽,士气低落,只能逐步转入防御。11月19日,苏军开始全面反攻,对德军实行分割包围,结束了长达四个多月的战略防御阶段。1943年2月初,苏军取得斯大林格勒会战的完全胜利,歼灭德国及仆从国军队约170万人,击毁和缴获大炮2.4万门,三千多辆坦克和四千多架飞机。从此,苏德战场的战略主动权完全转入苏军手中。斯大林格勒大会战是关系第二次世界大战前途、结局的最具历史影响的会战。苏军的辉煌胜利不仅从根本上改变了苏德战场的战略态势,而且从根本上改变了第二次世界大战的发展方向。从此,苏德战争和整个第二次世界大战的进程发生了根本性的转折。

1942年11月2日,英军在北非发动阿拉曼战役,把德国的"沙漠之狐"隆美尔指挥的非洲军团赶出埃及。11月8日,英美联军实施"火炬计划",在摩洛哥和阿尔及利亚登陆。11月13~16日,美日争夺瓜达卡纳尔岛的战局出现转折,日军丧失了制海权和制空权。到1943年2月,美军夺得瓜岛,结束了战役。从此,日本在太平洋上完全丧失了战略主动权,被迫转入战略防御。斯大林格勒会战和瓜岛战役的胜利结束,完成了第二次世界大战的战略转折,法西斯国家完全丧失战略主动权,被迫转入战略防御,反法西斯盟国开始全面的战略反攻。

1943年7月10日,盟军在西西里岛登陆,8月17日全部占领该岛。7月25日,意大利发生政变,墨索里尼被拘禁,巴多里奥元帅组成新政府。9月3日,巴多里奥政府与美英盟军签署无条件投降的协议书。9月8日,美英盟军在意大利南部登陆。10月13日,巴多里奥政府对德宣战。意大利投降和对德宣战,标志着法西斯轴心国集团开始解体。

为了重新夺回战略主动权,1943年7月,德军对库尔斯克苏军主力发动大规模进攻。苏军集中优势兵力与德军会战,激战50天。8月23日,苏军取得了斯大林格勒战役后又一次会战的胜利。接着,苏军在各个战场全线出击。在1943年的夏秋季攻势中,苏军全歼和重创了德军217个师,击毁坦克七千辆、大炮五万门,德军的战略防御计划也彻底失败。1944年,苏军转入战略大反攻,对德军连续发动了10次毁灭性的打击,歼敌二百多万,解放了全部苏联国土,并在东欧各国人民的支持和配合下,解放了罗、保以及波、捷、南、匈的大部分领土和挪威北部,迫使法西斯德国的盟国芬、罗、匈退出战争,加速了法西斯德国的覆灭。

在苏军胜利向西推进的形势下,美英盟军于1944年6月6日开辟欧洲第二战场,出动近5000艘船只驶进英吉利海峡,在法国西部诺曼底一举登陆成功。7月25日,盟军向法国腹地推进。8月15日,法维希傀儡政府垮台。8月19日,巴黎人民举行武装起义,解放巴黎。欧洲第二战场的开辟,使盟军从东、西、南三面围攻德国法西斯,把战争推进到消灭法西斯的最后决战阶段。1944年12月,德军孤注一掷,在美英盟军防守薄弱的阿登地区发动反扑,造成对西线盟军的威胁。在丘吉尔的求援下,苏军在整个东线提前发动强大攻势。希特勒东、西不能兼顾,西线反扑惨败。1945年3月初,苏军进抵奥得河和尼斯河,从东、西、南三面包围了柏林。西线美英盟军也进抵易北河,与苏军会师。德军在柏林作最后的挣扎。苏军以绝对优势兵力猛攻柏林,德军士兵纷纷投降,希特勒于4月30日下午在总理府地下室自杀。5月2日,德军停止抵抗。5月8日,德国正式签署无条件投降书。

德国法西斯投降后,日本的经济已全面崩溃,但仍继续顽抗。1945年8月6日,美国在日本广岛投下第一颗原子弹。8月8日,苏联宣布对日作战。次日,百万苏军进入中国东北地区和朝鲜北部,同时,苏联海军攻下南库页岛、千岛群岛以及朝鲜北部的许多港口。当天,美国又在日本长崎投下第二颗原子弹。两颗原子弹的爆炸,特别是在苏军强大攻势下日本关东军的土崩瓦解,迫使日本天皇接受《波茨坦公告》,8月15日,日本投降。9月2日,正式举行日本签署无条件投降书的仪式。世界人民终于取得了反法西斯战争的完全胜利。

三、第二次世界大战的历史地位

第二次世界大战是人类历史上一次伟大的反法西斯战争。法西斯是资本主义制度固有矛盾极端尖锐而又无法解决的产物,是从资本主义世界体系内分化出来的最反动、最具侵略性的势力,它妄图通过对内建立专制独裁、对外疯狂侵略扩张来挽救资本主义统治。它的出现是对世界各国的民族独立和国家主权的严重威胁,是对世界人民的生存权利的巨大威胁,是对世界历史发展的严重阻碍。因此，第二次世界大战是法西斯侵略势力同反法西斯的民主力量之间的一场殊死搏斗，是世界人民与法西斯势力的决战，是世界各国人民捍卫民族独立和国家主权的正义战争。这场战争的结局关系到世界的历史是前进还是倒退。

这是一场规模空前的名副其实的世界大战。战火燃烧在欧、亚、非三大洲以及太平洋、大西洋、印度洋和北冰洋。作战区域面积达 2200 万平方公里，为第一次世界大战时的五倍半；先后卷入战争的国家多达 61 个，占世界人口 80% 以上的 17 亿人直接或间接地卷入了战争的旋涡；参战国的总兵力多达 1.1 亿人，直接军费开支的总额为 13 520 亿美元，各交战国的直接军费开支占其国民总收入的 60%~70%，比第一次世界大战高出 4~5 倍。这场世界大战给人类带来的灾难空前惨重。各国消耗的资财及经济损失共达 4 万亿美元，人员伤亡高达 9 000 多万，是第一次世界大战的 4 倍，其中苏联人民伤亡 2 700 万，中国军民伤亡 3 500 万，600 万犹太人死于被伪装成淋浴间的毒气室。世界人民为赢得这场战争的胜利，付出了巨大的代价。

反法西斯战争是一场伟大的世界人民战争。在世界反法西斯联盟的号召和鼓舞下，世界各国人民表现出空前的民族觉醒和民族团结，除了反法西斯盟国在各个战场上对法西斯进行气壮山河的英勇战斗外，还在世界范围内掀起了世界人民的反法西斯抵抗运动，建立了一条反法西斯的新战线，其规模、声势与力量之大，在世界人民反侵略斗争史上实属罕见。各国人民的抵抗运动以敌后为主要战场，以罢工、怠工、示威游行、抵制、破坏、游击战等多种有效形式打击敌人，来支持和配合盟军作战，使法西斯不仅在前线受到盟军的猛烈进攻，还在后方受到各国人民抵抗运动的沉重打击。世界人民是第二次世界大战舞台上的真正主角。觉醒了的世界人民，是打不破的铜墙铁壁。动员了世界人民，就造成了陷敌于灭顶之灾的汪洋大海。全世界人民通过共同的艰苦卓绝的斗争，最终彻底打败了德、日、意法西斯势力。

正像中国抗日战争的胜利，成为中华民族由衰败走向振兴的重大转折点，为国家的独立、民族的解放奠定了基础一样，世界人民反法西斯战争的胜利，成为世界各族人民摆脱帝国主义奴役、求得自身解放的重要里程碑，为欧、亚一系列国家走上社会主义道路，亚、非、拉广大殖民地半殖民地人民推翻殖民统治，建立民族独立国家奠定了基础。各国人民在决定自己国家命运的道路上，迈出了决定性的一步。

法西斯集团在第二次世界大战初期的军事胜利，一度对世界整体的发展造成了很大的危害，阻碍了世界历史的发展进程。这主要表现为：(1) 战争使主要参战国家的社会生产力受到巨大的破坏，交战双方以各种手段打击对方的生产和交通运输，严重损害了交战双方经济的发展；(2) 法西斯国家对被占领国家的种族灭绝和残酷掠夺，造成被占领国家的人力、物力和财力的巨大损失，使被占领国家社会发展停滞,历史出现倒退;(3)战前世界的经济贸易秩序被破坏,两大集团国家之间政治、经济、文化的正常交往和联系完全中断。

但是,反法西斯战争的胜利极大地推动了世界的整体发展,推动了历史的巨大进步。(1)大战期间,反法西斯国家的相互联系和合作互助大大加强,它们在政治上互相协商,在经济上互相支援,在军事上互相配合,在人员上互相交流,使反法西斯联盟各国形成一个整体。正是这个整体的强大力量才最终战胜德、日、意法西斯集团。(2)社会主义苏联在战争中获得了崇高的威望,各国共产党赢得本国人民的信任,战后各国人民向往社会主义,并为实现社会主义而斗争,欧、亚出现了一系列社会主义国家,大大推动了它们从民族历史向世界历史的转变。(3)战争期间,英、法、荷等殖民国家暂时放松了对殖民地半殖民地的统治,减少甚至中断了对殖民地半殖民地的工业品输出,并扩大了对殖民地半殖民地农矿产品的需求,从而促进了殖民地半殖民地民族经济的发展。同时,殖民国家从殖民地半殖民地征调大量人员参加军队或从事军工劳务,这些都加强了殖民地半殖民地人民与外部世界的交往,开阔了视野,提高了觉悟,积极投入争取民族独立的斗争,大大促进了殖民地半殖民地战后民族解放运动的发展。(4)第二次世界大战孕育了第三次科学技术革命,科技革命推动了社会生产力的高速发展,深化了国际分工,扩大了国际合作,促进了生产与资本的国际化,推动了跨国公司和国际经济一体化的发展。(5)大战后期开始建立各种国际机构,如建立联合国,它的任务是维护国际和平及安全,促进国际合作,增进各国人民的友好往来;又如建立布雷顿森林体系和签订关贸总协定,虽然其初衷是美国为了实现它的世界经济霸权,但是它们暂时解决了第一次世界大战后世界经济长期的无序状态,推动各国削减关税和消除贸易障碍,有助于建立比较稳定的金融货币秩序,有助于世界贸易的扩大和各国之间的交往,从而有利于各国经济和世界经济的发展。

反法西斯战争的胜利,消除了资本主义自身最反动、最富侵略性的毒瘤,增强了世界人民捍卫民族独立、国家主权和世界和平的信心。它"奠定了世界和平的基础,开辟了民族解放的道路,推动了人类社会的进步,在世界文明发展史上树立了一座不朽的丰碑"。"法西斯发动的侵略战争给人类带来了浩劫,也教育了世界人民。世界人民赢得了战争的胜利,赢得了和平与进步"[①]。人民,只有人民,才是创造世界历史的动力。

第二次世界大战的胜利说明,世界人民已经觉醒并日益团结起来,为捍卫国家主权、民族独立和世界和平,促进共同发展,同侵略扩张、霸权主义、强权政治进行坚决的斗争。反法西斯战争的胜利,使世界进入一个民族要独立、

---

① 江泽民:《在莫斯科卫国战争纪念馆揭幕式上的讲话》(1995年5月9日),载于《光明日报》1995年5月10日。

第五节 战后世界历史的进步和两极格局的形成

一、中国革命的胜利与世界力量对比的变化

中国抗日战争和世界反法西斯战争为中国革命的胜利准备了各种条件。

抗日战争是检验中国各阶级、各政党是否真正代表民族利益的试金石。中国共产党把民族解放事业置于最重要的地位，动员一切力量参加抗日斗争。与此相反，国民党政府不以民族利益为重，对日妥协让步，竭力限制抗日民主力量的发展，破坏抗日民族统一战线。

国共两党在抗战中的不同态度和做法，产生了完全相反的结果。中国共产党以其积极的抗战路线与卓越的政治军事成就赢得了人民群众的充分信任，而国民党却因违背人民意愿，热衷反共，消极抗战，日益丧失民心，这种人心向背对中国革命的发展和胜利具有决定性的意义。

日本帝国主义在中国推行以华制华的方针，在中国占领区建立了各种伪政权和行政组织。这些叛国投敌势力遭到了中国人民的严厉惩罚，并随着日本法西斯的失败而覆灭，这就使国内的反动势力有所削弱，进一步减少了中国革命的阻力，对抗战胜利后中国人民推翻国民党反动统治，夺取全国革命胜利非常有利。

抗战结束时，中国共产党领导的人民革命的武装力量已大大增强，正规军已达一百二十多万人，民兵二百六十余万人，成为一支战斗力很强的人民军队。到1946年1月，中国共产党领导的解放区面积达239.1万平方公里，占全国总面积的四分之一；人口达1.49亿，占全国总人口的三分之一；城市506座，占全国城市总数的四分之一。广大的解放区是后来人民解放战争的坚固基地。经过抗战的严峻考验，中国共产党已发展成为一个拥有121万余人的成熟的马克思列宁主义政党。

世界反法西斯战争的胜利带来了国际政治的巨大变化。苏联社会主义制度的日益巩固，社会主义阵营的逐渐形成，战后亚、非、拉民族解放运动的蓬勃发展，帝国主义殖民体系趋于崩溃，所有这一切大大削弱了国际帝国主义的力量，有利于中国革命的发展和胜利。

由此可见，中国抗日战争的胜利和世界反法西斯战争的胜利，为中国革命创造了各种有利的主客观条件，为中国人民的解放事业开辟了光明的道路。

抗日战争胜利后，中国国内形势和阶级关系发生了急剧变化，主要矛盾已由中国人民同日本帝国主义之间的矛盾转化为中国人民同美帝国主义支持下的

国民党反动派之间的矛盾,斗争的实质是建立一个什么样的国家。以蒋介石为代表的大资产阶级和大地主阶级,力图保持它们的反革命专政;共产党代表无产阶级和广大劳动人民的利益,要求建立一个新民主主义共和国。于是,产生了日益尖锐和激烈的两个中国命运、两种前途的斗争。

蒋介石集团为保持自己的统治地位,早在抗战后期就确定了发动内战、消灭人民革命力量的方针。抗战结束时,考虑到全国人民希望和平、反对内战的迫切愿望,而且也需要时间做内战准备,蒋介石集团便在进行军事冒险的同时,采取"和平"欺骗手法,装出一种要和平、要团结的姿态。

中国共产党为制止内战,紧紧地依靠人民,同蒋介石集团的阴谋诡计进行了针锋相对的斗争。由于共产党采取了以革命的两手对付反革命两手的方针,蒋介石集团在军事上和政治上都遭到沉重打击,被迫在1945年10月10日重庆国共谈判中签署了《政府与中共代表会谈纪要》(即《双十协定》)。1946年初,国民党为争取时间准备内战,又通过美国政府出面"调停",表面上接受了中国共产党和中国人民关于停止内战的要求,签署了《关于停止国内军事冲突的命令和声明》的停战协定。

1946年6月下旬,蒋介石集团自以为准备就绪,又仗着有美国政府的支持,撕毁了上述协定,大举进攻中原解放区,发动了大规模的全国性内战。战争初期,国民党在军事力量和经济力量上都占优势。它拥有总兵力430万人,其中正规军二百多万人,统治着全国四分之三的地区,拥有3亿以上的人口和重要资源,控制了所有大城市和绝大部分的铁路交通线。同时,美国帮助国民党训练军队,把五十多万国民党军队运送到内战前线,并加紧将大批援华物资交给蒋介石集团。

面对国民党军队的疯狂进攻,共产党实行人民战争的战略战术,同时在解放区深入开展土地改革,解决农民的土地问题,采取正确的城市政策,保护民族工商业,组成广泛的革命统一战线。

经过解放区全体军民的奋战,敌人的全面进攻被粉碎了。蒋介石集团被迫改变战略战术,对解放区实行重点进攻。从1947年3月开始,向陕甘宁边区和山东解放区发动了重点进攻,但是,这些进攻也被粉碎。从1946年7月至1947年6月,人民解放军经过一年的奋战,共歼敌112万余人,从此,人民解放军开始掌握战争的主动权,由战略防御阶段转入战略进攻阶段。

国民党政府的军事失败和经济、政治危机的加深,使国民党统治区的爱国民主运动日益高涨,形成了第二条反蒋战线,有力地配合了人民解放军的作战。在全国革命高涨的形势下,各民主党派重新组织起来,放弃走第三条道路,拥护共产党的政治主张,反对蒋介石的独裁统治。这一切表明蒋介石反动集团在政治上已陷入全民的包围之中。

1947年7月,刘(伯承)、邓(小平)大军挺进大别山,揭开了人民解放军全国大反攻的序幕。在人民解放战争由战略防御转入战略进攻的历史转折关头，1947年10月10日，中国人民解放军总部发布了《中国人民解放军宣言》，发出了"打倒蒋介石，解放全中国"的战斗号令。它鼓舞了全国人民为彻底推翻国民党反动统治而斗争。

蒋介石集团在人民解放军的胜利进军下迅速走向崩溃。1948年9月16日，人民解放军解放济南，揭开了决战序幕，经过辽沈、平津、淮海三大战役，人民解放军取得了辉煌的胜利，歼敌154万余人，重创国民党的精锐主力部队，使东北全境、华北的绝大部分地区和长江中下游的江北广大地区获得解放。1949年4月23日，人民解放军解放了国民党政府首都南京，宣告了国民党反动统治的覆灭。

这样，中国人民在中国共产党的领导下经过28年的斗争，终于推翻了帝国主义、封建主义和官僚资本主义的反动统治，取得了新民主主义革命的伟大胜利。1949年10月1日，伟大的中华人民共和国宣告成立，中国人民从此站起来了。

中国革命的胜利，是十月革命胜利之后，世界无产阶级革命的又一伟大胜利。它使中国从一个半殖民地半封建国家成为世界上又一个社会主义国家，开创了中国历史的新纪元。

从世界角度来看，中国革命的兴起、发展和胜利，是资本主义走向全球扩张后，帝国主义及其走狗同被压迫民族的矛盾斗争日益尖锐、国际政治力量对比日益变得对世界革命人民有利的结果。中国革命的胜利不仅从根本上改变了中国历史的发展进程，同时，作为第二次世界大战后世界舞台上最重大的政治事件，也对世界的面貌和历史进程产生了深远的影响。

第一，中国革命的胜利冲破了帝国主义在东方的战线，大大改变了国际政治力量的对比。中国是一个幅员辽阔、人口众多的国家，其领土面积达960万平方公里，人口有四亿多，占全世界人口的四分之一，因此，这个世界上最大的半殖民地半封建国家在摆脱帝国主义殖民体系后，由帝国主义的后方变成反对帝国主义斗争的前线，极大地削弱了国际帝国主义的力量，极大地加强了世界人民的革命力量，使国际政治力量对比发生有利于世界革命人民的重大变化。

第二，中国革命的胜利，给全世界人民特别是亚、非、拉人民的反帝反殖斗争树立了榜样，提供了许多宝贵的经验。这些经验主要是：必须有一个坚持马克思列宁主义基本原理与本国革命的具体实践相结合，善于领导人民向敌人作斗争的无产阶级政党；必须建立一支由党领导的完全新型的、与人民血肉相连的人民军队；必须建立党领导之下的最广泛的革命统一战线，团结一切可以团结的力量；在争取外援时，必须坚持独立自主、自力更生的原则，即主要依靠本国人民的力量去夺取胜利，等等。战后，在中国革命胜利的巨大鼓舞和推动下，世界民族解放运动以不可阻挡之势急剧向前发展，加速了帝国主义殖民体系的深刻危机和彻底崩溃。

第三，中国革命的胜利沉重地打击了美国称霸远东和世界的计划，为战后世界人民捍卫民族独立，进行反对帝国主义、霸权主义的斗争奠定了基础，做出了卓越的贡献。

中国革命的胜利和新中国的建立，使十月革命开创的世界人民胜利的局面得到发展和巩固。

二、社会主义越出一国范围

苏联的胜利，维护了国家的独立和安全，使社会主义制度更加巩固。第二次世界大战结束时，苏联已拥有世界上一流的军事实力，并拥有最新的军事技术装备，苏联西边诞生了一系列友好的人民民主国家。反法西斯战争的胜利，增强了苏联在世界上的影响，提高了苏联的国际地位，和苏联建交的国家从战前的26个增加到52个，苏联成为联合国创始国和五个常任理事国之一。战后初期，虽然苏联存在大国沙文主义和民族利己主义的错误，但总的来看，苏联的对外政策是积极的，促进了世界进步与和平事业的发展。

苏联不仅经受住了反法西斯战争的严峻考验而且变得更加巩固和强大的事实，对战后人类历史进步有着重大的意义。一方面，它表明战后社会主义力量急剧增强，在国际政治中的地位显著提高；另一方面，大大推动了世界革命运动的深入发展和社会主义的世界性进程。

第二次世界大战后，欧、亚一大批国家走上人民民主和社会主义的革命道路。欧洲的南斯拉夫、阿尔巴尼亚、保加利亚、匈牙利、波兰、捷克斯洛伐克、罗马尼亚和德意志民主共和国（东德）相继脱离资本主义体系，走上社会主义道路。亚洲的中国、北朝鲜和越南也胜利地实现这一目标。社会主义已越出一国范围而形成世界体系，使人类社会出现走向社会主义的世界性进程，这是世界历史的一个巨大进步。

这个历史的巨大进步，是在有利的国际形势下各国国内矛盾斗争发展的必然结果。

第二次世界大战不仅对很多国家的人民提出了争取民族解放的任务，而且推动他们把民族解放斗争发展为人民民主革命并走上社会主义道路。战争期间，由于各国资产阶级政权不能捍卫民族独立，资产阶级在人民中的威信大大下降，人民强烈要求社会变革，使大资产阶级和大地主的政治代表在战后难以重新上台执政，这当然有利于共产党和其他反法西斯的民主进步力量掌握政权。

大战期间，各国共产党在民族解放斗争和反法西斯斗争中大大增强了自己的力量，扩大了自己的影响，在不同程度上领导着本国人民进行抵抗运动，提出了不同于资产阶级的运动纲领,确立了在抵抗运动中的领导地位。由于有人民群众的广泛参加和共产党的领导,争取民族解放的任务和争取社会根本变革的任务融为一体,而这种融合必然引起世界革命进程的扩大与深化。因此,在欧、亚许多获得解放和自由的国家里,在抵抗运动的基础上产生了包括共产党人在内的各反法西斯政党和团体参加的人民民主政权。

世界反法西斯战争为世界革命进程的发展创造了最有利的国际形势,推动了欧、亚人民民主国家和社会主义国家的产生。大战形势的根本转折,德、意、日法西斯的崩溃,西方殖民主义势力的削弱,这些都增强了人民群众的革命意识,使各国阶级力量的对比变得对民主进步力量十分有利,为各国赢得人民民主革命和社会主义革命的胜利创造了条件。正是这些条件使社会主义有可能在很短时期内成为世界性进程。

由于主客观条件的差异,革命进程首先在欧洲一部分国家里迅速发展,并取得胜利。南斯拉夫首先取得社会主义革命的胜利,阿尔巴尼亚、保加利亚、波兰、捷克斯洛伐克、罗马尼亚、匈牙利相继走上社会主义道路。1949年,在苏联的帮助下成立了德意志民主共和国(东德)。战后头几年里,在欧洲政治形势发生巨大变化时,亚洲大陆的政治面貌也为之一新。越南、朝鲜和中国等国人民在共产党的领导下先后建立了人民民主政权,逐步走上社会主义道路。社会主义由欧洲扩展到亚洲大陆,形成社会主义的世界性进程。

欧、亚各国走上社会主义道路,都遵循着一些共同的发展规律。欧、亚各国人民民主革命的兴起并发展为社会主义革命,都是在极为复杂的国内外形势下发生的。各国都经过尖锐激烈的阶级斗争和粉碎帝国主义国家对本国内政的干涉,才保证了革命沿着人民民主和社会主义道路向前发展。波、捷、罗、匈、东德等国人民在斗争的过程中都获得了苏联在各方面的援助。苏联的援助,有助于减少帝国主义对各国革命的干涉和破坏,加速了各国人民革命的胜利,为苏联同各人民民主国家实现合作、结成同盟奠定了基础。对中国、越南和朝鲜的人民民主革命来说,除苏联外,东欧国家人民民主革命取得胜利的影响,也是一个重要的外部条件。

社会主义世界体系的出现,意味着世界上的一大批国家确立了新型的社会政治制度,以工人阶级为首的劳动人民掌握了政权,对社会经济基础进行了根本性改造。社会主义世界体系包括欧、亚两个大陆的国家,拥有世界三分之一的人口和四分之一的土地,整个国际关系和国际舞台上的力量对比变得对社会主义和世界民主进步力量有利,这种变化对世界上第一个社会主义国家苏联具有特别重要的意义。由于在两次世界大战之间被迫为资本主义世界起过"防疫线"作用的东欧国家从资本主义营垒转入社会主义营垒,使苏联的战略地位得到大大的改善。社会主义成为世界体系,使资本主义世界体系遭到严重削弱,其势力范围大为缩小。

伴随社会主义世界体系的形成和发展,社会主义在人类社会生活中的经济实力有了巨大增长,一方面扩大了社会主义在世界上的影响;另一方面形成了一个新型的社会主义经济体系。

一大批国家走上社会主义道路后,它们之间的关系有了很大变化。在不断加强联系的基础上,建立了符合各国根本利益的团结、友好、合作的新关系。到本世纪40年代末,苏联同东欧国家及东欧国家之间先后缔结了35个双边或多边互助条约,经济合作达到很大规模。1949年1月,苏、保、匈、波、罗、捷六国代表在莫斯科成立经济互助委员会。1946年,苏联和蒙古人民共和国签订了友好互助条约。1950年2月14日,苏联又和中华人民共和国签订了友好同盟互助条约。苏联和欧、亚各人民民主国家通过签订双边、多边协定和条约,在政治、经济、军事、文化诸领域实行了广泛、密切的合作,使欧、亚社会主义力量真正连成了一片,在人民民主国家之间建立了普遍的相互依赖的联系,到1949~1950年,组成了一个以苏联为首的强大的社会主义阵营。

社会主义世界体系的出现,使社会主义在解决国际问题上的作用急剧增大。它不仅抵制了帝国主义各种反动计划的实施,还对资本主义体系内部关系的演进产生了影响。在社会主义国家的支持及其成就的鼓舞下,资本主义国家内部的民主进步运动有了新的发展,殖民地和附属国人民更加坚决地展开了民族解放斗争。

三、殖民体系从亚洲开始崩溃

反法西斯战争成为推动殖民地半殖民地民族解放运动高涨的强大动力,使战后被压迫民族争取民族解放的斗争进入一个新的阶段,并最终结束了几个世纪以来西方列强在亚、非、拉建立的殖民统治。

在大战期间,大多数殖民地半殖民地国家在人力、物力和财力上都给反法西斯联盟以支持,对世界反法西斯战争的胜利做出了重大贡献。这场世界大战是一场世界民主进步力量对黑暗反动势力的生死搏斗,极大地提高了世界各国人民的政治觉悟,成千上万的殖民地人民奔赴欧、亚、非作战,经受了战争的锻炼,积累了斗争经验,增强了反对殖民主义的勇气和夺取胜利的信心。在大战中,殖民地工业获得较大的发展,扩大了国内外市场,无产阶级和民族资产阶级队伍在各国都有了不同程度的发展和壮大,从而增强了民族解放运动的力量。这些就为被压迫民族摆脱殖民奴役、实现民族独立作好了政治上、思想上和组织上的准备。

第二次世界大战极大地削弱了帝国主义的力量,不仅德、意、日法西斯国家遭到彻底失败,英、法、比、荷等殖民主义国家也在大战中损失惨重,元气大伤,大大削弱了它们在殖民地的统治力量,战后虽然它们妄图卷土重来,但已无力阻挡殖民地的民族解放运动。同时,欧、亚一系列人民民主社会主义国家的诞生，牵制了帝国主义的力量，给各国民族解放运动以巨大的支持，促进了反帝斗争的发展。此外，各国进步舆论从政治上、道义上对各国反帝斗争的同情和支持，对民族解放运动的发展也起了积极作用。这些形成了对民族解放运动极为有利的国际环境。

以上表明，战后出现了有利于被压迫民族反对殖民主义、实现民族独立的大好形势，殖民主义国家维护殖民统治的一切企图与手段（包括法国在印度支那和英国、荷兰在印度尼西亚发动的殖民战争）在战后民族解放运动的革命风暴的打击下都遭到失败，殖民统治已经走到了尽头。帝国主义殖民体系终于进入最后瓦解阶段。

战后初期，民族解放运动在各国迅速掀起，成为不可抗拒的潮流。这个反帝反殖斗争在各地区的发展是不平衡的，帝国主义殖民体系首先在亚洲被突破。殖民体系从亚洲开始崩溃的原因有以下几点：第一，亚洲具有光荣的反帝革命传统。从19世纪中叶到20世纪初，随着帝国主义的入侵，这里的人民就不断掀起反帝斗争高潮。第二，亚洲各国的殖民主义势力在日军入侵后遭到沉重打击，而反帝民主力量在反对日本法西斯斗争中发展壮大（包括武装斗争力量）。第三，共产党的影响增强，在一些国家共产党已成为抗日斗争的领导力量。第四，中国、越南等国在共产党领导下人民革命的胜利发展影响和鼓舞了亚洲各国反帝反殖斗争。总之，战后初期，亚洲掀起强大的革命风暴，不仅中国、越南和朝鲜等国先后走上社会主义道路，在东方打开了殖民体系的最大缺口，而且其他一系列亚洲国家也加强了反对宗主国殖民统治的斗争，建立了民族独立国家，加速了殖民体系在亚洲的崩溃。

战后，南亚的印度人民争取民族独立的斗争迅速高涨。1946年1月，孟买、加尔各答等地爆发工人大罢工，高呼"英帝国主义滚出印度"的口号，立即得到印度人民的支持和响应。2月，孟买又爆发了印度水兵反英起义，并扩展到印度各军港的印度水兵，孟买20万工人罢工、游行，支援水兵起义。印度人民的斗争规模日益扩大，农民反帝反封建斗争也迅猛发展，多次爆发农民起义。英国殖民者已无力镇压印度人民的反帝斗争，被迫改变策略，推行"分而治之"的政策。1947年6月3日，英国公布《印度独立方案》（即《蒙巴顿方案》），规定根据宗教信仰，将印度分为印度和巴基斯坦两个自治领，巴基斯坦由东西两部分组成，印度的其余部分组成印度联邦。1947年8月14日和15日，巴基斯坦和印度先后宣布独立，都是英联邦成员国。1950年1月26日，印度宣布成立共和国。1956年3月23日，巴基斯坦宣布成立伊斯兰共和国。

在东南亚，印度尼西亚等国也先后推翻了殖民统治，获得了民族解放。日本法西斯宣布无条件投降后，印尼人民推举资产阶级的政治代表苏加诺和哈达出面，于8月17日签署《印度尼西亚独立宣言》，宣布印度尼西亚共和国成立，取得了"八月革命"的胜利。配合盟军对日军的反攻，缅甸反法西斯人民自由同盟于1945年3月27日发动全民大起义。战胜日本法西斯后，缅甸人民坚持斗争，迫使英国承认其独立。1948年1月4日，缅甸正式宣告独立并退出英联邦。在菲律宾，共产党领导人民抗日军坚持抗日武装斗争，配合美军解放了菲律宾。日本失败后，美国企图重新统治菲律宾，遭到菲律宾人民的坚决反对，美国被迫让步，在保持它对菲律宾的经济、军事和政治特权的前提下，承认菲律宾独立。1946年7月4日，菲律宾宣告独立，成立共和国。日本投降后，英国在马来亚恢复了殖民统治。马来亚人民坚持争取独立的斗争，1949年2月共产党建立民族解放军武装反对英国殖民统治。1957年8月31日，马来亚联合邦在英联邦内独立。1963年9月16日，马来亚与新加坡、沙捞越、沙巴组成马来西亚联邦。1965年8月9日，新加坡退出马来西亚联邦，成立新加坡共和国。

此外，其他一些亚洲国家也先后独立。它们是老挝（1945年10月12日）、约旦（1946年3月22日）、叙利亚（1946年4月17日）、斯里兰卡（1948年2月4日）、柬埔寨（1953年11月9日）。

总之，亚洲殖民地半殖民地国家实现民族独立的方式与途径大体上分为两类：一类是很多国家通过长期的武装斗争才赢得独立。不仅中国、越南、朝鲜，还有其他不少亚洲国家都采取了武装反抗斗争的形式；另一类是走非暴力的和平发展道路，即通过人民斗争的强大压力，迫使殖民当局"移交"政权，同意独立。这两类国家的共同点都是通过长期的民族解放斗争而实现民族独立和恢复国家主权的。

战后民族解放运动的高涨和帝国主义殖民体系的开始瓦解，迫使殖民主义国家逐渐由推行旧殖民主义改为推行新殖民主义，即在形式上承认亚、非、拉国家的政治独立，实际上通过经济、政治、军事的渗透与扩张，来保持对这些国家的控制与剥削。

四、世界形成两极格局

第二次世界大战牵动了整个世界，极大地改变了世界政治力量的对比，各个国家、民族、阶级和阶层的地位发生了大变化，世界格局出现了大变动。

战前，社会主义的苏联处在资本主义世界的包围中，对世界的影响不大；亚、非、拉民族解放运动虽有广泛深入的发展，动摇了帝国主义的殖民统治，但尚未出现大的突破；世界绝大部分地区仍为资本主义所统治，世界人民的力量还未组织起来，未能制止法西斯发动第二次世界大战。反法西斯战争的胜利，从根本上改变了世界的面貌，国际阶级力量对比发生了有利于世界人民的深刻变化。它集中表现为，在反法西斯战争中，世界各国人民受到了锻炼，提高了觉悟，和平、民主和社会主义力量有了很大的发展。这方面在前面已经作了介绍。这里主要讲讲战后在力量对比上发生了不利于资本主义国家的变化。

发动世界大战的三个法西斯国家德、意、日沦为战败国,它们的国土被盟军占领,殖民地被剥夺,国外市场和海外投资丧失殆尽,意大利、日本在海外掠夺的领土和德国早期侵占的领土(西里西亚、东普鲁士等)都被剥夺。它们在盟国管制下处境极为艰难。这三个战前的大国战后已从大国的行列中被勾销了。法国虽是战胜国,但元气大伤,战争和被德国法西斯的占领,使法国经济遭受严重破坏。1944年的工业生产产值下降到仅为1938年的40%,1944~1945年进出口贸易已停止,国民收入仅为1938年的一半。法国的国际地位急剧下降。战争也削弱了英国的实力,改变了英国在世界上的地位。战争期间,英国的海外投资出售达45亿美元,丧失了许多海外市场。战争结束时,英国欠美国的租借物资账款达210多亿美元,欠印度、加拿大、埃及和阿根廷等国的短期债务为140亿美元,英国已从债权国变为债务国。1945年的工业总产值比1938年减少了20%。总之,英、法虽是战胜国,但实力已大为削弱,下降为二等国家。欧洲主要资本主义国家地位的变化,集中反映了帝国主义势力的严重削弱。

在战前的大国或者垮台或者衰落的同时,唯有美国和苏联成为世界的两大强国,而美国更占有巨大优势。在资本主义大国中,美国是唯一因战争而变得更加富强的国家。1940~1944年,工业增长速度平均每年为15%以上。1945年,美国的煤产量占世界的二分之一,石油产量占世界的三分之二,电力占世界的二分之一以上。生产了9500万吨钢,美国有能力生产大量的船舶、飞机、车辆、武器、车床、化学产品等等,它拥有世界约70%的黄金储备。它生产了世界工业产品的二分之一以上,世界各种商品的三分之一,成为最大的商品出口国。战后初期,仅占世界人口6.5%的美国,收获了世界谷物的三分之一,棉花的二分之一,冶炼钢和其他基础金属的55%,开采世界石油的70%,消费橡胶的50%,生产机械能力的45%,生产制成品的60%,享有全人类整个年收入的45%。总之,美国掌握了大约50%的世界财富。与经济实力相适应,美国拥有强大的军事力量。大战爆发时,即1939年,美国武装部队的人员总数仅为33.5万,国防预算不过10亿多美元,到欧战结束前夕,即1945年中,美国武装部队的人员总数高达1250万,国防预算超过800亿美元。美国海军实力占世界首位,它拥有1200艘战舰和5万艘供应船只、登陆船只。美国空军也很强大,美国还垄断了原子弹。强大的经济和军事实力,使美国成为世界第一强国。美国势力进入欧洲大国因衰落造成的真空地带。战争促使美国迅猛向外扩张,它控制的新的势力范围包括日本和德国。

二战后的苏联与第一次世界大战中的沙俄相比也已不可同日而语。早在苏德战争爆发前,苏联领土已扩大,从芬兰、波兰、罗马尼亚等国获得不少领土;波罗的海国家爱沙尼亚、拉脱维亚和立陶宛重新并入苏联;东普鲁士的一部分、捷克斯洛伐克东部的一部分也被苏军占领。苏德战场是打击德国法西斯的主要战场。德国有一千多万人是在东部战线伤亡和被俘的。战争年代,苏联的军事和经济力量不断增长。1944年,苏联的工业总产值已接近战前水平,军火产量比1940年增加两倍多。战争结束时,苏联武装力量也扩大到1200万人。

随着反法西斯战争的胜利发展,美国军队和势力越过大西洋和太平洋进入西欧、地中海、中东和远东等广大地区,成为世界头号帝国主义国家;苏军在追击德国法西斯军队的过程中也越出国境,进入东欧、中欧等地区。苏、美、英、法四国对德国和奥地利等国实行分区占领。美国占领日本;美、英占领意大利本土;英国占领意大利的北非殖民地;苏军进驻波、捷、罗、匈、保等国,东边挺进到中国东北和朝鲜北部,直抵太平洋。美、苏两国的力量比其他国家都强大得多,它们都把自己看成是能够决定世界命运的国家。

世界力量对比的变化是反法西斯战争胜利的结果。它带来世界各种力量的重新定位和组合。苏联是消灭德国法西斯的主力,美国是全世界反法西斯国家的兵工厂。英国的经济和军事实力虽已削弱,但它在反法西斯战争中的地位仅次于美国和苏联。因此,对战后世界的安排最有发言权的是苏、美、英三国。战争期间盟国举行了多次决定政策和协调行动的会议、会谈和磋商,主要是苏、美、英三国参加。中国在反对日本军国主义的亚洲战场上贡献最大,但因国民党政府腐败无能,国力很弱,发言权不大。这就在战后形成少数大国决定世界重大事务的局面。由几个大国决定战后世界安排的做法,为实现美、英帝国主义的目的开辟了道路,也助长了苏联的大国沙文主义,产生了很坏的后果。大战后期在以雅尔塔会议为代表的一系列重要国际会议(包括波茨坦会议)上,美、英、苏三大国就结束战争与战后世界安排问题通过的各种宣言、公告和达成的各种协议(包括秘密协定和口头协议),统称为"雅尔塔体制"。它的主要内容是划分势力范围和维持战后三个大国的合作。在对德国的处置、波兰边界、美英联军和苏军在欧洲分别占领的地盘和分界线、苏联参加对日作战的条件以及关于成立联合国组织和维护国际秩序等一系列问题上,三大国都达成了协议。雅尔塔体制的确立,反映了世界在战争结束时的力量对比。苏军和美、英军队所到的地方,构成了东西方的分界线。虽然雅尔塔体制涉及的地区是欧洲和亚洲的一部分,同时也未确定战后国际经济秩序,但雅尔塔体制为确立战后世界格局打下了基础。

在变化与调整后的世界力量对比中,无论从经济上还是从政治、军事上看,过去的世界大国如英国、法国、德国、意大利都已降为二等国家,西欧已不再处于曾经有过的那种支配世界全局的地位,已不具有世界性的影响。在战前西欧是与美国平起平坐的竞争对手,战后转为美国的依附者,不得不依靠美国的军事保护和经济援助。欧洲已一分为二,分别处于美、苏的影响之下,它的命运已经不再完全掌握在欧洲各国自己手中,欧洲已成为美、苏两强控制和争夺的对象。

　　社会制度的不同，使苏联与美、英参加反法西斯战争的目的也不同。苏联参战，是为了粉碎法西斯势力，恢复苏联国土，帮助解放受法西斯奴役的欧、亚各国人民，支持各国进步力量争取人民民主和社会主义的斗争，实现世界的持久和平。美、英统治集团参战，是为了打败竞争对手德国和日本，在那里恢复资产阶级民主制度和统治秩序，在世界各地防止由于反法西斯战争而引起的社会变革，竭力维护在亚、非、拉的殖民统治。美国早在参战前就已确定了夺取世界霸权的政策。罗斯福及其助手设计了战后世界蓝图，如建立联合国，成立国际货币基金组织、世界银行及签订关贸总协定，都是这一世界蓝图的重要组成部分。罗斯福认为联合国和国际货币基金组织及世界银行是实行国际政治合作和经济合作的两块"奠基石"。他企图通过这两块"奠基石"，通过和平方式在政治和经济上建立美国的世界霸权。美国推行世界霸权的主要障碍是苏联。罗斯福任总统时，曾企图通过向苏联贷款实行美苏经济合作，以便控制苏联，保持战时联盟，建立美国的世界霸权。但是，苏联力量的强大及其在反法西斯战争中的巨大作用，使美国感到苏联将成为它在战后建立世界霸权的最大障碍，如果西欧被苏联控制，美国也无安全可言。美国从资本主义世界的整体利益和摆脱自己孤立无援的处境出发，放弃了软化苏联、钓"苏"上钩的方针，而对苏联实行强硬的遏制政策。1946年至1947年春，美国制定了新的对苏联和西欧的政策，这就是在美国的扶植下重建统一的西欧，以对付苏联和各国人民革命，同时，取代英国领导资本主义世界的地位。1947年春夏之交，美国在"反对共产主义威胁"、"反对苏联扩张"的烟幕下，公开发动冷战，先后抛出"杜鲁门主义"、"马歇尔计划"，使美、英与苏联的联盟最后破裂。从1947年初至1949年，在欧洲和亚、非、拉很多国家，两种力量展开了激烈搏斗。东欧各国和亚洲的朝鲜从反对法西斯的斗争转入国内民主改革，并过渡到社会主义改造；中国人民革命取得伟大胜利。亚洲各国民族解放运动蓬勃发展，纷纷获得政治独立。但是，也有不少国家的民主力量遭受挫折，西欧各国共产党人从政府中被排挤出去，法、意、希腊等国的民主力量丧失了夺取胜利的时机。

　　1949年4月，签订了《北大西洋公约》，接着德国正式分裂为联邦德国（西德）和民主德国（东德），以美国为首的帝国主义阵营最后组成。同时，在苏联的主持下，成立了欧洲共产党和工人党情报局，组织了经济互助委员会。中华人民共和国成立后，苏联与中国签订了《中苏友好互助同盟条约》。社会主义阵营也最后形成。至此，世界格局由法西斯营垒和世界反法西斯营垒的斗争，演变为以美国为首的帝国主义阵营和以苏联为首的社会主义阵营的对峙，美、苏两大国的对峙，从而形成新的两极政治格局。1955年5月，苏联和东欧七国在华沙签订了《友好合作互助条约》，即《华沙条约》。华沙条约组织是与北大西洋公约组织相抗衡的军事集团。它的成立，标志着欧洲正式出现了相互对立的两大军事同盟组织，从而强化了以这两大组织为核心的两大阵营的对峙局面，在近半个世纪里对世界历史进程产生了极其重要的影响。

第十二章

经济国际化与全球政治对抗

> 第二次世界大战后,从美国开始,扩及其他发达资本主义国家、苏联和一些发展中国家,出现了一个以原子能、电子计算机、航空航天技术的开发使用为主要内容的第三次科技革命。它极大地推动了社会生产力的发展,促进了资本和生产的集中,国际垄断组织跨国公司大量出现,国家垄断资本主义获得高度发展,使各国经济上的相互依赖空前加强,世界经济一体化趋势日益明显。
>
> 世界经济领域的重大变化,使经济发展不平衡规律的作用大为加强,世界各种力量对比的消长变化也随之加快。二战后美国经济空前发展,但从本世纪50年代中期开始,西欧和日本的经济发展速度超过美国,到本世纪70年代初,美国的经济力量相对削弱,西欧和日本的经济力量迅速增强,使资本主义世界经济由美国一个中心演变为美国、西欧和日本三个中心。
>
> 社会主义国家的经济发展速度高于资本主义国家,社会主义建设取得伟大成就。从本世纪60年代起,美、苏经济实力的差距逐渐缩小,美、苏在全世界的角逐和为争夺世界霸权而进行的全面对抗,使两大阵营四分五裂,各种力量进行重新组合。
>
> 随着殖民体系的彻底瓦解,由发展中国家组成的第三世界逐渐崛起。到本世纪70年代,它们展开了争取建立国际经济新秩序的斗争。世界整体发展推动生产国际化向发展中国家扩展,工业化从少数发达国家向全世界扩展,促进了一些国家从民族历史向世界历史转变。

第一节 第三次科技革命与世界横向联系的加强

一、第三次科技革命对世界的影响

第三次科技革命发生在20世纪40年代。它首先在美国出现,以后逐步向苏联、日本、西欧和其他国家扩展,20世纪60年代达到高潮。这次革命以电子计算机的广泛使用为核心,涉及电子、宇航、合成材料、原子能等许多新兴的工业部门。

1946年,美国贝尔实验室试制成功世界上第一台计算机。自此以后,电子计算机的发展迅猛异常。20世纪60年代时,第三代集成电路计算机问世;70年代初,电子计算机的第四代又登上了历史舞台。在其发展过程中,大约每5年至8年,其运算速度提高10倍,体积缩小10倍,成本降低10倍。电子计算机的制造和拥有量增加迅速,1954年,美国只有200部计算机,到1970年达10万部。电子计算机既能用于生产自动化,又能用于经济管理、科学研究和情报收集、储存等等,从而使人脑的功能得以延长,是人工智能的一大突破。电子计算机的发明和广泛应用,成为第三次科技革命的标志。

第二次世界大战后,美国、苏联两国出于冷战的需要,在德国V—2火箭的基础上,争先进行研制威力强大的火箭,促使空间技术的迅速发展。1957年10月4日,苏联发射了世界上第一颗人造卫星。三个月后,美国的人造卫星也上了天。1961年4月12日,苏联发射第一艘载人飞船,把宇航员加加宁送入地球轨道,运行108分钟,从而开辟了人类航天的新纪元。继之,美国的载人飞船也上了天。接着美国开始实施"阿波罗登月"计划,并于1969年7月16日将宇航员N.A.阿姆斯特朗和E.E.奥尔德林送上了月球,人类第一次在另一个星球上留下了足迹。此后,美、苏两国开始了地球轨道空间站和航天飞机的研究。

第二次世界大战以后,随着各国经济建设、国防建设和科学研究的发展,新材料、新能源的发明和应用也越来越普遍。在各种新型材料中,合成材料是重要发明,合成树脂(塑料)、合成橡胶、合成纤维被称为三大合成高分子材料,它们在人类的生产和社会生活中发挥着重要作用。在能源方面,原子能的利用,是人类能源开发史上的一个重要里程碑。除原子能外,石油、天然气能源在第二次世界大战后也获得很大发展。它们是第三次科技革命的一个重要内容。

生物工程技术是战后崛起的具有重大革命意义的新技术。它包括遗传工程、细胞工程、酶工程和微生物工程等方面的内容。这里尤其值得一提的是本世纪50年代兴起和发展的分子生物学。其中,1953年美国的沃森和英国的克里克通过在英国剑桥大学的合作,建立DNA双螺旋结构,被誉为20世纪以来生物学方面最伟大的发现,也被认为是分子生物学诞生的标志。分子生物学作为生物工程中的一项重要内容,深化了人们对生命活动机制和生命本质的认识,为人类进一步改造生物物种和创造新型物质开辟了广阔的前景。

综上所述,第三次科技革命是人类历史上规模空前的革命。在这次科技革命中,科学技术作为第一生产力的作用越来越明显,对世界的影响也极其深刻。

1. 科技革命提高了世界生产力水平,促进了世界经济的恢复和发展。

人类的生产力水平与劳动手段、劳动对象和劳动力这三者是紧密相联的。第三次科技革命使这三者发生了不同以往的巨大变化。首先，它使劳动手段中最积极的组成部分——机器发生了质的变化。以往科技革命的最高成就是"用机器制造机器"，而现在则是"用机器操纵机器"，这不仅使生产的自动化得以实现，而且还使人的智能得到延伸，使劳动生产率得到极大提高。其次，它提高了劳动者在生产过程中的地位，促使劳动者去学习、掌握更多的科学知识，这又有利于生产力的发展和提高。第三，它使劳动对象的范围更加扩大，质量更加提高。这既反映了物质生产力的变化，也反映了人对自然规律认识的发展。正是由于世界生产力水平提高了，因此，战后的世界经济很快从战争的创伤中恢复过来，并获得了迅速的发展。例如，各主要资本主义国家从本世纪50年代以后到70年代初，其国民生产总值年平均增长速度一般都在5%～6%以上，有的甚至高达16%～17%。发达资本主义国家在这期间生产的产品，超过了过去二百多年生产产品的总和。其中，发展最快的是日本，1948～1973年，它的工业生产增长了近32倍。社会主义国家在战后的经济发展速度，一般高于发达资本主义国家。例如，从1950～1960年，社会主义国家的工业平均年增长率为13.5%。

2. 科技革命促进了国际贸易的发展和世界货币金融体系的变化。

在第三次科技革命的作用下，国际贸易发展很快。据统计，从本世纪50年代初到70年代中期，世界的出口贸易总额从500多亿美元增加到1.6万多亿美元，增长三十多倍，大大超过世界生产的增长率。此外，由于科技革命在各国发展的不平衡，使各国的经济实力对比发生了变化。随着60年代末70年代初经济上美、欧、日"三足鼎立"格局的形成，战后初期建立起来的以美元为中心的世界货币体系，终于在70年代崩溃，而代之以各种货币集团为中心的浮动汇率体系。

3. 科技革命促进了社会生产关系的变化。

第三次科技革命及其所导致的生产社会化的高度发展，需要集中巨额资本，扩大企业规模，这就使资本的积聚和集中加速，使垄断达到空前规模。例如，1946～1971年，美国10亿美元以上的公司从43家增至289家。垄断的发展，使资本主义的基本矛盾不断激化，政府为此加强了对经济的干预，从而使得国家垄断资本主义获得较为普遍的发展。另一方面，为了适应科学技术及其所带来的生产力的发展，社会主义国家也较为普遍地进行了经济体制改革，使社会主义的生产关系更趋完善。与之同时，发展中国家的前资本主义生产关系也随着科技革命的深入而趋于瓦解，资本主义生产关系得以确立和发展。

4. 科技革命促使了战后国际政治格局的变化。

第三次科技革命有一个显著的特点，即科学技术本身的发展速度在不断加快，科技成果商品化的周期越来越短。这使得科学技术在任何一国的生存和发展中,具有越来越重要的地位。由于科技革命在各国的发展是不平衡的,这就使得世界各国的政治、经济发展也不平衡。这种不平衡的发展,使得战后的国际政治格局发生了新的变化。战后初期,美国科技领先,经济实力雄厚,是资本主义世界的霸主。随着西欧、日本经济的恢复、发展,美国的霸权逐渐衰落,资本主义世界的政治格局发生变化。从整个世界来说,两个阵营对峙的国际政治格局亦逐步演变为多元化的国际政治格局。

二、各国经济相互依赖与世界横向发展的加强

第三次科技革命促进了生产力的巨大发展,使生产的社会化和国际化达到了空前的程度。与之同时,世界各国之间在经济上的相互依赖也日益加深。这一时期资本主义国家经济上的相互依赖,主要表现为发达资本主义国家之间的贸易关系进一步扩大和加强。它们之间的贸易额和贸易增长速度,大大超过它们同其他国家之间的贸易增长速度。例如,1958年1月1日欧洲经济共同体(简称"欧共体")正式成立以来,其成员国之间的相互贸易迅速扩大。1958~1972年,世界贸易增长率仅为8.5%,而共同体成员国对外贸易的年平均增长率为11.5%,成员国间相互贸易的年平均增长率为15%。在共同体贸易总额中,内部贸易的比重明显增加,从1958年的30%提高到1979年的52.1%。此外,从投资方面来看,1958年欧共体成立以后,美国为绕过西欧的关税壁垒,争夺市场,提出了"把工厂迁到欧洲去"的口号,制定了以投资代替出口的策略,对西欧的直接投资迅速增加。到1978年,美国私人在发达国家的投资达1 207亿美元,其中在欧洲的投资就达697亿美元。

战后初期,为了对抗美国推行的"马歇尔计划"和西方国家的经济封锁和禁运,苏联、保加利亚、匈牙利、罗马尼亚、波兰、捷克斯洛伐克六国于1949年1月成立了"经济互助委员会"(以下简称"经互会")。民主德国(东德)、蒙古、古巴和越南也先后加入,南斯拉夫以准成员资格参加经互会的工作。朝鲜民主主义人民共和国也参加经互会某些机构的活动。经互会成立以后,其初期的活动主要是:研究同扩大经互会成员国之间贸易额有关的问题,组织成员国之间的科技合作和经验交流,对经互会成员国在经济建设中存在的问题提出建议。通过这些活动,使以前流向西欧和苏联以外的大宗贸易,转向了经互会成员国内部,从而加强了社会主义国家之间的经济和技术合作,使各国在经济上的联系更加密切。

战后初期,民族解放斗争的风暴席卷亚、非、拉广大地区和国家。从60年代起,大多数国家取得了政治独立,他们之间的经济合作迅速发展。合作的形式有双边合作、区域性合作和建立经济一体化组织等。合作的内容包括贸易、原料生产、金融、能源等方面。发展中国家迅速加强它们之间的经济合作与联系的原因有以下一些:第一,它们之间有着共同的历史遭遇和共同的斗争

任务。只有加强合作，才能够增强各国经济实力，进一步维护民族的独立，推动民族经济的发展。第二，这些国家在地域上相邻，在经济发展中各有所长，具有传统的经济联系，加强合作有利于发挥它们各自的优势，以取得较好的经济效益。第三，在旧的国际经济秩序中，它们都处于一种不平等的地位，只有联合起来，"用一个声音讲话"，才能为建立国际经济新秩序创造条件。

各国、各地区之间在经济上的互相联系、彼此依赖的局面，在20世纪50年代中期以后发生了变化。资本主义国家之间战后初期的经济贸易关系，主要表现为英、美之争。美国实行的是一种损西欧、压日本的贸易政策。50年代中期以后，西欧、日本都对美国的这种政策进行了针锋相对的斗争。但从总体上看，西欧与美国、西欧与日本、日本同美国之间的经济贸易关系都有所发展，发达资本主义国家之间的贸易关系进一步扩大和加强。资本主义国家与社会主义国家之间的经贸关系开始恢复和发展。这主要是因为50年代中期以后，西欧国家的经济得到了恢复和发展，市场问题日益显得紧迫。在这样的情况下，西欧国家走上了与社会主义国家发展经济贸易关系的道路。到60年代初，西欧国家对苏联和东欧各国的商品禁运基本取消。1960年，东西欧贸易增长率达20%。此外，50年代中期到60年代，社会主义国家内部之间原有的经济贸易关系虽有矛盾产生，但从总的看，有所扩大和加强。它们之间的经济关系从流通领域扩展到生产领域，贸易关系则从双边发展为多边经济合作。发达国家与发展中国家之间的经济贸易关系有所改善和加强。以上表明，第二次世界大战后，世界各国在经济上的互相依赖是不断加深的。

世界各国经济上的互相依赖，促进了世界横向发展的进一步加强。这首先表现为各国的生产和产品已超出国界，实行国际化生产。1960年，在英、美、法三国出口的机械产品中，有40%是所谓"国际性综合产品"，这些产品的零部件大多是由外国生产组装而成。美国的通用汽车公司在美国以外的25个国家设有生产或装备汽车的工厂，在一百多个国家从事汽车推销业务，它的零部件需要四万家中、小企业为其提供。此外，人所共知的欧洲"空中汽车"A-300和A-310两种型号的飞机，是由西欧几国共同设计制造的：英国负责发动机，联邦德国（西德）与荷兰负责机身与机翼，西班牙负责尾舵，法国负责机头、坐舱与飞机总装。可以说，这种飞机是西欧各国共同研制、生产的跨国产品。其次表现为世界市场、国际贸易的发展。由于世界各国经济上彼此依赖，紧密联系，这使得规模经济效益有了实现的可能。所谓规模经济效益，就是指在生产量增长的情况下，单位产品的成本随之下降的一种经济规律。这一规律是在任何社会制度下社会化大生产都需遵守的共同经济规律。对规模经济效益的追求，使得各国的生产、销售都突破了国界，这就促使世界市场、国际贸易的飞速发展。第二次世界大战后的1950~1980年这30年期间，国际贸易额增长达32倍，从607亿美元迅速上升为20 127亿美元，就是一个明证。

需要指出的是，战后各国经济的相互依赖并不是建立在平等互利的基础之上的。以国际分工为例，战后发达资本主义国家为了适应科技革命需要，对工业结构进行了调整。它们不仅扩大了对发展中国家的机器出口，而且把技术水平较低、能源消耗大、污染严重的工业转移到发展中国家，从而使发达资本主义国家和发展中国家之间的国际分工出现了资本密集型、技术密集型产业与劳动密集型产业分工的新趋势。发展中国家在国际分工中所处的这种不利地位，使得第二次世界大战以后，发展中国家对发达国家的经济依赖愈来愈深，发展中国家与发达国家之间的贫富差距越来越大，因此，它们之间的矛盾也越来越尖锐，越来越扩大化。这无疑又阻碍了各国之间经济上的互相联系与世界横向发展的加强。这从另一方面启示我们，各个经济发展水平不同的国家只有根据本国的经济特点，积极参与世界经济的大协作，同时在协作的过程中，又坚持独立自主、平等互利的原则，才能使各国之间的经济联系更加牢固、持久，世界的横向发展进一步加强。

三、美国国际化拓展与对外侵略扩张

第二次世界大战结束以后，美国政府采取了一系列措施，较为顺利地实现了庞大的战时经济向和平经济的转变。战时经济转向和平经济，使得与军需生产有关的一些工业部门，如钢铁、航空、制铝、造船、化学等部门的产量有暂时下降。但生产的总形势，特别是与人民生活直接相关的消费品工业生产，则呈上升趋势。1946～1948 年，钢产量由 6 000 万吨增加到 8 000 万吨，汽车由 309 万辆增加到 528 万辆，住宅建筑由 60.25 万所增加到 91.35 万所。战时几乎不生产的日用消费品，如洗衣机、收音机等增长更是迅速。农业生产水平亦有所提高。全国播种面积 1945 年为 22 580 万英亩，1948 年达 24 180 万英亩；化肥消费量 1940 年为 844 万吨，1950 年为 1 848 万吨；实现电气化的农户 1945 年为 44.9%，1950 年达 82.2%。同期，拖拉机数由 235.4 万台增加为 339.4 万台。

在军事方面，战后初期，美国武装力量人数和军事企业、军事机关人数，一直保持较高水平。1953 年，仅陆军就有 150 万人，此外还有一百多万人的海军和力量雄厚、装备精良的空军。

凭借强大的经济、军事力量，利用德、意、日战败和战后初期英、法衰落之机，美国大肆向外经济扩张。1944 年 7 月，44 国的代表在美国的新罕布什尔州布雷顿森林举行了国际货币金融会议（通称"布雷顿森林会议"），讨论战后资本主义国际货币金融体系问题。在会上，美国倚仗自己的实力，迫使各国接受它的方案。会议通过了《联合国货币金融会议的最后决议书》以及《国际货币基金组织协定》和《国际复兴开发银行协定》这两个附件（总称《布雷顿森林协定》）。根据协定，1945 年 12 月 27 日，成立了国际货币基金组织和世

界银行。前者于 1947 年 3 月 1 日开始业务活动，后者于 1946 年 6 月 25 日起开始营业。这两个机构的总部都设在华盛顿。布雷顿森林体系是一个以美元为中心的资本主义世界货币体系。这个体系的主要内容可以归纳为"两个挂钩"：美元与黄金直接挂钩，35 美元 1 盎司黄金；国际货币基金组织会员国的货币与美元挂钩，建立与美元的固定汇率。布雷顿森林体系促进了战后资本主义世界贸易和经济的发展。但由于在这个体系中，美元与黄金等同，美元作为国际储备资产和国际支付手段，起了世界货币的作用，因而美国实际上充当了资本主义世界的"中央银行"，它控制、掌握着资本主义世界的财政。由此不难看出，这个体系更有利于美国的国际化拓展。在筹建国际贸易组织方面，1945 年 12 月 6 日，美、英、法等 15 个国家召开关税谈判会议。由于各国之间的利益差别，《国际贸易组织宪章》一直未获通过。与之同时，美国与 23 个国家举行双边关税谈判并签订了 123 项双边协定，后来将这些双边协定用最惠国条款加以多边化，汇编成一个多边文件，即关税与贸易总协定，1948 年 1 月 1 日生效。总协定的最高权力机构是由全体缔约国组成的缔约国大会，下设理事会和贸易及发展委员会。由于美国拥有巨大的经济实力，具有左右总协定的能力，因此，总协定也便利了美国的国际化拓展。

除了上述内容以外，跨国公司的发展，也是美国国际化拓展的一个重要方面。跨国公司并不是战后才出现的新现象。但由于战后初期美国生产进一步集中的进程加速，使企业的兼并也加速，企业的规模越来越大。例如，1939 年拥有 10 亿美元以上资产的公司有 29 家，1948 年为 39 家，其总资产超过 700 亿美元，其中五家最大的公司掌握了价值 277 亿美元的资产。因此，战后美国跨国公司在广度和深度上的发展，都达到了空前的程度。据统计，1945 年以前，美国 187 家大公司拥有的国外子公司为 979 家，而在 1946～1967 年间拥有的子公司却增至 3 857 家，即这些跨国公司到 1967 年为止所拥有的子公司中，有五分之四是在战后建立的。跨国公司的空前发展，促进了美国私人对外直接投资的增长。在本世纪 70 年代初，这种投资以年均 11% 的递增率持续增长，其资本输出额占美国资本输出总额的一半以上。

美国力量的强大，对外国际化拓展不断的发展，使美国称霸世界的野心也越来越大，越来越强烈，对外侵略扩张的步伐也随之加快。

美"援"是战后美国推行经济扩张计划的重要工具，也是控制、掠夺和剥削受"援"国的手段，它实际上是一种特殊形式的国家资本输出。作为回报，受"援"国必须承担美国提出的种种政治或经济的要求。例如，1945 年 12 月 6 日，美英两国签订了《财政协定》，美国向英国提供 37.5 亿美元的长期贷款[①]。作为回报，

---

① 财政协定规定的贷款数额为 44 亿美元，扣除了战时美国租借物资的 6.5 亿美元，实际贷款为 37.5 亿美元。

英国批准了《布雷顿森林协定》；取消了英镑区的外汇管制和帝国特惠制；同意贷款必须以购买美国货物的形式使用。1948~1952年期间，美国先后向七十多个国家和地区提供了380亿美元"援助"，欧洲是重点，美国的"援助"达280亿美元。朝鲜战争爆发后，美国于1951年制定了《共同安全法》，将"援助"重点转向亚洲。根据此法案，美国提供了521亿美元的"援助"，其中军"援"247亿美元。实际上，战后最初几年，美"援"是在倾销战时过剩的商品，尤其是滞销的农产品。而作为美国"援助"的直接后果是在欧洲、亚洲建立了美国控制下的多个军事集团。

美"援"是为美国的经济扩张服务的，它促进了美国经济的繁荣，同时也使对外贸易在美国经济发展中具有十分重要的意义。美国对不发达国家的贸易重点是掠夺原料，美国工业生产所必需的74种原料中，32种依赖进口，其中铬、锡、锰、镍、锌、汞等20种原料进口量占消费量的一半以上。二战后初期，美国商品出口的重点在欧洲，到50年代初，逐渐转向不发达国家。美国在与不发达国家进行贸易时，一方面通过不等价交换来榨取这些国家，另一方面通过直接施加经济压力，使那些反对美国经济扩张的国家俯首贴耳。1952年5月，智利对铜出口实行管制，美国立即以停购智利铜进行要挟，迫其就范。1953年初，美国以拒绝购买玻利维亚的锡来对抗其锡矿国有化政策。后来玻利维亚同意赔偿锡矿国有化时美国矿主的"损失"，美国才与其签订锡进口的长期协定。

美国的国际化拓展及其对外的侵略扩张遭到了世界各国人民的反对，随着世界多极政治、经济格局的出现，美国的世界霸主地位开始衰落。

第二节 东西方对抗与意识形态分歧

一、经济上的封锁与反封锁

二战结束以后，美、英和苏联之间的矛盾逐渐发展为冷战。为了遏制苏联，美国将其对外政策的重心放在西欧。美国认为一个在它控制下繁荣而稳定的西欧，是遏制苏联并实现其世界霸权的重要条件，而复兴欧洲则是美国的当务之急。1947年3月，美国政府开始草拟"援欧"计划。经过3个月的策划，1947年6月5日，美国国务卿马歇尔（1880~1959年）在哈佛大学发表了演说，阐述美国政府的"援欧"政策。马歇尔在演说中说，欧洲的经济十分困难，今后三四年内需要从外国，主要是从美国进口粮食、其他必要产品和额外的经济援助。他希望欧洲各国联合起来，首先提出倡议，向美国提出一项欧洲经济合作发展计划，而美国则尽其所能给予"援助"。马歇尔的这个演说，即是后来通称的"马歇尔计划"。

马歇尔的演说在全欧洲引起了强烈的反响,6月7日,法国外长乔治·皮杜尔致电法国驻美大使,要他转告马歇尔,说法国对他的建议很感兴趣。6月13日,英国外交大臣埃内斯特·贝文发表演说,亦表示热烈响应。6月17日,英、法外长举行会谈并邀请苏联共同商讨接受马歇尔计划事宜。苏联接受了邀请。这使美国政府忐忑不安。美、英进行了紧急磋商,认为苏联只有作出"根本的立场上的转变",美国才能给苏联以援助;如果苏联拒绝,美国将支持西欧国家"单干"。

6月27日,英、法、苏三国外长会议在巴黎开幕。苏外长莫洛托夫率领由89名经济专家和顾问组成的代表团赴会。美国不是会议参加国,但美国国务院的重要官员却聚集巴黎,由英、法向美国通报会谈情况。实际上,英、法对苏的态度与美国是一致的。他们表面上邀请苏联参加,而暗地却为会议设置障碍,企图迫使苏联主动退出。事态的发展也果然如此。由于英、法坚持制定统一的欧洲经济计划并要求受援国提供本国的经济情报,苏联加以拒绝并退出会议。美国对英、法采取的对苏方针则十分赞赏。三国外长会议破裂以后,英、法邀请除西班牙、德国以外的一切欧洲国家在巴黎举行经济专家会议,讨论向美国提交申请援助报告的问题。苏联拒绝参加,东欧的七个人民民主国家和芬兰在苏联的反对下,也拒绝或撤销了邀请。对此,帝国主义国家对东欧采取了报复行动,苏联也进行了针锋相对的反击。因此东西方之间经济上的封锁与反封锁斗争实际已由此开始。自此以后,这种斗争愈演愈烈,在柏林危机和中华人民共和国建立以后达到高潮。

第二次世界大战结束后,德国分为以美国为首的西占区和苏占区(又称东占区)。1948年6月18日,西占区以不进行币制改革将阻挠经济复兴的进程为理由,宣布6月20日开始在西占区单独实行币制改革,用"B"记马克代替当时流通的帝国马克。西占区与苏占区之间的经济联系断绝。对此,苏联采取了相应的反击措施。6月19日,苏联宣布对西方国家进入柏林的地面通道实施交通管制,只留下三条"空中走廊"。6月22日晚,苏联宣布在苏占区和大柏林发行新币。6月24日,苏联切断了西德与柏林之间的陆上交通,停止向柏林供应煤和电。30日,苏联又切断了两地的水上交通。同时,英、美也对苏占区采取了封锁政策。6月24日,英国中断了运往苏占区的煤、钢。25日,英、美双占区经济委员会决定进一步限制同苏占区的贸易。1948年6月25日,美国飞机开始向柏林进行空运。10月15日,美国和英国正式建立了联合空中补给线工作小组,指挥大规模的空中运输。这条"空中走廊"除供应英、美、法三国占领军所需用品外,还供应西柏林250万居民急需的粮食、布匹、药品、煤炭等生活日用品。规定每天空运4 000吨,从1949年1月起增加到每天5 500吨,不论天气好坏,大型运输机都在昼夜不停地进行穿梭运输,每20分钟就有一批四发动机的巨型飞机降落。据统计,在长达11个月的时间内,这条"空中走廊"共通过飞机 277 728 架次,空运物资 211 万吨。在加强空运的同时,对苏占区的经济封锁也进一步加强。1949 年 2 月初,英占区和美占区禁止苏占区的车辆通过,从西柏林运往苏占区的货物受到严格的管制,有的商品则完全禁运。以后柏林危机虽暂告和缓,但随之却出现了两个德国的分裂局面,经济上的封锁与反封锁斗争仍在继续。

中华人民共和国是 1949 年 10 月 1 日成立的,美国对新中国采取了敌视政策:拒绝承认中华人民共和国;对中国实施封锁、禁运;冻结中国在美资产;阻挠中国实现在联合国的合法权利;继续支持台湾蒋介石集团,并利用"第四点计划"① 大肆对东南亚等地区进行侵略扩张,建立军事基地,对中国进行军事包围。面对帝国主义的封锁、包围,中国人民毫无惧色。中华人民共和国在平等互利和互相尊重领土、主权的基础上,不仅同社会主义国家建立了外交关系,而且还和不同社会制度的国家建立了外交关系。到 1955 年以前,新中国先后同 25 个国家建立了外交关系。1950 年 2 月 14 日,中苏两国正式签订了为期 30 年的《中苏友好同盟互助条约》。该条约的主要内容是:申明两国决心加强友好合作,反对侵略,保卫和平;一旦缔约国任何一方受到日本或日本同盟国家的侵略而处于战争状态时,缔约国另一方即尽其全力给予军事及其他援助;双方参加以确保世界和平与安全为目的国际活动;双方保证以友好合作的精神,并遵照平等、互利、互相尊重国家主权与领土完整及不干涉对方内政的原则,发展和巩固两国之间的经济与文化关系,彼此给予一切可能的经济援助,并进行必要的经济合作。《中苏友好同盟互助条约》的签订,不仅加强了中苏人民的友谊与合作,而且在这场东西方经济上的封锁与反封锁斗争中,加强了社会主义阵营的力量,并对保障中苏两国的安全和维护世界和平起了积极作用。

二、两大阵营的军事对垒与局部冲突

随着战后苏美冷战局面的出现,美国为了遏制苏联,称霸世界,决心在联合国之外,建立西方的集体防务体系,从军事上控制西欧。英国也谋求建立一个以英、法同盟为基础的西欧集团,并力图以这个集团作为它和美国建立"特殊关系"的本钱和抗衡苏联的工具。1947 年 3 月 4 日,《英法同盟互助条约》在敦刻尔克签订。1948 年 3 月 17 日,英国和法国、比利时、荷兰、卢森堡四国的外长正式签署了为期 50 年的《布鲁塞尔条约》。为了争取美国加入该条约,英、法向美国提出建立北大西洋安全体系的建议。美国同意并力图成为该体系的盟主。1948 年 3 月 22 日,美国、加拿大和英国在华盛顿举行缔约会

---

① 1949 年 1 月 20 日,杜鲁门在其第二任总统就职演说中,提出了美国外交"四点行动方针",其中第四点即"技术援助和开发落后地区的计划",史称"第四点计划"。该计划 1950 年 6 月 5 日生效。

谈。1948年7月6日,美国、加拿大和五个《布鲁塞尔条约》的签订国代表举行秘密会谈。9月9日,与会国通过了《华盛顿文件》。在华盛顿会议期间,美国还同西欧诸国政府频繁接触,力图把那些一旦发生战争能同美国紧密合作的国家拉进北约组织。在美国的压力下,1949年3月中旬,丹麦、冰岛、葡萄牙和意大利都同意加入北约。1949年4月4日,美、加、英、法、比、荷、卢、丹、挪、冰岛、葡、意12国外长在华盛顿签署《北大西洋公约》。公约规定:缔约国实行"集体防御";任何缔约国同他国发生战争时,必须给予"援助",包括使用武力。同年8月24日公约生效,北大西洋公约组织正式成立。后来,希腊和土耳其在1952年、联邦德国在1955年加入该组织。北约建立初期,没有统一的军事指挥机构。朝鲜战争爆发后,北约成立了欧洲盟军最高司令部,美国的艾森豪威尔任最高统帅。

美国策划北约的主要目的是遏制苏联,对此,苏联作出了强烈的反响。苏联于1949年3月31日向制定北约的七国政府,即美、加、英、法、比、荷、卢递送了一份关于北约的备忘录,指出公约与自卫目的毫无共同之处,是针对苏联的;公约违背《联合国宪章》的宗旨和原则;违反了苏、美、英、法四国在历次国际会议上的协定。9月23日,苏联代表在联合国大会上对建立北约进行了谴责,要求联大通过关于谴责美、英进行新的战争准备的决议。苏联提议美、英、中、法、苏五国缔结加强和平的公约,但遭到了美国的拒绝。

美、英、法不顾苏联的抗议,继续加强北约的军事组织活动。1954年10月,美、英、法、联邦德国(西德)等9国签订《巴黎协定》,决定吸收联邦德国参加北约组织,允许联邦德国建立正规军。苏联政府随即于11月13日照会所有与苏联有外交关系的欧洲国家和美国,建议举行全欧会议,讨论建立集体安全体系,但遭到拒绝。在这种情况下,苏、阿、匈、保、民主德国(东德)、波、罗、捷等8国于11月29日至12月2日在莫斯科举行会议。会议宣布:在《巴黎协定》被批准时,八国在组织武装力量方面决心采取共同措施。1955年5月,《巴黎协定》批准生效。同年5月11~14日,八国在华沙举行第二次会议,缔结了八国友好合作互助条约,通称《华沙条约》。条约规定:缔约国将致力于"国际和平与安全",并以"和平方法解决国际争端";任何一缔约国遭到武装进攻时,其他各缔约国应以一切必要的方式给予援助。根据条约的规定,设立了各种组织机构。苏联国防部副部长任联合武装部队总司令,总参谋长亦由苏联军人担任。自此,在欧洲出现了北约和华约两大军事集团对峙的局面。

在欧洲两大阵营军事对垒之时,世界其他地区的局部冲突也不断发生,其中朝鲜战争和越南的抗法、抗美战争尤为突出。

1945年8月14日,日本宣布无条件投降。苏、美商定以北纬38°线作为美、苏在朝鲜接受日军投降的临时分界线。于是,苏军进入"三八"线以北,美军开进"三八"线以南。朝鲜半岛形成了美、苏两个占领区。两个占领区形成后,逐步向分裂的方向发展。北部,在朝鲜劳动党的领导下,民主改革和人民政权的建设健康地向前发展。1946年底到1947年初,北朝鲜在普选的基础上产生了各级人民委员会。1947年2月,选举产生了最高立法机关北朝鲜人民会议,并选出以金日成为委员长的北朝鲜人民委员会。南部与北部的发展道路相反,美国在南朝鲜竭力阻止人民民主力量的发展,极力推行帝国主义政策,1948年8月15日成立大韩民国,扶植以李承晚为总统的傀儡政权。由于美李集团制造分裂,朝鲜劳动党决定团结全国民主力量,建立统一的人民政权。1948年8月25日,全朝鲜最高人民会议举行选举。9月2日,最高人民会议在平壤通过了《朝鲜民主主义人民共和国宪法》,选举金日成为国家元首兼内阁首相。9月9日,朝鲜民主主义人民共和国宣告成立。

朝鲜分裂后,南北的局势大不相同,在美国的干预下,朝鲜半岛的局势亦日趋紧张。1950年6月25日拂晓,朝鲜战争爆发。6月27日,美国总统杜鲁门发表了干涉朝鲜和侵占中国台湾的声明,美国的空军和海军卷入战争。6月30日,美国地面部队卷入战争。朝鲜战争爆发后,中国政府曾一再主张和平解决朝鲜问题。但美国侵略者无视中国政府的建议和警告,悍然越过"三八"线,把战火烧到中朝边境,严重威胁着新中国的安全。10月25日,中国人民志愿军赴朝参战,取得了连续五战五捷的辉煌胜利,把美国侵略者从鸭绿江边赶回到了"三八"线以南。1953年7月27日,美国被迫在朝鲜停战协定上签字。

越南民主共和国政府是1946年3月6日成立的。不想让越南独立的法国,1946年12月19日向越南民主共和国发动了殖民战争。新中国成立以后,1950年1月初,胡志明访华,请求中国援助。1月18日,中越两国建交,中国决定向越南派遣军事顾问,并提供大量的物资援助。与之同时,美国也开始大规模地援助法国的殖民战争。1954年3月13日,奠边府大战,越南人民取得了巨大的胜利。7月21日,日内瓦协议签订,法国不得不同意停战、撤军,承认越南的完全独立。但是,美国利用老殖民主义者法国在越南失败的时机,插手越南,在越南南方拼凑了它的傀儡政府——吴庭艳政权,企图变越南南方为美国新的殖民地,并以此为跳板,进犯越南北方和社会主义的中国,以及整个东南亚。美国及吴庭艳政权的所作所为激起了越南南方人民的强烈反抗。为了镇压南越人民的反抗,巩固自己在南越的殖民统治,美国发动了"特种战争",并逐步升级,将这种"特种战争"发展为对整个越南的"局部战争"。中国人民对越南人民的抗美救国战争给予了坚决的支持。中国人民和政府的支持和援助,是越南取胜的一个重要原因。

三、意识形态领域的激烈斗争

战后,东西方之间除在经济上进行封锁与反封锁的斗争,在军事上互相对抗、局部冲突中互相较量外,在意识形态领域里也进行了激烈的斗争。

1946年2月9日,斯大林针对美国对苏采取的强硬政策及美国利用苏联和伊朗、土耳其的争端,扩大事态,并乘机控制伊、土两国的行为发表演说指出,在现今资本主义世界经济发展的条件下,由于帝国主义各国不能采用和平协商的办法,而只能是根据他们的经济实力来定期重新瓜分原料产地和销售市场,因而战祸是不可避免的。斯大林表示,苏维埃社会制度是有充分生命力的,苏维埃军队是不可战胜的,而且苏联要在新的五年计划内优先发展重工业。斯大林的这篇演说,被英、美当权派中的某些人大加发挥、大加利用,将这篇宣言称之为"第三次世界大战的宣言",东西方之间意识形态领域的斗争随之加剧。1946年2月下旬,美国驻苏大使馆代办乔治·凯南从莫斯科向国务院发出了8 000字的著名"长电",对战后苏联的"理论、意图、政策和做法"进行了全面分析,为美国的对苏政策大造舆论。1947年7月,已回国任国务院政策设计室主任的凯南,以X的署名,在美国的《外交》季刊上发表了进一步阐发"长电"内容的文章《苏联的行为根源》,大造反苏舆论。凯南的观点可以概括为这样四点:(1)苏联从未放弃资本主义必亡的信念,它之所以在一些问题上和资本主义国家达成协议,只不过是一种策略性行动;(2)苏联的政府机器将"坚定不移地按规定的途径前进……只有当它遇到无法对抗的力量时才停下来";(3)美国必须拥有足够的武力并准备使用武力而且还要用"消除非共产主义世界中所存在的大片较弱和脆弱地区的方法",来遏制苏联;(4)美国不可能指望在可预见的将来,同苏联享有政治上的亲善关系,美苏政治上是对手,而不是伙伴。毛泽东曾经说过,凡是要推翻一个政权,总要先造成舆论,总要先做意识形态方面的工作。革命的阶级是这样,反革命的阶级也是这样。如果说凯南的理论只是东西方在意识形态领域里开展斗争的先兆的话,那么丘吉尔的富尔敦演说则是公开的挑战和对苏联发动攻势的号角。丘吉尔是1946年1月16日抵达美国的。同年3月5日,他在杜鲁门的陪同下,在美国的富尔敦威斯敏斯特学院发表了题为《和平砥柱》的演说。在演说中,丘吉尔声称:"从波罗的海的什切青到亚得里亚海边的的里雅斯特,已经拉下了横贯欧洲大陆的铁幕",俄国人对"基督教文明"构成了"严重的挑衅和危险",只有英美结盟,讲英语的民族团结一致,用他们联合起来的人力、物力,以及他们在世界各地的海、空军基地,才能制止俄国人的侵略。与这种反苏宣传相配合,美国国内开始了忠诚调查,麦卡锡主义极为猖獗。

忠诚调查是一场全面肃清政府中共产党人的运动。这场运动始于1947年3月,1951年初完成。在对所有联邦雇员进行的全面调查中,文官委员会甄别了三百万以上的联邦雇员,联邦调查局对大约1.4万宗嫌疑案进行了全面调查。有两千多雇员辞职,212人因其忠诚值得怀疑而被解雇。此外,1950年8月总统批准一项法案,授权10个所谓敏感部门和机构的头头解雇那些虽然未必不忠，但被认为对安全不利的人员。

麦卡锡主义是 1948 年到 1953 年席卷美国的一种歇斯底里的反共的最极端表现。约瑟夫·麦卡锡是 1946 年当选为美国国会参议员的，他以为人麻木不仁和极端冷酷无情而著称。1950 年初，他利用一些美国人对共产党的无知、恐惧和共产党渗透问题，来改善自己日衰的政治命运。为此，他不分青红皂白肆意造谣，说这个人与共产党有联系、那个人是共产党的间谍，一时间搞得美国国内人人自危。

西方诸国对共产党、对苏联的大肆攻击，遭到东方的有力回击。例如，丘吉尔发表富尔敦演说一周后，斯大林就对《真理报》记者发表谈话，谴责丘吉尔和他的朋友散布的理论很像希特勒及其同伙散布的种族优越论。斯大林指出，毫无疑问，丘吉尔的方针是进行战争的方针，是在号召同苏联进行战争。同时，苏联《真理报》发表了题为《丘吉尔玩弄刀枪挑起反苏战争》的社论。为了进一步加强东欧各国之间的团结，加强反对美帝国主义及其英法同盟者的斗争力量，1947 年 9 月还成立了欧洲九国共产党和工人党情报局。该局存在期间，尽管发生了苏南冲突，发生了苏联通过情报局粗暴地干涉南斯拉夫内部事务的严重事件，但从总的看，它对加强各国共产党之间的联系，协调各国共产党的行动，在与西方进行的经济、军事、意识形态领域的斗争中是起了积极作用的。

由此可见，二战后不久，东西方之间在意识形态领域的斗争是极其尖锐、复杂的，斗争主要是围绕帝国主义对社会主义的遏制与东方各国的反遏制进行的。随着帝国主义遏制政策的失败，50 年代后半期西方政界要人转而采取新的战略，即和平演变战略。1953 年 1 月，杜勒斯就任美国国务卿。同年 1 月 15 日，他在国会考虑对他任命的证词中提出，解放可以用战争以外的方法达到，它必须是而且可能是和平的方法。他强调用"精神与心理的力量"达到目的。为此，1957 年 4 月 23 日，杜勒斯在纽约发表演说，明确提出和平演变的六项政策：(1)"提供范例，证明享受自由的幸福"，并且通过我们的情报和文化交流计划，通过"美国之音"和其他机构，使"全世界都知道这种情况"，挑起"铁幕"后面各国人民的抵抗情绪，并让他们相信美国会给以道义上的支持，从而使共产主义从内部解体。(2)借助于类似在联合国通过决议谴责苏联干涉匈牙利的做法，"使被分裂或被奴役的国家知道他们并未被遗忘"；(3)"决不牺牲他们的利益来解决任何政治问题"；(4)"推崇和赞誉那些为自由而流血的烈士"，但不要鼓动暴力的起义；(5)"让苏联的统治者认清，我们要解放的真正目的"是和平和自由；(6)"鼓励走向自由的演变"。杜勒斯的和平演变战略得到了西方政界人士的响应，其攻势咄咄逼人。

西方在政治、意识形态领域里发生的这些重大变化，引起了毛泽东的高度警觉，并由此形成了毛泽东关于防止和平演变的思想。1949 年，毛泽东根据历史的经验教训,告诫中国共产党要警惕资产阶级糖衣炮弹的攻击。1959年11月12日,毛泽东对杜勒斯的三篇演讲作了分析,他说,这三个材料都是讲的对社会主义国家和平演变的问题,再三告诫全党要注意这个问题。与此同时,中国共产党以多种形式展开了对青年人的教育,在意识形态领域中对西方的宣传、和平演变攻势进行了坚决的回击。

第三节 世界新兴力量的崛起

一、殖民体系全面崩溃

第二次世界大战以后,世界历史整体发展的重要特征之一就是殖民体系的崩溃和第三世界的崛起。殖民体系的崩溃,是世界历史发展的必然结果。决定殖民体系瓦解的主要条件有以下几点:

第一,宗主国殖民政策的调整。

战后出现的世界形势,使原来的殖民政策难以为继,这从英国殖民体系的危机就可以说明。

战后初期,英国政府在马来亚、肯尼亚等地进行殖民战争,虽耗费巨资,却收效甚微,而英属殖民地民族解放斗争声势越来越大,这使英国殖民者认识到它决不是用武力就能镇压下去的,英国的经济状况又不允许这种局面长期维持下去。形势表明,从殖民地撤退已不可避免。在这种情况下,英国殖民政策的调整势在必行。

英国殖民者认识到,维护英国在殖民地、附属国的经济利益,并非要继续在殖民地进行政治统治以及由此而承担的行政管理及防务义务,给予殖民地独立的政治权力,而保留英国在殖民地的经济利益,并加强和巩固对殖民地的经济控制,以保持英国与殖民地之间持久和稳固的经济联系,这就成为英国殖民政策的出发点。

英国殖民政策调整的一个重要内容,就是加紧在殖民地、附属国(主要是非洲)实施《殖民地发展与福利法案》。该法案的实施有助于缓和英国与其殖民地之间的矛盾,减轻殖民地人民的敌对情绪,从而为英国从殖民地获得更大的经济利益创造一种"友好"的气氛。但从本质上来说,它是一种在新的历史条件下采取的新的殖民掠夺政策。

英国被迫对殖民政策进行调整,是战后民族解放运动蓬勃发展的结果,它有利于殖民地、附属国社会经济的发展,为殖民地实现民族独立准备了条件。

第二,新老殖民主义的矛盾与斗争。

二战对老殖民主义的削弱,为美国的新殖民主义最终取代老殖民主义提供了千载难逢的大好时机。

战争期间，美国就对以英国为代表的老殖民主义展开了进攻。美国通过"反殖民主义"的宣传，从政治上孤立老殖民主义；在组织上，通过建立国际托管机构接管老殖民主义国家的殖民地；经济上，迫使英、法等取消帝国贸易壁垒，同时加紧对它们的殖民地和势力范围进行经济扩张和渗透。战争期间，美国还加紧扩大它在英、法等国殖民地和附属国的直接影响和势力。面对法西斯侵略的威胁，一些英属殖民地、自治领纷纷向美国寻求保护，美国也乘机加紧对英国殖民体系的全面渗透，排挤英国的利益。

美国还利用法、荷、比等国被德国法西斯占领、其殖民统治崩溃之机，迅速进行政治、经济渗透，填补"权力真空"。

由此可见，美国竭力利用大战提供的机会和帝国主义力量对比的变化，取代老殖民主义而建立新殖民主义的统治，帝国主义国家争夺殖民地的斗争客观上有利于战后民族解放运动的发展。一方面，殖民地、附属国人民有可能利用美国和欧洲殖民主义国家的矛盾来加快摆脱宗主国的统治与控制；另一方面，新老殖民主义的斗争在一定程度上削弱和破坏了以英国为首的旧殖民主义统治，加强了殖民地解放运动的力量，为民族解放运动的发展提供了有利条件。

第三，以苏联为首的社会主义力量的发展壮大，支持了殖民地的民族解放斗争。

战后初期，以苏联为首的社会主义阵营把支持殖民地、附属国人民的解放斗争看作是自己的国际义务。从联合国成立之初，苏联及其他社会主义国家就坚决站在殖民地人民一边，在联合国同新老殖民主义展开斗争，捍卫被压迫民族的独立权利。对于已经获得独立（或不完全独立）的国家，苏联根据完全平等和互相尊重的原则，与之建立友好关系。1943年，苏联同埃及建立外交关系；1944年，同叙利亚和黎巴嫩建交；1947年和1948年，又分别同印度、缅甸建立外交关系。其他社会主义国家也对民族解放斗争给予了支持。由于以苏联为首的社会主义阵营给殖民地民族解放斗争提供了有力的支援，使社会主义与民族解放斗争结合起来，成为民族解放运动的强大动力。

第四，殖民地、附属国自身的发展变化。

二战期间，除了被日本占领的东南亚和直接成为交战场所的少数北非殖民地、附属国的经济遭到不同程度的破坏外，其他殖民地、附属国的经济在战时都有了长足的发展。战时经济的发展，在一定程度上改变了殖民地、附属国畸形的经济结构，而市场经济与城市化的发展，削弱了封建统治和殖民统治的基础。同时，战时经济的发展，加强了殖民地、附属国内部人民之间的联系，有利于他们联合起来，共同反对宗主国的殖民统治，并大大增强了他们反对殖民统治的物质力量。战时殖民地、附属国经济发展的结果，使阶级关系和社会结构发生了巨大变化。民族资产阶级形成和壮大，他们要求独立自主地发展民族工商业，摆脱帝国主义的控制。战争期间，各国民族资产阶级相继建立了自己的政党和政治团体。战后初期,资产阶级政党和团体更是如雨后春笋般地涌现。这些民族资产阶级的政党和团体以实现殖民地自治乃至最终独立为奋斗目标,并在战争进程中逐步掌握了独立运动的领导权。

战后,殖民地、附属国人民看到了自己的力量,提高了民族自信心,对帝国主义的本质有了进一步的认识。殖民地、附属国逐渐认识到要使社会经济发展进步,首先必须挣脱殖民主义的枷锁,获得政治上的独立。殖民主义者所面对的已不再是过去愚昧落后、软弱无力的殖民地、附属国,而是经过反法西斯战争考验和武装的、具有强烈民族意识和物质基础的民族解放运动。因此,战后殖民地、附属国人民的民族解放洪流是殖民统治者无法抗拒的,它猛烈冲击着帝国主义殖民体系,震撼着帝国主义殖民统治的基础,成为帝国主义殖民体系全面崩溃的决定性因素。

从战后初期开始,殖民地、附属国人民的民族解放斗争一浪高过一浪,终于埋葬了帝国主义殖民体系,使国际政治进一步发生深刻的变化。

战后,帝国主义殖民体系首先在亚洲迅速瓦解。1955年亚非会议后,各国民族解放运动进一步高涨,帝国主义殖民体系在非洲也迅速走向崩溃。1954年,阿尔及利亚人民点燃了武装斗争的火炬。1956年,苏丹、摩洛哥、突尼斯独立。1957~1958年,撒哈拉以南的加纳和几内亚也相继独立。1960年,有17个国家独立,成为举世瞩目的"非洲独立年"。1961~1968年,又有15个国家摆脱殖民统治。本世纪70年代,葡萄牙在非洲的顽固殖民统治被人民武装斗争所摧毁,几内亚比绍、莫桑比克和安哥拉先后独立。1980年,罗得西亚人民又以武装斗争粉碎了殖民统治,成立津巴布韦共和国。1990年,纳米比亚独立。至此,非洲国家全部获得独立。此外,拉丁美洲、加勒比海地区、大洋洲和太平洋岛屿的许多殖民地,也纷纷获得独立。

总之,从二战结束到本世纪80年代中期,亚洲、非洲、大洋洲和拉丁美洲、太平洋岛屿共有九十多个国家摆脱殖民主义统治,获得独立。帝国主义殖民体系在殖民地人民民族解放运动的冲击下彻底崩溃。

帝国主义殖民体系的崩溃是第二次世界大战后一个具有世界历史意义的重大事件,它进一步削弱了帝国主义的力量,加速了第三世界国家的崛起,对世界格局的演变产生了深远的影响。

二、第三世界兴起

第三世界的兴起是世界历史整体发展的必然。

二战后,亚洲和非洲的民族解放运动蓬勃高涨,越来越多的亚非国家获得独立,亚非地区的局势和力量对比发生着根本的变化。但是,老殖民主义的统治尚未完全摧垮,新殖民主义又妄图取而代之。亚非国家渴望摆脱殖民主义,实现民族独立,维护国家主权,反对侵略战争,反对冷战,走和平中立之路,促进彼此间的友好合作，对世界和平与国际合作做出贡献。

1954年，中印、中缅倡导了举世闻名的和平共处五项原则，确认互相尊重主权和领土完整、互不侵犯、互不干涉内政、平等互利与和平共处五项原则为国际关系的指导原则。它在全世界引起了巨大反响，首先为越来越多的亚非国家所接受。和平共处五项原则充分表达了亚非国家热望建立国家间平等友好新关系的强烈要求，成为亚非国家共同的政治基础。1954年12月28～29日，印尼、缅甸、锡兰（今斯里兰卡）、印度和巴基斯坦五国总理在印尼的茂物会晤，决定发起召开亚非会议，邀请中国等25国参加。1955年4月18日，亚非会议在印尼万隆开幕。印度尼西亚总统苏加诺以《让新亚洲和新非洲诞生吧》为题致开幕词，指出这是人类有史以来第一次有色人种的洲际会议，是亚非人民长期奋斗、流血牺牲所取得的成果。开幕式后，先后有22个国家的代表在大会上发言，一致谴责殖民主义、种族主义，希望加强亚非国家间的团结与合作，要求缓和国际紧张局势和维护世界和平。中国代表团团长、国务院总理周恩来在大会上发言，希望与会国在有共同的历史、共同的遭遇、面临共同任务的前提下，"求同存异"，使亚非国家团结起来。这一原则、立场，得到了与会代表的热烈欢迎和普遍赞扬。正是在"求同存异"的方针下，大会克服了国际帝国主义分子在会议内外的破坏和干扰，如期结束并取得了圆满结果。4月24日，《亚非会议最后公报》在全体会议上一致通过。公报包括了关于经济合作、文化合作、人权和自决、附属地人民问题、促进世界和平和合作宣言等七个部分，公报的最后一部分，提出了各国和平共处、友好合作的十项原则，这就是著名的"万隆会议十项原则"。它是对中、印、缅三国倡导的和平共处五项原则的引申和发展。会议体现的亚非国家和人民为反帝反殖，争取和维护民族独立，建立和发展友好、团结与合作关系，维护世界和平而求同存异、共同斗争的精神，通常被称为"万隆精神"。

亚非会议是获得独立的亚、非国家第一次在没有殖民主义、帝国主义国家参加的情况下召开的重大国际会议，它标志着第三世界开始形成，并作为一支独立的政治力量登上了世界舞台。在它的影响下，广大亚、非、拉国家反对帝国主义、殖民主义的斗争进入了一个新阶段。亚、非会议的成功召开，不仅在亚非史上，而且在现代世界史上都是一个重大事件。它加强了亚、非国家之间的团结合作，增进了各国间的相互了解，反映了亚、非国家和世界被压迫民族要求平等地参与国际社会的愿望，开创了国际关系史的新阶段，在两大阵营对峙的格局下，第三世界作为一股新的力量正在崛起，预示着战后世界格局将迎来新的变化。

不结盟运动的兴起，是继亚非会议之后第三世界力量发展壮大的重要标志。

万隆亚非会议后，民族解放运动蓬勃高涨，非洲国家相继独立。广大第三世界国家决心摆脱大国的控制,突破两大阵营对峙的世界格局,奉行独立自主、和平中立和不结盟的对外政策,以掌握自己的命运,维护国家的独立和主权,捍卫世界和平,推动第三世界和整个世界的发展。越来越多的新独立国家走上这条独特的道路,为不结盟运动奠定了基础。一些有声望的民族运动领袖,如南斯拉夫的铁托、埃及的纳赛尔和印度的尼赫鲁等共同发起了不结盟运动。不结盟运动的兴起是继万隆会议后第三世界觉醒的重要标志,它的发生、发展与整个世界格局的演变是同步进行的。它对帝国主义、霸权主义提出了挑战。

1961年9月,第一届不结盟国家首脑会议在贝尔格莱德召开,有25个国家出席,标志着不结盟运动的正式形成。会议通过了《不结盟国家的国家或政府首脑会议宣言》和《关于战争的危险和呼吁和平的声明》。这次会议的召开,标志着参加不结盟运动的第三世界国家已成为一支独立的政治力量,出现在国际政治舞台上。

不结盟运动已经走过了三十多年,至今已有了很大发展。1995年10月,第十一届不结盟国家首脑会议在哥伦比亚召开,与会成员国达113个,几乎占世界独立国家的三分之二,约17亿多人口,是地跨亚、非、拉、欧四大洲的一支重要政治力量。不结盟运动的活动维护了人类社会的正义以及公认的国际关系准则,为维护中、小国家的主权和独立做出了贡献,有力地支持了各国人民的斗争。不结盟运动从本世纪70年代以来,在自己的宣言中,不断谴责超级大国的霸权主义,要求改变发展中国家的经济落后面貌,建立新的国际经济秩序,改变发展中国家和发达国家之间不公平的经济关系。不结盟运动为促进发展中国家的经济发展,进行了不懈的努力。

"77国集团"是第三世界为建立新的国际经济秩序而斗争的产物,它表明第三世界的反殖反帝反霸斗争已经深入到世界经济领域。

1961年,在第一届不结盟国家首脑会议上,发展中国家提出了联合行动的问题。1963年,第18届联合国大会在讨论召开贸易和发展会议的问题时,73个亚、非、拉国家和地区以及南斯拉夫、新西兰共同提出一项联合声明,当时称为"75国集团"。后来,肯尼亚、韩国、越南加入,而新西兰宣布退出,所以共有77个国家和地区,这些国家和地区发表了一个联合声明。1964年,在日内瓦召开的第一届联合国贸易和发展会议上,发展中国家又一次发表《联合宣言》,由于在这个宣言上签字的有77个国家和地区,故称"77国集团"。随着第三世界的发展、壮大和在经济领域里斗争的深入开展,"77国集团"日益壮大,至今,其成员已经增加到将近130个,但是,"77国集团"的名称一直沿用下来。

"77国集团"自成立以来,一直以建立国际经济新秩序为目标。1974年4月,在联合国大会第六届特别会议上,通过了"77国集团"为会议起草的

《关于建立新的国际经济秩序的宣言》和《行动纲领》,这些宣言和纲领提出了打破帝国主义和超级大国对国际经济的垄断,争取建立国际经济新秩序的一系列重要原则,标志着第三世界争取平等和公正的国际关系的斗争进入新阶段。

本世纪60年代以来出现了许多由第三世界国家组成的区域性国际组织。这类组织的大量出现,是同非殖民化运动的进程紧密相联的。新兴的独立国家,通过建立各种区域性国际组织来共同维护政治独立与发展民族经济。形成区域性国际组织的主要条件是具有共同的历史和文化传统,疆界相连,社会制度、经济结构和发展水平相近的国家,存在一种由经济驱动的自然联合趋势。区域性组织的作用在于,它具有地区性保护主义色彩,有助于提高第三世界国家在国际上的地位,形成与超级大国抗衡的力量,影响世界格局的演变。它还可以在地区内形成特定的利益关系网络,造成一种特有的商议、对话氛围,便于解决区域内各国之间历史遗留的双边或多边关系问题,减少地区性问题外化的可能性,有助于形成地区和平环境。

本世纪60~70年代形成的第三世界区域性组织很多,其中影响较大的有"非洲统一组织"、"东南亚国家联盟"、"伊斯兰会议组织"、"石油输出国组织"、"阿拉伯石油输出国组织"、"中美洲共同市场"、"非洲—毛里求斯共同体"等等,按其主要的功能,可以分为一般性政治、经济组织和专门组织两大类。

所有这些区域性国际组织的建立和发展,是第三世界崛起的标志之一,这些组织对促进发展中国家的政治、经济合作,发展民族经济,维护民族独立,都起到了积极的作用。

三、发展中国家已成为世界舞台上的一支重要力量

发展中国家除中国等少数国家走上社会主义道路外,多数国家走的是资本主义道路。这些国家独立后的迫切任务是发展经济,因此,首要问题是制定适当的发展战略。发展中国家的经济发展战略可分为两大类,即进口替代战略和面向出口战略。

所谓进口替代战略,就是通过建立和发展本国的制造业和其他工业,替代过去的制成品进口,以带动经济增长,实现国家的工业化。发展中国家一般都是从实施进口替代战略开始的。由于各国的具体条件不同,实施进口替代战略的进程有很大差异。大体可以分为两类:一类是原先工业基础比较薄弱的国家,它们的进口替代一般是从建立非耐用消费品工业入手;另一类国家,在二战前已经建立了一定规模的工业,特别是轻工业,二战后它们的进口替代内容,一般就侧重于建立耐用消费品工业和基础工业。

从各国实施进口替代战略的时间长短看,发展中国家大致可分为三类:第一类国家,实施的时间较长,一般都经历了几十年,如巴西、墨西哥和印度等

国；第二类国家，实施进程较短，其典型是新加坡和韩国等一些资源少、国内市场小，但与西方国家有密切关系的国家和地区；第三类国家，属于工业发展起步较晚的国家，大体上在20世纪60年代以后才开始实行进口替代战略，至今还处在初期阶段。

在20世纪60年代中期前后，首先是东亚和东南亚一些国家和地区，如新加坡、韩国、中国的台湾省，在实行一个短期的进口替代之后，很快转向面向出口战略。

所谓面向出口战略，就是使本国的工业生产面向世界市场，并以制成品出口逐步替代过去的初级产品出口。它大体可分为三类：一类是原来出口初级产品的国家，现在日益增加对初级产品的加工出口，如马来西亚、泰国等国；一类是发展中国家中的大国，如巴西、墨西哥、阿根廷、印度等国，它们的制成品出口，很大程度立足于进口替代期间建立的工业基础之上；还有一类是一些小国和地区，由于资源和市场的限制，它们主要发展面向出口的劳动密集型的装配加工工业。

无论是进口替代还是面向出口，都有对国民经济发展起积极作用的一面，在一定程度上适应了生产力发展的客观要求。同时，对经济发展也有一些消极作用，其中有些是发展中国家社会经济制度造成的，有些是这些战略及其相应的政策所决定的。同时，无论哪种战略都忽视了如何解决好收入分配和消除国内贫困的问题。结果，生产发展了，国内的两极分化却加剧了，各种社会矛盾和阶级矛盾也随之发展。

发展中国家战后经济发展正反两方面的经验教训，使越来越多的发展中国家逐渐认识到农业在国民经济中的重要地位。从20世纪60年代中期，特别是进入70年代以来，许多国家对经济战略进行重新探讨，逐步把农业放在经济发展的首位，并制定了相应的农业发展战略。

发展中国家经过多年的艰苦努力，在发展民族经济的道路上取得了可喜的成绩，它们的经济增长率高于西方发达国家，在世界经济中的地位有所提高，它们的国民生产总值、工业总产值和进出口总额在世界上所占的比重都有显著提高。

二战后，随着民族解放运动的发展，广大发展中国家政治上获得了独立，经济上有了相当的发展，在国际事务中也争得了自己的一席之地，成为当代国际社会中一支不可忽视的重要力量。第三世界在国际舞台上的地位和作用主要表现在以下三个方面：

第一，第三世界在联合国的作用日益增强，深刻改变着联合国的面貌。

联合国的诞生是世界反法西斯战争胜利的产物，也是当代国际关系史上一件具有深远历史意义的事件。联合国的宗旨是：维护国际和平与安全，制止侵略行为，发展国际间的友好关系和促成国际合作。但是，在一段时间内，联合国成为美国控制和操纵的表决机器,后来又变成美、苏两个超级大国争夺世界霸权的重要场所,使联合国的宗旨和原则遭到践踏和破坏,随着亚、非、拉新独立国家相继加入联合国,逐渐改变了联合国的面貌,对联合国的发展产生了深远影响。

联合国成立时,创始会员国中的大多数为欧、美资本主义国家,随着亚、非、拉民族独立国家越来越多地加入联合国,发展中国家在联合国现有的185个会员国中约占有140个,占联合国会员国总数的三分之二以上。

广大发展中国家在联合国的各个领域日益发生着影响,它们在许多问题上进行磋商并协调立场,成为联合国中一支举足轻重的力量。在联合国的经济活动方面已形成"77国集团",有关经济问题的重大决议,若无"77国集团"的赞成与支持,就难以通过。发展中国家在联合国各种机构中的席位都相应得到了增加,其作用亦日益显著。随着会员国的大量增加,各大国特别是超级大国,如果不能说服绝大多数会员国确信其立场是正确的,就很难获得多数的支持。

第三世界近30年来在联合国的活动,日益显示了它作为反帝反殖反霸主力军的作用。

1960年,在43个亚、非国家的倡议下,第15届联合国大会通过了《给予殖民地国家和人民独立宣言》,要求"迅速和无条件地结束各种形式的殖民主义及其一些表现"。1961年,第16届联合国大会根据第三世界国家的提议,先后宣布葡属殖民地和英属南罗得西亚应根据《给予殖民地国家和人民独立宣言》获得独立,宣布结束南非对纳米比亚的非法占领,由联合国直接管辖该地。第三世界在联合国讨论巴勒斯坦和南非问题时,发挥了重大的作用。1977年,安理会决定对南非实行强制性的武器禁运。为了恢复巴勒斯坦人民的民族权利,反对美国和以色列的侵略扩张政策,第29届联合国大会以压倒多数票通过决议,把巴勒斯坦问题作为一项重要政治问题列入议程。对于苏联武装入侵阿富汗并支持越南侵略柬埔寨的霸权主义行径,第三世界国家在联合国提出了义正词严的谴责。联合国以压倒多数票通过决议,要求苏联军队撤出阿富汗,越南军队撤出柬埔寨。

在第三世界国家的支持下,1971年10月25日,第26届联合国大会通过恢复中华人民共和国在联合国的一切合法席位,并立即将蒋介石集团的代表从联合国的一切机构中驱逐出去的提案。中国在联合国合法席位的恢复并成为安理会的常任理事国,使第三世界国家在联合国扬眉吐气,并进一步发挥重大作用。

第二,第三世界推动了国际经济旧秩序的改造。

广大第三世界国家面临的主要任务就是发展民族经济,以经济独立来巩固政治独立。二战以后,世界历史整体发展日益加强,世界经济也是一个统一的整体,任何国家都不能孤立于这个整体之外去寻求发展。而现存国际经济秩序是建立在原宗主国对殖民地剥削基础上的国际经济旧秩序,发达国家在国际贸易、货币金融、技术转让、关税制度等许多方面都处于垄断的地位,广大发展中国家由于经济落后、科学技术水平低、经济结构单一等多方面的原因,仍旧处于受剥削、受压榨的不利地位。为了改变这种不公平、不合理的国际经济旧秩序,战后几十年来,尤其是从60年代开始,广大第三世界国家进行了持续不断的斗争。

在1973年10月爆发的第四次中东战争中,盛产石油的阿拉伯各国断然采取了联合行动,以实行提价、减产、禁运、增加股份和国有化等措施,开展了以石油为武器的斗争,狠狠打击了以色列及其支持者,有力地配合了阿拉伯国家在军事上和政治上的斗争,在整个资本主义世界引起了巨大的震动。石油武器的运用,显示了第三世界国家团结起来联合斗争的巨大威力,不仅有重大的经济意义,也有深远的政治意义。在石油斗争取得胜利的鼓舞下,第三世界国家联合起来维护民族经济利益的斗争深入发展。

拉丁美洲国家为捍卫海洋资源,最早发起反对超级大国海洋霸权的斗争。在拉丁美洲国家长期斗争和其他第三世界国家的支持下,联合国于1982年10月召开的第三次海洋法会议上制定和通过了《海洋法公约》。新的公约体现了第三世界国家长期坚持的立场和原则,这是拉丁美洲国家为改造国际经济旧秩序,建立国际经济新秩序做出的一个突出贡献。

70年代以来,建立国际经济新秩序的斗争进入高潮。1974年,第六届联大特别会议和第29届联合国大会讨论并通过了《关于建立新的国际经济秩序宣言》、《行动纲领》和《各国经济权利与义务宪章》,形成了具有指导意义的纲领性文件。1974年以后,又举行了多次以发展中国家为主的国际性会议,发表了许多宣言和决议,进一步丰富了建立新的国际经济秩序的内容。广大发展中国家有了共同的斗争目标,大大加强了经济领域中的反霸斗争。70年代中期以后,在国际上基本形成了发展中国家为一方,发达资本主义国家为另一方的两个利害对立而又密切关联的阵线,这就是通常所说的南北关系。南北关系的缓和与改善,有助于推进新的国际经济秩序的建立;新的国际经济秩序的建立,又将从根本上改变南北关系的性质。

第三,第三世界的兴起是推动世界向多极化方向发展的重要力量。

随着第三世界力量的壮大,特别是殖民体系的瓦解,极大地动摇了帝国主义的统治基础,加速了帝国主义内部的分化。70年代以后,第三世界作用的加强,进一步导致了美、日、欧之间在政治上的分野,从而推进了向多极化发展的进程。

第三世界国家和人民维护世界和平、促进共同发展的愿望和发达国家人民的根本利益是一致的。"南北问题不仅是落后国家的发展问题,实际上是整个人类的发展问题。现在贫穷的国家太多了，如果占世界人口四分之三的发展中国家永远处于落后状态的话，发达国家的进一步发展也会受到限制，因此，不解决南北问题，人类的发展将遇到困难，这将是一个全球性和长期性的问题"。[①] 这样一种认识的确立和不断发展，不仅对增进世界人民的团结、维护和平、促进发展有重大的现实意义，也会对今后全人类的命运产生极为深远的影响。

第四节　社会主义曲折前进

一、世界社会主义事业由高潮转入低潮

二战后，社会主义国家共同面对的最主要问题，是怎样认识社会主义和如何建设社会主义，这是关系社会主义国家兴衰成败的根本问题。社会主义是人类历史上一种崭新的社会形态，马克思、恩格斯设想社会主义革命应首先发生在发达的资本主义国家，但是，世界历史的发展却是一批经济和文化比较落后的国家首先走上社会主义道路。这些社会主义国家可以不经过资本主义的充分发展而进入社会主义，但是，生产的商品化和社会化、生产力的充分发展都是不可超越的。只有大力发展社会生产力，迅速发展经济，消灭贫穷落后，实现生产商品化和生产社会化，用商品经济代替自然经济，参与国际分工与国际竞争，结束民族地域性历史，实现从民族历史向世界历史的转变，才能巩固和发展社会主义事业。从国际环境看，资本主义世界体系的力量远比新生的社会主义体系强大，这就决定了在世界范围内和相当长的时期中还将是"一球两制"，社会主义国家同资本主义国家必然是竞争共处和反复较量。以美国为首的发达资本主义国家凭借其经济和军事实力，对社会主义国家推行"扼杀政策"和"遏制政策"，妄图夺取这场历史性较量的胜利，重建资本主义的一统天下。因此，要挫败西方国家的反共反社会主义图谋，不仅要抵制和反对他们的武装干涉和颠覆，还要粉碎他们的和平演变阴谋。这是一场决定世界历史发展方向的"谁战胜谁"的斗争。

战后初期，社会主义事业出现蓬勃发展的世界性进展，欧洲、亚洲的一系列国家走上社会主义道路，组成一个占世界人口三分之一的社会主义阵营。仍然处于资本主义制度之下的、占世界人口三分之二的国家和地区的共产党的力量也有很大的发展。维护社会主义阵营在马克思列宁主义基础上的团结，维护社会主义国家坚持马克思主义基本原理与本国实际相结合的原则，是挫败美国的"遏制政策"和全球扩张政策、推动世界社会主义事业不断取得胜利的根本

[①] 邓小平在会见希腊总理帕潘德里欧时的讲话，载《人民日报》1986年4月10日。

保证。要做到这一点，必须正确处理社会主义国家之间的关系和共产党之间的关系。

在社会主义国家之间和共产党之间的关系中，最重要的是苏联与其他社会主义国家之间、苏联共产党与其他国家共产党之间的关系。在列宁的领导下，苏联人民夺取了十月革命的胜利，走在通向共产主义的最前列。在列宁和斯大林的领导下，苏联实行马克思列宁主义的对外政策，在社会主义建设中取得了伟大成就，在反法西斯战争中做出了最伟大的贡献。这一切，使苏联在全世界的共产党和革命人民中赢得了崇高的威望，被看成是世界革命的基地和斗争的榜样。但是，苏联有着历史形成的大国主义和大党主义的沉重包袱。俄国从彼得大帝开始，经过叶卡捷琳娜二世的对外扩张，其版图迅速扩大，大国沙文主义随之发展、膨胀。十月革命胜利后，列宁多次提出同沙俄时期的对外侵略扩张政策决裂，并着手废除沙俄同其他国家的不平等条约。但是，苏共党内始终没有认真地批判和清除大国沙文主义的影响。列宁逝世后，斯大林维护和扩展了大国主义和大党主义。三四十年代，在法西斯进攻的威胁下，苏共要求各国共产党无条件地为捍卫苏联做出牺牲。在"维护世界革命利益"的名义下，把爱沙尼亚、拉脱维亚和立陶宛三个波罗的海国家扩进苏联，并占领德国、波兰、捷克斯洛伐克、罗马尼亚、芬兰和日本的部分领土。苏联的大国、大党主义在1947年共产党和工人党情报局成立后的几年中发展得更加严重，苏联把控制和干涉各国共产党的活动看成是自己的权利。斯大林逝世后，赫鲁晓夫继承并发展了斯大林时期的错误，苏共以"老子党"自居，以"大国党"自命，以势压人。勃列日涅夫执政后，随着苏联国力、军力的不断增强，加强了对外控制和扩张，但却美其名曰"维护国际共产主义运动的根本利益"，1968年苏联武装占领捷克斯洛伐克就是打着"维护社会主义世界利益和世界革命利益"的旗号。在大国、大党主义熏陶下成长起来的苏联新的领导层，继续奉行对外扩张政策，这是苏联在二战后从大国、大党主义走上霸权主义道路的根本原因。

由于苏联的大国、大党主义，使社会主义阵营和国际共产主义运动中出现了一个根本问题，这就是，在党与党的关系上，是各国共产党听命于一个大党的指挥，还是在平等自主的基础上加强国际主义团结？在社会主义国家关系上，是所有社会主义国家听命于一个大国，还是坚持独立自主，把马克思主义基本原理与本国实际相结合，探索出具有本国特色的社会主义道路？

苏共二十大成为国际共产主义运动史上的一个重要转折点，使二战后世界社会主义运动从高潮转向低潮。1956年2月14日至24日，苏共在莫斯科召开第二十次代表大会，各国共产党都派代表团参加。大会闭幕后，赫鲁晓夫在2月24日夜，突然通知代表听报告，他从午夜起到25日凌晨，作了《关于个人崇拜及其后果》的秘密报告，尖锐地揭露了斯大林在领导苏联社会主义建设中的严重错误以及对他的个人崇拜所造成的严重后果。会后,苏共将秘密报告的内容向党的积极分子进行传达,接着,传达到全体党员和党外群众。5月末,美国情报局从华沙搞到报告的全文。7月5日,美国《纽约时报》全文发表,很快,秘密报告以各种文字传遍全世界。

这个秘密报告在苏联国内和全世界都引起极大的震动。帝国主义乘机掀起一个世界性的反苏反共反社会主义浪潮,在各国共产党和世界人民中造成不同程度的思想混乱,给世界社会主义运动带来巨大困难。中国共产党从一开始就不赞成全盘否定斯大林领导苏联党和人民为社会主义而奋斗的历史。毛泽东说赫鲁晓夫的秘密报告"一是他揭了盖子,一是他捅了漏子。说他揭了盖子,就是讲,他的秘密报告表明,苏联、苏共、斯大林并不是一切都是正确的,这就破除了迷信。说他捅了漏子,就是讲,他作的这个秘密报告,无论在内容上或方法上,都有严重错误"。① 在毛泽东的提议下,发表《关于无产阶级专政的历史经验》一文,对赫鲁晓夫大反斯大林表示了中国共产党的态度。

苏共二十大的错误,使反马克思主义思潮大为泛滥起来。在许多国家的共产党内,一批叛徒跟着国外敌对势力,向马克思列宁主义进攻,向国际共产主义运动进攻。这个期间发生的突出事件是1956年10月苏波关系事件和匈牙利反革命暴乱事件。苏波关系和匈牙利反革命暴乱两个事件,在性质上是不同的。苏共领导对两者都犯了严重错误。对苏波关系,苏共领导人调动军队,企图用武力压服波兰,犯了大国沙文主义的错误。而苏共领导人在匈牙利反革命势力占据了布达佩斯的紧急关头,一度准备采取投降主义的政策,企图把社会主义的匈牙利抛弃给反革命。苏共领导人的这些错误,给许多兄弟党造成严重的困难。中国共产党在这场由赫鲁晓夫大反斯大林而导致的反共反社会主义的狂风恶浪中力挽狂澜。对苏波关系,中共坚决主张采取正确的原则处理兄弟党、兄弟国家之间的问题,巩固社会主义阵营的团结,坚决反对大国沙文主义。对匈牙利的反革命暴乱,坚决反对抛弃社会主义的匈牙利。中共的正确立场和卓有成效的工作,使苏共改正了错误。在毛泽东的主持下,12月29日,《人民日报》发表题为《再论无产阶级专政的历史经验》一文,针对国际共产主义运动中由赫鲁晓夫大反斯大林而产生的一些重大理论问题,从理论与实际的结合上进行深入的有说服力的分析,分清了是非曲直,澄清了思想混乱,维护了国际共产主义运动的团结,对击退帝国主义和各国反动派对国际共产主义运动的严重进攻起了重要的作用。

1957年,各国共产党和工人党代表参加的莫斯科会议,通过了1957年《莫斯科宣言》,肯定了十月革命道路的普遍意义,概括了社会主义革命和社会主义建设的共同规律,提出了各国共产党共同的斗争任务,规定了处理兄弟

---

① 转引自吴冷西《忆毛主席》,新华出版社1995年版,第4~5页。

党、兄弟国家之间关系的准则。会后,苏共领导人并没有遵循《莫斯科宣言》的精神,越来越严重地违反宣言的革命原则,违反处理兄弟党、兄弟国家之间关系的准则。

苏共领导人把中国共产党看作是推行他们错误路线的障碍,放肆地进行反对中国的活动。1958年,为了从军事上控制中国,苏共领导人提出在中国建立长波电台和联合舰队,遭到中国政府的拒绝。1959年6月,苏联政府片面地撕毁中苏双方1957年10月签订的关于国防新技术的协定,拒绝向中国提供生产原子弹的技术资料。9月,塔斯社发表关于中印边境冲突的声明,偏袒印度,把中苏分歧公开暴露在全世界面前。1960年6月,在参加罗马尼亚工人党第三次代表大会的各兄弟党代表的会谈中,苏共领导人对中共发动了一次突然袭击,把中苏两党的意识形态分歧扩大到国家关系方面。1960年7月,苏方违反《中苏友好同盟互助条约》,片面地决定撤走在中国帮助工作的1390名苏联专家,撕毁343个专家合同和合同补充书,废除257个科学技术合作项目,在贸易方面对中国实行限制和歧视的政策。

1960年11月,由81个国家的共产党代表参加的会议在莫斯科举行,由于中共代表团和其他一些兄弟党代表团坚持原则,坚持斗争,坚持团结;由于大多数兄弟党代表团要求团结,反对分裂,会议最后达成协议,发表了《莫斯科声明》。但是,会后苏共领导人越来越放肆地破坏1957年的《莫斯科宣言》和1960年的《莫斯科声明》。1961年,苏共召开二十二大,发动了对阿尔巴尼亚劳动党的大规模的公开攻击,甚至公开号召推翻阿尔巴尼亚劳动党的领导,并又一次集中地大反斯大林。从此,苏共领导人更加肆无忌惮地破坏处理兄弟党、兄弟国家之间关系的准则,使中苏关系越来越恶化。苏共领导人在一些兄弟党的代表大会上,策动了对中国共产党的公开攻击,发动了一场规模更大的公开论战。1963年7月14日,苏共中央发表给苏联各级党组织和全体共产党员的公开信,歪曲事实,颠倒是非,大肆攻击中国共产党。从7月15日起,苏共领导人采取一切可以利用的形式,开动一切宣传机器,把中国当作头号敌人加以诽谤和攻击。从7月15日至10月底,发表了近两千篇反华文章和材料。中共中央从1963年9月至1964年7月,以《人民日报》编辑部和《红旗》杂志编辑部的名义,相继发表九篇评苏共中央公开信的文章。

由苏共领导人挑起的这场空前规模的大论战,导致国际共产主义运动和许多国家共产党的分裂。由苏共二十大大反斯大林导致的社会主义阵营和国际共产主义运动的争论和分裂日益扩大和加深,社会主义阵营不复存在。它极大地削弱了国际共产主义运动,这是苏共的大国、大党主义和对外霸权主义造成的严重恶果。1966年3月,苏共召开二十三大,中共决定不派代表出席,从此两党关系中断。这样,由苏共领导人大反斯大林、否定苏共和苏联社会主义制度的历史,导致国际共产主义运动分裂和社会主义阵营瓦解,使世界社会主义事业从高潮滑入低潮。

二、社会主义建设的得失

从20世纪50年代到80年代，社会主义在世界上取得巨大成就。共产党执政的社会主义国家共15个，人口约占全世界的三分之一，陆地面积占四分之一，工业产值近五分之二，国民收入占世界总额的三分之一。社会主义大多是在经济、文化落后的国家里取得胜利的，经过几十年较高速度的发展，这些国家的经济发展水平，与发达资本主义国家的差距大大缩小。下面仅就苏联和中国这两个最大的社会主义国家的情况作些介绍。

斯大林逝世后，苏联由赫鲁晓夫、勃列日涅夫等人先后执政。从1953～1985年，国民经济有一定增长，农业的发展比较明显。1971～1975年，粮食年平均产量达1.816亿吨，比1953年的年产量8 250万吨提高了120%，肉、奶、蛋等主要畜产品的产量也不断提高。工业生产在这个时期也有长足的发展，全国工业总产值从1960年的1 574亿卢布增至1980年的6 163亿卢布。1955～1980年，发电量从1 702亿千瓦小时增至12 950亿千瓦小时；石油产量从7 080万吨增至6.03亿吨；煤产量从3.899亿吨增至7.16亿吨；钢产量从4 530万吨增至1.48亿吨。工农业生产的增长，使苏联的综合国力有很大的提高，苏联与美国的经济差距不断缩小。1950年苏联的国民收入只是美国的31%，到1975年上升到67%。在同一时期，工业总产值由不到美国的30%上升到80%以上，农业总产值则由55%上升到85%。70年代中后期，苏联的钢、生铁、石油、化肥、拖拉机、水泥等产量已超过美国。随着经济实力的提高，苏联国防力量也不断增强，某些尖端科技（如航天、核工业等）一度处于国际领先地位。如1957年10月4日，苏联用多极火箭在人类历史上第一次把人造地球卫星送上天，开创了征服宇宙的时代。苏联科学取得了飞往月球的巨大成就。随着国民经济的增长，人民的生活水平也相应地有所提高。苏联综合国力的迅速上升，使苏联处于能同美国抗衡的超级大国地位。

中华人民共和国成立以来也取得了巨大成就。从50年代到80年代，已经建立起独立的、门类比较齐全的工业体系和国民经济体系。1990年，钢产量达到6 635万吨，原煤10.8亿吨，原油13 831万吨，发电量6 212亿千瓦小时，分别是1949年的419.9倍、33.8倍、1 152.6倍、144.5倍。在农业生产上，1990年粮食产量达到44 624万吨，棉花451万吨，油料1 613万吨，猪牛羊肉2 514万吨，水产品1 237万吨，分别是1949年的3.9倍、10.2倍、6.3倍、11.4倍、27.5倍。中国以世界上7%的土地，养活了世界上22%的人口，被公认为是一大奇迹。科学、教育、文化、卫生、体育等事业有了很大的发展。重大科学技术研究成果大量出现，在原子能技术、生物科学、农业科学、高能物理、计算机技术、运载火箭技术、卫星通讯技术等方面，有些已达到或接近世界先进水平。人民的生活水平有了明显的提高。中国的经济发展速度是比较快的。中国共产党十一届三中全会以后,实行改革开放,经济发展速度更远远超过主要资本主义国家。从 1979 年到 1989 年,国民生产总值的年平均增长率,美国为 2.6%,日本为 4.3%,联邦德国为 2.1%,中国为 9.1%。1979 年到 1990 年,工业生产的年平均增长率,美国为 2.2%,日本为 4.1%,联邦德国为 1.9%,中国为 12%。中国工农业主要产品产量在世界所占位次明显提前,以 1989 年与 1949 年相比,钢产量从第 26 位上升到第 4 位,原煤产量从第 9 位上升到第 1 位,原油产量从第 27 位上升到第 6 位,发电量从第 25 位上升到第 4 位;粮食产量从 1957 年的第 3 位上升到 1987 年的第 1 位,棉花、猪牛羊肉从 1949 年的第 4 位、第 3 位上升到 1987 年的第 1 位。中国的国民生产总值上升到世界第 8 位①。中国的变化说明,社会主义制度可以促使生产力和各项事业以比资本主义快的速度向前发展,在经济发展水平较低的初级阶段,就使广大人民过上安定的、有保障的生活,同资本主义制度早期阶段工人劳动条件十分恶劣、生活极端贫困、社会动荡不安的情况相比,优越性十分明显。

几十年来,社会主义国家对国际政治和世界历史的发展,起了巨大的推进作用。一系列社会主义国家的出现,是 20 世纪最重大的历史事件,它表明世界资本主义制度已在相当大的一部分地区被社会主义制度所取代。在社会主义国家的大力支持下,亚、非、拉先后有九十多个殖民地国家宣布独立,殖民体系彻底瓦解。社会主义国家高举和平的旗帜,同发展中国家一起,是维护世界和平的强大力量。

但是,社会主义国家的发展不是一帆风顺的,而是曲折前进的。在社会主义的实践中,不仅有成功和胜利,也有失败和挫折。这里仍就苏联和中国的问题作些说明。

苏联在赫鲁晓夫和勃列日涅夫执政期间,由于高度集中的政治经济体制的弊病没有改变,劳动生产率不高,经济效益较差,发展速度呈持续下降趋势。1951~1955 年"五五"计划期间,国民收入年平均增长率为 11.4%,而在以后的五个五年计划期间,年平均增长率分别降为 9.1%、5.7%、7.2%、5.7% 和 4.2%,至"十一五"计划期间(1981~1985 年),年平均增长率仅 3.6%。工业发展速度也类似,"五五"计划期间工业总产值年均增长率为 11.3%,以后六个五年计划期间直线下降,年均增长率分别为 10.4%、8.6%、8.5%、7.4%、4.4% 和 3.7%。生产低效益特别表现在农业上。斯大林逝世后的 30 年间,国家每年对农业的投入约占国民经济总投入的 20%~30%,同时期农业固定生产基金增加了好几倍,可是粮食总产量只增加一倍多。到 80

---

① 以上所引数字,均出自胡绳主编《中国共产党的七十年》,中共党史出版社 1991 年版,第 566~568 页。

年代初期，苏联的社会、政治和经济的发展已处于停滞状态。

中华人民共和国成立以后走的也不是一条平坦笔直的道路。开始七年比较顺利，基本上完成了社会主义革命的任务，实现了从新民主主义到社会主义的过渡。以后犯了两次大的错误：一次发生在以"大跃进"为标志的1958年到1960年；另一次发生在以"文化大革命"为标志的1966年到1976年。这两次错误都是"左"的指导思想的表现，使社会主义事业受到两次大的挫折。中国共产党认真总结两次错误的经验教训，纠正错误，制定正确的路线、方针、政策，在党的十一届三中全会后，终于找到一条建设有中国特色的社会主义道路，社会主义事业在各方面取得了伟大成就。

社会主义国家遭受挫折，从根本上说，是对什么是社会主义认识不清造成的。多数社会主义国家都是经济、文化比较落后的国家，它们建设社会主义面临着相当特殊的复杂的社会条件和国际环境。列宁讲过，"由于历史进程的曲折而不得不开始社会主义革命的那个国家愈落后，它由旧的资本主义关系过渡到社会主义关系就愈困难"[①]。这个困难集中反映在几个问题上：第一，生产力水平很低，先进社会制度与落后生产力之间的矛盾需要相当长时期才能逐步解决；第二，旧社会留下的各种落后遗产给建立新社会带来很大困难，这主要是封建专制主义残余，小生产经济的影响，小资产阶级习惯势力等等；第三，既要吸取人类在资本主义制度下创造的一切文明成果，又要摒弃资本主义道路和资本主义的腐朽东西，最终战胜资本主义。解决这些问题是一个长期的复杂的艰巨的任务。认识社会主义和建设社会主义只能在解决这些问题的实践中逐渐提高和完善。离开了对这些问题的认识和实践，就不可能正确认识社会主义，就会脱离本国国情来进行社会主义建设。

斯大林看不到从资本主义向社会主义过渡的长期性、复杂性和艰巨性，把社会主义看成是一个短暂时期，急于向共产主义过渡。他脱离苏联国情，不考虑落后的生产力水平，否认苏联建成社会主义的长期性，过高估计苏联社会主义发展阶段。斯大林提出的超越历史阶段的理论统治苏联几十年。1936年，他宣布苏联建成社会主义。1938年，苏联制定第三个五年计划，提出在五年内"完成无产阶级的社会主义的建设并从社会主义逐渐过渡到共产主义"。在急于求成、急于向共产主义过渡的"左"的思想推动下，他不断改变生产关系，提出阶级斗争尖锐化理论，在国内和党内大搞阶级斗争，制造了大量冤假错案。赫鲁晓夫把超越历史阶段的理论发展到极点，一再宣称苏联已经建成社会主义和正在逐步向共产主义过渡。他在1959年苏共二十一大上提出苏联已"进入全面展开共产主义社会建设的时期"，1961年苏共二十二大时，他公开宣告苏联要在20年内过渡到共产主义。这种超越历史阶段的理论，脱离苏联

[①] 《列宁选集》第3卷，人民出版社1995年版，第436页。

实际，不符合苏联国情，带来"左"的政策长期持续，严重损害了苏联工农业和整个经济的发展。它美化了苏联现实，掩盖了现实生活中的大量矛盾和问题，阻碍了体制改革，助长了体制的僵化。勃列日涅夫上台后提出发达社会主义建成论，认为苏联已是成熟的、发达的社会主义阶段，虽然比赫鲁晓夫清醒了许多，但仍然同苏联的社会实际有很大距离，掩盖了苏联日益加剧的社会矛盾和民族矛盾。

从50年代中后期开始，毛泽东就力图摆脱照抄照搬过来的斯大林模式和苏联社会主义建设经验，独立地探索适合中国国情的社会主义模式和道路。1956年苏共二十大后，毛泽东强调"要独立思考，把马列主义的基本原理同中国革命和建设的具体实际相结合"。他的《论十大关系》就是这种探索的第一个成果，成为中国共产党人独立地探索适合中国国情的社会主义道路的起点。但是，超越社会发展阶段的急于求成的思想，使毛泽东从50年代后期开始对社会主义的认识出现偏差。他忽视中国经济、文化落后的现实，希望凭借群众向往共产主义的激情和大规模的政治运动的做法，不断变革生产关系，迅速实现社会变革，尽快实现共产主义理想。1958年的总路线、大跃进和人民公社，集中体现了50年代后期毛泽东对社会主义的认识，是探索中国社会主义建设道路的一次重大失误。毛泽东对社会主义认识的片面性和主观主义的另一个重要思想是，他认为社会主义社会是一个始终存在着阶级矛盾和阶段斗争的社会，必须进行以阶级斗争为纲的无产阶级专政下的继续革命。以这个错误理论为依据，他错误地发动了"文化大革命"，在我国社会主义条件下继续搞一个阶级推翻另一个阶级的政治大革命，使中国社会主义事业遭受了一场空前的浩劫。

三、社会主义国家在改革中取得突破性进展

社会主义国家的失误，原因是多方面的，但根本原因是没有从本国实际出发，建设有本国特色的社会主义，形成建设社会主义的多种模式。照抄照搬单一的社会主义模式，使各个社会主义国家的问题长期得不到解决，给社会主义事业带来严重后果，东欧社会主义国家的情况最能说明问题。

二战后初期，东欧各国共产党领导人普遍认为，根据战后的世界形势和东欧的具体情况，东欧各国可以走一条有别于苏联的、独特的社会主义道路，这就是说，东欧国家不必进行十月革命那样直接的无产阶级革命，建立苏维埃制度那样直接的无产阶级专政，而可以在加强和巩固人民民主政权的基础上，和平地转入社会主义。通过人民民主走向社会主义的道路，体现了根据本国特点建设社会主义这一马克思列宁主义原则。列宁认为人类走向社会主义的道路，将表现出多样性。他说："一切民族都将走向社会主义，这是不可避免的，但是一切民族的走法却不会完全一样，在民主的这种或那种形式上，在无产阶级

专政的这种或那种形态上,在社会生活各方面的社会主义改造的速度上,每个民族都会有自己的特点。"① 这里明确指出各民族走向社会主义必然会有自己的民族特点。

苏联在战后初期对于东欧国家由人民民主走向社会主义的道路表示赞同,斯大林支持各兄弟党对马克思列宁主义采取的创造性态度,鼓励他们勇敢地探索能够最稳妥、最迅速地转入社会主义轨道的合适形式和途径。人民民主道路作为东欧国家走向社会主义的过渡形式,是东欧国家特定的历史和现实条件所决定的。在当时的苏联和东欧各国,普遍赞同存在社会主义道路的多样性。

东欧各国共产党在战后初期坚持沿着人民民主道路走向社会主义,取得了很大的成就。在人民民主政权领导下,激发了广大人民群众的建设热情,解放了社会生产力,迅速恢复了遭受战争破坏的经济,1947年前后已达到或接近战前水平。东欧各国在政治民主和经济发展上,都远比西欧资本主义国家更有生气,更富活力。

美国从1947年开始推行冷战政策和遏制战略,西方对苏联和东欧国家实行封锁禁运、思想渗透、政治颠覆乃至军事威胁,彻底破坏了反法西斯战争期间的美苏同盟。美国对东欧国家实行"解放政策",使东欧国家成为美苏冷战的焦点,这种严峻的国际环境成为严重影响东欧国家发展的外部条件。同时,苏联鉴于德国在两次世界大战中进攻俄国(苏联)都是经过东欧国家并得到一些东欧国家支持的历史教训,决心使东欧国家成为自己的友好邻邦并成为苏联安全的屏障。在东西方对立日益严重的形势下,苏联的大国、大党主义恶性发展为霸权主义和强权政治,斯大林改变了战后初期平等对待东欧国家并支持它们走有本国特色的社会主义道路的政策,要求统一东欧各国共产党和工人党的行动,竭力从政治上、经济上、军事上全面控制东欧国家,将其纳入苏联同以美国为首的西方国家斗争的轨道。1947年苏共倡议建立的欧洲共产党和工人党情报局,1949年苏联发起组织的经互会和1955年成立的华沙条约组织,都是为了控制东欧国家,对抗以美国为首的西方国家。苏联在1948年和1949年通过情报局发动反对南斯拉夫共产党领导的斗争,给南斯拉夫以巨大压力,使其遭受政治、经济上的严重困难。与此同时,苏联改变了对人民民主道路的态度,要求东欧各国立即向社会主义过渡,照抄照搬苏联模式,把东欧各国的社会主义建设纳入苏联的全球战略,适应苏联的需要。

总之,东西方冷战的严峻形势和苏联的霸权主义,带给东欧国家的严重后果是,不能独立自主地根据本国具体情况,建设有本国特色的社会主义,扭曲了东欧国家的社会主义发展道路,不仅使社会主义制度的优越性不能得到充分发挥,并给东欧国家的社会发展带来日益严重的困难。东欧国家要摆脱困难,

---

① 《列宁全集》第28卷,人民出版社1990年版,第163页。

必须对不符合东欧国情的政治、经济体制进行改革。

恩格斯说过:"所谓'社会主义社会'不是一种一成不变的东西,而应当和任何其他社会制度一样,把它看成是经常变化和改革的社会。"① 当然,这种改革不是否定各国人民已经选择的社会主义道路,不是要抛弃社会主义根本制度。社会主义国家从失误和挫折中总结经验教训,陆续开始进行改革的探索。从20世纪50年代到80年代,先后掀起了三次大的社会主义改革浪潮。在50年代到70年代期间,改革出现了几种类型:一是南斯拉夫按照社会主义自治理论建立的市场经济体制;二是在高度集中的指令性计划经济基本框架内进行改革的苏联体制;三是实行计划机制和市场机制相结合的匈牙利模式。南斯拉夫、苏联和匈牙利等国的改革在不同程度上取得过一些成就,但总的来看,没有取得预期的成果,甚至还在政治、经济、社会各方面引发了一些新的困难和危机。

中国从70年代末开始的改革把社会主义国家的改革探索推向了一个新阶段。中国的改革代表了社会主义国家改革的正确方向,其改革的广度、深度、理论建树和取得的成就都令世人瞩目。它完全突破了苏联社会主义模式,形成了有中国特色的社会主义道路。

1976年,中国结束了"文化大革命"的十年动乱,中国共产党在1978年12月召开十一届三中全会,决定实现思想路线、政治路线、组织路线的拨乱反正和历史是非的拨乱反正,作出把工作重点转移到社会主义现代化建设上来的战略决策,提出对经济体制以及党和国家的领导体制进行改革。为了坚持改革的正确方向,邓小平于1979年3月在全国理论工作务虚会上重申坚持四项基本原则。1982年9月,中国共产党召开第十二次代表大会,明确了建设有中国特色社会主义的指导思想,确定了在本世纪内要实现工农业总产值翻两番的战略目标及一系列具体的方针、政策。1984年10月,召开党的十二届三中全会,在总结几年来城乡经济体制改革经验的基础上,根据建设有中国特色社会主义的总要求,通过了《中国共产党中央关于经济体制改革的决定》,它规定了改革的方向、性质、任务和基本政策,明确了社会主义经济是在公有制基础上的有计划的商品经济。"决定"冲破了很多传统的旧观念,创造性地发展了科学社会主义,从此开始了中国的全面改革。1987年10月,召开党的第十三次代表大会,提出了社会主义初级阶段的理论,确定了"领导和团结全国各族人民,以经济建设为中心,坚持四项基本原则,坚持改革开放,自力更生,艰苦创业,为把我国建设成为富强民主文明的社会主义现代化国家而奋斗"的基本路线。1992年10月,召开党的第十四次代表大会,确定用邓小平建设有中国特色社会主义理论武装全党,把建立社会主义市场经济体制作为经济体制

---

① 《马克思恩格斯全集》,第37卷,人民出版社1971年版,第443页。

改革的目标。十四届三中全会通过《中共中央关于建立社会主义市场经济体制若干问题的决定》，进一步勾画了建立社会主义市场经济体制的蓝图和基本框架。1997年9月，召开党的第十五次代表大会，把邓小平理论确立为全党的指导思想，提出高举邓小平理论伟大旗帜，把建设有中国特色社会主义伟大事业全面推向21世纪，大会提出并论述了党在社会主义初级阶段的基本纲领，对跨世纪的伟大事业作出了战略部署。

总之，从1978年党的十一届三中全会以来，中国走上建设有中国特色社会主义的新道路，开始社会主义事业发展史上一个伟大转折，取得了举世瞩目的成就。中国改革的实践进程是，从农村的改革开始，然后全面开展以城市为重点的经济体制改革，同时开展政治体制的改革，并把对外开放、积极扩大对外经济技术交流和合作作为另一项长期的基本国策，作为加快社会主义现代化建设的战略措施。为了实现祖国的统一，解决台湾、香港、澳门问题，邓小平提出了"一国两制"的伟大构想。1997年7月1日，香港顺利回归，祖国统一大业迈出了重要一步。

建设有中国特色社会主义理论是把马克思主义同当代中国实践和时代特征相结合的产物。邓小平说："多年来，存在一个对马克思主义、社会主义的理解问题"。① 在中国的社会主义实践中存在这个问题，在苏联和其他社会主义国家的实践中也都存在这个问题。这个问题只能在社会主义实践的过程中，在总结社会主义成功和失误以致失败的经验教训中，逐步为人们所认识。邓小平创立的建设有中国特色社会主义理论比较系统地初步回答了中国这样一个经济、文化比较落后的国家如何建设社会主义、如何巩固和发展社会主义的一系列基本问题，用新的思想、观点，继承发展了马克思主义。它标志着社会主义正由适应以战争与革命为世界主题的早期阶段，进入到适应以和平与发展为世界主题的、社会主义向更加健康的方向发展的新阶段。邓小平理论是毛泽东思想的继承和发展，是当代中国的马克思主义，是马克思主义在中国发展的新阶段。当然，建设有中国特色的社会主义道路还处在继续探索的过程中，还会不断碰到新情况和新问题，随着对新情况的研究和新问题的解决，对社会主义的认识将逐步深化。只要对建设社会主义道路的探索继续下去，总结经验、深化认识的过程就不会完结。

---

① 在1989年5月16日会见戈尔巴乔夫时的谈话。

第十三章

世界加速整体化与多极化的发展趋势

本世纪70年代中期以来，世界又处在重大的变动之中。一场新科技革命开始兴起。它是一场增强、扩展、延伸人脑功能的智能革命，其突出特点是电子计算机技术开始应用于社会经济的许多领域和部门，对社会的发展具有划时代意义。科学技术成为第一生产力，高科技日益显示它的重要作用，各国越来越重视科技和经济的发展，综合国力的较量越来越成为各国关注的中心。和平与发展日益成为世界的主题。

在急剧变化的世界形势下，美苏对峙的两极政治格局和美国独霸世界的经济格局已无法维持下去，各国原有的经济模式越来越不适应生产力的发展，各种矛盾推动各国陆续对社会、经济进行不同程度的改革和调整。

社会主义国家在赢得胜利大进军和取得社会主义建设伟大成就的情况下，长时期在认识上落后于世界形势的发展和变化，未能将马克思主义基本原理与本国实际和时代特征相结合，走有本国特色的社会主义道路，对高度集中的计划经济体制的弊端未及时进行改革，戈尔巴乔夫上台后，将社会主义的改革转到民主社会主义的轨道上来，导致东欧形势剧变，苏联解体，世界两极格局终结。但是，占世界人口五分之一的东方大国中国在社会主义现代化建设中，找到了充满活力和生机的新的表现形式，在走有中国特色社会主义的道路上取得了举世瞩目的成就。

尽管美国从1992年以来重新恢复了世界最大出口国和世界竞争力最强的地位，重振经济强势，但是一个拥有单一货币的、具有很大实力的联合的欧洲将出现在21世纪的世界，一批新兴工业国和地区尤其是中国经济的崛起，都是世界多极化趋势的突出表现。世界走向多极化是任何力量都无法阻挡的。

第一节 世界范围的调整与改革浪潮

一、新科技革命的酝酿

20世纪40年代的第三次科技革命,推动了科学技术的迅猛发展,极大地提高了世界生产力发展水平,使世界的横向联系不断加强。进入70年代以后,一场世界范围的新科技革命又在酝酿。在经济新闻报道方面有影响的《日本经济新闻》,用"新产业革命"来称呼这场即将到来的技术革命。1981年11月12日,在它连载的长篇文章《新产业革命》的导言部分中说:"十八世纪詹姆斯·瓦特发明的蒸汽机在英国引起了产业革命,并使英国很快发展成为世界上最强大的国家。二百年之后,一场超过它的新的产业革命即将在日本以及美国和欧洲兴起。这场产业革命的主角是微电子技术、生物工程和新材料这三大技术。……在这场新产业革命中,机器人将会取代蓝领和白领阶级,小小的生物反应塔将驱逐临海石油化学联合企业,光电特性良好的非晶质元件可能会使巨大的火力发电站和通信设施变成废物。"科学技术评论家、三菱综合研究所副经理牧野升认为,继18世纪(纺织机械和蒸汽机)、19世纪至第一次世界大战前(电力、汽车、钢铁生产技术)、第二次世界大战前后(原子能、半导体、电子计算机、喷气式飞机、雷达等等)三次技术革命之后,公元2000年前后,将出现第四次技术革命,其主要内容是在"信息"、"资源"、"材料"、"能源"和"生命科学"这些领域里开展的"五大革命"。是什么诱因,导致了这场新科技革命的酝酿呢?

1. 第二次世界大战后世界政治、经济格局的演变促进了各国竞相发展科技。

二战后,由于世界各国在国际舞台上的政治、经济、军事力量对比发生了显著变化,因而形成了以美、苏两极为主导的世界格局。四十多年来,世界发生了巨大变化。1949年中华人民共和国的成立,60年代第三世界力量登上世界舞台,60~70年代日本和西欧重新崛起,世界越来越明显地呈现出以美、苏、中、西欧和日本五大力量为中心的新格局发展趋势。这种世界格局的变化,表面上看起来是经济发展的差距、经济发展的不平衡造成的,实际上是科学技术发展的差距、科技发展的不平衡引起的。这主要是因为科学技术是生产力,而且是第一生产力的作用在当今世界的发展趋势中已得到越来越明显的表现。当代自然科学正以空前的规模和速度,应用于生产,使社会物质生产的各个领域面貌一新。同样数量的劳动力,在同样的劳动时间里,可以生产出比过去多几十倍、几百倍的产品。社会生产力有这样巨大的发展,劳动生产率有这样大幅度的提高,靠的是什么?最主要的是靠科学的力量、技术的力量。正因为如此,当代世界各国的科学技术竞争越来越激烈,大力发展科学技术,提高综合国力，越来越引起各国政府的关注。如美国政府已经制定新的科技政策，首先是增加科技经费的拨款。日本为了赶超美国，在产业、组织、培养人才等方面采取了种种措施，例如，对新兴产业在资金、税收等方面实行特殊待遇，在全国设立 10 个"高技术集约型城市"，组织尖端技术攻坚等等。欧洲各国也是一样，纷纷制定适合自己国情的新科技政策。世界各国对科技的竞相发展，无疑是新科技革命酝酿的一个重要诱因。

2. 国际市场的激烈竞争，推动了科技的进一步发展。

第二次世界大战后，世界的横向联系不断扩展，越来越多的国家和地区加入了国际市场和国际贸易的行列。这一方面促进了世界市场和国际贸易的繁荣，另一方面又使国际市场的争夺更趋激烈。为了能以较少的投入，创造更多的价值，取得更快的发展速度，战胜竞争对手，在国际市场上保持主动权，各个工业发达的国家和经济实力雄厚的大企业，围绕高科技的发展展开了激烈的角逐，力争掌握更多的先进技术，并力争最先把这些高技术应用于生产。这是新科技革命酝酿的社会经济根源。

3. 军备竞赛对科学技术发展的刺激。

历史经验表明，在军事斗争中，交战双方必须尽可能迅速地拥有先进的武器装备和战略战术。而先进的军备和战略战术是与科学技术的发展密不可分的。在海湾战争中，我们已经看到了科学技术在现代战争中的作用。近些年来，一些军事大国也一直在强调，在军事领域里，优先运用当代高技术发展武器装备，把攻防手段在更高的水平上结合起来，以先进的军用高技术夺取战略优势。为此，它们在武器装备的研制上，广泛采用新技术、新工艺、新材料，如光纤、人工智能、微电子、监视传感、高速计算、精确制导等等，使攻击力、机动力、快速反应力迅速得到加强。历史证明，先进的技术装备是武力突袭的物质基础。武器装备与军事科技的密切关系，刺激了新科技革命的酝酿。

4. 为了人类的前途和命运，必须发展科技。

1988 年，日本 11 位知名专家和教授在第 10 号《21 世纪》杂志上发表专题文章，就"环境破坏"、"人口问题"、"资源枯竭"、"国际经济秩序崩溃"这四大危机提出警告。实际上，这四大危机，既不是哪一个国家单独的问题，也不是 1988 年才出现的问题，它是全球性的、涉及到世界上的每一个国家和地区的、长期积累起来的问题。这些问题的解决和改善，都将依赖于科学技术的发展。向高科技要能源、要保护、要健康、要经济稳步发展，是历史向各国提出的重大课题，哪个国家对这些问题解决不力，哪个国家就会被动，就会失去它的生存发展权。

二、发达资本主义国家经济政策的调整

从第二次世界大战结束到 50 年代初，西方国家的经济处于恢复时期。截

至70年代初期,西方各资本主义国家的经济有了较大发展,就业人数大量增加,失业率和物价上涨率较低,货币汇率相对稳定,资本不仅在国内,而且在国外迅速扩张。可以说,这20年的发展速度,超过了资本主义历史上任何一个时期。然而,70年代初以来,资本主义世界的经济陷入"滞胀"状态。"滞胀"是资本主义世界经济发展中出现的新现象,它指的是低经济增长率和高通货膨胀率、高失业率并存。西方经济学家称它为"新的摩登病"。造成资本主义世界经济"停滞膨胀"的直接原因何在?

1. 第三次科技革命的浪潮已经减退,技术进步的速度放慢,新的科技革命尚在酝酿。这使得西方国家技术知识的创造率明显下降,劳动生产率增长速度下降。例如,1971年,美国颁发给各大公司的专利权数目曾达到最高峰,以后即逐年下降,到1976年,已减少了20%。此外,第三次科技革命以及由此而发展起来的许多新工业已经处于进一步完善和提高的阶段,它对生产和整个经济的推动作用已经削弱,而其所造成的生产盲目扩大、生产过剩和饱和,则使资本主义各国的竞争加剧,从而影响了生产的扩大和经济的相互促进。

2. 国家垄断资本主义的发展,强行采取的反危机措施,压抑了资本主义再生产周期的固有矛盾,这些矛盾经过长期积累,最终导致了"滞胀"局面的形成。在二战前的经济危机阶段,生产下降、大量失业是同物价下跌结合在一起的。在经济进入回升阶段以后,价格和利润逐渐回涨,引起大规模固定资本更新,生产和就业迅速增长,物价上涨很慢。战后,由于国家垄断资本主义的发展,国家对经济的干预加强。为了克服危机,反危机,发达资本主义国家采取了凯恩斯的赤字财政和货币信用膨胀政策,在危机期间采取鼓励投资的政策,人为地创造大量虚假的需求,从而导致了经济危机、大量失业和高物价并存新现象的出现。

3. 石油价格的大幅度上涨。长期以来,发达资本主义国家的几家大石油公司控制着产油国的勘探、开采、运输、炼制及销售,廉价的原料和能源来源给发达资本主义国家带来经济的繁荣。随着产油国国有化运动的开展,"石油输出国组织"的建立,西方国家的特权地位受到严重削弱。1973年10月,第四次中东战争爆发,石油输出国组织以石油为武器,对支持以色列的美国及其西方国家展开石油禁运,并大幅度地提高了油价。原料、石油价格的上涨对发达资本主义国家的经济是一个沉重的打击,它使以石油为原料或燃料的许多部门的成本提高,产品价格上升,从而加剧了通货膨胀。

4. 贸易保护主义的加强。随着世界市场竞争的日趋激烈,70年代以来,贸易保护主义明显加强,各种关税和非关税壁垒影响了世界贸易和世界经济的发展。例如,1954~1973年发达资本主义国家出口量的年平均增长率为8%,1973~1978年则下降为4.7%。

面对资本主义经济出现的"滞胀"现象及凯恩斯主义的失灵,以货币学派、供应学派为代表的保守主义经济思潮在西方兴起,成为资本主义国家政府医治"滞胀"的一副良药。1981年初,里根入主白宫后,根据供应学派和货币学派的理论,提出了一项"经济复兴计划",其主要内容为:(1)大幅度减税;(2)大力削减联邦政府的开支;(3)紧缩信贷,提高利率。通过上述措施的实施,1982年底美国经济走出低谷。1983年初,国际石油市场的价格下跌,这无疑更加有利于美国国内通货膨胀的遏制。美国的经济开始有力地回升,在1983年至1985年的三年中,美国国民生产总值的增长率分别为3.4%、6.6%和2.3%;通货膨胀率分别为4.0%、3.7%和3.8%。

1979年,英国保守党的撒切尔夫人执政。她根据货币主义的政策主张,把控制通货膨胀作为解决经济问题的首要目标。主要政策措施有:(1)紧缩信贷,控制货币发行量,使货币供应量的增长率同经济增长率大体相适应;(2)压缩政府开支,减少财政赤字;(3)实行非国有化政策,减少国家对企业的资助;(4)用减税、降低利率、限制工资增长和裁员等举措来促进经济回升。从80年代上半期的经济情况看,以上措施取得了一定成效。1983年,英国经济开始复苏。1983年至1985年,英国经济增长率分别为2.5%、2.3%、3.5%。通货膨胀率从1979年初的10.1%下降到1985年的5.4%。财政赤字下降,国际收支连年有余。

1981年6月,法国社会党的密特朗执政。为了对付"滞胀",社会党政府曾一度采取了膨胀政策,然而受挫。从1982年上半年起,转向紧缩政策。到1985年底,法国经济状况虽有好转,但进展有限。此外,联邦德国(西德)、日本也采取了一些新的办法,来促进经济的发展,并取得了一定的成效。

总之,面对"滞胀",发达资本主义国家的经济政策都先后进行了一些调整,也都分别获得了一些成效。但从总体上看,所有这些努力,至多只能是对资本主义矛盾的局部缓和,它最终不能解决资本主义的基本矛盾,摆脱不了失业、通货膨胀、经济增长缓慢、经济危机这些"怪兽"的困扰。

三、发展中国家调整经济发展战略

战后许多发展中国家经过多年的艰苦努力,克服了重重困难后,在经济建设方面取得了很大成就。但进入80年代以后,发展中国家经济困难加重,这主要表现为:

1. 经济增长率下降。

战后50年代、60年代、70年代,发展中国家的国民生产总值平均增长率分别为4.7%、5.6%和5.3%。而发达资本主义国家则分别为4.1%、5.0%和3.1%。然而,1978年以后发展中国家的国内生产总值开始下降。1980年,国内生产总值增长率降为3.2%。1981~1983年,按人均计算的国内生产总值为负增长,这是战后首次出现的严重情况。

2. 粮食短缺。

由于长期受殖民主义的掠夺，发展中国家的农业发展缓慢，加上自然灾害的影响，缺粮问题比较严重，其中非洲尤甚。1980年，非洲55个国家和地区中，粮食自给有余或基本自给的只有10个，其他都是缺粮国。1982年，非洲遭到连续三年的大旱灾，36个国家严重缺粮，1.5亿人口受到饥饿的威胁，一百多万人饿死，上千万人逃荒。

3. 外债沉重。

发展中国家的债务1972年为98亿美元，1986年底增为10 350亿美元，以拉美尤甚。1982年以来，许多拉美国家相继陷入债务危机。到1987年底，拉美国家的外债总额估计为4 098.15亿美元。

4. 出口额下降。

70年代下半期，西方贸易保护主义逐渐抬头。80年代以来，世界性贸易保护主义进一步发展。贸易保护主义使发展中国家的出口额下降，出口市场萎缩。例如，1985年，新加坡的出口下降6%，韩国则下降3.5%。

发展中国家的经济还有其他种种困难，这里不一一列举。造成发展中国家经济困难的原因是多方面的，从外部环境看，主要是由于西方发达资本主义国家转嫁危机和不平等、不合理的国际经济旧秩序造成的。西方国家为了摆脱70年代的经济"滞胀"和80年代的经济危机，采取压低初级产品价格、加强贸易保护主义和提高利率等方法，将危机转嫁给发展中国家，使发展中国家的经济困难加重。从内部因素来看，主要是发展中国家在经济发展战略和方针、政策方面出现了失误。为此，80年代以来，几乎所有的发展中国家都进行了经济发展战略的调整，主要内容有：

1. 调整发展目标和方向。

过去，一些国家不顾国情、国力，靠大量借贷外债和增发通货来片面追求工业化和经济高速增长，结果债务负担沉重，通货恶性膨胀。为了改变这种情况，发展中国家开始降低增长速度，削减建设项目和公共开支，注意经济和社会的全面发展。1985年，巴西停止了正在兴建的20项大型工程，放弃了需要300亿美元投资的6座核电站计划。墨西哥在1985年第三次采取了削减公共开支的行动。在亚洲，泰国、印尼和马来西亚将经济增长率从原定的7%~8%降至5%~6%。一些发展中国家开始重视社会发展问题，注意发展科学文化教育事业，控制人口增长，增加就业，"向贫困开战"，改善环境，提高经济效益等等。

2. 调整经济结构。

把改善和发展农业尤其是把粮食生产放在首位。同时，还改善和发展与农业直接有关的部门，其中包括发展农具制造、化肥生产等行业。在工业部门中，注意发展资本和技术密集型产业，实现经济的多样化。例如，长期"重石油，轻农业"的尼日利亚把农业支出列在整个国家预算的首位，并实行优惠政策，吸引外资和本国私人资本参与农业项目。又如，亚洲出口加工国和地区的经济结构从 70 年代到 80 年代初，先后开始了从劳动密集型产业向资本密集型产业的过渡，分别建立和发展了炼油、造船、钢铁、汽车和电子工业等。

3. 整顿国营企业，鼓励和支持私人资本的发展，重视市场经济的调节作用。

针对国营企业管理不善、经济效益差等问题，对国营企业或关闭，或出售、出租、或合营，实行私有化，支持私人资本的发展。此外，许多国家改变过去实行物价控制的办法，部分或全部取消了对消费物品的控制，由市场的供求关系调节物价。

4. 扩大对外经济联系，调整国际经济关系，加强地区合作，促进共同发展。

发展中国家在总结经验教训的基础上，在扩大对外经济联系时，注意将进口替代和面向出口这两种战略结合起来，在强调依靠自己力量的同时，更有效地利用外资。例如，过去印度、印尼、智利等是实行以进口替代为主的国家，现在则积极"以出口促进发展"，采取种种措施促进出口。而过去以实行面向出口为主的国家，如巴西、韩国、科特瓦迪等，在继续发展面向出口的工业的同时，都加强了进口替代，以减少进口，节省外汇。此外，很多发展中国家还实行对外经济关系的"多元化"，减轻了对少数发达国家的传统依赖。

总之，发展中国家经济发展战略的调整，不是某些国家局部性、政策性的调整，而是涉及所有发展中国家的战略性调整。这些战略性调整对发展中国家经济的发展已有明显的积极影响，但存在的问题、面临的困难仍然不少，发展中国家仍需努力。

四、社会主义国家经济体制的改革

社会主义制度迄今已有七十多年的历史。在此期间，社会主义建设一方面取得了辉煌的业绩，主要表现在：从世界范围讲，它经历了一国到多国的发展，形成了社会主义世界体系；从单个国家讲，各国的社会主义建设都取得了巨大的成就，从根本上改变了本国历史遗留下来的贫困落后的面貌；另一方面，社会主义的建设也出现了一些问题，尤其是按照苏联模式建立起来的、曾经在历史发展过程中起过积极作用的中央集权的经济管理体制，愈到后来愈显出弊端，这使得社会主义国家经济体制的改革势在必行。

50 年代中期和 60 年代初期，苏联对改进经济管理体制问题进行了广泛的讨论。1961 年 10 月召开的苏共二十二大曾提出要充分利用商品货币关系和各种经济杠杆，遵循物质利益原则，扩大地方和企业权限，广泛利用利润来奖励企业的工作等等，这实际上已经提出了经济改革的主要方向。1964 年 10 月，勃列日涅夫上台后,继续进行"改革试验",推行"新经济体制",取得了一定的经济效果。但总的说来,勃列日涅夫时期的经济改革只是对苏联经济体制的某种修补,并没有从根本上突破旧体制的基本模式,因此高度集中的管理体制,严格的国家计划,用行政方法管理经济等问题仍然存在。

1982年11月,勃列日涅夫病逝,安德罗波夫继任苏共中央总书记。安德罗波夫上任后,加大了苏联经济体制改革的力度,加快了改革的步伐。1983年7月,苏联决定扩大工业生产联合公司和企业的权力。从1984年开始,有五个工业部所属企业进行试验。1985年又扩大到26个部两千多个企业进行扩大企业自主权和加强企业对生产最终成果的责任心的经济试验。在农业方面,开始强调在农工综合体,各部门广泛采用作业队包工制、集体包工制和包工奖励制。1984年,又在耕地和农户居住分散的山区和边远地区试行家庭承包制。这些措施取得了一定成效:1983年,苏联工业产值增长4%,农业总产值增长3.6%,国民收入增长3.1%,社会劳动生产率增长3.5%。

1985年3月,戈尔巴乔夫担任苏共中央总书记。戈尔巴乔夫当政后,提出了"加速社会经济发展"的战略。1986年2月25日至3月6日,苏共召开第二十七次代表大会,讨论和通过了加速发展战略计划,把经济体制改革作为一项中心任务。从1987年1月起,改革由试验转为全面铺开。戈尔巴乔夫的改革,最初获得了一些成效,以后由于党内高层领导放弃了马克思列宁主义,背离了社会主义方向,故而出现了1989年秋冬以来的苏联、东欧剧变。苏东剧变从一个侧面深刻地说明了工人阶级要实现自己的历史使命,就必须遵循科学社会主义理论,坚持社会主义方向,坚持社会主义改革,否则就必然受到严厉的惩罚。

从本世纪50年代初开始,匈牙利经济学界就围绕社会主义条件下商品生产和价值规律、计划与市场、集权与分权的相互关系等问题进行辩论,一些经济学家提出了许多新的理论见解,这为匈牙利的经济体制改革提供了理论根据。在经过一段周密准备后,1968年1月匈牙利宣布实行全面的经济改革。改革包括三个方面:计划体制、调节体制和组织体制的改革。80年代以前,着重于计划和调节体制的改革;80年代起,开始重视组织体制改革。

南斯拉夫是东欧国家中最早探索自己的社会主义道路并进行改革的国家。进入70年代以后,南斯拉夫在"工人自治"和"社会自治"的基础上,成立了各级联合劳动组织。联合劳动组织是南斯拉夫现行的经济体制,它的基本特点是劳动者自治。自治社会经济制度的创建促进了南斯拉夫经济的发展,但由于放权过头、宏观失控、缺乏必要的集中、计划不起作用,故在其经济发展中,存在的问题也不少。

中国自1978年12月中国共产党召开十一届三中全会以来,改革的春风吹遍了华夏大地。在农村,随着中共中央《关于加快农业发展若干问题的决定》

（草案）和《农村人民公社工作条例》（试行草案）的颁布，各种形式的农业生产责任制开始实行。到 1983 年，家庭承包已成为主要形式，农民可以和生产队、公社签订合同，承包土地、山塘、林园等，生产出来的东西除交国家、集体外，余下的全是自己的。此外，国家还提高了农副产品的价格，降低了轻工业品的价格，以进一步促进农业的发展。在城市，经济体制的改革也在逐步实施。从 1982 年起，实行利改税，即对国营企业进行征税，而不是由企业上缴利润，从而体现了国家多收、企业多留、职工多分的三兼顾原则。以后进一步转换企业经营机制，改革朝着更深入的方向发展。

在对外开放方面，经济特区的创办是一项令全世界瞩目的、具有战略意义的决策。1980 年 5 月 10 日，下达《中共中央、国务院关于〈广东、福建两省会议纪要〉的批示》，决定在深圳市、珠海市、汕头市和厦门市试办经济特区。1984 年春，中共中央和国务院决定开放 14 个沿海城市。1985 年 2 月，中共中央、国务院决定将珠江三角洲、长江三角洲、闽南三角地带辟为沿海经济开放区。1988 年，中共中央、国务院又决定将海南建省并划为经济特区，在海南实行比其他四个特区更特殊的政策，它在对外经济活动中享有更大的自主权。

改革开放使中国的经济建设取得了了不起的成就。80 年代，中国的经济增长速度是世界上最快的少数国家之一，在大国中增长速度则是最快的。中国的改革开放和经济快速增长，是 80 年代世界经济发展中最重要的事件之一，引起了全世界的注视，并获得了积极的评价。

五、世界经济关系的调整

由于世界范围的经济政策、战略的调整和在改革浪潮的冲击下，世界经济关系出现了新的调整。

资本主义国家之间的经济关系，随着欧共体的建立，美、欧、日鼎立局面的形成，资本主义世界互相抗衡的三股经济力量亦形成，其贸易矛盾也主要在三者之间产生。这主要表现为：70 年代以来，欧美之间的"钢铁战"、"农产品贸易战不断"；美日之间在纤维、钢铁、彩色电视机的贸易方面发生了摩擦，并爆发了"汽车战"、"半导体战"；日本与西欧之间的贸易摩擦主要在汽车、彩电、精密机器等产品上发生。在美、欧、日三者的贸易关系中，日本长期处于顺差地位。在国际市场的角逐中，三者关系错综复杂，既相互依赖又相互对立，既斗争又妥协。在三者的斗争中，时常表现为经济利益相关的两方联合起来反对另一方。例如，美国、日本都对欧共体的排他性的外贸政策措施不满；日本和欧共体都反对美国推行转嫁危机的外贸政策；美国和欧共体又对日本势态凶猛的外贸攻势十分恼火等等。资本的本性使三者之间的矛盾不可能从根本上解决，但共同的利害关系，又使他们能在一些重大问题上达成妥协。

社会主义国家之间的经济关系在进入 70 年代以后，不断地得到了调整。

苏联对东欧诸国的经济改革不再持五六十年代的那种态度。经互会成员国之间的经济合作和贸易往来发展较快。在与中国的关系上，中苏之间随着"三大障碍"的消除，实现了正常化，经济合作与往来随之加强。中国与其他东欧国家的关系经过调整，得到良好发展。中国同东欧国家的贸易额大幅度增长。1985年，中国同罗马尼亚、匈牙利、波兰、民主德国（东德）等国达成了一百多个科技合作协定。

进入20世纪70年代后，发展中国家之间的经济合作获得了蓬勃发展。1970年9月，在卢萨卡召开的第三次不结盟国家首脑会议上，将集体自力更生的原则作为发展中国家经济发展战略的关键。1974年，第六届联大特别会议和同年举行的第29届联合国大会，把发展中国家之间的合作与争取建立国际经济新秩序的斗争联系起来，使发展中国家之间的合作意义更加重大。以后历届不结盟国家首脑会议和"77国集团"会议，均把发展中国家之间的合作作为会议主题。在广大第三世界国家的共同努力下，发展中国家之间的经济合作发展很快，1975～1980年它们之间的贸易额平均增长率为22.1%，超过它们和其他国家之间的贸易增长速度。此外，在建立各种发展中国家自己的组织方面，在组织内部资金和人员的自由流动方面以及在工农业、交通运输业、货币金融和科学技术等方面，它们之间的合作也广为加强，这为南北关系的调整创造了条件。

东西方之间的经济关系自70年代以来，发展很快。1970～1980年，东欧各国同西方各国的贸易额成倍增长，其中苏联同西方国家之间贸易额的增长尤为迅速。以美苏贸易为例，1979年它们之间的贸易总额为45亿美元，1980年至1983年期间因两国对抗加剧，贸易总额降至每年20亿美元，1984年回升到39亿美元，1985年达到1979年的水平。随着中美、中日关系的正常化，中国和美国、日本间的经济合作也有巨大发展。1988年，日本成为中国的第一大贸易伙伴，美国则成为中国的第二大贸易伙伴。除了贸易外，东西方之间的经济技术合作不断扩大，信贷关系迅速发展。东西方之间经济关系为什么从70年代以来发展如此迅速？从西方来看，首先企图通过商品经济使东西方经济"融为一体"，进而使社会主义经济陷入对西方的依赖之中，从而发挥西方社会的政治影响。其次，70年代以来，主要资本主义国家经济陷入"滞胀"状态，为了向外推销商品、缓和失业等问题，必须发展与东方诸社会主义国家之间的关系。从苏联、东欧诸国和中国来看，这些国家从60年代起都在陆续进行经济体制改革，改革促进了对外开放的发展。此外，经济发展战略也发生了重大转变，即从过去的粗放式经营转为集约式经营，这样就需要引进西方的技术、设备和资金。为了保证进口，就必须扩大出口。当然，东西方之间经济矛盾、摩擦也不少，但从总的看，彼此都在调整自己的策略，经济联系不断加强。

目前，国际上通常用"南方"指发展中国家，用"北方"指工业发达国家，因为发展中国家大多数在南半球，发达国家大多在北半球，故称"南北关系"。南北之间的经济关系问题，主要是第三世界国家维护其经济独立，争取建立国际经济新秩序的问题。在整个60年代和70年代，发展中国家建立国际经济新秩序的斗争都很高涨，其中石油输出国组织的斗争尤为突出。经过发展中国家的联合斗争，1974年4月，第六届联大特别会议通过了《关于建立新的国际经济秩序宣言》和《行动纲领》，提出了新的国际经济秩序的基本原则。同年12月，第29届联合国大会又通过了《各国经济权利和义务宪章》，对建立国际经济新秩序的目标和内容作了补充。70年代中期以后，发达国家与发展中国家间的经济关系有所调整，其中西欧一些发达国家调整的步伐迈得大些。1975年、1979年、1984年、1989年欧共体同非洲、加勒比和太平洋国家签订了四个《洛美协定》，有效地推动了彼此间的经济合作。需要指出的是，国际经济关系的变革是一个长期艰苦斗争的过程。目前发展中国家尽管在这方面取得了一定的成果，但这些成果还是很有限的，因此发展中国家还需继续努力。

第二节 两极格局终结与多极化趋势

一、世界各种力量的变化

世界格局指世界各种力量的组合（包括经济、政治和军事等组成的综合力量），这种组合是在各种力量的矛盾斗争中形成的。世界各种力量的发展是不平衡的，它导致各种力量的消长和力量对比的变化，一旦力量对比发生大的变化，世界格局也必将随之改变。世界格局的变化还与各国特别是大国的对外战略有紧密联系，各国从国家、民族、阶级（占统治地位）和集团的利益出发，制定和调整对外战略，促使世界各种力量组合和重组，推动世界格局的演变。

战后世界力量的变化是多方面的、全方位的。首先是资本主义大国力量的消长。西欧和日本利用科技革命的有利条件和"马歇尔计划"对它们的援助，迅速恢复了受战争破坏的经济，并以快于美国（英国除外）的速度发展壮大它们的经济实力。美、欧、日经济发展的不平衡非常明显。从国内生产总值的年平均增长率来看，按1970年的价格和汇率计算，从1951~1976年，美国为3.4%，日本为14.1%，联邦德国为5.4%，法国为4.8%，意大利为4.2%，英国为2.5%。从工业生产的年平均增长率来看，1951~1976年，美国为4.2%，日本为12.4%，联邦德国为6.3%，英国为2.4%，法国为5.4%，意大利为7.0%，加拿大为5.1%。从进出口贸易的发展情况来看，1951~1970年的出口贸易年均增长率，美国为7.4%，日本为17.1%，联邦德国为

15.4%，英国为5.9%，法国为9.3%，意大利为12.7%。进口贸易在同一时期中的年平均增长率，美国为7.8%，日本为16.0%，联邦德国为12.9%，英国为5.8%，法国为9.6%，意大利为12.4%。在以上几项统计中，美国都是倒数第二，仅仅高于英国，而且日本、联邦德国都是出口增长速度明显快于进口，美国却是进口增长快于出口。经过20年的发展后，美、欧、日的经济实力对比发生很大变化。从1955~1976年，美国的国民生产总值在世界国民生产总值中所占比重由36.3%下降到24.9%，日本由2.2%上升到8.1%，欧共体9国由17.5%上升到21.7%，其中联邦德国由3.9%上升到6.8%，法国由4.5%上升到5.8%，意大利由2.2%上升到2.8%，英国则由4.9%下降到3.1%。可见，美国和英国所占的比重大幅度下降，而日本和联邦德国所占的比重大幅度上升，欧共体9国所占总比重已接近美国。1950~1975年，各国工业生产占世界工业生产的比重是：美国由42.2%下降到22.6%，日本由1.4%上升到5.2%，欧共体9国由20.8%（1955年）下降到14.4%，其中联邦德国由5.0%下降到4.7%，法国由4.8%下降到3.1%，意大利由1.7%上升到2.0%，英国由5.5%下降到3.2%。日本上升最突出，美、英下降幅度最大。日本、欧共体9国在世界进口和出口贸易中的比重都是上升的，日本上升最大，美、英则下降。美、欧、日拥有的黄金和外汇储备及其在世界所占的比重也发生重大变化。美国由1950年的46.8%下降到1975年的7.0%，同一时期，日本由1.4%上升到5.6%，欧共体9国由15.7%上升到30.4%，其中联邦德国由0.5%上升到13.6%，几乎超过美国一倍。这样，到20世纪70年代，在资本主义世界经济中，美国虽然仍占首位，但西欧和日本的经济实力以更快速度发展起来，初步形成世界经济上"三足鼎立"的局面。70年代以后，资本主义世界经济经过危机和"滞胀"，进入低速增长时期，日本经济仍以高于美、欧的速度增长，而西欧经济的"滞胀"比美、日都更为严重。1986年，日本的国民生产总值在世界的比重上升到11.8%，美国上升到25.2%，欧共体却下降到18.6%。美国经济所占的比重虽有所回升，但美国却在1985年成为世界上最大的债务国，而日本在这一年则成为世界上最大的债权国和最大的资本输出国。总之，到20世纪80年代，资本主义世界经济的"三足鼎立"态势更为明显。这个具有重要影响的变化，是美国世界霸权地位由盛而衰的重要标志。随着"三足鼎立"局面的形成，布雷顿森林体系在70年代解体，代之以"牙买加体系"，以适应国际货币金融领域里开始出现的多极化趋势。

其次，50年代至70年代，美苏实力对比发生了不利于美国的变化。从1951年至1980年的30年间，工业生产年均增长率苏联为8.6%，美国为3.8%；国民收入的年均增长率苏联为7.4%，美国为3.4%。苏联经济实力与美国的差距在50年代至70年代逐步缩小。从1950年至1975年，苏联工业生产从相当于美国的30%上升到相当于美国的80%以上，苏联农业生产从相当于美国的 55% 上升到相当于美国的 85%，苏联国民收入从相当于美国的 31% 上升到相当于美国的 67%。苏联的军事力量比经济力量有了更大的发展，到 70 年代初便大体形成了美苏间的战略均势状态，出现美、苏相互毁灭的前景，美国对苏联的全面战略优势已不复存在。美苏战略均势的这种变化，影响和制约着美苏关系的发展和争霸态势的演变。

第三，第三世界崛起。广大发展中国家能否成为有分量的一股力量，成为世界格局中的一极，取决于它们是否走联合自强的道路。从万隆亚非会议、不结盟运动、"77 国集团"到区域经济集团的大量涌现，表明发展中国家已作为一支独立的政治力量登上国际舞台，打破了少数大国特别是两个超级大国操纵国际事务的一统天下，初步开创了世界各国不分大小和强弱，平等地参与商讨和决定国际事务的新局面。在第三世界的崛起中，中国是一支极为重要的力量。新中国的建立和中苏结盟，曾经沉重地打击了美国的侵略扩张，极大地改变了战后初期社会主义阵营与帝国主义阵营的力量对比。从 50 年代中期开始，苏联对外政策发生了质的变化，提出要同美国平起平坐，共同主宰世界，苏联同美国开始了争夺世界霸权的较量，并对坚持独立自主原则的中国进行压制和打击。中国一方面坚决反对美国的侵略和战争政策，支持各国人民的反帝反殖斗争；另一方面坚决反对和抵制苏联的大国、大党主义。中国不畏强暴，不怕压力，自力更生，不断地发展自己的综合国力，巩固和提高了国际地位，并成为美苏争霸斗争发展演变中重要的制约因素。到 60 年代末 70 年代初，美国敌视和孤立中国的政策遭到彻底破产，苏联干涉和控制中国的企图也完全失败。中、美、苏战略三角态势初露端倪。

随着各种力量的变化，在 60 年代，世界出现大动荡、大分化、大改组。美国因在印度支那一再进行战争升级而深陷泥潭，使国内危机空前加剧。美苏军备竞赛发生重大变化和美苏战略均势形成。东西方两大阵营分化瓦解，亚、非、拉国家迅速发展壮大。这些表明，到 60 年代末 70 年代初，世界形势大变。1971 年 7 月 6 日，美国总统尼克松提出"五大力量中心论"，认为美国、西欧、苏联、中国和日本五大力量将决定世界在本世纪最后三分之一时间里的经济前途和其他方面的前途，承认美国不再是超群的世界强国，而中国将取得巨大的经济成就，承认美国占优势的两极世界向共同分担责任的多极世界过渡。总之，世界正在走向多极化，两个超级大国左右世界形势的能力已经大大降低，对它们各自盟国的控制也已失灵。

二、苏联东欧剧变及其历史教训

世界各种力量的变化，使世界局势在 80 年代中期以后发生了出人意料的巨大变动，这就是两极格局走向解体，而苏联东欧形势剧变是两极格局终结的直接导因。

苏东剧变是从波兰开始的。1980年,波兰成立团结工会,其纲领是夺取无产阶级政权,推翻社会主义制度。1981年被取缔。1988年,波兰经济状况恶化,在国外敌对势力和教会势力的支持下,团结工会东山再起,在各地发动罢工。1989年1月,波兰统一工人党中央全会决定实行政治多元化和工会多元化。2~4月,召开有团结工会等反对派参加的圆桌会议,决定在波兰实行西方模式的"三权分立"和"议会民主制"。在6月举行的议会大选中,团结工会获胜。9月成立团结工会领导下的联合政府。1990年1月,波兰统一工人党召开第十一次代表大会,将党名改为"社会民主党",改变了党的性质,要走民主社会主义道路,从而完成共产党社会党化的过程。

匈牙利在推行改革的过程中已不断提出政治多元化和多党制的问题。社会主义工人党内的右翼势力从全盘否定斯大林到否定匈牙利党和国家40年来的历史,从派别斗争到组织分裂,使匈牙利社会主义工人党走上社会党化的道路。1989年2月,匈党中央全会宣布实行多党制。6~9月,匈召开圆桌会议,在反对派的压力下,匈牙利社会主义工人党同意修改宪法,其中不再写明国家是社会主义性质,放弃工人阶级和共产党的领导作用。10月,社会主义工人党召开第14次(非常)代表大会,改名为"社会党",重新制定党纲、党章,宣布建立民主社会主义,放弃马列主义和无产阶级专政,放弃党的领导和民主集中制,决定实行议会民主、多党制和市场经济。1990年3月25日和4月8日,匈牙利分两轮举行大选,反对党民主论坛以较大优势取胜,并取得组阁权。社会党成为在野党。

波匈剧变给民主德国带来巨大冲击,民主德国国内人心思变,大批居民逃往联邦德国。1989年10月初,各地爆发大规模的示威游行。新论坛等反对派要求进行"民主改革",得到前来参加民主德国40周年庆祝活动的戈尔巴乔夫的支持。10月18日,昂纳克辞去德国统一社会党总书记职务。11月,柏林墙被拆毁。12月1日,人民议院通过修改宪法第一条,删去"工人阶级及其马克思列宁主义政党领导"这一内容。不久,召开各反对派参加的圆桌会议,确定1990年5月6日举行议会大选并制定新宪法。12月8日,民主德国统一社会党召开特别代表大会,将党名改为"德国统一社会党——民主社会主义党",后正式称"民主社会主义党"。1990年3月18日,提前大选,基督教民主联盟等右翼政党组成的德国联盟获胜,并组成政府,民主社会主义党成为在野党。与此同时,两德达成一系列协议,1990年10月3日,德国统一,民主德国并入联邦德国。

波匈等国的政局变动猛烈冲击着保加利亚。穆斯林举行游行示威,大批穆斯林出走土耳其,反对派组织公开活动,保共内部出现严重分歧。1989年11月10日,保共中央全会上,总书记日夫科夫被迫辞职。接着,保共中央清除日夫科夫的亲属和亲信,并将日夫科夫等人开除出党。反对派利用群众的不满,迫使保共让步。1990年1月16日,保共同反对派组织举行圆桌会议。1月30日,保共提前召开十四大,通过《保加利亚民主社会主义宣言》和新党章,宣布实行多党制和议会民主制,建立民主社会主义。不久,将党名改为"社会党"。1991年10月,举行政局剧变后的大选,社会党失利,丧失了政权。

东欧一些国家的剧变,促使捷克斯洛伐克反对派的活动日益高涨。1989年11月17日,布拉格几万名大学生举行集会示威,并蔓延到其他城市。11月24日,捷共召开中央全会,雅克什为首的中央主席团和书记处全体辞职。捷共企图通过妥协走出困境,而反对派在国际势力支持下,步步进逼,以迫促变。11月27日,反对派在全国组织数十万人罢工罢课。为解决危机,捷政府同哈韦尔的公民论坛对话,接受建立联合政府和在宪法中放弃共产党领导的要求。接着,捷政府改组,共产党成为少数派,逐步被排挤出政府。1989年12月20日,捷共召开非常代表大会,通过《在捷克斯洛伐克实现民主社会主义社会》的行动纲领。

1989年12月16日,罗马尼亚西部边境城市蒂米什瓦拉匈族一新教神甫因发表不同政见而被法院判处开除公职并逐出家门一事激起市民的抗议,次日发展为数千人的反政府示威游行,同警察发生冲突。在西方敌对势力的煽动下,12月19日蒂市再次爆发数万人的示威游行。21日,布加勒斯特举行反对齐奥塞斯库的大规模示威游行。22日凌晨,国防部长因拒绝执行向游行队伍开枪的命令而被处决。22日11时,齐奥塞斯库颁布法令,宣布全国进入紧急状态,但军队拒绝执行命令。11时45分,群众冲进罗共中央委员会和政府大厦,12时15分,齐奥塞斯库夫妇乘直升飞机离开大厦,当天被捕。当晚,罗马尼亚救国阵线委员会宣布接管全国政权,宣布实行多党制和三权分立,更改国名,起草新宪法。25日,齐奥塞斯库夫妇被处死。

在东欧剧变的影响和西方的经济、政治压力下,阿尔巴尼亚劳动党在1990年11月6~7日召开的中央全会上建议取消宪法中关于"劳动党是国家唯一政治领导力量"的条款,想以"暂时的退却"来稳住阵脚。但是,12月8日,地那拉大学爆发了要求民主的学潮,与警察发生冲突,接着其他城市发生动乱。反对党纷纷成立,它们利用劳动党执政中的失误煽动群众罢工罢课,示威游行,政局动荡不安。1991年4月末,阿人民议会通过《宪法主要条款》,更改国名,取消社会主义制度,改变国家性质,实行三权分立。6月10~13日,劳动党召开第十次全国代表大会,改名为"社会党"。

南斯拉夫的政治、经济和社会问题很多,民族矛盾尖锐,党内外反对势力也比较活跃。1989年10月,南共联盟中央全会决定放弃"一党垄断"。1990年,各共和国相继举行第一次多党制大选,结果出现"一国三制"局面。斯洛文尼亚和克罗地亚组织了非共产党政权,主张实行资本主义。在塞尔维亚和黑山，原共产主义者联盟继续掌权，坚持社会主义方向。波黑和马其顿由民族主义政党组阁，但共产主义者联盟在议会中仍有一定地位，既不主张实行社会主义，也不反对共产党。1991年6月，斯洛文尼亚和克罗地亚宣布独立。10月，马其顿独立。11月，波黑宣布独立。1992年4月，塞尔维亚和黑山共同组成南斯拉夫联盟共和国。原南斯拉夫终于彻底解体。

在东欧国家形势剧变后，强大的社会主义国家苏联也遭受解体的厄运。从表面上看，有些出人意料，实际上从苏联演变的过程来看，有其必然性。

第一阶段：从1985年3月到1987年。戈尔巴乔夫的指导思想基本上还是改进和完善苏联原来的经济和政治体制，重点是探索经济改革和加速经济发展的途径。1986年2月召开的苏共二十七大，确定了《加快社会经济发展战略》，戈尔巴乔夫在大会的工作报告，表示要坚持马克思列宁主义，在分析国际形势时，突出了两种社会制度和两种意识形态之间的矛盾。1986年、1987年，苏联的经济状况有所改善，社会也比较稳定。

第二阶段：从1987年冬到1989年末。戈尔巴乔夫的"人道的民主的社会主义"逐渐形成，他的政治思想发生重大变化，逐渐转向社会民主主义。1987年11月，戈尔巴乔夫在十月革命70周年庆祝大会上的报告，强调要改变被"扭曲的"社会主义制度。1987年11月出版的《改革与新思维》一书，强调"新思维的核心是承认全人类的价值高于一切"，"承认人类的生存高于一切"。1988年6月，苏共19次代表会议确立了人道的民主的社会主义政治路线，提出"根本改革"政治体制，把"公开性"、"民主化"和"多元化"引入政治体制，放弃党对国家政权的领导，建立苏联人民代表大会，推行西方的议会民主制，建立人道的民主的社会主义社会。这样，苏联改革的指导思想发生变化，由"完善社会主义"转向"更新社会主义"，用"人道的民主的社会主义"取代被"扭曲变形的社会主义"。从此，苏联局势走向剧烈动荡和陷入深刻危机。在"公开性"、"民主化"和"多元化"的旗号下，民族矛盾不断激化，经济每况愈下，社会上出现几万个形形色色的"非官方组织"，苏共党内和社会上自由化思潮泛滥，从全盘否定斯大林发展到否定苏联七十多年的历史、反对列宁主义和马克思主义、反对共产党和社会主义制度。

第三阶段：从1989年末到1991年苏联解体。东欧剧变后，戈尔巴乔夫全面推行人道的民主的社会主义。1990年7月，在苏联危机日益加深的形势下召开苏共二十八大，大会通过纲领性声明《走向人道的民主的社会主义》和《苏联共产党章程》，进一步完备和发展了人道的民主的社会主义的理论和路线，加快了苏联向资本主义演变的步伐，对党的性质，指导思想，奋斗目标，党在国家的地位、作用等一系列问题上都作了根本性改变，大会勾画了人道的民主的社会主义经济体制的总体构想，实际上是要实行以私有制为基础的市场经济，恢复资本主义的经济制度和经济运行机制。1990年3月和12月召开的苏联人民代表大会对宪法作了重大修改,取消苏共的法定领导地位,确定了总统制。最高苏维埃还通过一系列法律。根据这些决定,实行多党制和政治多元化,实行三权分立和议会民主,选举了总统和副总统,确定了"向市场经济"过渡的基本方针,通过了按照"主权共和国联盟"的原则签订新联盟条约的总构想。这一切表明,苏联党和国家的政治性质发生重大转变。

苏共二十八大以后,苏联进入全面危机阶段。经济濒临崩溃,1990年开始出现负增长,与上年相比下降4%,1991年上半年与上年同期相比又下降10%,创下了苏联战后四十多年生产严重滑坡的纪录,财政赤字扩大,通货膨胀严重,消费品市场供应全面短缺。苏共党内思想上混乱,组织上分裂,政治上丧失战斗力,党已完全丧失了领导作用,陷入瘫痪状态。苏共在一系列加盟共和国和地区中失去政权。1990年上半年,立陶宛、拉脱维亚和爱沙尼亚先后宣布独立。不久,格鲁吉亚、亚美尼亚和摩尔多瓦加盟共和国也提出退出苏联。俄罗斯、乌克兰等一些加盟共和国也先后发表主权宣言或独立宣言。面对民族危机,戈尔巴乔夫提出建立"主权国家联盟"来代替"苏维埃社会主义共和国联盟"的构想,尽管1991年3月全民公决中参加投票的绝大多数人赞成保持苏联,但戈尔巴乔夫与俄罗斯等9个加盟共和国领导人举行"9+1"会谈决定于8月20日正式签署新联盟条约。所有这些,说明苏联的经济、政治、民族和社会局势已处于战后最困难、最危急的时刻。

1991年8月19日凌晨,苏联副总统亚纳耶夫发表声明,宣布戈尔巴乔夫总统因健康原因不能履行总统职责,由他代理总统职责。同时成立一个"国家紧急状态委员会",接管国家全部权力,在苏联部分地区实行为期6个月的紧急状态。该委员会发布《告人民书》,称戈尔巴乔夫的改革政策已"走入死胡同",要"采取最严厉的措施",尽快使国家和社会摆脱危机。但是,"国家紧急状态委员会"只存在了三天就遭到失败。

"八一九事件"后,苏联局势急转直下。全国掀起大规模的反共浪潮。8月24日,戈尔巴乔夫宣布辞去苏共中央总书记职务,要求苏共中央自行解散。不久,叶利钦下令停止苏共和俄共在俄罗斯联邦境内的活动,并解散其组织机构。在各加盟共和国中,大多数也中止或禁止共产党的活动。"八一九事件"后,反共反社会主义的"民主派"夺取全联盟政权,国家权力转向俄罗斯,转向叶利钦,苏联的中央体制趋于解体。1991年12月8日,俄罗斯、乌克兰和白俄罗斯三国领导人在明斯克签署独立国家联合体协定,提出苏联作为国际法主体和地缘政治现实已不复存在。12月21日,11个共和国领导人发表《阿拉木图宣言》,正式宣告成立独立国家联合体。25日,戈氏宣布辞去总统职务,同时,苏联国旗从克里姆林宫楼顶徐徐降下。苏维埃社会主义共和国联盟已不复存在。

以上事实表明,苏联东欧这场剧变是国家政权性质和社会制度的完全改变,从社会主义演变为资本主义。而变化速度之快,来势之猛,都出乎人们的意料。这是国际共产主义运动和社会主义发展史上最严重的挫折,也是牵动世界全局的大变动。

从演变的时间看,东欧国家在前,苏联在后。但从演变的开端看,苏联领头,东欧随后。关键在苏联,苏联不变,东欧难有大的变动;苏联要变,东欧又必然随之变动。两者演变的不同之处在于,东欧各国党是在内外压力下一步步退让,反对派力量发展壮大,最后被迫下台;而苏联是执行错误的对内对外政策削弱了自己,激化了各种矛盾,戈尔巴乔夫在新思维和改革的旗号下推行人道的民主的社会主义,背叛了社会主义方向,导致了苏联的解体。

苏联东欧为什么会发生剧变?既有历史原因又有现实原因,既有国外因素又有国内因素,既有客观因素又有主观因素,是这些因素共同起作用的结果。只有把苏联东欧剧变放在第二次世界大战后尤其是本世纪70年代以来世界形势的发展中进行考察,才能作出正确结论。

二战后,世界形势发生重大变化。科学技术的迅猛发展,世界经济的发展繁荣,经济国际化、全球化与国际合作不断加强,各国经济利益联系密切,相互依存日益加深。各国越来越重视科技和经济的发展。世界上制约战争的力量有了很大的发展,和平力量的增长超过了战争力量的增长,和平与发展日益成为时代的主题,到70年代,出现了世界主题由战争与革命到和平与发展的转换。在新的形势下,社会主义与资本主义之间由进行军备竞赛、争夺军事优势的斗争逐渐转换为争夺综合国力的优势,特别是争夺经济和科技优势的斗争,经济因素已越来越成为社会发展的关键因素。美国等西方国家凭借其经济和科技的优势,向社会主义国家"推销"资产阶级的"自由、民主、人权"等价值观念,企图使社会主义国家的改革西化,放弃社会主义道路。社会主义国家在取得辉煌成就的情况下,在认识上长时期落后于世界形势的发展和变化,未能将马克思主义基本原理与本国实际和时代特征相结合,走建设有本国特色的社会主义道路。苏联领导人的形而上学使他们在二战后只看到社会主义同资本主义斗争的一面,看不到社会主义还有吸取人类在资本主义制度下创造的文明成果的一面,他们对资本主义采取全盘否定的态度,对二战后一再掀起的科技革命不予重视,对计划经济体制越来越严重的弊病不及时进行调整和改革。尤其是赫鲁晓夫、勃列日涅夫执政时期,苏联同资本主义斗争的重心,不是发展比资本主义更高的劳动生产率,充分发挥社会主义制度的优越性,不是反对霸权主义和强权政治,维护世界和平,而是同美国搞军备竞赛,争夺世界霸权。这就严重影响了经济的发展和人民生活水平的提高,导致生产发展速度不断下滑,人民群众不满。与苏联相比,东欧国家是东西方矛盾的焦点和世界社会主义阵地的薄弱环节,几十年来,国内外反社会主义势力几次发起进攻,虽然都被战胜,但主要是依靠苏联武力的镇压,这些国家没有成功地进行完善社会主义制度的改革,有些改革又受到苏联的阻挠和反对,随着苏联控制和摆脱苏联控制的矛盾的发展,要求改变现状的改革潮流和反对社会主义制度的逆流就混淆在一起了,从而给西方加紧推行和平演变之机。戈尔巴乔夫上台后,高唱要用全人类利益高于阶级利益的"新思维",用"公开性"、"民主化"、"多元化"去"更新""扭曲变形的社会主义",将社会主义性质的改革转到民主社会主义轨道上。这种改革不是完善社会主义,而是摧毁社会主义。这是促成东欧剧变、苏联解体的直接原因和决定性因素。历史的深刻教训是:社会主义国家不能孤立于国际社会之外,要在世界的整体发展进程中生存和发展,既要坚持社会主义,又要对外开放,通过对外开放加速社会主义建设,巩固和发展社会主义成果。不然,就会出现两种情况:一是在封闭中日趋落后,停滞不前;二是在开放中放弃社会主义,向资本主义和平演变。也可能先是封闭,矛盾尖锐后,被迫开放,但在开放中屈服于内外压力,改变社会主义方向,最后走向解体。

苏东剧变给世界格局带来巨大影响。冷战时期互为敌手的两大军事集团——北约和华约,其相互关系发生了根本性变化。1991年7月1日,华约组织解散。这样,东欧剧变,两德统一,华约消亡,苏联解体,宣告了两极世界格局的终结。

三、多极化发展趋势日益明显

当今世界正处在向多极化方向发展的过程中,这是由世界各种力量的变化和发展所决定的。苏联解体、冷战结束后,美国为首的西方国家失去了共同敌人,这不仅改变了东西方关系,也影响了大西洋伙伴关系。美国成了全球唯一的超级大国,经济也连续七年比较景气。美国凭借强大的经济力量和军事实力,竭力维护它的全球利益,维护"单极世界",妄图由它主宰世界,加强和巩固它在全世界的领导地位。美国谋求建设一个"统一、民主的欧洲",形成一个"合作而不是对抗的亚太共同体",构成一个真正开放的世界市场,保持一支强大的军队,使美国"在全球经济中繁荣昌盛"。在欧洲地区,美国在德国等国的协助下,使北约东扩计划正式启动。波兰、匈牙利、捷克三国将于1999年被首批接纳入盟。美国势力随着北约的东扩而东扩,俄罗斯的地缘战略地位受到明显削弱。在亚太地区,日、美修改"防卫合作指针",加强日美防务,加剧了美、日、中三方关系的不平衡。在中亚和高加索地区,美国企图从政治、经济和军事上全面进入这一地带。美国肆无忌惮地推行霸权主义政策,充当世界宪兵,但其实力相对下降的趋势未能改变,干预国际事务的能力明显减弱,建立以它为领导的世界新秩序已力不从心。

美国主宰世界的倾向正受到各方强有力的制约。俄罗斯、中国、法国等公开声明致力于多极世界的建立,美、欧、日、俄、中各方领导人之间的频繁互访、欧盟、东盟、亚太经合组织、非统组织、"15国集团"等原有组织的发展，环印度洋地区合作联盟、发展中国家八国经济合作集团等新组织的成立，都表明世界格局的多极化趋势不可逆转。美国的力量并不能使别国听从它的摆布。西欧人对美国在北约东扩问题上"盛气凌人的作风"耿耿于怀；法国等盟国坚持抵制制裁古巴的"赫尔姆斯—伯顿法"及制裁伊朗和利比亚的"达马托法"；克林顿在丹佛的西方七国首脑会议上推销"美国模式"受到伙伴们的嘲笑；美国在联合国人权会议上炮制针对中国的提案年年受挫，被迫在1998年放弃这一做法；美国对伊朗和伊拉克的"双重遏制"政策越来越难以维持；南美国家担心"美国关于建立南半球自由贸易区的建议"可能威胁其经济主权并成为保持美国主宰地位的另一个工具。这些表明，美国已不可能为所欲为。

代替冷战期间两极世界的不是"单极世界"，而是多极世界，这从大国之间关系的重大调整中就可以清楚看到。俄罗斯在北约东扩之势难以阻挡的情况下，与北约签署了相互关系基本文件，以对东扩的某种承认换取了正式参与欧洲安全事务和西方七国集团的权利及一些经济上的实惠。欧盟与俄罗斯签订的《伙伴关系与合作协定》正式生效，俄、法、德从1998年起将定期举行首脑会晤，有可能增加欧、俄在安全问题上的分量，有助于美、欧、俄三者关系的平衡发展。美、日通过修订"防卫合作指针"，使双方军事同盟关系得以更新和强化，实现了两国政治、安全关系的调整。中俄、中法、法俄等就推动世界多极化进程达成了新的共识，并分别就充实中俄战略协作伙伴关系、建立中法全面伙伴关系和俄法优先伙伴关系采取了具体行动。1997年7月1日香港回归中国后，中英关系也获得了新的发展机遇。欧盟委员会于1998年3月25日提出了《与中国建立全面伙伴关系》的建议报告，进一步调整对华政策，加快发展对华关系。欧洲不少领导人认为，同一个繁荣和开放的中国发展合作应作为欧洲对华政策的核心。

中美关系随着1997年江泽民主席的成功访美和1998年克林顿总统的访华而进入一个新的发展阶段。双方不仅使关系基本回到正常化轨道，而且确定了共同致力于建立面向21世纪的建设性伙伴关系的新目标。日俄双方实现了领导人的非正式会晤，打破了两国关系长期僵冷的局面。两国将在经济、政治和军事等领域开展多方面合作，并争取在2000年前缔结和平条约。中日两国通过领导人互访，商讨了发展两国未来关系的基本原则，决定继续致力于建立和发展长期稳定的睦邻友好合作关系，使中日友好世代相传。

以上表明，大国关系已逐渐形成合作性框架，与此相同步或相交织的全球竞争态势也发生了重要的变化。在上述美国全面推进"交往与扩大"的战略部署的同时，其他大国也参与了竞争。俄罗斯在其西部和南部的战略空间受到挤压的情况下，退中求进，试图通过重铸独联体"地缘政治板块"以及与法、德等西欧大国建立"新的地缘政治中心"，同中国深化战略协作伙伴关系和与日本了结历史悬案等，增强抗衡"新型霸权"的力量。德国乘北约东扩之势巩固在中欧的阵地并进一步拓展自己的影响。法国更加侧重在南欧、中东和北非与美国较劲。英国工党政府提出首先要在欧洲发挥"领导作用"。日本则打算从"边缘地带"挤进"心脏地带"。1997年欧盟签订了欧盟新条约——《阿姆斯特丹条约》，确认了1999年1月启动欧元，欧元将成为美元的有力竞争对手，成为世界经济格局多极化的推动力量。

中国决心把建设有中国特色社会主义事业全面推向21世纪，继续把主要精力放在现代化建设上，继续争取一个更加良好的国际环境和周边环境。其他许多发展中国家也采取了不少具有跨世纪意义的举措，如东盟邀请中、日、韩三国共同举行非正式首脑会晤；印度等14国正式成立了"环印度洋地区合作联盟"；非统组织首脑会议宣布建立非洲经济共同体；亚非一些穆斯林国家成立了"发展中国家八国经济合作集团"；由南方国家组成的15国集团首脑会议就加强南南合作、促进南北对话达成新的共识，并支持建立"透明、公正和公平"的世界贸易体系，反对发达国家的保护主义。

目前，仍有一些国家的少数人继续以冷战思维来对待国际关系，坚持霸权主义和强权政治。但是，多极化趋势日益明显，经济全球化不断发展，区域一体化的发展将有力地推动世界的多极化进程，世界正处在一个向多极化发展的过程中。

第三节 全球化进程加速

一、新兴工业国的崛起

自近代英国首先进行产业革命以后，工业化便成了世界经济乃至世界历史发展的一个很重要的方面，并发展成为一种历史潮流。但是，直到20世纪初，工业化只限于少数发达资本主义国家范围。

历史发展到20世纪中后期，工业化进程出现了惊人的变化。一系列落后国家和地区掀起了工业化浪潮，长期以来为发达资本主义国家所独有的工业化扩展到了落后国家。在六七十年代，世界范围内涌现出一批新兴工业化国家和地区，这些国家和地区经济起飞的共同点是工业的巨大增长。

新兴工业国和地区的崛起同世界的整体发展是密不可分的，是世界整体发展到一定阶段的必然结果。人类进入20世纪，尤其在第二次世界大战后，世界整体日益朝着全球工业化的方向发展。在世界历史的发展中，工业化和现代化进程是以一定的地域为中心或起点向外横向扩展的。当代世界整体的发展为各个落后国家利用现代科学技术及运输等手段提供了条件，哪里运用这一切，哪里便会出现工业化、现代化的过程。可以说，在世界整体发展的背景下，一些新兴工业化国家和地区的崛起是历史的必然。

二战后,集中体现世界整体发展的世界经济全球化有力地推动了新兴工业化国家和地区的崛起,它主要表现在以下几方面:

第一,在国际分工与合作上。随着科技革命发展起来的高科技产业,一方面进一步深化了发达国家之间的横向分工与合作;另一方面促进了世界范围内的产业结构调整,加深了不同发展水平的国家间的梯级分工与合作。结果,使发达国家与落后国家之间的分工关系由工业国与农业国的分工升级为技术密集型产业与劳动密集型产业部门之间的分工,有力地启动了落后国家的工业化进程。

第二,在国际贸易上。由于生产国际化的发展,使各种零部件、半成品、成品以及技术专利在各国间的流通量急剧上升,国际贸易规模空前扩大,为落后国家和地区的工业化提供了良好的国际贸易环境。此外,西方发达国家从20世纪60年代开始,逐步实施对发展中国家的普惠制,即发达国家对进口发展中国家的制成品和半成品普遍给予单方面优惠关税待遇的制度。普惠制一方面推动了发展中国家的工业品出口,解决了工业化所需的市场问题;另一方面刺激了一部分发达国家的跨国公司将资本和技术转向发展中国家和地区,在一定程度上解决了这些国家和地区工业化所遇到的资金和技术难题。当然,普惠制的真正受益者是那些工业化程度较高、出口能力较强的新兴工业化国家和地区。

第三,在国际资本流动上。战后发达资本主义国家的资本输出规模急剧扩大,国际资本的主要流向虽然是发达国家,但也有一部分流向了发展中国家,而且主要集中在巴西、墨西哥、印尼、百慕大、委内瑞拉、阿根廷、巴拿马、马来西亚、秘鲁、中国香港、菲律宾和新加坡等12个国家和地区。发达国家向发展中国家进行资本输出,并逐渐将投资重点转向制造业,为发展中国家利用外资搞工业化提供了重要条件。

新兴工业化国家和地区的崛起对世界整体的进一步发展也起了积极的促进作用。这种促进作用突出地表现在以下两个方面:

第一,新兴工业化国家和地区的崛起进一步拓展了工业化的范围,使实现工业化的国家由原来集中于西欧、北美地区扩展到东亚、拉美、南欧等地区。工业化地域、范围的扩展,扩大了世界整体中的工业社会,缩小了传统农业社会的范围。由于工业社会的生产力和经济具有强大的渗透扩张能力,工业化范围的扩展必然进一步扩大和深化已有的世界经济联系,使全世界在经济上更加紧密地联系起来。

第二,新兴工业化国家和地区的崛起在全球工业化进程中,起到了非常重要的示范和桥梁作用,带动了另一批更落后的国家和地区的工业化进程。早期工业化国家在工业化之前都处于比较先进的发展阶段,它们的工业化都是"掠夺型"的工业化，不是掠夺国内的劳动人民就是掠夺广大殖民地半殖民地人民或者同时进行两种掠夺。但是，20世纪六七十年代的新兴工业化国家和地区，走出了一条非常成功的由落后国家向中等发达国家甚至向发达国家迈进的工业化道路，这就是既不依靠内部的原始积累也不依靠对外掠夺，而是有效地利用世界经济提供的各种条件，充分发挥后发优势，因地因时制宜，实现了工业化。这些新兴工业化国家和地区有各种类型：既有海岛型，又有沿海型，还有内陆型；既有欧洲式，又有亚洲式，还有拉丁美洲式。总之，具有广泛的代表性和很强的可效法性。因此，自六七十年代新兴工业化国家和地区崛起以来，世界各地尤其是亚洲和拉丁美洲，又有一系列的落后国家和地区步入了准工业化国家的行列。可见，通过新兴工业化国家和地区这一桥梁向全球落后的国家和地区不断扩展，已经形成一个工业化向全球范围扩展的世界性进程。

二、中国改革开放的世界影响

1949年中华人民共和国的成立，极大地提高了中国在世界政治舞台上的地位，为新中国与世界各国在平等互利的基础上建立和发展政治、经济、文化关系开辟了道路。本世纪70年代末中国共产党十一届三中全会以来，中国的改革开放为世界社会主义国家突破教条、走出封闭探索出一条成功的道路。通过改革，中国加快了走向世界的进程，向全世界展现了一个既灵活务实又坚持社会主义方向的新形象，极大地发挥了一个社会主义大国在世界上的影响。首先，中国共产党从指导思想上摒弃了"以阶级斗争为纲"的理论，明确提出全党的工作重心转移到经济建设上来，在坚持四项基本原则的前提下进行改革开放。改革从农村发展到城市，从单项试验到全面综合改革，从浅层次的扩权让利到深层次的利益调整和经济运行机制的转换，整个国家的经济体制改革在平稳中取得了重大突破。其次，中国共产党提出了适合中国国情的社会主义初级阶段理论，认为中国在一个相当长的时期内仍处于社会主义初级阶段，在以公有制经济为主体的前提下应允许多种经济成分并存。在这一理论的指导下，中国的非社会主义经济成分获得了长足的发展。再次，中国共产党摆脱了长期以来的计划与市场关系问题的困扰，把计划经济与市场经济都看成是发展经济的方法和手段，提出了建立社会主义市场经济体制。中国以其各方面取得的巨大成就受到国际社会的普遍关注，全面提高了自己在世界的地位。

经过近20年的改革开放，中国经济建设取得了辉煌成就。从1979年到1994年，中国经济的年均增长率达到了9.44%，"八五"期间，国民生产总值年均增长12%，1995年达到57 600多亿元，1997年增长到74 772亿元，显示出强劲的增长势头。由于长期持续高速的经济增长，中国的国力得到了加强。中国进出口总额在世界贸易中的地位由1978年的排名第29位一跃上升为1996年的第10位。1997年国家外汇储备已达1 399亿美元。中国很多重要的工农业产品产量已跃居世界前列。1993年，煤、水泥、棉布、谷物、棉花、肉类和油料作物的产量都居世界第一。1997年钢产量达到1亿吨以上，已居世界首位。在1997年亚洲金融风暴中，中国由于经济发展态势良好，保持了金融市场和人民币汇率稳定，举世瞩目。

中国经济持续高速增长，不仅提高了中国的综合国力，而且促进了世界各国、各地区与中国的经济关系和政治关系的发展，许多国家在考虑自身的经济发展时都把与中国发展经济关系放在重要位置。1989年6月的政治风波后，一度紧张的西方国家与中国的关系在90年代初期相继得到恢复和改善。90年代以来，西方国家对中国的崛起日益重视，这从中日贸易发展情况可以看到。中日贸易额1972年才超过10亿美元，以后迅速增长，1978年超过50亿美元，1981年超过100亿美元，1993年猛增到390亿美元，日本成为中国第一大贸易伙伴，中国也首次成为日本第二大贸易伙伴。

美国在中国1989年政治风波之后，对中国采取制裁政策：政治上停止高层互访，经济上不断制造摩擦，在最惠国待遇、知识产权等问题上大做文章。克林顿上台后，美国对华政策的基调虽然不变，但在某些具体问题上已采取现实主义的态度。克林顿竭力促成了1993年11月在西雅图举行的亚太经济合作组织非正式首脑会议，实现了中美首脑会晤。1997年和1998年江泽民主席和克林顿总统进行了成功的互访，使中美关系进入新的发展阶段。中美关系的改善反映了中国综合国力的增强及其世界地位的显著提高。

西欧国家也被中国取得的经济成就深深吸引，德、法、英等国政治、经济界人士非常重视中国在亚洲和国际社会中的重要作用。目前，德国已成为欧共体内头号对华贸易国。

90年代欧、美、日等发达国家对中国政策的"亲近"态度，一方面是他们自身经济利益的需要；另一方面也表明中国在世界经济中的地位得到了显著提高，并对世界经济产生了重大影响。

80年代末90年代初出现东欧剧变和苏联解体，世界社会主义运动遭受严重挫折。中国社会主义经济、政治改革的成功为处于低谷中的世界社会主义运动树立了一面旗帜，它必将促进世界社会主义运动走上复兴之路。

中国在联合国发挥了重要的作用。中国是联合国的创始会员国，也是对维护世界和平与安全负有特殊责任的安理会五个常任理事国之一。自1971年中华人民共和国恢复在联合国的合法席位，特别是改革开放以来，中国以崭新的姿态活跃于国际舞台上，对世界和平与安全做出了越来越重要的贡献。

中国作为社会主义大国，历来奉行独立自主的和平外交政策。随着改革开放政策的全面实施，中国强调外交应为国内建设创造良好的国际环境，世界和平可以并且应当得到维护，同时在处理重大国际事务时坚持按照问题本身的是非曲直决定自身的立场。根据这些原则，中国积极参与全球性和地区性的一切重大问题的讨论和解决。中国的态度和立场在联合国发挥了独特的作用,产生了重大的影响。

中国在柬埔寨问题、两伊战争问题、海湾危机、利比亚涉嫌炸机问题、原南斯拉夫问题等一系列热点问题上认真负责地履行了作为安理会常任理事国的职责,受到了国际社会的赞赏。在联合国维持和平行动方面,中国也给予了越来越多的支持。在建立公正、合理的国际新秩序方面,中国一贯主持正义,维护联合国宪章的宗旨和原则,主张在和平共处五项原则的基础上建立国际新秩序。中国的这一主张受到大多数国家尤其是第三世界国家的支持。

20世纪90年代,世界处于新旧格局交替时期,两极格局已不复存在,新的世界格局尚未形成,但世界新格局的多极化趋势是相当明显的。随着中国经济实力和综合国力的增强,在世界新格局中必将发挥越来越大的积极作用。

三、亚太地区的世界地位上升

二战后,亚洲东部的日本、韩国、新加坡、中国内地及台湾和香港地区、东盟等国家和地区的经济先后获得高速增长。东亚在战后近50年的时间里长期保持着经济高速增长,成为二战后世界经济增长持续时间最长、速度最快的区域。

二战后东亚的经济高速增长经历了三次高潮:第一次高潮是50~60年代日本的经济起飞;第二次高潮是70年代韩国、中国的香港和台湾地区、新加坡等新兴工业化国家和地区的经济腾飞;第三次高潮是80年代以来,以中国、东盟等国家和地区为主体的经济增长。

东亚作为一个区域性整体在长达近半个世纪中一直保持较高的经济增长,这在整个世界经济发展史上是罕见的。虽然每次高潮都只有一部分国家和地区"唱主角",但并不是其他东亚国家和地区的经济没有增长,只是和当时的"主角"相比缓慢一些,"主角"和"非主角"相互辉映,前后传递接力,共同促进了整个东亚地区的经济繁荣。在东亚经济发展过程中,以率先实现现代化的日本为领头雁,经过韩国、朝鲜、中国内地沿海地区及台湾和香港、泰国、新加坡等国家和地区形成一条蔚为壮观的"东亚工业带",使这些国家和地区的经济获得了飞速增长。

东亚地区的经济增长还表现在东亚地区各国和地区之间经济合作的发展上。目前,东亚区域内部之间的贸易额占这一地区对外贸易额的一半以上。1994年,日本对亚洲出口额高达1 569.6亿美元,占日本出口总额的39.7%,大大超过日本对美国的出口额(1 175亿美元),亚洲已成为日本最大的贸易伙伴。到1994年,日本在东亚的累积投资总额已达640亿美元,而美国在东亚的累积投资总额只有260亿美元。事实表明,东亚各国和地区的经济发展逐步实现由依靠域外国家和地区向依靠域内国家和地区的重大转变,东亚域内的经济实力已经相当雄厚。

二战后东亚经济之所以能持续高速增长，有其多方面的原因。

第一，世界经济、政治形势对社会主义国家以外的东亚各国有利。美国为了称霸世界，遏制社会主义势力的发展，构筑了一个东亚防共反共体系。它向东亚国家和地区大量提供军事援助和经济援助。它在亚洲进行的两场大规模的侵略战争（朝鲜战争和越南战争）以及在亚洲的大量军事力量，都为东亚国家和地区带来巨额的"特需"订单。无论是军事援助、经济援助还是"特需"订单，都给当时东亚的几个国家和地区的经济恢复和发展带来极大的好处。日本经济战后迅速恢复并飞速发展的重要原因就是美国的援助。中国的台湾、韩国等地区和国家的经济发展也是如此。二战后，尤其是五六十年代，世界经济形势很好，国际市场扩大，世界贸易活跃。世界经济和国际贸易的发展，为东亚各国发展出口主导型经济提供了极为有利的外部条件，加上美国出于政治上的需要和国内产业结构高级化后对劳动密集型产品的大量需求，向日本、亚洲"四小龙"等国家和地区敞开市场大门，为这些国家和地区的经济发展发挥了重要作用。

第二，东亚各国经济发展水平的差距所造成的互补性，构成东亚地区经济整体的结构优势。日本依靠战前的工业基础和战后日美的特殊关系，率先实现经济高速增长，一跃成为发达国家，并在东亚地区起到了领头雁的作用：一方面向东亚地区提供资本、先进技术和优质廉价的商品，促进"四小龙"的工业化进程和出口能力；另一方面逐步开放国内市场，充当亚太地区发展中国家出口商品的"市场吸收器"。在日本的带动下，出现了一个稍低于日本一个层次的亚洲新兴工业化国家和地区的经济群体。经过三次经济增长高潮，东亚地区各国的经济发展水平已分别处于不同的发展阶段并具有各自的优势，这种多层次的发展形成各个经济实体之间的相互依赖和经济上的互补性，有利于相互补充、共同发展，保持东亚地区经济增长的活力。

第三，采用先进科学技术，充分发挥后发优势。二战后，东亚地区的科技整体水平很低，最先进的日本比欧美国家的技术设备还落后20年至30年。因此，东亚地区要改变落后面貌，必须充分发挥后发优势，积极吸收世界上已有的各种先进的科技成果。在这方面起步最早的是日本。1955～1970年间，日本用60亿美元吸收了全世界在半个世纪中开发出来的几乎全部的先进技术，而获得的价值却是引进费用的55倍。日本在吸收外国的科技成果后进行再创造，实现"日本化"，使日本的科技水平在短时期内便从极端落后状态跳跃性地赶上世界先进水平，为日本的经济腾飞打下了坚实的科学技术基础。本世纪80年代以来，世界高科技浪潮推动了东亚地区科技的发展，日本提出"科技立国"战略，中国提出"863计划"，亚洲"四小龙"等国家和地区也运用新科技革命成果来发展经济。目前，一个与欧美鼎立的高科技群体正在太平洋西岸形成。

东亚地区的经济高速增长使亚太地区的世界地位得到了空前提高。

第一，长期以来，欧美大西洋地区是世界经济增长的中心，但是，从六七十年代起，随着以日本为领头雁的东亚各国"雁行经济"的起飞，东亚经济持续保持了8%～10%的高增长率。尤其是改革开放后中国的巨变深刻地改变了亚太地区在世界舞台上长期沉默的形象，东亚各国出现的经济高速增长和潜在的活力使这一地区成为当代世界经济增长的中心地区。

第二，东亚经济的高速增长，使东亚地区迅速完成工业化进程，彻底改变了这一地区在国际分工格局中的不利地位。从50年代到90年代，随着东亚各国的经济发展和工业化的推进，在太平洋西岸形成了两条工业带：一条是以日本为中心，北起韩国往南经中国台湾和香港到新加坡、马来西亚等国家和地区的"岛国工业带"；另一条是从朝鲜到中国东北、东部以及东南和南方沿海岸一带的"沿岸工业带"。这两条工业带的形成彻底改变了亚太地区在国际分工体系中的"农业社会"形象，从根本上提高了亚太地区在国际经济体系中的地位。

第三，亚太地区在当代国际关系中日益显示出了它的重要地位。在政治关系方面，冷战的结束，为亚太地区国际政治关系的健康发展提供了良好的稳定的环境。在经济关系方面，亚太地区的优势比政治关系方面的优势更明显、更突出。首先，随着西太平洋地区沿岸工业带和岛国工业带的形成与发展，太平洋的东西两岸的经济技术带已粗具规模。而地处两条经济技术带中心位置的美国和日本是当今世界的科技大国和经济大国，再加上中国内地、亚洲"四小龙"、东盟不断地运用高科技成果追赶发达国家，使亚洲太平洋地区成为当今世界上高技术最密集的地带；其次，从国际贸易来看，进入20世纪90年代以来，亚太地区的贸易占世界贸易总额的二分之一，已成为国际贸易的中心地区；再次，从国际金融市场的发展趋势来看，亚太地区正在形成以东京、中国香港、新加坡和中国上海为骨干的世界金融中心。

正因为亚太地区具有上述政治、经济等各方面的强有力的优势，使得世界各国包括亚太地区在内的国家，都把自己的注意力转移到了这一地区。无论是中、美、日、俄大国还是"四小龙"以及东盟等国家和地区，都把亚太地区与自身的发展前途联系起来，各国的亚太政策也因此发生了重大变化。

亚太地区世界地位的上升，不仅吸引了本地区的国家，而且还深深地吸引了亚太地区以外的国家，尤其是西方工业国家。冷战结束以来，西方很多工业国的经济发展缓慢甚至衰退，为了摆脱困境，他们不得不把眼光转向富有活力的亚太地区，希望能通过加强与亚太地区的经济联系来推动自己的经济复苏。因此，西方国家的外交天平的重心都已明显地偏向亚太地区。英、法、德等欧洲大国，都把亚太地区视为新的世界中心，积极发展与亚太地区国家的经济、政治关系。1996年，在曼谷召开了第一届亚欧会议，增进了亚欧之间的了解和合作。1998年4月，在伦敦举行第二届亚欧会议，巩固和发展亚欧之间的合作进程。

四、世界经济一体化与区域经济集团化

当代世界历史发展的重要特点是科学技术突飞猛进，知识经济初见端倪，新兴产业层出不穷，人类将进入知识经济时代。伴随而来的是，世界各国经济相互联系、相互依赖的关系不断加强，世界经济发展的一体化趋势日益明显。它的主要表现有以下几个方面：(1) 国际分工日益深化；(2) 国际贸易迅速发展，全球贸易体系形成；(3) 国际投资快速增长，投资范围遍及全球；(4) 国际金融异常活跃，资金流量急剧增加，国际金融市场融为一体；(5) 跨国公司大量出现，其活动渗透到地球的各个角落；(6) 市场经济全球化，世界市场经济体系形成。

在世界经济一体化趋势不断加强的同时，区域经济集团化也迅速发展。区域经济集团化指地理上毗邻的若干国家，为了加强经济合作，促进经济发展，增强竞争能力，通过签订条约或协定，让渡部分经济权利而建立的区域性经济集团。区域经济集团始于战后1949年苏联和东欧国家建立的经济互助委员会。此后，世界上建立了数目很多、规模不等、水平不同、目标各异的区域经济集团。但直到20世纪80年代前期，除少数集团（如欧共体、东盟）成效显著外，多数成效不大，甚至处于瘫痪状态。从80年代后期起，区域经济集团化出现新的高涨，并具有以下特点：

第一，区域经济集团数量迅速增加，新的区域经济集团如雨后春笋，大量涌现。

"据世界贸易组织报告，全球现已建立区域性组织多达109个，其中三分之一是在1990年以来最近五年期间成立的。"①

欧共体（现称欧洲联盟）是一体化程度最高的区域经济集团组织。1991年12月，欧共体各国签署《马斯特里赫特条约》（简称"马约"），1993年11月，马约生效，欧洲联盟启动。1995年，欧盟成员扩大到15个。1991年欧共体与欧洲自由贸易联盟就建立欧洲经济区达成协议，1994年1月1日，欧洲经济区开始运转。

北美自由贸易区是第一个由发达国家与发展中国家组成的区域经济集团。1992年8月，美国、加拿大、墨西哥签署建立自由贸易区的协议。1994年1月1日，北美自由贸易区成立。美国计划以此为基础，向南延伸，形成全美洲的自由贸易集团。

---

① 《世界经济研究》1996年第1期。

亚太地区国家在建立区域经济集团上也取得重大进展。1989年成立的亚太经济合作组织,是亚太地区唯一的全区域经济合作组织。目前,亚太地区国家正以亚太经济合作组织为中心筹建亚太经济集团。亚太地区,特别是东亚、东南亚是当今世界经济增长最快的地区,经济发展推动了区域经济合作的加强,亚太区域经济集团的逐步形成又促进了地区经济的发展。

欧洲联盟、北美自由贸易区和亚太经济合作组织的形成,带动了世界其他地区区域经济集团的兴起。在区域经济集团化发展的同时,范围较小的次区域经济集团更是发展迅速。次区域经济集团的发展又促进区域经济集团的深化。东盟在次区域经济集团中取得的成就最为突出,它对亚太经济合作组织的建立和发展起了重要作用。

第二,某些区域经济集团开始超越经济发展水平和社会制度意识形态而组成。

20世纪80年代以前,区域经济集团一般是由社会制度相同、经济发展水平接近的国家组成,如欧共体是由发达资本主义国家组成,其成员的经济发展水平相差不大;经济互助委员会是由社会主义国家组成;东盟的成员国都是新兴的民族独立国家。80年代末90年代初以来,随着国际政治、经济形势的变化,特别是东欧剧变、苏联解体、冷战结束以后,争夺以科技和经济为主要内容的综合国力优势成为各国竞争的主要目标。为了充分挖掘国内国际市场,利用国内国际资源,加速经济发展,提高综合国力,在经济水平、社会制度和意识形态不同的国家间建立起区域经济集团。北美自由贸易区的建立,实现了北方发达国家与南方发展中国家的区域经济联合,使南北经济合作以新的形式取得进展。美国、加拿大可以利用墨西哥的丰富自然资源、廉价劳动力和潜在的巨大市场;墨西哥可以利用美国、加拿大的资金、先进技术和管理经验,促进自身经济发展。1995年以前,东盟6个成员国都是新兴的资本主义民族独立国家,1995年7月,作为社会主义国家的越南加入东盟,成为第7个成员国。不同社会制度的国家相互协调,团结合作,共同促进东盟发展。亚太经济合作组织更是由为数众多的不同社会制度与意识形态,经济发展水平悬殊,社会生活、文化传统复杂多样的国家组成的。

第三,区域经济集团规模不断扩大,地理范围愈益拓宽。

80年代以前,区域经济集团是由地理上毗邻的若干国家组成,如欧共体成员主要是西欧各国。80年代后期以来,区域经济集团成员增多,范围扩大,成为囊括全洲甚至跨洲越洋的区域经济集团。欧洲联盟从12国扩大到15国,并与欧洲自由贸易联盟合作,共同组成包括近20个国家在内的欧洲经济区,并确定了建立包括整个欧洲国家在内的欧洲经济圈。北美自由贸易区包括整个北美大陆。非洲经济共同体以所有非洲国家为成员。形成中的亚太区域经济集团以太平洋为中心,包括东北亚、东亚、东南亚、大洋洲、拉美、北美等四洲一洋的众多国家。现在欧洲联盟与北美又开始酝酿成立"泛大西洋自由贸易区"。

第四，各区域、次区域经济集团内部经济合作程度不同，差别很大。

根据区域与次区域经济集团的经济合作程度，从低到高可分四个层次：一是自由贸易区；二是关税同盟；三是共同市场；四是经济联盟。当前，世界各种区域经济集团经济合作的程度存在很大差异。有的区域经济集团还没有达到自由贸易区的程度，仅仅处于关税优惠阶段，如东部和南部非洲优惠贸易区。程度最高的是欧洲联盟，它已经历了自由贸易区、关税同盟阶段，1993年建成了统一大市场，在此基础上，欧洲联盟正在争取尽快建立经济联盟，最终实现经济一体化。

区域经济集团化趋势的强劲发展，既是各国经济发展的需要，也是当代科技发展和世界政治、经济形势变化的产物。主要原因有以下几方面：

第一，科技革命促进了生产力的高速发展和生产社会化的巨大进步，推动了国际分工和生产国际化，这种发展趋势要求有关国家组织起来，消除经济国际化过程中的障碍。

第二，国家对社会经济干预和调节的职能增强，各国政府根据自身经济发展的需要，选择合作对象，开展国际经济合作。

第三，二战后世界主要资本主义国家经济发展不平衡问题突出，从70年代起美国经济实力相对削弱，日本、欧共体的经济实力迅速增强。90年代以来，美国率先走出低谷，经济增长速度大大快于日本、德国。1994年，美国经济增长率接近4%，而日、德经济不振，尤其是日本经济长期处于低迷状态。这种经济发展不平衡促使它们建立和发展区域经济集团来推动经济增长。

发展中国家经济发展不平衡更为严重。一方面，少数发展中国家已进入新兴工业化国家行列；另一方面，大量发展中国家的经济一蹶不振，债台高筑。联合国确定的最不发达国家数目从1972年的21个增加到1994年的48个。这48个国家总人口占世界人口总数的10%，而国民收入总数仅占世界总收入的0.1%。为克服经济困难，发展中国家纷纷建立区域经济集团，以促进经济发展。

第四，世界政治格局演变和经济竞争直接影响区域经济集团的兴起、发展与变化。80年代末90年代初，国际政治格局发生剧变，国际形势趋向缓和，各国都重视综合国力的竞争，而综合国力以经济实力为基础。各国为了取得竞争的优势，实行区域经济联合，加强经济合作，发挥优势互补，提高经济效益，促进经济增长。

区域经济集团化是实现世界经济一体化的重要途径与步骤，是世界经济一体化在各个区域的重要体现。在世界经济一体化趋势日益加强的过程中，区域经济集团化潮流不断高涨，两者相互影响，相互促进。一方面，世界经济一体化趋势加强了世界经济联系,促进各个国家在本地区范围内,实现程度更高的区域经济合作;另一方面,区域经济集团化又深刻影响并推动世界经济一体化趋势。

五、国际文化交流的加强

在各国各民族随着生产力发展和对外交往的扩大而最终成为一个相互联系、相互依存的世界整体的同时,它们之间的文化交流也在加强。第二次世界大战结束以后,世界整体发展日益进入全球化时期,反映世界发展全球化的一个重要方面就是国际文化交流普遍加强。这主要表现在以下几个方面。

第一,世界各个国家和民族都以国际行为主体资格积极参加国际文化交流。

国际文化交流是国际关系的一个重要方面。二战以前,国际文化交流虽已产生,但以独立的国际行为主体资格参加国际文化交流的只有欧、美资本主义国家和唯一的社会主义国家苏联,因此,文化交流主要在资本主义国家之间进行。二战后,在欧亚大陆建立了一批社会主义国家,殖民地半殖民地纷纷摆脱殖民统治,建立了独立的主权国家。这些国家积极走上国际舞台,参加国际文化交流与合作,促进自身民族文化的发展,从而大大扩展了国际文化交流。

当代世界各国包括发达资本主义国家、社会主义国家与新兴的民族独立国家在文化方面都奉行对外开放政策,以各种形式参与世界文化的交流与合作。这些形式主要有以下几种:

其一,签订国际文化合作协定。二战前,国际文化合作协定数量少,而且主要局限在欧、美国家。二战后,各国有目的、有计划地签订国际文化合作协定,开展文化交流,仅1945~1967年间,就签订了一千多项国际文化合作协议。从新中国成立到1991年,中国与外国签订了133个政府间的文化合作协定。到1994年,中国已与一百三十多个国家签订了文化合作协定,与一百五十多个国家和地区有各种形式的文化往来。

其二,大力引进科学技术,开展科学技术合作。科学技术是文化的重要组成部分,它是精神文化,但在一定条件下又以物质形态体现出来,因而又是物质文化。二战以后,一方面,科学技术成为决定各国整个社会发展速度与发展水平的最重要的因素;另一方面,世界上任何国家(包括最发达的国家)都不可能发明、创造所有的先进科学技术。事实上,各国在科学技术方面都有自己的优势,这为各国取长补短、相互交流提供了条件。因此,各国政府为了加速社会发展,提高综合国力,积极引进他国先进科技成果。日本之所以成为战后相当长时期内经济发展速度最快的发达国家,其重要原因就是大力引进外国先进科学技术。日本每年平均引进外国先进技术,50年代为230项,60年代为1 000项,70年代超过2 000项。韩国于1962年至1982年间引进技术达2 285

项，花费6.81亿美元；1983～1990年，引进技术4 695项，付资42.45亿美元，这些技术的引进为韩国转变成为新兴工业化国家发挥了重要作用。中国自改革开放以来，积极地、大规模地引进外国先进科学技术，为经济迅速发展发挥了重大作用。

其三，引进人才，开展人才国际培养。人才主要靠本国培养，但引进人才，开展国际人才培养也是发掘人才资源的重要途径。发达国家特别是美国在这方面取得显著成果。据不完全统计，1960年至1986年，发展中国家迁往西方发达国家的知识移民达130万人。1952年至1975年，美国引进各类外国专家222万人。国际人才培养方面，1950年到1978年，全世界在国外接受高等教育的学生人数从10.76万人增加到84.27万人。1990年，中国各高等院校通过校际交流及其他民间途径共招收外国长期留学生4 546人，这些学生来自一百多个国家。

第二，国际文化交流的范围拓宽，内容丰富。

二战前，世界文化的主流是资本主义文化，国际文化交流主要在资本主义国家之间进行。当时，只有苏联一个国家的社会主义文化，亚、非、拉落后国家的文化主要是封建主义文化。二战后，随着一系列社会主义国家的建立，大批新兴民族独立国家的出现，当代世界形成资本主义文化、社会主义文化和民族主义文化三大类型文化并存的局面。三类文化相互开放，相互借鉴，形成内容丰富、形式多样的国际文化交流局面，促进了世界文化整体性的形成与发展。

西方资本主义国家的学校、研究机构、知识分子与学者掀起了持久不衰的马克思主义研究浪潮，扩大了马克思主义在世界的影响。

"自由"、"平等"、"人权"的口号与思想，最早起源于资产阶级兴起与资产阶级革命时期。二战后，美国为首的西方资本主义国家利用这些口号干涉其他国家内政，遭到越来越多国家的反对。

文学、艺术的国际交流丰富多彩、形式多样。各国引进他国文艺作品，吸取世界文艺精华，又把本国的优秀文艺作品推向世界。中国的古典名著《三国演义》、《西游记》、《水浒传》、《红楼梦》等被翻译成多种文字出版，流传世界。中国现代文学大师鲁迅、郭沫若、茅盾、老舍、巴金等人的著作在国际上影响很大。同时，引进外国文学佳作，仅人民文学出版社1951年至1990年就出版外国文学名著达二千二百多种。世界举办了许多类型的文学、艺术国际评奖、比赛及各种国际艺术节。电影是国际评奖项目最多的种类，目前世界上有六十多个国家和地区举办各种各样的国际电影节达二百五十多个。

体育作为文化的重要组成部分，国际体育活动与交流非常活跃。体育竞赛种类增加，最著名的有奥林匹克运动会，参与国家增多，运动项目增多，突破了社会制度、意识形态不同的限制。

第三，国际文化交流的渠道拓宽，传播技术与形式多样。

国际文化交流有政府交流（主要渠道）、民间交流（重要渠道）和有偿商业演出等多种渠道。随着现代社会的发展，国际文化传播的形式日趋多样，先进技术设施与技术手段为国际文化交流提供了现代化的条件，使国际文化交流能以最快速度进行。图书、报刊是文化的重要载体。国际图书、报刊发行与交流的种类增加，联系网络遍及全世界。国际学术交流、讲座成为文化交流的最佳途径。

第四，文化交流机构和国际文化组织大量涌现。

为了适应不断扩大的对外文化交流，各国都设置了专门的对外文化交流机构。同时，为了加强国际文化交流与合作，各国成立了许多政府间与非政府间的国际文化合作组织，其中最有影响的是联合国教育、科学及文化组织（简称"联合国教科文组织"）和世界知识产权组织。前者于1946年11月在巴黎正式成立，总部设在巴黎。后者是根据1967年《斯德哥尔摩公约》于1970年4月成立的，总部设在日内瓦。此外，还有很多世界性国际文化组织、区域性国际文化组织及非政府间的国际文化组织或专业团体。这些机构和组织不仅推动了国际文化交流，并使这种交流能在有序状况中正常进行。

国际文化交流的发展是人类社会进步的重要标志，也是世界整体发展的一个组成部分。它的物质基础是当代科学技术、生产力的飞跃进步和经济的快速发展。经济状况决定文化的发展程度，这是历史已经反复证明了的规律。当代经济发展速度与水平超过任何历史时期，经济成就推动了当代世界文化的繁荣，各国文化的发展及其民族性是加强国际文化交流的前提，国际文化交流又成为推动各国文化发展的重要动力。二战后，长期保持的世界和平为加强国际文化交流、促进文化发展提供了有利的国际环境。各国实行对外文化开放政策，通过"请进来"、"走出去"的方式吸收其他民族文化的有益成分，推出本民族文化的精华，实现了世界各民族在文化上的相互交流与共同发展，推动了世界整体发展的进程。

后　记

这部《宏观世界史》是原国家教委委托我们编写的，列入面向 21 世纪课程教材，供高等院校非历史专业学生学习世界历史时采用。

本书由李植枬主编，编写分工如下。

李植枬：前言，第十章，第十一章第一、二、三、四节和第五节三、四两目，第十二章第四节，第十三章第二节。

侯献瑞：第一、二章。

尹元超：第三、四、五章，第六章第一节。

郑昌发：第六章第二、三节，第七、八章。

胡才珍：第九章，第十二章第一、二节，第十三章第一节。

李绛红：第十一章第五节一、二两目，第十二章第三节，第十三章第三节。

陈隆波教授生前参加拟定本书的编写大纲，并对第一、二章的撰写起了重要的指导作用。

北京师范大学刘家和教授、东北师范大学朱寰教授、北京大学郭华榕教授、华东师范大学王斯德教授对本书作了认真的审阅，提出了宝贵意见，特此向他们致谢。

本书在编写过程中吸收了国内外的研究成果。限于我们的水平，书中的缺点错误在所难免，恳切希望读者批评指正。

武汉大学出版社对本书的编写出版给予了大力支持，责任编辑王雅红同志付出了艰辛的劳动，我们在此表示衷心的感谢。

李植枬
1998 年 7 月于武大